Wolfgang Jantzen

Allgemeine Behindertenpädagogik

Band 2

Neurowissenschaftliche Grundlagen,
Diagnostik, Pädagogik und Therapie

Ein Lehrbuch

Beltz Verlag · Weinheim und Basel 1990

Über den Autor:

Wolfgang Jantzen, Prof., Dr. phil., Jahrgang 1941, Ausbildung als Sonderschullehrer und Diplom-Psychologe, seit 1974 Professor für Behindertenpädagogik an der Universität Bremen.

CIP-Titelaufnahme der Deutschen Bibliothek

Jantzen, Wolfgang:
Allgemeine Behindertenpädagogik : ein Lehrbuch / Wolfgang
Jantzen. – Weinheim ; Basel : Beltz
 (Edition sozial)

Bd. 2. Neurowissenschaftliche Grundlagen, Diagnostik,
 Pädagogik und Therapie. – 1990
 ISBN 3-407-55709-4

Alle Rechte, insbesondere das Recht der Vervielfältigung und Verbreitung sowie der Übersetzung, vorbehalten. Kein Teil des Werkes darf in irgendeiner Form (durch Photokopie, Mikrofilm oder ein anderes Verfahren) ohne schriftliche Genehmigung des Verlages reproduziert oder unter Verwendung elektronischer Systeme verarbeitet, vervielfältigt oder verbreitet werden.

Lektorat: Richard Grübling

© 1990 Beltz Verlag · Weinheim und Basel
Herstellung: Klaus Kaltenberg
Satz: Satz- und Repro GmbH, 6944 Hemsbach
Druck: Druck Partner Rübelmann GmbH, 6944 Hemsbach
Umschlagcartoon: Olaf Rademacher, 6000 Frankfurt a. M.
Printed in Germany

ISBN 3 407 55709 4

Inhaltsverzeichnis

Verzeichnis der Abbildungen und Tabellen 8

Vorwort 11

7   Neurowissenschaftliche Grundlagen I: Die funktionelle Organisation
        neurobiologischer Prozesse 14
7.1   Zur Möglichkeit und Notwendigkeit marxistischer Naturphilosophie .   16
7.2   Das Selbstorganisationsparadigma und die Möglichkeit des Lebens .   18
7.3   Allgemeine Theorie des funktionellen Systems I: Information und
        vorauseilende Widerspiegelung   25
7.4   Allgemeine Theorie des funktionellen Systems II: Die Architektur
        des funktionellen Systems   41
7.5   Allgemeine Theorie des funktionellen Systems III: Systemogenese . .   59
7.6   Vertiefende und weiterführende Literatur   64

8   Neurowissenschaftliche Grundlagen II: Höhere kortikale Funktionen
        und psychische Regulation   66
8.1   Allgemeine Prinzipien der neuropsychischen Organisation   67
8.1.1   Die Makroebene   67
8.1.2   Die Mikroebene   75
8.2   Kortikal-subkortikale Regulation   82
8.2.1   Neuropsychologie des Gedächtnisses   84
8.2.2   Neuropsychologie von Wahrnehmung und Bewegung   91
8.2.3   Neuropsychologie der Emotionen   103
8.3   Kortikale Regulation   118
8.3.1   Die funktionelle Asymmetrie beider Großhirnhemisphären   118
8.3.2   Die Funktion der linken (dominanten) Großhirnhemisphäre   124
8.4   Entwicklungsneuropsychologie   141
8.4.1   Neuropsychologie des frühkindlichen Autismus   143
8.4.2   Einige Überlegungen zur Neuropsychologie des Down-Syndroms
        (Trisomie 21)   148
8.5   Elementare Mechanismen der Störung und Wiederherstellung von
        Hirnfunktionen   152
8.5.1   Restitutions- und Reparaturmechanismen als Wiederherstellung
        funktioneller Systeme   152
8.5.2   Die Herausbildung pathologischer funktioneller Systeme als Kern
        persistierender Störungen   157
8.6   Vertiefende und weiterführende Literatur   161

9	**Zur Diagnose von Tätigkeit und Persönlichkeit**	164
9.1	Diagnose und Klassifikation	164
9.2	Psychodiagnostik als bevölkerungspolitisches Instrument	167
9.3	Verfahren der diagnostischen Datenerhebung	171
9.3.1	Normorientierte Verfahren	172
9.3.2	Subjektorientierte Ansätze	175
9.4	Verfahren der theoretischen Verarbeitung diagnostischer Daten	186
9.4.1	Die Syndromanalyse nach Luria	186
9.4.2	Die „Systemische Diagnostik" nach Schiepek	190
9.5	Diagnostik als Prozeß der Rehistorisierung des Betroffenen im Bewußtsein des Diagnostikers	194
9.5.1	Vorbemerkungen	194
9.5.2	Vom sozialen Prozeß zur Rekonstruktion von Persönlichkeit und Tätigkeit	197
9.5.3	Einige Probleme des Übergangs von der systematischen Material-sammlung zur Rekonstruktion von Persönlichkeit und Tätigkeit	200
9.6	Vertiefende und weiterführende Literatur	207
10	**Basale Pädagogik und humanes Lernen**	209
10.1	Dialog	210
10.2	Kooperation und Kollektiv	220
10.3	Kommunikation und sozialer Verkehr	228
10.4	Erziehung und Bildung	233
10.5	Vertiefende und weiterführende Literatur	247
11	**Widersprüche und Möglichkeiten von Schulpädagogik und Didaktik**	249
11.1	Schule als Institution	252
11.2	Institution, Ideologie und Subjektwerdung	259
11.3	Was ist Didaktik?	265
11.4	Schulisches Lernen und Identitätsbildung	270
11.5	Wissenschaft und Unterricht	285
11.6	Individualisierung und Innere Differenzierung	291
11.7	Vertiefende und weiterführende Literatur	296
12	**Allgemeine und spezielle Therapie**	298
12.1	Gesundheit und Krankheit	298
12.2	Psychosomatische Grundbegriffe: Körper, Unbewußtes, Abwehrmechanismen	306
12.3	Medizin und gesellschaftliche Reproduktion	313
12.4	Zum Doppelcharakter von Therapie	317
12.4.1	Therapie als Verhaltenskontrolle	318
12.4.2	Therapie als heilender Dialog	323
12.5	Psychotherapie und reale Lebenssituation	335
12.6	Abschließende Bemerkungen zum Verhältnis von allgemeiner und spezieller Therapie	339
12.7	Vertiefende und weiterführende Literatur	340
Literaturverzeichnis		341

Inhaltsverzeichnis Band 1

1	Behinderung und Gesellschaftsstruktur: Perspektiven einer Soziologie der Behinderung	15
2	Die historische Herausbildung des Tatbestands Behinderung	46
3	Methodologische Grundfragen einer materialistischen Behindertenpädagogik	76
4	Psyche und Tätigkeit I: Die Intrasystembeziehungen des Psychischen	108
5	Psyche und Tätigkeit II: Die Entwicklung des Psychischen in der Tätigkeit	155
6	Psyche und Tätigkeit III: Psychopathologische Prozesse	260

Verzeichnis der Abbildungen und Tabellen

Abb. 1: Lenins Tableau zur Entwicklung der Philosophie 17
Abb. 2: Beispiel einer räumlich und zeitlich selbstorganisierten dissipativen Struktur: Die Belousov-Zhabotinskii-Reaktion 21
Abb. 3: Die rekursive Struktur autopoietischer und kognitiver Prozesse . . 37
Abb. 4: Schematische Darstellung der Rolle des systembildenden Faktors als „konzeptueller Brücke" zwischen der Systemebene und subtilen analytischen Prozessen 40
Abb. 5: Allgemeines Schema des Reafferenzprinzips 42
Abb. 6: Die allgemeine Architektur des funktionellen Systems 44
Abb. 7: Ringsystem der Bewegungssteuerung 47
Abb. 8: Wechselwirkung von dominantem Fokus und bedingtem Reflex . . 50
Abb. 9: Wirkungsgefüge der Verhaltensregulation 52
Abb. 10: Zeitliche Übergänge in der Herausbildung funktioneller Systeme . 57
Abb. 11: Schema hierarchischer Zusammenfassungen funktioneller Systeme unterschiedlicher Kompliziertheit, die jedoch auf dem gleichen physiologischen Schrittmacher, z.B. auf der Erregung der Nahrungszentren, beruhen 61
Abb. 12: Schematische Darstellung der Systemogenese im Gesamtzyklus der Evolution der Anpassungsfunktionen des Neugeborenen, die den Anforderungen der ökologischen Bedingungen entsprechen 62
Abb. 13: Kartierung der Felder des Neokortex nach Brodmann 69
Abb. 14: Die wichtigsten Abschnitte der menschlichen Großhirnrinde 70
Abb. 15: Die Nervenzelle (Neuron) 75
Abb. 16: Die sechs Schichten der Großhirnrinde 78
Abb. 17: Wichtigste Ein- und Ausgänge der Großhirnrinde 79
Abb. 18: Stufen der Organisation des Verhaltens auf der Basis von Gehirnabtragungsexperimenten 83
Abb. 19: Frequenzanalytische Zerlegung einer komplexen Schwingung . . . 86
Abb. 20: Wiedererkennen, Neuigkeitsverarbeitung und Gedächtnisbildung . 89
Abb. 21: Okulomotorische Bahnen 94
Abb. 22: Eigenreflektorischer Regelkreis 96
Abb. 23: Ebenen der motorischen Regulation in der Auffassung von N.A. Bernstein 98
Abb. 24: Funktionale Zusammenhänge von Kleinhirn, Basalganglien und Großhirnrinde 99
Abb. 25: Das limbische System 104
Abb. 26: Repräsentation des Körperselbstbildes im intrinsischen Teil der linken Hemisphäre 112

Abb. 27: Lateralisierung der Emotionen: Das Modell von Kinsbourne und
Bemporad 114
Abb. 28: Die Funktionen der linken und rechten Großhirnhemisphäre . . . 120
Abb. 29: Hierarchische Organisation der Assoziationsfelder 127
Abb. 30: Klassifikation der Aphasien nach Luria 128
Abb. 31: Organisieren des Aussprechens mit Hilfe äußerer Stützen bei
dynamischer Aphasie 130
Abb. 32: Zonen stärkster Durchblutung des Gehirns bei verschiedenen
psychischen Tätigkeiten 136
Abb. 33: Klassifikation der Apraxien nach Luria (und Hecaen) 139
Abb. 34: Pfadanalyse früher Entwicklungszusammenhänge bei Trisomie 21 . 149
Abb. 35: Diagramm des pathologischen Systems 158
Abb. 36: Der diagnostische Prozeß 172
Abb. 37: Struktur- und niveaubezogene Aufschlüsselung des Gegenstandes
„Hebelgesetz" 177
Abb. 38: Schema der Systemischen Diagnostik nach Schiepek 191
Abb. 39: Aufgaben und Diagnostizierungsgegenstände einer
persönlichkeits-pathopsychologisch fundierten klinischen
Psychodiagnostik 201
Abb. 40: Notwendige konzeptionelle Vorgaben für die schulische Integration
behinderter Kinder 250
Abb. 41: Didaktik, Theorie des Unterrichts und Methodik 269
Abb. 42: Das didaktische Feld integrativer Pädagogik 271
Abb. 43: Elementare Lernformen 273
Abb. 44: Struktur und systematischer Ort der Interiorisationstheorie
(Galperin) im pädagogischen Prozeß 278
Abb. 45: Kriterienraster der inneren Differenzierung nach Klafki und
Stöcker 295
Abb. 46: Homöostatische Regulation des Organismus 304
Abb. 47: Funktionskreis und Situationskreis nach Uexküll 308
Abb. 48: Struktur der psychischen Funktionen in Freuds „Entwurf einer
Psychologie" von 1895 309
Abb. 49: Abwehrtechniken nach innen und nach außen in der Konzeption
von Anna Freud 312
Abb. 50: Medizinische Versorgung von Sozialversicherten und
Kapitalkreislauf 316

Tabelle 1: Sprachdominanz der Hemisphären und Händigkeit 121
Tabelle 2: Ausgewählte Kennziffern der Entwicklung im Bildungssystem der
BRD von 1960 bis heute 257

Vorwort

Dieses Buch, dessen zweiter Band nun vorliegt, fällt aus dem üblichen Rahmen von Büchern zur Behindertenpädagogik. Beide Bände weisen dem Inhaltsverzeichnis nach keine der traditionellen Gebiete auf, die man unter dem Titel Behindertenpädagogik erwartet, also z.B. Lernbehinderung, geistige Behinderung, Körperbehinderung u.a. Statt dessen werden in Bd. 1 sozialwissenschaftliche, methodologische und insbesondere psychologische Grundfragen eines Neuverständnisses von Behinderung und Behindertenpädagogik erörtert, ein Neuverständnis, in dem von einem Allgemeinen ausgehend – und das ist Humanität, Mensch-Sein – Behinderung als dessen Verbesonderung sichtbar wird. Dieser Weg wird im vorliegenden zweiten Band weiter beschritten: Einer umfassenden Aufarbeitung neurowissenschaftlicher Grundfragen folgt die systematische Behandlung von diagnostischen Fragen, Problemen basaler Pädagogik sowie Schulpädagogik und schließlich von Gesundheit und Therapie.

Warum dieser Aufbau? – so hatte ich im Vorwort des ersten Bandes gefragt und dann wie folgt begründet:

„Das Wissen über den Menschen, über die sozialen, psychologischen und biologischen Seiten seiner Existenz ist ungeheuer angewachsen, aber seine Anwendung zum Nutzen der Menschen ist damit in keiner Weise garantiert. Dies gilt nicht nur im Bereich der Behindertenpädagogik. Was uns fehlt, ist viel weniger Einzelwissen, als eine systematische, theoretische und praxisbezogene Durcharbeitung des Einzelwissens".

Bei dem Beschreiten dieses Weges habe ich mich an dem Verständnis orientiert, das *Wygotski* zur Frage einer „allgemeinen" Wissenschaft entwickelt hat. In seinem grundlegenden wissenschaftstheoretischen Werk „Die Krise der Psychologie in ihrer historischen Bedeutung" begründet er dies am Beispiel der notwendigen Entwicklung der Psychologie. Es bedürfe einer Theorie oberhalb der verschiedenen Einzeltheorien und Teilgebiete (wie z.B. Entwicklungspsychologie, Tierpsychologie, Pathopsychologie oder die bisher als „allgemeine Psychologie" betrachtete Psychologie des Durchschnittsmenschen mit Teilgebieten wie Wahrnehmung, Motivation usw.). Dies sei nur möglich, indem in induktiv-analytischer theoretischer Arbeit die Ergebnisse bzw. Einzeltheorien dieser unterschiedlichen Ansätze selbst Gegenstand der Forschung werden müßten. (Vergleichbar finden sich in den modernen Naturwissenschaften z.B. eine theoretische Physik und in Ansätzen eine theoretische Chemie bzw. Biologie). Eine derartige „allgemeine Wissenschaft" kann nach *Wygotski* als „Philosophie des Faches" aufgefaßt werden. Sie erarbeitet und sichert den interdisziplinären, einheitlich durchdachten Zusammenhang, auf den sich arbeitsteilig und disziplinär arbeitende Spezialisten jeweils beziehen müssen, um kooperieren zu können.

Dieses Anliegen wird im vorliegenden zweiten Band der „Allgemeinen Behindertenpädagogik" besonders deutlich, da er sehr ausführlich die neurowissenschaftliche Diskussion aufgreift. Es geht hierbei jedoch nicht um ein Wiederholen dessen, was in jedem einschlägigen neurowissenschaftlichen Lehrbuch mehr oder weniger ausführlich nachgelesen werden kann. Ich bin statt dessen dem neuen und ganzheitlichen Verständnis von Lebensprozessen gefolgt, das sich in der naturwissenschaftlichen Theorie der Selbstorganisation bzw. der Synergetik gegenwärtig herausbildet. Ich habe versucht, eine sowohl der Tätigkeitstheorie wie diesen Ansätzen entsprechende Sichtweise zu entwickeln und durchzumodellieren. Um es mit den wichtigsten Namen zu belegen, wurde nach den gemeinsamen Perspektiven gefragt, die sich aus den Arbeiten von *Anochin* und *Bernstein, Luria, Maturana* und *Varela* bzw. *Roth* sowie *Pribram* ergeben.

Die hier gewonnenen allgemeinen Bestimmungen von Informationskonstruktion, synergetischer Kooperation und Ordnungsbildung durch emotionale und kognitive Prozesse u. a. m. präzisieren eine Reihe von Gedanken der Tätigkeitstheorie, wie umgekehrt. Dies ermöglicht es, innerhalb von Diagnostik, Therapie und Pädagogik den Zusammenhang von Kategorien deutlicher bestimmen zu können. Kategorien wie Dialog, Kooperation, Kommunikation, sozialer Verkehr, Erziehung und Bildung, Gesundheit und Krankheit können präziser durchgearbeitet und in ihrem Doppelcharakter im Kontext herrschender gesellschaftlicher Verhältnisse begriffen werden.

Das gesamte Buch ist einerseits so aufgebaut, daß Kategorie nach Kategorie systematisch entwickelt wird. Andererseits werden die einmal erfolgten Vorklärungen in neuem Kontext jeweils wieder aufgegriffen und weitergeführt, so daß eine unabhängige Lektüre beider Bände möglich ist. Neben einer systematischen Lektüre beider Bände ist es möglich, ebenenspezifisch einzusteigen, also im Band 1 statt mit den sozialwissenschaftlichen mit den psychologischen Fragen zu beginnen oder im Band 2 mit den pädagogischen und therapeutischen Kapiteln. Leser/innen, die von der Medizin herkommen, werden möglicherweise mit den neurowissenschaftlichen Kapiteln und dem Kapitel über Therapie beginnen. Von diesen unterschiedlichen Einstiegen her ist eine schnelle Orientierung im systematischen Aufbau in doppelter Weise möglich. Zum einen durch ein differenziertes Inhaltsverzeichnis, das beide Bände erschließt, zum anderen über die zahlreichen Abbildungen und Tabellen, die als zusammenfassende Orientierungen bzw. Modelle von Teilbereichen sehr gut zur eigenen Strukturierung benutzt werden können.

Natürlich wird die Lektüre auch dieses zweiten Bandes nicht einfach sein. Sie wirft viele Fragen in neuer Perspektive auf und führt in den neurowissenschaftlichen Kapiteln in Gebiete, in denen viele Leser/innen nur wenig Vorkenntnisse haben. Trotzdem ist die systematische Auseinandersetzung mit diesen Sachverhalten meiner Auffassung nach unumgänglich. Eine Rehistorisierung, ein Begreifen der durch den Defekt radikal veränderten Lebenssituation von behinderten Menschen mag uns bei Blindheit oder Gehörlosigkeit mit unserem Alltagswissen gerade noch gelingen, bei Kannerschem Autismus, bei Lesch-Nyhan-Syndrom oder bei spezifischen Formen von Hirnverletzungen ist dies nur über theoretische Arbeit möglich. Und ohne eine solche Rehistorisierung bleiben wir selbst unfähig zu Dialog und Kooperation; indem wir den anderen Menschen nicht begreifen, stellen wir unter diesen Bedingungen den sozialen Ausschluß her, den aufzuheben wir angetreten sind.

Nach mehr als 15 Jahren Arbeit an der Entwicklung einer materialistischen Behindertenpädagogik, mehreren Jahren Vorbereitung und fünf Jahren Arbeit an den beiden Bänden der „Allgemeinen Behindertenpädagogik" ist es unmöglich, alle die zu nennen, die mir kritische Diskussionspartner/innen waren. Ich danke ihnen, Student/innen wie Kolleg/innen, Praktiker/innen wie Theoretiker/innen ebenso wie all denen, die Teile des Manuskriptes vorher in Händen hatten und mir viele wichtige Hinweise gaben. Stellvertretend für alle anderen möchte ich meinen akademischen Lehrer Karl Hermann *Wewetzer* nennen, dessen Art, psychologisch zu denken, mich mehr beeinflußt hat, als ich es in all den Jahren noch wahrgenommen hatte. Reimer *Kornmann* machte mich aus Anlaß des von ihm mit viel Kritik und Anregungen bedachten Kapitels über Diagnostik darauf aufmerksam. Wenn ich *Wewetzer* auch nicht im Text zitiert habe, durch ihn bin ich lange vor meiner Kenntnis der kulturhistorischen Theorie mit einem ganzheitlichen psychologischen Denken in Berührung gekommen, das ich später dann bei *Wygotski, Leontjew* und *Luria* wiederfand. Und was noch wichtiger war: Seine Art zu denken korrespondierte mit seiner Art, human zu handeln.

Bremen, im März 1990 *Wolfgang Jantzen*

7 Neurowissenschaftliche Grundlagen I: Die funktionelle Organisation neurobiologischer Prozesse

Im Rahmen einer systematischen und allgemeinen Abhandlung zu Problemen der Behindertenpädagogik ist es unumgänglich, ausführlich zur Problematik der biologischen Ebene in der Organisation der Lebensprozesse des ganzheitlichen Menschen Stellung zu beziehen. Eine nichtreduktionistische Befassung mit dem Ebenenproblem, so wurde in Band 1 dieses Lehrbuches herausgearbeitet, verlangt dabei eine bestimmte methodologische Grundeinstellung zur Wechselwirkung der biologischen, der psychischen und der sozialen Ebene im Leben des ganzheitlichen Menschen (vgl. *Leontjew* 1979, Kap. 6): Diese Ebenen liegen nicht einfach übereinander oder nebeneinander, noch ist die eine auf die andere ohne weiteres zu reduzieren. Vielmehr stehen sie in Wechselbeziehungen der Art, daß die je höhere Ebene von der je niederen Ebene abhängig ist, aber ihrerseits die je niedere Ebene determiniert. Und dies nicht nur in einer über die Lebenszeit hinweg gleichbleibenden Beziehung, sondern in einem spiralförmigen Prozeß, in dem die je höheren Ebenen im Lauf des Lebensprozesses ein je größeres Gewicht erhalten. Die sozialwissenschaftliche und psychologische Seite dieser Prozesse wurde in Band 1 ausführlich dargestellt, wobei besondere Beachtung dem Problem der Übergänge zwischen diesen Ebenen geschenkt wurde (z. B. an der Problematik des allgemeinen Arbeitsbegriffs oder der Dialektik von Entfremdung und Isolation; vgl. Kap. 1 bzw. Kap. 6). Zum Teil wurden dort bereits Grundfragen der integrativen Organisation biologischer Prozesse mit angesprochen, deren Ganzheitlichkeit und Wechselwirkung erst das Auftreten der höheren Ebene des Psychischen sichert.

In diesem Kapitel soll es nun darum gehen, Beiträge zu einer *allgemeinen Theorie neurobiologischer Funktionen* darzustellen, zu diskutieren und in einigen Aspekten weiterzuentwickeln. *Wie ist das Verhältnis biologischer Systeme als selbstorganisierter Systeme in der materiellen Welt zu dieser zu beschreiben, und zwar von allgemeinen Gesetzmäßigkeiten der funktionellen Architektur und Entwicklung dieser Systeme ausgehend?* Es geht hier nicht um die Behandlung einzelner biologischer Befunde oder neurobiologischer Grundtatsachen, die für die Leser/innen dieses Buches ggf. in einer Reihe von Publikationen gut zugänglich sind – ich verweise im weiterführenden Literaturverzeichnis zu Ende dieses Kapitels auf entsprechende Titel. Es geht statt dessen um einige wichtige und komplizierte Grundfragen der theoretischen Biologie, die zunehmend diskutiert werden und von deren Lösung m. E. in der Tat der Fortschritt der biologischen Wissenschaften abhängt. Unter Fortschritt verstehe ich hier die Möglichkeit einer allgemeinen Theorie biologischer Systeme und des Lebens überhaupt, im Rahmen derer dann die gegenwärtig noch zahlreichen biologistischen Auffassungen in Psychiatrie, Genetik, Pädiatrie, aber auch Psychologie und Pädagogik über das Wesen von Behinderung und psychischer Krankheit revidiert werden können und müssen.

Einheitliche Theoriebildung auf den verschiedenen Ebenen verlangt jeweils ebenenspezifisch, die Möglichkeiten der je höheren Ebene herauszuarbeiten, die von der

Existenz, also von der Organisiertheit, Struktur und Funktion der je niederen abhängt; sie verlangt aber auch umgekehrt Nachweise darüber, wie sich der determinierende Übergang von der höheren Ebene zur niederen gestaltet. Ein Verzicht auf die eigenständige Untersuchung der biologischen Ebene, wie so oft in der psychologischen, sozialwissenschaftlichen oder behindertenpädagogischen Diskussion um Probleme von psychischer Krankheit oder Behinderung verlangt, führt gerade nicht zum Vermeiden des Biologismus. Vielmehr wird diesem selbst das Feld geöffnet und unbestritten gelassen, während die Kritiker selbst sich reduktionistisch auf die Untersuchung der psychischen und/ oder der sozialen Ebene beschränken.

Gerade die vielfältigen und komplizierten Probleme von psychischer Krankheit und Behinderung verlangen jedoch unbedingt einen Verzicht auf jegliche Form des Reduktionismus. Hier stimme ich *Leontjew* zu, der festhält: *„Die einzige Alternative des Reduktionismus ist der dialektische Materialismus"* und fortfährt: „Es ist tatsächlich so. Eine wissenschaftliche Lösung des Problems von Biologischem und Psychologischem, Psychologischem und Sozialem ist außerhalb der marxistischen *Systemanalyse* einfach nicht möglich" (1979, S. 221). Deutlich ist jedoch darauf zu verweisen, daß *Leontjew* hier von *Möglichkeit* spricht, nicht von bereits realisierter Wirklichkeit, denn innerhalb dieser marxistischen Herangehensweise gab es neben großartigen Leistungen deutliche Fehler und gibt es deutliche Rückstände in der theoretischen Biologie, den Naturwissenschaften als Ganzes wie in der marxistischen Naturphilosophie. Der Hauptgrund für die bisher unzureichende Ausarbeitung der von *Leontjew* angesprochenen theoretischen Potenzen der marxistischen Forschungsperspektive liegt nicht in der Frage der Anwendbarkeit des Marxismus auf die Naturwissenschaften und die Naturdialektik selbst (vgl. zu den hier angesprochenen methodologischen Fragen meine Ausführungen in Bd. 1, Kap. 3). Er liegt im weitesten Sinn zum einen in der mit dem Stalinismus verbundenen dogmatischen (und falschen!) Behauptung der Vorrangigkeit des historischen vor dem dialektischen Materialismus (und damit verbunden einer vorgeblichen Vorrangigkeit des „Materialismus" vor der „Dialektik", die jene in letzter Konsequenz zur Rechtfertigungsideologie der Schwankungen der eigenen Praxis verkommen ließ; vgl. *Hofmann* 1986, S. 68ff.). Damit einher ging eine Verballhornung und Vulgarisierung des Marxismus überhaupt (insbesondere auf der Ebene der Parteidoktrin, innerhalb derer Parteilichkeit höher als Wahrheit bestimmt wurde, vgl. *Lukács* 1987, S. 825ff.) und einer oft damit verbundenen philosophischen Klopffechterei, die bis heute ihre Spuren zeigt. Hinzu kam der tiefe Eingriff in wissenschaftsinterne Diskussionen im Stalinismus (Vergl. die sprachwissenschaftliche Diskussion, *Stalin* 1972; die Pawlowkonferenz 1950, die per Dekret Psychologie durch Physiologie zu ersetzen versuchte und die bedeutendsten und orginellsten Physiologen der Sowjetunion ihrer Arbeitsmöglichkeiten durch Wegnahme ihrer Labors beraubte, *Pickenhain* 1986a; den Fall Lyssenko u. a. m.). Zum anderen liegt aber auch bis heute eine tiefe und breite Ignoranz gegenüber den Ergebnissen der marxistischen naturwissenschaftlichen Theoriebildung vor. Als ebenso exemplarisches wie aktuelles Beispiel nenne ich einen Aufsatz des bedeutenden Motorikforschers *Henatsch* im Organ der Max-Planck-Gesellschaft „Naturwissenschaften" (1988) zum Thema „Paradigmenwechsel und Paradigmenstreit in der Neurophysiologie der Motorik". Er beschreibt die Ablösung des klassischen reflextheoretischen Paradigmas durch das Reafferenzparadigma, indem er einerseits der Pawlowschen Lehre von den bedingten Reflexen „viele grundsätzliche Widersprüche" unterstellt, andererseits unterschlägt er jedoch Autoren wie *Bernstein* und *Anochin*, die das Reafferenzprinzip bereits ca. 20 Jahre vor *Holst* und *Mittelstaedt* (auf die sich *Henatsch* bezieht) formuliert hatten.

Die durch den Stalinismus hervorgerufenen gesellschaftlichen und wissenschaftlichen Prozesse betrafen natürlich die Wissenschaft nicht in allen Bereichen oder alle Wissenschaftler in gleichem Umfang, zumal ja gleichzeitig die Entwicklung der Sowjetunion hohe Anforderungen an die Entwicklung der Naturwissenschaften stellte. Trotzdem veränderte sich natürlich tiefgreifend das Klima. Hinzu kam die Isolierung von der internationalen wissenschaftlichen Diskussion durch den zweiten Weltkrieg wie die weitgehende Beschränkung des Austauschs bis 1956, die zahlreiche Wissenschaftskontakte unterband und auch bedeutende Naturwissenschaftler, die tief vom Marxismus beeinflußt waren, von dem gerade begonnenen Diskurs abtrennte. Alle diese Faktoren wirkten sich insbesondere negativ auf die Entwicklung der marxistischen Naturphilosophie und ihrer Methodologie des dialektischen Materialismus aus, Dimensionen also, in denen jene umfassende Synthese der Natur- und Gesellschaftswissenschaften umfassend möglich gewesen wäre, die in den Werken von *Marx*, *Engels* und *Lenin* aufscheint. So blieb auch ein zentrales und wichtiges Gebiet für die marxistische Philosophie unausgearbeitet, die *Ontologie*.

7.1 Zur Möglichkeit und Notwendigkeit marxistischer Naturphilosophie

Die Diskussionen in der nichtmarxistischen Philosophie wurden in den durch die Fehler der Stalinära bestimmten Denkkontexten sehr lange generell ab dem Zeitpunkt der Entstehung der marxistischen Alternative als defizitär betrachtet, oft nicht als Hinweise aufgenommen, unpräzise ausgearbeitete Stücke der eigenen Theorie zu präzisieren, sondern ex cathedra und von Positionen der Macht aus durch philologische Interpretation des Werks von *Marx*, *Engels* und *Lenin* zu widerlegen versucht. Insbesondere gilt dies für die Auseinandersetzung mit der sogenannten „philosophischen Anthropologie" aber auch mit der Ontologie, als Lehre vom Sein. Innerhalb der nichtmarxistischen Philosophie wird die Ontologie idealistisch bestimmt als Lehre vom „Sein als solchem" (so bei N. *Hartmann*). Dem wurde jedoch nicht eine materialistische Ausarbeitung der Geschichte des Seins und seiner Historizität, seiner Bewegung, seiner Selbstentwicklung, entgegengesetzt, vielmehr wurde postuliert: „In der marxistisch-leninistischen Philosophie ist die ontologische Fragestellung durch die materialistische Beantwortung der Grundfrage der Philosophie erschöpft. Alle anderen durch die Ontologie aufgeworfenen relevanten Fragen werden in der marxistischen Erkenntnistheorie behandelt" (*Klaus/Buhr* 1985, S. 893). Ganz anders liest sich dies in *Engels* „Dialektik der Natur" (MEW Bd. 20), wo ebenso die allseitige naturphilosophische Untersuchung der Materie in ihrer Selbstbewegung verlangt wird, wie in *Lenins* „Philosophischen Heften"(LW 38). Von besonderem Interesse für die Perspektive der marxistischen Philosophie ist ein auf S. 335 wiedergegebenes Tableau, das die Aufgaben skizziert (Abb. 1).

Ich greife *Lenins* Bemerkungen deshalb hier auf, weil es auf dem skizzierten historischen Hintergrund in den letzten Jahrzehnten in den Naturwissenschaften vor allem auch nicht-marxistische Wissenschaftler gewesen sind, die dieses Programm zwar in Unkenntnis des Marxismus, jedoch in Auseinandersetzung mit der notwendigen Weiterentwicklung der Naturttheorie versucht haben zu realisieren. Also als Entwicklung einer Theorie des „ganzen Gebiets des Wissens" in den Naturwissenschaften. Ich denke, daß die im Rückgriff auf *Lenin* (aber ebenso auf *Engels* „Dialektik der Natur") möglichen philo-

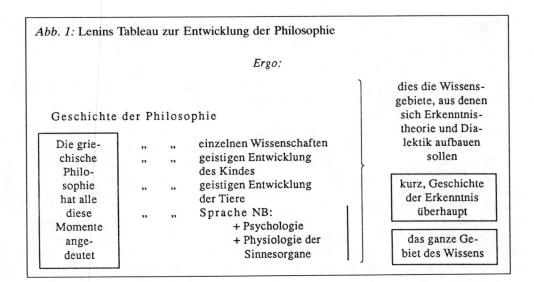

Abb. 1: Lenins Tableau zur Entwicklung der Philosophie

sophischen Reflexionen sehr wichtig sind, das gemeinsame große Erbe marxistischer und nichtmarxistischer Naturwissenschaft und Naturphilosophie auf neuem Niveau zusammenzuführen – eine in Anbetracht der Situation der Menschheit in ihrer Bedeutung überhaupt nicht zu überschätzende Aufgabe (zum gegenwärtigen Stand dieser Diskussion vgl. u. a. Dialektik 12, 1986 sowie *Sandkühler* 1990).

Am Rande dieses Tableaus steht nun die folgende Bemerkung: „dies die Wissensgebiete, aus denen sich Erkenntnistheorie und Dialektik aufbauen sollen". Dieser Gedanke verweist mit den zusätzlichen Bemerkungen sowie einigen weiteren Stellen, die *Lenin*s Verständnis von Dialektik belegen, auf eine gänzlich andere Position zur Notwendigkeit der Entwicklung der Ontologie, als sie bei *Klaus/Buhr* als offizielle Richtlinie vorgegeben wird. Denn mit zwei Bemerkungen erläutert *Lenin*, daß für ihn Dialektik keineswegs nur die (in Folge der stalinistischen Interpretation) von der Entwicklung der materiellen Welt selbst getrennte Methodologie ist. Daß sie, so lese ich diese Stelle, als Methodologie nur als Vermittlung von Erkenntnistheorie und Ontologie betrachtet werden kann („kurz, Geschichte der Erkenntnis überhaupt") ist also konstitutiv für den Aufbau der Erkenntnistheorie, aber nur auf der Basis der realen Geschichte der Welt („das ganze Gebiet des Wissens"). Als Methodologie, die das Subjekt (dessen Voraussetzungen die Erkenntnistheorie erforscht) und den Objektbereich (dessen Struktur, in die historisch das Werden und Gewordensein der Erkenntnismöglichkeiten des Subjekts eingeschlossen ist) als zueinander (in der Tätigkeit, in der Bewegung, in der Zeit) in Wechselwirkung befindliche untersuchbar macht, kann „Dialektik kurz als die Lehre der Einheit der Gegensätze bestimmt werden. Damit wird der Kern der Dialektik erfaßt sein, aber das muß erläutert werden" (ebd., S. 214). Ontologisch, d.h. in der „Erfassung des Seins als echtes An-Sich" (*Lukács* 1984, S. 10), also in seiner Historizität als „eigentümlicher Logik des eigentümlichen Gegenstandes", ist „Dialektik die richtige Widerspiegelung der ewigen Entwicklung der Welt" (LW 38, S. 100), folglich also real, von ihrem Ausgang her, von ihrem „An-Sich" die „Dialektik der Dinge selbst, der Natur selbst, des Gangs der Ereignisse selbst" (ebd., S. 101). Ihre „treibende Kraft", ihre „Quelle" ist die „Selbstbewegung". Und gerade die reale Geschichte der Natur als Geschichte ihrer Selbstbewegung („das ganze Gebiet des Wissens") bedarf somit der philosophischen Bearbeitung, also der Entwicklung der Ontologie innerhalb der Philosophie. Diese Forderung reicht über die Naturphilosophie hinaus, ist aber zugleich Voraussetzung zu ihrer adäquaten Entwicklung, da von hier aus die Fragen an die Entwicklung der Naturphilosophie als solcher (Struktur der Übergänge zwischen den verschiedenen Existenzformen der Materie) wesentlich präzisiert werden können.

Innerhalb der marxistischen Diskussion hat Georg *Lukács* am konsequentesten die Notwendigkeit einer Ontologie verfolgt. Dies trug ihm seitens der sozialistischen Kathederphilosophen das Verdikt des Revisionismus ein: Er betreibe eine „Entstellung der marxistisch-leninistischen Philosophie" (*Klaus/Buhr* 1985, S. 896). Von den Bewegungsformen der Materie, deren historisch-logische Struktur in der Entfaltung vom Allgemeinen zum Besonderen und Einzelnen in der Ontologie untersucht werden müßte, bezieht sich *Lukács* jedoch lediglich auf die „Ontologie des gesellschaftlichen Seins" (1984). Die philosophische Erarbeitung einer Ontologie des natürlichen Seins, und hier wiederum entsprechend den beiden großen Bewegungsformen der Materie: des anorganischen und des organischen Seins, ist Aufgabe der Zukunft. (Daß auch *Lukács*' Entwurf einer Ontologie des gesellschaftlichen Seins bezüglich seiner inhaltlichen Seite der Weiterbearbeitung bedarf, ist unbestritten; ich plädiere an dieser Stelle lediglich auf der allgemeinen Ebene der Notwendigkeit einer Ontologie im Marxismus.

Die in Band 1 dieses Lehrbuchs dargestellten Befunde und Analysen behandeln den Übergang von der (bei *Lukács* nicht thematisierten) Seinsebene des Psychischen ins Soziale und die Determination des Psychischen durch das Soziale. Die Seinsebene des Biotischen, so hatte ich insbesondere unter Bezug auf *Anochin*s Forschungen bereits herausgearbeitet (vgl. S. 157ff.), realisiert die Voraussetzungen des Psychischen als vorgreifende Widerspiegelung, wobei diese Überlegung in vielfältiger Hinsicht der Konkretisierung und Ergänzung bedurfte, wie ich sie z.T. bereits in Bd. 1 angesprochen habe, insbesondere in Form der Ausführungen zur zeitlichen, chronobiologischen Organisation psychischer Prozesse (vgl. S. 304ff.). Es geht nun in diesem Kapitel im Rahmen einer allgemeinen Systemanalyse biologischer Prozesse darum, das Allgemeine und die wesentlichen Besonderheiten der organischen Existenzform der Materie zu bestimmen. Was unterscheidet anorganische und organische Existenzformen der Materie, und was sind die allgemeinen strukturellen und funktionalen Zusammenhänge biotischer Prozesse im Hinblick auf die Konstitution des Systems „Subjekt – Tätigkeit Objekt" auf diesem Niveau. Ich greife im folgenden hierzu einige wichtige Gebiete der aktuellen Diskussion um Selbstorganisation des Lebendigen auf. Diese, insbesondere im Gebiet der Physik, Chemie und Biologie fachübergreifend geführte Diskussion ist deshalb von hoher Bedeutung für die Entwicklung eines neuen Grundverständnisses einer allgemeinen Behindertenpädagogik, weil es in ihr deutlich wird, daß das bisher in diesem Fach ebenso wie in der Psychiatrie dominierende biologische (biologistische) Weltbild zunehmend in Widerspruch zur Entwicklung der Naturwissenschaften selbst gerät.

7.2 Das Selbstorganisationsparadigma und die Möglichkeit des Lebens

Innerhalb der naturwissenschaftlichen Diskussion findet sich ab den 40er/50er Jahren zunehmend ein Wandel, der weg von dem klassischen mechanistischen Denken des positivistischen Weltbildes führt, innerhalb dessen die Beschreibung der Realität lediglich als Problem des adäquaten Meßverfahrens gesehen wird. Es erweist sich zunehmend, daß die Eigenbewegung der Welt Probleme aufwirft, denen nur in Erweiterung des theoretischen Wissens beigekommen werden kann. Zudem werden durch den wissenschaftlich-technischen Fortschritt vielfältige neue Fragen aufgeworfen, innerhalb derer sich mehr und mehr ein Bild der anorganischen wie organischen Bewegungsform der Materie entwickelt, das deren Entwicklung, deren Selbstorganisation Rechnung trägt.

Ich will versuchen, einige Grundgedanken dieser Diskussion wiederzugeben. Ihr Hauptergebnis ist eine zunehmende Historisierung des Herangehens an die Entwicklung der Welt. Weltall (also das unendlich Große) wie Mikrokosmos (molekulare, atomare und subatomare Ebene) wie ihre Verflechtung in der Entstehung unseres Planeten und seiner Biosphäre werden als Ausdruck historischer Entwicklung seit dem Urknall betrachtet. Entwicklung bedeutet daher die zunehmende Verflechtung von Makro- und Mikroevolution als Wechselwirkungsprozeß. Durch diese Wechselwirkung entstehen neue Formen in der Entwicklung der materiellen Welt. Die physikalischen, chemischen und biologischen Gesetze selbst werden als Resultat der Geschichte betrachtet (vgl. *Jantsch* 1979).

Dieser Prozeß kann physikalisch als Ausdruck eines *ständigen Energiegefälles* von höherwertiger Energie zu niederwertiger Energie betrachtet werden. Dabei ist die Wertigkeit der Energie zum Zeitpunkt des Urknalls am höchsten. Die gegenwärtig höchstwertigsten Prozesse des Energiegefälles finden sich in den Kernverschmelzungsprozessen der Sonnen; erst in relativ niedrigen Temperaturbereichen ist eine unendliche Vielfalt der Entwicklung neuer Formen der Wechselwirkung möglich (das Leben auf der Erde ist an bestimmte schmale Temperaturausschnitte gebunden). Und beim absoluten Nullpunkt ist die tiefste Stufe des Energiegefälles erreicht. In diesem Energiegefälle wird auf jeder Stufe *Wärme* frei (die ungerichtet wirkt) und *Arbeit* (im physikalischen Sinne) möglich, die gerichtete Einwirkungen in Form der Bildung von Strukturen hervorruft. In den Gesetzen der *Thermodynamik*, eines Teilgebiets der Physik, wird diesen Prozessen Rechnung getragen durch die Einführung des Konzepts der Entropie (vgl. die populärwissenschaftliche, ausgezeichnete Einführung von *Atkins* 1984). Im *ersten Hauptsatz* der Thermodynamik wird davon ausgegangen, daß die Energie in einem geschlossenen Universum erhalten bleibt, jedoch sich die Wärme ändert. *Energie* können wir in Annäherung an den physikalischen Gehalt des Begriffs als die Fähigkeit beschreiben, Arbeit zu verrichten. Der *zweite Hauptsatz* der Thermodynamik kennzeichnet die fundamentale *Asymmetrie in der Natur*, die ich als Energiegefälle gekennzeichnet habe. Die gesamte Energie bleibt zwar vorhanden, aber ihre Verteilung ändert sich auf irreversible Weise. Die Richtung ihrer Umwandlung ist also festgelegt. Jegliche Arbeit (ob in Form von chemischen Reaktionen, der mechanischen Prozesse in Maschinen oder der Arbeit biotischer Systeme) wird nur möglich aufgrund eines Energieflusses, der immer nur möglich ist aufgrund der gleichzeitigen Freigabe von Wärme.

Warum dies so ist, Energie also nicht restlos in Arbeit umgesetzt werden kann, klärt das mit dem zweiten Hauptsatz eingeführte Konzept der Entropie. *Entropie* wird definiert als das Verhältnis von Wärmezufuhr und Temperatur (*Atkins* 1986, S. 29). Da dies aber eine sehr abstrakte und schwer verständliche Definition ist, läßt sich das Konzept besser auf der Basis der atomaren Verteilung in einem Universum (dies muß nicht das Weltall sein, sondern kann ein zu Zwecken der physikalischen Untersuchung wesentlich beschränktes Universum sein) darstellen: Kommen Teile dieses Universums in Austausch, innerhalb derer eine unterschiedliche Proportion energetisch angeregter und nichtangeregter Atome vorliegt, so kommt es zu einer Gleichverteilung der Energie in diesem Raum, also zu einer Verringerung der Kohärenz. Entsprechend kann man Entropie als ein Maß für *Chaos* und Unordnung auffassen. Gemäß dem zweiten Hauptsatz strebt jede geordnete Form der materiellen Welt auf Chaos hin. Geordnete Strukturen, und damit auch Lebewesen, sollten demnach nicht möglich sein; zumindest war ihre Existenz von der Physik her zunächst nicht erklärbar.

Mit der Erforschung der Wechselwirkungen in der Verflechtung von Makro- und Mikroevolution wurde jedoch zunehmend deutlich, daß Ordnung selbst ein Ausdruck des Energiegefälles ist und lebende Systeme nicht im Widerspruch zu den allgemeinen Gesetzen der Thermodynamik stehen: *Lebende Systeme* halten in ihrem Inneren durch Energiezufuhr Entropie niedrig (stellen Negentropie her), indem sie zugleich die Entropie ihrer Umgebung vergrößern. Die Aufnahme von Nahrung führt Energie in hochwertiger Form zu (auf der Basis einer Nahrungskette, deren unterste Stufe die Bindung der Sonnenenergie in der Photosynthese der Pflanzen darstellt), die im Organismus zu dessen Strukturbildung und auf dieser Basis zur Tätigkeit im Objektbereich verwertet wird. Die energetisch entwertete Nahrung wird dann in Form der Exkremente wieder der Umwelt zugeführt. Die innere Energie des Organismus ändert sich ebenso durch Wärmezufuhr wie durch Arbeit; ein Teil dieser inneren Energie wird in Form von Wärme frei, der Rest kann als freie Energie wiederum in Arbeit umgesetzt werden. Hierbei ist thermodynamische Vorbedingung, daß im Universum selbst die Entropie sich fortlaufend vergrößert. Lebende Systeme werden also in physikalischer Hinsicht als *offene Systeme fern vom Gleichgewichtszustand* begriffen, die ihre Existenz durch Energie- und Materietransfer mit der Umwelt aufrechterhalten.

Wesentliche Fortschritte zum Verständnis der Prozesse des Übergangs von der anorganischen zur organischen Existenzform der Materie erbrachten (1) auf der anorganischen Seite des Übergangs Forschungen zu dem geordneten Verhalten chemischer und physikalischer Substanzen bei Energiezufuhr, (2) im Übergangsfeld, also im präbiotischen Bereich, Forschungen zu Detailfragen der physikalisch-chemischen Möglichkeiten der Lebensentstehung selbst und (3) im schon biotischen Bereich Forschungen zur Struktur und zum Verhalten von Einzellern. In allen drei Bereichen bestehen nach wie vor konzeptuelle Probleme und Mängel. Nach Meinung von *Prigogine*, Nobelpreisträger und einer der Väter des Selbstorganisationskonzepts, müssen die gegenwärtigen Erkenntnisse zwangsläufig zu einer generellen *Rekonzeptualisierung der Physik* führen. Hierbei entsteht ein neues Bild der Materie: „Sie wird nicht mehr wie im mechanistischen Weltbild als passiv betrachtet, sondern ist mit der Möglichkeit spontaner Aktivität ausgestattet" (1986, S. 19).

*Prigogine*s Forschungen bezogen sich insbesondere auf das Verhalten sogenannter dissipativer Strukturen (vgl. *Prigogine* und *Stengers* 1981, Kap. 5 und 6, sowie *Jantsch* 1979, Kap. 2, 3, 6). Durch physikalische und chemische Wechselwirkungen entstehen *Symmetriebrüche* im Verhalten von Substanzen: So bewirkt die Veränderung der Durchlaufgeschwindigkeit des Wassers beim Wasserhahn eine neue und verwirbelte Struktur des Wasserstrahls, oder das Erhitzen bestimmter Flüssigkeiten führt zum Herausbilden einer rollenförmigen Bewegung von Teilen der Flüssigkeit. Fluktuationen der Umweltbedingungen, die das System treffen (Erhöhung der Durchlaufgeschwindigkeit, Erhitzung) bewirken also eine gänzlich neue und andere, sich selbst stabilisierende Ordnung. Interessant sind dabei *dissipative Strukturen im engeren Sinne (Jantsch)*, also „physikalisch-chemische Reaktionssysteme, die Energie- und Massedurchsatz im Austausch mit ihrer Umgebung selbst in Gang halten und über längere Zeiträume global stabile Strukturen bilden" (S. 61). Ein bekanntes Beispiel ist die sogenannte *Belousov-Zhabotinskii-*

Abb. 2: Beispiel einer räumlich und zeitlich selbstorganisierten Struktur: Die Belousov-Zhabotinskii-Reaktion

(aus: Atkins 1986, S. 168)

Reaktion. Bei dem Versuch, eine Laborversion des Zitronensäurezyklus zu entwickeln, der im Zentrum des Stoffwechsels sauerstoffnutzender Zellen steht, stieß *Belousov* auf ein Reaktionssystem, das sich zeitlich und räumlich selbst organisierte. Die einfache, wäßrige Lösung fünf gewöhnlicher Chemikalien bei Zimmertemperatur strebte nicht unmittelbar nach dem Gleichgewichtszustand, sondern wechselte „mit fast vollkommener Regelmäßigkeit und für die Dauer von hundert Zyklen zwischen einer Zusammensetzung und einer anderen hin und her (ein sogenannter Grenzzyklus; d. Verf.), bis schließlich die reagierenden Stoffe erschöpft waren" (*Winfree* 1988, S. 202). Dieser selbstorganisierende Prozeß realisiert sich in bestimmten räumlichen Konfigurationen in Form von Kohlendioxidblasen, die in Form zweier spiegelbildlicher Spiralen aufsteigen (Abbildung 2). Die Kreise wandern nach außen, während sich die Spiralen drehen. Von besonderem Interesse ist es, daß diese Struktur zudem zeitlich organisiert ist und auf ultraviolette Lichtimpulse in Form einer Veränderung ihrer Phaseneinstellung reagiert, Je nach Stärke des Impulses wird entweder die Phase ausgelenkt (ungerade Phaseneinstellung) oder beginnt völlig neu (gerade Phaseneinstellung).

Dissipative Strukturen im engeren Sinne können durch *drei Grundbedingungen* gekennzeichnet werden (*Jantsch* 1979):
1. Offenheit gegenüber der Umwelt und Austausch von Energie und Materie mit ihr.
2. Ein Zustand fern vom Gleichgewicht: Nahe dem Gleichgewichtszustand wird die Ordnung der dissipativen Struktur zerstört. Fern vom Gleichgewicht, also in einem Metabolismus einfacher Form, „hält das System sein inneres Ungleichgewicht aufrecht, und dieses Ungleichgewicht hält seinerseits den Austausch (von Energie und Materie; d. Verf.) aufrecht" (*Jantsch* 1979, S. 93).
3. Auto- oder crosskatalytische Prozesse: D. h. „daß bestimmte Moleküle an Reaktionen teilnehmen, in denen sie für die Bildung von Molekülen ihrer eigenen Art nötig sind (Autokatalyse) oder zuerst für die Bildung ihrer eigenen Art (Crosskatalyse)" (ebd. S. 62).

Die gegenseitige Rückkopplung, das Herstellen einer Reaktion, die den Hersteller wiederherstellt, führt zu Schwankungen in der Konzentration verschiedener Substanzen, von dem Vorherrschen des einen Zustandes in das Vorherrschen des anderen Zustandes, ohne daß einer dieser beiden Zustände gänzlich die Oberhand gewinnt. Eine solche innersystemische Rückkopplung bezeichnet man als *„Grenzzyklus"*. Ein schönes Beispiel für einen Grenzzyklus liefert *Atkins* (1986, S. 167) an der Wechselwirkung von Kaninchen und Füchsen in einem Ökosystem. Die Energiezufuhr in dieses System erfolgt durch das im Ökosystem vorhandene Grünfutter. Die Balance wird durch die Reproduktionsnotwendigkeiten beider Arten bestimmt. Gedeihen die Kaninchen zu gut, so vermehren sich die Füchse zunehmend und dezimieren die Kaninchen; werden die Kaninchen dezimiert, so führt das zur Dezimierung der Füchse. Grenzzyklen beschreiben jedoch nicht nur eine räumliche, sondern immer eine zeitliche Struktur, so daß sich im System interne Zeit bildet, die zudem in bestimmten Fällen durch Bedingungen der Außenwelt bereits auf elementaren Niveaus (Belousov-Zhabotinskii-Reaktion) von äußeren Faktoren neu eingestellt werden kann.

Während *Prigogines Paradigma „Ordnung durch Fluktuation"* (vgl. die Ausführung bei *Jantsch*) den gesetzmäßigen Übergang in höher organisierte Existenzformen der Materie physikalisch erstmals genauer faßbar macht und dadurch die Vorgängigkeit der Selbstorganisation vor der Auslese hervorhebt, geht die durch den deutschen Physiker Hermann *Haken* entwickelte *„Synergetik"* hier noch einen Schritt weiter. Von der Untersuchung des Laserlichtes ausgehend, hat *Haken* bestimmte allgemeine Gesetzmäßigkeiten gerade des „Phasenübergangs" (also der Instablität als „Symmetriebruch") im Übergang auf das höhere qualitative Niveau herausgearbeitet. Bei einem Laser kommt es im Unterschied zu einer normalen Leuchtröhre zu einer zunehmenden Wechselwirkung zwischen angeregten Elektronen und Lichtwellen, wobei im Phasenübergang in das Laserlicht eine einzige Lichtwelle ihren Rhythmus den energetisch angeregten Elektronen aufdrückt, also die Bewegungen der Elektronen korreliert. Dies geschieht dadurch, daß im Konkurrenzkampf der Lichtwellen die Elektronen dem Energiebedarf nicht mehr nachkommen und sich schließlich eine Lichtwelle durchsetzt. D. h. auf der Ebene physikalischer Prozesse findet bereits eine darwinistische Selektion statt. Die verbleibende Welle stabilisiert sich und prägt den Elektronen ihren Takt auf. „In der Fachsprache der Synergetik ‚versklavt' sie diese. Dabei sorgt die Lichtwelle für den Ordnungszustand. Sie wird deshalb als Ordner bezeichnet. Gleichzeitig tritt zirkuläre Kausalität auf. Zum einen erzeugen die Elektronen das Lichtfeld, zum anderen wirkt das Lichtfeld auf die Elektronen ein und bestimmt deren Bewegung" (*Haken* 1988, S. 166, vgl. auch 1983, Kap. 5). Mittels eines entsprechend entwickelten mathematischen Instrumentariums kann *Haken* nun zeigen, daß bei unterschiedlichen Phasenübergängen (als Resultat von Wechselwirkungen, also synergetischen Kräften) im Phasenübergang selbst eine neue Ordnung etabliert wird, die unter bestimmten Bedingungen vorhersagbar ist. *Selbstorganisation (als erster Schritt) und darwinistische Selektion der Selbstorganisation dann als zweiter Schritt existieren auf allen Niveaus der unbelebten und belebten Materie. Das Wesen dieser Selbstorganisation ist es, daß das Ordnungsprinzip nach dem Phasenübergang ein besseres energetisches Gleichgewicht hervorruft.*

Haken erläutert solche Prozesse u.a. an der Organisation neuromuskulärer Prozesse bzw. an ökonomischen Strukturen (1988, S. 227; 1983, S. 142f.). Uns brauchen hier die inhaltlichen Details der Beispiele nicht näher zu interessieren; bedeutsam sind aber (1) die *mathematische Voraussagbarkeit des ordnungsbildenden Faktors* vor dem Phasenübergang und (2) die *thermodynamischen Folgerungen* aus den jüngsten Untersuchungen von *Haken*. Es zeigte sich, daß für offene, dynamische Systeme andere thermodynamische Grundgesetze gelten als für abgeschlossene Systeme. Die zugeführte Energie „veranlaßt Teile des Systems, verschiedene kollektive Bewegungen oder Konfigurationen zu bilden und zu testen" (ebd.). Jedes lebende System bildet damit fortlaufend selbst dissipative Strukturen aus, wie es im weitesten Sinne selbst eine dissipative Struktur ist (*Atkins* 1986, S. 163). Diese bevorzugten Bewegungsformen des Systems können mehr Energie als andere aufnehmen bzw. besser verwerten und können so dem System die Struktur aufprägen; „wir erhalten also einen Ungleichverteilungssatz" (*Haken* 1988, S. 231).

Organismen sind folglich als energiewandelnde Konstruktionen aufgrund des allgemeinen Energiegefälles zu betrachten. Sie sind dessen gesetzmäßiges Resultat im Prozeß der Wechselwirkung der materiellen Welt und sie optimieren sich selbst in der Herausbildung ordnender Strukturen in Stammes- und Individualgeschichte (vgl. *Gutmann* und *Weingarten* 1989). Dies hat erhebliche Bedeutung für die Neufassung der Evolutionstheorie wie des epigenetischen Prozesses in der Herausbildung des Phänotyps. Ich komme auf dieses Problem im Zusammenhang mit *Anochin*s Konzept der Systemogenese zurück.

Für die systemtheoretische Betrachtungsweise lebender Organismen, der wir uns Schritt für Schritt nähern, bedeutet dies, Leben selbst als Resultat eines Wechselwirkungsprozesses zu begreifen, indem chemisch-physikalische Wechselwirkungen selbstorganisierende Systeme hervorbringen, die entsprechend den Prinzipien der Synergetik in der Lage sind, sich selbst zu optimieren. Der wesentliche Schritt dieser Selbstoptimierung liegt in der über das einzelne abgeschlossene System hinausweisenden *Fähigkeit zur identischen Selbstreduplikation*, die biologisch gemeinhin als Kriterium des Lebens gesehen wird. Daß dies eine *notwendige, aber keineswegs eine hinreichende Definition zur Charakterisierung des Lebens* ist, werde ich im folgenden entwickeln.

Wesentliche Schritte zum Verstehen des Prozesses der Entwicklung des Lebendigen sind unterdessen erfolgt. Bereits in den zwanziger Jahren untersuchten *Haldane* bzw. *Oparin* Möglichkeiten der Lebensprozesse in der sog. Ursuppe, einer wäßrigen Lösung, unter Einwirkung von Energie, und in einer sauerstoffreien Atmosphäre. Während *Haldane* eher den Aspekt des „Überlebens" in Form der Entwicklung der Autoreduplikation untersuchte, war *Oparin*s Interesse auf die Realisierung und Aufrechterhaltung des Stoffwechsels gerichtet. Diesen sah er nur dann als gewährleistet an, wenn die entstandenen Verbindungen nicht unmittelbar wieder im Wasser gelöst wurden. Er stellte sich als wesentlichen Entwicklungsschritt die Bildung von *Koazervaten* vor – und entwickelte im Labor hierfür eine Reihe von Modellen. Koazervate sind abgeschlossene Tröpfchen, die die chemischen Reaktionen in ihrem Inneren durch eine Membran vor der Ausdünnung bewahren (vgl. *Dickerson* 1979, S. 100f.). Seinen Vorstellungen folgend entwickelte *Anochin* seine Grundannahmen zur vorgreifenden Widerspiegelung als wesentlicher Eigenschaft des Lebendigen und Voraussetzung einer allgemeinen Theorie funktioneller Systeme. In *Oparin*s Auffassung ist der erste Schritt die Herausbildung der räumlichen Abgeschlossenheit, diesem folgen die Prozesse der Selbstreduplikation und der Wachstumsdynamik (vgl. *Hühne* 1986).

Zu einer anderen Reihenfolge gelangt Manfred *Eigen* (*Eigen* u.a. 1981): Selbstreduplikation, hyperzyklische Koppelung von Nukleinsäuren und Proteinen und schließlich räumliche Kompartimentierung werden hier angenommen. Unter *Hyperzyklus*, also einem Sonderfall des Grenzzyklus, versteht *Eigen* eine Struktur, wo jeder Informationsträger (Ii), also eine informationtragende RNS (Ribonucleinsäure), die Instruktion für seine eigene Selbstreproduktion enthält wie für die Produktion eines Enzyms (Ei) (Proteinmoleküls). Dieses leistet für die Bildung des nächsten Informationsträgers (Ii+1) (eine andere RNS) katalytische Hilfestellung. Dieser nächste Informationsträger produziert wiederum ein Enzym (Ei+1), das im einfachsten Falle des Hyperzyklus dem ersten Informationsträger bei seiner Replikation hilft; in komplizierteren Fällen sind weitere Zwischenstufen eingeschaltet (vgl. *Jantsch* 1979, S. 150; *Eigen* u.a. 1981). Dieses System sichert eine hohe Stabilität der Reproduktionsprozesse.

Bezogen auf die unterschiedlichen Vorstellungen von *Haldane* und *Oparin*, aber auch von *Oparin* und *Eigen*, kann man für den präbiotischen Raum sicherlich der Feststellung von *Dickerson* (1979) folgen, daß dies der Streit um die Priorität von Henne und Ei ist. Zudem greifen beide Theorien nicht (1) das aktive Testen selbstentwickelter Bewegungsformen in der Umwelt mit auf, das zugleich mit der Entstehung des Lebens als ebenso notwendig erklärt werden muß, wie auch (2) die Verarbeitung der auf die Membran einwirkenden Wechselwirkungen im Inneren des Systems, das zugleich (3) Rückwirkungen auf die Wirkungsgradeinstellung der Rezeptoren der Membran entwickelt haben muß. *Dickerson* selbst schlägt gegenüber beiden Ansätzen eine Stufung in fünf Schritten vor, die wohl gegenwärtig am wahrscheinlichsten den Übergang von der anorganischen zur organischen Form der Materie beschreibt: (1) die Bildung des Planeten Erde mit einer Atmosphäre, die für lebende Strukturen brauchbares Rohmaterial enthält; (2) die Synthese einfacher, für biologische Zwecke brauchbarer Moleküle wie Aminosäuren, Zucker und organischer Basen; (3) die Vereinigung dieser einfachen Moleküle zu komplizierter gebauten Proteinen und Nukleinsäuren (dies kann in Koazervaten geschehen sein, aber auch in Tonerden; unter diesen Bedingungen entstehen möglicherweise die ersten Hyperzyklen); (4) die Umwandlung von Koazervaten in Protobionten mit selbständigen chemischen Reaktionen; (5) die Bildung der Vervielfältigungsmaschinerie, die dafür sorgt, daß Tochterzellen jeweils die gleichen Fähigkeiten haben wie die Zellen, aus denen sie hervorgehen (also Existenz des genetischen Codes in Form der DNS-Doppelhelix).

Ein *großes Problem der gegenwärtigen Biologie* besteht darin, daß als *entscheidendes*

Kriterium für die Definition von Leben nahezu durchgängig *nur die Autoreduplikation der Organismen benannt* wird. Denn neben der Autoreduplikation sind bereits bei elementaren Lebensformen nach diesem Kriterium quasi sprunghaft eine Reihe von Eigenschaften gegeben, deren Evolution bis dahin nicht untersucht wurde. Dies sind die erstaunlichen *Orientierungs- und Bewegungsleistungen* bereits der Einzeller ohne Zellkern (Prokaryoten). Sie sind, entsprechend Funden in Sedimentgesteinen, vor mehr als 3,4 Milliarden Jahren als erste vollständige Lebensformen entstanden (das Alter der Erde wird mit 4,6 Milliarden Jahren angesetzt). Heutige Vertreter der Prokaryoten sind z.B. die Bakterien. Von ihnen bis zur Entwicklung der Einzeller mit Zellkern (Eukaryoten) und auf deren Grundlage dann später der Mehrzeller vergeht der riesige Zeitraum von ca. 2 Milliarden Jahren. *Leben setzt jedoch wesentlich mehr voraus als identische Autoreduplikation: Es verlangt die Fähigkeit zu einem Energie- und Materieaustausch fern vom Gleichgewicht und die Orientierung und Bewegung in einer Umgebung, die dieses sichert.* Es ist gegenwärtig müßig, darüber zu spekulieren, wie das Entstehen von Orientierung und Bewegung im Übergangsfeld zwischen anorganischer und organischer Bewegungsform der Materie entstanden ist, zumindest kann beides nicht als schlagartig gegeben angenommen werden. Die Untersuchungen im präbiotischen Bereich müßten sich systematisch auf Systeme des Typs „Subjekt – Tätigkeit – Objekt" beziehen. Bereits einfache dissipative Strukturen wie der von *Belousov* untersuchte Zitronensäurezyklus verweisen auf die Evolution dieses Systems. Sie zeigen (1) über Ordner in Form innerer Zeitstrukturen (Grenzzyklusablauf) regulierten Verhaltensablauf und (2) Beeinflußbarkeit der Bewegung durch spezifische Umweltbedingungen (die in irgendeiner Form „wahrgenommen" werden müssen, also Rezeptorstrukturen chemischer Art vorfinden müssen), was sich in der veränderten Phaseneinstellung durch ultraviolettes Licht zeigt.

Mit dem Problem der Entstehung des Lebens ist also auf Seiten des Subjekts gleichzeitig eine *Theorie des Organismus* zu entwickeln, die die *aktive und rückgekoppelte Vermittlung des Subjekts mit dem Objektbereich* zu klären vermag. Dies ist aber nichts anderes als eine Theorie der Informationsverarbeitung, -gewinnung, -herstellung (ich verwende bis zur Klärung dieses Problems verschiedene Begriffe synonym) des Subjekts in seinem Objektbereich. Eine solche Theorie werde ich im folgenden Verlauf des Kapitels insbesondere auf der Basis von *Anochin*s Arbeiten zu einer allgemeinen Theorie des funktionellen Systems, jedoch auch unter Aufgreifen zahlreicher weiterer Forschungen darzustellen und zu entwickeln versuchen.

7.3 Allgemeine Theorie des funktionellen Systems I: Information und vorauseilende Widerspiegelung

Bereits in Band 1 (S. 157 ff.) bin ich auf die erstaunlichen Orientierungs- und Bewegungsleistungen von Einzellern am Beispiel des Verhaltens des Typhoid-Bakteriums eingegangen. Ich will mit einigen weiteren Forschungsbefunden diese Problematik erneut aufgreifen.

Verhaltensstudien an dem Bakterium Escherichia coli zeigen ähnliche Orientierungsleistungen, wie am Beispiel des Typhoidbakteriums beschrieben (*Adler* 1987). Die Bakterien bewegen sich aktiv im Hinblick auf räumliche Konzentrationsgefälle von

Nährsubstanzen und verfügen über ein elementares Erinnerungsvermögen, d.h. sie adaptieren sich einige Zeit an die je veränderten Umweltbedingungen durch gezielte Gleitbewegungen oder gleichförmigen Gleit-Stolper-Rhythmus mittels ihrer Geißeln. *Adler* identifiziert vier Schalterproteine, die Wahrnehmung und Bewegung miteinander vermitteln. Er vermutet, daß die Informationsverarbeitung auf der Basis von Ionenströmen (elektrisch geladene Atome) stattfindet.

Diese Prozesse müssen aber als insgesamt über den *Stoffwechsel* der Zelle vermittelt angenommen werden (zum Aufbau der Zelle, zu ihrer Physiologie und Anatomie bei Eukaryoten vgl. die hervorragende zweibändige Einführung von *de Duve* 1986). Forschungen zur Signalübertragung bei Säugetierzellen (*Kruppa* u.a. 1988) verweisen darauf, daß Zellen auf positive Information in ihrer Umgebung eine Phosphorylisierung eines Ribosomenproteins vornehmen (Ribosomen sind der Apparat, in dem auf Basis des genetischen Codes durch die ribosomale RNS Aminosäuren zu Proteinen verknüpft werden), die zu einer verstärkten Eiweißbiosynthese führt. Stress hingegen bewirkt eine Dephosphorylisierung, also eine Einschränkung der Eiweißbiosynthese. Die Zellen regulieren also ihren Stoffwechsel in Einstellung auf Umweltbedingungen. Dies erklärt sich auf dem Hintergrund der evolutionstheoretischen Notwendigkeit, lebende Systeme auf allen Ebenen als aktive, energiewandelnde Konstruktionen zu betrachten: „Sie tun etwas, was keine Physik, außer einer auf Lebewesen abgestimmten Biophysik beschreiben kann: Denn erst durch ihre *Eigenaktivität*, die an Lebewesen als autonome Gebilde gebunden ist, vermögen sie sich kraft ihrer *Eigenbewegung* in die Materie- und Energieströme der äußeren Realität einzuschalten oder sich nach Maßgabe der vorliegenden Organisation gegen sie zu verschließen" (*Gutmann* und *Weingarten* 1987, S. 230).

Forschungen bei Bakterien zeigen darüber hinaus Erstaunliches: Sie gelten bisher formal als Einzeller, leben aber zu Tausenden bis zu Milliarden in Kolonien zusammen, innerhalb derer sie *arbeitsteilige Wechselverhältnisse* eingehen, um „spezialisierte und unvereinbare chemische Prozesse ausführen zu können" (*Shapiro* 1988, S. 53). Zum Teil wandern sie als zusammenhängende Einheiten in Form hochentwickelter vielzelliger Fruchtkörper, die geordnete Konfigurationen aufweisen, indem sie sich an Schleimspuren der wandernden Kolonie orientieren. Zum Teil bilden sie kugelförmige Kolonien, die es ihnen erlauben, Beuteorganismen zu fangen und zu verdauen, ohne daß deren Nährsubstanzen in der wäßrigen Lösung, in der Bakterien leben, ausgewaschen werden. Andere Bakterien zeigen in Nährlösung ringförmige Wachstumsprozesse mit deutlichen Wachstumsspurts in bestimmten Zeitabständen, was auf die Wirkung biologischer Uhren rückschließen läßt, die das Verhalten in Kolonien koordinieren. „Biologische Uhren und die zeitliche Steuerung von Entwicklungsvorgängen aber waren bei Bakterien bisher unbekannt" (S. 56). Auf die Bedeutung *biologischer Uhren* für die Koordination des Verhaltens von eukaryotischen Einzellern (sogenannten sozialen Amöben) und in Abstimmung damit der inneren Organisation ihrer energetischen Zyklen weist *Winfree* (1988, S. 203f.) hin: Zellen scheiden in regelmäßigen Abständen als Folge ihrer inneren zeitlichen Organisation cAMP, eine chemische Signalsubstanz, aus. Fügt man der Lösung, in der sie leben, cAMP-Impulse hinzu, so wird die Phase ihrer biologischen Uhr ungerade abgelenkt (d.h. in ihrer Dauer verschoben) oder bei stärkerem Impuls gerade eingestellt, d.h. sie beginnt mit dem Impuls neu. Biologische Uhren und an diese gekoppelt die zyklische Lebenstätigkeit der Zelle werden also durch soziale Interaktion neu eingestellt. Gleichzeitig setzt eine Zelle beim Getroffenwerden durch eine cAMP-Welle nicht nur ihr eigenes cAMP frei, sondern bewegt sich in Richtung der Quelle. Die biorhythmische Tätigkeit der einzelnen Zelle wird also vom Zellverband organisiert und organisiert zugleich den Zellverband.

Dies ist das gleiche synergetische Wechselwirkungsverhältnis (wechselseitige Rückkoppelung in der Herausbildung eines „Ordners" bei „Versklavung" untergeordneter Strukturen), wie es *Haken* (1988) am Beispiel des Laserlichts beschrieben hat, allerdings auf einem anderen Systemniveau, das der genauen Untersuchung bedarf. In der Terminologie von *Leontjew* (1979) könnte man davon sprechen, daß die Existenz der höheren Ebene von der niederen abhängt, aber diese determiniert.

Durch diese Form der Selbstorganisation kommt es bei der von *Winfree* beschriebenen Amöbenart zur Bildung eines schneckenähnlichen, kriechenden Zellaggregats. Zurück zur zitierten Arbeit von *Shapiro:* Bakterienkolonien zeigen geordnete Explorationsleistungen. Sie bewegen sich auf ein unbekanntes Objekt zu, untersuchen es und verlassen es wieder (S. 58f.). Der Autor folgert: „Wenn Bakterien ... zu so komplexen Entwicklungsprozessen und Verhaltensmustern wie Vielzeller fähig sind, dann dürfte ein tieferer Einblick in ihre Kommunikationsweisen auch das Verständnis der Informationsverarbeitung bei höheren Organismen fördern" (S. 59).

Bei *Eukaryoten* (Einzeller, deren Erbinformation im Zellkern abgekapselt ist und auf deren Grundlage sich mehrzellige Organismen entwickeln) sind vergleichbare Orientierungs- und Verhaltensmuster schon länger bekannt. Man nimmt an, daß diese Zellen selber das Resultat einer Symbiose verschiedener Prokaryoten sind, daß also bereits hier einfache Lebewesen sich zu einem Lebewesen höherer Ordnung und Leistung dauerhaft organisiert haben (vgl. *Jantsch* 1979, S. 175; ausführlich *Margulis* 1981).

Der Vorteil dieser Synthese in Form des Einbaus in (1) eine fermentierende prokaryotische Zelle von (2) energieliefernden Bakterien, die die Mitochondrien (energetischer Apparat) der Zelle bilden, (3) Bakterien mit Bewegungssystem, das die Verpackung des Zellkerns wie seine ungeschlechtliche Vermehrung durch mitotische Zellteilung sichert und (4) den Einbau von Chloroplasten, die bei Pflanzen die Photosynthese sichern, liegt in einem völlig neuen Niveau der Selbstorganisation, das erst den dauerhaften Übergang zur Mehrzelligkeit sichert. Damit verbunden ist ein großer Überschuß an DNS, also der Erbsubstanz, der ab Eukaryoten-Niveau bei weitem nicht mehr restlos realisiert wird. Dies sichert über die konstante neutrale Mutationsrate (*Kimura* 1983) und die weitere Speicherung von in der Evolution erworbener, aber nicht mehr realisierter Erbsubstanz ein ständiges ultrastabiles Reservoir an Erbinformationen. Unter bestimmten Bedingungen kann dieses Reservoir zur organismischen Veränderung in der Selbstorganisation im selektiven Hineinwachsen in neue Umwelten genutzt werden (vgl. *Pritchard* 1986 bzw. als Überblick über die gegenwärtigen evolutionstheoretischen Richtungen *Jantzen* 1989a).

Eukaryotische Zellen – einzeln lebend oder als Zellen in Mehrzellern – zeigen *vielfältige Bewegungs- und Orientierungsmöglichkeiten*. Beim Aufbau des Organismus orientieren sich Zellgruppen an chemischen Gradienten oder an physikalischen Wechselwirkungen in Form von Adhäsionsstellen (*Edelman* 1984, *Goodman* und *Bastiani* 1985); sie zeigen im Bereich der Körperzellen, aber auch der Zellen des Nervensystems beim Aufsuchen ihrer Zellorte aktive Bewegungsfähigkeiten durch Verlagerung ihrer Außenmembran (*Abercrombie* 1982, *Bretscher* 1988) und aktive konstruktive Leistungen beim Aufbau des Organismus. So gibt *Pritchard* (1986, S. 272) Befunde aus der Embryogenese des Seeigels wieder, wo Bindegewebszellen im Inneren des zunächst eher kugelförmigen Organismus ihre Fortsätze (Filopodien) in Richtung des animalen Pols (vorderes Körperende) ausstrecken und sich an dieses heranziehen, wodurch die Einbuchtung der späteren Mundregion und des Darmes (also der Kloake) entsteht. Diese Prozesse verlaufen insgesamt in einem hohen Grad von räumlicher und zeitlicher Orientierung, in der sich die je einzelnen Zellen immer wieder in ihrer je gegebenen Umwelt aktiv orientieren. Die einzelnen Zellen verfügen ersichtlich über rückgekoppelte Informationsprozesse über die Gesamtstruktur des Organismus. Dies wird an dem Beispiel von kleinen Süßwasserpolypen (Hydra) deutlich, das *Haken* (1983) wiedergibt: Man kann diese Tierchen (die aus einigen hunderttausend Zellen bestehen) teilen, wobei sich dort, wo ein Kopf erhalten bleibt, ein neuer Fuß und, wo ein Fuß erhalten bleibt, ein neuer Kopf bildet. Ein vorhandener Kopf sorgt ersichtlich durch die von ihm ausgehenden biochemischen Gradienten und Wechselwirkungen dafür, daß in „seiner engeren Umgebung kein zweiter entsteht" (S. 102f.). Zum aktuellen entwicklungsgenetischen Forschungsstand verweise ich insbesondere auf *Pritchard* (1986). Weiterhin ist auf die Herausbildung von unterschiedlichen Verhaltenseigenschaften bei verschiedenen Zelltypen in Mehrzellern zu verweisen, die erst am Beginn ihrer Erforschung steht. So unterscheidet ein aktuelles Sammelreferat (*Jahnssen* 1986, S. 368) aufgrund ihrer Reaktionsformen 13 verschiedene Nervenzelltypen im Zentralnervensystem von Säugetieren.

Ich belasse es bei diesem Überblick, der auf eine Reihe von Problemebenen aufmerksam macht, die in einer allgemeinen Theorie der funktionellen Organisation von Organismen ihren Platz finden müssen: Aktive Orientierung in einer Umwelt, Informationsgewinnung über diese Umwelt, Verhältnis von physiologischen Umbauprozessen zur Informationsverarbeitung, zeitliche Organisation dieser Prozesse usw. Man nähert sich der Hauptfrage einer Theorie des funktionellen Systems mit der von *Bretscher* am Ende seines Aufsatzes „Wie tierische Zellen kriechen" aufgeworfenen Frage: „Und was veranlaßt eine stationäre Zelle, sich plötzlich zu bewegen?" (1988, S. 62).

An dieser Stelle greife ich nun erneut *Anochin*s Überlegungen auf, die sich mit der Frage einer *allgemeinen Theorie funktioneller Systeme*, also Systembildung auf dem Niveau der lebendig organisierten Materie generell befassen. In Band 1, Kap. 5.1.1 (S. 157) habe ich die allgemeinen Grundlagen seiner Annahme der *vorgreifenden* (vorauseilenden) *Widerspiegelung* bereits behandelt. Mit *Oparin* argumentierend, nimmt er unter den Bedingungen der räumlich-zeitlichen Organisation der Welt, in die die Lebewesen hineinwachsen, deren Bezug auf diese räumlich-zeitliche Struktur an (*Anochin* 1978). Dies geschieht, indem auf der Basis katalytischer Mechanismen im Zellprotoplasma chemische Reaktionsketten entstehen, die den Bedingungen der Außenwelt Rechnung tragen, bevor diese auftreten. Entsprechend den Stufen der Entwicklung des Lebens, die *Oparin* unterscheidet (s. o.), erfolgt (1) auf der Basis der Abgrenzung durch Koazervatbildung, innerhalb derer (2) sich erst diese schnellen Reaktionsketten bilden, (3) eine Hereinnahme von Makrozeitereignissen der äußeren Welt in Form von Mikrozeitereignissen im Protoplasma. *Hühne* (1986), der diesen Gedanken nachzeichnet und naturphilosophisch weiterführt, greift dabei auf *Hegel*s Gedanken zur Evolution der einfachen Momente des Arbeitsprozesses zurück, den *Marx* zur Bestimmung des allgemeinen Arbeitsbegriffs benutzte (vgl. hierzu Bd. 1, Kap. 1.2). Als Evolution des Gegenstandes bezeichnet *Hühne* die Trennung der Welt in die des Subjekts und Objekts durch die Membran des Koazervats; die Evolution der Mittel, also der Organe der eigenen Tätigkeit, beginne in Form der nunmehr beschleunigt ablaufenden chemischen Reaktionsketten, die Entwicklung der Tätigkeit selbst in Form der sekundären Verbindung von Subjekt und Objekt auf der Basis der vorauseilenden Widerspiegelung (S. 179ff.).

Ich halte diesen Gedanken für zu mechanisch. Er stellt die Frage nach Henne und Ei dort, wo durch die Entstehung des Systems selbst die Eigenschaften des Systems zugleich entstehen. Insbesondere vernachlässigt *Hühne*, aber ebenso *Anochin* selbst, die *Frage, was die Grundlage der zeitlichen Struktur der Hereinnahme von Makrozeit sein kann.*

Eine solche zeitliche Grundlage kann nur in einer *internen Systemzeit* gefunden werden, die in Form einer zeitlichen Quantelung äußere Ereignisse in innere Ereignisse überführbar macht. (Vgl. das Problem der notwendigen zeitlichen Quantelung bei Tonbandaufnahmen, wo eine Eins-zu-Eins-Repräsentation des Zeitablaufs in der Außenwelt und im System erfolgt, oder bei fotografischen Zeitrafferaufnahmen, wo Makrozeit in Mikrozeit verkürzt wird. Bei Änderungen in der Zeitquantelung selbst kommt es zu Verzerrungen des Abbildverhältnisses zwischen realer Situation und Wiedergabe). Als Basis solcher Strukturen können aber nur *biorhythmische Prozesse* angenommen werden, die durch den Einbau chemischer Uhren (vgl. z.B. den oben erwähnten Zitronensäurezyklus) möglich sind. Da sie zugleich Bestandteil jeder Organisation des Lebendigen sind, entsteht mit ihnen eine neue Form von Zeit als *subjektiv gerichteter Zeit.* An sie sind gattungsgeschichtliche Erfahrungen ebenso gekoppelt wie auch die individualgeschichtliche Herausbildung vorauseilender Widerspiegelung. Darüber hinaus ist folgendes zu beachten: Einerseits bilden diese Zeitstrukturen die Basis des Bezugs auf die Ereignisketten des Objektbereichs (vorgreifende Widerspiegelung als Basis der Tätigkeit); andererseits sind sie aber Ausdruck der Erhaltung der Lebensprozesse selbst, die im Energie- und Materieaustausch mit der Umwelt fern vom Gleichgewicht gesichert werden (und sich im Grenzzyklusverhalten ausdrücken).

Diese Überlegungen führten mich dazu, in Band 1 (Kap. 6.3.4) prinzipiell von *drei Zeitachsen im Prozeß der Vermittlung von Subjekt und Objekt* auszugehen: Dies sind (1) die zeitlichen Raten seiner Energie- und Materietransferprozesse, seines Stoffwechselzustands und -bedarfs, (2) die zeitlichen Raten der Verfügbarkeit von objektiven Bedingungen und Substanzen der Außenwelt, die zur Lebenserhaltung notwendig sind (im Gedächtnis in Form von Chemismen niedergelegt und im Prozeß der Tätigkeit realisierbare vorauseilende Widerspiegelung) und (3) chronobiologische Zeitachsen, die als inneres Zeitgefüge den in dieser Tätigkeit zugänglichen äußeren Objektbereich auf der Basis des Gedächtnisses (Informationsspeicherung) mit dem Bedarfszustand des Organismus vermitteln. Im Wechselspiel dieser Prozesse entsteht erst das *Psychische*, so hatte ich argumentiert, als sinnhafter und systemhafter Aufbau der Lebenstätigkeit (vgl. die in Band 1, Kap. 5.1 und 6.3 skizzierte Naturgeschichte psychischer Prozesse). Auf der Basis dieser Zeitachsen wird gegenwärtige Struktur des Organismus in künftige Tätigkeit übersetzt, in ihren Wechselwirkungen bilden (1) die oszillatorischen Eigenrhythmen die Basis der emotionalen Bewertungsprozesse, (2) die Bedarfszustände des Organismus (einschließlich derer seines Zentralnervensystems selbst) die Grundlage der Bedürfnisse und (3) die Chemismen des Gedächtnisses die Grundlage des Wahrnehmungs- und Handlungsrepertoires in der Tätigkeit.

Auf elementaren Niveaus des Lebens sind es, so belegen die oben gegebenen Beispiele, ersichtlich diese Uhren, die die Zeitabläufe der Lebensprozesse regeln. Sie bilden vermutlich auch die Grundlage der sogenannten Angeborenen Auslösemechanismen (AAM). Diese beinhalten die Auslösung erbkoordinierter Verhaltenssequenzen nach dem Schlüssel-Schloß-Prinzip auf der Basis bestimmter Schlüsselreize (indem der Schlüsselreiz auf der Ebene biologischer Sinnbildung das Motiv der Tätigkeit setzt; vgl. Kap. 6.3.1). In der Tätigkeit selbst hängen die Freiheitsgrade der Informationsverarbeitung, Bewegung und Wahrnehmung dann wieder von den je konkreten Möglichkeiten und Fähigkeiten des Subjekts im Rahmen seiner Artspezifik und Lebenserfahrung ab. *Über biologische Uhren wird das Subjekt an die gattungsrelevanten Situationen der Umwelt gekoppelt und stellt auf diese Weise selbst die Voraussetzungen zum Überleben der Gattung her* (vergl. das oben erwähnte Beispiel der sozialen Amöben). Insgesamt sind biologische Uhren noch nicht so erforscht, daß auf allen Quantelungsebenen von Zeit über sie Aussagen getroffen werden können. Auf der Ebene der Wirkung der circadianen Rhythmik (ca. 24-Std.-Rhythmus) lassen sich jedoch bereits sehr interessante Feststellungen zur Verhaltensorganisation treffen.

So kann der Schlaf-Wachrhythmus von Mücken durch entsprechende Lichtimpulse in Form einer ungeraden oder geraden Phaseneinstellung beeinflußt werden. (Entsprechend sind wir im übrigen selbst bei einer Reise durch verschiedene Zeitzonen ungeraden Phasenverschiebungen ausgesetzt). Mit einer für die Gattung unüblichen Reizkonstellation kann bei Insekten sogar die circadiane Uhr ausgeschaltet werden. Dies sind Reize, die der sogenannten Singularität einer Uhr entsprechen. Die Singularität ist der Ort, an dem die Zeitphasen einer Uhr nicht existent sind: Für die Ortszeitverschiebungen von Datumsgrenze zu Datumsgrenze auf der Erde sind dies die Pole. Stechmücken der Culex-Art verhalten sich auf der Basis eines Stimulus (eine Stunde diffuses Licht zu einem Zeitpunkt, der sonst Mitternacht bedeuten würde) außerordentlich merkwürdig, wenn man sie in Folge ohne Zeitgeber hält. Sie zeigen nur außerordentlich kurze Schlafphasen und einen Zustand der ständigen Aktivität, der jedoch durch einen einzigen Lichtimpuls sofort beendet werden kann (*Winfree* 1988, S. 127).

Biologische Uhren werden also von außen synchronisiert und synchronisieren ihrerseits die Lebenstätigkeit des Subjekts, also das Verhältnis von innen und außen. Je höher ein Lebewesen organisiert ist, desto eher erreicht es natürlich *chronobiologische Ultrastabilität*, indem es selbst seine inneren chronobiologischen Prozesse organisiert (z.B. Abstimmung Pulsschlag und mentale Tätigkeit beim Menschen: Bei mentalem Schwimmtraining steigt der Pulsschlag entsprechend der realen Leistung, bei autogenem Training erfolgt eine niedere Einstellung). Hierbei erfolgt in der Regel eine ungerade Phaseneinstellung: D.h. die Dauer der Phase wird beeinflußt.

Wenn aber, so ist nun zu folgern, die subjektive Seite der Veränderung der Phase jeweils der *emotional/affektive Prozeß* ist, so ändert eine *ungerade Phaseneinstellung* nicht den Gegenstand der Tätigkeit. Sie wirkt vielmehr auf die zeitliche Struktur der Tätigkeit zurück und auf die notwendige Abstimmung innerer und äußerer Bedingungen. Entsprechend muß bei diesem Prozeß die Widerspiegelung der Änderung der Phaseneinstellung Teil der Orientierungstätigkeit sein, also *Emotion* und nicht Affekt (vgl. Kap. 4.10). Wie ausgeführt, organisiert sich die Emotion (E) (negativ wie positiv) auf der Basis von Gradientenorientierung in dem sich verändernden Produkt von Stärke des Bedürfnisses (B) und pragmatischer Ungewißheit (Δ I) jeweils in der Gegenwart im Prozeß der Tätigkeit (nach *Simonov* 1982, ist E = f (B . Δ I); siehe Kap. 4.8). Der *Affekt* hingegen ist diskontinuierlich. Er ist etwas, was „mich packt"; er entsteht „plötzlich und blitzartig" (*Leontjew* 1979, S. 191). Zudem realisiert er sich auf Grund anderer psychophysiologischer Mechanismen. Welcher Veränderung der Zeitstruktur entspricht nun aber dem Affekt? Meines Erachtens kann er nur die psychische Widerspiegelung einer *geraden Phaseneinstellung* biorhythmischer Strukturen sein, in der ein äußeres Ereignis radikal den inneren Tätigkeitsablauf unterbricht und einen sofortigen Übergang auf eine gänzlich andere Form der Tätigkeit erzwingt. *Die gerade Neueinstellung der Phase hat nach Seiten des Subjekts das Resultat völliger Neuheit einer Situation, die auf der Grund-*

lage der Funktionsweise lebender Organismen überhaupt (mit und ohne Nervensystem) eine möglichst schnelle Umwandlung in Bestätigung, Vertrautheit erfordert.

Der *Evolutionsvorteil* eines solchen Systems liegt auf der Hand: Ein ständiger Vergleichsprozeß organismischer Grenzzyklen mit periodischen und aperiodischen Veränderungen der Außenwelt ist möglich. *Dadurch kann das Subjekt die zwei Strategien der Suche nach Energiegewinnung und der Vermeidung von Energieverlust optimal koordinieren.* Es steht ständig vor der Problematik, im Sinne einer für seine Selbstkonstruktion und Selbstorganisation optimalen Energiebilanz einerseits Energieverausgabung (durch Arbeit in Form von Bewegung) zu vermeiden und andererseits Energiezufuhr durch zielgerichtete Tätigkeit (insb. Bewegung) zu ermöglichen. Eine optimale Strategie verlangt also die optimale Abstimmung von Ruhepausen und Aktivität in der Lebenstätigkeit, entsprechend den Energieverbrauchsgradienten im System selbst und möglichen (vorgreifend widergespiegelten) Energiequellen in der Außenwelt. Hinzu kommt zugleich die notwendige Abstimmung der *Reproduktion der Gattung*, die durch die Koppelung der biologischen Eigenrhythmik an für die Gattunsreproduktion relevante „Schlüsselreize" in Form der AAM realisiert wird. Der Organismus stellt also mittels dieser chronobiologischen Regulation seiner Eigenaktivität (Affekt, Emotion) ständig *harmonische Verhältnisse* in der Widerspruchslösung *zwischen organismischer Struktur und Bedingungen der Außenwelt* her (vgl. auch *Jantzen* 1988a). Unter harmonischen Verhältnissen kann mit *Hegel* eine „zusammenstimmende Einheit im Widerspruch" verstanden werden. Und im Gegensatz zum „Wörterbuch Philosophie und Naturwissenschaften", das diesen Begriff im Bereich der Naturwissenschaften für vorwissenschaftlich und irreführend hält, zeigt sich gerade hier die natürliche Basis jenes Harmoniebegriffs, der im Rahmen der Subjekt-Objekt-Dialektik des menschlichen Lebens für Kunstwissenschaften und Pädagogik anerkannt wird: *Harmonie* bedeutet dort „Gestalt und Funktion aller Teile in einem Ganzen so abzustimmen, daß die Funktion der jeweils anderen Teile und vor allem die Funktion des Ganzen maximal befruchtet wird" (*Hörz* u. a. 1983, S. 336f.). Offen bleibt, wie jener Faktor näher zu bestimmen ist, der metaphorisch hier als die maximale Befruchtung des Ganzen benannt wird. Er entspricht dem besseren energetischen Gleichgewicht in der Auffassung von *Haken* (s. o.). Ich werde dies im Detail bei der Diskussion des systembildenden Faktors in der Auffassung von *Anochin* behandeln, der für diesen der „nützliche Endeffekt" der Systemaktivität ist.

Zuvor ist jedoch das Verhältnis zwischen der *Selbstorganisation des Organismus* und der Organisation des psychischen Prozesses als *Widerspiegelungs-* und *Informationsverarbeitungsprozeß* vertieft zu behandeln. Diese Problematik hat in *Anochins* allgemeinen Überlegungen zum Wesen funktioneller Systembildung ebenfalls nicht in jeder Hinsicht den Stellenwert, den sie erfordert. Ich gehe damit über zur Behandlung des Verhältnisses der autonomen Homöostase-Regulation des Subjekts (Autopoiese), zur Informationsverarbeitung und dem Aufbau kognitiver Strukturen, das insbesondere von *Maturana*, *Varela* und *Roth* im Rahmen der Entwicklung einer „Biologie der Kognition" grundsätzlich neu bearbeitet wurde.

In einer grundsätzlichen Neubestimmung der *Biologie der Kognition* (1977) bricht der chilenische Neurobiologe Humberto *Maturana* 1970 mit der bis dahin vorherrschenden Betrachtungsweise kognitiver Prozesse in Form der Beschreibung des Verhaltens von Organismen vom Standpunkt eines *„äußeren Beobachters"*. Er untersucht vom Standpunkt des *„inneren Beobachters"* das kognitive Verhalten von Systemen, die in einem abgeschlossenen organismischen Raum aufgebaut werden, und kommt zu überraschenden und radikalen Konsequenzen, auf die ich im folgenden noch eingehe. In ähnliche

Richtung arbeitete Francesco *Varela* (1979), so daß beide Autoren als Väter eines neuen Paradigmas der Neurobiologie gelten können, das unterdessen im weiteren Sinne der erkenntnistheoretischen Dimension des *„radikalen Konstruktivismus"* subsumiert wird. Obwohl *Maturana*s grundlegende Arbeit bereits 1977 in einer Arbeitsübersetzung auf Deutsch vorlag, begann die Rezeption im wesentlichen erst nach ihrem erneuten Abdruck in einem Sammelband „Erkennen: Die Organisation und Verkörperung von Wirklichkeit" (1982). Das zusammen mit *Varela* verfaßte Buch „Der Baum der Erkenntnis" (1987) stellt die Theorie in populärer Fassung dar und ist im Begriff, ein „Kultbuch" zu werden. Aus ihm bedienen sich Autoren, die ansonsten die Neurowissenschaften gemieden haben wie der sprichwörtliche Teufel das ebenso sprichwörtliche Weihwasser, mit immer neuen verballhornten „Erkenntnissen": So auch im Bereich der Behindertenpädagogik *Speck*, der unter Bezug auf *Maturana* und *Varela* die Position der gesellschaftlichen Determiniertheit des Menschen als biologisch überholt kennzeichnet (1987, S. 182).

Was also ist diese neue und wesentliche Perspektive in der Verknüpfung des Selbstorganisationsparadigmas mit den Problemen der Informationsgewinnung über die reale Umwelt? Ich beginne mit der Klärung dreier *zentraler Begriffe* bei *Maturana*: Autopoiese, Informationelle Geschlossenheit und Strukturelle Koppelung:

Autopoietische Systeme sind lebende Systeme, die sich selbst organisieren, selbst herstellen, sich selbst erhalten und selbstreferentiell sind (so *Roth* 1986 in der weiteren Präzisierung dieses Gedankens). Man kann ihre funktionale Organisation als „zyklische, selbstreferentielle Verknüpfung selbstorganisierender Prozesse verstehen" (S. 202). Selbstreferentialität bedeutet, „daß jeder Zustand des Systems an der Hervorbringung des nächsten Zustandes konstitutiv beteiligt ist" (S. 201). Selbstreferentielle Systeme sind daher operational geschlossen, wobei sie gleichzeitig bezüglich ihres Energie- und Materietransfers offen sind. Autopoietische (wörtlich: sich selbst schaffende) Systeme sind außerdem in dem Umfang, daß ihre Lebensbedingungen garantiert sind, autonom gegenüber ihrer Umwelt; sie sind zweckfrei, ihr einziges Ziel ist die Systemaufrechterhaltung. Autonomie bedeutet, daß diese Systeme gegenüber ihrer Umwelt eigene Freiheitsgrade der Entscheidung besitzen, die nicht außendeterminiert sind. Dies gilt „bis zur Grundstufe der Zellorganisation" (*Varela* 1982, S. 88). Sie werden instabil, wenn sie mit Außenbedingungen verknüpft werden, die sie in die Position fremdbestimmter Input-Output-Einheiten bringen (ebd., S. 91). Sie konnten sich in der Weltgeschichte entwickeln, da für die Entwicklung des Lebens nicht die Spielregel galt und gilt: „Dies *mußt* Du tun und alles andere ist verboten", sondern: „Dies ist *nicht* erlaubt, aber was Du sonst tust, ist egal" (ebd., S. 90).

Informationelle Geschlossenheit: Maturana betrachtet Information als *Interaktion des Systems mit seinen eigenen Zuständen.* Denn die Außenwelt ist dem System nicht unmittelbar gegeben, sie ist vielmehr Resultat der Interpretationen, die das System den Wechselwirkungen an seinem äußeren Rand (Körperoberfläche, Rezeptoren) gibt. Die Zirkularität im System, also seine ständige Interaktion mit eigenen Zuständen begründet Information. Das Nervensystem ist folglich ein geschlossenes Netzwerk von Interaktionen. „Ich habe also die Vorstellung aufgegeben, daß das Nervensystem in der Gegenwart eine Umwelt errechnet, das Nervensystem errechnet vielmehr ausschließlich seine Übergänge von Zustand zu Zustand, und zwar in einem in sich geschlossenen Prozeß des Operierens als konkret gegebene Struktur hier und jetzt, als eine Struktur allerdings, die durch ihre Geschichte erfolgreicher struktureller Koppelung an ein sich veränderndes Medium durch eben dieses sein Operieren ausgebildet wurde" (1982, S. 19). *Roth*, der auch diesen Gedanken *Maturana*s präzisiert, spricht nicht von informationeller, sondern von operationaler Geschlossenheit; ich komme darauf zurück. Obwohl diese Position wie Solipsismus wirkt (das Subjekt schafft durch seine Gedanken die Welt; vgl. *Lenin* LW 14), ist sie dies nicht im klassischen ontologischen Sinne, sondern im „epistemeologischen", also erkenntnistheoretischen Sinne (*Schmidt* 1987, S. 35). Die Existenz einer objektiven Realität wird anerkannt, bestritten wird die Möglichkeit ihrer objektiven Erkennbarkeit und der Abbildcharakter der Kognitionen. Hierbei zeigt es sich schnell, daß oft ausschließlich von einem sensualistischen Abbildbegriff ausgegangen wird. Ernsthafter sind Argumente von *Roth*, ein solches System könne keine Abbilder hervorbringen, da es über keine Urbilder verfüge. Wie die Vermittlung des Subjekts mit dem Objektbereich stattfindet, darin unterscheiden sich die Auffassungen. Auf jeden Fall ist der Ansatz monistisch und materialistisch, da er Psychisches konsequent aus Interaktionszuständen des Materiellen ableitet und davon ausgeht, daß die lebenden Systeme im Prozeß der Geschichte des Lebens selbst entstanden sind.

Strukturelle Koppelung: Am wenigsten interessiert sich *Maturana* selbst für die Vermittlung des lebenden Systems mit seiner Umwelt, also seiner strukturellen Koppelung an ein Medium: „Mit anderen Worten, strukturelle Koppelung an ein Medium und adäquates Verhalten in diesem Medium sind notwendige historische Folgen des Operierens eines Organismus und seines Nervensystems als geschlossene strukturdeterminierte Systeme, um in einem stabilen oder sich verändernden Medium ständig ihre Organisation zu erhalten und ihre Anpassung durchzuführen. Im Prinzip bedarf es keiner darüber hinausgehenden Erklärung" (1982, S. 21).

Kognitive Prozesse sind folglich Resultate autopoietischer, autonomer lebender Systeme, die sie in Zuständen der Interaktion mit ihren eigenen Zuständen hervorbringen. Sie sind *strukturdeterminiert*, d.h. durch den inneren Zustand des Gesamtsystems bestimmt, und *rekursiv*, da jede neue Operationsebene auf den Zuständen aufbaut, die sie mit der Interaktion in der Struktur der vorherigen Ebene selbst geschaffen hat (vgl. *Foerster* 1987, S. 149). Als wesentliche und bestimmende Faktoren, welche die kognitive Strukturbildung auf der Basis der Interaktion des Systems mit seinen eigenen Zuständen bestimmen, werden von *Ciompi* (zit. nach *Schmidt* 1987, S. 62) affektive Faktoren angenommen. *Maturana* oder *Roth* äußern sich nicht zu diesem Komplex. Allerdings arbeitet *Roth* einige wesentliche Momente des Informationsaufbaus im System präziser heraus, die ich im folgenden darstellen will.

Roth (1986, vgl. auch 1987b) unterscheidet sorgfältig zwischen dem Aufbau des Organismus als autopoietischem System und dem Gehirn, das als solches nicht autopoietisch ist. Es ist „vollkommen von der materiellen Realität abhängig, aber die kognitive Wirklichkeit ist von dieser Realität vollkommen getrennt" (1986, S. 210). Dies bedeutet aber in keiner Weise, „daß diese Welt von der übrigen Welt völlig abgesondert ist, oder daß die reale Welt nur in meinem Kopf existiert" (ebd.). Denn es existieren bestimmte Gesetzmäßigkeiten in der Übersetzung der Ereignisse der Außenwelt, die dem Gehirn unzugänglich sind, in die Sprache des Gehirns, also in seine elektrischen und biochemischen Signale. Diese Zusammenhänge werden ausführlich dargestellt in der Arbeit „Das reale Gehirn und seine Wirklichkeit" (1985, erneut 1987a).

1. Die Hirntätigkeit in der Herstellung der kognitiven Funktionen ist gesichert, da das Hirn zum einen über eine strenge *Topologie* verfügt (also eine räumliche Ordnung). Auf deren Basis „weiß" es, woher welche Information in seiner Einheitssprache der bioelektrischen und chemischen Signale kommt und was das jeweilige Signal bedeutet. Zum

anderen ist durch diese *Einheitssprache* selbst die Basis des kognitiven Prozesses gesichert.

2. Die primären Sinnesempfindungen und -modalitäten entstehen nicht in den Sinnesorganen. Dort resultiert die Wechselwirkung des Organismus mit der äußeren Welt, die in den Sinnesorganen in die Einheitssprache des Gehirns übersetzt wird. *Anochin* selbst (1978, S. 77ff.) geht von der konservativen Struktur der Rezeptoren der Peripherie aus. Damit die Genauigkeit der Informationsübertragung (bzw. der Informationskonstruktion) gesichert ist, bedarf es sowohl einer hohen Sensibilität der physiologischen Substanz der Rezeptoren gegenüber den Bedingungen der Außenwelt wie einer hohen erblichen Determination dieser Strukturen. Gleichzeitig ist nach *Anochin* eine hohe Selbständigkeit der Zentrale in der Selbstregulation festzustellen (a.a.O.). Auch *Roth* hebt in vergleichbarer Weise die hohe Flexibilität des Gehirns bei der Interpretation der Signale hervor.

3. Der Übergang von den modalen Wechselwirkungen an der Peripherie zu der Bedeutungszuweisung der Signale durch die Zentrale erfolgt nach bestimmten Prinzipien:
3.1 Es besteht eine *Bedeutungszuweisung* nach topologischen Kriterien als neuroanatomische „Grobverdrahtung", die teils angeboren sind, teils ontogenetisch erworben.
3.2 Die Gesamtheit der kognitiven Welt läßt sich in *drei* große *Bereiche* teilen: „Einen ersten Bereich, dem alle Dinge und Prozesse der sogenannten Umwelt angehören, die wir also als ‚Dingwelt' erfahren; einen zweiten Bereich, zu dem unser Körper und alle mit ihm verbundenen Erfahrungen gehören, die wir also ‚Körperwelt' nennen können; und einen dritten Bereich, in dem alle unsere unkörperlichen Zustände und Erlebnisse existieren, also Gefühle, Vorstellungen, Gedanken" (S. 92) Das „Ich" selbst, das diesem dritten Bereich zugehören würde, ist ein Ergebnis der Konstruktionen unseres Gehirns. Es ist „keine eigene Instanz, sondern ein spezifisch hervorgehobener komplexer Zustand des Gehirns" (S. 105). Auf der Basis der Unterscheidungen dieser Bereiche erzeugt das Gehirn seine kognitive Welt: Während die Umwelt nur sensorisch im Gehirn repräsentiert ist, ist der Körper sensorisch und motorisch repräsentiert. Daher ist die gehirninterne Erfahrung des Körpers prinzipiell anderer Art als die Erfahrung der Umwelt. Auf diese Weise ist das Gehirn in der Lage zur Konstituierung der Körperidentität und zur Erzeugung eines „draußen".

Ich kommentiere in Kürze einige Aussagen von *Roth* bis hierher:
In Band 1 habe ich herausgearbeitet, wie das Ichbewußtsein auf der Entstehung des Körperbewußtseins aufbaut und inwieweit die Dialektik von Körperselbstbild und Abbild der Welt zum Aufbau der kognitiven Prozesse führt (vgl. Abb. 17, S. 205: „Organisatoren des Psychischen" sowie Abb. 27: „Der psychophysiologische Zusammenhang sinnbildender Strukturen"). Bereich 3 ergibt sich also aus der höheren Hierarchisierung der psychischen Prozesse gegenüber Bereich 2.
Darüber hinaus entfällt in der Unterscheidung *Roth*s der dritte von mir unterschiedene Bereich sinnbildender Strukturen auf der Basis affektiv-emotionaler Prozesse. Es entfällt aber auch der sehr wichtige Unterschied propriozeptiver (innere Rückkoppelung über Gelenk- und Muskelrezeptoren der Bewegungsorgane) und interozeptiver Rückmeldung (innere Rückkoppelung qualitativer und quantitativer Art über Körperzustände der inneren Organe mit Ausnahme der Bewegungsorgane). Schließlich entfällt der Unter-

schied zwischen qualitativen und quantitativen Einwirkungsprozessen (also einerseits emotive, epikritische, coenesthetische, qualitative Zustände wie z.B. Schmerz, andererseits diakritische, sensorische, prokritische, quantitative Zustände, die sich sowohl auf das Abbild der Welt wie das Körperselbstbild beziehen; so die entsprechenden Unterscheidungen bei *Spitz, Head, Wallon, Pribram*; vgl. Bd. 1, S. 304). Diese Einschränkungen berühren überhaupt nicht den hohen methodologischen Wert von *Roth*s Herangehensweise. Sie nötigen jedoch zu Präzisierungen bei der Entwicklung einer allgemeinen Theorie funktioneller Systeme.

3.3 *„Das Gehirn hebt die prinzipielle Isolation aller neuronalen Systeme von der Welt dadurch auf, daß es die Welt als interne Umwelt konstituiert und mit dieser umgeht"* (*Roth* 1985, S. 107). Eine derartige konstruktive Informationsbildung wird durch drei Prinzipien gewährleistet, die Zuverlässigkeit sichern:

Absicherung der Zuverlässigkeit des *Übersetzens:* Durch „lange Stammesgeschichte und prägungsartige ontogenetisch frühe Lernprozesse (ist) eine mehr oder weniger verläßliche Zuordnung von Sinnesorganen zu bestimmten Sinneszentren und von Sinnesqualitäten zu bestimmten lokalen Erregungsmustern im Gehirn garantiert" (S. 97). Es gibt also eine mehr oder weniger fest vorgegebene „Grobverdrahtung". Auf diesen Aspekt komme ich ausführlich bei *Anochin*s Auffassungen zur „Systemogenese" zurück, d.h. zur Entwicklung dieser Strukturen im Rahmen der körperlichen Entwicklung selbst. Im Sinne der sowjetischen Neurophysiologie handelt es sich hier um unbedingt-reflektorische Strukturen, im Sinne der Ethologie um Erbkoordinationen, die durch AAM mit spezifischen Schlüsselreizen der Umwelt verkoppelt werden.

Absicherung der Umweltverarbeitung durch *parallele Konsistenzprüfung:* D.h. (intermodaler) Vergleich der Mitteilungen, die das Gehirn über verschiedene Kanäle gleichzeitig erhält (S. 98). *Anochin* spricht hier von „Afferenzsynthese". Afferenzen sind die einen Organismus von peripher nach zentral erreichenden Impulse.

Konsekutive Konsistenzprüfung mit Hilfe des Gedächtnisses, indem die neuen Eindrücke im Vergleich mit den alten auf interne Stimmigkeit überprüft werden. Dies geschieht nach *Anochin* durch die Herausbildung eines „Handlungsakzeptors" auf der Basis von Bedürfniszuständen und Gedächtnisprozessen, der zugleich mit der Programmierung der Handlung entsteht (s.u.).

An diesem Punkt will ich nun eine *zusammenfassende Wertung* über den theoretischen Gewinn versuchen, den diese Überlegungen für die Entwicklung einer allgemeinen Theorie funktioneller Systeme bringen:

(1) Sie arbeiten präzise und genau mit neurobiologischen Mitteln heraus, daß die Information über die materielle Welt vom Subjekt im Austausch mit dieser materiellen Welt konstruiert wird. Es darf daher in der Tat nicht mehr schlechthin von Informationsübertragung, sondern es muß für die kognitiven Prozesse selbst von *Informationskonstruktion* gesprochen werden.

(2) Die mit der Untersuchung der autopoietischen Prozesse begründete *Autonomie des Subjekts* gilt in biologischer wie kognitiver Hinsicht. Entsprechend gilt, daß lebende Systeme biologisch und kognitiv instabil werden, wenn sie äußerer Beeinflussung nach dem Reiz-Reaktions-Modell ausgesetzt werden.

(3) Bezüglich der *Zielrichtung der Selbstorganisation*, die eigene *Homöostase* zu sichern, ist präzisierend folgende Bemerkung von *Bernstein* (1987, S. 225) hinzuzufügen: *„Dabei zielt der Organismus nicht auf die Erhaltung eines Zustandes oder eine Ho-*

35

möostase ab, sondern auf die Weiterentwicklung in Richtung des artgemäßen Entwicklungs- und Selbsterhaltungsprogramms.“

So wertvoll die Überlegungen von *Maturana* und *Varela* und ihre Präzisierung durch *Roth* sind, so kann ihnen doch in drei zentralen, miteinander verbundenen Fragen *nicht gefolgt* werden:

(4) *Roth* geht davon aus, daß das Gehirn die Welt konstruiert und *nicht* rekonstruiert (1985, S. 98). Das Hirn könne *keine Abbilder* schaffen, da es über *keine Urbilder* verfüge (1986, S. 209). In der Begründung dieses Kontextes bleibt *Roth* einem Denken verhaftet, das noch die Spuren dessen trägt, was er überwinden möchte. Ich habe eine vergleichbare Einschränkung bei der Behandlung des Homöostase-Begriffs gerade aufgezeigt. Er formuliert: „Diese externe Reizsituation wirkt auf die Rezeptoren, nicht aber auf das Gehirn. Das Gehirn kann also gar nicht abbilden, weil es keinen Zugang zu irgendeinem Urbild hat" (ebd.). D.h. *Roth* trennt das Subjekt aus dem System „Subjekt – Tätigkeit – Objekt" heraus und betrachtet es nicht vom Standpunkt der Entwicklung in diesem System, nicht vom Standpunkt der Tätigkeit, der Selbstbewegung. Wenn ich hierzu *Leontjew* paraphrasiere, so wäre zu antworten: „Das Gehirn bezieht sich auf die Welt mittels der von ihm eingestellten Sinnesrezeptoren". Dies ist möglich, da es in der Stammesgeschichte als Basis aller Informationskonstruktion *feste „Verdrahtungen“ in dem System „Subjekt – Tätigkeit – Objekt“ gibt*. Sie liegen in Form der AAM vor (und der auf ihnen aufbauenden EAM; das sind erworbene Auslösemechanismen). Ihre innere Seite ist die Erbkoordination und deren chronobiologische Eingestelltheit auf einen bestimmten Schlüsselreiz; ihre äußere Seite ist die materielle Existenz des Schlüsselreizes. Dieser dient als äußerer Organisator des Abbilds, also als „Etalon", Urmaß (vgl. zur Behandlung dieser Kategorie, allerdings nur bezogen auf den Tätigkeitsprozeß der Menschen, *Lektorski* 1985). Man kann sich diesen Prozeß mathematisch als sich *gegenseitig aufrufende rekursive Funktionen* vorstellen (vgl. *Hofstader* o.J, S. 148), die zu einer „verschachtelten Hierarchiebildung" führen (ebd., S. 569): Nach bestimmten Regeln ruft die autopoietische Selbstorganisation Aspekte der Umwelt auf (Schlüsselreiz; unbedingter Reiz). Die dann durch die Tätigkeit erschlossenen neuen Aspekte der Umwelt rufen neue Prozesse in der Entwicklung des Subjekts selbst auf (im Rahmen derer sich dann unbedingte ‚Reflexe' in bedingte und neutrale Reize in bedingte Reize verwandeln). Rekursivität dieser Art gilt für die Übersetzung des Genoms in die Körperstruktur, wo ein derartiger wechselseitiger Aufruf erfolgt (epigenetischer Prozeß). Sie gilt ebenso für den Aufbau der kognitiven Prozesse. Ich verdeutliche dies in Abbildung 3, deren ersten Teil (rekursive Entwicklung elementarer biologischer Prozesse) ich *Hofstaders* Buch „Gödel, Escher, Bach" entnommen habe (S. 569), in dem den Problemen der Rekursivität an zahlreichen Beispielen nachgegangen wird. Der zweite Teil (rekursive Entwicklung kognitiver Strukturen) versucht eine Konkretisierung der hier entwickelten Argumentation.

(5) *Maturana* spricht von *informationeller* Geschlossenheit, *Roth* etwas vorsichtiger von *operationaler* Geschlossenheit. Dem kann ich zustimmen. *Roth* läßt jedoch das *Informationsproblem* offen, da er nicht deutlich unterscheidet, auf welchen Ebenen das Subjekt Information konstruiert oder verarbeitet. Betrachtet man diese Prozesse im System „Subjekt – Tätigkeit – Objekt", so zeigt es sich, das im Raum-Zeit-Kontinuum der Welt das Gehirn notwendigerweise über ein eigenes Raum-Zeit-Kontinuum verfügen muß, bezogen auf seine Wechselwirkungen in diesem System (*Anochin*). Dieses Raum-Zeit-Kontinuum ermöglicht erst die Informationskonstruktion. Es steht durch aktuellen Informationsfluß physikalischer Art (z.B. Lichtwellen, Tonwellen, Molekulardichten

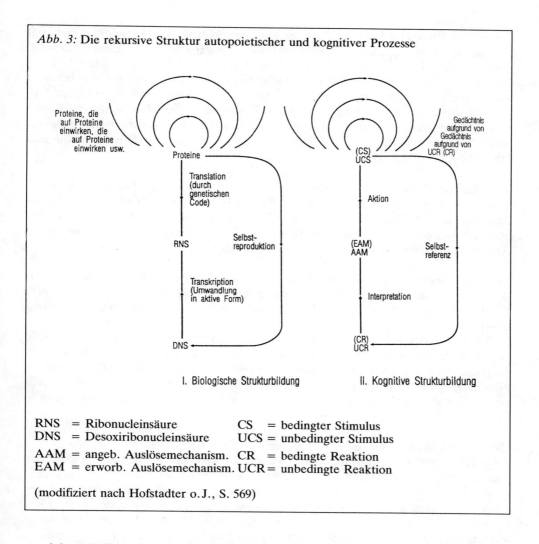

Abb. 3: Die rekursive Struktur autopoietischer und kognitiver Prozesse

(modifiziert nach Hofstadter o.J., S. 569)

usw.) im ständigen Austauschprozeß mit der physikalischen Umwelt. D.h. die Wechselwirkungen der Außenwelt mit den Rezeptoren werden in die Einheitssprache des ZNS übersetzt. Insofern ist das Gehirn im physikalischen Sinne von Information (also Ereignisquantelung der äußeren Welt, die durch die Sinnesorgane auf der Basis chemisch-physikalischer Wechselwirkungen in neuronale Impulse vermittelt wird) gegenüber der objektiv-realen Welt offen. Es ist aber in der Konstruktion seiner Information operational geschlossen und verfügt über einen ständigen autonomen Informationsüberschuß durch Konstruktion gegenüber der realen Welt. *Das Gehirn rekonstruiert daher die reale Welt, indem es sie konstruiert* (vgl. auch die Behandlung des Abbildproblems in Bd. 1).

(6) Der von *Maturana* gesetzte und seiner Ansicht nach nicht der Erforschung bedürftige Aspekt der strukturellen Koppelung, auf den *Roth* faktisch nicht zu sprechen kommt, findet seine Aufklärung in den oben genannten Koppelungsprozessen chronobiologischer Strukturen. Lebende Organismen sind so gebaut, daß ihre elementaren

Raum-Zeit-Parameter in Form chronobiologischer Prozesse (und subjektiv in Form affektiver, emotionaler, sinnhafter Wertung) ständig gegenüber einer Eichung durch die Umwelt offen sind. Nur das sichert ihr Überleben (vgl. *Winfree* 1988). Diese Eichung kann durch Koppelung an räumlich-zeitliche Strukturen der unbelebten wie belebten Welt, aber insbesondere auch an das Verhalten der eigenen Gattung erfolgen. Das Resultat dieser strukturellen Koppelung sind je subjektiv die Sinnbildungsprozesse (biologisch, individuell, persönlich) und je auf den Objektbereich gerichtet die Bindungs- (oder Vermeidungs-)Prozesse im Sinne der affektiv-emotionalen Objektwertung und Objektbesetzung (vgl. Bd. 1, Kap. 6.3).

Auf dieser Basis ist es nun möglich, zu weiteren systematischen Aussagen in *Anochins* Theorie überzugehen. Im Rahmen dieses Abschnitts behandele ich allgemeine Überlegungen zu dem Problem der funktionellen Systembildung und ihrer Naturvoraussetzungen. Im folgenden Abschnitt werde ich dann Anochins psychophysiologische Theorie der Architektur des funktionellen Systems im Detail darstellen und diskutieren.

In der Abhandlung „*Das chemische Kontinuum des Gehirns als Mechanismus der Widerspiegelung der Wirklichkeit*" (erstmals publiziert 1970) vertieft *Anochin* (1978, S. 129ff.) einige Gedanken aus seiner Arbeit über vorgreifende Widerspiegelung (1962).

Er nimmt dabei als *Grundgesetz* der Arbeit des Gehirns an: „*Das absolute, universelle Gesetz der anorganischen Welt – die Entwicklung der Erscheinungen im Raum-Zeit-Kontinuum führt im Laufe der Evolution der lebenden Materie dazu, daß das Gehirn der Tiere als spezielles Widerspiegelungs- und Anpassungsorgan die Eigenschaft erwarb, daß seine Vorgänge in voller Übereinstimmung mit den Komponenten dieses Kontinuums in Raum und Zeit ablaufen*" (S. 135).

Diesen Gedanken entwickelt er in verschiedenen Schritten:

(1) Die eigentliche Natur dieser Anpassungen ist auf der Ebene der Tätigkeit der einzelnen Nervenzellen in den in ihrem Protoplasma ablaufenden Vorgängen auszumachen. „*Die Anpassung selbst besitzt stets integralen, systemartigen Charakter, doch der Elementarvorgang in diesen Systemen ist die Entladungstätigkeit des Neurons*" (S. 136). Dabei kommt es insgesamt bei einem ununterbrochenen Wechsel der äußeren Reize in Mikrointervallen zu einer ständigen Überlagerung und Summation der Erregungen.

(2) Diese *Überlagerung* ist ein ständiger und wesentlicher Faktor in der Aktivität des Gehirns. Auf ihrer Basis realisiert sich, daß in die permanente Eigenaktivität des Gehirns „ununterbrochen all das Relative und Variable eingeflochten wird". D.h. in die Vor-Anlasser-Integration (d.i. die permanente Hirnintegration, die die auslösende Wirkung eines Reizes bestimmt) wirken ständig Nervenentladungen hinein, die „ihrem Wesen nach die ununterbrochene ‚Melodie' des Raum-Zeit-Kontinuums der Außenwelt nachspielen" (S. 137).

(3) Es existiert also eine *spezielle Neuronentätigkeit*, „die den ständigen Kontakt des Gehirns und damit des Organismus mit allen Vorgängen sichert, die sich in den verschiedenen Entwicklungsetappen des Raum-Zeit-Kontinuums abspielen" (ebd.). Dies entspricht *Roths* Annahme der sukzessiven Konsistenzprüfung.

(4) Dies führt dazu, „*daß die durch die vorangegangenen Einwirkungen hervorgerufenen chemischen Vorgänge im Neuron durch neue chemische Vorgänge überdeckt werden, die durch eine nachfolgende Komponente des Raum-Zeit-Kontinuums ausgelöst*

werden". Die Entladungstätigkeit des Neurons „schweißt" also vorangegangene Ereignisse im Leben des Gehirns mit nachfolgenden zusammen (S. 138).

(5) Im Verlauf der Evolution hat das Gehirn spezielle *Strukturen* und spezielle Wechselwirkungen zwischen diesen Strukturen ausgebildet, die „speziell für die Reproduktion des Raum-Zeit-Kontinuums der Außenwelt und für die Einbeziehung der lebenswichtigen Momente bestimmt sind" (S. 139). Dies entspricht *Roths* Topologieannahme, wird aber im folgenden Schritt darüber hinausgehend weiterentwickelt.

(6) Da die *Nachwirkungen der Reize* unterschiedliche Schicksale haben, können einzelne Nachwirkungen (z.B. Nachwirkung eines vorangegangenen indifferenten Reizes und „Einholung" dieser Nachwirkung von einem Schmerzreiz) im Protoplasma einer Zelle zusammentreffen. Treffen sie häufiger zusammen, so verläuft dann der Vorgang über Nervenverbindungen, „die chemisch bereits vor dem Eintreten der Reaktion auf den Schmerzreiz fixiert wurden"; es handelt sich also *„um ein echtes Vorauseilen spezifischer chemischer Hirnprozesse vor den Komponenten des Raum-Zeit-Kontinuums"*. Dies ist dann im *Pawlow*schen Sinne eine Signalreaktion (S. 139f.).

(7) Jede Hirntätigkeit ist Ausdruck der Lebenstätigkeit des Organismus als *offenes System*, das „aktiv als ‚Eingänge' die seinem Stoffwechsel fehlenden exakt programmierten Komponenten" aufsucht. Dies realisiert sich auf Basis der *ständigen Fortbewegung* der Organismen, durch die Neues in die Lebensprozesse eingeführt wird: *„Das ist das nützliche Ergebnis der Tätigkeit des Tieres*, das ununterbrochen im Verlauf seiner aktiven Beziehung zum Raum-Zeit-Kontinuum der Außenwelt entsteht" (S. 140).

(8) Es entsteht also ein *„biologisches Widerspiegelungsfeld"*, „das die Bedeutung des Ergebnisses klassifiziert und jenes Element generalisierender Bekräftigung einführt, das alle *vorangegangenen* Etappen der Reizeinwirkungen, die Nachwirkungen im Zentralnervensystem gelassen haben, einbezieht". Dabei sind die biologisch bedeutsamen und *emotionsauslösenden* Reize die notwendigen Voraussetzungen, „die den Weg für künftige vorgreifende Reaktionen unter der Einwirkung irgendeines entfernten Kettengliedes des Raum-Zeit-Kontinuums" vorbereiten. *„Somit wird die ununterbrochene Folge der Erscheinungen der Außenwelt in dem ‚biologischen Widerspiegelungsfeld' als eine ‚intermittierende Folge' für die Tiere und den Menschen lebenswichtiger Ereignisse widergespiegelt, die zeitlich voneinander getrennt sind, aber durch das Kontinuum wenig bedeutsamer Ereignisse des Verhaltensaktes miteinander verbunden werden"* (S. 141).

Diese Überlegungen präzisieren und ergänzen die bisherige Argumentation. Insbesondere zeigen sie nochmals deutlich, daß Widerspiegelung im Anochinschen Sinne dem Tatbestand der Informationskonstruktion entspricht. Darüber hinaus wird hier naturphilosophisch vertiefend geklärt, auf welcher Grundlage der Dialektik von innen und außen eine solche Informationskonstruktion erst möglich ist. Es gibt von hieraus gesehen keinerlei Gründe, auf den Begriff der Widerspiegelung zu verzichten.

Wendet man die bisher erörterten Befunde und Überlegungen auf die Frage an, wie man denn nun im System „Subjekt – Tätigkeit – Objekt" die Verbindungen von Subjekt und Objekt in der Tätigkeit genauer modellieren kann, so muß zunächst gefragt werden, was denn das *Wesentliche eines Systems* ist. Wir greifen damit Überlegungen wieder auf, die wir mit der Theorie der Selbstorganisation und der Synergetik begonnen haben und in deren Mittelpunkt die Frage nach dem *„systembildenden Faktor"* steht. Ohne die Lösung dieser Frage kann der Übergang zur Ebene der „Architektur des Systems" nicht erfolgen. Dies arbeitet *Anochin* in einem Aufsatz „Prinzipielle Fragen der allgemeinen Theorie funktioneller Systeme" (erstmals 1973) heraus (vgl. Abb. 4).

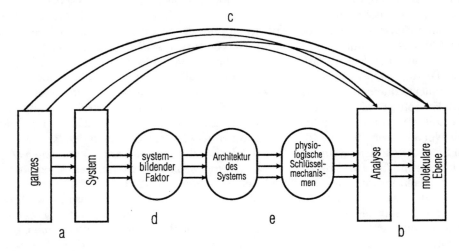

Abb. 4: Schematische Darstellung der Rolle des systembildenden Faktors als „konzeptueller Brücke" zwischen der Systemebene und subtilen analytischen Prozessen

a – Ebene der ganzheitlichen Systemtätigkeit; b – Ebene der subtilen analytischen Prozesse; c – Weg der üblichen Korrelationsbeziehungen; d – Einbeziehung des systembildenden Faktors, der den Vorgang der Ordnung zwischen der Vielfalt der Komponenten des Systems erklärt; e – operationale Architektur des Systems und ihre Schlüsselmechanismen.
(aus: Anochin 1978, S. 152)

Ich gehe nicht auf die Details dieser Argumentation ein, sondern referiere das Ergebnis. Erinnern wir uns: Gemäß der Auffassung von *Haken* bzw. von *Atkins* setzen sich aufgrund der Gesetze der Thermodynamik dissipative Strukturen des lebendigen Systems durch, die mit freier Energie ein optimales Maß an Arbeit durch Ordnungsbildung realisieren, also die energetisch günstigsten Alternativen darstellen.

Anochin geht hier einen wesentlichen Schritt weiter, indem er das *konkrete Resultat der Tätigkeit*, also ihren widergespiegelten *nützlichen Endeffekt*, als systembildenden Faktor begreift (S. 159ff.). Das System besitzt „imperative Möglichkeiten" (dies entspricht *Haken*s Kategorie des „Ordners", der andere Teile des Systems „versklavt"), die Erregunsverteilung in einer bestimmten Richtung zu organisieren, die „vom Nichtorganisierten zum Organisierten" führt (S. 160f.). Insofern ist in diesem System statt von Wechselwirkungen besser von „gegenseitigem *Zusammen*wirken" zu sprechen.

Anochin definiert: „*Als System kann man nun einen solchen Komplex elektiv eingezogener Komponenten bezeichnen, bei denen die Wechselwirkungen und Wechselbeziehungen den Charakter eines gegenseitigen Zusammenwirkens der Komponenten zum Erreichen des angepeilten nützlichen Resultates annehmen.* Der konkrete Mechanismus der Wechselwirkung ist ihre Befreiung von überflüssigen Freiheitsgraden, die zum Erreichen des betreffenden konkreten Resultates nicht erforderlich sind, und umgekehrt das Erhaltenbleiben all jener Freiheitsgrade, die zum Erreichen des Resultates beizutragen vermögen. Das Resultat hat seinerseits durch seine charakteristischen Parameter und infolge der Reafferentation die Möglichkeit, das System umzuorganisieren und dadurch eine solche Form von Wechselwirkung zwischen seinen Komponenten herbeizuführen, die für das Zustandekommen des vorprogrammierten Resultates am günstigsten sind. *Somit ist das Resultat die unabdingbare, entscheidende Komponente des Systems, das Instrument, das die geordnete Wechselwirkung zwischen allen anderen Komponenten des Systems herbeiführt*" (1978, S. 162).

Mit dieser Definition werden mindestens drei Probleme genauer gelöst, die ich in diesem Kapitel bisher untersucht habe:

1) Der synergetische Prozeß wird durch die resultative Rückkoppelung vermittelt. Dies kann als rekursiver Prozeß verschachtelter Hierarchiebildung verstanden werden.

2) Die Autonomie des Systems kann sich nur durch Ausschaltung bestimmter, bei Beibehaltung anderer, Freiheitsgrade realisieren.

3) Die vorauseilende Widerspiegelung in der Informationskonstruktion sichert als innerer Organisator den rekursiven Aufruf der für den nützlichen Endeffekt typischen Reizkonstellation. Die Veränderung der Interaktionen der Außenwelt mit den Rezeptoren im Verlauf der Tätigkeit sichert umgekehrt als äußerer Organisator den rekursiven Aufruf einer autonomen Tätigkeit des Subjekts, die diesen veränderten Bedingungen Rechnung trägt.

*Anochin*s Theorie ist also weit mehr als die gemeinhin als physiologisches Regulationsmodell dargestellten Annahmen zur Architektur des funktionellen Systems. Sie bietet einen wertvollen theoretischen Rahmen zur Weiterentwicklung naturphilosophischer Fragen überhaupt.

Zugleich ist es aber jetzt möglich, nach der Spezifik der Architektur der rückgekoppelten (doppelt rekursiven) Verbindung zwischen Subjekt und Objekt zu fragen. Das folgende Unterkapitel stellt hierzu ebenso *Anochin*s Lösungsversuch wie auch weitere wesentliche Vorschläge vor.

7.4 Allgemeine Theorie des funktionellen Systems II: Die Architektur des funktionellen Systems

Bei einer allgemeinen Theorie des funktionellen Systems geht es um die *Zusammenhänge zwischen Zentrale und Peripherie* im Organismus, um die funktionelle Vermittlung ihres Zusammenspiels, die eine besondere Architektur aufweist. Diese rückgekoppelten Prozesse sind von verschiedenen Physiologen unabhängig voneinander entdeckt und beschrieben worden. Das wesentliche Prinzip ihrer Funktionsweise ist das *Reafferenzprinzip*, also die Rückkoppelung der zentralen Impulse, die auf efferentem Wege die Peripherie erreichen, durch von dieser ausgehende rückläufige Impulse (Reafferenzen).

Ich beginne bei den jüngsten Entdeckern, deren Entdeckung gemeinhin als Übergang zu einem neuen Paradigma der Physiologie betrachtet wird (vgl. *Henatsch* 1988), nämlich den deutschen Physiologen Erich *Holst* und Horst *Mittelstaedt*. In einem erstmals 1950 erschienenen Aufsatz „Das Reaffenzprinzip (Wechselwirkungen zwischen Zentralnervensystem und Peripherie)" (zitiert aus *Holst* 1969) legen sie eine allgemeine Fassung u. a. in Form folgender Abbildung vor (Abb. 5).

Dieses von *Holst* und *Mittelstaedt* beschriebene Reafferenzprinzip war jedoch vorher unabhängig voneinander von *Bernstein* 1929 (in einer bisher in deutscher Übersetzung

Abb. 5: Allgemeines Schema des Reafferenzprinzips

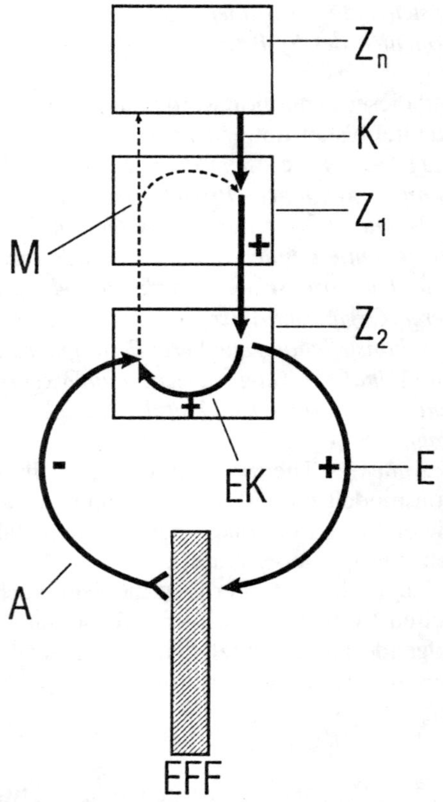

Z_n

K

Z_1

M

Z_2

Z1 bis Zn sind hierarchisch übereinander liegende Zentren. Von Zn absteigende Kommandos laufen als Efferenz E heraus. Diese verursacht in den benachbarten Zellgruppierungen eine zeitlich verzögerte Ausbreitung, die Efferenzkopie EK. Diese Efferenzkopie tritt mit der Reafferenz A im Zentrum Z1 in Wechselwirkung. Sofern auf Grund der äußeren Einwirkung am Effektor EFF die Afferenz zu groß oder zu klein ist, bleibt in Z1 ein +− oder ein −−Rest übrig. Dieser wird in Form einer Meldung M an die höheren Zentren geschickt. Über absteigende Kommandos K, mit denen die Rückmeldung sich summiert, wird das System reguliert, bis Gleichgewicht vorherrscht.

EK

E

A

EFF

(aus: *Holst* 1969, S. 145)

nicht vorliegenden Arbeit; nach *Pickenhain* 1986a) und von *Anochin* 1935 in die Analyse eingeführt worden. In der auf deutsch publizierten Arbeit *Anochins* über die Einheit von Zentrum und Peripherie in der Nerventätigkeit (1935, erneut 1978, S. 17ff.) wird die Bedeutung der Reafferentierung analysiert. Diese Arbeit enthält alle Grundannahmen, die später in der Arbeit „Das funktionelle System als Grundlage der physiologischen Architektur des Verhaltensaktes" dem deutsch- und englischsprachigen Leser (1967 bzw. 1974, Kap. 6) zur Kenntnis gelangten.

Anochin geht es in dieser Arbeit um die Ausarbeitung einer Konzeption der *Integration,* der Ausbildung und Steuerung des Verhaltensaktes im *Zentralnervensystem.* Darüber hinaus nimmt er an (1978, S. 191ff.), daß die Basis dieser Prozesse, die integrative Tätigkeit der Nervenzelle, selbst nach diesen Prinzipien organisiert ist.

In der nun vorgelegten Theorie des funktionellen Systems unterscheidet Anochin Gesamteigenschaften und Teilmechanismen.

Die *Gesamteigenschaften* des funktionellen Systems werden insbesondere am Beispiel von Nervenanastomosen (künstlich hergestellte Verbindungen von Nervenbündeln mit ursprünglich unterschiedlichen Eigenschaften) verdeutlicht. Es zeigt eine erstaunliche

Flexibilität der Herausbildung von Verbindungen zwischen Zentrale und Peripherie, also der Möglichkeit zur Kompensation.

Bei Katzen wurde ein Streckmuskel (Extensor) an der Hinterextremität (M. quadrizeps femoris) in zwei Teile aufgespalten und ein Teil so angenäht, daß er die Funktion eines Beugemuskels (Flexor) übernahm. Die Nerven blieben also in ihrer alten Funktion, das Gesamtergebnis der Lokomotion geriet jedoch in Widerspruch zur allgemeinen zentralen Integration des Bewegungsaktes. Es zeigt sich nun, daß nach einer Reihe von Wochen eine vollständige Anpassung erfolgt und der normale Bewegungsfluß sich wiederherstellt. Die lokale Störung war also Teil eines größeren Systems, das sich umorganisierte. Diese Umorganisation erfolgte in einem bestimmten „funktionellen System", das deshalb so heißt, weil es einen bestimmten Anpassungseffekt garantiert. Sein charakteristischster Zug sind die sich verändernden *Anpassungen an die Afferentationen*, also an die Wechselwirkungen der Peripherie mit den Bedingungen der objektiv realen Welt. Jedes funktionelle System verfügt somit über ein „afferentes Feld" (*Leontjew* und *Zaporozhets* 1960), also ein Feld der kognitiven Konstruktion (sensu *Roth*), innerhalb dessen es Änderungen der Interaktionen an der Peripherie erwartet. Dieses Feld wird dann gestört, wenn Afferentationen durch den Kontakt mit der äußeren Objektwelt erfolgen, die unerwartet sind. Dies zwingt das System zur Umorganisation insbesondere da, wo funktionelle Standardbeziehungen innerhalb des gesamten funktionellen Systems gestört sind (*Anochin* 1967, S. 30).

„Das funktionelle System stellt einen weitverzweigten, morphologisch-physiologischen Apparat dar, der durch eine Reihe ihm eigener Gesetzmäßigkeiten sowohl den Effekt der Homöostase als auch den der Selbstregulation sichert. Das funktionelle System bedient sich aller möglichen subtilen Integrationsmechanismen und lenkt den Ablauf aller Zwischenprozesse bis zur Erzielung des endgültigen Anpassungseffektes einschließlich seiner Bewertung" (S. 33). *Dieses System verfügt über mindestens zwei Kategorien von Mechanismen: Zum einen Mechanismen mit außerordentlich stark konservativem Charakter (die Rezeptorsysteme) oder relativ konservativem Charakter (der erwartete Endeffekt) und Schlüsselmechanismen mit einer hohen Plastizität zur Erreichung des Anpassungseffektes. Jedes funktionelle System besitzt daher regulatorische Eigenschaften, die ihm nur als Ganzes zukommen* (S. 34f.).

Als wesentliche Komponenten und Mechanismen unterscheidet *Anochin* die folgenden (vgl. Abbildung 6):
1. Afferenzsynthese
2. Fällen der Entscheidung
3. Ergebnisse der Handlung
4. rückläufige Afferentation
5. Vorhersage und Kontrolle der Ergebnisse der Handlung

Unter *Afferenzsynthese* versteht *Anochin* die Verarbeitung der aus unterschiedlichen Quellen stammenden Afferenzen, die die Zentrale über die Peripherie erreichen und die entsprechend dem jeweiligen Stand der Informationskonstruktion im Gehirn integrierend bewertet werden. Diese integrierende Bewertung ist die *„Vor-Auslöser-Integration"* (1967; 1978 mit „Vor-Anlasser-Integration" übersetzt). *Anochin* spricht von ihr auch als einem „latenten System von Erregungen" (1967, S. 40). In sie gehen Afferentierungen aus der *Umgebung* ein (Umgebungs- oder Situationsafferenzen) sowie *auslösende Afferenzen*, die zur *Aktivierung* von Handlungskonsequenzen (Entscheidung usw.) führen.

43

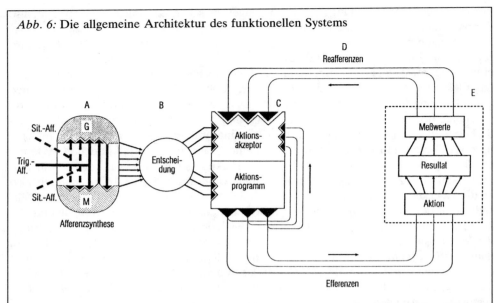

Abb. 6: Die allgemeine Architektur des funktionellen Systems

A – Stadium der Afferenzsynthese; Sit.-Aff. – Situationsafferenz; Trig.-Aff. – Trigger (Auslöser)-Afferenz; B – Entscheidungsfällung; C – Formierung des Aktions(Resultats)-Akzeptors und des Aktions(Efferenz)-Programms; D–E – Ermittlung der Aktionsresultate und Formierung der Reafferenz für den Vergleich der erhaltenen mit den vorgrogrammierten Resultaten; G – Gedächtnis; M – Motivation.

(aus Anochin 1978, S. 173)

Diese treffen auf Afferentierungen in Form des Gedächtnisses und der dominierenden *Motivation*. Da in der sowjetischen Neurophysiologie der letztere Begriff in der Regel mit dem Begriff der „Dominante" verbunden wird, mittels dessen die Umsetzung von (physiologischem) Bedarf in (psychologische) Bedürfnisse modelliert wird, verwende ich durchgängig diesen Ausdruck. Die Übersetzungen sprechen z.T. von führender Motivation. Schließlich sind die *Gedächtnisinhalte* zu nennen, die ebenfalls in die Afferenzsynthese eingehen. Als Ort der Realisierung der Afferenzsynthese nimmt *Anochin* den Frontalhirnbereich der Großhirnrinde an. Dieser realisiert in besonderer Weise planende, überwachende und bewertende Funktionen (vgl. *Luria* 1973). Als zugrunde liegende physiologische Struktur nimmt er die Zellschichten III und IV der Hirnrinde an (1967, S. 43 bzw. 53). Auf beides komme ich im folgenden Kapitel zurück.

Das *Fällen der Entscheidung* wird als Schlüsselmechanismus des funktionellen Systems betrachtet. Der physiologische Sinn des Fällens der Entscheidung liegt in zwei besonders wichtigen Effekten: (1) Sie ist Ergebnis einer Afferenzsynthese, die der Organismus auf der Grundlage einer Motivation ausführt. Sie befreit den Organismus von einer außerordentlich großen Anzahl von Freiheitsgraden und „begünstigt damit die Ausbildung eines efferenten Integrals". (2) Das Fällen der Entscheidung stellt daher ein Übergangsmoment dar, „nach dem alle Kombinationen von Erregungen einen ausführenden, efferenten Charakter haben" (1967, S. 60). Den Prozeß der inneren Determiniertheit dieses Übergangs, in dem ein Übergang von Bedürfnissen (Vergangenheit) über Emotionen in Motivationen (Zukunft) stattfindet (bzw. von in der Gegenwart latent vorhandenen subdominanten Motiven in manifeste dominante), untersucht er leider nicht näher. Ich werde zu diesem Aspekt noch einige andere Auffassungen vorstellen.

Eine selbständige physiologische Kategorie stellt das *„Ergebnis der Handlung"* dar. Die Parameter der Ergebnisse, die durch die Handlung erzielt werden, haben die Eigenschaft, das Gehirn ständig über notwendige Korrekturen zu informieren. Mit der Ausbildung des *Handlungsprogramms* wird über die kollateralen Innervationen (Kollaterale sind seitliche Axonverzweigungen der Nervenzellen) der benachbarten Neurone gleichzeitig ein *Handlungsakzeptor* gebildet. Dies entspricht völlig der Bildung und der Funktion der *Efferenzkopie* bei *Holst* und *Mittelstaedt. Anochin* untersucht hier jedoch ersichtlich nur die Ebene des untersten Zentrums als Aktivität der Umsetzung des Motivs und des mit der Entscheidung getroffenen Handlungszieles (je höhere Zentren) in einzelne getrennte Handlungsschritte. Diese werden jeweils über die entsprechenden sensorischen Modalitäten afferentiert und als erfolgreich oder nicht erfolgreich bewertet. Daher trennt er das Konzept des Handlungsakzeptors deutlich von *Pawlow*s Konzept des dynamischen Stereotyps (1967, S. 62f.; dies wäre eine Einstellung auf Tätigkeitsebene; vgl. S. 40f.). „Es gibt so viele ihrer Zusammensetzung nach unterschiedliche Handlungsakzeptoren, wie es verschiedenartige Ergebnisse der Handlung gibt" (S. 63). Dynamischer Stereotyp wie Handlungsakzeptor sind also nicht identisch, sind jedoch andererseits beides Spezialfälle des allgemeinen Prinzips der vorauseilenden Widerspiegelung der Wirklichkeit.

Die Parameter der Handlung werden über rückläufige Afferentationen in den Handlungsakzeptor vermittelt. *Anochin* entwickelt eine eigene *Klassifikation verschiedener Afferentationen*, die er wie folgt unterscheidet (S. 66):

(1) Die Umgebungsafferentation
(2) Die auslösende Afferentation
(3) Die rückläufige Afferentation
    (a) Die Bewegung lenkende Afferentation.
    (b) Die die Resultate anzeigende Afferentation, die ihrerseits wieder in die etappenweise und die sanktionierende Afferentation zerfällt.

Bei den *rückläufigen Afferentationen* (also den Reafferenzen) ergibt sich damit (1) ein *innerer* Rückmeldungskreis über die Bewegung lenkende Afferentation, die in Form der propriozeptiven Signalisation stattfindet und (2) ein *äußerer* Rückmeldungskreis über die Resultate der Handlung. Diese werden in Form von Zwischenergebnissen signalisiert bzw. in Form eines Endergebnisses, das dem nützlichen Endeffekt entspricht. Diese Afferenz *sanktioniert* das Ergebnis. Es wird damit eine Bekräftigung durch das Ergebnis realisiert, die die Handlung abschließt. In *Simonov*s (1982) Terminologie würde die pragmatische Ungewißheit (Δ I) gleich Null. Bei konstantem Bedürfnis (B) würde gemäß der Annahme B = E/Δ I die Emotion gegen Schluß der Handlung ansteigen und mit dem nützlichen Endeffekt zugleich erlöschen, womit auch ‚das Bedürfnis im Produkt erlischt' (so sinngemäß *Marx*).

Stimmen *Vorhersage und Ergebnis* der Handlung nicht überein, so erfolgt eine Rückmeldung auf höherer Ebene, indem erneut auf den Mechanismus der Afferenzsynthese zurückgegriffen wird, sich eine entsprechende Aktivierung und *Orientierungsreaktion* aufbaut und *Korrekturen* entwickelt werden.

Vergleicht man *Anochin*s Modell mit dem von *Holst* und *Mittelstaedt*, so hat es neben dem gewissen Nachteil, im Modell selbst das Hierarchieproblem nicht so deutlich zu unterscheiden, deutliche Vorteile: Die Rolle der zentralen Mechanismen der Integration ist besser ausgearbeitet, der systembildende Faktor ist bestimmt, die verschiedenen Arten der Afferentierung sind besser unterschieden, insbesondere in Form der sehr wichtigen Trennung von innerem und äußerem Regelkreis. Und in Form der sanktionierenden Afferenz ist ein Bekräftigungsschritt am Ende der Handlung gefordert, der eigenständigen Charakter hat. Freilich fehlt gänzlich die Dimension der emotionalen Regulation.

Diese fehlt auch bei *Bernstein*, dessen Auffassung bei deutlichen Übereinstimmungen mit *Anochin* wichtige Ergänzungen und Erweiterungen bringt.

Grundannahmen, von denen Bernstein bei der Entwicklung der Bewegungsphysiologie ausgeht, sind folgende (1987, S. 17; nach der Zusammenstellung in der Einführung der Herausgeber zitiert):

„(1) Zielfunktion und Regulativ der motorischen Handlung ist das Handlungsziel.

(2) Ausgehend vom Handlungsziel und von der Analyse der Situation, erfolgt mit der Formulierung des Bewegungsprogramms die ‚Vorausnahme des erforderlichen Künftigen‘.

(3) Die sensorische Informationsaufnahme und -verarbeitung ist unerläßliche Grundlage für die ständige Regelung des Bewegungsablaufs und des motorischen Lernens.

(4) Motorisches Lernen besteht weniger im Ausbilden unveränderlicher Bewegungsprogramme als vielmehr im Ausbilden von ‚Korrekturen‘ (Korrektur- und Regelmechanismen).

(5) Der ‚innere‘ Regelkreis (über die kinästhetische Sensibilität) und der ‚äußere‘ Regelkreis (vorwiegend über die optische Informationsaufnahme) sind für die Feinregulierung der Bewegungen unterschiedlich eingestellt und geeignet. In der Regel erfolgt im Lernprozeß eine Umschaltung der Bewegungssteuerung und -regelung auf das am meisten geeignete Korrekturniveau, d.h. zumindest in wesentlichen Teilen auf die Führung des ‚inneren‘ Regelkreises.“

Annahme (1), (2) und (3) entsprechen völlig Anochins Auffassungen; Annahme (4) entspricht der aus der Theorie der Selbstorganisation sich ergebenden Auffassung der Herausbildung optimaler Bewegungen als notwendiger situationsbedingter Kontrolle von Freiheitsgraden. Annahme (5) verweist auf die physiologischen Mechanismen, die als Basis einer Automatisierung von Fähigkeiten, Fertigkeiten und der Herausbildung praktischer wie geistiger Operationen betrachtet werden können. *Roth*s Trennung von „drinnen" und „draußen" (s.o.) verwies bereits auf den von *Anochin* wie *Bernstein* vorgenommenen Unterschied von innerem und äußeren Regelkreis.

In der Auffassung von *Bernstein* wird der Organismus als selbstorganisierendes und selbstreferentielles System betrachtet. *Bewegungsprogrammierung und -koordination* kann als Problem der Selbstregulation unter sich nie gänzlich wiederholenden Wechselwirkungsverhältnissen des Subjekts mit seinem Objektbereich verstanden werden. Deshalb ist der Prozeß der Ausschaltung unnötiger Freiheitsgrade und der Dynamisierung der Bewegung immer ein Prozeß der Operations- und Begriffsbildung wie gleichzeitigen Automatisierung auf verschiedenen Ebenen. Die Welt wird topologisch, d.h. an bisherigen erfolgreichen Bewegungsmustern des Subjekts orientiert (und damit begriffsorientiert) und nicht metrisch in der Bewegungskoordination widergespiegelt. Eine Unterschrift behält ihre typischen Züge, auch wenn ich den Stift in die andere Hand nehme oder mit dem Fuß oder dem Mund schreibe oder hinter meinem Rücken, auch wenn ihre metrischen Dimensionen und die sie realisierenden Muskelgruppen sich gänzlich verändern. Die Annahme einer solchen Repräsentation liegt aufgrund der Selbstorganisationstheorie nahe: Der kognitive innere Raum ist aus einer Reihe von Gründen ein anderer als der metrische äußere Raum (vgl. auch *an der Heyden, Roth* und *Stadler* 1986). Die Widerspiegelung der Wirklichkeit erfolgt über Informationskonstruktion als vorgreifende Widerspiegelung im Rahmen der Freiheitsgrade des Organismus, sich autonom zu verhalten und nicht in passiv-sensorischer Abbildung der Außenwelt.

Auch *Bernstein* hat versucht, seine Auffassung der Vermittlung von Zentrale und Peripherie in einem Modell niederzulegen, das ich in Abbildung 7 wiedergebe.

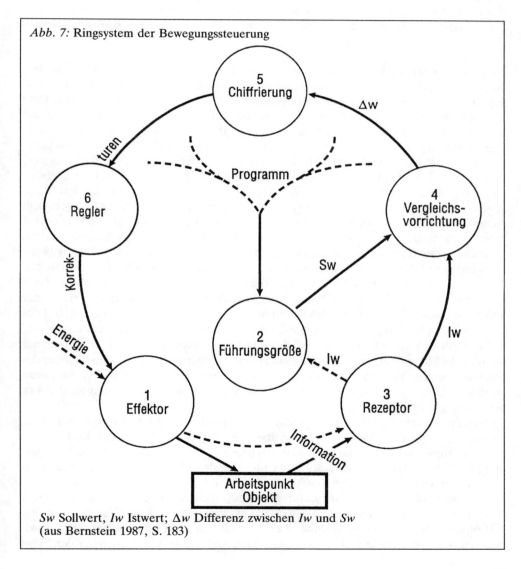

Abb. 7: Ringsystem der Bewegungssteuerung

Sw Sollwert, Iw Istwert; Δw Differenz zwischen Iw und Sw
(aus Bernstein 1987, S. 183)

Seiner Auffassung nach enthalten selbstregelnde Systeme mindestens die sechs in der Abbildung genannten Momente:

„(1) den *Effektor* (Motor), dessen Arbeit der Regelung nach dem vorgegebenen Parameter unterliegt;

(2) die *Führungsgröße*, die auf diesem oder jedem Weg dem System den geforderten Wert des zu regulierenden Parameters vorgibt;

(3) den *Rezeptor*, der die *tatsächlichen*, laufenden *Werte* des Parameters aufnimmt und auf irgendeine Art und Weise signalisiert;

(4) die *Vergleichsvorrichtung*, welche die Differenz zwischen dem tatsächlichen und dem geforderten Wert in ihrer Größe und mit ihrem Vorzeichen wahrnimmt;

(5) die Vorrichtung, die die Angaben des Vergleichsgeräts in Korrekturimpulse umchiffriert, die über die Rückkoppelung weitergegeben werden zum

(6) *Regler*, der nach dem gewählten Parameter die Funktion des *Effektors* steuert" (S. 183).

Einige dieser Strukturen sind uns bereits bekannt: Die *Führungsgröße* entspricht dem Apparat der Afferenzsynthese, die *Vergleichvorrichtung* entspricht dem Handlungsakzeptor. Mit *Rezeptor* ist nicht die perzeptorische Peripherie in Form der Sinnesorgane gemeint, sondern die eingestellte Entnahme der Information, also das Erkennen des Istwertes (Iw). Dieser Punkt (vgl. Bernstein, S. 187f.) ist in *Anochin*s Schema nicht explizit hervorgehoben. Da er in einem von *Klix* (1980) entwickelten Modell ausführlicher behandelt wird, greife ich ihn dort auf. Neu ist die zwischen (1) Rezeptor, (2) Führungsgröße und (3) Vergleichsvorrichtung gebildete *Differenz* zwischen dem Istwert und dem Sollwert (Sw). Der *Istwert* wird von dem Rezeptor an die Vergleichsvorrichtung gegeben und dort mit dem Sollwert verglichen. Vermutlich entspricht der Istwert dem Neuigkeitsgrad der Situation und seiner Veränderung durch den Aufruf von Verhaltensrepertoires aus dem Gedächtnis. *Sollwerte* sind m.E. die auf der Basis des antizipierten nützlichen Endeffekts entwickelten Modelle des Künftigen auf unterschiedlicher Ebene. Sie werden auf der Ebene des Aktionsakzeptors (Vergleichsvorrichtung), unmittelbar bezogen auf die an der Peripherie wahrgenommenen Ereignisfolgen, abgearbeitet (entsprechend Zentrum 1 bei *Holst* und *Mittelstaedt*). Im Aktionsakzeptor erfolgt der Soll-Ist-Wert-Vergleich in Form der Bestimmung der *Handlungsungewißheit* (Δ I). Dies ist nicht bloß eine formale Übereinstimmung mit *Simonov*; auch dieser geht davon aus, daß die Informationsdifferenz Δ I Teil des Aktionsakzeptors ist (1975, S. 22). Von hier aus wird die Mikrostruktur des Prozesses in Form des Programmes abgearbeitet, über das Rückmeldungen von verschiedenen Chiffrierungsinstanzen in Form von Korrekturen kommen. *Bernstein* hat in den mir zugänglichen Texten diesen Gedanken nicht näher ausgearbeitet.

In einem Kommentar zu dem ensprechenden Kapitel der von *Whiting* besorgten kommentierten englischen *Bernstein*-Neuausgabe von 1984 schlägt *Pickenhain* für die Frage der *Chiffrier- und Korrekturmechanismen* folgende Lösung vor (vgl. auch Abbildung 12.12 in *Pickenhain* 1977, S. 720): Unterhalb der Ebene des Aktionsprogramms und Aktionsakzeptors werden auf den efferenten Bahnen verschiedene Unterprogramme abgerufen, die über Korrektureinwirkungen direkt mit den afferenten Bahnen in Verbindung stehen. Somit gelangen Afferentationen im inneren Regelkreis an den Aktionsakzeptor, bevor das Resultat über den äußeren Regelkreis reafferentiert wird. Ähnlich bemerkt auch *Anochin* selbst, daß über kollaterale Verzweigungen der Pyra-

48

midenbahn (das ist die direkte willkürmotorische Durchgriffsbahn des Großhirns auf die Motoneurone des Rückenmarks) an zahlreiche Zwischenneurone „Kopien" der efferenten Impulssalven abgegeben werden. „Interessanterweise konvergieren diese efferenten Erregungen an den gleichen Zwischenneuronen des sensomotorischen Gebiets, zu denen auch alle afferenten Erregungen laufen, die Parameter des tatsächlichen Resultats sein können" (1978, S. 181). Vermittelt über diese zusätzlichen Korrekturen kann ständig ein Vergleich der Veränderung von minimalen Zeitintervallen der Bewegungsprogrammierung stattfinden. In ihm wird die Informationsdifferenz mit der einen Augenblick zuvor aufgetretenen Differenz verglichen. So kann eine ständige Anpassung des Programmierungsprozesses an die afferenten Realisierungsbedingungen des Modells des Künftigen erfolgen. *Bernstein* kennzeichnet dies als Wahrnehmungmöglichkeit eines Differentialquotienten durch den Organismus, der mathematisch die Form der Ableitung $d(\Delta W)/dt$ hat (S. 190).

Als *Regler* kann dann die unterste Ebene der Steuerung des Effektors angenommen werden, also die Ebene der Motoneurone des Rückenmarks, an denen die unterschiedlichen Korrekturmechanismen ansetzen und die zugleich selber bei Innervation der Muskelspindeln noch über verschiedene Freiheitsgrade verfügen.

Was nunmehr in einer allgemeinen Theorie funktioneller Systeme zu klären bleibt, ist die Frage der *affektiv/emotionalen Regulation* und die hiermit verbundenen Fragen der Übergänge von Bedarf in Bedürfnisse, von Bedürfnissen vermittels der Emotionen in dominante Motive (im Schlüsselmechanismus des Fällens der Entscheidung) bzw. subdominante Motive in Form der latenten Einstellung in der Vorauslöserintegration.

Hierzu hat *Simonov* in einer seiner letzten mir zugänglichen Veröffentlichungen (1984) ein elementares Regulationsschema vorgestellt (Abb. 8).

Bevor ich die Details dieses Modells erörtere, ist zunächst der Begriff der *„Dominante"* zu klären. Dies ist eine Kategorie, die auf den russischen Neurophysiologen *Uchtomski* zurückgeht. *Simonov* (1983, S. 6) mißt ihr für die Entwicklung der Neurophysiologie die gleiche Bedeutung zu, die *Pawlows* Kategorie „bedingter Reflex" hat. Beide Kategorien stehen seiner Ansicht nach für die Entwicklung des individuellen Verhaltens im gleichen Verhältnis wie für die Entwicklung der Arten die Kategorien „Mutation" und „Selektion". In der Dominantenbildung schlagen sich die physiologischen Erfahrungen des Organismus nieder; sie stellt die *Übersetzung der Bedarfe des Organismus in die Widerspiegelung des Bedürfnisses in der Afferenzsynthese* dar.

Die „Große sowjetische Enzyklopädie" definiert Dominante in der Physiologie als einen „zeitweiligen dominierenden Reflex durch welchen die Tätigkeit anderer Reflexbogen und des Reflexapparates als ganzes zu einem gegebenen Zeitpunkt transformiert und geführt werden, das Gleichbleiben anderer Bedingungen vorausgesetzt" (zit. nach *Pavlygina* 1983, S. 146).

Uchtomski selbst betrachtet sie als „vorherrschenden Fokus der Erregung, der in einem großen Ausmaß den Charakter der fortlaufenden zentralen Reaktionen zu einem gegebenen Zeitpunkt bestimmt" (ebd., S. 145f.)

Ein *Beispiel* soll dieses verdeutlichen:

Hunde reagieren mit Brechreiz auf die Eingabe eines schädlichen Stimulus (Kupfersulfat) in den Magen bzw. mit Defäkation bei Eingabe in den Darm. In einem Experiment wurde eine Menge in den Magen appliziert, die bloß zu unterschwelliger Erregung führte. Die Applikation in den Darm führt nun nicht zur Defäkation, sondern

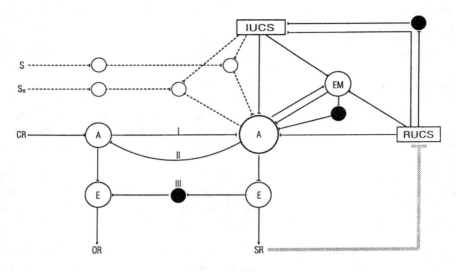

Abb. 8: Wechselwirkung von dominantem Fokus und bedingtem Reflex

Gestrichelte Linien: dominanter Fokus; durchgezogene Linien: bedingter Reflex; I: konditionierte Vorwärtsverbindung; II: erregende konditionierte Rückwärtsverbindung; III: hemmende konditionierte Rückwärtsverbindung; schwarze Kreise: hemmende Elemente; dünne Linie: anreizender Einfluß des verstärkenden Stimulus; SR --- RUCS: instrumenteller konditionierter Reflex; S – Sn: indifferente externe Stimuli; IUCS: anreizende unkonditionierte Stimuli; RUCS: verstärkender unkonditionierter Stimulus; EM: Emotion; A: afferente Elemente der Reflexe; E: efferente Elemente der Reflexe; OR: Orientierungsreaktion; SR: spezifische Reaktion (Nahrungs-, Verteidigungs- usw.).

(aus: Simonov 1984, S. 281)

zum Erbrechen (zit. nach *Anochin* 1974, S. 458). Auf der Basis von Erregungen im autonomen Nervensystem hatte sich eine latente Erregung unterhalb eines Schwellenwertes gebildet, also eine Gerichtetheit im Nervensystem, die nun aufgrund eines neuen Reizes dazu führte, daß eine ihr entsprechende Handlung programmiert wurde.

Nach *Anochin* ist dies ein *Spezialfall der Interaktion zweier funktioneller Systeme* (ebd.). Man muß hinzufügen: Von denen eines vorweg bereits in der Vorauslöserintegration latent programmiert ist und deshalb durch die unspezifische Erregung durch den zweiten Stimulus ausgelöst wird, bevor sich auf der Basis des zweiten Stimulus selbst das entsprechende funktionelle System aufbaut.

Der Aufbau einer Dominante erfolgt vor allem nach dem *Prinzip der Summation sog. weicher Stimuli*, d.h. „zufällige Stimuli jeder Modalität" (insbesondere aus dem Inneren des Organismus) gehen ein. „Der Status des ‚Vorbereitetseins' oder der ‚Tendenz' auf eine Reaktion, hervorgebracht durch die Aktion zufälliger Stimuli, ist der Ausdruck der Dominante" (*Rusinov* 1973, S. 6). Einerseits ist die Dominantenbildung also Resultat der allgemeinen Informationsverarbeitung auf der Basis der Vorauslöserintegration, andererseits stellt sie die latente Ausbildung eines funktionellen Systems dar, verbunden mit einer subdominanten Motiv- und Erregungsbildung. Diese kann unter bestimmten Bedingungen durch einen auslösende Afferenz in den „Schlüsselmechanismus der Entscheidungsbildung" *(Anochin)* übergeführt werden, mit dem der „Übergang" in die reale Ausbildung des Handlungsprogramms und Handlungsakzeptors realisiert wird. „Die Dominanz ist also ein physiologisches Mittel, durch das funktionelle Systeme in den adaptativen Effekten des Organismus durch Veränderung der Niveaus der Erregbarkeit manifestiert werden" (*Anochin* 1974, S. 454).

Zurück nun zu dem *Schema Simonov*s, das ich weitgehend mit dessen eigenen Worten erläutere (1984, S. 281): Die durch Erregungssummation hervorgebrachte Dominante (gestrichelte Linien) und ein spezifisches reflektorisches Gebilde zwischen dem konditionierten Stimulus (CS) und der Afferenzsynthese (A) liegen vor. Es kommt am Punkt A zur Konvergenz von Erregungen: Sowohl solchen, die vom konditionierten Stimulus ausgehen und die vom verstärkenden Stimulus (IUCS) ausgehen, der diese Eigenschaft durch die Dominantenbildung erwirbt. Sie lösen zusammen den unkonditionierten Reflex aus (RUCR; z.B. in Form des Speichelflusses). Dies wäre eine der Afferentation durch Futter im Mund entsprechende Afferentation. Aber weder die Afferentation vom Mund aus noch die Hungererregung selbst können die Rolle der Verstärkung spielen, die für die Formierung des instrumentellen bedingten Reflexes (Linie SR —— RUCS) nötig sind. *Nur die Integration der Hungererregung mit dem einzigen Faktor, der das Bedürfnis befriedigen kann, da er den Mechanismus der positiven Emotionen hervorruft, sorgt für die Verstärkung.* Bei einem anderen Verhältnis zwischen den konvergierenden Erregungen, z.B. das Futter wird in das Maul des überfütterten Tieres gegeben, führt die Aktivierung der negativen Emotion zu einer defensiven Vermeidungsreaktion und zu einer Hemmung der spezifischen (alimentären) Reaktion.

Was *Simonov* hier herausarbeitet ist von großer Wichtigkeit: Der Übergang von der Vorauslöserintegration zur Herausbildung des latent vorhandenen funktionellen Systems erfolgt durch die positive Emotion, die mit der Erreichung des Resultats verknüpft wahrgenommen wird.

Ich greife diesen Gedanken auf und führe ihn wie folgt fort: Die in der vorgreifenden Widerspiegelung des Resultats wahrgenommene emotionale Befriedigung kann nur das *Resultat der emotionalen Bewertung im Augenblick* sein: In ihr werden verschiedene Tätigkeitsmöglichkeiten, bezogen auf ihren künftigen Befriedigungscharakter, analysiert. Diese Bewertung im Augenblick vor dem Fällen der Entscheidung (!) erfolgt entweder in affektiver oder emotionaler Form, um dann in eine emotionale Bewertung der Realisierung des Handlungspotentials übergeführt zu werden. *Die Emotion existiert folglich in der Gegenwart zu zwei Zeitpunkten: bei der Wahrnehmung eines Objekts, das beim Erkennen mit affektiv/emotionaler Bewertung verknüpft ist, und bei der Abwägung latent programmierter Handlungen (und ihrer subdominanten Motive) bezogen auf ihren nützlichen Endeffekt.* Diese Abwägungsmöglichkeit ergibt sich aus den im Gedächtnis niedergelegten Erfahrungen des Subjekts. In ihnen haben sich mit der Tätigkeit selbst die Bedürfnisse entwickelt und verändert (entsprechend den realen Bedingungen, über die vermittelt die emotionale Bekräftigung realisiert wurde). *Zugleich existiert die Emotion im Modell des Künftigen als nützlicher Endeffekt für das Subjekt.* Das Modell des Künftigen beinhaltet demnach nach Seiten des Subjekts als nützlichen Endeffekt einen durch die Tätigkeit erreichten optimalen emotionalen Status, der aber nur in Form von Handlungen, bezogen auf die objektiv reale Welt, realisiert werden kann. Dies ist die innere Seite der Prozesse der „strukturellen Koppelung", von der *Maturana* spricht, und deren Struktur ich oben bereits vertieft behandelt habe. Wir können somit Probleme des

Abb. 9: Wirkungsgefüge der Verhaltensregulation

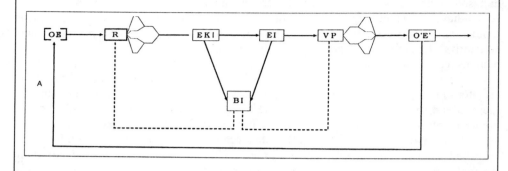

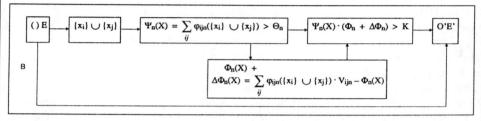

OE = Objekteigenschaften; R = Rezeptor; EKI = Erkennungsinstanz; BI = Bewertungsinstanz; EI = Entscheidungsinstanz; VP = Verhaltensprogramm; O'E' = neue Objekteigenschaften, die durch Verhaltenseinwirkungen entstehen

$\{x_i\} \cup \{x_j\}$ = Menge der vertrauten Objekteigenschaften (x_i) und neuen Objekteigenschaften (x_j)
$\Psi_n(X)$ = Eindeutigkeitsgrad der Menge X in der Merkmalsklasse n beim Erkennen
Θ_n = Schwellenwert der Erkennung für die Merkmalsklasse n
$\Phi_n(X)$ = Motivwert der Merkmale x_i und x_j
$\Delta\Phi_n(X)$ = Veränderung des Motivwerts durch die bedürfnisentspannende Wirkung der mit x_i und x_j verbundenen Verhältnisentscheidungen
V_{ijn} = Grad des Bedürfniszustandes bezogen auf die Merkmale x_i und x_j in der Merkmalsmenge X der Merkmalsklasse n
K = Schwellenwert für die Realisierung des Verhaltsprogramms

(aus: Klix 1980, S. 51 und S. 57)

Übergangs, von denen Anochin bezüglich der Entscheidungsbildung spricht, vertieft analysieren.

Die hier vorgetragene Argumentation wird zusätzlich durch Überlegungen von *Klix* (1980) gestützt, auf die ich im folgenden eingehe.

Klix befaßt sich in diesem Buch über „Erwachendes Denken", das eine Entwicklungsgeschichte der menschlichen Intelligenz vom Tier-Mensch-Übergangsfeld (TMÜ) bis heute vorlegt, auch mit bereits im Tierreich vorhandenen Lern- und Verhaltensvoraussetzungen. Ein Regulationsschema des Verhaltens, das er ebenso für Instinkthandlungen wie für einfache Lernhandlungen entwickelt und formalisiert hat, gebe ich (bei Auslassung eines Zwischenschritts) in Abbildung 9 wieder. Es greift eine Reihe von Problemen auf, mit denen wir uns bisher beschäftigt haben. Ich gehe zunächst nicht auf die Details dieses Schema ein, sondern auf die Vorstellungen, die *Klix* zur *Struktur der Bewertungsinstanz* hat. Denn dies ist die Frage, deren weitere Lösung hier noch aussteht.

Zentraler Motor für die Bewertung ist für *Klix* der affektiv-emotionale Prozeß, der sich in Form eines *„hedonalgischen Differentials"* realisiert. Darunter wird eine Tendenz verstanden, „eine momentane affektiv-emotional bestimmte Neigung zum positiven oder negativen Pole hin" (S. 99).

Ich zitiere wörtlich:

„Der eigentlich bewegende, Verhalten und Handlung stimulierende Auslöser ist nicht die statisch-emotionale Bewertung eines Zustandes des Organismus (sei er mehr äußerer oder innerer Natur), sondern es ist die Registrierung einer Zustandsänderung. Es ist – vom Erleben her beschrieben – eine Art hedonalgisches Differential, das als Auslöser Motivation stimuliert; es ist die Registrierung einer *Verschiebung* im Lust-Unlust-Erleben. Nach diesem differentiellen Wirkungsprinzip ist es auch nicht die Gewinnung eines neutralen Zustandes oder das Behalten eines Zustandes von Lustgefühl schlechthin, auf das hin die Verhaltensregulation ausgelegt ist, es ist vielmehr die Verschiebung der Lagebewertung *in Richtung* zum positiven Pol, zur Erhöhung des Selbstgefühls hin. Aktivität und Handlung finden darin zwar nicht ihr Ziel, aber ihre Erfüllung, die eben nur durch Zielerreichung oder genauer: durch die Erkennung des Fortschreitens zum Ziele hin zu gewinnen ist. Die Wurzel dieses Erlebens ist sowohl mit tiefsten Vitalfunktionen als auch mit höchsten kognitiven Leistungen verbunden: Es wirkt sich aus auf der einen Seite bis zur Steigerung des Ich-Gefühls und des Selbstwerterlebens; auf der anderen Seite sind die Auswirkungen bis zur Veränderung von Blutdruck, Herzschlag und Hormonspiegel nachweisbar. In dieser gleichermaßen sozialen wie vitalen Einbettung ist das hedonalgische Differential von außerordentlicher Motivationskraft. Alle verfügbaren Mittel, physische wie kognitive, können von ihm aktiviert werden, um durch die Rückmeldung ihrer Wirkungen relative Entspannung und Lösung von Erregung, Unruhe oder aktiver Belastung zu gewinnen" (S. 98f.).

Wie oben in der Auseinandersetzung mit *Simonov* als notwendig herausgearbeitet, unterscheidet auch *Klix* mehrere Stufen der emotionalen Regulation. *Emotionen/Affekte* sind in der Gegenwart doppelt wirksam: (1) In der *Wahrnehmung* und (2) in der *Verhaltensprogrammierung*. Sie sind dort darüber hinaus (3) zwar nicht Ziel, aber doch *Erfüllung der Handlung*. Sie bilden also im Modell des Künftigen den *nützlichen Endeffekt*. Dieser wird erreicht, indem aus der Fixierung des Bedürfnisses an den Gegenstand (dadurch wird es zum Motiv) heraus die sich so entfaltende Tätigkeit (bedürfnisrelevante Seite der Aktivität nach *Leontjew*) in der Form von Handlungen und Operationen (bedingungsadäquate Seite der Aktivität) die Bedingungen der äußeren Welt (Ziel-Aspekt) so verändert, daß mit dem erzielten Produkt zugleich die antizipierte positive Emotion realisiert wird bzw. sich der Grad der gegenwärtigen negativen Emotion reduziert.

Diese Zusammenhänge gehen ein in Teil A und B der Abbildung 9. Ich gehe nur auf die wichtigsten Zusammenhänge ein und verweise ansonsten auf die Legende.

In dieser Abbildung ist im Prozeß der fließenden Gegenwart genauer zwischen *drei Etappen* unterschieden, die auch in den bisherigen Erörterungen eine Rolle gespielt haben: *Erkennen, Beurteilen und Entscheiden*. Für diesen zeitlichen Übergang im Ver-

53

halten, und damit für die Organisation des zeitlichen Vorlaufs gegenüber den Prozessen der äußeren Welt, also für den Aufbau des Modells des Künftigen in dieser Situation, ist die Beurteilungsinstanz von besonderer Bedeutung. Sie wirkt nicht nur auf die Erkennungsinstanz und deren Schwelle zurück, sondern auch auf die Rezeptoren bzw. die realisierten Verhaltensprogramme (Teil A: gestrichelte Linien). Die gestrichelten Linien drücken aus, „daß homöostatische Mangelzustände des ‚inneren Milieus' eines Organismus bis in die Funktionsweise der Rezeptoren hineinwirken" (S. 52). Wir haben dies als Wirkweise des dominanten Fokus bereits kennengelernt. Andererseits wirkt sich der Bedürfniszustand auch auf die Motorik aus. Je nach Stärke des Bedürfnisses verändern sich Stärke und Geschwindigkeit der Ausführung. Im extremen Falle treten sogar „Leerlaufhandlungen" auf, wie *Klix* (ebd.) unter Bezug auf ethologische Forschungen bei Staren verdeutlicht.

Die Formalisierung in Teil B erörtert einige Zusammenhänge genauer. Ersichtlich erfolgt die emotionale Bewertung an verschiedenen Stellen: Sie beeinflußt nach Überschreiten des Schwellenwertes für das Erkennen den Motivwert der Merkmale in Abhängigkeit vom Bedürfniszustand. Dabei ist nach *Klix* der Eindeutigkeitsgrad der Erkennung mit dem Motivwert multiplikativ verbunden und abhängig vom Grad des Bedürfniszustandes. Benutzt man zur Darstellung dieses Problems das *Simonov*sche Formelwerk, so wird das *Bedürfnis* durch Verkoppelung mit dem Eindeutigkeitsgrad der Erkenntnis in einer emotional/affektiven Wertung im Augenblick ausgedrückt (da E = f(B.Δ I). Damit wird der Gegenstand des Bedürfnisses fixiert, und es kommt zu einer *latenten Motivbildung*. (Im Sinne einer exakten Terminologie spreche ich hier von subdominanten Motiven.) Diese latenten Motive werden mit möglichen Verhaltensprogrammen verknüpft. Die Bedürfnisse werden folglich in die Gegenwart als subdominante Motive transformiert. Auf ihrer Basis werden erneute Verknüpfungen mit dem Informationsgehalt der Situation vorgenommen, und zwar auf der Basis der dem Subjekt möglichen Verhaltensprogramme. *Daher gilt, daß Emotionen/Affekte von einem Resultat der ursprünglichen Gleichung*

$$E = f(B.\Delta I_w)$$

für die wahrgenomme Information (ΔI_w) transformiert werden in ein Resultat der Gleichung

$$E = f(M^{sd}.\Delta I_T)$$

(M_{sd} = subdominantes Motiv; ΔI_T = Informationsdifferenz auf Verhaltens- bzw. auf Tätigkeitsebene). Die *endgültige Motivbildung* muß dann notwendig einerseits aufgrund des antizipierten nützlichen Endeffekts entstehen und andererseits aufgrund der notwendigen Handlungsschritte und ihrer Differenziertheit bis dorthin. Da Bedürfnisse gemäß der *Simonov*schen Formel sich als Quotient des Verhältnisses der Emotion und der Informationsdifferenz ergeben und da das Motiv die Transformation des Bedürfnisses in die fliessende Gegenwart darstellt, *gilt dann für das dominierende Motiv:*

$$M_d = f\left(\frac{\int E.\ dt}{\int \Delta I_T.\ dt}\right)$$

Die Bildung des dominierenden Motivs ist der wesentliche Schritt in dem von *Anochin* hervorgehobenen Schlüsselmechanismus der Entscheidungsbildung. Folgt man den Überlegungen von *Klix* und *Simonov*, so bleibt noch offen, ob dieser Übergang nur auf der Basis des höchsten erwarteten Integrals emotionaler Erfüllung durch den motivbildenden Gegenstand der Tätigkeit erfolgt und erst im zweiten Schritt die Zielbildung als Integral der Informationsdifferenzen auf Tätigkeitsebene, oder aber, ob aufgrund des Verhältnisses von E und ΔI_T. die Auswahl erfolgt. Aus einer Reihe von Gründen neige ich der letzteren Auffassung zu: Die emotionale Bewertung im Augenblick eines in die Zukunft reichenden Integrals der emotionalen Befriedigung kann m. E. nur im Verhältnis zu einem Integral der hierzu notwendigen Verhaltensschritte erfolgen, die durch Bewältigbarkeit von Zielen und Bedingungen der Tätigkeit (und darunter der Teilhandlungen bzw. Operationen) bestimmt sind. Dies ergibt sich als Konsequenz aus den Auffassungen *Leontjew*s und *Simonov*s. Etwas anderes ist dann der Übergang in die tatsächliche Programmierung. Hier muß die dominierende Motivation bereits bestimmt sein, um die stufenweise hierarchische und vertikale Programmierung von Handlungen, Operationen, physiologischen Reaktionen auf unterschiedlichen Ebenen zu realisieren.

Auf der Basis dieses Ergebnisses zeigt sich als eines der Hauptprobleme einer allgemeinen Theorie funktioneller Systeme die Frage der adäquaten begrifflichen Fassung des *Übergangs von Kategorien* (die hier für die realen Bewegungen der Prozesse selbst stehen) *in andere Dimensionen des Raum-Zeit-Kontinuums im System*. Alle diese Prozesse des Übergangs laufen zugleich in der Gegenwart des Systems Subjekt – Tätigkeit – Objekt ab. Gegenüber dem Raum-Zeit-Kontinuum der äußeren Welt gibt es aber das Vorauseilen und Zurückbleiben von Prozessen im Raum-Zeit-Kontinuum der Innenwelt. Daher sind in der Bearbeitung dieser Frage mindestens folgende Abschnitte zu beachten, in denen sich das Verhältnis der einzelnen Dimensionen ändert:

(1) *Vergangenheit/Gegenwart* (hierher gehören Kategorien wie Bedürfnis, Vor-Auslöser-Integration)

(2) *Fließende Gegenwart:* In diesen Bereich sind (auf der Basis der ständig stattfindenden Afferenzsynthese) zu unterscheiden Prozesse der Wahrnehmung, der Beurteilung und der Entscheidung: Also die Transformation des Bedürfnisses in das subdominante Motiv, die Transformation des subdominanten Motivs in das dominante Motiv auf der Basis des antizipierten nützlichen Endeffekts und damit einhergehend das Fällen der Entscheidung, die zur Aktualisierung eines latenten Modells des Künftigen führt.

(3) *Gegenwart/Zukunft:* In diesen Bereich gehören das Modell des Künftigen, der nützliche Endeffekt, der Aufbau von Handlungsprogramm und Handlungsakzeptor usw.

Ferner ist zu beachten, daß für das Verständnis der gesamten Organisation funktioneller Systeme es nicht hinreicht, lediglich die untersten Ebenen zu untersuchen, sondern daß das Herausbilden des Motivs und des Zieles der Tätigkeit eigener Analyse bedürfen.

Schließlich ist von der spezifischen Rolle biorhythmischer Strukturen auszugehen, die auf unterschiedlichen Niveaus eine unterschiedliche Rolle spielen und zudem sich wechselseitig integrieren. Eine Berücksichtigung dieses Aspekts habe ich in den zahlreichen Modellen in der Literatur lediglich bei Lundberg (1978, S. 42) gefunden. In dem von ihm entwickelten „Funktionsschema zur Regulierung motivierten Verhaltens", das ich hier nicht wiedergebe, hat auf der Basis aktivierender Strukturen die *endogene Aktivitätsperiodik* entscheidende Bedeutung für die Herausbildung der emotionalen Erregung.

Ich habe nun versucht, mit allen Risiken des Neudenkens und der Vorläufigkeit, die hier dargestellten Überlegungen insgesamt in ein *Schema der zeitlichen Strukturierung in der Herausbildung funktioneller Systeme* einzutragen, das gleichzeitig eine Zusammenfassung dieses Teilkapitels liefert (Abb. 10).

Ich erläutere nun die zusammenfassende Abbildung in groben Zügen, da vieles bereits im Text vorweggehend geklärt wurde:

Auf der linken Seite ist die Dimension der Vergangenheit im System aufgetragen, die nur in der Gegenwart aktualisiert werden kann; in der Mitte die fließende Gegenwart und rechts die Dimension der *Zukunft*, die die Bestimmung des *Modells des Künftigen* und des Ziels beeinhaltet. Unter einem Ziel für das lebende System wird mit *Anochin* jeweils der *nützliche Endeffekt* betrachtet. Dieser bestimmt sich auf Tätigkeitsniveau (1) durch das hedonalgische Differential *(Klix)*, also das antizipierte Maß der emotionalen „Erfüllung". Da Tätigkeiten aber (2) nur in der Form von Handlungen existieren können, sich also neben den bedürfnisrelevanten Eigenschaften der Welt immer auf die objektiven Eigenschaften beziehen müssen, ist es der nützliche Endeffekt der Tätigkeit, daß der Istwert der Gesamthandlung sich dem Sollwert annähert, also $\Delta I_T = 0$ wird. (Da die Bedingungen der Außenwelt sich jedoch ständig weiterentwickeln und verändern, verändert sich auch der Sollwert und paßt sich den Istwerten an; vgl. *Bernstein* 1989, S. 190.) Dies gilt für die entsprechenden hierarchischen Ebenen darunter ebenfalls. Die sanktionierende Afferenz ist auf diesen Niveaus jeweils jene, die diese Übereinstimmung signalisiert. Auf Tätigkeitsniveau stabilisiert sich mit jedem gelungenen Schritt der positive emotionale Wert in der Antizipation des Künftigen im Sinn der „Erfüllung" *(Klix)*. Wird das Ziel erreicht, so erlischt er mit dem Erreichen des Ziels (da $E = f (M_d.\Delta I)$). Entsprechend enthält das Modell des Künftigen verschiedene hierarchische Ebenen, die auf der Basis der Herausbildung von Handlungsprogramm/Handlungsakzeptor (und der ihnen untergeordneten Chiffrierung und Regelung) linear Stück für Stück in der *fließenden Gegenwart* abgearbeitet werden. In dieser selbst liegt dann auch das Aufrechterhalten oder Verwerfen von Zielen auf unterschiedlichen Ebenen bis hin zum Tätigkeitsziel (und damit dem dominierenden Motiv). Die Tätigkeit selbst realisiert sich im Rahmen bestimmter „Zeitfenster" zwischen Subjekt und Objektbereich (*Geißler* 1987).

Die *Zeitfenster* sind durch untere minimale Zeitintervalle bestimmt, innerhalb derer noch unterschiedliche Gegenstände diskriminiert werden können. Darüber hinaus existieren Vielfache dieser kritischen Zeitquanten. Die Informationsverarbeitung erfolgt in Form hierarchisch aufeinander aufbauender mentaler Rhythmen (auf der Basis unterschiedlicher oszillatorischer Trägerprozesse), die je nach Schwierigkeitsgrad der Aufgabe rekursiv abgerufen werden. *Geißler* unterscheidet hierbei ein dominant aufsteigendes „analytisches" System, im Rahmen dessen die je höhere Ebene bei nicht gegebener Lösungsmöglichkeit auf der niederen Ebene aufgerufen wird. „Es entfaltet, entschlüsselt Informationen, bewirkt eine klassifizierende Vorbearbeitung" (S. 61). Zugleich besteht ein absteigendes „synthetisches" System, das auf der Basis der Zustände des analytischen Systems widerspruchsfreie Strukturen synthetisiert. Wir erkennen unschwer hierin die Istwert/Sollwert-Anpassung und -Verarbeitung auf verschiedenen Ebenen der Tätigkeit in der fließenden Gegenwart.

In der fließenden Gegenwart selbst ist die doppelte Wirkweise der emotionalen Bewertung dargestellt: einerseits auf der Ebene der Wahrnehmung, andererseits auf der Ebene der Verhaltensprogrammierung. Ich spreche im ersteren Fall von „affektiven" Emotionen, um die Bewertung im Augenblick hervorzuheben, die insbesondere beim Affekt sichtbar wird. Natürlich können Affekte auch noch bis in die Handlungsprogram-

56

Abb. 10: Zeitliche Übergänge in der Herausbildung funktioneller Systeme

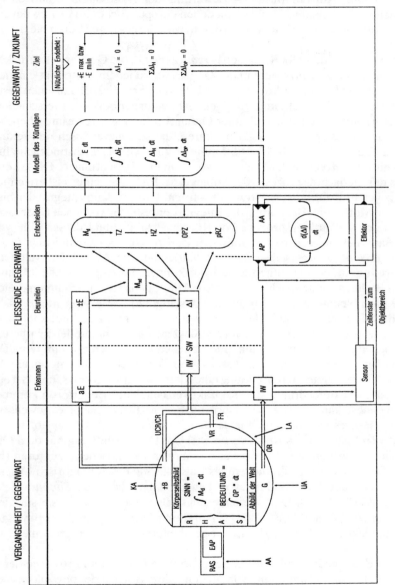

Legende: Afferenzen: KA = Körperaff., LA = Lageaff., UA = Umgebungsaff., AA = auslösende Aff.; Reaktionen: UCR = unbedingte R., CR = bedingte R., FR = Freiheits-R., OR = Orientierungs-R.; RAS = allg. aktiv. System; EAP = endogene Aktivitätsperiodik; RHAS = rekursiv-hierarchische Abbildstruktur; +/− B = Bedürfnisse; VR = Verhaltensrepertoire; IW = Istwert; SW = Sollwert; Δ I = Informationsdifferenz; aE = ‚affektive' Emotion; +/− E = Emotion; M_{sd} = subdom. Motiv; M_d = dominantes Motiv; AA = Aktionsakzeptor; AP = Aktionsprogramm; T = Tätigkeit; H = Handlung; Op = Operation; Z = Ziel (HZ = Handlungsziel usw.); pRZ = Ziel der physiol. Reaktion.

mierung hineinreichen und sich erst im Laufe des Vollzugs der Tätigkeit reduzieren: Flucht bei Panik. Auf der Basis der Bewertung der Handlungsalternativen bestehen verschiedene subdominante Motive, von denen ein spezifisches im Prozeß der Entscheidung zum dominierenden Motiv wird. Mit ihm wird die gesamte Hierarchie der Tätigkeit ausgebildet.

Gehen wir nun in den Übergang der *Vergangenheit* in die Gegenwart zurück, so setzt im Rahmen der Afferenzsynthese in der Gegenwart zu jedem Zeitpunkt ein vielfältiger Strom von Afferenzen an der Vor-Auslöser-Integration an. Er trifft auf einen bestimmten Aktivitätszustand, eine bestimmte endogene Aktivitätsperiodik, also verschiedene chronobiologische Strukturen von Zell- über Organ- bis hin zur Organismusebene, und die durch sie sich realisierenden Abbildstrukturen, die sich hierarchisch und rekursiv aufeinander aufbauen (vgl. Abb. 17, Bd. 1). Sie bestimmen das höchstmögliche hierarchische Vermittlungsniveau in der Dialektik von Sinn und Bedeutungen. Diese können auf der Basis der Gedächtnisprozesse des Subjekts als Integrale seiner bisherigen je gegenstandsbezogenen Erfahrungen betrachtet werden. Sinn ist dann Integral der bisherigen dominanten Motive und Bedeutung das Integral der bisher erworbenen Operationen. Sie realisieren sich Vermittlungsprozesse von Körperselbstbild und Bild der Welt (vgl. *Roth*) auf der Basis der inneren biorhythmischen Zeitstruktur des Organismus (vgl. Bd. 1, Abb. 27). Teile des Körperselbstbildes beinhalten mit dem Abbild der Welt verknüpfte Verhaltensprogramme, die aufgerufen werden können. Ins Körperselbstbild eingetragen existieren Bedürfnisse unterschiedlicher Art. Mindestens lassen sich unterscheiden: Bedürfnisse nach Neuigkeit vs. Vertrautheit (Bestätigung) sowie Appentenz- vs. Vermeidungsbedürfnisse. Die Bedürfnislage, bezogen auf einen Gegenstand, kann damit sehr widersprüchlich sein. Ihr Gesamtresultat drückt sich im Rahmen der Synthese der unterschiedlichen durch sie ausgelösten differentiellen Emotionen im „emotionalen Apparat" (vgl. Bd. 1, Kap. 4) aus. Es kann damit (entsprechende emotionale Wertung vorausgesetzt, die bis zur Herausbildung eines dominierenden Motivs führt) zu einem die gesamte Tätigkeit durchdringenden Konflikt verschiedener Bedürfnisse kommen, d.h. das Motiv selbst kann in sich widersprüchlich sein. Dabei hängt es jeweils von den Vermittlungsprozessen mit der Objektwelt im Verlauf der Tätigkeit ab, wie sich die verschiedenen Seiten dieses Konflikts entwickeln. Die Vermittlung mit dem Objektbereich schließlich erfolgt auf der Basis elementarer reflektorischer Strukturen (bedingte und unbedingte Reflexe; „Freiheitsreflex" als allgemeines reflektorisch abgesichertes Bedürfnis nach der Überwindung von Hindernissen, das nach *Simonov* (1982) die Grundlage des Willens sichert; Orientierungsreflex) und der über sie stattfindenden Hierarchiebildung (vgl. Abb. 5, Bd. 1). Auf dieser Basis werden dann Bewegungsprogramme gemäß den von *Bernstein* herausgearbeiteten Regeln programmiert.

Soweit eine Zusammenfassung der bisher erörterten Fragen und Probleme der Theorie funktioneller Systeme. Eine Reihe von Fragen, wie z.B. nach der physiologischen Hierarchiebildung, die die psychischen Prozesse absichert, habe ich hier nicht behandelt. Zudem vereinfachen sich einige der in Abbildung 10 dargelegten Prozesse der Hierarchiebildung auf niederen Niveaus des Lebens. Schließlich bleiben eine Reihe von Fragen, die im Detail nach der präziseren Fassung des Übergangs der verschiedenen Zeitdimensionen gestellt werden könnten, hier unbeantwortet. Obwohl ich dies erst im folgenden Kapitel ausführe, will ich darauf verweisen, daß es für die hier vorgelegte Trennung von Zeitdimensionen in den psychophysiologischen Prozessen des inneren Raum-Zeit-Kontinuums auch eine Reihe neuropsychologischer Belege gibt, auf die auch *Klix* zurückgreift. Mein Ziel war es vor allem, Leser/innen mit einer historischen, systematischen und ganzheitlichen Sichtweise psychobiologischer Prozesse vertraut zu machen, die ihnen eine Grundlagenorientierung in diesen Fragen überhaupt sichert. Auch wenn die Verbindung mit Fragen der Rehabilitation hier insgesamt noch wenig angesprochen wurde, so hat diese Betrachtungsweise doch weitreichende Folgen für das Verständnis jeglicher Formen der Kompensation im Verlauf rehabilitativer Prozesse. Um nur zwei Aspekte hervorzuheben: (1) Isolierende Bedingungen sind physiologisch betrachtet jeweils Bedingungen, die die Reafferentierung beeinflussen. (2) Das lebende System organisiert die Verarbeitung der Interaktionen seiner Rezeptoren mit den Bedingungen der Außenwelt selbst auf der Basis der insbesondere durch Sinnbildung, Emotionen und Motive koordinierten Afferenzsynthese. Interventionsformen, die dies nicht berücksichtigen, führen zur Labilität des Systems. Über die Grundlegung eines psychophysiologisch fundierten Verständnisses rehabilitativer Prozesse hinaus sichert eine solche Sichtweise zudem ein leichteres Erarbeiten auch der komplexen Zusammenhänge der Funktionsweise des Zentralnervensystems des Menschen, deren Behandlung Schwerpunkt des nächsten Kapitels ist. Zuvor will ich aber in einem weiteren Unterkapitel noch *Anochins* Vorstellungen zur epigenetischen Entwicklung funktioneller Systeme skizzieren.

7.5 Allgemeine Theorie des funktionellen Systems III: Systemogenese

Funktionelle Systeme realisieren sich als Anpassungsprozesse des Subjekts an den Objektbereich mittels seiner Tätigkeit. Funktionelle Systeme sind aufgrund der rekursiven und hierarchischen Struktur ihres Aufbaus Systeme, die nur aus ihrer *Geschichte* heraus begreifbar sind. Diese Geschichte unterliegt spezifischen *Standardbeziehungen und Wechselwirkungen*, innerhalb derer nur das System „Subjekt – Tätigkeit -Objekt" sich entwickeln kann. Ich hatte dies mit der doppelten Verschachtelung rekursiver Strukturen, die sich gegenseitig aufrufen, bereits behandelt. Der Objektbereich ist der gattungsgeschichtlich gewordene Objektbereich, der Subjektivität aufruft und organisiert; der Subjektbereich konstituiert durch Aufrufen neuer Eigenschaften der Umwelt zugleich seine Selbstentwicklung. Dies ist deutlich für die Herausbildung aller Ebenen des Psychischen. Wie sind aber die allgemeinen Gesetzmäßigkeiten und Strukturen, die der Herausbildung psychischer Prozesse in der Ontogenese zugrunde liegen müssen? Nach welchen Gesetzmäßigkeiten bilden sich in der Embryogenese jene Grundmuster der Tätigkeit heraus, die als unbedingte Reflexe (Erbkoordinationen) von unbedingten Reizen (Schlüsselreizen) aufgerufen werden und diese selbst aufrufen? Im Rahmen der Auseinandersetzung mit diesen Fragen wird zugleich eine Reihe von Aspekten weitergeklärt, die der Behandlung der vorgeburtlichen Ontogenese (Band 1, Kap. 5.3.1) zugrunde gelegt wurden.

Bei dieser Untersuchung muß von der Tatsache ausgegangen werden, „daß *die lebenswichtigen Anpassungsmechanismen des Tieres auf jeden Fall im Zeitpunkt der Geburt fertig ausgebildet sein müssen"* (*Anochin* 1978, S. 93). Es geht hier also um die Herausarbeitung des Allgemeinen dieser Entwicklung in der Form, daß es für die Embryogenese aller Tierarten Gültigkeit hat (ebd., S. 94). Dabei steht für *Anochin* nicht die Struktur der Embryogenese selbst im Mittelpunkt, sondern die *Struktur der biologischen Entwicklung der Grundlagen von Systemen der Tätigkeit.* Es interessiert die räumliche und zeitliche

Integration unterschiedlicher Strukturen in unterschiedlich beschleunigten Wachstums-prozessen, die sich ab einem bestimmten Zeitpunkt zu einem funktionierenden funktio-nellen System zusammenschließen. Ein Beispiel ist das Schnabelsperren der junger Krähen bei dem Laut „kar-r-r" (vgl. S. 103 ff.): Das funktionelle System schließt sich auf der Basis der heterochronen Reifung physiologischer Strukturen im Cortischen Organ (Membran der Schnecke im Innenohr, durch die mechanische Reize in die bioelektrische Einheitssprache des ZNS übersetzt werden): Zunächst sind nur die Strukturen ausgereift, die der Wahrnehmung dieser Lautfolge dienen (S. 108).

Bei der Untersuchung der *Systemogenese*, also dem Entstehen und der erstmaligen Konsolidierung funktioneller Systeme in der Ontogenese, arbeitet *Anochin* im wesent-lichen vier Prinzipien heraus, die diesen Prozeß kennzeichnen:

(1) *Das Prinzip der heterochronen Anlage des funktionellen Systems*. Die Teile des Sy-stems entstehen zu unterschiedlichen Zeiten; so reifen in der Mehrzahl der Fälle Nervenzentren früher als das von ihnen innervierte Substrat (S. 107 f.).

(2) *Das Prinzip der Fragmentierung des Organs*. Das bereits angeführte Beispiel der Reifung des Cortischen Organs zeigt, daß innerhalb eines Organs bestimmte Zellgruppen elektiv beschleunigt ihre Funktion übernehmen, verglichen mit anderen. Ein weiteres Beispiel ist das beschleunigte Wachstum der Motoneurone des 8. Halssegments, die den ‚Greifreflex' des Neugeborenen absichern im Vergleich zu den Motoneuronen des tiefer gelegenen 5. Halssegments (S. 108 f., 103).

(3) *Das Prinzip der Konsolidierung der Komponenten des funktionellen Systems*. Dies ist der kritische Punkt seiner Entwicklung, da die Funktionsfähigkeit des Systems als Ganzes zu einem bestimmten Zeitpunkt von der Konsolidierung seiner Einzelkompo-nenten abhängt. In der Terminologie *Haken*s gesprochen ist dies die Frage nach den synergetischen Wechselbeziehungen zwischen der Bildung des Ordners und der Unter-ordnung der Teilsysteme. Dabei dürfte m. E. die *chronobiologische Grundstruktur* des jeweiligen funktionellen Systems von zentraler Bedeutung sein. Obwohl *Anochin* in der Erörterung der Systemogenese selbst diesen Aspekt nicht heraushebt (1978, S. 92–128), teilt er ersichtlich diese Auffassung. Dies belegt ein im Rahmen der Behandlung der Hierarchiebildung funktioneller Systeme vorgelegtes Schema, das ich mit der dazuge-hörigen Legende als Abbildung 11 wiedergebe.

(4) *Das Prinzip der minimalen Sicherung des funktionellen Systems*. Ist das System einmal in die Phase der Konsolidierung seiner Komponenten getreten, so arbeitet es bei minimaler Sicherung bereits als Ganzes auf höherem Niveau. D. h. die Konsolidierung selbst unterliegt einem inneren Ordnungsprozeß, innerhalb dessen zwar an einem Punkt der Übergang in die höhere Funktionsweise (bei minimaler Absicherung) stattfindet, trotzdem dauert die Reifung der verschiedenen Einheiten, die ein System konstituieren, über diesen Punkt hinaus an (S. 111 f.). Ersichtlich liegt dieser Punkt in der von *Haken* beschriebenen synergetischen Instabilitätszone, aus der heraus sich Teile und Ganzes wechselweise hervorbringen und integrieren (als Prozeß der Ordnerbildung und „Vers-klavung").

Zusammengefaßt läßt sich der *Prozeß der Systemogenese* mit der folgenden, ebenfalls *Anochin*s Ausführungen (inklusive der Legende) entnommenen Abbildung (Abb. 12) verdeutlichen.

Ich möchte ausdrücklich auf die deutliche Übereinstimmung dieser Darstellung mit den in Abbildung 7 wiedergebenen rekursiven Prozessen auf der Ebene elementarer

Abb. 11: Schema hierarchischer Zusammenfassungen funktioneller Systeme unterschiedlicher Kompliziertheit, die jedoch auf dem gleichen physiologischen Schrittmacher, z. B. auf der Erregung der Nahrungszentren, beruhen.

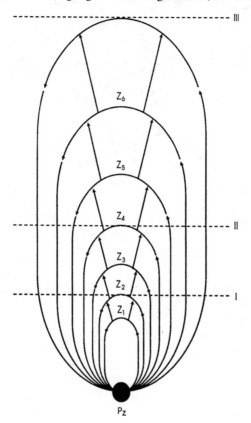

Das Schema gibt die Möglichkeit, die reale Organisation der funktionellen Systeme Z1, 2, ... 6 zu vergleichen, die einen gemeinsamen Schrittmacher (Pz) besitzen. Die unterbrochenen Linien zeigen, daß funktionelle Systeme dieser Art nicht von der Konzeption der Ebene aus verstanden werden können, weil jede Organisationsebene unweigerlich mit dem energetischen Punkt verbunden ist, der die Systeme verschiedener Ebenen speist.

(aus: Anochin 1978, S. 170)

biologischer wie kognitiver Strukturbildung verweisen. Es lohnt sich für die Leser/innen, diesen Zusammenhängen besondere Aufmerksamkeit zu widmen, sie sorgfältig zu überdenken und zu diskutieren und ggf. an der einen oder anderen Stelle vertiefend zu der am Ende dieses Kapitels genannten einführenden Literatur zu greifen.

Insgesamt decken sich Vorstellungen *Anochins* mit jenen der *Verhaltensembryologie*, die auf die Bedeutung der Bewegung für die Organisation vorgeburtlicher Reifungsprozesse hinweisen (vgl. Bd. 1, Kap. 5.3.1). Ersichtlich schließen sich nicht nur zum Zeitpunkt der

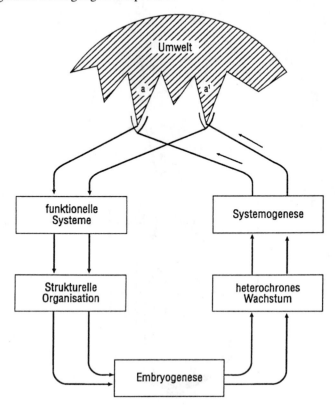

Abb. 12: Schematische Darstellung der Systemogenese im Gesamtzyklus der Evolution der Anpassungsfunktionen des Neugeborenen, die den Anforderungen der ökologischen Bedingungen entsprechen

In dem Schema sieht man, wie die ökologischen Bedingungen zu Beginn einen phylogenetischen Entwicklungszyklus bilden, in dem die Embryogenese die subtile Abstimmung der Reaktionen des Neugeborenen auf die Besonderheiten seiner Existenzbedingungen vornimmt. a und a1 bringen symbolisch diejenigen ökologischen Faktoren zum Ausdruck, die sofort nach der Geburt eine unverzügliche Anpassung erforderlich machen.

(aus: Anochin 1978, S. 125)

Geburt, sondern auch in den unterschiedlichen Etappen der Feto- und Embryogenese funktionelle Systeme, die für die Realisierung von Anpassungseffekten im Sinne nützlicher Endeffekte von hoher Bedeutung sind. Dies fordern darüber hinaus mit logischer Notwendigkeit die *evolutionstheoretischen und entwicklungsgenetischen Überlegungen* bei *Gutmann* und *Bonik* (1981) und *Pritchard* (1986). *Gutmann* und *Bonik* verweisen auf der Basis umfassenden paläontologischen Materials auf die Notwendigkeit der *inneren Energieersparnis* als Grundprinzip der Selbstorganisation der Organismen. Auf der Basis von Prozessen innerer Selektion im Sinne energiesparender Strukturen werden die Funktionen des Organismus ständig durch die Lebenstätigkeit der Organismen ausgelesen. In der Embryogenese beibehaltene energieverbrauchende Konstruktionsprinzipien werden nicht als Überbleibsel (Atavismen) früherer Entwicklungsstadien realisiert, sondern weil sie in der Ontogenese jeweils günstigere Energiebilanzen sichern, weil sie also notwendige Beiträge zur Selbstorganisation des Organismus leisten. Vergleichbar zeigt *Pritchard*, daß embryogenetische Prozesse prinzipiell nur aus den *Wechselwirkungen* der jeweiligen Zellpopulationen und ihrer *Interaktion* auf Organ- und Organismusebene verstanden werden können, die in Interaktion mit der Umwelt des Organismus als Ganzes die Konstruktion des Organismus sichern.

Zu jedem Zeitpunkt der Entwicklung vielzelliger Organismen ist ihre Lebenstätigkeit im System „Subjekt – Tätigkeit – Objekt" als einerseits autonom und andererseits in ihren Grenzen determiniert zu betrachten *(Varela)*. Dies gilt auch in gleicher Weise für die Wechselwirkungen der *Zellen* in diesem Organismus, die die *unterste Ebene autonomer Selbstorganisation* bilden und für die je anderen Zellen Objektbereich sind. Die Systemogenese des gesamten Systems ist Resultat der Lebenstätigkeit der Teile dieses Systems und ihrer wechselseitigen Verschachtelung im Rahmen rekursiver Prozesse, in denen die einzelnen Zellen aufgerufen werden bzw. aufrufen. Daher sind elementare funktionelle Systeme auf Zellniveau anzunehmen, die sich zu *Systemleistungen höherer Ganzheit und höheren Niveaus* zusammenschließen. Diese unterschiedlichen Systeme verfügen wiederum über unterschiedliche Schrittmacher, die im Rahmen der *strukturellen Koppelung* im System die niederen biorhythmischen Strukturen mitnehmen, wie zugleich von diesen hervorgebracht und konsolidiert werden. Diese Wechselwirkung gilt bis in die höchsten Ebenen des Zentralnervensystems.

Entsprechend löst sich das Problem der *Hierarchie funktioneller Systeme* über die in Abbildung 11 bereits vorgestellte Lösung hinausgehend wie folgt:

Da alle funktionellen Systeme auf den unterschiedlichsten hierarchischen Niveaus die prinzipiell gleiche Architektur besitzen, ist in jedem Falle „das Resultat der dominierende, die Organisation der Systeme stabilisierende Faktor" (Anochin 1978, S. 171). Wenn sich also Subsysteme vereinen, dann nur, wenn auf jeder Systemebene diese Voraussetzung realisiert wird. Unsere vorangehende sorgfältige Klärung des *Charakters des Resultats* für das jeweilige funktionelle System (vom Standpunkt des inneren Beobachters geht es um die emotional-motivationale Dimension der Harmonisierung von „drinnen" und „draußen" durch Realisierung von Tätigkeitsstrukturen auf der Basis chronobiologischer Eigenzeit) ermöglicht es nun, folgenden Gedanken *Anochin*s zu vertiefen: Jede tiefere Systemebene muß in irgendeiner Weise „einen Kontakt der Resultate organisieren, wodurch sich die nächsthöhere Systemebene bildet usw. Offenbar bildet der Organismus seine Systeme genau auf diese Weise, und nur auf diesem Wege können Systeme mit einer sehr großen Anzahl von Komponenten gebildet werden. Naturgemäß verwandelt sich in diesem Falle die ‚Hierarchie der Systeme' in eine Hierarchie der Resultate jedes der Subsysteme der vorangegangenen Ebene um" (ebd., S. 171f.). Hierarchiebildung erfolgt, indem in jedem Teilsystem ein nützlicher Endeffekt antizipiert wird. Im System selbst, vom Standpunkt des inneren Beobachters aus analysiert, zielt der nützliche Endeffekt auf die Realisierung sinnbildender Prozesse durch Eingreifen in die über die Körperperipherie vermittelten Wechselwirkungen mit der äußeren Welt. Auf der Ebene des ganzheitlichen Organismus ist dies ein antizipierter emotionaler Status, der auf „Erfüllung" angelegt ist, im Sinne der von *Klix* (1980) verwendeten Kategorie „hedonalgisches Differential". Vom Standpunkt des äußeren Beobachters betrachtet muß jedes funktionelle Teilsystem einen nützlichen Endeffekt für das je andere System hervorbrin-

63

gen. Aus dieser Sichtweise ist der nützliche Endeffekt ein Resultat, das Überleben und Integrität des je anderen Systems im Rahmen seiner integralen Lebenstätigkeit sichert. Die Abstimmung dieser Prozesse geschieht nach meiner hier entwickelten Hypothese über chronobiologische Parameter in Form der wechselseitigen Einstellung der Phasen biologischer Uhren, wie wir dies exemplarisch am Beispiel der Quasi-Mehrzelligkeit von sozialen Amöben (*Winfree* 1988) weiter oben behandelt haben.

Ich schließe damit meine Ausführungen zu diesem Kapitel ab und empfehle den Leser/innen insbesondere auch zu dem letzten Teil eine Vertiefung der sicherlich im Regelfall neuen und überraschenden Betrachtungsweise durch die im folgenden mit (E) markierte, einführende Literatur.

7.6 Vertiefende und weiterführende Literatur

(E = Zur Einführung geeignet)

ANOCHIN, P.K.: Das funktionelle System als Grundlage der physiologischen Architektur des Verhaltensakts. Jena: Fischer 1967 (E)
ANOCHIN, P.K.: Beiträge zur allgemeinen Theorie des funktionellen Systems. Jena: Fischer 1978
ANOCHIN, P.K.: Die Einheit von Zentrum und Peripherie in der Nerventätigkeit. In: ders. 1978, 17–24
ANOCHIN, P.K.: Vorgreifende Widerspiegelung der Wirklichkeit. In: ders. 1978, 61–76
ANOCHIN, P.K.: Die Systemogenese als allgemeine Gesetzmäßigkeit der Entwicklung. In: ders. 1978, 92–128
ANOCHIN, P.K.: Das chemische Kontinuum des Gehirns als Mechanismus der Widerspiegelung der Wirklichkeit. In: ders. 1978, 129–142
ANOCHIN, P.K.: Prinzipielle Fragen der allgemeinen Theorie funktioneller Systeme. In: ders. 1978, 143–190
ATKINS, P.W.: Wärme und Bewegung. Heidelberg: Spektrum d. Wiss. 1986
BERNSTEIN, N.A.: Bewegungsphysiologie. Leipzig: Barth 1987, 2. Aufl.
Dialektik. Beiträge zu Philosophie und Wissenschaften. Bd. 12: Die Dialektik und die Wissenschaften. Köln: Pahl-Rugenstein 1986
DUVE, C. de: Die Zelle. Heidelberg: Spektrum d. Wiss. 1986, Bd. 1 u. 2
ENGELS, F.: Dialektik der Natur. MEW Bd. 20. Berlin/DDR: Dietz 1972, 305 ff.
GUTMANN, W. und BONIK, K.: Kritische Evolutionstheorie. Hildesheim: Gerstenberg 1981
HAKEN, H.: Erfolgsgeheimnisse der Natur. Synergetik: Die Lehre vom Zusammenleben. Stuttgart: DVA 1983, 3. Aufl. (E)
HAKEN, H.: Entwicklungslinien der Synergetik. I und II. Naturwissenschaften 75 (1988) 163–172 und 225–234
HOFSTADER, D.R.: Gödel, Escher, Bach. Darmstadt: Deutsche Buchgemeinschaft o.J. (engl. Original 1979)
HOLST, E. v. und MITTELSTAEDT, H.: Das Reafferenzprinzip. In: E. v. Holst: Zur Verhaltensphysiologie bei Menschen und Tieren. Gesammelte Abhandlungen Bd. 1. München: Piper 1969
JANTSCH, E.: Die Selbstorganisation des Universums. München: Hanser 1979 (E)
KLIX, F.: Erwachendes Denken. Berlin/DDR: DVdW 1980
LENIN, W.I.: Philosophische Hefte. LW Bd. 38. Berlin/DDR: Dietz 1973, 77–229
LUKÁCS, G.: Zur Ontologie des gesellschaftlichen Seins. Bd. 1 und 2. Darmstadt: Luchterhand 1984 u. 1986
MATURANA, H.: Erkennen: Die Organisation und Verkörperung von Wirklichkeit. Braunschweig: Vieweg 1982

MATURANA, H. und VARELA, F.: Der Baum der Erkenntnis. Die biologischen Wurzeln menschlichen Erkennens. München: Scherz 1987 (E)

PICKENHAIN, L.: Das Verhalten. In: D. Biesold und H. Matthies: Neurobiologie. Stuttgart: Fischer 1977, 693–733

PRIGOGINE, I. und STENGERS, I.: Dialog mit der Natur. München: Piper 1981

PRITCHARD, D.C.: Foundations of Developmental Genetics. London: Taylor & Francis 1986

ROTH, G.: Selbstorganisation und Selbstreferentialität als Prinzipien der Organisation von Lebewesen. In: Dialektik 12, 1986, 194–213

ROTH, G.: Erkenntnis und Realität. Das reale Gehirn und seine Wirklichkeit. In: S.J. Schmidt 1987, 229–255 (E)

ROTH, G.: Autopoiese und Kognition. Die Theorie H.R. Maturanas und die Notwendigkeit ihrer Weiterentwicklung. In: S.J. Schmidt 1987, 256–286

SANDKÜHLER, H.J. (Hrsg.): Europäische Enzyklopädie Philosophie und Wissenschaften. Hamburg: Meiner 1990 (i.V.)

SCHMIDT, S.J. (Hrsg.): Der Diskurs des radikalen Konstruktivismus. Frankfurt/M.: Suhrkamp 1987

SCHMIDT, S.J.: Der Radikale Konstruktivismus: Ein neues Paradigma im interdisziplinären Diskurs. In: ders. 1987, 11–88

SIMONOV, P.V.: Höhere Nerventätigkeit des Menschen. Motivationelle und emotionale Aspekte. Berlin/DDR: Volk und Gesundheit 1982

SIMONOV, P.V.: The Need-Informational-Theory of Emotions. International Journal of Psychophysiology 1 (1984), 284–299

VARELA, F.: Die Biologie der Freiheit. Psychologie heute 9 (1982), 82–93 (E)

WINFREE, A.T.: Biologische Uhren. Zeitstrukturen des Lebendigen. Heidelberg: Spektrum d. Wiss. 1988

8 Neurowissenschaftliche Grundlagen II: Höhere kortikale Funktionen und psychische Regulation

Nach der Befassung mit allgemeinen Grundprinzipien biopsychologischer Regulationsprozesse, also der Weiterentwicklung einer Theorie der funktionellen Systeme auf der Basis der Theorien über Selbstorganisation, ist nun ein weiterer Schritt notwendig. Der Zusammenhang von materiellem Substrat der neurobiologischen Prozesse und den psychischen Funktionen ist auf menschlichem Niveau zu bestimmen. Wir haben es damit mit einem Übergang zwischen der biotischen und der psychischen Existenzweise des Menschen zu tun, der genauerer Untersuchung bedarf, um Fragen einer allgemeinen Behindertenpädagogik befriedigend zu beantworten. *In welcher Weise hängt die räumlich-zeitliche Organisation des menschlichen Gehirns mit der Organisation der psychischen Prozesse in einem inneren Raum-Zeit-Kontinuum zusammen, das sich zugleich auf das objektiv-reale Raum-Zeit-Kontinuum der äußeren Welt bezieht?* Und hieraus folgend: *Wie wirken sich spezifische Schädigungen von Teilen des Gehirns allgemein und zu unterschiedlichen Zeiten der Individualentwicklung als Erschwerung von Aneignungsbedingungen und damit Quellen von Isolation aus?*

Man kann diesen Übergang von zwei Seiten her untersuchen: Von unten nach oben, also von den elementaren biologischen Teilmechanismen (Funktion der Nervenzelle) ausgehend bis zur psychischen Funktion spezifischer Teile des Gehirns. Man kann aber auch von oben nach unten vorgehen: Von der sinnhaften und systemhaften Organisation der psychischen Prozesse ausgehend zu ihren organischen Voraussetzungen. Die erste Vorgehensweise kann als psychophysiologische, die zweite als neuropsychologische Vorgehensweise betrachtet werden (vgl. z.B. zur Illustration beider Vorgehensweisen *Birbaumer* 1975 bzw. *Luria* 1973).

Natürlich sind beide Vorgehensweisen wechselseitig aufeinander angewiesen. Im vorangegangenen Kapitel habe ich bereits den Übergang von der biologischen zur psychologischen Ebene allgemein analysiert. Für alle psychophysiologischen Vorgänge gilt, daß sie nur auf der Basis einer allgemeinen Theorie funktioneller Systeme und der strukturellen Koppelung der an dieser Systembildung beteiligten Zellpopulationen begriffen werden können. Ich beschränke mich auf dem Hintergrund dieser Überlegungen hier vorwiegend auf die *neuropsychologische Untersuchung:* Welche Rolle übernehmen die spezifischen Teile des menschlichen Gehirns für die Organisation der höheren kortikalen Funktionen, also für den sinn- und systemhaften Aufbau der psychischen Prozesse? Und natürlich kann ich die physiologischen und anatomischen Grundlagen nur am Rande behandeln. Hierzu verweise ich neben den zahlreichen im Buchhandel erhältlichen Einführungen in Anatomie und Physiologie des ZNS (Zentralnervensystem) (z.B. *Kahle* 1976) auf die für die Zwecke der Behindertenpädagogik besonders brauchbare Einführung von *Zieger* (1984), auf das Buch „Gehirn und Nervensystem" (1980), auf *Nauta* und *Feirtag* (1986) sowie das umfangreiche und herausragende Werk von *Kandel* und *Schwartz* „Principles of Neural Science" (1985).

8.1 Allgemeine Prinzipien der neuropsychischen Organisation

8.1.1 Die Makroebene

Allgemeinstes Prinzip der Funktionsweise des menschlichen Gehirns ist das der *funktionellen Lokalisation*, die sich in ontogenetischer Hinsicht als dynamische, chronogene Lokalisation ereignet. Nach A. N. *Leontjew* (1973) ist das menschliche Gehirn ein Organ, das neue Organe bilden kann. Diese *funktionellen Organe* sind hochstabile reflektorische Verbindungen, die wie ein Organ funktionieren: so ist der Erwerb der natürlichen Sprache ein Beispiel dieses Prozesses. Die Sprache erwirbt erst im Prozeß der Aneignung ihre Lokalisation (allerdings nicht beliebig, sondern über die Zellarchitektonik des Gehirns gesetzmäßig bedingt). Diese Lokalisation weist in gewisser Hinsicht entsprechend der sinnlichen Oberfläche der Sprache Differenzen auf. Japanische und polynesische Sprachen, in denen auch Vokale (und Tonhöhen) Kontrastdifferenzierungsfunktion haben (also Funktionen wie z. B. im Deutschen das Dehnungs-h in „mahlen" gegenüber „malen"), sind z. T. anders lokalisiert als indogermanische Sprachen und wiederum anders als Gebärdensprachen. Entsprechend dem stärkeren Einbezug des optischen Analysators ist die funktionelle Lokalisation der japanischen und chinesischen Schriftsprache anders als die der deutschen oder englischen. Und schließlich ist die Sprache eines dreijährigen Kindes zu diesem Zeitpunkt noch anders dynamisch bzw. chronogen lokalisiert als die eines Siebenjährigen oder eines Jugendlichen.

Der Prozeß der funktionellen Organbildung ist die Grundlage der individuellen Realisierung der Organisatoren des Psychischen im Prozeß der Ontogenese. Er ereignet sich unter führender Rolle der Großhirnrinde (Neokortex) gegenüber den tiefer gelegenen Hirnteilen (subkortikale Gebiete). Mit der Entwicklung der Säugetiere erreicht der *Neokortex* gegenüber dem Subkortex für die Ontogenese jene Funktion, die der Subkortex für die Phylogenese hat. Der *Subkortex* dient insbesondere der Absicherung der basalen Verhaltensprogramme und der Vermittlung körpereigener Funktionsprozesse (autonomes Nervensystem, hormonelles System, Immunsystem) mit Prozessen des zentralen und peripheren Nervensystems. Diese Prozesse sind in basaler Hinsicht auf der Ebene von Erbkoordinationen und AAM abgesichert. Sie werden durch Hierarchisierung und Erfahrungsbildung in den Neuronenpopulationen der Großhirnrinde, aber auch der älteren Teile des Großhirns (Paläokortex, Archikortex) und des Zwischenhirns, in im individuellen Gedächtnis aufgebaute höhere Funktionen übergeführt.

Diese älteren Teile des Großhirns liegen unter der sichtbaren Oberfläche. Denn das Großhirn hat im Prozeß der Evolution allmählich (von innen nach außen und nach beiden Seiten hin) in Form der paarigen Hemisphären in einer riesigen Ausstülpung alle älteren Bereiche überwuchert. Dabei sind auch die Geruchslappen des Neokortex, die bei primitiven Säugern noch an der Hirnoberfläche liegen, nach unten gewandert. Diese phylogenetisch älteren Teile des Großhirns einschließlich ihrer Randgebiete und ihren Verbindungen zu subkortikalen Zentren faßt man auch als *„limbisches System"* zusammen. Dies ist eine funktionelle, keine anatomische Kennzeichnung. Das limbische System hat eine besondere Bedeutung für die Realisierung emotionaler und motivationaler Prozesse (s. u.).

Die *allgemeine Funktionsweise* des Neokortex ist beschreibbar als erneute Verarbeitung der subkortikal bereits zur Informationskonstruktion genutzten Parameter von der sensorischen (und motorischen) Peripherie. *Count* (1973) vergleicht die Funktion des

Neokortex gegenüber dem Subkortex mit der Feineinstellung eines Fernsehbildes, dessen Grobeinstellung mit dem Einschalten des Geräts der subkortikalen Ebene entspreche. Dies geschieht in der Übernahme zeitlicher Parameter, also einer bestimmten *Quantelung* der Information, und räumlicher Parameter, also einer exakten *Topologie* des Neokortex. Durch diese „weiß" das Gehirn, über welche sensorische Quelle der Eindruck kommt. Entsprechend verfügt der Neokortex über bestimmte zeitliche Eigenrhythmen. Sein Grundrhythmus ist bei Wachheit und entspannter Aufmerksamkeit der mit 10 Hz (10 Phasen pro Sekunde) laufende Alpharhythmus, der durch die Erholungszeiten der Zellen im Thalamus zustande kommt. Der Thalamus selbst ist ein großes Kerngebiet im Zwischenhirn, über das sämtliche sinnesspezifischen Eindrücke modal und intermodal vorverarbeitet werden, bevor sie die Großhirnrinde erreichen. Die einzige Ausnahme bildet hierbei der Geruchsanalysator.

Alle Sinneseindrücke erreichen schließlich *sinnesspezifische (modale) Felder* der Großhirnrinde, innerhalb derer sie analysiert und synthetisiert werden. Im optischen Analysator sind dies die am hinteren Ende des Gehirns liegenden Felder 17 sowie 18 und 19. Im Feld 17 bewirken elektrische Reize Eindrücke wie Sterne, Blitze u. ä., im Feld 18 und 19 ganzheitliche optische Eindrücke: z. B. ein Mann schiebt ein Fahrrad über die Straße (vgl. Abb. 13).

Felder, die innerhalb einer Modalität sinnesspezifische Eindrücke verarbeiten, nennt *Pawlow „kortikale Enden der Analysatoren"*. *Luria* (1970a) unterscheidet diese Felder entsprechend ihrer eher auf Teile (so Feld 17) oder auf ein Ganzes (so die Felder 18 und 19) bezogenen Arbeitsweise als *primäre* und *sekundäre* Felder der Großhirnrinde. Derartige kortikale Enden der Analysatoren münden in alle Lappen des Großhirns, die jeweils eine Reihe von primären, sekundären und tertiären Feldern umfassen. Abbildung 14 liefert einen Überblick über die Aufteilung der linken Hirnhemisphäre in die vier großen *Lappen*, die paarig, aber nicht völlig symmetrisch auch in der rechten Hirnhemisphäre zu finden sind. Beide Hemisphären sind sowohl subkortikal als auch insbesondere über den Balken (Corpus callosum) durch Nervenbahnen verbunden.

Die *Okzipitallappen* (Hinterhauptslappen) stellen die kortikalen Enden des optischen Analysators dar. Primäres Feld ist das Feld 17, sekundäre Felder sind die Felder 18 und 19.

Die *Temporallappen* (Schläfenlappen) sind die kortikalen Enden des akustischen Analysators. Primäre Felder sind Feld 41 und 42, sekundäre Felder Feld 21 und 22. Feld 21 und 37 stehen dabei in enger Verbindung mit subkortikalen Hirnregionen, die insbesondere der emotionalen Informationsbewertung dienen (s. u.).

Die *Parietallappen* (Scheitellappen) sind die kortikalen Enden des kinästhetischen Analysators (also der Analyse über die Körperstellung aufgrund der propriozeptiven Rückmeldung von Gelenk- und Muskelrezeptoren sowie in Vermittlung mit dem subkortikal lokalisierten vestibulären System). Primäre Felder sind nach *Luria* (1970a) Feld 3, nach *Kandel* und *Schwartz* (1985, Kap. 50, S. 674) sind es die Felder 1, 2 und 3. Sekundäre Felder sind nach *Luria* die Felder 2, 1, 5 und 7, nach *Kandel* und *Schwartz* 2, 5 und 7.

Die *Frontallappen* (Stirnlappen) stellen die kortikalen Enden des motorischen Analysators dar: Sie sind *efferente*, ausführende, programmierende Organe im Unterschied zur informationsaufnehmenden, verarbeitenden und speichernden Funktion der hinter der Zentralfurche liegenden Teile des Neokortex, die dessen *afferenten* Teil darstellen. Primäres Feld ist Feld 4, sekundäre Felder sind 6 und 8. Im Unterschied zu den kinäs-

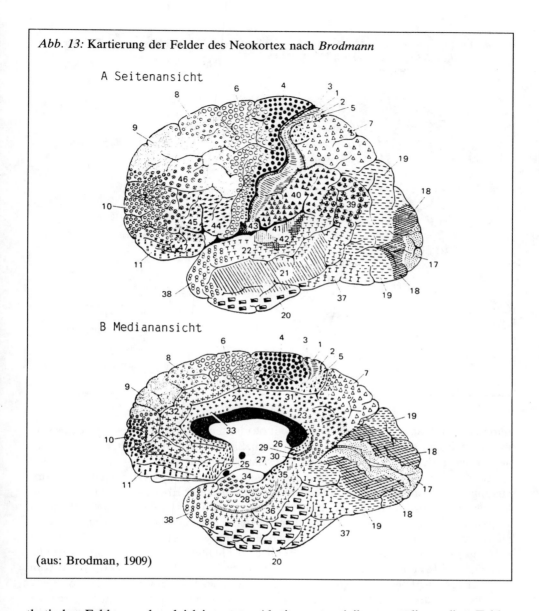

Abb. 13: **Kartierung der Felder des Neokortex nach *Brodmann***

A Seitenansicht

B Mediananansicht

(aus: Brodman, 1909)

thetischen Feldern und zugleich in engster Abstimmung mit ihnen regulieren diese Felder die Kinetik, also die Bewegungssteuerung.

Entsprechend werden die primären und sekundären Felder des motorischen und kinästhetischen Analysators auch unter der Bezeichnung *„sensomotorischer Analysator"* zusammengefaßt. Dabei hat ein Teil des sensomotorischen Analysators einen direkten Zugriff zur Peripherie der Muskulatur über die untersten Schalteinheiten, die Motoneurone des Rückenmarks. Dieser Teil wird als *Pyramidensystem* bezeichnet. Er umfaßt aufgrund ihrer in dieser Hinsicht vorrangigen (jedoch nicht ausschließlichen) Funktion die Felder 4 und 6 in Verbindung mit den Feldern 1, 2 und 3. Von der Pyramidenbahn als rascher, willkürmotorischer Durchgriffsbahn in die Peripherie wird funktionell das *„ex-*

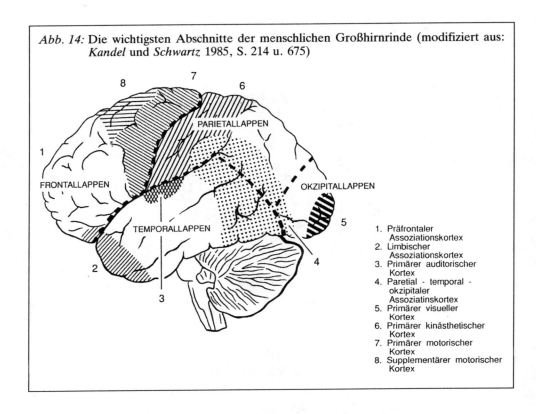

Abb. 14: Die wichtigsten Abschnitte der menschlichen Großhirnrinde (modifiziert aus: Kandel und Schwartz 1985, S. 214 u. 675)

1. Präfrontaler Assoziationskortex
2. Limbischer Assoziationskortex
3. Primärer auditorischer Kortex
4. Paretial - temporal - okzipitaler Assoziatinskortex
5. Primärer visueller Kortex
6. Primärer kinästhetischer Kortex
7. Primärer motorischer Kortex
8. Supplementärer motorischer Kortex

trapyramidale System" unterschieden. Die motorischen Funktionen dieses Systems sind über eine Reihe subkortikaler Kerne (einschließlich Kerne in den älteren Teilen des Neokortex, insbesondere den sogenannten Basalganglien) zwischengeschaltet. Dieses System wird im angloamerikanischen Sprachgebrauch auch als COEPS (cortically originating extrapyramidal system) bezeichnet. Auf kortikaler Ebene umfaßt es vor allem die präzentralen (also vor der Zentralfurche liegenden) Gebiete 6 und 8 sowie die postzentralen Gebiete 1–3, 5 und 7. Aber auch aus dem Feld 4 entspringen extrapyramidale Efferenzen. Vereinfacht betrachtet umgeben die extrapyramidalen Pyramidenfelder den halbwegs konzentrischen pyramidalen Bereich. Schließlich ist noch das *supplementäre motorische Feld* zu nennen, das vom Feld 4 aus gesehen nach vorne (rostral) und vom Feld 6 aus gesehen nach oben (dorsal) liegt. Es dient der Programmierung komplexerer motorischer Sequenzen und vermittelt als sekundäres Feld zwischen den hierarchisch höheren Feldern 5, 7 und 8 einerseits und zusammen mit dem sekundären Feld 6 zu dem primären Feld 4 andererseits (Kandel und Schwartz 1985, S. 496).

Neben den sinnesspezifischen (modalen) primären und sekundären Feldern gibt es *tertiäre Felder*, die oft auch als Assoziationsfelder gekennzeichnet werden. (Im Gegensatz zu den Projektionsfeldern, auf die hin die Sinnesorgane und die Motorik projizieren, d. h. topologisch abgebildet sind; vgl. die in nahezu jedem Lehrbuch auffindbare Projektion der Körperteile wie Arme, Beine, Finger, Gesicht, Mund, Zunge auf die primären sensomotorischen Felder 3 und 4). Assoziationsfelder sind genauer gesagt *Überschneidungsfelder* der Analysatoren. Dabei ist zu beachten, daß die sekundären Felder über Nervenbahnen durchaus in vielfältigen Verbindungen zu anderen Modalitäten stehen. So haben die Felder 8 und 7 große Bedeutung für die Okulomotorik, also für die aktive, efferent programmierte Informationsverarbeitung des Auges. Diese ist ohne motorische Komponenten (verschiedene Formen von Nachstell- und Abtastbewegungen auf der Basis von unbedingt-reflektorischer Tätigkeit bis hin zu kortikaler Modellbildung) nicht realisierbar. Überhaupt darf man sich, dies dürfte im Rahmen der Darstellung der Struktur und Wirkweise funktioneller Systeme im vergangenen Kapitel deutlich geworden sein, keine getrennt voneinander stattfindende motorische und sensorische Verarbeitung vorstellen. Jeder Wahrnehmungsvorgang verfügt über motorische, efferente Komponenten und jeder Bewegungsvorgang über sensorische, afferente Rückkoppelung.

Die tertiären Felder oder Überschneidungsfelder liegen im präfrontalen Bereich, also im vordersten *Stirnhirnbereich*, sowie im *Überschneidungsbereich von Parietal-, Temporal- und Okzipitallappen*. Sie sind im Vergleich die phylogenetisch jüngsten Felder, wobei wiederum die Überlappungsfelder im hinteren, afferenten Bereich früher ein progressives Wachstum in der Evolution erfahren haben, als der Stirnhirnbereich, dessen tertiäre Felder sich im wesentlichen erst in der Primatenevolution herausgebildet haben.

Die tertiären Felder des Frontalbereichs sind genau betrachtet keine Überschneidungsfelder, sondern amodale Felder, die nicht mehr die äußere modale Bewegung in Form der Körperbewegung oder des Sprechens realisieren, sondern eine innere, geistige Bewegung. Diese verfügt im Bereich der äußeren Sprache (deren Kinetik unter besonderer Rolle des Feldes 44 realisiert wird) noch über sichtbare modale Anteile und im Bereich der inneren Sprache (Felder 45 und 47) noch über unsichtbare modale Anteile. Für die davor liegenden Felder sind jedoch weder intermodale noch modale Funktionen nachweisbar, sie dienen ersichtlich der Realisation höchster Form des Denkens unter Einbezug der entsprechenden anderen Teile des Gehirns (Gedächtnis, Sprachprogrammierung u. ä.).

Beim Übergang zum Menschen haben beide Gebiete (Parietal-Temporal-Okzipital-Bereich sowie Frontalbereich) nochmals ein progressives Wachstum erfahren, insbesondere aber wieder der Stirnhirnbereich (vgl. *Hildebrand-Nilshon* 1980, 100ff.). Beide Regionen spielen für die höheren kortikalen Funktionen des Menschen eine besondere Rolle, auf die ich im Detail noch zu sprechen komme. Sie realisieren das hierarchische Niveau im Aufbau der Organisatoren des Psychischen, das die Herausbildung der von *Leontjew* (1981) so benannten 5. Quasidimension der Bedeutungen sichert, also das in der Zeitstruktur reversible, oberbegriffliche innere Handeln, das ich in Auseinandersetzung mit den Forschungen von F. *Klix* in Kapitel 5.5 (insbesondere 5.5.4) ausführlich dargestellt habe.

Elektrophysiologische Korrelate belegen, daß die tertiären Felder nicht nur die *intermodale* Verarbeitung übernehmen, also z.B. die Verbindung von Gesehenem und Gehörtem, Realisierung der Sprechmotorik und kinästhetischer wie akustischer Rückkoppelung usw., sondern vor allem *amodale Funktionen* realisieren (Aufbau von Bedeutungen und Orientierung in Bedeutungen).

So ist über den frontalen Gebieten eine bestimmte Potentialveränderung vor dem Eintreten in die Situation festzustellen, die *contigente negative Variation* (CNV), die einem erwarteten Reiz um ca. eine Sekunde vorausgeht. Sie ist unabhängig davon, ob eine motorische Reaktion folgt. Über dem parietalen Überschneidungsbereich ist sie vernachlässigbar gering. (*Eccles* 1985, S. 94). Sie ist ein in der Orientierungsreaktion aufgebautes „neuronales Modell" (*Sokolov* 1960, *Sokolov* und *Vinogradova* 1975) amodaler Natur vor Auftreten der Modalität (und keineswegs ein Eingreifen des von Gott

71

geschaffenen Geistes in die Materialität des Gehirns, wie dies *Eccles* spekuliert; vgl. auch *Eccles* und *Popper* 1982). Es geht hier ersichtlich um die Orientierung in Bedeutungen (vgl. Kap. 4 und 5) im Rahmen der im jeweiligen Modell des Künftigen realisierten Afferenzsynthese (vgl. Kap. 7).

Neben der CNV gibt es das sogenannte *Bereitschaftspotential* (BP), das während der Absicht entsteht, eine kurze Willkürhandlung auszuführen. Es tritt sowohl über dem parietalen Kortex auf wie über dem präzentralen Kortex mit Ausnahme der vordersten, präfrontalen Gebiete (also z. B. bei Durchführung einer Handbewegung, aber auch bei der Überwachung zielgerichteter Bewegungen). Bereitschaftspotentiale treten ca. 400 ms vor der Bewegung auf, während erst 50 ms vor der Bewegung ein motorisches Potential auftritt (*Eccles* 1985, S. 97). Dieser Prozeß entspricht ersichtlich dem Aufbau des Handlungsakzeptors auf der Basis des Handlungsziels, also um die objektbezogene Herausbildung des Modells des Künftigen. Für sie hat die Bereitstellung von afferenten Strukturen auf der Basis von Gedächtnisprozessen besondere Bedeutung.

Auf nähere Details zur Rolle der tertiären Felder gehe ich im weiteren Verlauf dieses Kapitels noch ein. Zunächst will ich eine übergreifende Theorie der funktionellen Organisation des menschlichen Gehirns darstellen, die von A. R. *Luria* entwickelt wurde (vgl. 1973, Kap. 2). *Luria*, neben *Wygotski* und *Leontjew* Mitbegründer des tätigkeits-theoretischen Ansatzes der kulturhistorischen Schule, hat wesentlich die Wissenschaft Neuropsychologie mitentwickelt. Sein Werk, das in den USA und England bereits breit rezipiert wird (über 20 Buchpublikationen, vgl. zusammenfassend *Vocate* 1988), ist für die Diskussion innerhalb der Rehabilitation von Behinderten von allerhöchster Bedeutung. Leider ist es bisher im deutschen Sprachraum noch relativ wenig erschlossen und bekannt (vgl. zur Einführung *Luria* 1982; eine Publikation seiner wissenschaftlichen Autobiographie 1979 sowie der 1973 auf Englisch erschienenen Einführung in die Neuropsychologie, „The working brain", steht unmittelbar bevor).

Luria unterscheidet in der Funktionsweise des Gehirns *drei Haupteinheiten* der Regulation. Zwei Haupteinheiten beziehen sich auf die Funktionsweise der Lappen der Großhirnrinde vor bzw. hinter der Zentralfurche, die erste Haupteinheit verbindet subkortikale und kortikale Strukturen. Bei der Erklärung dieser Haupteinheiten ziehe ich über *Luria* hinausgehende Literatur mit heran.

Die *erste Haupteinheit* ist die *Einheit für Tonus, Wachheit und Aktivation* (1973, S. 44 ff.) und stellt nach *Luria* die energetische Basis der Funktion der Großhirnrinde dar. Ihre aktivierenden Funktionen realisieren sich auf insgesamt drei Stufen.

Die funktionelle Grundlage der Aktivierung ist in jedem Falle *unspezifische und allgemeine Aktivierung* (Arousal) durch die retikuläre Formation. Dies ist ein Nervengeflecht, das vom Stammhirn aus aufsteigt und an einzelnen Zellen konvergierende Reize von verschiedenen Sinneskanälen der Außenwelt wie der Körperinnenwelt erhält. Der Grad der Erregung wird dadurch unabhängig von der Modalität aufaddiert. Aufgrund der sensorischen Erregung werden unspezifische Weckreize an den Neokortex gesendet. Bei Schädigung dieses Gebietes resultieren Dämmerzustände. Darüber hinaus gibt es hier wie auch auf den höheren Ebenen innere Oszillatoren (vgl. *Sinz* 1979, 1980), biorhythmische Strukturen in Form von Zellen und Zellgruppen, die sich spontan entladen und auch bei Fehlen von sensorischer Reizung eigenaktiv werden. Sie spielen vermutlich auch bei der Initiierung von Träumen eine wesentliche Rolle (vgl. *Hobson* u. a. 1977, *McCarley* 1979).

Luria unterscheidet *drei Quellen von (spezifischer) Aktivation*, die auf die retikuläre Formation auf unterschiedlichen hierarchischen Niveaus einwirken. Auch hier gilt die in

*Leontjew*s Behandlung des Ebenenproblems herausgearbeitete Lösung des Übergangs-problems: Die je höheren Ebenen sind von der Wirkweise der formatio reticularis und der je niederen Ebenen abhängig und wirken zugleich determinierend auf diese zu-rück.

Eine erste Quelle der Aktivation sind *Prozesse der „inneren Ökonomie"* (*Luria* 1973, S. 53). Es handelt sich um Stoffwechselprozesse und humorale Prozesse im Körperin-neren. Eher einfache Formen sichern elementare Prozesse wie Atmung und Nahrung; eher komplexe Formen sind mit bestimmten angeborenen Verhaltenssystemen ver-knüpft. Diese Prozesse werden insbesondere in Verbindung mit dem Hypothalamus realisiert, der die wesentliche Schaltstelle zwischen dem Zentralnervensystem, dem au-tonomen (vegetativen) Nervensystem, der über die Hypophyse gesteuerten hormonellen Regulation und dem Immunsystem ist. Dieser Bereich realisiert insbesondere die Um-setzung von körpereigenem Bedarf in Bedürfnisse auf dem Weg der Dominantenbildung (vgl. Kap. 7).

Als zweite Quelle der Aktivation nennt *Luria* (1973, S. 55) einen auf die Kontrolle der Außenweltbedingungen bezogenen Bereich, dessen wesentlichste Ausdrucksform die Realisierung des *Orientierungsreflexes* ist. Dieser Orientierungsreflex beinhaltet die Ak-tivierung auf der Basis des Neuheitscharakters der Situation (durch Wechsel der Um-gebung hervorgerufen). Sie wird realisiert durch ein System sogenannter *Neuigkeitsde-tektoren* (vgl. *Roth* 1978), das insbesondere in der retikulären Formation und im Thalamus lokalisiert ist. Neuigkeitsdetektoren sind Zellen, die auf neue Reize mit Ent-ladung antworten und auf vertraute Reize hin schnell habituieren. Auf der Basis des Neuigkeitsgrades kommt es zu unterschiedlichen Verbindungen retikulärer Aktivation mit Prozessen des Zwischenhirns und des limbischen Systems in Form phasischer oder tonischer Aktivation. Ich komme auf diese Zusammenhänge bei der Behandlung der neuropsychologischen Grundlage emotionaler und motivationaler Prozesse zurück (vgl. 8.2.3).

Als dritten aktivierenden Bereich benennt *Luria* (1973, S. 82ff.) Prozesse auf der Ebene der Frontallappenregulation. Insbesondere ist es die *präfrontale Region* (Felder 9, 10, 11 sowie die mediobasalen Anteile des Frontalkortex; letztere stehen in enger Ver-bindung zum limbischen System), die eine Art *Suprastruktur* für das gesamte Gehirn bildet. Müdigkeitserscheinungen, körperliche Bedürfnisse, Ausbleiben von Neuigkeits-reizen aus der Umgebung müssen nicht zur Ermüdung führen, wenn z.B. aktive Prozesse des begrifflichen Denkens erfolgen: Die Arbeit an einem interessanten wissenschaftli-chen Thema wäre ein entsprechendes Beispiel.

Als *zweite Haupteinheit* kennzeichnet *Luria* (1973, S. 67ff.) den gesamten afferenten Bereich der Großhirnhemisphären: Der hinter der Zentralfurche liegende Parietal-, Temporal- und Okzipitalbereich bildet in modaler, intermodaler und amodaler Hinsicht die *Einheit für Informationsaufnahme, -verarbeitung und -speicherung. Luria* behandelt hier vorrangig die auf die Informationsverarbeitung in der Außenwelt gerichteten sicht-baren Oberflächen der linken (für die Sprachfunktionen dominanten) Hemisphäre. Mit gewissen Spezifizierungen gilt diese Aussage auch für die rechte Hemisphäre, die zwi-schen Abbild der Welt und Körperselbstbild bedeutungsintegrierend vermittelt (vgl. 8.3). Ebenso gilt dies für die nach innen liegenden Teile der Lappen des Neokortex (intrin-sischer Kortex), die wesentlichen Anteil am Aufbau des Körperselbstbildes haben (vgl. zu diesem Aspekt Bd. 1, Kap. 6 sowie die an späterer Stelle (8.2.3) behandelte Emo-tionstheorie *Pribram*s). Die informationsverarbeitenden und gedächtnisbildenden Funktionen der postzentralen Teile des Neokortex (2. funktionelle Einheit) stehen in enger Verbindung mit subkortikalen Strukturen und Mechanismen (vgl. 8.2.1).

– Als *dritte Haupteinheit* betrachtet *Luria* (1973, S. 79ff.) das efferente System der Frontallappen. Es ist die *Einheit für Verifikation, Planung und Programmierung* der Tätigkeit. Bei Verletzungen in diesem Bereich kommt es je nach Lage zu unterschiedlichen Störungen der Ausführungsstruktur (Kinetik), bis hin zur Zerstörung von Modellen des Künftigen auf dem Niveau der Persönlichkeit bei schweren Formen des Frontalhirnsyndroms. Menschen mit solchen Verletzungen leben nur in der Gegenwart, sie sind ablenkbar, können ihre Tätigkeit nicht zu komplexeren Handlungen koordinieren. Obwohl sie noch über sämtliche Inhalte ihres Gedächtnisses verfügen und auch ihre Informationsverarbeitung nicht gestört ist, sind ihnen komplexe gedankliche Bewegungen gänzlich unmöglich.

Entsprechend den Grundergebnissen der kulturhistorischen Schule der sowjetischen Psychologie und der Logik des sinn- und systemhaften Aufbaus der Prozesse des Psychischen geht Luria (1970a, S. 49) davon aus, *daß die höheren psychischen Funktionen, die sich in Form komplizierter reflektorischer Prozesse (funktioneller Organe) des Gehirns realisieren, hinsichtlich ihres Ursprungs sozial, hinsichtlich ihrer Struktur mittelbar (d.h. über Sprache vermittelt) und hinsichtlich ihrer Funktionsweise willkürlich sind*. Ihr Aufbau wird seiner Auffassung nach durch *drei Gesetze der Hirnstruktur* möglich, die er insbesondere auf den Aufbau der zweiten Einheit (Informationsaufnahme, -verarbeitung und -speicherung) bezieht:

1. *Das Gesetz der hierarchischen Struktur der kortikalen Zonen*. Hierarchische Strukturen realisieren sich in den Beziehungen zwischen den primären, sekundären und tertiären Zonen und, so wäre zu ergänzen, in den tertiären Feldern als Beziehungen zwischen intermodalen und amodalen Zonen und der in ihnen realisierten Bedeutungshierarchien.
2. *Das Gesetz der verminderten Spezifität der hierarchisch angeordneten Zonen*. Hierunter versteht *Luria* den zunehmenden Abbau einer modalen Spezifizität und Ausweitung der Ebene allgemeiner und abstrakter Schemata (1973, S. 75ff.).
3. *Das Gesetz der zunehmenden Lateralisierung der Funktionen*. Dieses Gesetz gilt phylogenetisch wie ontogenetisch. Auf Details dieser Lateralisierung, also der Arbeitsteilung zwischen den paarigen Großhirnhemisphären, komme ich später zurück (8.3).

Da diese Theorie den gesamten Bereich der emotionalen und motivationalen Regulation nicht mit aufgreift, habe ich für den diese drei Einheiten verbindenden Bereich des limbischen Systems und in es einbezogene basale Verhaltensprogramme eine *vierte funktionelle Haupteinheit* angenommen (*Jantzen* 1979). Ich habe sie als regulatorische *Einheit für spezifische Aktivierung und Koordination von Planung, Information, Aktivation, Körperregulation (zentrales und autonomes System, subjektive Befindlichkeit [Emotion, Affektivität])* gekennzeichnet. Unterdessen ist es möglich, die Funktionsweise dieser Einheit (vgl. auch *Zieger* 1984, S. 244ff.) näher zu beschreiben. Dies wird in Abschnitt 8.2 im Zusammenhang der Neuropsychologie von Gedächtnisbildung, Emotion und Motivation erfolgen.

8.1.2 Die Mikroebene

Elementarste Einheit des Zentralnervensystems ist das *Neuron*, die Nervenzelle. Sie verfügt über alle Fähigkeiten von Einzellern (Wahrnehmung, Bewegung, Informationskonstruktion), büßt allerdings mit Erreichen ihres Zielortes ihre aktive Bewegungsfähigkeit ein, die sie in der Embryogenese noch hat. An ihre Stelle treten bioelektrische und biochemische Aktionsformen im Austausch mit ihrer Umwelt.

Anhand von Abbildung 15 seien in Kürze die wichtigsten anatomisch-physiologischen Details rekapituliert.

Jede Nervenzelle besteht im wesentlichen aus dem Zellkörper mit Zellkern, den Dendriten und dem Axon.

Auf die Organisation des *Zellkörpers* gehe ich hier nicht ein (vgl. de Duve 1986). Der *Zellkern* enthält die Erbinformation, auf deren Grundlage die Eiweißbiosynthese der Zelle erfolgt. Diese sichert die körperliche Reproduktion als Grundlage der Realisierung der Homöostase sowie der Informationsverarbeitung und -konstruktion. Im Rahmen der Spezialisierung jedes Zelltyps, so auch der Nervenzellen allgemein wie ihrer Unterarten, werden spezifische Erbsubstanzabschnitte von der innerzellulären Umwelt (und in vermittelter Form auch der außerzellulären Umwelt) aufgerufen. Durch diesen Aufruf werden bestimmte Programme der Selbstorganisation realisiert. In dieser Fähigkeit zur aktiven Strukturbildung im Verhältnis zur Umwelt liegt u.a. auch die Möglichkeit der Gedächtnisbildung begründet.

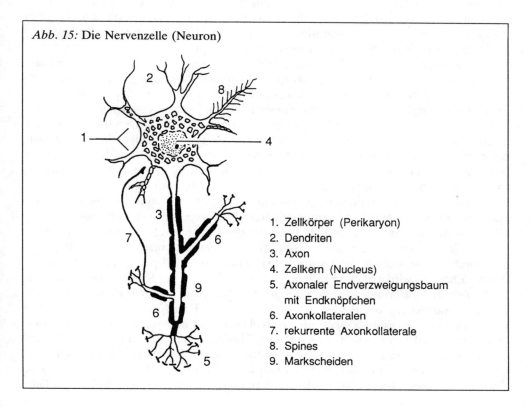

Abb. 15: Die Nervenzelle (Neuron)

1. Zellkörper (Perikaryon)
2. Dendriten
3. Axon
4. Zellkern (Nucleus)
5. Axonaler Endverzweigungsbaum mit Endknöpfchen
6. Axonkollateralen
7. rekurrente Axonkollaterale
8. Spines
9. Markscheiden

Die *Dendriten* sind ast- und zweigförmige Auswüchse, die die Oberfläche der Zelle vergrößern und Kontakt mit zahlreichen anderen Nervenzellen sowie der Struktur des interzellulären Raumes ermöglichen. Dies ist deshalb möglich, weil die *Zellen nicht direkt miteinander kommunizieren, sondern vermittelt über den interzellulären Raum* (eine solche Kommunikationsform haben wir in Kapitel 7 bereits bei der Quasimehrzelligkeit sozialer Amöben kennengelert; es ist sinnvoll, dieses relativ einfache Modell als Grundmodell struktureller Koppelung bei den weiteren Erörterungen vor Augen zu haben). Die Kommunikation über den interzellulären Raum erfolgt unmittelbar über *kanalisierte Übergänge* und vermittelt über verschiedene Formen der Wechselwirkung (s.u.). Kanalisierte Übergänge liegen in Form der *Synapsen* vor. Die bioelektrische Erregung der Zelle führt zum „Feuern", d.h. über das Axon verläuft eine elektrische Potentialwelle, die im *Endknöpfchen* eine Ausschüttung bestimmter Substanzen (Neurotransmitter) in den *synaptischen Spalt* bewirkt. Diese Substanzen wirken auf *„molekulare Schlösser"* in der *postsynaptischen Membran* der Folgezelle (vgl. *Changeux* 1984, Kap. 3; *Kandel* und *Schwartz* 1985, Teil II). Die biochemischen Veränderungen in der Zielzelle bewirken wiederum deren aktive Selbstorganisation, Informationsverarbeitung und Reaktion. Die Reaktionsweise der Nervenzelle erfolgt somit als bioelektrische und biochemische Aktivität, mit der sie auf ihre Umwelt einwirkt (und in der diese Umwelt zugleich auf sie einwirkt). Dabei verfügen die Zellen durch die postsynaptischen Membranen am Zellkörper und an den Dendriten über unzählige „Anlegestellen" für die Endknöpfchen (Buttons) des axonalen Endbaumes bzw. der Endbäume der Axonäste, der sogenannten Kollateralen. Alle Dendriten sind mit sogenannten *Spines* versehen (Dornen). Beim Menschen sind es für die Pyramidenzellen (einem für die neokortikale Informationsverarbeitung besonders bedeutsamen Zelltyp) ca. 20.000 je Zelle. Diese Spines sind ebenso Zielorte von Axonverzweigungen wie die Dendriten und die Membran des Zellkörpers, so daß ein Neuron bis zu mehreren zehntausend synaptischen Kontakten verfügt.

Das *Axon* selbst ist das *Effektororgan der Nervenzelle*, dessen Wirkweise auf der Basis der Struktur funktioneller Systeme als rückgekoppelter Prozeß begriffen werden muß (vgl. zur Informationsverarbeitung selbst *Anochin* 1978, S. 191–286: „Systemanalyse der integrativen Tätigkeit des Neurons"; zur innerzellulären Ebene vgl. *Allen* und *Weiss* 1987, insb. S. 79ff.). Da die meisten Physiologielehrbücher von vielen Dendriten, aber nur einem Axon sprechen, wird meist ein gänzlich falsches und mechanistisches Verständnis der Nervenleitung vermittelt. Zwar gibt es bei den meisten Zellen in der Tat nur ein Axon, also eine unipolare Erregungsgenerierung und Weitergabe (manche Zellen haben zwei Axone, sind also bipolar), aber dies heißt noch nicht, daß diese Erregung nur an einem Ort endet. Das Axon verfügt zum einen über einen *Endverzweigungsbaum mit zahlreichen Endknöpfchen*, die an unterschiedlichen Nervenzellen gleichen oder anderen Hierarchieniveaus enden können. Je nach Art der Endung treten hemmende oder erregende Wirkungen auf. *Erregende* (exitatorische) *Synapsen* finden sich in der Regel an den Dendriten, *hemmende* (inhibitorische) *Synapsen* am Zellkörper oder am Abgang des Axons. Ebenfalls wird in nahezu keinem Lehrbuch die Rolle der Kollateralen behandelt. *Kollaterale* sind astförmige Seitenverzweigungen des Axons, die selbst über Endbäume verfügen. Sie sichern vor Realisierung des nützlichen Endeffekts, in diesem Fall die sowohl phasengekoppelte wie spezifische Reaktion einer anderen Zelle, eine Information in der zellulären Umwelt über die ausgehende Erregung, bevor das Empfängerneuron seinerseits reagiert. Diese fortwährende afferente Rückkoppelung erfolgt nicht nur in der Neuronenpopulation, sondern zum Teil auch auf die Zelle selbst rückbezogen. *Rekurrente Kollateralen* bewirken z.B. eine Erregungsverstärkung, so daß Nervenzellen, die in besonderer Weise über diese Strukturen verfügen, sich als Schrittmacher gegenüber anderen Zellen durchzusetzen vermögen (vgl. die in der Synergetik aufgezeigte Wechselwirkung von Teil und Ganzem).

Soweit einige Bemerkungen zur Struktur und Funktion des Neurons; für die weiteren Details muß ich auch hier auf die angegebene Literatur verweisen. Mir geht es hier vor allem um ein systematisches Verständnis der Funktionsweise des Zentralnervensystems und nicht um die unendlich vielen anatomischen und physiologischen Details (vgl. hierzu auch das Buch von *Changeux* 1984).

Nervenzellen entstehen in der Entwicklung des ZNS in großem Überschuß. Sie werden nach Erreichen ihrer Zielgebiete in der Weise ausgelesen, daß diejenigen, die in Prozesse struktureller Koppelung im Rahmen der Informationsverarbeitung und Konstruktion einbezogen sind, überleben bzw. die nicht funktionell integrierten Zellen dem sogenannten *Zelltod* ausgesetzt sind (vgl. *Poljakow* 1979).

Darüber hinaus findet eine *Arbeitsteilung zwischen Nervenzellgewebe und Stützgewebe* (Glia-Zellen) statt. Auch hier bestehen Prozesse struktureller Koppelung: Sowohl über den Kalium-Natrium-Stoffwechsel der Nervenzellen bei der Informationsverarbeitung und -konstruktion, der eine simultane Depolarisierung der Glia-Zellen hervorbringt, wie durch die Rolle, die Glia-Zellen durch ihre bioelektrische Aktivität als Generatoren kortikaler Potentiale besitzen (vgl. *Speckmann u. a.* 1984 sowie *Caspers u. a.* 1984).

Man kann das Zusammenwirken des einzelnen Neurons und der Neuronenpopulation nur verstehen im Rahmen der biorhythmisch organisierten Prozesse struktureller Koppelung, die ich in Kapitel 7 ausführlich dargestellt habe. Entsprechend muß man von *zwei Arten der Aktivität der Neuronen* ausgehen, die *Bernstein* in einem 1963 erstmals publizierten Aufsatz über „Wege und Aufgaben der Physiologie der Aktivität" als wellenförmige und kanalisierte Aktivität kennzeichnet (1987, S. 211 ff.). Die *kanalisierte Aktivität* findet durch Entladungen der Nervenzelle statt, die über das Axon und seine Verzweigungen auf andere Nervenzellen wirken. Die *wellenförmige Aktivität* entsteht aus der Feldwirkung komplexer elektrischer Prozesse. *Bernstein* argumentiert hierzu: „Es ist kaum daran zu zweifeln, daß den wellenförmigen Prozessen, die aus den zahllosen ,querverlaufenden' Wechselbeziehungen zwischen den Neuronen und den Leitungsbahnen des Gehirns hervorgehen, eine tonische regulative Aktivität von seiten der retikulären Formation, des Hypothalamus und möglicherweise auch von seiten des Kleinhirns und der Stammhirnzellen überlagert sein muß und daß diese sogar in irgendeiner Form die dominierende Rolle spielt. In diesen Gebieten ist noch unendlich mehr unerforscht als erforscht!" (1987, S. 211).

Diese Feststellung gilt, was die theoretische Verarbeitung der Zusammenhänge betrifft, sicherlich auch heute noch. Auf der empirischen Ebene gibt es allerdings unterdessen viele Hinweise und Teiltheorien über die *Wechselwirkungen der Zellen des Zentralnervensystems*. Neben einer Wechselwirkung auf der Basis des Kalium-Natrium-Stoffwechsels der Zellen (Grundlage ihrer bioelektrischen Aktivität), werden Wechselwirkungen angenommen (1) in Form einer verknüpfenden Mikrostruktur des Nervenfilzes, die elektrische Felder organisiert, deren Spannungspotentiale erheblich unter denen der kanalisierten Nervenleitung liegen (vgl. *Pribram* 1977), (2) in Form elektrotonischer Prozesse (veränderte Basisaktivität der Membranen der Zellen aufgrund der Wechselwirkungen, die sich nicht in Schwankungen realisiert; vgl. *Rusinov* 1983), (3) Wechselwirkungen zwischen hormonellen (querverlaufenden) Prozessen und (kanalförmigen) Funktionen der Neurotransmitter bei der Informationsverarbeitung zwischen der Synapse des Axons und der postsynaptischen Membran der Empfängerzelle (vgl. *Snyder*

77

1985; Neurotransmitter haben im menschlichen Organismus meistens auch hormonelle Funktionen).

Im folgenden will ich auf einige weitere Details der anatomisch-physiologischen Organisation dieser Wechselwirkungen eingehen. Ich behandele zunächst den Aufbau der sechs Schichten der Großhirnrinde und dann ihre funktionelle Organisation auf der Basis von Säulen bzw. Neuronenensembles.

Die Rindenschicht des Großhirns (Neokortex) ist in *sechs* unterscheidbare *Zellschichten* gegliedert, die unterschiedliche Funktionen für die horizontale und vertikale Informationsverarbeitung besitzen. Ferner ist der Neokortex durch vertikale Funktionseinheiten, sogenannte *Säulen* (Kolumnen) oder *Neuronenensembles* gegliedert, die zusammen mit Gliazellen in Gruppen von 1000 bis 10.000 Neuronen gepackt sind. Derartige Säulen beziehen sich auf einen bestimmten Abschnitt der Peripherie (z.B. einen Sehkegel eines bestimmten Winkelgrades beim Auge, also einen Ausschnitt des rezeptiven Feldes; vgl. *Eccles* 1985, Kap. 2). Der direkte Informationsaustausch zwischen den kortikalen Kolumnen erfolgt in den verschiedenen Schichten in unterschiedlichem Umfang. Über besondere Bedeutung verfügt dabei Schicht I. Neben einem direkten Informationsaustausch der kortikalen Kolumnen, insbesondere durch die Vernetzung der obersten Rindenschicht (Schicht I) über den gesamten Neokortex hinweg, findet ein Informationsaustausch zwischen den Neuronenensembles als Ganzes über zahlreiche ipsi- und kontralaterale Bahnen statt. Insbesondere sind die jeweiligen Neuronenensembles mit den symmetrisch in der anderen Hirnhemisphäre angeordneten, ihnen funktionell entsprechenden Säulen verknüpft. Die sechs Schichten (laminae) werden nach Art der Zellen, durch die sie vorrangig gebildet werden, sowie aufgrund ihrer funktionellen Eigenart unterschieden. Wichtigste Zelltypen sind die *Pyramidenzellen*, deren Dendriten vorrangig senkrecht orientiert sind, und die *Sternzellen*, deren Dendriten vorrangig waagerecht orientiert sind. Nur die Axone der Pyramidenzellen verlassen den Kortex: Zellen mit ihrem Zellkörper in Schicht IV schicken ihr Axon zum Thalamus, aus der Schicht V

Abb. 16: Die sechs Schichten der Großhirnrinde

Schicht	Funktion
I: äußerste Schicht	Horizontale Erregungsausbreitung über die Neokortexoberfläche auf der Basis der besonders dichten Verfilzung dieser Schicht mit Nachbarsäulen
II. äußere Körnerschicht	interkortikale Informationsverarbeitung; die Axone kehren ipsi- oder kontralateral in den Kortex zurück
III: äußere Pyramidenschicht	
IV: innere Körnerschicht	vorranging horizontaler Informationsaustausch subkortikal-kortikaler Art
V: innere Pyramidenschicht	Realisierung kortikal-subkortikaler Beziehungen (zum Thalamus nur im untersten Teil der Schicht V)
VI: multiforme Schicht	Realisierung kortikal-subkortikaler Beziehungen zum Thalamus

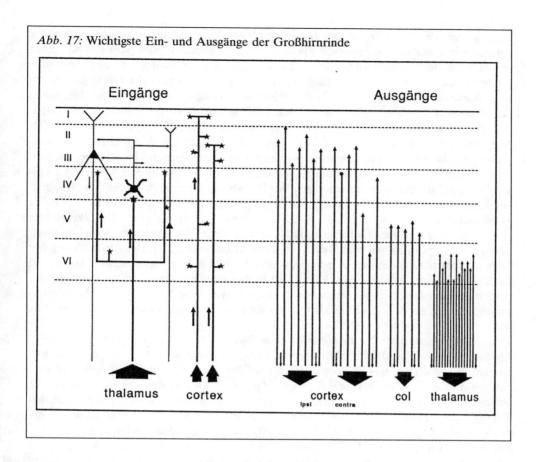

Abb. 17: Wichtigste Ein- und Ausgänge der Großhirnrinde

zu anderen subkortikalen Zentren, aus den Schichten II, III und IV zur kontra- oder ipsilateralen Seite des Kortex. In Schicht IV erfolgt, durch die Sternzellen realisiert, insbesondere eine horizontale Kommunikation der Neuronen. Die äußerste Schicht, die über keine Pyramidenzellen verfügt, wird mit der römischen Ziffer I bezeichnet; die Durchnumerierung erfolgt von außen nach innen. Abbildung 16 stellt die wichtigsten Details zusammen.

Abbildung 17 (entnommen aus *Changeux* 1984, S. 76) faßt nochmals die wichtigsten Ein- und Ausgänge sowie Querverschaltungen in den sechs Schichten der kortikalen Säulen zusammen.

Neben dem Informationsaustausch vor allem über die Schicht I und den axonalen Beziehungen der Neuronenensembles untereinander ist noch auf die wechselseitigen Hemmungen horizontaler Art in den Schichten II–VI hinzuweisen. Dort können inhibitorische Neuronen die Pyramidenzellen der benachbarten Säule hemmen.

Neuronale Säulen wurden zuerst in den Projektionsbereichen (primären Feldern) der verschiedenen kortikalen Analysatoren untersucht. Man nimmt jedoch unterdessen an, daß sie ein *Organisationsprinzip der gesamten Großhirnrinde* darstellen. Zum Teil wurden sie als *Module*, d.h. feste Schalteinheiten betrachtet (so z.B. *Eccles* 1985). Es zeigt sich jedoch, daß Neuronenensembles in ihrer Existenz und Struktur ebenso wie die Einzelzellen durch ihre Benutzung determiniert werden. Werden bei Katzen (so die

Experimente der Nobelpreisträger *Hubel* und *Wiesel*) die Möglichkeiten des Sehens für ein Auge in einer frühen sensiblen Phase restlos unterbunden oder wird das Auge nur senkrechten oder waagerechten Eindrücken ausgesetzt, so erfolgt eine entsprechende Umorganisation der Wahrnehmungssäulen im primären optischen Kortex. Bei einem ausgewachsenen Tier nehmen bei einseitiger Unterbindung des Sehens die dem einen Auge zugeordneten optischen Streifen (das sind die kortikalen Oberflächen der Säulen) den gesamten Raum des Rindenfeldes ein, sind also doppelt so groß wie normal. *Der funktionelle Gebrauch innerhalb eines in spezifischer Weise gegliederten Gebiets des Neokortex entscheidet also über die Binnenorganisation.* Entsprechend ist es angebrachter, von „*Kristallen*" statt von Modulen zu sprechen. Kristalle, die in dem Prozeß des epigenetischen Aufbaus des Gehirns durch Wechselwirkung des psychobiotischen Möglichkeitsraums einer Zellpopulation mit den Bedingungen ihres Objektbereichs sich selbst organisieren (vgl. *Changeux* 1984, S. 80ff.). Einen ähnlichen Beleg führt *Pickenhain* (1986b, S. 276) aus einer Untersuchung (*Kaas* u. a. 1983) der säulenförmigen Organisation des sensomotorischen primären Kortex bei Affen an (Feld 3). Bei Affen, denen der Mittelfinger operativ entfernt worden war, verschwanden die entsprechenden kortikalen Säulen seiner Repräsentation im Feld 3. Ihr Platz wurde von den Repräsentationen der beiden Nachbarfinger eingenommen. Derartige gravierende Nachweise der Umorganisation konnten m. W. jedoch bisher nur bei sinnesspezifischen Feldern aufgezeigt werden.

Es zeigt sich, daß die Hirnrinde eines erwachsenen Menschen alles andere als „starre Verdrahtungen" aufweist, vielmehr liegen hier hochdifferenzierte Prozesse der Selbstorganisation von Zellen und Zellpopulationen auf der Basis struktureller Koppelung vor. Der genetische Code liefert nur den Möglichkeitsraum für das Zellverhalten und für die Differenzierung der Zelltypen. Ferner liefert er je nach Spezialisierung der Zelle den Zugriff auf spezifische Ausschnitte eines Konstruktionsplanes, über die dann jede Zelle verfügt. Das Resultat in Form des fertigen Organismus ist folglich nicht eines, das von einem genetischen Baumeister als Architekt anhand eines Gesamtplanes deterministisch realisiert wurde. Der Organismus entsteht vielmehr in einem Prozeß der Selbstorganisation als Ergebnis der Kooperation einzelner Zellen und Zellpopulationen, die jeweils im Besitz von Teilplänen sind und die über Abstimmungsregeln (erbkoordiniertes Verhalten, strukturelle Koppelung) mit ihren Nachbarpopulationen verfügen, die ebenfalls Teilpläne umsetzen.

In einer solchen Sichtweise muß auch das Hierarchisierungsproblem der höheren kortikalen Funktionen gelöst werden. Hierzu leistet *Pickenhain* (1984) einen interessanten Beitrag, der in vergleichbare Richtung wie meine Überlegungen zielt. *Pickenhain* verweist unter Bezug auf Forschungen von *Mountcastle* und *Edelman* auf folgende Überlegungen, die in eine Theorie der Hirnfunktionen Eingang zu finden hätten. Bei Untersuchungen des parietalen Feldes 7 bei Affen, das die Visomotorik sichert, fand *Mountcastle* (1975, u. a. 1977) verschiedene Gruppen von Neuronen, die interagierten. Es gab Neuronen für die visuelle Fixation, für die visuelle Bewegung und solche, deren genaue Aufgabe bei der Erfüllung einer Bewegungsaufgabe nicht bestimmt werden konnte. *Mountcastle* interpretierte diese Ergebnisse nicht atomistisch, sondern nahm an, daß die wesentliche Aufgabe des Feldes 7 der Aufbau einer integrierten Steuerungstätigkeit ist. Diese ist seiner Auffassung nach mit bestimmten motivationalen Zuständen verbunden. Sie steht in Abhängigkeit von der aktuellen zentralen Widerspiegelung der Beziehungen zwischen Körper, Kopf und Augen sowie des umgebenden Raumes.

Sagen wir es besser: Die Zellgruppen des Feldes 7 widerspiegeln ihren organismischen

Objektbereich (Zellpopulationen, mit denen sie in Verbindung stehen) als Ganzes auf höherem Niveau. Diese Zellpopulationen, die näher an der Peripherie liegen, realisieren unterschiedliche Formen elementarer Informationsverarbeitung und -konstruktion. Sie realisieren ihre Synthese in Form von Efferenzen, die sie an die Zellpopulationen des Feldes 7 schicken, bzw. in Form von Afferenzen, die das Feld 7 über seine dendritischen Verzweigungen erfährt. Im Prozeß seiner Tätigkeit erfahren die interagierenden Neuronenpopulationen des Feldes 7 Reafferenzen. Diese ergeben sich durch seine Impulssalven aus dem dadurch veränderten Verhalten der anderen, hierarchisch niedrigeren Zellpopulationen. Das Feld 7 synthetisiert folglich das Verhalten hierarchisch niederer Neuronenpopulationen als Ordner gemäß den Prinzipien der Synergetik und ist mit ihnen über biorhythmische Phaseneinstellung sowie Afferenzsynthese und Ausbildung von Handlungsakzeptoren im Rahmen funktioneller Systembildung strukturell rückgekoppelt.

Pickenhain stellt ferner eine davon abweichende Konzeption dar, die durch *Edelman* (Nobelpreisträger auf dem Gebiet der Immunologie) entwickelt wurde (1979). Dieser geht von einer „Selektionstheorie" der Hirnfunktionen aus. Als selegierende Einheiten funktionieren Neuronenpopulationen. In jeder dieser Neuronengruppen existieren innere Verbindungen in Form einer Vielzahl von Regelkreisen unter Einbezug synaptischer und nichtsynaptischer Prozesse. Unter den Gruppen bestehen ebenfalls Verbindungen. Sie entstehen durch genetische Programmierung und synaptische Selektion. Neuronengruppen unterschiedlicher Strukturen und Verbindungen bilden primäre Speicher, die in der Lage sind, bestimmte Signalmuster zu erkennen bzw. darauf zu reagieren. In derartigen Speichern muß mehr als ein Weg vorhanden sein, um ein Input-Signal zu erkennen. Die Speicher müssen über Ultrastabilität verfügen; viele in ihnen existierende Neuronengruppen müssen gleiche Funktionen erfüllen. *Edelman* bezeichnet dies als „Degeneration". Die „degenerierten" Neuronengruppen sind seiner Auffassung nach isofunktional, nicht isomorph. Ihre Auswahl durch eingehende Signale führt zum assoziativen Wiedererkennen. Darüber hinaus deutet das Wiedererkennen von Signalen höherer Ordnung auf die Existenz eines sekundären Speichers hin. Daher ist von einer Hierarchie der Reaktionen auszugehen. Diese ist wegen der Rückkoppelungsschleifen in den verschiedenen Neuronenpopulationen nicht linear, sondern beinhaltet diskontinuierliche Übergänge. Die höheren Neuronengruppen erweitern durch differenzierte Auswahl niederer Gruppen zunehmend ihre Erfahrungen. Auf dieser Basis kann die Komplexität sowie Hierarchie der Hirnfunktionen und insbesondere die zunehmende Flexiblität der je höheren Ebene erklärt werden (Pickenhain 1984, S. 510 bis 512). D.h. hierarchisch höhere Ebenen entstehen folglich aus Reaktionen von Neuronenensembles auf Reaktionen von Neuronenensembles.

Ich habe diese Überlegungen nur in Kürze dargestellt. Sie sind insgesamt, auch wenn sie sich in die richtige Richtung bewegen, m.E. noch zu abstrakt und zu mechanistisch. Erst eine umfassende Ausarbeitung der Theorie des funktionellen Systems, wie ich sie im vorweggehenden Kapitel weiterzuentwickeln versucht habe, ermöglicht es, diese Zusammenhänge wesentlich einfacher zu begreifen: als *Vorgänge struktureller Koppelung und synergetischer Ordnungsbildung in und zwischen Neuronenpopulationen*. In diesem Prozeß, der aktive Tätigkeit und Informationskonstruktion durch inter- und intrazelluläre Rückkoppelung (Afferenzsynthese) zur Voraussetzung hat, kommt es zum zunehmend abgestimmten Verhalten in und zwischen Neuronenpopulationen, ausgerichtet auf immer neue Veränderungen ihrer Peripherie. Die Möglichkeitsräume des Verhaltens sind jeweils von der Topologie des Gehirns abhängig, d.h. von den jeweiligen Objektbereichen der Neuronen und Neuronenpopulationen. Neuronen und Neuronenensembles sind nach der hier entwickelten theoretischen Auffassung aktive Subjekte in je spezifischen Systemen des Typs „Subjekt – Tätigkeit – Objekt" (vergl. die Ausführungen in Kapitel 7 zur ganzheitlichen Tätigkeit quasimehrzelliger Organismen bei Bakterien und sozialen Amöben). Über verschiedene Etappen bauen sich rekursive Prozesse der Rückwirkung auf. Sie können als Prozesse eines immer höheren Grades struktureller Koppelung in Teilen des Gesamtsystems und zwischen Teilen des Gesamtsystems begriffen werden. Sie sichern auf jeder Ebene die bessere Realisierung der nützlichen Endeffekte funktioneller Systeme. Dadurch entstehen *ultrastabile und mehrfach geschichtete biorhythmische Strukturen als Basis innerer Zeitgebung*, die sich wechselseitig stabilisieren und hervorbringen. Dies beinhaltet eine zunehmende Komplexität von Informationskonstruktion als Konstruktion systeminterner Raumzeit. Diese Konstruktion findet jeweils ihre Grenze in den phylogenetisch bedingten Möglichkeitsräumen der Gattung.

Nach Klärung allgemeiner Fragen der Makroebene wie Mikroebene will ich im folgenden eine Reihe von Detailbereichen neuropsychischer Regulation des Menschen darstellen.

8.2 Kortikal-subkortikale Regulation

Alle höheren psychischen Funktionen sind bei der Dominanz der kortikalen Ebene zugleich kortikal-subkortikale Gebilde. Erneut müssen wir uns *Leontjews* Lösung des Ebenenübergangs vor Augen rufen: Die je höhere Ebene ist in ihrer Existenz von der je niederen abhängig, determiniert jedoch diese. *Kortikale und subkortikale Ebene wirken also in Form hierarchisch strukturierter funktioneller Systeme zusammen. In ihnen ist ebenenweise der Widerspruch zwischen Energieerhaltung (Homöostase gemäß Programmen der Artentwicklung) und Energieverausgabung durch auf die objektiven Bedingungen der Außenwelt bezogene Aktivitäten je neu zu lösen.*

Ein mechanistisches Verständnis dieser Übereinanderschichtung, wie es in *Abtragungsexperimenten* (vgl. Abbildung 18) zum Tragen kommt, verbietet sich ebenso, wie eine Spekulation, daß niedere Teile des Gehirns uneingeschränkt jene *Gesamtfunktion* behalten hätten, die sie *früher in der Phylogenese* hatten. Eine solche Konzeption legt z.B. *McLean* (1973) vor. Dem limbischen System schreibt er das Erbe und Fortbestehen des Reptiliengehirns zu, den Basalganglien (insbesondere dem Striatum), dem Archikortex und Paläokortex das Fortbestehen des Altsäugergehirns und dem Neokortex die Realisation des Neusäugergehirns (insbesondere der Primaten). Diesen drei Ebenen ordnet *McLean* Verhaltensrepertoires zu, die, mit dem Zivilisationsprozeß in der modernen Gesellschaft einhergehend, in Widersprüche geraten können.

Warum sind diese Auffassungen inadäquat? Das Hirn reagiert prinzipiell als Ganzes, und die *Topologie der Bewegung* ist nur die eine Seite der Veränderung durch Hirnabtragung. Die andere Seite ist die *Dynamik der Bewegung*, wie dies *Anochin* (1967) sehr deutlich am Beispiel von Schwimm- und Laufbewegungen beim Axolotl zeigen konnte (also bei einem Tier im Übergang zwischen Wasser- und Landstadium, bei dem die Fähigkeiten des Laufens noch sehr jung sind). Abtragungen führten nicht dazu, daß die pylogenetisch jüngere Fähigkeit des Laufens verschwand und die ältere des Schwimmens erhalten blieb, sondern im Gegenteil: Das Laufen blieb erhalten, die Fähigkeiten des

Abb. 18: Stufen der Organisation des Verhaltens auf der Basis von Gehirnabtragungsexperimenten (nach *Kolb* und *Wishaw* 1980, S. 132)

Erhaltene Gehirnteile	Verhaltensweisen
Normal (Kortex)	Realisiert Sequenzen willentlicher Bewegungen in Form organisierter Muster; reagiert auf Muster sensorischer Stimulation
Dekortiziert (Basal-Ganglien)	Verbindet willentliche und automatische Bewegungen hinreichend gut für die Selbsterhaltung (Essen, Trinken) in einer einfachen Umgebung
Zwischenhirnebene (Hypothalmus, Thalamus)	Willentliche Bewegungen ereignen sich spontan und exzessiv, aber ziellos; sie zeigen gut integriertes aber wenig gerichtetes affektives Verhalten; die Thermoregulation ist effektiv
Hohe Dezerebrierung (Mittelhirn einschl. Kleinhirn	Reagiert auf einfache Züge visueller und auditorischer Stimulation; realisiert Teile willentlicher Bewegungen (Gehen, Stehen, Drehen, Springen, Klettern usw.) bei Stimulation
Niedere Dezerebrierung (Rautenhirn)	Realisiert Bewegungseinheiten (Fauchen, Beißen, Knurren, Kauen, Auflecken, Ablecken) bei Stimulierung; zeigt übertriebenes Stehen, Haltereflexe und Elemente von Schlaf-Wach-Verhalten
Spinal (Rückenmark)	Zeigt Reflexe (Strecken, Zurückziehen, Stützen, Kratzen, Pfotenschütteln usw.) bei angemessener sensorischer Stimulation

raschen Springens nach Nahrung und die des Schwimmens gingen durch Entfernung des Vorderhirns verloren (S. 19). Die *Ausfälle waren also nicht nach dem Evolutionsalter miteinander verbunden, sondern nach dem Prinzip der raschesten Bewegungen: Und wir dürfen vermuten, in letzter Konsequenz nach Höhe und Struktur von Abbild- und Tätigkeitsniveau.*

Erneut zeigt es sich, daß die Untersuchung körperlicher Funktionen nur im System Subjekt-Tätigkeit-Objekt erfolgen darf. Auch bei Eingrenzung des äußeren Objektbereichs und der Tätigkeit (isolierende Bedingungen, Isolation) sind sie als Realisation der Selbstorganisation und der Wechselwirkung von Zellen und Zellpopulationen in spezifischen Objektbereichen zu verstehen.

Auf diesem Hintergrund will ich nun einzelne Aspekte der kortikal-subkortikalen Organisation behandeln. Ich gehe aus Gründen der Darstellung und besseren Verstehbarkeit von Funktionen des Gedächtnisses aus, behandele dann Wahrnehmung und Bewegung und schließlich die emotional-motivationalen Prozesse.

8.2.1 Neuropsychologie des Gedächtnisses

Innerhalb der Neuropsychologie des Gedächtnisses harrt insbesondere noch die *basale psychobiologische Ebene* der Aufklärung. Es geht um die Frage, wie Lernen und Gedächtnis überhaupt organisiert sind. Hierbei wurden in den letzten Jahren erhebliche Fortschritte erzielt. Ich zitiere einige aktuelle Pressemeldungen aus den Wissenschaftsteilen der jeweiligen Zeitungen.

So wird nach einem Bericht über eine Tagung des Zentrums für Molekulare Biologie der Universität Heidelberg im Wissenschaftsteil der FAZ vom 30.7.88 (*Hobom* 1988) davon ausgegangen, daß das *Kurzzeitgedächtnis* (KZG) auf „unbekannten Veränderungen an bereits in den Nervenzellen vorhandenen Proteinen" beruht, das *Langzeitgedächtnis* (LZG) jedoch auf der Neusynthese von Proteinen. „Hierzu werden in den Nervenzellen Gene aktiviert, und zwar über dieselben interzellulären Botenmoleküle, die auch das Signal etwa zu einer Zellteilung geben. Mit den neugebildeten Proteinen werden dann offenbar neue Verzweigungen an den Nervenendzellen angelegt, so daß weitere Kontakte mit Nervenzellen geschlossen werden können. Diese bleibenden Veränderungen im neuronalen Netzwerk können nach Ansicht der Neurobiologen eine solide Basis für das Langzeitgedächtnis sein" (S. 27).

Ein weiterer aktueller Forschungsbefund liegt in Form eines Berichts der Süddeutschen Zeitung über ein Symposium in München zum 80. Geburtstag des Zoologen H. *Autrum* vor (*Wehner-von Segesser*, 1987), wonach *Prägung* in sensiblen Phasen nicht zur Neusprossung von Nervenverbindungen, sondern zum Einschmelzen vorher vorhandener Verbindungen führe.

Nachdem durch *Kandel* (1980) am Beispiel der Seeschnecke Aplysia einfache Lernvorgänge in Form der Interaktion einer Reihe von Neuronen erstmals aufgeklärt wurden, ist Aplysia auch weiterhin für diese Art von Forschung das Hauptversuchstier geblieben, da ihre Nervenzellen bis zu einem Millimeter Durchmesser erreichen. Wesentliche Ergebnisse der zu Beginn 1986 durchgeführten Dahlemkonferenz zu dieser Frage (die Berichte dieser internationalen naturwissenschaftlichen Konferenzen erscheinen beim Verlag Chemie in Weinheim) bauten daher auch auf Untersuchungen an Aplysia auf (vgl. Wissenschaftsteil der ZEIT vom 24.1.86; *Oehler* 1986). Die wichtigsten Ergebnisse der Diskussion waren:

– „Die biochemischen Vorgänge, die bei der Vermittlung von Lernen eine Rolle spielen, scheinen in den Nervenzellen von ‚einfachen' Tieren sehr ähnlich und manchmal sogar gleich abzulaufen wie im Gehirn von Säugetieren".
– „Lernprozesse im Gehirn basieren möglicherweise auf den gleichen Mechanismen, die in der Entwicklung des Gehirns, bei der Anpassung des jungen Lebewesens an seine Umwelt, eine wesentliche Rolle spielen".
– „Wenn Zellen dauerhaft lernen, wird die genetische Information in diesen Zellen möglicherweise anders genutzt".
– „Lernen findet (zumindest größtenteils) über bereits bestehende Verbindungen im Gehirn statt. Lang- und Kurzzeitgedächtnis nutzen dabei (zumindest teilweise) dieselben Verbindungen".

Außerordentlich interessant waren dabei Belege, die weitgehend wichtige Details in *Anochin*s Überlegungen zur Struktur des „Chemischen Kontinuums des Gehirns als

Mechanismus der Widerspiegelung der Wirklichkeit" (1978, S. 92–128) stützen. Neuronen von Aplysia lernen, eine leichte Berührung mit einem starken elektrischen negativen Bekräftigungsreiz zu verbinden. Ihre Reaktion auf den Berührungsreiz allein ist sogar stärker als bei dem Schock allein. Diese *Konditionierung* konnte in der Neuronenpopulation (24 Neuronen), die den Kiemenrückziehreflex steuert, aufgeklärt werden. Die leichte Berührung wird von einem Neuron registriert, indem es seine Durchlässigkeit für Calcium-Ionen erhöht (durch die Prozesse der synaptischen Übertragung vermittelt werden). Nur wenig später erhält diese Nervenzelle über ein Interneuron die Meldung vom Elektroschock in Form erhöhter Ausschüttung des Neurotransmitters Serotonin. Dieser gibt über ein großes Eiweißmolekül (Adenylat-Cyclase) die Botschaft ins Innere der Zelle weiter. Dadurch wird eine Aktivierung der Zelle bewirkt, die anhält und in der mehr chemische Botenstoffe ausgeschüttet werden. Die starke Reaktion erfolgt nur, wenn erhöhte Calciumkonzentration und Ausschüttung von Adenylat-Cyclase zusammen erfolgen.

Sofern es zu Übergängen ins Langzeitgedächtnis komme (so auf dieser Konferenz) geschehe dies durch veränderte Genexpression, die sich vermutlich in Form der Verzweigungen an den Kontaktstellen der Nervenzellen realisiere.

Verfolgt man die Zusammenhänge in Form der Untersuchung der intrazellulären Kommunikation und Wechselwirkung, die in diesen Untersuchungen angesprochen wurden, etwas weiter, so stößt man auf interessante Ergebnisse. *Berridge* (1985), der in einem Überblicksreferat diese Zusammenhänge wiedergibt, verweist auf zwei Hauptwege der Umwandlung in „sekundäre Botenstoffe" bei äußerer Einwirkung auf die Zelle. Der eine erfolgt über einen veränderten *Calciumstoffwechsel* mit Synthese verschiedener Folgeproteine. Sie haben insbesondere für die *Sekretion* und *Kontraktion* der Zelle Bedeutung, also für ihre Vermittlung mit dem interzellulären Raum. Zusätzlich ist der Calciumstoffwechsel, wie bereits erwähnt, auch an die Depolarisierung der Zellmembran beim Feuern gekoppelt. Der zweite Hauptweg liegt in der Umwandlung von Adonosintriphosphat (ATP) (energiespeicherndes Molekül der Zelle) in *cAMP* (zyklisches Adenosinmonophosphat) durch die Adenylat-Cyclase. CAMP ist uns bereits aus den von *Winfree* (1988) geschilderten Untersuchungen an sozialen Amöben bekannt, wo es der strukturellen Koppelung zwischen Zelle und Zellverband dient. Diese Funktion scheint es im inneren Zellstoffwechsel laut *Berridge* (1985) insgesamt zu haben, das es der *Signalverstärkung* und *Modellierung* der auf dem Calcium-Botenstoffweg realisierten Reaktionen dient. Auf seine Einbeziehung in die Organisation biorhythmischer Prozesse geht *Berridge* zwar nicht ein, doch spricht zumindest das Beispiel, das er für die Einbeziehung der beiden Botenstoffe in die Herzschlagprozesse gibt, dafür (S. 142). Der Neurotransmitter Serotonin wäre damit als Zwischenglied der strukturellen Koppelung zwischen Zellverbänden zu begreifen, das starke noxische Bedingungen realisiert, vermutlich über den Prozeß gerader Phaseneinstellung.

So interessant diese Forschungen im einzelnen sind, ihre Eingliederung in eine *synthetische Theorie des Gedächtnisses* wird nur im Rahmen der Einbeziehung der selbständigen Verhaltensorganisation der Zellen und Zellpopulationen möglich sein: also in der Untersuchung der Herausbildung ihrer inneren Raumzeit im Rahmen der Ausbildung funktioneller Systeme. Eine Untersuchung der Gedächtnisprozesse muß daher vom Standpunkt der Tätigkeit und nicht bloß vom Standpunkt der Strukturbildung erfolgen.

Darauf verweist auch die interessante Einteilung in *vier Stadien des Gedächtnisbildungsprozesses*, die *Sershantow* u.a. (1980, S. 42f.) vorschlagen:

1. Entstehen zirkulierender Erregungen in Neuronennetzen;
2. hierdurch induzierte Synthese spezifischer Proteine und von RNS (Ribonukleinsäure) in den Neuronen und ihre strukturelle Umbildung;
3. Wachstum neuer und die Umbildung alter Synapsen;
4. Entstehung strukturell fixierter Neuronen-Konstelationen, auf denen sich neu bildende Systemreaktionen fußen.

Die in allen Untersuchungen vorgefundenen Strukturveränderungen sind folglich als Resultat wie Voraussetzung der Tätigkeit der Neuronen zu begreifen. Sie sind deren in Struktur geronnene Erfahrungen in bestimmten Tätigkeitsformen in je spezifischen Bereichen „Subjekt-Tätigkeit-Objekt" und damit zugleich die Basis ihrer weiteren Tätigkeit.

Für diese Auffassung spricht auch die These der *hologrammförmigen Organisation des Gedächtnisses*, die Karl *Pribram* (erstmals 1971; vgl. *Pribram* 1977, 1979) entwickelt hat. Ausgehend von der Tatsache, daß Gedächtnisfunktionen des Gehirns als Ganzes nicht mit der Zerstörung von Hirnteilen verloren gehen, sondern lediglich das Bild „unschärfer" wird, vergleicht er das Gedächtnis mit einem Hologramm. Dies ist ein durch Laserlicht erzeugtes dreidimensionales Abbild eines Gegenstandes. Jeder Punkt der punktförmig gerasterten Platte, auf der das Bild wiedergegeben wird, enthält die gesamte Information. Das Bild wird daher bei Zerstörung von Teilen der Platte unschärfer, die Konfiguration bleibt jedoch erhalten. Als Basis der Speicherung im Gehirn betrachtet *Pribram* (1979) die *Frequenzmodulation bioelektrischer Prozesse*, die eine unendliche Packungsdichte an Information ermöglicht. Durch Überlagerung biorhythmischer Prozesse unterschiedlicher Genese in der bioelektrischen Einheitssprache des Zentralnervensystems kann es an jedem Ort zu je unterschiedlicher Erfahrungsbildung kommen. Ein Beispiel für eine solche Überlagerung bietet Abbildung 19. Eine komplexe Frequenz

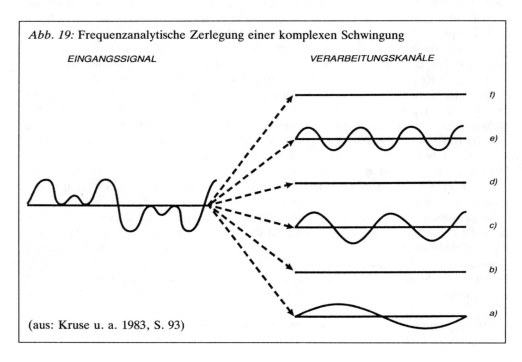

Abb. 19: Frequenzanalytische Zerlegung einer komplexen Schwingung

(aus: Kruse u. a. 1983, S. 93)

entsteht aus der Überlagerung von drei sinusförmigen Schwingungen. Sie kann auf dem Weg der Fourier-Analyse mathematisch wieder in ihre Teilschwingungen unterschiedlicher Phasen zerlegt werden. Über ähnliche Mechanismen, so folgern die Autoren, verfüge das ZNS beim Wiedererkennen von Strukturen.

Erneut stoßen wir damit auf das Problem der *Biorhythmik als Basis der Bildung von innerer Raumzeit in lebendigen Systemen*, ohne deren Einbeziehung das Gedächtnisproblem ersichtlich nicht zu lösen ist. Zu dieser Lösung hat *Sinz* (1979, 1980) mit einer *chronobiologischen Hypothese der Gedächtnisbildung (Resonanz-Oszillator-Modell)* m. E. wegweisende Beiträge geliefert. Ich stelle zunächst einige Grundannahmen dar, um dann auf die Überlegungen zur kortikal-subkortikalen Organisation des Gedächtnisbildungsprozesses einzugehen.

In seinem 1980 erschienenen Buch über „Chronopsychophysiologie" untersucht *Sinz* u. a., ob Biorhythmen im ZNS von außen her mitgenommen werden können, insbesondere der Circaminutenrhythmus, der eine besondere Bedeutung für die Modulation zentralnervöser Prozesse besitzt (S. 74). Diese Frage kann positiv beantwortet werden: Derartige Rhythmen zeigen ein ausgeprägtes Grenzzyklusverhalten (S. 83). Aus den Wechselwirkungen verschiedener Rhythmen über elektromagnetische Hochfrequenzfelder entstehen zudem Synchronisationseffekte neuer Rhythmen (S. 85). Dies bedeutet, daß eine *multioszillatorische Modulation zentraler bioelektrischer Parameter der Hirntätigkeit* vorliegt. Dies weist *Sinz* am Alpharhythmus nach, der mit 10 Hz (Periodenlänge $^1/_{10}$ s) das Korrelat kortikaler Wachheit ist. Vier langsam laufendere Rhythmen modulieren den Alpharhythmus: (Typ I: 30–60 s; Typ II: 10–20 s; Typ III: 5–7 s; Typ IV ca. 1 s). Aber nicht nur die Amplitude, auch die Frequenz erfährt Modulierung in Form generalisierter Erregbarkeitsveränderungen im Circaminutenbereich. Und auch die Gestalt der Alpha-Welle variiert im 6- bis 8-Sekunden-Rhythmus (S. 89). Alphawellen sind außerdem nicht nur ein Korrelat der Wachheit, sondern der gerichteten Wachheit. Sie breiten sich wellenförmig über jene Bereiche der Großhirnrinde aus, deren Felder psychophysische Korrelate der jeweiligen Richtung der Aufmerksamkeit realisieren (Sprache, bildhafte Darstellung, Vorstellung von Bewegungen usw.).

Die Erregung von Nervenzellen im Neokortex spiegelt demnach die chronobiologische Koordination zahlreicher kortikaler und subkortikaler Zeitgeberprozesse wider. Dies gilt neben dem *Alpharhythmus* auch für die langsamer verlaufenden Rhythmen: *Deltarhythmus* (als Korrelat von Schlaf) 2–3 Hz, *Thetarhythmus* (subkortikal im Hippokampusgebiet als Korrelat von Neuigkeitsverarbeitung, bzw. nach *Simonov* 1982 als Korrelat der pragmatischen Unbestimmtheit der Handlung, also Δ I) 5–7 Hz; *Betarhythmus* (Korrelat von Erregtheit, gespannter Aufmerksamkeit, starken Emotionen, Affekten usw.) 14–40 Hz (vgl. *Birbaumer* 1975, S. 25f. sowie *Simonov* 1982, S. 131). In diese Koordination gehen ein die Biorhythmik der Einzelzellen, der jeweiligen Neuronenpopulationen, anderer Teile des ZNS sowie Auswirkungen des autonomen Nervensystems, der hormonellen Modulation usw.

Prozesse der Gedächtnisbildung müssen daher, so *Sinz* (1980), in einer dieser zeitlichen Strukturierung entsprechenden Form modelliert werden. Er schlägt daher vor, Grundlagen für das LZG (Langzeitgedächtnis) weniger im Bereich der Synapsen, als vielmehr im oszillatorischen Verhalten der Zelle selbst zu suchen. Hierfür sprechen auch empirische Befunde, daß bei Unterkühlung oder Elektroschock die über die Synapsen verlaufenden Erregungskreise stillgelegt werden, ohne daß es zu Veränderungen im LZG kommt. Dagegen zeigte es sich, daß eingestellte Zeitgebermechanismen auch unter Isolation der entsprechenden Zelle über längere Zeit beibehalten wurden (S. 131f.). *Sinz*

(1980) formuliert daher die „*Hypothese des Lernens und Speicherns auf der Grundlage von Oszillatormechanismen …, die auf bestimmte Frequenzen selektiv ansprechen, im Lernprozeß verstärkt und später selektiv frequenzbezogen reaktiviert werden*" (S. 132). Eine solche Reaktivierung kann auf Basis *äußerer Situationsafferenzen* (auslösende Afferenz) , aber ebenso auf der Basis *endogener Oszillatoren* (innere Uhren) erfolgen (S. 145). Das Gedächtnis wäre – und dies stünde in Übereinstimmung mit der Theorie der dissipativen Strukturen – „weniger ein räumlicher, sondern im wesentlichen ein zeitlicher Mechanismus und ein modernes Problem der Chronopsychophysiologie" (S. 138).

Die *neuropsychologischen Zusammenhänge der Gedächtnisbildung beim Menschen* hat *Sinz* auf der Basis dieser Hypothese bereits 1979 ausführlich behandelt. Ich habe versucht, diese Zusammenhänge in Erweiterung um einige Forschungsbefunde in der folgenden Abbildung 20 darzustellen (vgl. *Jantzen* 1985a), mit der ich wieder zur Behandlung der *Makroebene* übergehe.

In dieser Abbildung sind einige Strukturen des sogenannten limbischen Systems aufgeführt. Ich verzichte jedoch hier vorerst darauf, ihren hirnanatomischen Ort im Rahmen einer gesonderten Abbildung wiederzugeben. Ich denke, daß die Sachverhalte einfacher anzueignen sind, wenn ich zunächst unter dem Aspekt der unterschiedlichen Organisation verschiedener kortikal-subkortikaler Prozesse einige funktionelle Zusammenhänge erörtere. Dafür reicht es hier völlig, z.B. zu wissen, daß es sich beim Hippokampus um eine subkortikale Struktur handelt, die anatomisch dem Archikortex zugerechnet wird und funktionell dem limbischen System. Für die Durcharbeitung der anatomischen Details empfiehlt es sich ohnehin, ein entsprechendes Handbuch (z.B. *Kahle*: Taschenatlas der Anatomie Bd. 3: Nervensystem und Sinnesorgane) zur Hand zu nehmen.

Für die Erstellung von Abbildung 20 sowie für die folgenden Ausführungen habe ich insbesondere die folgende Literatur benutzt, die ich ggf. zur Vertiefung empfehle: Für die Struktur der höheren kortikalen Funktionen *Luria* (1973); für die Funktionsweise des Hippokampus *Sinz* (1979), *Vinogradova* (1976), *O'Keefe* und *Nadel* (1978), *Gray* (1982). In Abbildung 20 sind den Leser/innen bereits in allgemeiner Form die Funktionen der *primären, sekundären und tertiären Felder der Großhirnrinde* bekannt. Ihr präzentraler Teil (Teil vor der Zentralfurche) bildet die Einheit für Programmierung, Planung und Verifikation, ihr postzentraler Teil die Einheit für Informationsaufnahme, -verarbeitung und -speicherung. Spezifische pathologische Veränderungen des Gehirns, z.B. beim Korsakow-Syndrom, zeigen, daß der Mechanismus des Wiedererkennens und der Mechanismus der Gedächtnisbildung unterschiedlich organisiert sind. Diese Patienten verfügen ganz über ihr früheres Gedächtnis, können aber keine neuen Inhalte im Langzeitgedächtnis speichern. Wesentlich für eine schwere Störung dieser Art verantwortlich ist eine doppelseitige Läsion des Hippokampusgebietes. Dieses Gebiet bildet im wesentlichen den Ort der Transformation vom Kurzzeit- ins Langzeitgedächtnis. Natürlich kann auch dieses Langzeitgedächtnis selbst schwer gestört werden, so z.B. bei Verletzungen spezifischer kortikaler Felder der Einheit für Informationsaufnahme, -verarbeitung und -speicherung. Dies wird im Zusammenhang des Teilkapitels 8.3.2 am Beispiel von Aphasie, Apraxie und Agnosie genauer behandelt. Und natürlich kann auch die Informationsentnahme aus dem Gedächtnis durch pathologische Trägheit der (geistigen) Bewegungen gestört sein. Dies finden wir bei Störungen des Frontalhirns, insbesondere auch des präfrontalen Bereichs. Auch auf diese Störungen kortikaler Funktionen komme ich in Kap. 8.3.2 zurück.

Hier geht es zunächst jedoch darum, wie die Übertragung von Erfahrungen ins Langzeitgedächtnis neuropsychologisch gedacht werden kann. Gleichzeitig erfolgt damit eine

Abb. 20: Wiedererkennen, Neuigkeitsverarbeitung und Gedächtnisbildung

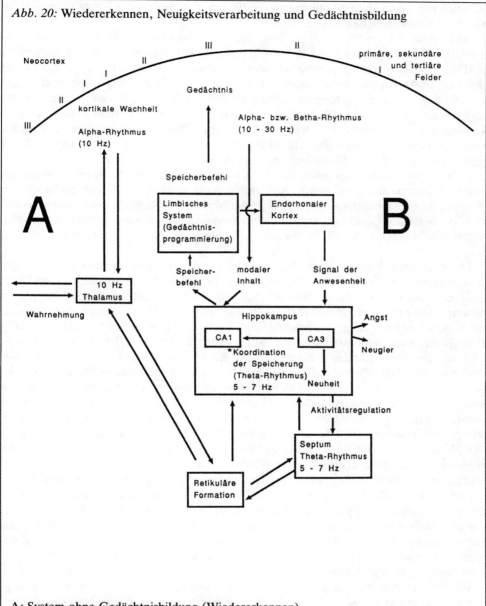

A: System ohne Gedächtnisbildung (Wiedererkennen)
B: System der Gedächtnisbildung durch Neuigkeitsverarbeitung und Bekräftigung durch den nützlichen Endeffekt der Handlung (Anochin, Simonov)
* Unter Einbezug von
 – bewertender Aktivität des Frontalhirns
 – motivationalen Signalen
 – Gedächtnisinformationen
und damit emotionaler Bestimmung von Motiv und Tätigkeit auf der Basis der Stärke des Bedürfnisses, der Handlungsungewißheit und des nützlichen Endeffekts.

Klärung von Grundzusammenhängen, die für das Verständnis des Kannerschen Autismus von besonderer Bedeutung sind.

Abbildung 20 kann bezüglich des Entstehens des Prozesses der Gedächtnisbildung in zweierlei Hinsicht gelesen werden. Sowohl aus der Richtung der Informationsaufnahme und -verarbeitung von Situationsafferenzen (auslösenden Afferenzen) wie auf der Basis der inneren Aktivierung über endogene Oszillatoren. Im einen Fall ist beginnend mit der ersten integralen Verarbeitung der Wahrnehmung auf *Thalamusniveau* mit der Lektüre zu beginnen, im zweiten Fall mit der *retikulären Formation*, die über endogene Aktivierung Informationsaufnahme initiiert (Wachheit). Über die Informationsvorverarbeitung im Thalamus vermittelt, wird dann die kortikale Weiterverarbeitung in Gang gesetzt. Es entsteht der *Alpharhythmus*, der chronobiologisch von den Refraktärzeiten (Erholungszeiten) der Neuronen des Thalamus getriggert wird (d.h. diese Neuronen haben Schrittmacherfunktionen). Auf dieser Basis wird durch Oszillator-Resonanz-Prozesse an der neokortikalen Oberfläche das Verhalten entsprechender Zellpopulationen, die in diesen Gedächtnisprozeß einbezogen sind, koordiniert. Es beginnen modalitäts- bzw. tätigkeitsspezifische Wellenmuster über die Neokortexoberfläche zu laufen.

Die kortikalen Wellenmuster der neuronalen Aktivität werden über das *limbische System* vermittelt so verarbeitet, daß eine Übersetzung vom Kurzzeitgedächtnis ins Langzeitgedächtnis erfolgen kann. Wesentliche Struktur hierfür ist der *Hippokampus*. Er bewertet nicht nur kortikal und thalamisch vorverarbeitete Wahrnehmungsmuster, sondern steht auch in enger Verbindung zur Realisierung adäquater und inadäquater Erfolgs- und Vermeidungsstrategien zur Realisierung der Tätigkeit. Ich komme hierauf im nächsten und übernächsten Teilkapitel (8.2.2, 8.2.3) zurück. Der Hippokampus verfügt über *zwei Eingänge:* Zum einen die *Region CA1*. Sie stellt den Eingang für die inhaltliche Seite der über die Wahrnehmung gewonnenen Information dar. Sie erhält Afferenzen von der *Formatio reticularis* und vom *Neokortex* (über den Gyrus cinguli, der als spezifischer Teil des limbischen Systems in engem Zusammenhang mit dem frontalen Kortex steht). Zum anderen erhält der Hippokampus über die *Region CA3* Informationen über den Neuigkeitsgrad der Wahrnehmung: Dies sind Afferenzen vom *Septum* und von der *Entorhinalrinde* (auf der Innenseite des Neokortex liegender Riechlappen, der mit zu den Strukturen des limbischen Systems gerechnet wird). Die Neuigkeitsinformation ist aufs engste an den Zeitablauf gekoppelt; Neuigkeit bedeutet immer Information pro Zeitquant. Dabei erfolgt ebenso in der Entorhinalrinde eine Rhythmisierung der Information wie aber insbesondere im Septum, das als „innere Uhr" Quelle des *Thetarhythmus* des Hippokampus ist. Dieser Thetarhythmus von 5–7 Hz quantelt die Information. Zahlreiche Forschungen zeigen, daß die Geschwindigkeit kognitiver Prozesse an die basale Funktion der Neuigkeitsverarbeitung im Hippokampus gekoppelt ist (vgl. z.B. *Klix* 1981). Der Thetarhythmus des Septums kann dabei sowohl auf der Basis des Neuigkeitsgehalts innerviert werden, der durch das System der „Neuigkeitsdetektoren" (vgl. *Roth* 1978) ermittelt wird, wie auf der Basis endogener Strukturen bei Fehlen von Reizen. Der Hippokampus ist also jener Ort, wo ständig die Informationsdifferenz im Sinne *Simonovs* gebildet wird. Auf der Basis der erfolgreichen Reduzierung der Informationsdifferenz durch Überwindung oder Vermeidung der Schwierigkeiten kommt es dann über Verstärkermechanismen des limbischen Systems zum Übergang ins Langzeitgedächtnis. Bei zu hohem Neuigkeitsgrad resultiert in den Mechanismen der subkortikalen Verarbeitung die emotionale Qualität der Furcht bzw. Angst. Insbesondere *Gray* (1978, 1982) hat diese Zusammenhänge der hippokampalen Regulation hervorgehoben.

Auf der Basis der bis hierher erarbeiteten Sachverhalte kann ich nun zum nächsten Teilbereich kortikal-subkortikaler Regulation übergehen, zur Organisation von Wahrnehmung und Bewegung.

8.2.2 Neuropsychologie von Wahrnehmung und Bewegung

Immer wieder tauchen im Gebiet der Behindertenpädagogik Konzepte der Rehabilitation auf, die Wahrnehmung als Teil eines bloßen Stimulationsprozesses betrachten. Werde das richtige Trainingsmaterial dargeboten, so könne man Wahrnehmungsstörungen beheben. (Dieser Fehler zeigt sich z. B. in der Auffassung von Vertretern der ‚basalen Stimulation', die davon ausgehen, durch Setzen zahlreicher Reize das Gehirn und Nervensystem von schwer geistigbehinderten Kindern in pädagogisch vertretbarer und wünschenswerter Weise organisieren zu können). Vergleichbare reduktionistische Auffassungen, die von den Systemeigenschaften des Organismus abstrahieren, finden sich auch in der Krankengymnastik: Sowohl im Bereich der Überwindung pathologischer Bewegungsmuster im Kleinkindalter wie auch in der Anwendung krankengymnastischer Methoden bei Erwachsenen. Grundlegende Kritik an einer solchen Herangehensweise ergibt sich bereits aus den Ausführungen zur allgemeinen Struktur funktioneller Systeme in Kapitel 7. Trotzdem erscheint es mir sinnvoll, kurz in die funktionelle Organisation von Wahrnehmung und Bewegung einzuführen, um Zugänge zum Verständnis auch in neuropsychologischer Hinsicht zu ermöglichen. Ich greife für die Organisation der Wahrnehmung exemplarisch den *optischen Analysator* auf.

Die Organisation optischer Wahrnehmung ist auf allen Ebenen ein rückgekoppelter Prozeß, der sich jeweils auf der Basis der Orientierung des Subjekts realisiert. Ich beginne zunächst mit der Darstellung des afferenten Schenkels: also mit dem Auge, der Retina, der subkortikalen Verarbeitung, der Verarbeitung in den primären und sekundären optischen Feldern (zu den physiologischen Details vgl. *Grüsser* und *Grüsser-Cornehls* 1985). In diesem Prozeß, der neben verschiedenen Efferenzen zu je niederen Strukturen der Sehbahn insbesondere durch okulomotorische Efferenzen reguliert wird, gibt es auf allen Ebenen spezifische Rückkoppelungen in Form der Herausbildung funktioneller Systeme. Selbstverständlich gilt für jede einzelne Zelle der Retina, daß sie als funktionelles System betrachtet werden kann, aber dies gilt auch für die *Retina* (die aus fünf Zellschichten bestehende Netzhaut) als Ganzes. So ist sie in der Lage, „die Kennlinie ihrer Empfindlichkeit von sich aus zu verändern" (*Masland* 1987, S. 75).

Drei der *fünf Schichten der Retina* sichern eine vertikale Informationsverarbeitung: Die Photorezeptoren (I) reagieren auf Lichtquanten (Photonen) mit elektrischen Entladungen; diese werden von den Bipolarzellen (II) weitergegeben bzw. durch Rückkoppelung moduliert und gelangen schließlich zu den Ganglienzellen (V), von wo aus sie in den Nervus opticus eingespeist werden. Die Schichten III und IV, Horizontalzellen und Amakrinen, dienen hingegen der horizontalen Verarbeitung, d.h. der Struktur- und Musterbildung bezüglich Form, Farbe und Bewegung.

Innerhalb dieser jeweiligen Gruppen von Zellen gibt es *unterschiedliche Zelltypen:* Auf der Ebene der Photorezeptoren sind dies Stäbchen, die der monochromen Wahrnehmung von Form und Bewegung und der feinen Kontrastauflösung dienen, sowie Zapfen, die der Farbwahrnehmung dienen (vgl. *Schnapf* und *Baylor* 1987, *Stryer* 1987). Für Form-, Kontrast- und Bewegungssehen einerseits wie für das Farbsehen andererseits gibt es auf der Ebene der Ganglienzellen On-Center- und Off-Center-Neuronen. Bei ihnen löst ein Reiz im Zentrum ihres rezeptiven Feldes entweder eine Erregung aus oder unterbindet sie. Für das Farbensehen, das in der Schicht der Photorezeptoren trichromatisch (rot, grün, blau) organisiert ist, gibt es auf der Ebene der Ganglienzellen eine Auflösung in vier Farben (*Grüsser* und *Grüsser-Cornehls*, 1985, S. 218f.). Die Zellen des Rot-Grün-Systems zeigen bei Belichtung ihres Zentrums mit Rot eine Erregung, mit Grün eine Hemmung und bei Belichtung ihrer Peripherie eine entsprechend vertauschte Reaktion. In vergleichbarer Weise reagieren die Zellen des Gelb-Blau-Systems. Im Bereich der Verarbeitung von Bewegung und Form werden X-, Y- und W-Neuronen unterschieden, auf deren Funktion ich noch zu sprechen komme.

Als überaus vielfältig und differenziert haben sich in den Forschungen der letzten Jahren die (ca. 30 verschiedene Zelltypen umfassenden) Amakrinen erwiesen, die wie die Horizontalzellen der vertikalen Verarbeitung dienen (vgl. *Masland* 1987, *Poggio* und *Koch* 1987).

Insgesamt belegen neuere Forschungen eine *außerordentlich komplizierte und differenzierte Struktur der Netzhaut*. Bei *Kandel* und *Schwartz* (1985, S. 355) ist davon die Rede, *daß die Retina als „kleines Gehirn" funktioniert.*

Verfolgt man den Weg der Informationsverarbeitung bis zu den Feldern 17, 18 und 19, so sind es zwei subkortikale Strukturen, die hervorzuheben sind: Zum einen die *Colliculi superiores* (obere Zweihügel) des Mittelhirndaches (Tegmentum), die an der opto-motorischen Koordination beteiligt sind. Zum anderen die *seitlichen Kniekörper* (geniculum laterale), Teile des Thalamus, die eine „Relaisstation" auf dem Weg zur Großhirnrinde bilden.

Da die inneren Hälften der beiden Stränge des *Nervus opticus*, in die die nasale Hälfte der retinalen Information beider Augen eingespeist ist, sich kreuzen, wird nach dieser Kreuzung Information von der gleichen Seite (ipsilateral) und von der gegenüberliegenden Seite (kontralateral) in jeder der beiden Hirnhemisphären parallel verarbeitet. (Nasale Seite der Retina des rechten Auges und temporale Seite der Retina des linken Auges in der rechten Hemisphäre; nasale Seite der Retina des linken Auges und temporale Seite der Retina des rechten Auges in der linken Hemisphäre). Von den sechs Schichten des seitlichen Kniekörpers verarbeiten drei (6, 4 und 1) die kontralaterale Information, drei die ipsilaterale Information (5, 3 und 2).

Gleichzeitig stoßen wir hier auf ein weiteres Verarbeitungsprinzips des menschlichen Gehirns: die *supramodale Parallelverarbeitung*. Dies bedeutet parallele Verarbeitung verschiedener Teilaspekte einer Sinnesmodalität vom Rezeptororgan bis zu den Feldern (und Teilfeldern) der Großhirnrinde. Ein solcher Prozeß ist ebenso für den optischen Analysator (*Kandel* und *Schwartz* 1985, S. 353, S. 372f.; *Stone* u. a. 1979) wie für den somatosensorischen (kinästhetischen) Analysator nachgewiesen (*Dykes* 1983). Diese Forschungen wie auch die Entdeckung des supplementären motorischen Feldes u. a. neuere Befunde unterstreichen eindrucksvoll die von *Roth* hervorgehobene innere Topologie des Gehirns als Basis seiner Informationskonstruktion (vgl. Kap. 7.3).

Kandel und *Schwartz* (1985, S. 359) heben auf dem Niveau des seitlichen Kniekörpers die anatomische Trennung der Verarbeitung der Signale der X- und Y-Neuronen hervor (diese projizieren in unterschiedliche Schichten des seitlichen Kniekörpers, die eine unterschiedliche Zellstruktur aufweisen). X-Neurone dienen dabei besonders der Auflösung feiner Formdetails, während Y-Neuronen der Entdeckung großer Objekte und der Bewegungsanalyse dienen. W-Zellen hingegen sind zu einem hohen Prozentanteil an den motorischen Funktionen des Colliculus superior beteiligt. Auf der anderen Seite zeigt es sich aber, daß diese drei Zelltypen nicht nur zum Colliculus superior und zum seitlichen Kniekörper projizieren und darüber vermittelt zum Feld 17 der Sehrinde, sondern daß Y-Neuronen auch zum Feld 18 projizieren sowie W-Neuronen zum Feld 19 (*Stone* u. a. 1979). Und schließlich gibt es Rückkoppelungen zwischen dem Feld 17 und dem seitlichen Kniekörper sowie dem Colliculus superior.

In die Gesamtheit der hierarchisch höheren Syntheseleistung der sekundären *Felder 18 und 19* gehen demnach supramodale Projektionen insbesondere der Bewegungsanalyse wie der großflächigen Form ein. Dies steht in Einklang mit Befunden bei Reizung dieser Felder, wo ganzheitliche optische Eindrücke gefunden wurden, wie z.B. Gesichter, Personen, Tiere usw. (*Luria* 1970a, S. 171) oder bewegte Objekte (*Luria* 1975, S. 36). Diese supramodale parallele Verarbeitung sichert zusätzliche Kompensationsmöglichkeiten bei Schädigungen; hierauf machen *Stone* u. a. (1979, S. 365) am Beispiel der Zerstörung des Feldes 17 ausdrücklich aufmerksam.

Die primäre Sehrinde schließlich *(Feld 17)* dient der Analyse und Synthese feiner Details. Bei ihrer Reizung werden z. B. Kugeln gesehen, farbiges oder weißes Licht, Flammen, Nebel u. ä. Durch die Forschungen von *Hubel* und *Wiesel* (1986) wurde erstmals die säulenförmige Struktur dieser Sehrinde aufgedeckt. Säulen, die abwechselnd homologen Ausschnitten des retinalen Feldes für das linke und rechte Auge entsprechen, überschneiden sich mit Säulen z.B. für richtungsspezifische Wahrnehmung. Nachbarsäulen unterschieden sich bei diesen Untersuchungen durch einen anderen Winkel der bevorzugten Wahrnehmung der Konturen von Objekten.

Die *außerordentliche Komplexität der optischen Wahrnehmung* ist mit den bisherigen Ausführungen keineswegs erschöpft. Hinzu kommen zahlreiche Verbindungen auf Kortexebene selber, u. a. auch in intermodalen Verbindungen mit dem akustischen Analysator in Form der Felder 22, 20 und 21, jedoch insbesondere mit dem motorischen Bereich, d. h. dem parietalen Feld 7 und dem frontalen Augenfeld 8 (die selbst wieder über verschiedene kortikale und subkortikale Strukturen an der Regulation der Augenmotorik teilhaben).

Zur Bedeutung der *Okulomotorik* ist es wichtig zu wissen, daß bei Unterbindung der Mikrobewegungen des Augapfels, d.h. bei Konstanz des Netzhautbildes, die optische Wahrnehmung zusammenbricht. *Sehen ist kein passives Aufnehmen, sondern ein aktives Herausholen.* Die Blickbewegung kann als hypothesengeleitetes (unwillkürliches wie willkürliches) Abtasten von Gegenständen nachgewiesen werden: So zeigen sich bei der Wahrnehmung von Gesichtern deutliche Abtastbewegungen, die den Konturen des Kopfes, des Haaransatzes, der Augen, des Mundes folgen (vgl. *Luria* 1970a, S. 173).

Die Bewegungen des Auges selbst (äußere Augenmuskulatur) und von Linse und Pupille (innere Augenmuskulatur) werden durch eine Reihe von reflektorischen Systemen gesteuert (vgl. *Kandel* und *Schwartz* 1985, Kap. 43). Eine Koordination findet in den Nervenknoten verschiedener Hirnnerven (III, IV und VI) sowie im Dach des Mittelhirns statt, das wiederum in enger Verbindung zu den oberen Zweihügeln (Colliculi Superiores) steht (vgl. Abb. 21).

In diese subkortikalen Mechanismen greifen die kortikalen Mechanismen ein, die vor allem über das frontale Augenfeld (F.8) und die hintere Parietalrinde (F.7) realisiert werden (vgl. *Wurtz* u. a. 1986). Hinzu kommen zahlreiche weitere Gebiete des gesamten Gehirns, die in irgendeiner Form an der optischen Wahrnehmung beteiligt sind: So z. B. Strukturen der Neokortexunterseite (beim Gesichterkennen), die rechte Hemisphäre gegenüber der linken, die präfrontalen Felder (die vor F.8 liegen), parietal-okzipital-temporale Überschneidungsfelder u. a. m.

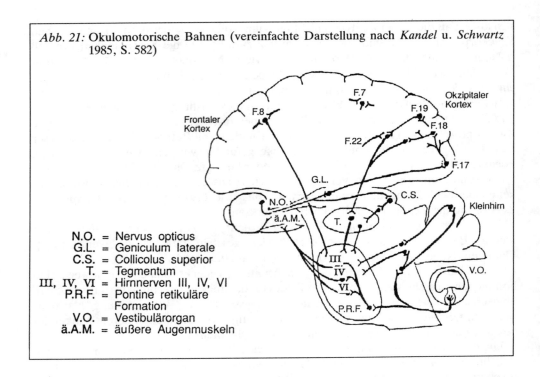

Abb. 21: Okulomotorische Bahnen (vereinfachte Darstellung nach *Kandel* u. *Schwartz* 1985, S. 582)

N.O. = Nervus opticus
G.L. = Geniculum laterale
C.S. = Collicolus superior
T. = Tegmentum
III, IV, VI = Hirnnerven III, IV, VI
P.R.F. = Pontine retikuläre Formation
V.O. = Vestibulärorgan
ä.A.M. = äußere Augenmuskeln

Optische Wahrnehmung (wie auch alle anderen Wahrnehmungssysteme) umfaßt folglich viele hierarchische Ebenen des ZNS. Wahrnehmungsvorgänge realisieren sich, wie am optischen Analysator exemplarisch aufgezeigt, über die hierarchische und vertikale Bildung funktioneller Systeme. D.h. Wahrnehmung kann nur als Selbstorganisation und aktive Tätigkeit, niemals aber als bloß passives Aufnehmen begriffen werden.

Von ähnlicher Komplexität sind *Bewegungsvorgänge*, auf die ich im folgenden in Form eines Überblicks eingehe. Dies dient der Erarbeitung eines Grundverständnisses komplexer motorischer Regulationsvorgänge, das auf vielen Gebieten der Behindertenpädagogik notwendig ist. Darüber hinaus dient die Darstellung der Bewegungsvorgänge (wie auch die der Wahrnehmung) der systematischen neuropsychologischen Einführung in die komplexen Regulationsvorgänge des ZNS. Erst auf dieser Basis ist eine tätigkeitsbezogene Wertung organischer Läsionen in unterschiedlichen Teilen des ZNS möglich. Und erst indem die *Wirkung einer organischen Läsion als isolierende Bedingung* (vgl. Kap. 6) im Rahmen des sinnhaften und systemhaften Aufbaus der Prozesse des Psychischen bestimmbar wird, kann *defektbezogenes* Denken durch *entwicklungsbezogenes* Denken überwunden werden. (Zu den diagnostischen Aspekten dieser Frage siehe die Darstellung der Syndromanalyse in Kap. 9).

Bewegung setzt immer Afferentierung und Afferenzsynthese voraus, d.h. Orientierung des Subjekts im System Subjekt-Tätigkeit-Objekt. Auf allen Ebenen der Realisierung des Bewegungsaktes (vom Rückenmark bis zur Großhirnrinde) ist daher eine *Einheit von Sensorik und Motorik* erforderlich. *Henatsch* (1976b, S. 267) verweist insbesondere auf drei Aspekte dieses Zusammenhangs:
– Die Grenzen zwischen vorwiegend motorischen und vorwiegend sensorischen Rindengebieten sind nicht scharf, sondern überlappen sich funktionell;

– die im engeren Sinne „motorischen" Gebiete erhalten zahlreiche sensorische und sensible Informationen;
– die efferent-motorischen Bahnen dienen nicht nur der Innervation von Motoneuronen und Muskeln, sondern greifen auch regulierend in die Übertragung sensorischer Impulse von der Peripherie zur Zentrale ein.

Die *hierarchische Organisation* dieser Prozesse beinhaltet nach *Kandel* und *Schwartz* (1985, S. 433) die folgenden *drei Aspekte:*

1. *Unterschiedliche Komponenten des motorischen Systems beinhalten somatotopische Landkarten, auf denen benachbarte Teile des Bewegungsapparates zueinander benachbart liegen* (nach ihrer funktionellen Bedeutung für die Gattung repräsentiert). *Diese topologische Repräsentanz bleibt auf unterschiedlichen Niveaus erhalten.*

Auf der Ebene der Großhirnrinde selbst finden sich Projektionen der einzelnen Körperteile (kinetisch bzw. propriozeptiv) in den Feldern 4 und 3, aber auch im supplementären motorischen Feld (s. o.) und im sekundären (senso)motorischen Feld (dieses liegt im Übergangsbereich der Felder 3 und 4 zum Temporallappen; vgl. *Henatsch* 1976 b, S. 270 ff.). Eine Topologie ist nicht nur auf modaler Ebene, sondern auch auf supramodaler Ebene (Parallelverarbeitung) vorhanden. So sind im Bereich der kinästhetischen Analyse und Synthese die Neuronenensembles (Säulen, Kolumnen) des Feldes 3 a spezialisiert auf tiefe Afferenzen, die des Feldes 3 b auf langsam adaptierende Hautafferenzen, die des Feldes 1 auf rasch adaptierende Hautafferenzen und die des Feldes 2 auf Tiefenafferenzen der Gelenke, wobei es in den Übergangsgebieten gewisse Überschneidungen gibt (*Dykes* 1983, S. 99).

2. *Jedes hierarchische Niveau erhält Afferenzen von der Peripherie, so daß der sensorische Input die durch die absteigenden Kommandos realisierte Handlung modifizieren kann.*

Wichtig ist es, hier darauf zu verweisen, daß Afferenzen im Rahmen der Afferenzsynthese in der Vorauslöserintegration wie im Aufbau des Handlungsakzeptors selbst nicht nur aus der Peripherie, sondern immer auch aus dem inneren Milieu des Organismus selbst stammen. Insbesondere sind dies ins Körperselbstbild eingetragene Gedächtniseffekte, die im Rahmen der Oszillator-Resonanzmechanismen jeweils den neuronalen „Status" sichern, auf dessen Hintergrund die neuronale „Operation" stattfinden kann (state-operator-Hypothese von *Pribram* 1977).

3. *Die höheren Niveaus verfügen über die Kapazität, die Information, die sie erreicht, zu kontrollieren. Dies geschieht, indem sie die Weitergabe der afferenten Salven durch die sensorischen Relais ermöglichen oder unterdrücken.*

Betrachten wir zunächst die *unterste Ebene* dieser Hierarchie, d. i. die Ebene der *Reflexe des Rückenmarks.* Im Rückenmark erfolgt segmentweise
(1) eine Verarbeitung der afferenten Impulse von der Peripherie (z. B. Temperatur-, Druck- und Schmerzrezeptoren der Haut) über die Neuronen der Hinterwurzel der Spinalnerven;
(2) eine Programmierung und Realisierung efferenter Impulse zur Muskulatur über die Motoneuronen der Vorderwurzel. Hier gibt es in Form des *Eigenreflexes* eine unmittelbare Rückkoppelung zwischen Motoneuron und Muskel, dessen sensorisches Organ, die Muskelspindel, das Motoneuron afferentiert.
(3) die sensomotorische Regulation der inneren Organe über die Ganglienknoten des Grenzstranges (vegetatives Nervensystem).

Diese Vorgänge sind zueinander rückgekoppelt. Auf die Funktion des vegetativen Systems gehe ich nicht ein.

Der *elementarste Regelkreis*, den wir uns als funktionelles System der hierarchisch niedrigsten Ebene des ZNS vorzustellen haben, ist der *Eigenreflex des Rückenmarks* (Abbildung 22).

Ein spezifisches Motoneuron des Rückenmarks erhält über die afferenten *Ia-Fasern* Impulse vom Längenrezeptor einer spezifischen Muskelfaser, der Muskelspindel. (U.U. verlaufen diese Impulse über zwischengeschaltete Interneurone.) Durch efferente Impulse über die *Alpha-Fasern* wird die Muskelfaser kontrahiert. Ein solcher Regelkreis, wo Entstehungs- und Empfangsort einer Erregung im gleichen Organ (der Muskelfaser) liegen, heißt Eigenreflex. Der eigenreflektorische Regelkreis kann durch zentrale Innervation ausgelöst oder gehemmt werden. Es kann jedoch auch durch *Meßfühlerverstellung* in ihn eingegriffen werden, indem das Rezeptororgan, die *Muskelspindel*, verstellt wird. Eine derartige intrafusale Innervation (Innervation in der Muskelspindel im Unterschied zur extrafusalen Innervation des Muskels) erfolgt über die *Gamma-Fasern*. Auch sie können von höherer Ebene eingestellt werden. Eine Einstellung erfolgt jedoch nicht nur von hierarchisch höherer Ebene, sondern auch durch zahlreiche Wechselwirkungen zwischen den Motoneuronen und Interneuronen eines Rückenmarkssegmentes selbst. Schließlich gibt es neben der Gamma-Innervation mehrere weitere Mechanismen der Voreinstellung des Eigenreflexes durch Veränderung der Eigenschaften seiner Rezeptororgane (vgl. *Henatsch* 1976a, S. 215ff.).

Die Reflexe der verschiedenen Segmente des Rückenmarks werden bereits *auf Rük-*

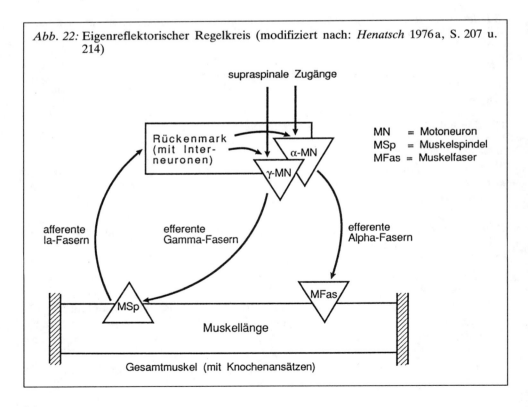

Abb. 22: Eigenreflektorischer Regelkreis (modifiziert nach: *Henatsch* 1976a, S. 207 u. 214)

kenmarksebene rhythmisch abgestimmt. „Rhythmische Hin- und Herbewegungen sind bei Mensch und Tier Grundlage der Lokomotorik und bilden daher eine Urform der Fortbewegung", so *Jung* (1976, S. 16). Aber natürlich erfolgt nicht nur eine Abstimmung der Lokomotion auf diese Weise, sondern auch eine Abstimmung der Bewegungen, mit denen die Körperhaltung realisiert wird. Das Rückenmark als solches organisiert durch rhythmisch-reziproke Innervation (in der einfachsten Form als antagonistische Innervation von Beuger und Strecker) somit ein afferentes Feld oberhalb der Ebene der einzelnen Muskelfaser. In dieses afferente Feld gehen ein die phylogenetisch festgelegten Gedächtnisstrukturen der Motoneurone selbst (durch die Art ihrer Verkoppelung mit den jeweiligen Muskelfasern bzw. auch den jeweiligen Zellen ihrer neuronalen Umgebung), die Wechselwirkungen mit der Außenwelt durch Bewegung (kinetische Programmierung und kinästhetische Rückkoppelung), die Gradientenorientierung der Motoneurone in ihrer jeweiligen neuronalen Umgebung auf Rückenmarksebene (dies schließt die Einflüsse von der Zentrale mit ein).

Oberhalb der Rückenmarksebene werden von verschiedenen Autoren verschiedene hierarchische Strukturen unterschieden.

So spricht *Pickenhain* (1988) davon, daß es oberhalb der Mittelhirnebene keine hierarchische Gliederung des Hirns (in funktioneller Hinsicht) mehr gebe. Dies ist unter dem Gesichtspunkt der Tätigkeit sicherlich richtig, bedarf jedoch auf der Ebene der neuropsychischen Regulationszusammenhänge einzelner Hirnbereiche weiterer Untersuchung. Entsprechend führt *Pickenhain* verschiedene Ebenen des materiellen Hirnsubstrats in der Realisierung der Bewegung aus: Die oberste Ebene (Frontalrinde, limbisches System, Gedächtnis, Situation) entspricht der *regulierenden Zielvorstellung*, die folgende Ebene (Assoziationsrinde unter Nutzung der Mechanismen der Basalganglien, des lateralen Kleinhirns und der motorischen Rinde) realisiert die *probabilistische Programmierung* der Bewegung. In Rückkoppelung mit dem intermediären Kleinhirn reguliert die motorische Rinde als nächstniedere Ebene die *Ausführung der Bewegung*. Auf dieser Ebene wird vor allem die Zeitstruktur der Bewegung gesteuert.

Kandel und *Schwartz* (1985, Kap. 33, S. 431 ff.) bestimmen das Rückenmark als erstes hierarchisches Niveau. Höhere Niveaus sind (2) Hirnstamm, (3) motorischer Kortex (Feld 4) und (4) prämotorischer Kortex (Feld 6), der in enger Verbindung zum präfrontalen Bereich und zum Parietalbereich steht. Basalganglien und Kleinhirn, die in anderen Modellen z. T. eigenständige Ebenen kennzeichnen, werden von diesen Autoren als Kontrollorgane der Komponenten der motorischen Hierarchie betrachtet.

Bernstein (1987) unterscheidet unter funktionellen Gesichtspunkten vier bzw. fünf hierarchische Ebenen (vgl. Abbildung 23).

Die niedrigste (Ebene A) ist die *Ebene des roten Kerns* (nucleus ruber). Sie organisiert den *propriozeptiven Reflexring*. „Ohne beim Menschen irgendwelche selbständigen Bewegungen zu erzeugen", stellt sie „eine eigenartige ‚Grundlage aller Grundlagen' für die motorischen Äußerungen dar". Der rote Kern „schafft die tonische Basis für die phasischen Muskelkontraktionen, reguliert die Muskelerregbarkeit, sichert die Mechanismen der reziproken Innervation und Denervation der Antagonisten ..., reguliert die Haltung und das Greifen, steuert die statokinetischen Reflexe usw." (S. 109). Diese Ebene schafft nicht nur die tonische Grundlage aller Innervation, sondern auch vibrierende und schwankende Grundinnervationen, die wie alle Vibrationen dieser Ebene „monoton, einwandfrei rhythmisch" und „fast nach Art einer Sinuskurve, der elementarsten Form aller rhythmischen Verlaufsformen" verlaufen (S. 123).

Ebene B ist die *thalamo-pallidäre Ebene* oder die *Ebene der Synergien*. (Das Pallidum

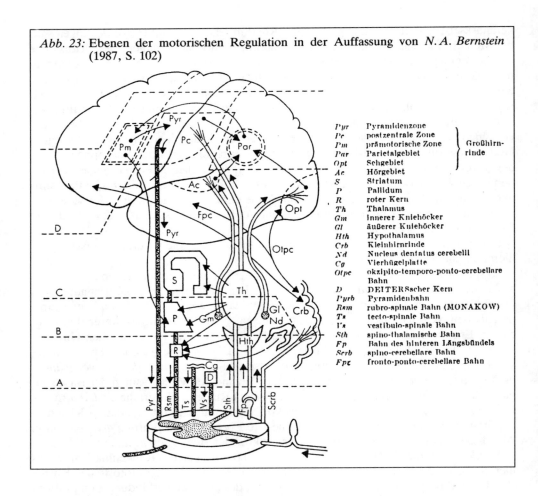

Abb. 23: Ebenen der motorischen Regulation in der Auffassung von *N. A. Bernstein* (1987, S. 102)

gehört zum Zwischenhirn. Es liegt hinter dem Thalamus. Es zählt mit dem Putamen und dem Nucleus Caudatus, die beide zusammen als Striatum gekennzeichnet werden und zum Archikortex gehören, zu den Basalganglien. Diese werden als oberste subkortikale Schaltstelle des extrapyramidalen Systems betrachtet). Diese Ebene realisiert monotone fließende Bewegungen, die ruhig, abgerundet und rhythmisch sind, also Synergien der verschiedenen beteiligten Muskeln und Muskelgruppen (S. 110).

Ebene C ist die *Ebene des Raumfeldes*. *Bernstein* nimmt an, daß sie in zwei Unterebenen zerfällt: C1 und C2. Sie wird auf der Ebene C1 durch die vorherrschende Stellung des *Striatums* bestimmt. Phylogenetisch entspricht diese Ebene dem mit den Landamphibien erreichten Koordinationsstadium von Gleichgewicht und Bewegung. Diese Bewegungen haben aber noch nicht die Flüssigkeit und Vollkommenheit, die dann mit der Ebene C2 erreicht wird, die bei den höheren Raubvögeln beginnt und bei den Säugern vorliegt. Hier tritt erstmalig die Willkürmotorik der Pyramidenbahn (motorischer Kortex) mit auf. Flüssige lokomotorische Bewegungen hoher Vollkommenheit entstehen, ohne daß bereits gegenständliche Handlungen (Ebene D) möglich sind.

Ebene D ist die *Ebene der gegenständlichen Handlung*. Von ihrer Lokalisation her kann sie als *parietal-prämotorische Ebene* betrachtet werden. Diese Ebene ist beim Menschen besonders ausgeprägt. „Wenn man die beiden unteren Ebenen A und B (der rubrospinalen und der thalamo-pallidären Ebene) mit der Arbeit des Hauptgenerators einer Rundfunkstation vergleicht, der eine monotone ‚Trägerfrequenz‘ elektromagnetischer Wellen ausstrahlt, so erinnert die Arbeit der Handlungsebene D sehr an die Vorgänge, die sich unter dem Einfluß der Ströme aus dem Studio mit diesen monotonen Wellen abspielen. Sie *modulieren die Trägerfrequenzwellen* entsprechend der komplizierten und arhythmischen sinnvollen Worte des Sprechers, der Musikübertragung usw." (S. 124).

Schließlich unterscheidet *Bernstein* noch *höhere kortikale Prozesse*, die er in ihrer Gesamtheit als Ebene E bezeichnet. Da er mit ihrer Untersuchung jedoch in den „Bereich der Psychologie" gelange, verzichtet er auf die weitere Darstellung. Am Beispiel des Schreibaktes belegt er die Existenz dieser Ebene, die „durch die vielfältigen Formen pathologischer Störungen des inhaltlichen Teils des Schreibens (Ausfälle, Perseverationen, Paragraphien usw.) bei unterschiedlich lokalisierten Hirnschädigungen enthüllt und bewiesen" sei (S. 124). Ich komme auf diese Zusammenhänge in Abschnitt 8.4 zurück.

Die unterschiedlichen Positionen der genannten Autoren könnten durch einige weitere ergänzt werden. Die Steuerung der Bewegung erweist sich als einer der kompliziertesten Prozesse überhaupt. Die zunächst von der anatomischen Betrachtung ausgehende Analyse, die verschiedene große Systeme unterschied (Rückenmark, Pyra-

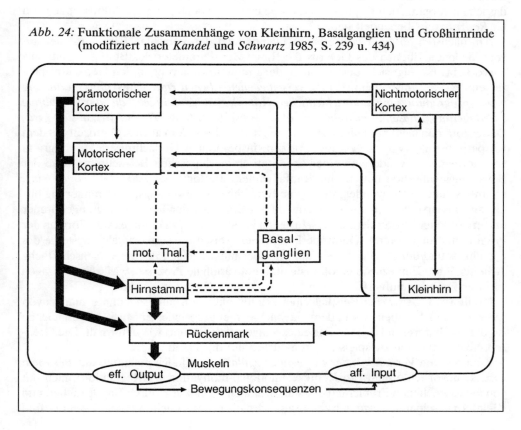

Abb. 24: Funktionale Zusammenhänge von Kleinhirn, Basalganglien und Großhirnrinde (modifiziert nach *Kandel* und *Schwartz* 1985, S. 239 u. 434)

midensystem, extrapyramidales System, Kleinhirn), ist zunehmend ins Wanken gekommen durch die Entdeckung zahlreicher Rückkoppelungs- und Wechselwirkungsmechanismen (vgl. *Henatsch* 1976b, 1988). Insbesondere ist die Funktion der Basalganglien zunehmend unklar geworden, die zunächst als höchste subkortikale Umschaltstelle im extrapyramidalen System galten. So gehen *Kandel* und *Schwartz* (1985) davon aus, daß die *Basalganglien*, deren Funktion noch nicht sehr gut verstanden sei (S. 433), vor allem der Rückkoppelung zwischen nichtmotorischen und motorischen kortikalen Zonen dienen (in einer Rückkoppelungsschleife über die motorischen Kerne des Thalamus). Das *Kleinhirn* hingegen dient der automatischen Kontrolle von Bewegungen (vgl. Abb. 24). Basalganglien und Kleinhirn stimmen darin überein, daß ihre motorisch-efferenten Strukturen jeweils stammesgeschichtlich älter sind als ihre höchsten Regulationsebenen. So reguliert das Neocerebellum (die Rindenschicht des Kleinhirns, die sich beim Menschen stark weiterentwickelt hat) über das Paläocerebellum Bewegungsabläufe, und ähnlich verhält sich das Striatum im Vergleich zum Pallidum (*Kandel* und *Schwartz* 1985, S. 239).

Ersichtlich folgen diese Strukturen des Gehirns in vergleichbarer Weise einem Prinzip, das *Klingberg* und *Haschke* (1977, S. 647) für die Großhirnrindenfunktion bei der Regelung der Motorik hervorheben: Deren neue Qualität bestehe nicht in der unmittelbaren Realisierung neuer komplexer Bewegungsmuster, sondern in der Steuerung der subkortikalen Mechanismen nach dem Vorbild kortikal abgespeicherter Modelle. D.h. wir stoßen hier erneut auf das Problem der Rekursivität in der Informationskonstruktion, das ich im vergangenen Kapitel (vgl. Abb. 3 bzw. die Darstellung der Auffassungen von G. *Roth*) bereits behandelt habe.

Am nächsten an einer vertretbaren Lösung liegt der Vorschlag *Bernstein*s, der auf verschiedenen Ebenen des Gehirns die Raum-Zeit-Parameter des Bewegungsaufbaus hervorhebt. Es zeigt sich, daß im Sinne der Frequenzkodierung in den Gedächtnisprozessen (vgl. 8.2, insb. Abb. 19) *die verschiedenen Ebenen eine Schwingungskodierung bzw. -programmierung unterschiedlicher Komplexität vornehmen, die durch zentrale Überlagerung, Phasenkoppelung und Fokuswechsel* (vgl. *Jung* 1976, S. 20) *realisiert wird*. Dabei kommen nicht nur äußere Afferenzen ins Spiel, sondern auch Afferenzen aus dem Körperselbstbild (vgl. auch Kap. 6.3), d.h. insbesondere Gedächtniseffekte aufgrund von Lernen. Im Wandel von einer eher statisch-mechanischen Betrachtungsweise der Bewegungsrealisation hin zu einer umfassenden „Biologie der Aktivität" *(Bernstein)*, nimmt es daher nicht wunder, wenn jene Bereiche der Bewegungsprogrammierung bisher am unklarsten erscheinen, wo sowohl ein Einbezug der Realisierung angeborener *und* erworbener Muster deutlich festzustellen ist, als auch es zu komplexeren Formen der Programmierung kommt. Derartige Funktionen weisen die subkortikalen Systeme des Kleinhirns und der Basalganglien auf. Darüber hinaus zeigen neuere wissenschaftliche Arbeiten ihren Einbezug in emotionale und motivationale Prozesse, was weitere Fragen zu ihrer Funktion aufwirft.

Greifen wir *Bernstein*s Beispiel einer Rundfunkstation auf, so könnte man davon sprechen, daß die Ebene C mit dem Playback vorher gespeicherter Musik zu vergleichen ist, die als Hintergrund den Gesang eines Sängers determiniert wie untermalt. Die Grenzen eines derartigen Beispiels liegen natürlich auf der Hand.

Zum tieferen *Verständnis der Bewegungsregulation* greife ich nochmals auf *Bernstein* zurück, bevor ich erneut (im Kontext emotional-motivationaler Regulation) mich mit den angesprochenen Problemen der subkortikalen Regulation durch Basalganglien und Kleinhirn auseinandersetze. Ich zitiere zunächst die in der Einleitung von *Pickenhain* und

Schnabel gegebene Zusammenfassung der *Grundannahmen des Modells* (*Bernstein* 1987, S. 17):

„1. Zielfunktion und Regulativ der motorischen Handlung ist das Handlungsziel.

2. Ausgehend vom Handlungsziel und von der Analyse der Situation, erfolgt mit der Formulierung des Bewegungsprogramms die ‚Vorausnahme des erforderlichen Künftigen‘.

3. Die sensorische Informationsaufnahme und -verarbeitung ist unerläßliche Grundlage für die ständige Regelung des Bewegungsverlaufs und des motorischen Lernens.

4. Motorisches Lernen besteht weniger im Ausbilden unveränderlicher Bewegungsprogramme als vielmehr im Ausbilden von ‚Korrekturen‘ (Korrektur- und Regelmechamismen).

5. Der ‚innere‘ Regelkreis (über die kinästhetische Sensibilität) und der ‚äußere‘ Regelkreis (vorwiegend über die optische Informationsaufnahme) sind für die Feinregulierung der Bewegungen unterschiedlich eingestellt und geeignet. In der Regel erfolgt im Lernprozeß eine Umschaltung der Bewegungssteuerung und -regelung auf das am meisten geeignete Korrekturniveau, d.h. zumindest in wesentlichen Teilen auf die Führung des ‚inneren‘ Regelkreises.“

Ich möchte diese Zusammenfassung um folgende wichtige Aspekte ergänzen, die teils bei *Bernstein* selbst ausgeführt sind, teils den Werken von seinem Ansatz nahestehenden oder verpflichteten Autoren entnommen sind:

6. Bewegungen haben *Organcharakter:* Sie weisen Reaktionen auf und unterliegen einer gesetzmäßigen Evolution und Involution. Sie sind keine Kette von Details, sondern eine in Details untergliederte Struktur (*Bernstein* 1987, S. 26f.).

7. Bewegungen sind aufgrund der Wechselwirkung zwischen der Peripherie und dem „Umweltfeld“ niemals vollständig durch den effektorischen Prozeß determiniert. Diese *funktionelle Nicht-Eindeutigkeit der Verbindung von motorischem Zentrum und motorischer Peripherie* wirft das Problem der *Bewegungskoordination* auf. Da der motorische Effekt des zentralen Impulses an der Peripherie entschieden wird, ist eine Afferention von allen Ebenen dieses Vorgangs ebenso erforderlich wie die Nutzung von ins Gedächtnis eingespeisten Raum-Zeit-Parametern auf unterschiedlichen hierarchischen Ebenen der Bewegungsregulation (ebd., S. 58ff.). Daher sind koordinative Fähigkeiten (vgl. *Meinel* und *Schnabel* 1987, Kap. 2 und 3, sowie die annotierte Bibliographie von *Hesse* und *Hirtz* 1985) neben der Realisierung von Gleichgewicht und Reaktionsschnelligkeit vor allem auf Übergänge in Raum-Zeit-Konstellationen bezogen: Rhythmisierungsfähigkeit, Differenzierungsfähigkeit (im Sinne von Bewegungsgenauigkeit), Orientierungsfähigkeit.

8. Bewegungen sind im Kortex *nicht metrisch* organisiert, sondern *topologisch*, d.h. in einem nichteuklidischen (begrifflichen) Raum (vgl. auch *an der Heiden, Roth* und *Stadler* 1986). Ein Schreibvorgang, wie das Schreiben einer Unterschrift, weist je nach Art der Realisierung (linke Hand, rechte Hand, Fuß, Mund, hinter dem Rücken) immer eine eigenartige topologische Struktur auf, obwohl die Metrik des ausführenden Organs gänzlich anders ist. Auch bei Variation in der Größe bleiben die typischen metrischen Eigenschaften erhalten (*Bernstein* 1987, S. 86ff.).

9. Forschungen zu *Sprache* und *Bewegung* (*Wohl* 1964, 1973, 1977) verweisen auf die

Rolle der Sprache beim Bewegungsaufbau. Bewegungen werden nicht allein durch Einschaltung tieferer Ebenen (und Rückschalten vom „äußeren" optischen auf den „inneren" propriozeptiven Regelkreis) entwickelt und automatisiert. Es kann auch eine Entwicklung und Automatisierung durch einen weiteren, über die Sprache und die höheren psychischen Funktionen realisierten äußeren (und inneren) Regelkreis erfolgen. Dabei liegt es nahe anzunehmen (vgl. auch *Bragina* und *Dubrochotova* 1984, S. 125), daß lediglich die psychosensorischen (propriozeptiven, optischen, sprachlichen) Afferenzen im Gedächtnis gespeichert werden, nicht aber die psychomotorischen Efferenzen, die jeweils in der Tätigkeit selbst neu entstehen. Das Gehirn speichert aufgrund der Informationskonstruktion demnach afferente Felder und nicht Bewegungen. Allerdings sind die auf dem Hintergrund dieser Felder jeweils realisierten Bewegungen (Gesetz der nichteindeutigen Verbindung zwischen Zentrale und Peripherie) jeweils die Voraussetzung für neue Afferentierungen. Dies würde unter Rückgriff auf konstruktivistische Überlegungen die topologische und nicht metrische Organisation der Motorik erklären.

10. Bewegungen haben einen *ontogenetischen* (*Bernstein* 1987, S. 99ff.) *wie aktualgenetischen Evolutionsprozeß*. Der ontogenetische Prozeß erfolgt in immer feinerer Abstimmung der Freiheitsgrade des Bewegungsapparates (Arme und Beine können als mehrstufige Pendel betrachtet werden) entsprechend der Entwicklung des Gehirns und der psychischen Prozesse. Der aktualgenetische Prozeß umfaßt sowohl bei seiner *Evolution* (im Lernen) wie bei seiner *Involution* (Zerfall durch Verletzung, Altern) *drei aufeinander aufbauende Stufen* (*Bernstein* 1987, S. 135).

    1. Weitgehende Fixierung der Gelenke des Bewegungsorgans durch Ausschaltung unnötiger Freiheitsgrade. „Die Bewegung wird eckig und ungeschickt, weil infolge der Irradiation der von dem Subjekt eingesetzten, ausgebreiteten Erregung zahlreiche Muskeln angespannt werden, die nichts mit der auszuführenden Bewegung zu tun haben" (S. 135). Ein Beispiel für die Evolution ist das erstmalige Gelingen des Fahrradfahrens bei einem Kind oder einem Anfänger bei zugleich sehr großer Anspannung und Verkrampfung. Beispiele für die Involution sind Veränderung des Bewegungsflusses beim Langstreckenlauf bei einer Zerrung oder einer Blase am Fuß; Einschießen eines spastischen Tetanus bei geringer Anspannung und Angst bei einem spastisch Gelähmten (beim regulär Bewegungsfähigen sind die Toleranzgrenzen weitaus größer).

    2. Die blockierten Freiheitsgrade werden nach und nach wieder gelockert, „um den auftretenden reaktiven Impulsen nicht mehr durch eine vorherige Fixierung, sondern durch kurze phasische Impulse entgegenzuwirken" (ebd.). Dies führt zwar zur umfangreichen energetischen Entlastung. Aber immer noch ist das ZNS überlastet, und zackige und wenig effektive Kraftkurven dominieren.

    3. „Auf der dritten, höchsten Entwicklungsstufe … wird der Kampf gegen die reaktiven Störungen in prinzipiell anderer Weise realisiert. Es gelingt dem Subjekt früher oder später, der Bewegung eine solche Form zu verleihen, bei der die reaktiven Kräfte aus Störungen, die die Bewegung irritieren, in beträchtlichem Umfange zu nützlichen Kräften gemacht werden, die auftreten, wenn die Bewegung zufällig von der richtigen Bewegungsbahn abgeht, und sie in die richtige Bewegungsbahn zurückzuführen suchen" („Dynamisch-stabile Bewegungen"; ebd.). Ein Beispiel: Ein geübter Langläufer empfindet Unebenheiten des Geländes nicht als Hindernisse, sondern als angenehm und abwechslungsreich gerade auch beim schnellen Laufen. Läuft er die gleiche Strecke im Dunkeln bei

Schnee oder Glatteis, so involviert die Bewegung auf Ebene 2, manchmal auch (je nach Situation) auf Ebene 1.

Viele physiologische Details dieser Konzeption harren noch der Aufklärung, obwohl und gerade weil *Bernstein* eine wirklich geniale Konzeption der Bewegungsregulation entwickelt hat. Leider ist sein Hauptwerk „Aufbau der Bewegungen" (1947) bis heute nicht aus dem Russischen übersetzt. Ich verweise für die aktuelle Diskussion auf den Reprint seines Buches „Coordination of Movements" (das Teilen der deutschen Ausgabe der „Bewegungsphysiologie" entspricht) in einer durch prominente Neurowissenschaftler kapitelweise kommentierten Ausgabe von *Whiting* (1984). Ein ebenso interessantes Aufgreifen unternimmt *Phillips* (1986) im Rahmen der 1982 gehaltenen XVII *Sherrington*-Gedächtnisvorlesung zum Thema „Bewegungen der Hand".

Die Folgerungen für Pathologie und Therapie aus dieser Konzeption werde ich an späterer Stelle darstellen. U. a. baut das bedeutende Buch von *Leontjew* und *Zaporozhets* „Rehabilitation of Hand Function" (1960) wesentlich auf den Überlegungen *Bernstein*s auf, die bisher in die angloamerikanische und westeuropäische Bewegungsrehabilitation und Krankengymnastik leider überhaupt keinen Eingang gefunden haben. Die dort unterlegten theoretischen Auffassungen sind in der Regel gänzlich mechanistisch und antiquiert. Die einzige mir gegenwärtig bekannte Ausnahme bildet das Forschungsprojekt von *Stadler* und *Wehner* zur Biosignalverarbeitung bei der Bewegungsrehabilitation (*Wehner*, *Hübner* und *Stadler* 1982, *Wehner* u. a. 1987).

8.2.3 Neuropsychologie der Emotionen

In den bisherigen Ausführungen zur Struktur kortikal-subkortikaler Beziehungen blieb ein Hirnbereich noch wesentlich ausgeklammert, der in besonderer Weise diese Beziehungen realisiert: das *limbische System*. Der Begriff selbst stammt von Paul *Broca* (1878), der damit die ringförmig (Limbus = Saum) zwischen Hirnstamm, Hypothalamus und Neokortex angeordneten Hirnteile, die in enger Nachbarschaft zum Riechhirn stehen, bezeichnete. Räumlich kann man sich dies so vorstellen, daß über dem Thalamus und dem darunter liegenden Hypothalamus, die die Kerngebiete des Zwischenhirns bilden, sich die Basalganglien als Schale wölben. (Nucleus caudatus und Putamen, die zusammen das Striatum bilden, werden dem Archikortex zugerechnet, das Pallidum dem Zwischenhirn). Z.T. darüber und z.T. darunter liegt ein ganzes System von Kernen und Verbindungen ringförmiger Art. Diese Verbindungen auf verschiedenen, anatomisch übereinander liegenden Ebenen können als vom Hypothalamus ausgehende und zu ihm rückkehrende Bahnen aufgefaßt werden, in die verschiedene subkortikale sowie kortikale Kerngebiete eingeschaltet sind, die ihrerseits Verbindungen untereinander besitzen (vgl. Abb. 25).

Der *Hypothalamus* selbst kann als zentrale Schaltstelle begriffen werden, der körpereigenen Bedarf in psychische Bedürfnisse transformiert (vgl. den bereits besprochenen Prozeß der Dominantenbildung; vgl. Kap. 7.4). Er ist Integrationsorgan unterschiedlicher organischer Regulationssysteme (Rückwirkung auf das Immunsystem, über die Hypophyse auf das endokrine System, Rückwirkung auf das autonome System) und ist zudem an der Abstimmung zahlreicher, auf niederen Hirnniveaus regulierter funktio-

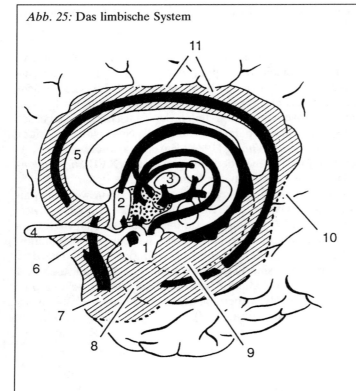

Abb. 25: Das limbische System

1. Amygdala
2. Septum
3. anteriorer Thalamus
4. Bulbus und tractus olfactorius
5. Corpus callosum
6. Orbito - frontaler Kortex
7. Temporaler polarer Kortex
8. Entorhinaler Kortex
9. Hippocampus
10. Calcarine Furche
11. Gyrus cingulus

gepunktete Fläche: Hypothalamus

gestrichelte Fläche: kortikale Teile des limbischen Systems

(modifiziert nach Damasio und Hoesen 1983, S. 91)
Die Lage des limbischen Systems im Gehirn wird deutlich im Rückgriff auf Abbildung 13, B (Brodmann-Kartierung, Median-Ansicht). Nach *Damasio* und *Hoesen* (1983) umfaßt das limbische System neben einer Reihe kortikaler und subkortikaler Kerne bzw. Gebiete die folgenden Felder (die sämtlich nicht die neokortikale 6-Zellschichtenstruktur haben): 23, 24, 25, 27, 28, 29, 35, 36, 38.

neller Systeme beteiligt. Durch Reizung des Hypothalamus können Durst-, Hunger- und sexuelle Bedürfnisse hervorgebracht werden, aber auch emotional positive wie negative Tönungen. Er integriert sensorische Informationen und realisiert (in Verbindung mit entsprechenden effektorischen Systemen) motorische Konsequenzen. D.h. er verfügt in Termini der *Simonov*schen Emotionstheorie über relativ unabhängige Mechanismen für Bedürfnisse, Emotionen, Motive und (erbkoordinativ über bestimmte Schlüsselreize abgesichert, die später durch gelernte Operationen modifiziert werden können) Möglichkeiten der Bildung von Informationsdifferenzen bezogen auf den nützlichen Endeffekt sowie entsprechende effektorische Glieder (vgl. *Simonov* 1986, S. 148ff.).

Funktionell ist das limbische System am ehesten zu begreifen, wenn man es als *stufenweises Vermittlungssystem von Bedürfnissen und Umweltgegebenheiten* begreift. Es realisiert die Gerichtetheit des Organismus auf jene Umweltgegebenheiten hin, die in der kortikalen Informationskonstruktion präsent sind. Es sichert im wesentlichen die Herausbildung der emotional-motivationalen Gerichtetheit, also die Herausbildung der

„Modelle des Künftigen" nach dem Maß emotionaler Erfülltheit, jedoch in Termini der auf die Umwelt bezogenen Handlungen, Operationen, Gewohnheiten usw. (vgl. Abb. 10). Durch dieses System werden unter Nutzung des neokortikalen Apparates der Informationskonstruktion die stufenweise *Sinnrealisierung* wie der *Sinnaufbau in der Tätigkeit* generiert, die sich als Gedächtnis im Körperselbstbild niederschlagen und den Übergang zu höheren Abbildniveaus sichern.

Während das *limbische System* als System verschiedener ringförmiger Verbindungen unterschiedlicher Teile von Subkortex und Kortex betrachtet werden kann, das sich über dem Hypothalamus aufbauend *von unten nach oben* (also zum Neokortex führend) bildet, stellt das *neokortikale System* der Informationskonstruktion, das subkortikal vor allem über den Thalamus vermittelt sich aufbaut, den Ausgangspunkt für *von oben nach unten* (also ins limbische System) führende Rückkoppelungsschleifen dar. Dies ist (1) die Rückkoppelungsschleife, die von den sensomotorischen wie sensorischen Feldern (2. Haupteinheit des Gehirns nach *Luria*) über die Basalganglien in den motorischen Thalamus führt und von dort aus zurück in den prämotorischen und präfrontalen Teil des Neokortex (3. Haupteinheit nach *Luria*). Dies ist (2) die Rückkoppelungsschleife, die vom sensomotorischen Kortex über das Kleinhirn (moduliert durch Stamm- und Mittelhirnsysteme) zurück über den motorischen Thalamus in den motorischen Kortex (F.4) führt. Es sind ferner (3) die Rückkoppelungsschleifen in der Einstellung der Sinnesorgane, die vom Neokortex ausgehen und über die modulierte sensorische Information via Thalamus zu ihm zurückkehren; und es sind schließlich (4) die Rückkoppelungsschleifen ins limbische System selbst, von denen wir die zum Hippokampus bereits kennengelernt haben (vgl. Abb. 20). Man kann dieses System als *System des stufenweisen Aufbaus von Bedeutungen* betrachten, die in der Informationskonstruktion auf der Basis der Änderungen der Peripherie wie der inneren Änderungen (die sich als Bedürfnisse, Emotionen, Motive realisieren) aus der Welt herausgeholt werden *(Leontjew)*.

Ich möchte im folgenden einige funktionelle Details der durch das limbische System realisierten emotional-motivational-sinnhaften Regulation darstellen. Hierzu ist zunächst vorzubemerken, daß aufgrund der außerordentlichen Komplexität dieses Systems wie seiner im Vergleich zur Hirnrinde weitaus schwereren Zugänglichkeit (Untersuchungen wurden wesentlich erst durch Mikroelektroden möglich) die Neuropsychologie der Emotionen in den meisten Lehrbüchern nicht oder nur am Rande angesprochen wird. Erst in den letzten Jahren erschienen zunehmend Buchpublikationen (z.B. *Fox* und *Davidson* 1984, *Heilmann* und *Satz* 1983, *Simonov* 1986) wie Aufsätze, in denen begonnen wurde, die neuroanatomische Grundlage grundsätzlich und umfassend zu erörtern.

Für den Aufbau der *emotional-motivationalen Regulationsprozesse* im ZNS gilt eine vergleichbare *Hierarchie*, wie ich sie beim Aufbau der motorischen Prozesse am Beispiel der Überlegungen *Bernsteins* bzw. *Pickenhains* bereits vorgestellt habe. Darauf macht auch *Luria* (1973) in der *Subgliederung der 1. Haupteinheit der Hirnregulation* (Aktivation, Wachheit, Tonus) aufmerksam, wo er *vier Quellen der Aktivation* unterscheidet:

1. *Unspezifische Aktivation* im Bereich der Formatio Reticularis (S. 45ff.).
2. *Prozesse der „inneren Ökonomie"*, die der Aufrechterhaltung des inneren Gleichgewichts (Homöostase) des Organismus dienen: Atmung, Nahrung, Zucker- und Proteinstoffwechsel, innere Sekretion usw., die insgesamt durch den Hypothalamus geregelt werden. Eher einfache Formen der Regulation setzen Reserven des Orga-

nismus frei, eher komplexe Formen sind mit Stoffwechselprozessen verbunden, die in bestimmten angeborenen Verhaltenssystemen organisiert sind; diese sind weithin bekannt als „Systeme der instinktiven (oder unbedingt-reflektorischen) Nahrungserlangung und des instinktiven, sexuellen Verhaltens" (S. 53).

3. *Aktivation durch Kontrolle der Außenweltbedingungen.* Sie ist „verbunden mit der Ankunft von Stimuli der äußeren Welt im Körper und führt zur Produktion völlig unterschiedlicher Formen der Aktivation, die sich als Orientierungsreflex manifestieren" (S. 55). Diese Art von Aktivation bringt *Luria* mit den Funktionen des limbischen Systems in Verbindung.

4. *Aktivation über den Frontalhirnbereich* (3. funktionelle Haupteinheit; S. 79ff.).

Dieser hierarchische Aufbau zeigt *deutliche Übereinstimmungen mit Bernsteins Überlegungen zur hierarchischen Organisation der Motorik.* Ebene 1 und 2 entsprechen den *Bernstein*schen Ebenen A (rhythmische Grundinnervation) und B (Thalamo-pallidäre Ebene: Synergismen, d.h. fließende Bewegungen, Automatismen). Ebene 3 entspricht der Ebene C des „Raumfeldes" und Ebene 4 der Ebene D der „gegenständlichen Handlung" (vgl. Abb. 23).

Bei der Transformation der elementaren sinnbildenden Zusammenhänge auf der Ebene des Hypothalamus in die höheren Ebenen (d.i. das Problem der Transformation des biologischen in individuellen und persönlichen Sinn, vermittelt über die Aneignung von Bedeutungen; vgl. Kap. 6) tauchen zwei große Fragenkomplexe auf: Welche Hirnstrukturen oberhalb der Ebene Thalamus/Hypothalamus realisieren diesen Prozeß? In welcher Weise werden die in der Tätigkeit angeeigneten Bedeutungen ins Körperselbstbild eingetragen und damit Voraussetzung für die Realisierung der Tätigkeit auf höherem Abbildniveau (vgl. Bd. 1, Kap. 5 und 6)? Beiden Fragen will ich im folgenden auf der Basis der vorliegenden Theorieelemente nachgehen, wobei ich mich besonders auf die Arbeiten von K.H. *Pribram* beziehen werde.

Welche Strukturen vermitteln den Übergang des Intrasystemzusammenhangs von Bedürfnissen, Emotionen, Motiven und Informationsverarbeitung auf höheres Niveau?

In einer Arbeit mit Diane *McGuiness* erörtert *Pribram* (1980) *drei funktionelle Systeme innerhalb des limbischen Systems,* die dies gewährleisten. Er konkretisiert damit frühere Arbeiten (1969a), in denen er bereits Emotionen, die mit kurzfristiger, phasischer Aktivierung verbunden sind (Arousal), von Motiven, die mit längerfristiger, tonischer Aktivierung verbunden sind, unterscheidet.

1. Die *emotionale, phasische, kurzfristige Aktivation* erfolgt über den *Amygdala-Komplex* (Mandelkerne). Überraschender, komplexer oder neuer Input führt zu Arousal. Habituation des Arousals, d.h. dessen Verschwinden durch Gewöhnung erfolgt durch die Herausbildung eines „neuronalen Modells", so wird unter Bezug auf *Sokolov* festgestellt (vgl. auch *Sokolov* 1960, *Sokolov* und *Vinogradova* 1975). Dies hat zwei Folgen: Erstens erfolgt eine Verhaltensänderung über der „Baseline" (Grundlinie) bisheriger Aktivität (dies entspricht *Anochin*s Annahme des Übergangs von der ‚Vorauslöser-Integration' in den Aufbau des ‚Handlungsakzeptors') und zweitens eine „mnemische Registration", also Abgleich mit dem Gedächtnis. Die Amygdala befindet sich dabei in einem Rückkoppelungskreis zum Hypothalamus, von dem sie Afferenzen erhält und den sie hemmt. Sie projiziert zum Hippokampus und erhält ihrerseits (hemmende) Afferenzen vom orbitofrontalen Kortex (der mit als wesentliches kortikales Assoziationsgebiet

des limbischen Systems gilt). Die Amygdala wirkt darüber hinaus auf das autonome System ein und hat Zugriff zu Gedächtnisfunktionen und sensorischen Eindrücken unterschiedlicher Modalität. Sie wirkt in zweierlei Hinsicht auf Verhalten, sowohl initiierend wie vermeidend, und moduliert den Arousal-Mechanismus. Neurochemisch ist sie gekoppelt an die *Endorphin*-Homöostase, also an opiatähnliche Neuropeptide, die schmerzreduzierend wirken und in stressvollen, neuen, unüblichen Situationen ausgeschüttet werden (*Kelly* und *Stinus* 1984, S. 49).

Zerstörungen der Amygdala haben dramatische Folgen. Sie sind in der Literatur als *Klüver-Bucy-Syndrom* beschrieben, das bei Affen folgende Verhaltensauffälligkeiten beinhaltet: psychische Blindheit (Eßbares kann von Nichteßbarem nicht unterschieden werden); ausgeprägtes orales Verhalten (alle Gegenstände werden in den Mund genommen); Hypersexualität; starke Angstminderung, Rückfall innerhalb der Sozialordnung. Die Ursache der Störungen wird als „Unfähigkeit der Verknüpfung sensorischer Reize mit eigenen affektiven Zuständen" (*Larbig* 1983, S. 112) bzw. Störung des intermodalen Wiedererkennens (*Meshkin* und *Appenzeller* 1987, S. 101) beschrieben. *Pribram* (1981, S. 112) beschreibt bei einer Patientin, die nach einer bilateralen Amygdalotomie (ein bei bestimmten Formen von Epilepsie stattfindender Eingriff, bei dem beidseitig Teile des Temporallappens sowie die Mandelkerne entfernt wurden) einhundert Pfund zugenommen hatte, folgendes Verhalten: Befragt um die Essenszeit, ob sie Hunger hat, antwortet sie ‚nein'. Ebenso will sie kein Steak, keine Schokolade usw., die ihr mündlich in Aussicht gestellt werden. Als aber wenige Minuten später die Türen des Eßraumes sich öffnen und sie die anderen Patienten essen sieht, hastet sie zum Tisch und beginnt, mit beiden Händen Essen in sich hineinzuschaufeln.

Eine befriedigende Erklärung für die *Funktion der Amygdala*, die ein Stück weit auch noch bei *Pribram* zu vermissen ist, liefert m. E. *Simonov* (1986). Während bei Verletzungen des Hypothalamus keine Reaktion mehr auf „Gewebedurst" erfolgt, jedoch noch auf der Basis konditionierter Reaktionen getrunken wird, ist dies bei Verletzungen der Amygdala umgekehrt: Bedingte Reaktionen werden unterbrochen, jedoch das Bedürfnis nach Wasser bleibt (S. 150). *Eine Amygdalazerstörung bewirkt eine Orientierung auf die Befriedigung des dominierenden Bedürfnisses ohne Berücksichtigung anderer Motivationen* (S. 143), eine Zerstörung des Hypothalamus hingegen reduziert bzw. egalisiert die Stärke der Motivationen (S. 150). Die Amygdala sichert demnach den *Prozeß des flexiblen Übergangs zwischen verschiedenen Motivationen*, die sich nicht nur durch den Rückgriff auf die Thalamusebene ergeben, sondern durch die verschiedensten Formen gelernter und situationsspezifisch anwendbarer Verhaltensrepertoires. Sie sichert den *Prozeß der Herausbildung eines dominierenden Motivs unter Berücksichtigung der bisherigen ins Körperselbstbild eingetragenen Erfahrungen des Subjekts* (vgl. auch Abbildung 10).

2. Die *tonische, längerfristige, motivationale Aktivation* erfolgt über das System der *Basalganglien*. Während die Emotion von *Pribram* als „Stop-Mechanimus" aufgefaßt wird, der eine vertraute Verhaltenssequenz als Signal für eine Veränderung unterbricht, wird die Motivation als „Go-Mechanismus" begriffen. Mit ihr einher geht das Herausbilden der kontingenten negativen Variation über dem Neokortex (CNV) als elektrophysiologisches Korrelat der Orientierungsreaktion; bzw. es kommt je nach Art der Motivstruktur zur Verteilung von input- und reaktionsspezifischen negativen Potentialen (TNV = transkortikale negative Variation) als Ausdruck lokaler Bereitschaft des Hirngewebes (*McGuiness* und *Pribram* 1980, S. 114).

107

Daß es sich hier um eine Motivbildung im Bereich erlernter Reaktionen im Unterschied zu entsprechenden Prozessen auf der basalen Ebene des Hypothalamus handelt, belegt die Tatsache, daß eine neuronale Reaktion auf Hypothalamusebene 150–200 msec, eine entsprechende pallidäre Reaktion jedoch erst 300 msec nach einem Futterreiz nachgewiesen wurde (*Simonov* 1986, S. 149).

Der CNV folgend kommt es zu einem Anstieg der Stärke des Alpha- und des Theta-Rhythmus im visuellen Kortex: d.h. eine motivspezifische optische Orientierung baut sich auf (*McGuiness* u. *Pribram* ebd.). Es sieht so aus, als beinhalte das System der Basalganglien ein „Aktivations-Set" oder eine „Anlaßpumpe" für eine Handlung (S. 115). *Störungen* zeigen sich häufig im Sinne von Depression, Apathie und emotionaler Labilität (*Mayeux* 1983, S. 159). In diesem System werden *zwei Arten neuronaler Modelle* zur Organisation von Verhalten organisiert: das eine zur Kontrolle des somatosensorischen Systems, des Effektors (also der Realisierung der Handlungen, Operationen, Bewegungen bezogen auf die Informationsdifferenzen; vgl. Abb. 10), das andere als Feedback von den Resultaten des Verhaltens her (also von ihrem Verhältnis zum nützlichen Endeffekt; *McGuiness* u. *Pribram* 1980, S. 101). Dieses stellt sich als Maß emotionaler Erfülltheit (vgl. *Klix* 1980 sowie Abb. 10) dar.

Entsprechend diesen Annahmen zu den Basalganglien als selbständiges verhaltensregulierendes System zeigen sich *neurochemische* Spezifikationen. Insbesondere spielt im Komplex der Basalganglien das dopaminerge (also das über den Neurotransmitter Dopamin wirkende) nigrostriatale System (Substantia nigra und Striatum) eine Rolle, das in Verbindung mit einer cholinergen Matrix (Acetylcholin als wichtigster neuromuskulärer Transmitter) die posturale (d.i. Körperhaltungs-) Bereitschaft sichert.

Dieses *dopaminerge* System hat jedoch noch eine andere Eigenschaft: Es ist das wichtigste *Selbstbekräftigungssystem* des Gehirns (vgl. *Routtenberg* 1980, *Wise* u. *Rompre* 1989). (Opiatähnliche Neuropeptide bilden darüber hinaus Reservesysteme für den Fall von Neuigkeit und Schmerz). Innerhalb des dopaminergen Systems werden zwei Bahnen unterschieden: die *nigrostriatale* Bahn (A9), welche die Selbstbekräftigung durch die Initiierung adäquater Reaktionen realisiert (*Phillips* 1984) und die *mesokortikolimbische* Bahn (A10). (Sie umfaßt u.a. limbische Gebiete wie Amygdala, Septum, Striatum, frontalen Kortex, Cingulum, Riechrinde und Hippokampus). Die letztere Bahn realisiert Selbstbekräftigung durch Kontrolle und Wahrnehmung positiver Affekte (*Phillips* a.a.O.). Beide Bahnen (die wahrscheinlich weit weniger voneinander unterschieden sind als bisher angenommen; *Kelley* und *Stinus* 1984, S. 25) entsprechen der schon mehrfach hervorgehobenen Struktur der Herausbildung des „Modells des Künftigen" und der von ihm ausgehenden Tätigkeit und Handlungen, sowohl im Sinne der Reduktion von Informationsdefiziten in der Handlung wie im Sinne emotionaler Erfülltheit auf Tätigkeitsebene.

Nach Auffassung von *Simonov* (1986, S. 133) steht das System der Basalganglien in engem Zusammenhang mit der Regulation des *frontalen Neokortex*. Der Nucleus caudatus (als Teil des Striatums) identifiziert zusammen mit den frontalen Sektionen des Neokortex Signale mit hoher Bekräftigungswahrscheinlichkeit. Dies bedeutet, daß durch die Flexibilität der Motivfindungsfunktion durch die Amygdala und der Hypothesenbildung durch den Hippokampus (die *Simonov* beide als „Organe der Fluktuation und des Zweifels" kennzeichnet; 1986, S. 143 und 151) sich hierarchisch hoch organisierte und komplizierte Tätigkeiten durchzusetzen vermögen, wie dies *Lurias* Konzeption der 3. Haupteinheit des Gehirns (Programmierung, Planung, Verifikation) entspricht. Basalganglien und Frontalhirn zusammen scheinen die allgemeine Struktur der Tätigkeit in Form der mit der Tätigkeit zusammenfallenden Gesamthandlung zu programmieren, bei Flexibilität auf der Operations- und Handlungsebene. Auf Argumente für den zweiten Teil dieser Feststellung gehe ich am Schluß dieses Teilkapitels bei Behandlung der Funktionen des Kleinhirns nochmals ein.

3. Als *Vermittlungssystem zwischen tonischer und phasischer Regulation* nehmen *McGuiness* und *Pribram* das über den *Hippokampus* regulierte System der Neuigkeitsverarbeitung an, das sie als System von *„Effort" und „Comfort" (Anstrengung und Wohlergehen)* definieren. Bei Störungen dieses Systems kommt es zur Dissoziation zwischen der Habituation von Wahrnehmungsreaktionen (also Amygdala-Ebene) und der Habituation, die sensomotorische Leistungen einschließt (Basalganglien-Ebene). Entsprechend spiegelt der Thetarhythmus des Hippokampus diese Doppelfunktion wider: Bei (viscero-autonomen) Arousal steigt er in seiner Stärke, bei somatosensorischer Bereitschaft nimmt er ab (1981, S. 118 bzw. 123). Neurochemisch greift dieses System auf ACTH-Neuropeptide (sog. Enkephaline) zurück, die morphinähnliche Wirkungen haben und die vermutlich die Dimension von Anstrengung und Wohlbefinden in der Informationsverarbeitung modulieren. Auf die spezifischen Funktionen des Hippokampus im Gedächtnisbildungsprozeß geht *Pribram* nicht näher ein. Zur Vermittlung der Ausführungen *Pribram*s mit diesen weiter oben bereits dargestellten Befunden (8.2.1) ist *Simonov*s (1986, S. 143) Auffassung bedeutsam, es sei die *Funktion des Hippokampus, Hypothesen zu bilden.*

Im Detail: Der Hippokampus bewertet (auf der Basis des Oszillator-Resonanz-Modells betrachtet) in Verbindung mit motorischen Modellen (gesichert u. a. über eine Rückkoppelungsschleife zu Septum und Kleinhirn) nicht nur die Wahrnehmungsneuigkeit. Im Vergleich von Handlungsmodellen und Wahrnehmungsneuigkeit bewertet er darüber hinaus auch die mögliche Reduktion der Wahrnehmungsneuigkeit durch bedürfnisrelevante Handlungen. D.h. er ist in der Tat der Ort der Bereitstellung der Handlungsalternativen, an denen der Motivselektionsprozeß durch die Amygdala ansetzt und als dessen Ergebnis über Basalganglien und frontalen Neokortex auf der Basis des dominierenden Motivs das Modell des Künftigen programmiert wird.

Simonov (1982, 1985, 1986) interessiert sich in besonderer Weise für den Wechsel zwischen konzentrierter Aufmerksamkeit auf einen Gegenstand (Vorherrschen der Willensfunktion) und der Reaktion auf unspezifische Objekte im Zustand emotionaler Erregung, also für das *Verhältnis von Stabilität und Labilität des Verhaltens*. Er betrachtet von da aus Verhalten als einen Prozeß des Schwankens zwischen Stabilität und Labilität im Sinne der Determination durch ein dominantes Bedürfnis einerseits und Übergang zur Determination durch bis dahin subdominante Bedürfnisse. Die Dimension der *Stabilität* sieht er bei der Behandlung der neuroanatomischen Grundlagen der Emotion (vgl. 1986, insb. S. 163) vor allem gewährleistet durch die Achse *Hypothalamus* und *frontaler Neokortex*, die Dimension der Labilität durch die Achse *Amygdala* und *Hippokampus* (als „Organe der Fluktuation und des Zweifels"). Alle anderen Systeme seien nur Hilfssysteme. So sehr ihm in vielem bei seinen Feststellungen zur Funktion und Wechselwirkung dieser Systeme gefolgt werden kann, so bleibt doch gänzlich die zweite, oben aufgeworfene Frage unbeantwortet, wie die durch Erfahrung gewonnene Veränderung der psychischen Systeme in ihrem ontogenetischen sinn- und systemhaften Aufbau sich als Körperselbstbild niederschlägt. Erst auf dieser Basis ist der Übergang von einer durch

Erbkoordinationen gesicherten Tätigkeit auf Hypothalamusebene zu einer mit sozialen Mitteln regulierten Bewußtseinstätigkeit auf dem Niveau des frontalen Neokortex bestimmbar. Ich greife diese Frage nun auf und versuche sie unter Rückgriff auf Argumentationen von *Pribram* (1981) zu beantworten.

In welcher Weise werden die in der Tätigkeit angeeigneten Bedeutungen ins Körperselbstbild eingetragen und damit Voraussetzung für die Realisierung der Tätigkeit auf höherem Abbildniveau?

Unter Fortführung früherer Arbeiten behandelt *Pribram* in einem Handbuchartikel über „Emotionen" (1981) das Verhältniss von Labilität und Stabilität in der Organisation der Prozesse des Nervensystems. Es ist eine der Grundannahmen seines Buches „Languages of the brain" (1977; erstmals 1971), daß im Arbeitsprozeß des Gehirns jeweils bestimmte *Zustände (state)* einzelner Hirnfunktionen die Voraussetzung für die *Arbeit* anderer *(operator)* sind. Erneut aufgegriffen wird auch die mehrfache Beschäftigung mit *Freuds* „Entwurf einer Psychologie" von 1895 (*Freud* 1950; vgl. *Pribram* 1969b, *Pribram* und *Gill* 1976), der den Zusammenhang der Entwicklung eines Körperselbstbildes und der Auseinandersetzung mit der Umwelt neuropsychologisch zu modellieren versuchte (vgl. *Jantzen* 1989b).

In dem genannten Artikel argumentiert *Pribram* (1981) wie folgt: Jeder Aktivationsprozeß benötigt eine *„Baseline".* Eine solche entsteht (1) durch die *Herausbildung der Orientierungsreaktion*, auf deren Basis dann die Realisierung der Tätigkeit erfolgt. Weiterhin sichert (2) das *System der visceralen* (Viscera = Körpersäfte; also Hormone des Endokrinen Systems) *und autonomen Funktionen* eine stabile Baseline; ferner (3) wird diese gesichert durch *somatoästhetischen und propriozeptiven Input* (Muskulatur, Haut) im Rahmen des *Körperselbstbildes* (body image). Bei inkongruentem Input, der groß genug ist, diese Prozesse zu stören, kommt es zur Dishabituation visceraler und autonomer Aktivitäten (z.B. erhöhter Herzschlag, Schweißausbruch u.ä.). Die *Stabilität des neuronalen Systems* selbst spiegelt sich wider in langsam gestuften elektrischen Aktivitäten. Die Regulation der Voreinstellung des neuronalen Systems erfolgt auch durch Eingriffe in neurophysiologische und biochemische Mechanismen insbesondere im Bereich des Hirnkerns. Dies geschieht durch Systeme feiner Nervenendigungen mit vielen Verzweigungen, die besonders empfindlich sind für chemische Einflüsse. Im Hirnkern ist sozusagen ein „großer Kessel" von Chemikalien zu finden, die lokal von Zellaggregaten abgesondert werden bzw. mit diesen interagieren. Dies sind zahlreiche Neurotransmitter, Neuropeptide, Hormone.

Die in diesem Bereich stattfindenden Prozesse regeln sich homöostatisch. Unter *Homöostase* wird mit *Cannon* verstanden: „Die Beziehung zwischen einem Sensor und seiner Chemikalie ist so, daß die Konzentration der Chemikalie, obwohl fluktuierend, konstant um einen eingestellten Wert aufrechterhalten wird" (S. 108). Dies ist nichts anderes als der im vorhergehenden Kapitel bereits behandelte Prozeß der synergetischen Ordnungsbildung auf dem Weg struktureller Koppelung der einzelnen Zellen einer Zellpopulation. Die genannten Mechanismen sind multipel vernetzt. „In Kürze, der Hirnkern (Mittelhirn, Zwischenhirn, die Basalganglien und das limbische System des Vorderhirns) benutzt chemische Regulationen um Körperfunktionen zu regulieren" (S. 109). Dadurch entstehen in der Zeit stabile Zustände, die als *Hunger, Durst, Schläfrigkeit, gehobene Stimmung, Depression, Anstrengung, Behagen* usw. gespürt werden. Ihre Basis sind jeweils Biochemismen (Hunger: Glukose; Durst: Salz; Schlaf: Serotonin und Norepinephrin; Gefühl der Effektivität im Sinne gehobener Stimmung vs. Depression: Dopamin; Temperatur, Neuigkeit, Schmerz: Endorphine; Anstrengung und Behagen: Enkephaline).

Pribram unterscheidet nun (1) eine *protokritische, sensitive Dimension der Wahrnehmung* (*Spitz* 1945 bezeichnet dies als „coenesthetische" Wahrnehmung) wie z.B. Schmerz, Wärme usw. und eine *epikritische* (nach *Spitz* „diakritische"), *sensible Dimension*, z.B. als (parietale) Lokalisation des Schmerzes oder der Wärme im Körperbild. Die protokritische Dimension ist quantitativ, d.h. die Unterscheidung von Neuheit einerseits (und hier wieder von Interesse und Furcht) und Schmerz andererseits ist lediglich eine Frage der Intensität; die epikritische Dimension hingegen gestattet qualitative Zuordnungen. Innerhalb der protokritischen Dimension sind stabile Basiszustände erforderlich, auf deren Hintergrund quantitative Abstufungen wie qualitative Veränderungen im ZNS identifizierbar sind. Dies geschieht vor allem durch die Aufrechterhaltung einer *stabilen Basistemperatur*.

Nach der Erörterung der Dimension „stabil-labil" und der Dimension „protokritisch-epikritisch" behandelt *Pribram* die Dimension „effektiv-affektiv" als Funktion der Zusammenwirkung jener funktionellen Systeme, die über Amygdala, Basalganglien und Hippokampus (1) Arousal und Emotion, (2) Aktivierung und Motivation sowie (3) Anstrengung bzw. Wohlergehen realisieren (s.o.). Damit höhere psychische Funktionen möglich sind, bedarf es mehr als der protokritisch-epikritischen und der effektiv-affektiven Dimension: Es ist eine *stabile neuronale Repräsentation der Körperfunktionen* zwischen „Muskeln, Haut und Viscus" einerseits und dem Kortex andererseits erforderlich (S. 116). Sie wird durch den Neokortex in Verbindung mit dem Hirnstamm wie dem limbischen System realisiert. D.h. der *Neokortex* selber in Verbindung mit den *kortikalen Anteilen des limbischen Systems* (Archi- und Paläokortex) realisiert den *Aufbau des Körperselbstbildes* in Form der Aufgliederung in *externale und internale* (auf die Außenwelt bzw. die Innenwelt, d.h. den Körper bezogen) sowie in *protokritische und epikritische Gebiete* der Informationsverarbeitung und -konstruktion. Die Repräsentationen des Körperselbstbildes finden sich vorrangig auf der Innenseite des cerebralen Kortex (intrinsischer Kortex), wie es die folgende, aus *Pribram* (1981, S. 119) übernommene Abbildung der Innenseite der linken Hemisphäre verdeutlicht (Abb. 26).

Zur *kortikalen Repräsentation der protokritisch-epikritischen Dimension sowie der externalen und internalen Welt* führt *Pribram* aus:

Der vordere frontale Kortex ist eng mit dem limbischen System verbunden, er stellt dessen „Assoziationsgebiet" dar. Der frontale intrinsische Kortex erhält Projektionen von den limbischen Thalamuszonen, die außerdem zum Gyrus Cingulus und zum präfrontalen Kortex projizieren (*Kandel* und *Schwartz* 1985, S. 234). Störungen dieser *protokritischen* Projektionen bewirken eine herabgesetzte Alternierungsfähigkeit, während Diskriminationslernen und Leistungen (als vorwiegend parietale Funktionen) unbeeinflußt bleiben. Insgesamt realisiert sich die *epikritische* Informationsverarbeitung vor allem in den (perifissuralen) Gebieten um die drei großen Furchen des Gehirns (Zentralfurche zwischen Frontalbereich und dem Rest des Neokortex; Sylvische Furche, die Temporallappen und Parietallappen trennt; Calcarinische Furche, die beide wiederum vom Okzipitallappen trennt).

Dieser *perifissurale Kortex* spiegelt nach *Pribram* den *äußeren Raum* wider, der *restliche Kortex* Dimensionen des *„Selbst"* (S. 117). Von besonderer Bedeutung für das Körperselbstbild ist der untere Parietalbereich; seine Verletzungen (insbesondere der nichtdominanten rechten Hemisphäre) führen zum „Neglect"-Syndrom auf der gegen-

Abb. 26: Repräsentation des Körperselbstbildes im intrinsischen Teil der linken Hemisphäre

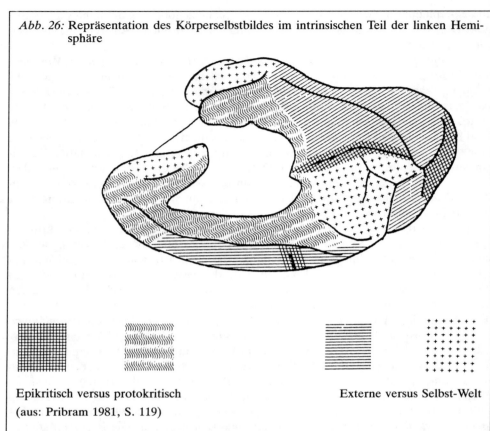

Epikritisch versus protokritisch
(aus: Pribram 1981, S. 119)

Externe versus Selbst-Welt

(Eine zusätzliche Rolle für die kortikale Regulation spielt die Verteilung der effektiv-affektiven Dimension in Form der bilateralen Arbeitsteilung der Hirnhemisphären.)

überliegenden Körperseite: D.h. diese wird nicht mehr bewußt wahrgenommen. Störungen des Frontalbereichs und des temporalen Pols (vorderes Ende des Temporallappens) hingegen bewirken das Gegenteil: Die Patient/innen reden über sich selbst und verlieren die Kontrolle über kontext-sensitives Verhalten (S. 118). Die *extrinsischen Teile des Neokortex* sind frontal wie parieto-temporal-okzipital (posteriorer Kortex) direkt mit extrazerebralen Strukturen verbunden, die Kontakt mit der Außenwelt herstellen: die extrinsischen Teile des frontolimbischen Vorderhirns mit Amygdala und Hippokampus, bzw. die prämotorischen und motorischen Zonen mit den Effektoren; die extrinsischen Teile des posterioren Kortex mit den sensorischen Rezeptoren. Die *intrinsischen Teile* verfügen nicht in gleicher Weise über Beziehungen zur Außenwelt, ihre Kontakte sind vor allem auf Basalganglien und Thalamus beschränkt (S. 118f.).

In Zusammenfassung seiner Überlegungen formuliert *Pribram* die Annahme einer *systemischen Interaktion* zwischen den intrinsischen und den extrinsischen Kortexanteilen (unter Einbezug des Hippokampus). Sie bilden im Austausch miteinander ein sich selbst regulierendes System, das Störungen überwindet und Gleichgewicht (auf höherem Niveau) herstellt. (1) Der *frontale intrinsische Kortex* realisiert die protokritische Wahrnehmung von Neuheit, Interesse und Schmerz sowie das kontrollierte, ereignisorientierte Vorgehen; (2) der *parietale intrinsische Kortex* sichert die Bereitschaft sowie das vorbereitete und automatisierte Vorgehen. (3) Der *extrinsische Kortex* sichert Wahrnehmungs- und motorische Fertigkeiten; (4) der *Hippokampus* sichert die Dimension Anstrengung-Wohlergehen sowie die Reaktion auf Stress. Verhalten auf diesem höchsten Niveau wird als Zusammenwirken beider Systeme in einer *ethisch-ästhetischen Dimension* aufgefaßt. Ereignisbezogene, episodische Prozesse (intrinsischer Frontalbereich) sind *„ethisch“*, da sie konservativ und selbstdefensiv sind; partizipatorische, d.h. auf Informationsverarbeitung bezogene Prozesse sind dagegen *„ästhetisch“*; sie zielen auf Erhöhung des Input-Effekts und Wandel des Systems. Entsprechend resultiert eine Dialektik der Bedürfnisse, die bei Vorrangigkeit des „ethischen“ Aspekts auf *Befriedigung* (satisfaction) zielt, bei Vorrangigkeit des „ästhetischen“ Aspekts auf *Genugtuung* (gratification).

Wir erkennen wiederum die beiden Dimensionen im „Modell des Künftigen“ als Ausdruck des dominierenden Motivs: die Dimension der Tätigkeit im Sinne emotionaler Erfülltheit und die Dimension der Handlung im Sinne der Realisierung des nützlichen Endeffekts als Transformation des Gegenstands in ein dem Bedürfnis adäquates Produkt. Die *Theorie von Pribram* liefert uns darüber hinaus *wohlbegründete Annahmen über die neuronale Realisation des Körperselbstbildes, das erst den Aufbau des Abbilds der Welt* (vgl. Bd. 1, Kap. 5 und 6) *in der realen Auseinandersetzung mit dieser in der Tätigkeit sichert.* Dieses Körperselbstbild (und auf ihm aufbauend das verallgemeinerte wie das reflexive Ich) sichert jeweils die stabile Baseline der Tätigkeit als Abbildniveau, von dem aus sich die Tätigkeit weiter voranbewegen kann.

Diese Überlegungen von *Pribram* sind zu ergänzen durch eine Weiterführung von *Kinsbourne* und *Bemporad* (1984), die im Rahmen einer Neuropsychologie der Emotionen die (extrinsische) *kortikale Regulation beider Hemisphären* untersuchen.

Welche Funktion haben die beiden *neokortikalen Hemisphären* – auf deren Gesamtfunktion ich im folgenden Kapitel zur kortikalen Regulation nochmals in Kürze eingehe – für die *emotionale Regulation*?

Zur emotionalen Funktion beider Hemisphären (die linke ist in ca. 95% die für die Sprache relevante, „dominante“; die rechte entsprechend die „subdominante“ Hemisphäre) existieren im wesentlichen folgende *drei Ansichten* (vgl. *Silbermann* 1986):

1. Emotionen werden besser durch die rechte Hemisphäre erkannt.
2. Die Kontrolle von emotionalem Ausdruck und verwandtem Verhalten findet prinzipiell in der rechten Hemisphäre statt.
3. Die linke Hemisphäre ist spezialisiert für den Umgang mit positiven Emotionen, die rechte für den Umgang mit negativen Emotionen.

Die letztere Ansicht, zu der *Silbermann* neigt, wird damit begründet, daß bei linkshemisphärischen Störungen „Katastrophenreaktionen“ und Überschwemmungen mit negativen Emotionen auftreten; dagegen resultiert bei Ausfall der rechten Hemisphäre eher unangemessene Emotionalität im Sinne positiver Emotionen.

Berücksichtigt man aber, daß die *rechte Hemisphäre* eher spezifische Dimensionen des *psychischen Selbstbildes* (im Sinne einer kortikal-affektiven Dimension nach *Pribram*; 1981), die *linke* eher das *sprachlich repräsentierte* und mit Mitteln des logischen Operierens zugängliche *Abbild der Welt* (kortikal-effektive Dimension) realisiert, so wird sofort deutlich, daß *Silbermann*s Auffassung die Erscheinung für das Wesen ausgibt. Unter dem

113

Gesichtspunkt der *Simonov*schen Emotionstheorie ist es (1) eine notwendige Folge, daß Emotionen eher unangemessen werden, wenn die Wahrnehmung der Stärke der Bedürfnisse aus dem rechtshemisphärisch realisierten psychischen Selbstbild unterbrochen ist. Unter diesen Umständen beziehen sich die Emotionen vorrangig auf verbal-kognitive Bedürfnisse. Dies erklärt die veränderte Funktionsweise der linken Hemisphäre bei Störungen der rechten. Weiterhin ist (2) vorhersagbar, daß bei Unterbrechung der Information und dramatischem Anstieg der pragmatischen Ungewißheit bei linkshemisphärischer Störung und gleichzeitiger Integrität der Funktionen der rechten Hemisphäre sich die Emotionen in negativer Hinsicht verändern müssen.

Das Modell von *Kinsbourne* und *Bemporad* (1984), das ich in Abbildung 27 zusammengefaßt wiedergebe, hat den Vorteil, eine Klassifikation vorzulegen, die diese Prozesse der Selbstreflexion des Subjekts berücksichtigt. Es greift die Überlegungen von *Pribram* (1981) auf und betrachtet die affektiv-effektive Regulation als arbeitsteiligen Prozeß zwischen linker und rechter Hemisphäre: *Linkshemisphärisch* werde die *Handlungskontrolle, rechtshemisphärisch* die *emotionale Kontrolle* realisiert.

Dem kann ich *nicht ganz zustimmen*, da die hemisphäreninternen Vorgänge beider Hirnhälften in unterschiedlicher Weise die Vermittlung von Bedürfnissen und pragmatischer Ungewißheit regulieren, deren Ausdruck in der Gegenwart die emotionale Bewertung ist. Eher geht es in der interhemisphärischen Regulation um die Vermittlung von Stabilität und Labilität auf einem neuen Niveau, auf dem die rechte Hemisphäre die Vermittlung von Sprache und Praxis sichert (Ebene 1 und Nullebene im Sinne von G. *Klaus*; vgl. meine Ausführungen in Bd. 1, Kap. 5), die linke Hemisphäre die Vermittlung von wissenschaftlicher Sprache und Alltagssprache (Ebene 2 und Ebene 1). *Beide Hemisphären leisten unterschiedliche Beiträge zur Integration des „Selbst": M.E. sind verallgemeinertes Ich (rechts) und reflexives Ich (links) der Ausdruck ihrer unterschiedlichen Funktionsweise.* Bezüglich näherer Details zur neokortikalen Regulation verweise ich auf das folgende Teilkapitel (8.3).

Abb. 27: Lateralisierung der Emotionen: Das Modell von *Kinsbourne* und *Bemporad*

	links fronto-temporal	*rechts fronto-temporal*	
HANDLUNGSKONTROLLE	Ausübung der Handlungskontrolle über den äußeren Wandel; Assimilation der veränderten Umstände in formulierte Repräsentationen	Ausübung emotionaler Kontrolle über die interne Erregung (arousal); Organisation und Absicherung der internen Reorganisation, die die interne Kontrolle beeinflußt, unter Bedingungen, wo dem Organismus die Kontrolle durch Handlung nicht zugänglich erscheint	**EMOTIONALE KONTROLLE**
	links posterior-parietal	*rechts posterior-parietal*	
	befähigt das Handlungskontroll-System, Kontakt mit der notwendigen exteroceptiven Information aufzunehmen; Akkomodation an externalen Wandel	befähigt das emotionale Kontroll-System, Kontakt mit der relevanten interoceptiven Information aufzunehmen; Interpretation der emotionalen Bedeutung von Stimuli	

U.a. werden folgende klinische Befunde angeführt, die dieses Modell stützen:

- *Depressionen* treten häufiger bei linksseitigen frontalen und rechtsseitigen posterioren Schädigungen auf (S. 269). Studien über Depression zeigen verstärkte rechtsseitig-frontale Aktivität. Depression wird daher verstanden als Unfähigkeit zur Organisation einer aktiven Kontrolle, verbunden mit einer Überlastung einer relativ erregten rechten frontalen Hemisphäre, für die Genugtuung (gratification) schwer zu erzielen ist (S. 271).
- *„Pseudopsychopathisches" Verhalten*, d.h. Probleme in der Anwendung moralischer Urteile, tritt eher bei rechtsseitigen frontalen Schädigungen auf (S. 269). Eine entsprechende Störung bringt unangemessene, labile oder reduzierte Emotionalität hervor, die sich in unangemessenem Verhalten ausdrückt (S. 270).

Bis hierher habe ich, *tätigkeitstheoretisch neu eingeordnet*, die m.E. *wichtigsten Ansätze der Neuropsychologie der Emotionen* dargestellt. Es zeigt sich jedoch in den Forschungen der letzten Jahre, daß eine *weitere Gehirnstruktur* in engem Zusammenhang mit der emotional-motivational-sinnhaften Regulation des Verhaltens steht, die in hier referierten Arbeiten noch nicht berücksichtigt ist: das *Kleinhirn* (Cerebellum).

Ebenso wenig, wie auf die bisher behandelten Funktionszusammenhänge im Sinne einer Grundlegung für das Verständnis einer Reihe von Syndromen wie z.B. Autismus, Epilepsie, Hirnschäden unterschiedlicher Art und Genese verzichtet werden kann, so kann dies auch nicht für die Funktion des Kleinhirns, dessen Schädigungen häufig in einer biologistischen Interpretation als unmittelbare Ursache von Aggressivität diskutiert werden.

Ich beziehe mich im folgenden im wesentlichen auf die Arbeiten von *Prescott* (1971), *Watson* (1978), *Heath* (1980) sowie *Berntson* und *Torello* (1982). Aus ihnen geht hervor, daß das Cerebellum mit zahlreichen Strukturen des limbischen Systems verbunden ist und bei einer Reihe nichtmotorischer Funktionen mitwirkt.

Das Cerebellum besteht aus (1) dem spinalen Teil, (2) dem Paläocerebellum und (3) dem Neocerebellum. Letzteres weist im Primatenkortex eine ungewöhnliche Entwicklung auf: Sie entspricht nicht dem cerebralen Kortex als Ganzes, sondern den am umfangreichsten evolvierten Teilen: den temporalen Assoziationsgebieten und dem frontalen Kortex.

Der *spinale Teil des Cerebellums* ist wesentliches Projektionsgebiet für vestibuläre Afferenzen.

Im *Paläocerebellum* finden sich ganzheitlich organisierte Bewegungsmuster, die umweltbezogen realisiert werden (vgl. auch Abb. 18), wie Fressen, Trinken, Nagen, Fellpflegeverhalten. Das Paläocerebellum (vgl. *Berntson* und *Torello* 1982) wirkt mit in der Steuerung autonomer Funktionen (Blutdruck, gastrointestinales System, Blase); es projiziert zum Feld CA3 des Hippokampus (Eingang für Neuheit), zum Hypothalamus, zum Septum sowie zu den beiden dopaminergen Bekräftigungssystemen (A9 und A10) sowie weiterer Strukturen. Es kann epileptische Entladungen im limbischen System sowie im cerebralen Kortex hemmen. Seine Schädigung (im Vermis-Bereich) hat ähnliche Folgen wie die Schädigung der Amygdala; sie führt zu einem „Zähmungseffekt" und zu einem dramatischen Rückgang der Aggressivität. Verletzungen beider Gebiete wirken sich in gleicher Weise dämpfend auf die Irritierbarkeit nach einer Septumverletzung aus. Aggressives Verhalten kann bei Katzen durch Stimulierung der Amygdala, des Hypothalamus sowie des fastigialen Kerns des Kleinhirns ausgelöst werden. Ferner wurden in

Selbststimulationsexperimenten geeignete Zielgebiete des Paläocerebellums gefunden. Die Autoren halten daher fest, *das Paläocerebellum könne „starke Einflüsse auf motivationale Prozesse nehmen"* (S. 6), *indem es modulierend auf limbische Einflüsse wirkt.*

Zudem wirkt es integrierend für die Rechts-Links-Orientierung der Bewegungen des Subjekts und hat nicht nur motorische, sondern *„Handlungskontrollfunktionen"*, indem es das Aufrechterhalten gelernter Teilbewegungen im Rahmen einer Gesamthandlung sichert. Unter Entwicklungsaspekten bestehen enge Verbindungen mit dem vestibulären System. Schädigungen dieser Entwicklung weisen deutliche Beziehung zu Autismus und Hyperkinese auf (abnorme vestibulo-occulare Reflexe und atypischer vestibulärer Nystagmus).

Ebenso wie der Neokortex subkortikale Mechanismen nach dem Vorbild kortikaler Abbilder steuert (*Klingberg* und *Haschke* 1977, S. 647), so steuert auch das *Neocerebellum* auf der Basis neocerebellärer Abbilder, in die wiederum der Neokortex modulierend eingreift, die paläocerebellären Mechanismen (Prinzip der Rekursivität). So entsprechen die bei *Watson* (1978) berichteten Funktionen des Cerebellums insgesamt im wesentlichen den von *Berntson* und *Torello* für das Paläocerebellum benannten. *Watson* verweist ferner darauf, daß das Cerebellum sowohl in positive wie negative emotionale Muster integriert ist (z.B. Furcht- und Angstreaktionen; Aggressionskontrolle), vermutlich an der Schmerzwahrnehmung beteiligt ist, Einfluß auf Hör- und Sehprozesse hat und den „Prozeß der Leistungsverbesserung gelernter Bewegungen vermittelt" (S. 948). Eine Störung des Cerebellums bewirke durch Fortfall der retikulären Hemmung einen Anstieg des Arousals (S. 951).

Über die schon genannten Gebiete hinaus, zu denen das Kleinhirn projiziert, wird in der Literatur noch das Cingulum (*Watson* 1978, S. 952) genannt, das ebenso wie das Septum interessante Gemeinsamkeiten zum Cerebellum aufweist.

Heath u.a. (1980) leisten zur Aufklärung der *Interaktion des Cerebellums* mit den uns schon bekannten *limbischen Regulationssystemen* einen wichtigen Beitrag. Sie gehen aus von dem Verhalten der Purkinje-Zellen, die die einzig bekannte Efferenz des Neocerebellums darstellen. Deren Zellaktivität wird hervorgerufen durch eine Hyperaktivität des limbischen Systems. Dabei ergeben sich folgende Zusammenhänge der Rückkoppelung:

1) Hippokampale Aktivität (insb. Nachentladungen) läßt das Feuern der Purkinje-Zellen des Kleinhirns ansteigen; deren Aktivität bewirkt dann eine Hemmung der Aktivität des Hippokampus.
2) Eine Aktivierung der Septalregion hemmt ebenfalls den Hippokampus. (Das Septum spielt eine Rolle bei der Herausbildung der Orientierungsreaktion und beim passiven Vermeidungslernen; *Larbig* 1983, S. 114).
3) Schließlich werden Purkinje-Zellen wie Septum von paläocerebellären Strukturen (Vermis) zum Feuern angeregt, die gleichzeitig hippokampale Erregungen hemmen.

Es wird deutlich: In der *Genese der Motive* spielt das *Kleinhirn* zusammen mit dem *Septum* (und dem *Cingulum*, das als Ort aktiven Vermeidungslernens gilt; *Larbig* 1983, S. 114) eine wichtige Rolle beim Bereitstellen von Handlungsalternativen auf der Operationsebene und der Realisierung verknüpfender Bewegungsmuster in einer Handlungsfolge. Entsprechend können alle drei Strukturen auch als am Aufbau der

116

Orientierungsreaktion beteiligt gekennzeichnet werden (dies konstatiert *Larbig* für Septum und Cingulum). Sie sichern damit die *Mikroebene der Handlungsrealisierung*, deren *Makroebene* im Rahmen der Motivbildung durch die *Basalganglien* realisiert wird (vgl. auch *Kandel* und *Schwartz* 1985, S. 518).

Mit dem Übergang zur Realisierung einer Handlungsabfolge müssen auf dieser Mikroebene jedoch die *Hindernisse* im Handlungsablauf wahrgenommen, in ihrer Überwindbarkeit bewertet und Alternativen bereitgestellt werden. Entsprechend haben *Jantzen* und *von Salzen* (1986, Kap. 7.2) als wesentliche Aufgabe des Kleinhirns im Zusammenhang der Genese von Emotion und Motivation die Realisierung der *Willensfunktion* herausgearbeitet (unter Bezug auf *Simonov*s Auffassung, der den Willen als Ausdruck des Bedürfnisses nach Überwindung von Hindernissen auffaßt).

Auf eine vergleichbare Funktion für das *Cingulum* und das *supplementäre motorische Feld* (SMF) machen *Damasio* und *Hoesen* (1983) aufmerksam. Bei Störungen im Cingulum kommt es zu Formen eines akinetischen Mutismus; bei der Zerstörung kleiner Teile durch Psychochirurgie zur Reduzierung von Angst und Aufregung. Bei Schädigungen des SMF kommt es zu schweren Störungen der spontanen Sprache. Bei Störungen beider Systeme bleiben automatische Bewegungen normal, jedoch kommt es zur Beeinträchtigung der willentlichen Kontrolle. Dies wirkt sich im Sinne eines *neutralisierten Willens, sich zu bewegen oder zu kommunizieren*, aus. Beide Strukturen, das Cingulum jedoch deutlicher als das SMF, zeigen ähnlich wie das Cerebellum eine deutliche Beteiligung an der affektiven Regulation.

Auf der Basis der im vorweggegangenen Kapitel (vgl. insb. Abb. 10) herausgearbeiteten *zeitlichen Struktur im Übergang von der fließenden Gegenwart zu dem ‚Modell des Künftigen‘* und dessen Realisation in der Tätigkeit ordnen sich diese Befunde ohne Schwierigkeiten ein. Ebenso wie die Basalganglien, so sind auch Kleinhirn, Septum, Cingulum und SMF an der Realisation der Handlungsprogramme, Operationen, d.h. deren Umsetzung in adäquate Bewegungsmuster beteiligt. In diesem Prozeß (vgl. Abb. 10) richtet sich die *Funktion des Hippokampus- und Amygdala-Komplexes* von der Bewertung der Gegenwart (über die Bewertung der potentiellen Zukunft in Form alternativer Motive bei der Herausbildung des Motivs) nunmehr auf die *mit dem dominierenden Motiv verbundene Tätigkeit als Baseline*, wobei *Abweichungen von dieser Tätigkeit* ebenso über Amygdala und Hippokampus wie über die motivational-motorischen Systeme von Basalganglien sowie Kleinhirn, Septum, Cingulum, SMF reguliert werden (jeweils in Verbindung mit den behandelten kortikalen Strukturen intrinsisch-extrinsischer und bilateraler Art).

Zusammenfassend ist festzuhalten: Auch wenn alle hier genannten Autoren Vorstellungen zur Neuroanatomie der Emotionen vortragen, die z.T. außerordentlich differenziert und für die Neuropsychologie weiterführend sind, so fällt doch das *gänzliche Fehlen von Annahmen über das neurophysiologische Substrat emotionaler Regulation* auf. Lediglich in Arbeiten von *Bechterewa* fand ich Hinweise darauf, daß einhergehend mit der Stärke emotionaler Zustände es zu bioelektrischen Veränderungen in einer Reihe der im Zusammenhang mit emotionaler Regulation genannten Hirnstrukturen kam. Bei positiven Emotionen wurde das Niveau des Gleichspannungspotentials negativer, bei negativen Emotionen verstärkte sich entsprechend die Positivität (*Bechterewa* u.a. 1969, S. 167ff.). Vergleichbare Ergebnisse werden bei der Registrierung infra-langsamer elektrischer Prozesse berichtet (*Bechterewa* und *Kambarowa* 1984). Einhergehend mit emotionalen Zuständen kam es (bei deutlicher Lateralisierung) bei einer größeren Zahl von Hirnbereichen zu einer Verschiebung der Potentiale in Richtung Positivität, bei einer kleineren in Richtung Negativität.

Ich beschließe damit den Überblick über die *subkortikal-kortikalen Strukturen*, die als Strukturen der *Vermittlung von Sinn und Bedeutung* verstanden wurden. Auf die aus diesem Verständnis sich ergebenden Anregungen für eine Theorie der Psychosomatik (veränderte strukturelle Koppelung in und zwischen Zellpopulationen, in und zwischen Organen usw.) gehe ich hier nicht näher ein. Im folgenden werde ich die kortikalen Strukturen selbst behandeln, dann Probleme der Entwicklung der neuropsychischen Regulation in der Ontogenese sowie schließlich Störungs- und Kompensationsmechanismen.

8.3 Kortikale Regulation

Im Abschnitt 8.1 wurden bereits einige allgemeine Prinzipien der kortikalen Regulation herausgearbeitet (Verständnis der Felder der Großhirnrinde als kortikale Enden verschiedener Analysatoren, Funktionsweise der primären, sekundären und tertiären Felder, Drei-Block-Theorie von *Luria*, schichtweiser Aufbau der Großhirnrinde, Neuronenensembles als Grundeinheiten u.a.m.). Im vorweggehenden Teilkapitel erfolgte mit der Darstellung des Modells von *Kinsbourne* und *Bemporad* darüber hinaus eine Verknüpfung der subkortikal-kortikalen Regulation mit der paarigen Arbeitsweise der kortikalen Ebene. Für die Lektüre der folgenden Abschnitte sollte ggf. auf diese Ausführungen zurückgegriffen werden.

Nach der Darstellung der funktionellen Asymmetrie beider Großhirnhemisphären folgt die Behandlung der Funktionsweise einzelner kortikaler Bereiche (der linken, dominanten Hemisphäre) im Gesamt der neuropsychischen Regulation. Dort wird auch die Störungsstruktur bei spezifischen örtlichen Hirnschädigungen (Aphasie, Apraxie, Agnosie usw.) behandelt.

8.3.1 Die funktionelle Asymmetrie beider Großhirnhemisphären

Die über den Balken (corpus callosum), ein Bündel zahlreicher Nervenbahnen, miteinander verbundenen Großhirnhemisphären nehmen unterschiedliche neuropsychische Funktionen wahr.

Eine Lateralisierung von Funktionen selbst sowie eine damit häufig verbundene funktionelle Asymmetrie existiert auf allen Ebenen biotischer Existenzweise. Bereits auf molekularer Ebene findet man *Chiralität* (Spiegelbildlichkeit) biologischer Systeme und die Bildung stabiler Makromoleküle durch Verwendung asymmetrischer Bausteine gleichen Typs (*Richter* 1978).

Anatomisch sind bei den Menschen beide Körperhälften ungleich. Das Herz liegt auf der linken Seite, und auch andere innere Organe verteilen sich asymmetrisch. Diese topologische Struktur entsteht in der Embryogenese durch die Wanderung spezifischer Zellpopulationen in eine bestimmte Körperhälfte. Am Beispiel des „Situs inversus", d.h. der Lage des Herzen auf der rechten Seite, wie dies bei einigen Menschen vorkommt, konnten entsprechende Belege hierfür gefunden werden. Personen mit dieser Änderung litten unter chronischer Stirnhöhlenvereiterung, Bronchitis, und ihre Spermatozoiden waren starr und unbeweglich. Zellbiologische Untersuchungen ergaben, daß die Flimmerhaare (Cilien) des Flimmerepithels der Atemwege (ebenso wie die Geißeln der Spermatozoiden) gelähmt waren, weshalb der Schleim nicht aus den Atemwegen entfernt werden konnte. Ohne aktive Bewegung dieser Zellen in der frühen Zellwanderung, so folgert *Changeux* (1984, S. 296f.), der diese Befunde wiedergibt, erfolgt eine Zufallsverteilung auf die eine oder andere Körperhälfte, woraus dann in der Hälfte der Fälle Situs inversus resultiert.

Die asymmetrische Topologie des Körpers spiegelt sich im ZNS wider und begründet mit dessen asymmetrische Topologie, die für die Informationskonstruktion im Sinne des Aufbaus eines psychischen Raumes in der Innenwelt unabdingbar ist. Aber das ZNS selbst verfügt ebenfalls über *elementare Asymmetrien*. So ergaben Arbeiten von *Tschasow* u.a. (1987) seitenspezifische Funktionen von Neuropeptiden, die bei Ratten in unterschiedlicher Weise an der Atmung, an der emotionalen und endokrinen Regulation beteiligt waren. Diese Substanzen wurden nach einseitigen Hirnverletzungen motorischer Kerne verstärkt gebildet und bewirkten bei Injektion an dezerebrierten Ratten eine Beugung des Hinterbeines der gegenüberliegenden Seite. Die Forschungen ergaben, daß auch Opiatrezeptoren seitenspezifische Wirkungen hatten. Zudem hatten Injektionen der Rückenmarksflüssigkeit von Katzen, die eine durch Hirnschädigung entstandene Bewegungsunfähigkeit überwunden hatten, entsprechende positive Wirkungen bei anderen Tieren mit gleichartiger Verletzung. Dies spricht dafür, daß es im ZNS auf molekularer Ebene eine Reihe von Gradienten für die Lateralität gibt.

Auch verschiedene *subkortikale Kerne* zeigen seitenspezifische Besonderheiten, so z.B. der Hippokampus (links semantische Orientierung, rechts räumliche Orientierung; vgl. *O'Keefe* und *Nadel* 1978) oder der Thalamus (linksseitige Repräsentation von Selektormechanismen für sprachliche Einstellungen; *Kinsbourne* 1978, S. 561f.).

Auf dem Niveau der *Großhirnrinde* findet eine überkreuzte dominante Regulation sensomotorischer Prozesse der je anderen Körperhälfte statt (zur Evolution dieser Strukturen vgl. *Gutmann* und *Bonik* 1983, Kap. 5.4, S. 81ff.; *Dimond* 1972 sowie *Kinsbourne* 1978). Die *somatische Muskulatur* braucht eine *bisymmetrische Regulation*, da anders die Körperbewegung nicht realisiert werden kann. *Dies ist für die Sprache in dem Moment nicht mehr erforderlich, wo sie sich ihrer äußeren motorischen Anteile entledigt und zur inneren Sprache wird.* Für diesen Übergang wird die unterschiedliche Verarbeitungsform beider Hemisphären für *serielle* und *parallele* Verarbeitung in neuer Weise genutzt. Eine in dieser Weise unterschiedene Verarbeitungsform zeigt sich schon bei Vögeln, wo die linke Hälfte eher mit der Gesangsregulation und Gesangswahrnehmung (also serielle Verarbeitung akustischer Eindrücke), die rechte eher mit paralleler Verarbeitung visuellräumlicher Eindrücke korreliert. Vergleichbare Ergebnisse finden sich im Säugetierbereich insgesamt (vgl. *Harnad* u.a. 1977). Erst beim Menschen kommt es jedoch zu einer stabilen funktionellen Asymmetrie, innerhalb derer die linke Hemisphäre vorrangig (bei ca. 95% der Menschen) die verbale Regulation übernimmt.

Diese Asymmetrie liegt zwar bereits zum Zeitpunkt der Geburt im Sinne einer angeborenen Vorrangstellung vor, doch erfolgt erst im Laufe der Ontogenese eine *selektive Stabilisierung* in der Weise, daß nach dem 6. Lebensjahr eine deutliche Dominanz der linken Hemisphäre für Sprachprozesse vorliegt (*Airapetjanz* 1981). Die unterschiedlichen Auswirkungen von Hirnschädigungen entsprechender Felder im Kindes- und Erwachsenenalter (*Lenneberg* 1972, S. 177ff.; *Changeux* 1984, S. 300) sprechen dafür, daß insbesondere in der frühen Kindheit auch die rechte, nichtdominante Hemisphäre über alternative Fähigkeiten der sprachlichen Regulation verfügt. Sie büßt diese im Prozeß dieser Stabilisierung zunehmend ein, obgleich sie auch weiterhin untergeordnet an sprachlicher Regulation beteiligt ist (vgl. u.a. *Springer* u. *Deutsch* 1981).

In der Literatur gibt es zahlreiche Zusammenstellungen über die unterschiedlichen Funktionen beider Hemisphären. Entsprechende Angaben bei *Blakesley* (1980), *Luria* (1973), *Springer* und *Deutsch* (1981) sowie *Bragina* und *Dubrochotowa* (1984) ergeben ohne Anspruch auf Vollständigkeit folgendes Bild der *Dominanz der linken bzw. rechten Hemisphäre:*

Abb. 28: Die Funktionen der linken und rechten Großhirnhemisphäre

Linke Hemisphäre:

1) Sprache: Sprechen, Lesen, Schreiben;
2) Gedächtnis: verbales Gedächtnis;
3) Denken: abstrakte Kategorisierungen, Denken im verbal-abstrakten Raum und der verbal-abstrakten Zeit;
4) Musik: Wahrnehmung von Dauer, Zeitstruktur, Rhythmus, Reihenfolge sowie von einzelnen Tönen;
5) Wahrnehmung: Mehr als ein Ding gleichzeitig sehen, rechts-links-Unterscheidungen, Details aus Zeichnungen erkennen;
6) Hände: besondere kinästhetische Fähigkeit der rechten Hand, differentielle manuelle Geschicklichkeit;
7) Verarbeitungsweise: seriell, intraregional;

Rechte Hemisphäre:

1) Sprache: Verstehen von Metaphern und Humor, Intonation, Prosodie;
2) Gedächtnis: Formgedächtnis, Repräsentanz des Körperschemas;
3) Denken: bildhaft-künstlerisches Denken, Denken im konkreten Raum und in der konkreten Zeit;
4) Musik: Gesamteindruck
5) Wahrnehmung: bessere Signalentdeckung, Unterscheiden unbekannter Gesichter, angemessene Form, visuelle Geschlossenheit, geistig-visuelle Manipulation;
6) Hände: größere taktile Empfindlichkeit der linken Hand;
7) Verarbeitungsweise: Parallel, interregional.

Anatomisch bzw. *physiologisch* finden sich folgende Unterschiede zugunsten der linken Hemisphäre: viermal stärker durchblutet, Vorherrschen grauer gegenüber weißer Substanz, um ⅓ größere Temporalfläche.

Die Leistungen beider Hemisphären können auf der Basis dieser Befunde links eher als verbal-logisch, differenzierend, aufs Detail bezogen gekennzeichnet werden, bei Vorwiegen intellektueller Regulation, rechts eher als topologisch, integrierend, holistisch, bei Vorwiegen perzeptiv-begrifflicher Regulation. Entsprechend dem Ebenenaufbau der Sprache (vgl. meine Ausführungen in Band 1, S. 232) kann davon ausgegangen werden, daß *beide Hemisphären* Anteil an der Realisierung der *Nullebene* (sensomotorische Ebene) sowie der *sprachlichen Ebene 1* (Alltagssprache bzw. zwischenbegriffliche Relationsbildung sensu *Klix*) haben. Die *linke Hemisphäre* hat jedoch ersichtlich eine Dominanz für die in der *sprachlichen Ebene 2* stattfindende *Justierung der Innenwelt* (die sich dann natürlich in einem entsprechend höher organisierten und hierarchisierten Körperselbstbild/Ichselbstbild in der funktionellen Organisation der rechten Hemisphäre widerspiegelt).

Eine Reihe von Befunden belegen, daß diese Dominanz unabhängig vom Zeichenkörpersystem besteht (so auch bei auf der sprachlichen Ebene 2, d.h. auf dem Niveau innerbegrifflicher Relationsbildung organisierter Gebärdensprache; vgl. *Holste* 1990). *Werden Zeichen zur Bedeutungsdifferenzierung von Wörtern in der Sprache verwendet, so sind sie linksseitig repräsentiert:* So z.B. die Vokale in der japanischen Sprache bzw. polynesischen Sprachen, wo sie im Unterschied zu westlichen Sprachen eine gleichrangige Bedeutung wie Konsonanten für das Sprachverständnis haben. Links lokalisiert sind hier aber auch Töne mit auffallender Analogie zu Vokalen: Tierlaute, Gesang der Insekten, Klänge traditioneller japanischer Musikinstrumente, Geräusche des Windes, des fließenden Wassers, der Brandungswellen (*Brabyn* 1980).

In besonderer Weise deutlich ist die Funktionsteilung beider Hemisphären beim Zusammenfallen der Dominanz der linken Hemisphäre für Händigkeit *und* Sprache ausgeprägt, wie dies die beiden sowjetischen Forscherinnen *Bragina* und *Dubrochotowa* an zahlreichen klinischen Befunden verdeutlichen (1980, 1984). Einen Überblick über den Zusammenhang von *Händigkeit und Sprachdominanz* gibt die folgende Tabelle (Zahlen aus *Springer* und *Deutsch* 1981, Kap. 5; Rechtshänder in der Population insgesamt 90%; ebd., S. 103).

Tab. 1: Sprachdominanz der Hemisphären und Händigkeit

	Sprachdominanz			
	links	beidseitig	rechts	Gesamt
Linkshänder:	70%	15%	5%	100%
Rechtshänder:	95%		5%	100%

Bragina und *Dubrochotowa* (1980, 1984) stellen fest, daß es nur bei Rechtshändern eine ausgeprägte funktionelle Asymmetrie gibt. Linke und rechte Hemisphäre von Linkshändern ähneln dagegen der rechten Hemisphäre von Rechtshändern. So überwiegt z.B. in den Erkenntnisprozessen von Linkshändern deutlich die sinnliche Komponente (1980, S. 1207).

Bei *Störungen der linken oder rechten Hemisphäre von Rechtshändern* sind die o.a. Funktionen der jeweiligen Hemisphäre deutlich beeinträchtigt (1984, Kap. 3 u. 4). Bei Störungen des rechten Parietalbereichs kann es zum Verschwinden des Körperselbstbildes der gegenüberliegenden Seite (Neglect-Syndrom) kommen. Bei Halluzinationen infolge von Traumata findet sich bei linksseitigen Schädigungen vorrangig eine Verzerrung von Seh- und Höreindrücken, bei rechtsseitigen Schädigungen sind Halluzinationen vorrangig taktil; die strenge funktionelle Abtrennung der sensorischen Systeme scheint teilweise aufgehoben zu sein. In bestimmten Fällen werden optische Reize über den Tastsinn wahrgenommen (1980, S. 1210).

Darüber hinaus verweisen die Autorinnen jedoch zusätzlich auf *gestörte raum-zeitliche Charakteristika* bei Schädigungen der *rechten Hemisphäre* (1984, Kap. 5): So bezogen auf die Zeit: Stillstehen oder Dehnung der Zeit, Verlust des Gefühls der Zeit, verlangsamter, umgekehrter oder beschleunigter Ablauf der Zeit, rhythmische Wiederholung der Zeit. Und bezogen auf den Raum: Phänomene des „deja vu" (schon irgendwo gesehen), des „noch nie gesehen", Depersonalisation (Verlust des Gefühls der Ganzheit und des Ichs) und Derealisation (z.B. Vergrößerung des Körpers oder einzelner Körperteile).

Sie folgern: „Ganz offensichtlich sind die Einheit des körperlichen und psychischen ,Ich', seine Untrennbarkeit von der Umwelt, und die Ganzheit der Außenwelt ohne den konkreten Raum und die konkrete Zeit (als rechtsseitige Funktion; W.J.) nicht möglich. Die in den Empfindungen des Subjekts zum Ausdruck kommende Ganzheit des ,Ich' bedeutet wahrscheinlich die zeitliche Integration der verschiedenen körperlichen Empfindungen ... sowie auch der Empfindungen, die durch die Wahrnehmung der aus verschiedenen Punkten des extrapersonalen Raumes stammenden Reize entstehen" (1984, S. 144).

Bezogen auf *pathologische Zustände der linken Hemisphäre*, die diesen Verfall von Raum und Zeit so nicht aufweisen, stellen *Bragina* und *Dubrochotowa* fest (S. 165): „Offensichtlich handelt es sich ... um Störungen auf einer höheren Ebene des Bewußtseins und Selbstbewußtseins, bei dem das Subjekt sich bewußt als einbezogen in ein System sozialer Bindungen wahrnimmt, und seine Wechselbeziehungen in der sozialen Umwelt in der Gegenwart und das für die Zukunft geplante Verhalten ihm nicht nur im Hinblick auf die möglichen Folgen für sein eigenes soziales Verhalten, sondern auch für seine Beziehungen zu den anderen Menschen in der sozialen Gemeinschaft bewußt werden". Beschrieben ist damit der in der inneren Position des Erwachsenen auftretende reflexive Innenraum, den ich in Kap. 5 ausführlich behandelt habe.

Auf der Basis dieser Befunde gehen *Bragina* und *Dubrochotowa* (1984, Kap. 6) von einem *inneren Raum* und einer *inneren Zeit* als Resultat der Informationskonstruktion in den Prozessen der psychischen Entwicklung aus. Dabei steht der *rechte* Raum in besonderer Weise mit der *Vergangenheit*, der *linke* Raum mit der *Zukunft* in Verbindung, die Gegenwart findet in besonderer Weise in einem dreidimensionalen Raum statt (als Resultat der permanenten Informationskonstruktion; vgl. *an der Heiden, Roth* und *Stadler* 1986). Die *Gegenwart* wird als Resultat der paarigen Tätigkeit beider Hirnhemisphären verstanden; sie existiert nicht in reiner Form, sondern nur gefüllt mit Ereignissen (S. 175f.). Die Zukunft wird (psychomotorisch, also kinetisch) auf Basis der in der Vergangenheit (sensomotorisch, d.h. vor allem auch kinästhetisch) gewonnenen und im Gedächtnis niedergeschlagenen Erfahrung vermittelt über die Gegenwart konstruiert. Dies entspricht in vollem Umfang den in Kapitel 7, Abbildung 10 dargestellten Annahmen über die Herausbildung des Modells des Künftigen. Dabei kommt den verschiedenen Bereichen der paarigen Hemisphären folgende Bedeutung zu: *Der linke vordere* (also frontale) *Bereich realisiert die Zukunft, der rechte hintere Bereich die Vergangenheit; rechter vorderer und linker hinterer Bereich realisieren die Gegenwart.*

Diese Annahmen sind in ihrer Tendenz übereinstimmend mit denen von *Kinsbourne* und *Bemporad* (vgl. Abb. 27). Allerdings haftet ihnen noch der Fehler an, in dieser theoretischen Interpretation die spezifische Wirkweise der beiden „Gegenwart" repräsentierenden Bereiche nicht genauer zu bestimmen. Gegenwart realisieren sie nur bezogen auf die höchste Ebene der Realisation von Tätigkeit auf die sich selbst bewußte Tätigkeit, also die Tätigkeit auf der Ebene der reflexiven Ich-Funktionen. Ansonsten kommen auch in ihnen jeweils Aspekte von Zukunft ins Spiel.

Und auch die Tätigkeit der *hinteren rechten Hemisphäre* sollte als Ort der Konstruktion von „Vergangenheit" noch genauer bestimmt werden. Sie konstruiert jeweils in der fließenden Gegenwart das Körperselbstbild auf der Basis von Interaktionen mit dem intrinsischen Kortex sowie subkortikalen Regionen. Als (rechtshemisphärischer) Teil der Einheit für Informationsaufnahme, -verarbeitung und Speicherung *(Luria)* hat sie es vor allem mit dem Zurverfügungstellen bedürfnisrelevanter und situationsadäquater Aspekte des Körperselbstbildes zu tun. Dies sind vorwiegend neben den interozeptiven Erinnerungen die propriozeptiven Erinnerungen an Bewegungsfolgen (innerer Regelkreis nach *Bernstein*), verbunden mit den Erinnerungen, die über andere afferente Kanäle aufgebaut wurden (äußerer Regelkreis). Insofern ist *Bragina* und *Dubrochotowa* zuzustimmen, daß nicht die motorischen, sondern die sensorischen Muster im Gedächtnis gespeichert werden. Die rechte hintere Großhirnhemisphäre konstruiert also aus der Geschichte des Organismus heraus ein *afferentes Feld*, das den Anforderungen der Gegenwart entspricht und sich vorrangig auf die lokomotorischen Erfahrungen bezieht.

Die gleiche Funktion hat die *linke hintere Hemisphäre*, allerdings auf anderem Niveau. Sie rekonstruiert ein entsprechendes afferentes Feld, das sich vorrangig auf die sprachlichen Erfahrungen bezieht und die Basis für die sprachliche (bedeutungsdifferenzierende) Steuerung der praktischen Tätigkeit bildet. Sprachliche Erfahrungen sind (als sprechmotorische Erfahrungen) zunächst ebenfalls lokomotorische Erfahrungen, insofern sind sie in die rechte Hemisphäre einbezogen und erhalten bedeutungsakzentuierenden Charakter für die Gesamtlokomotion des Organismus. Sie werden daher rechtsseitig bedeutungsintegrierend konstruiert und in Modelle des Künftigen überführt. Hierfür spricht neben den schon zitierten Spezialisierungen beider Hemisphären die Überlegenheit des *rechten Frontalbereichs* für die Regulation von Lokomotionen sowie für die Reihenfolge sinnvoller Sätze (*Kaczmarek* 1987, S. 226 u. 238).

Da die Prozesse der Hemisphärendominanz erst in selektiver Stabilisierung festgelegt werden und bei nicht gegebener Dominanz der linken Hemisphäre es nicht einfach eine spiegelbildliche Dominanz gibt, sondern sehr viele Alternativen, an denen beide Hemisphären in anderen Formen der Arbeitsteilung beteiligt sind (*Bragina* und *Dubrochotowa* 1984), verbietet es sich auch aus diesem Grund, dem linken Frontalbereich lediglich die Konstruktion von Gegenwart mit Übergang in die Zukunft zuzuweisen. Ganz abgesehen davon verbietet auch die nachgewiesene Dominanz der rechten Hemisphäre für auf dem ideographischen und nicht dem Buchstabenprinzip aufbauende Schriftsprachen (vgl. *Changeux* 1984, S. 304f.) eine so starre Annahme.

Somit ist auf der Ebene der Bewegungshandlungen (Lokomotionen), d.h. mit G. *Klaus* (1969) auf der Nullebene, und im Zuammenhang mit dem linken hinteren Bereich der Großhirnhemisphären auf der Ebene der Ereigniskommunikation (sprachliche Ebene 1) ein adäquates psychisches Orientierungssystem gesichert (Afferenzsynthese in der Vorauslöserintegration), auf dessen Basis (Übergang der Vergangenheit in die fließende Gegenwart) frontal Modelle des Künftigen modellierbar sind (Herausbildung von Handlungsakzeptoren).

Die *Funktion des rechten Frontalbereichs* würde bei dieser Auffassung darin bestehen, *Modelle des Künftigen auf der Ebene praktischer Tätigkeit in einem konkreten Raum und konkreter Zeit* hervorzubringen (Nullebene, sprachliche Ebene 1). In Abstimmung mit den Afferentationen in der linken hinteren Hemisphäre realisiert der linke Frontalbereich das aktive Sprechen auf der sprachlichen Ebene 1 (Alltagssprache). Durch die Herausbildung des Abbildniveaus der Integration des verallgemeinerten Ichs (s.o., Kapitel 5) kann nunmehr auf der Basis der umfassenden sprachlichen Abbildung der

123

Realität (linke hintere Hemisphäre) ein *stabiler psychischer Innenraum* entstehen, in dem Bewegungen möglich sind (gedankliche Bewegungen in der inneren Position, Herausbildung der inneren Sprache und des inneren Sprechens). In ihm werden *abstrakte Zeit* und *abstrakter Raum* konstruiert (*Bragina* und *Dubrochotowa*, 1984), d.h. es entsteht eine Reservibilität von Raum und Zeit. *Leontjew* (1981) bezeichnet dies als „5. Quasidimension" des Bewußtseins; nach *Klix* beginnt dieser Prozeß mit dem Übergang von der zwischenbegrifflichen zur innerbegrifflichen Relationsbildung und der Justierung der Begriffe in der Innenwelt. Die Konstituierung dieses „Quasiraumes" *(Luria)* ist mit den Ichbildungsprozessen der Pubertät und der frühen Adoleszenz abgeschlossen, nicht aber seine Ausgestaltung.

Damit Bewegungen in diesem Innenraum möglich sind (abstraktes, wissenschaftliches Denken, Selbstreflexion), dürfen die Bedingungen der Außenwelt nicht dominieren. D.h. die rechtshemisphärische Bedeutungsintegrierung des Ichs muß sowohl die stabile Existenz des linkshemisphärischen Innenraums absichern wie die bedeutungsdifferenzierende innere Tätigkeit in ihm, d.i. die reflexive Tätigkeit, gestatten. Diese Annahme wird gestützt durch Forschungen von *Konovalov* u.a. (1981), die ergeben, daß bei emotionaler Erregung die interhemisphärische Dominanz auf die rechte Hemisphäre wechselt. Für ein *synergetisches Zusammenarbeiten* beider Hemisphären stelle ein mittleres emotionales Anspannungsniveau, verbunden mit größtmöglichen Auswahlmöglichkeiten über zu aktivierende Einflüsse, die beste Bedingung dar. Auf diese synergetisch bilaterale Regulation als Basis effektiver und hochorganisierter geistiger Tätigkeit bis ins hohe Alter wird auch von *Ananjew* (1974) sehr deutlich hingewiesen.

8.3.2 Die Funktionsweise der linken (dominanten) Großhirnhemisphäre

Im folgenden geht es darum, die Intersystembeziehungen der Gebiete der linken Hemisphäre genauer zu betrachten, die in besonderer Weise an der Entstehung und Regulation der höheren psychischen Funktionen beteiligt sind. Im Vordergrund meiner Ausführungen wird die *kortikale Organisation von Denken und Sprechen* stehen, die bei örtlichen Hirnschädigungen in spezifischer Weise leidet. Dabei stützen sich Denkprozeß und Sprachprozeß „auf eine Reihe gemeinsam arbeitender Zonen der Hirnrinde, von denen jede ihre spezifische Bedeutung für die Organisation der Sprechtätigkeit insgesamt hat" (*Luria* 1982, S. 307). Wir werden versuchen, uns ein Bild dieser Organisation auf der Basis der spezifischen Akzentuierung des Gesamtprozesses durch lokale Hirnschädigungen zu machen.

Dabei wird insbesondere auf die Auffassungen des sowjetischen Neuropsychologen Alexander Romanowitsch *Luria* (1902–1977) zurückgegriffen. Dies deshalb, weil er neurologische Daten in besonderer Weise, und dies auf der Basis 40jähriger Erfahrungen in der klinischen Behandlung und Rehabilitation hirngeschädigter Menschen, mit einem entwickelten System psychologischen Denkens in Verbindung brachte. Zudem bauen seine Überlegungen in neurophysiologischer Hinsicht direkt auf den bereits dargestellten Überlegungen zur Struktur funktioneller Systeme von *Bernstein* und *Anochin* auf. Sie haben damit den Vorteil, uns Strukturen eines breit fundierten allgemeinen Theoriegebäudes für ein sehr kompliziertes Gebiet zu vermitteln. Der Vorteil dieses Zuganges liegt zudem darin, daß diese Theorie für die Behindertenpädagogik praxiswirksam wird durch die Art der von *Luria* begründeten syndromanalytischen Diagnostik (ich komme im folgenden Kapitel darauf zurück) sowie die daran anknüpfenden therapeutischen Strategien (vgl. z. B. *Luria* 1963, 1970b, Teil III, *Tsvetkova* 1982) bei der Rehabilitation Hirnverletzter. Durch dieses Vorgehen wird gleichzeitig eine bereits 1923 von *Isserlin* aufgestellte Forderung, die Heilpädagogik neben dem Studium von Blindheit und Taubstummheit auch auch auf das Studium der Hirnverletzungen zu gründen, systematisch für die Grundlegung einer allgemeinen Behindertenpädagogik wieder mit aufgegriffen. Über *Luria* hinaus versetzt uns unser bisheriges Vorgehen dann auch in die Lage, entwicklungsneuropsychologische Analysen von Prozessen geistiger Behinderung (im folgenden Teilkapitel exemplarisch an Autismus und Trisomie 21) vorzunehmen.

Nach *Luria*s Auffassung lassen sich drei große *regulatorische Einheiten des Gehirns* unterscheiden. Durch die Ausführungen zur kortikal-subkortikalen Ebene (8.2) wurde das Wirken der (ersten) Einheit für Aktivation, Wachheit und Tonus in wichtigen Teilen aufgeklärt. Es wurde damit ein Grundverständnis für die möglichen Auswirkungen spezifischer Schädigungen der subkortikal-kortikalen Strukturen des Gehirns im Prozeß der psychischen Tätigkeit entwickelt.

Die zweite und dritte regulatorische Haupteinheit beziehen sich auf die Bereiche der Parietal-, Temporal- und Okzipitallappen (Einheit 2: Informationsaufnahme, -verarbeitung und -speicherung) sowie den Frontallappenbereich (Einheit 3: Planung, Verifikation, Programmierung). Beide regulatorischen Einheiten sind durch die Zentralfurche voneinander getrennt. Um die Zentralfurche herum gruppieren sich die primären und sekundären Felder des sensomotorischen Analysators (vgl. die Ausführungen zur Bewegungsregulation).

Frontal liegen vor dem präzentralen Kortex (primäres motorisches Feld 4) die prämotorischen (sekundären) Felder (Feld 6 und 8, Feld 44 = Brocasche Zone) und die präfrontalen (tertiären) Felder. Der untere (ventrale) Teil dieser tertiären Felder umfaßt als fronto-limbischer (orbitofrontaler) Kortex neben frontalen Feldern (insb. 11) zudem verschiedene Felder des intrinsischen Teils (Innenfläche) des Neokortex (u. a. 23, 24, 38, 28), der besondere Bedeutung für die Realisierung des Körperselbstbildes hat (vgl. Abb. 26).

Der *posteriore Kortex* (also der hinter der Zentralfurche liegende) umfaßt die primären, sekundären und tertiären Felder verschiedener Analysatoren: Parietalbereich: kinästhetisch; Temporalbereich: akustisch; Okzipitalbereich: optisch (vgl. Abschnitt 8.1.1). Unmittelbar hinter der Zentralfurche liegen die für das Körpergefühl zuständigen primären Felder des *kinästhetischen Analysators* 1, 2 und 3. Mit dem Feld 6 zusammen bildet dieser „sensomotorische Streifen" der Felder 1 bis 4 das Pyramidensystem.

Schädigungen dieser Felder führen bei Tieren zu einer wesentlichen Einschränkung der Fein- und Geschicklichkeitsbewegungen. Beim Menschen wird in der Regel Spastizität mit dieser Schädigung in Verbindung gebracht. Es ist jedoch unklar, ob sich eine solche nicht durch den gleichzeitigen Ausfall extrapyramidaler Strukturen erst entwickelt (*Henatsch* 1976b, S. 316). Schädigungen des extrapyramidalen Systems (COEPS), das die Felder 6 und 8 (aber auch Teile des Feldes 4) sowie die postzentralen Gebiete 1–3, 5 und 7 umfaßt, führen kortikal, aber auch subkortikal (Basalganglien usw.) zu einer Reihe schwerer Bewegungsstörungen:

– Hyperkinesen: Störung der Bewegungsfähigkeit und des Bewegungsantriebs;
– Ataxien, Asynergien und Dysmetrien: Störungen der Bewegungskoordination und des Bewegungsantriebs;

125

- Hypertonus (Spastik und Rigor) und Hypotonus: Störungen des Muskeltonus;
- Tremor und Klonus: Störungen rhythmisch synchronisierter Muskelaktivitäten (vgl. Henatsch 1976b, S. 362f.).

Soweit Schädigungen der kortikalen Felder bestehen, die zu motorischen Störungen führen, ohne daß Lähmungen, Ataxie oder Tonusstörungen vorliegen, wird von *Apraxien* gesprochen. Diese wurden in der klassischen Apraxielehre (vgl. *Luria* 1970a, S. 209ff.) als elementare Störungen der Willkürbewegung begriffen und von den höheren, sprachlichen Störungen bei kortikalen Schädigungen (Aphasien) abgegrenzt.

In gleicher Weise wurden zunächst *Agnosien* als elementare sensorische Rindenstörungen von höheren Formen neuropsychischer Prozesse strikt abgegrenzt (vgl. *Luria* 1970a, S. 163, zur Geschichte der Untersuchung der optischen Agnosie). Agnosien sind Sinnesstörungen in einer bestimmten Modalität (optisch, einseitig räumlich, akustisch, taktil, für simultane optische Synthese, für Gesichter), die bei Störung der primären und sekundären Felder der verschiedenen Analysatoren auftreten. Als komplexere Form resultiert z.B. die taktile Agnosie, die verbunden mit spezifischen Formen der Apraxie als komplexe räumliche Störung begriffen werden muß (vgl. *Luria* 1970a, S. 193), aus der Schädigung tertiärer Felder.

Apraxien entstehen aus der Schädigung der kinetischen (vor der Zentralfurche liegenden, für den Bewegungsentwurf zuständigen efferenten Strukturen) und der kinästhetischen (propriozeptiven, afferenten, im Parietalbereich liegenden) Felder der Großhirnrinde. Agnosien können ebenfalls bei Schädigungen der (tertiären) Felder des Parietalbereichs entstehen (in Verbindung mit dem Okzipitalbereich als kortikales Ende des optischen Analysators), ansonsten sind sie an den *Temporalbereich* (akustischer Analysator) und den *Okzipitalbereich* gebunden.

Eine abgetrennte Behandlung der Agnosien und Apraxien von dem Problem der Störungen des Denkens und des Sprechens, also eine Trennung von sog. niederen und höheren Funktionen, hat sich historisch letztlich als unfruchtbar erwiesen (vgl. *Luria* 1970a, *Hécaen* 1981). Sie verbietet sich auch aufgrund der Kenntnisse der unterschiedlichen hierarchischen Strukturiertheit der Gebiete, deren Schädigung für sie verantwortlich gemacht wird (vgl. die folgenden Ausführungen). Trotzdem existiert gegenwärtig keine befriedigende Terminologie für die bei örtlichen Hirnschädigungen auftretenden Störungen der höheren kortikalen Funktionen. Wohl aber besteht die Möglichkeit, den von *Luria* eingeschlagenen Weg der Klassifizierung und Begriffsbildung weiter zu verfolgen, den ich im folgenden zunächst an den sog. höheren Funktionen und ihrer Störung darstelle (Aphasien, Frontalhirnsyndrom), um dann nochmals auf das Problem der Klassifikation von Agnosien und Apraxien zurückzukommen.

Zunächst aber noch eine wichtige Ergänzung: Genauso wie zur Struktur der primären Felder mit dem Prinzip der Supramodalität (vgl. 8.2.2) schon eine Spezifizierung gegenüber *Luria*s Konzept eingeführt wurde, so muß eine solche auch für das Konzept der sekundären und tertiären Felder erfolgen, da hier eine stärkere hierarchische Binnendifferenzierung vorliegt (vgl. Abbildung 29. Diese Abbildung wurde auf der Basis von Abbildungen in einem Aufsatz von *Pandya* und *Barnes* [1987] zu „Architektur und Verbindungen des Frontallappens" teils übernommen, teils neu gezeichnet).

Der linke Teil der Abbildung enthält die *hierarchische Aufgliederung der Assoziationsfelder* (sekundäre und tertiäre Felder) des Parieto-Temporal-Okzipital-Bereichs. Die primären Felder des akustischen, des optischen und des kinästhetischen Analysators projizieren in Assoziationsfelder erster Ordnung (AA1, VA1, SA1), ohne selbst Ver-

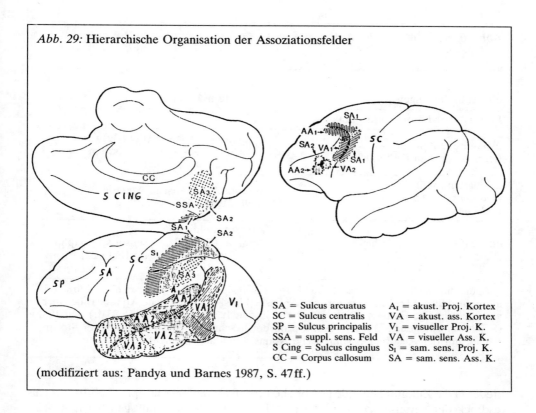

Abb. 29: Hierarchische Organisation der Assoziationsfelder
(modifiziert aus: Pandya und Barnes 1987, S. 47 ff.)

bindungen zum frontalen Kortex zu haben. Die Assoziationsfelder projizieren jeweils zum frontalen Kortex (und dort jeweils in nächsthöhere Strukturen; vgl. die rechte Hälfte der Abbildung), sowie in das nächsthöhere Assoziationsgebiet der eigenen Sinnesmodalität (also AA1 nach AA2 und AA2 nach AA3). Die in der rechten Abbildung nicht aufgeführten Projektionen der tertiären Assoziationsfelder AA3, VA3 und SA3 laufen in folgende Bereiche des fronto-limbischen Kortex: AA3 zu den Feldern 12, 13, 25 und 32; VA3 zu Feld 11, SA3 zu Feld 46 und zu Feldern 23 und 24, d.h. zum Gyrus Cingulus (*Pandya* und *Barnes* 1987, S. 44f.).

Wir müssen hier also einerseits von komplizierteren hierarchischen Strukturen ausgehen und andererseits von einer zwar durch eine Modalität bestimmten, jedoch intermodalen Struktur im Bereich der tertiären Felder, die sich im Parieto-Temporal-Okzipital-Bereich überlappen. Dabei kommt, wie schon von *Luria* betont, der Verbindung der höchsten parietalen Abschnitte (SA 3; dieser Abschnitt setzt sich auf der intrinsischen Seite des Neokortex fort) mit Assoziationsfeldern (niederen hierarchischen Grades, nämlich AA 1 und VA 1) des optischen und akustischen Analysators eine zentrale Rolle für die Konstituierung des (linksseitigen, abstrakten) Raumes zu.

Ausgangspunkt von *Luria*s Aphasielehre ist es, auf der Basis der Erkenntnisse *Anochin*s und *Bernstein*s die unterschiedliche Rolle von *Afferenzen und Efferenzen zum Kriterium der Klassifikation* neuropsychischer Prozesse zu machen. Ähnlich hat in jüngster Zeit *Pribram* (1987) für die Organisation der Frontalhirnprozesse Feedback- und Feedforward-Mechanismen unterschieden.

Abb. 30: Klassifikation der Aphasien nach *Luria*

efferente Störungen	afferente Störungen
Frontalhirnsyndrom (präfrontaler Kortex)	
dynamische Aphasie (frontal vor dem Feld 44)	semantische Aphasie (Feld 39) (unter Einschluß eines Teils der Formen der amnestischen Aphasie)
„Telegramm-Stil" (syntaktische Aphasie)* (Feld 44)	akkustisch-mnestische Aphasie (Feld 21 und 37)
efferent-motorische Aphasie (Feld 44)	afferent-motorische Aphasie (Feld 43, unt. Abschnitte postzentral) sensorische Aphasie (Feld 22)

Zusammengestellt nach *Luria* 1970a, 1976b, 1980, 1982. 1970a unterscheidet *Luria* „Telegramm-Stil" und efferent-motorische Aphasie (klassische Brocasche Aphasie) noch nicht als eigenständige Formen. Dies erfolgt erst in den 1976b (S. 73ff. bzw. 83ff.) und 1982 (S. 324) erschienenen Werken. Auf Grund der beschriebenen Spezifität dieser Störung scheint mir der Ausdruck „syntaktische Aphasie" am angemessensten.

Jeder in die Zukunft laufende psychische Prozeß (Handlungsakzeptor bei *Anochin* als Ausdruck der vorauseilenden Widerspiegelung, Modell des Künftigen bei *Bernstein*, neuronales Modell auf der Basis des Orientierungsreflexes bei *Sokolov* 1960, 1969; *Sokolov* und *Vinogradova* 1975) baut auf einer aktuellen Informationskonstruktion des Organismus im Sinne einer *Afferenzsynthese* auf. Diese entsteht ständig neu, entsprechend den zugrunde liegenden Bedürfnissen, den Erfahrungen des Organismus und den Bedingungen der Umwelt. Sie stellt das jeweilige Resultat eines permanenten Übergangs der (in biotischen Prozessen niedergeschlagenen) Vergangenheit des Subjekts in die nur in dieser fließenden Gegenwart möglichen psychophysischen Prozesse der Tätigkeit dar. Auf ihrer Basis werden spezifische Strukturen der Vergangenheit, d.h. afferente Felder des Bewegungsapparates auf den verschiedenen Ebenen der Bewegungsregulation sowie afferente Felder der Bewegungen in den bisherigen Denkprozessen reaktiviert und gehen mit der Herausbildung des dominierenden Motivs und der Genese des Handlungsziels als Schlüsselmechanismus in *Modelle des Künftigen* über. Der *afferente Teil* bleibt über die *Efferenzkopie* (Kurzzeitgedächtnis) als *Feedback-Mechanismus* erhalten, auf dessen Basis der *Feedforward-Mechanismus* der *Efferentierung im Handlungsakzeptor* verglichen und bekräftigt wird auf der Basis des nützlichen Endeffekts. In diesem System erfolgt eine dauernde Nachstellung des Handlungsakzeptors im Sinne einer *ständigen Anpassung der Sollwerte an die Istwerte* (*Bernstein* 1989, S. 190), bis der nützliche Endeffekt realisiert ist und der Übergang zur nächsten Tätigkeit bzw. Handlung erfolgt.

Entsprechend gruppiert *Luria* die Aphasien und das Frontalhirnsyndrom (aber auch die Apraxien) nach der Lage ihres Störungskerns in der zweiten oder dritten regulatorischen Haupteinheit des Gehirns in zwei große Gruppen. *Störungen des Frontalbereichs* (präzentral, prämotorisch, präfrontal) sind *efferent, Störungen des posterioren Bereichs*

(Parietal-, Temporal-, Okzipitallappen) sind *afferent*. Je mehr sich die Störungsursachen von primären und sekundären Feldern hin zu tertiären Strukturen bewegen, desto komplexere Teile des funktionellen Systems Sprache werden gestört. Auf den unterschiedlichen hierarchischen Niveaus des Frontalbereichs werden die *syntagmatischen* Strukturen der Sprache realisiert, d.h. es erfolgt die Umkodierung eines Gedankens in den linearen Ablauf eines Satzes bei der expressiven Sprache bzw. bei der rezeptiven Sprache die Rekonstruktion des Sinns einer Mitteilung bzw. der Tiefenstruktur eines Satzes, und damit seines Inhaltes, auf der Basis seiner Oberflächenstruktur (vgl. *Luria* 1982). Der posteriore Bereich realisiert die *paradigmatischen* Strukturen der Sprache, d.h. ein System von Kodes auf phonematischer, lexikalischer und semantischer Ebene. Dies wird im folgenden unmittelbar deutlich an der Art der Störung der Sprache bei unterschiedlichen Formen der Aphasie. Dabei gehe ich auf den Aspekt subkortikal-kortikaler Störungen („tiefe Läsionen des Gehirns") nicht näher ein. Eine einschlägige Behandlung erfolgt in verschiedenen zitierten Werken von Luria (insbesondere 1976a).

Ich stelle nun ausgehend von einfachen Formen zu komplexen die jeweiligen Störungen der Sprache (und des Denkens) dar, die mit den afferenten und efferenten Formen der Aphasien verbunden sind.

1. *Efferent-motorische Aphasie:* Es kommt zu Störungen der dynamischen Struktur elementarer „kinetischer Melodien". So können Patienten z.B. nicht vom Laut „b" auf den Laut „k" umschalten. Bei der Aufgabe, die Verbindung „ba-ka" zu wiederholen, sprechen sie „ba-ba" oder statt „bi-ba-bo" „bo-bo-bo". Nicht die syntagmatische Struktur des Satzes ist gestört, sondern „die gleitende Erzeugung der Komponenten des einzelnen Wortes, die festgelegte Aufeinanderfolge der Artikulationen" (*Luria* 1982, S. 325).

2. *„Telegramm-Stil" (syntaktische Aphasie):* Es zerfallen grammatische Stereotype, die die Überführung einer Aussage in eine entfaltete syntagmatische Äußerung gewährleisten, während im Unterschied zur efferent-motorischen Aphasie die Synthese einzelner Wörter gelingt. Die prädikative Struktur des inneren Sprechens ist gestört. Einzelne Gegenstände können mühelos benannt werden, jedoch die zusammenhängende Nennung mehrerer Gegenstände bereitet Schwierigkeiten. Einzelne Elemente können nicht in einen zusammenhängenden Satz gebracht werden. Verben und Hilfswörter fehlen völlig.

3. *Dynamische Aphasie:* Es bestehen keine Probleme beim Nachsprechen, jedoch machen selbständige und spontane Äußerungen größte Schwierigkeiten. Gewohnte Wortreihen und Verbindungen bereiten keine Schwierigkeiten, jedoch versagen die Patienten bei der Umstellung (z.B. in umgekehrter Reihenfolge aufzählen). Es bestehen also deutliche Störungen bei der Umgruppierung von sprachlichen Oberflächenstrukturen, die nicht dem Typ der Ereigniskommunikation folgen (vgl. Bd. 1, Kap. 5.5). Der Rückgriff auf semantische Netze, die entsprechende Transformation gewährleisten (5.5.4 und 5.5.5), gelingt nicht oder nur erschwert. Bei der Aufgabe, Verben zu nennen, finden die Patienten nur ein Drittel bis ein Viertel soviel Verben wie Substantive. Es liegt ein selektiver Verfall der prädikativen Struktur der Sprache in Form der nicht mehr gelingenden Verfügung über ein lineares Satzschema vor (vgl. *Luria* 1970a, S. 252ff.). Das Wesen dieser Störung wird besonders deutlich durch die folgende Hilfe, die manchmal zu ihrer Behebung genügt: Stützt man einen Satz z.B. durch eine Reihe leerer Kärtchen entsprechend der Anzahl der Wörter, so können die Patienten den gewünschten Satz problemlos sprechen. *Luria* (ebd., S. 255) gibt folgendes Beispiel (Abb. 31):

Abb. 31: Organisieren des Aussprechens mit Hilfe äußerer Stützen bei dynamischer Aphasie

a. Ich ... Wie ist das? ... Da ...
b. Ich → will   →   spazierengehen

   □ → □   →   □
c. Ich ... Ich kann nicht ... Ich weiß nicht.

a spontan,   b bei Stütze durch Kärtchen,   c spontan

4. *Frontalhirnsyndrom:* Die präfrontalen Rindenabschnitte sind die phylogenetisch jüngsten Teile des Primatengehirns. Bei ihrer Schädigung können schwere Motivationsstörungen und eine Einschränkung der Kritikfähigkeit auftreten. Damit einher geht ein Zustand verminderter Aktivität, verbunden mit leichter Ablenkbarkeit und Zerfall von Orientierung. Das verbal vermittelte Gedächtnis bricht zusammen, im Umgang mit Begriffen und logischen Beziehungen treten Störungen auf, der Vollzug komplizierter, vernünftiger, zielgerichteter Akte wird unmöglich. Die steuernde Funktion der Sprache geht verloren. Die Orientierungsgrundlage der Handlung ist gestört, dadurch können keine Lösungsschemata ausgearbeitet werden (vgl. *Luria* 1970, Kap. 2.5, *Pribram* und *Luria* 1973).

Erst in jüngster Zeit konnte die Frage der Spezifität der Störung unterschiedlicher Abschnitte des frontalen Kortex weiter aufgeklärt werden. *Brown* (1985, zitiert nach *Pribram* 1987, S. 30) unterscheidet im wesentlichen drei Hauptgruppen von Störungen:

– Schädigungen der *frontolimbischen Abschnitte* führen zu beeinträchtigter Aktivation, Reaktionsbeeinträchtigung, motorischem Neglect und Mangel an Initiierung (*Pribram* verweist hier unter Bezug auf die gemeinsame Arbeit mit *McGuiness* [1980] auf das Einbezogensein dieser Mechanismen in die Bildung von „Stop"- und „Go"-Systemen der emotionalen und motivationalen Regulation).
– Schädigungen des *„Integrations-Kortex" der vorderen Konvexität* (also präfrontaler Kortex im engeren Sinne; Felder 9, 10, 45, 46) führen zum Entgleisen von Handlungen nach adäquater Initiierung, d.h. zu Zerstreutheit und Konfabulation. *Pribram* (1987) macht darauf aufmerksam, daß Zerstreutheit eher bei Schädigung der oberen (dorsalen), Konfabulation eher bei Schädigung der unteren (ventralen) Abschnitte dieses Gebiets auftritt.
– Schädigungen des *prämotorischen und präzentralen Kortex* führen zu Defekten in der finalen Ausführung: falsche Artikulation und mangelnde Fähigkeit der Bewegung der Körperteile (Dyspraxie).

An dieser Stelle möchte ich in einem *Exkurs* die *Hypothese der dualen prämotorischen Systeme* vorstellen, auf die auch *Pribram* sich bezieht. Sie ist in besonderer Weise geeignet, *Anochin*s Überlegungen zur Herausbildung des Aktionsakzeptors mit der regulativen Funktion des Frontalhirns zu verbinden.

Auf der Basis phylogenetischer Überlegungen von *Sanides* stellen *Pandya* und *Barnes*

(1987) die Hypothese auf, daß die *Evolution des Neokortex* auf *zwei unterschiedliche Linien* der Weiterentwicklung von *archikortikalen Strukturen* (hippokampale Formation) und *paläokortikalen Strukturen* (olfaktorische Formation) aufbaut.

Der erste (archikortikale) Trend der Weiterentwicklung realisiert sich über den Gyrus Cingulus, zeigt besondere Entwicklung der Pyramidenzellen und lokalisiert sich über den primären motorischen und somatosensorischen Kortex (Felder 4 sowie 1, 2 und 3), das supplementäre motorische Feld und den dorsalen (oberen) Anteil des Frontallappens bis zum Sulcus principalis (vgl. Abb. 29). Er schließt das Cerebellum mit ein, erhält Projektionen von den Basalganglien und wird als *Mechanismus der „Feedforward"-Regulation* betrachtet, der sequentiell räumlich und motivational bezogene Information verarbeitet (*Pandya* und *Barnes* 1987). „In dem Feedforward-Modus bilden aktueller und aufeinanderfolgender Input den Kontext, innerhalb dessen ‚Kurzzeit-Modelle' konstruiert werden, Modelle, die dann wieder benutzt werden, um das folgende Verhalten zu korrigieren. Somit ist die Rolle des frontalen Kortex in einer Art von Kurzzeitgedächtnis aufgeklärt ..." (*Pribram* 1987, S. 33). Was hier beschrieben wird, ist nichts anderes als der sukzessive Aufbau von *Handlungsprogrammen*, die dann zu *Handlungsakzeptoren* werden, und von auf ihnen aufbauenden *efferenten Prozessen* im Sinne *Anochins*.

Der zweite Trend realisiert sich über die unteren (ventralen) parieto-temporalen Regionen des posterioren Neokortex und die ventralen Regionen des frontalen Neokortex und zeigt eine besondere Entwicklung der Körnerzellen. Er verarbeitet objektbezogene Informationen im sensorischen *Feedback-Modus*. Emotionale Regulationsvorgänge sind enger mit ihm verknüpft. Im Sinne *Anochins* findet über ihn ständig die *Reafferentierung der Handlung* statt im Sinne sich verändernder Istwerte, an die sich die Sollwerte der Handlungsprogramme und der damit als Efferenzkopien entstehenden Handlungsakzeptoren anpassen müssen. D.h. entsprechend diesem bereits zitierten Gedanken von *Bernstein* (1989) findet eine ständige Korrektur der Handlungsakzeptoren durch Reafferentierung statt. Sie befinden sich sozusagen in einem gleitend veränderten Zustand (auf der Basis der ständigen Signalisation über die Axonkollateralen; vgl. die in Kapitel 7.4 dargestellten Auffassungen von *Bernstein* und *Pickenhain*).

Beide Trends projizieren jeweils in die drei Teile des frontalen Kortex zusammen mit thalamischen Einflüssen und den Einflüssen der visuellen, auditorischen und somatosensorischen (primären, sekundären und tertiären) Assoziationsgebiete (vgl. Abb. 29). *Damit ist im Sinne sich wechselseitig aufrufender rekursiver Strukturen ein hierarchischer Aufbau der Informationskonstruktion als Bildung des Modells des Künftigen über die drei Ebenen des frontalen Kortex gesichert: prämotorischer Kortex, präfrontaler Kortex und frontolimbischer Kortex.*

Aus der eher ventralen Lokalisation der für Sprache relevanten Gebiete ergibt sich, daß die *von Aphasie vorrangig betroffenen Gebiete* eher diesem zweiten Trend zuzurechnen sind. Durch Störungen dieser Gebiete wird die *sensorische Feedback-Grundlage der Reafferentierung der Sprechhandlung* (bzw. bei den posterioren Gebieten die der Afferenzsynthese) tiefgreifend beeinflußt. Daher können nur eingeschränkte und qualitativ veränderte Handlungsprogramme und Handlungsakzeptoren aufgebaut werden. Diese gestörte Reafferentierung bezieht sich auf den zeitlichen, oszillatorisch organisierten Prozeß der Handlungssynthese, der sich über verschiedene Niveaus der äußeren und inneren Bewegungen (zunächst bilateral und dann linkshemisphärisch) aufbaut (vgl. *Pribram* 1984, *Brown* 1987). Insofern wären auf dieser Basis *Aphasien im efferenten Teil* des ZNS im Sinne von *Anochin* als Störungen der *Reafferentierung* zu begreifen, im Unterschied zu im *afferenten Teil gelegenen Aphasien*, die als Störungen der *Afferenz-*

synthese, und damit als Störungen der Grundlage der Informationskonstruktion aufgefaßt werden müssen. In die gleiche Richtung argumentiert *Pribram* (1987, S. 31f.) bezüglich des Apraxieproblems.

Ich gehe nunmehr über zur Behandlung der *afferenten Aphasien:*

5. *Afferent-motorische Aphasie:* Bei Störungen der unteren postzentralen Abschnitte kommt es nicht zu isolierten Erscheinungen motorischer Aphasie. Es treten apraktische Störungen des oralen Apparats hinzu. Die *Hauptstörung* (als Ausdruck der gestörten kinästhetischen Grundlage) besteht in der *Verwechslung einzelner Artikulationen.* Störungen treten besonders dort auf, wo eine exakte Wiederholung eines Systems von Artikulemen erforderlich ist. Lautes Lesen ist stärker beeinflußt als leises; Schreiben, Lesen und das Verstehen von Wörtern und Sätzen sind häufig ebenfalls gestört, insbesondere bei Wörtern mit komplizierter Lautstruktur (*Luria* 1970a, S. 224ff.).

6. *Sensorische Aphasie:* Eine Schädigung der sekundären Felder der Hörrinde führt zu einer *Störung des phonematischen „Kodes",* auf dessen Grundlage die Analyse und Synthese der Sprachlaute erfolgt. In schwersten Fällen können nicht einmal einfachste Sprachlaute unterschieden werden; in leichteren Fällen können zwar Paare von sehr unterschiedlichen Lauten wiederholt werden, nicht aber solche Paare wie d–t oder, p–b, s–ß. Störungen des phonematischen Gehörs brauchen keineswegs mit Störungen des gesamten Gehörs einherzugehen. Das musikalische Hören oder das Hören von Geräuschen kann erhalten bleiben (vgl. *Luria* 1970a, S. 224ff.).

Neben den phonematischen Störungen treten *semantische Störungen* auf. Patienten mit sensorischer Aphasie haben nicht nur Schwierigkeiten, Sprachlaute zu unterscheiden, sondern auch, sie auszusprechen und die Lautstruktur eines Wortes oder eines geschriebenen Textes zu verstehen. In schweren Fällen wird das Sprechen des Patienten völlig unverständlich, es entsteht ein „Wortsalat". (Vgl. auch den sehr anschaulichen autobiographischen Bericht von Ingrid *Tropp-Erblad* „Katze fängt mit ‚S' an"). Derartige Störungen werden sofort nachvollziehbar, wenn man sich verdeutlicht, was es bedeutet, den Unterschied zwischen „Haus", „raus", „Maus", „Laus" oder zwischen „Bank" und „Punk" nicht mehr hören zu können. Dies bedeutet zum einen, daß Wörter, die jemand anderes spricht, nicht zu verstehen bzw. sehr viel schwieriger aus dem Kontext zu erschließen sind. Zum anderen fällt jedoch das sensorische (akustische) innere Feedback teilweise aus, das zur Erhaltung normgerechten Sprechens notwendig ist.

Insbesondere *Shinkin* (1968, 1969) hat in seinen sprachphysiologischen Arbeiten auf die Rolle dieses *akustischen Feedbacks* verwiesen. Sprache orientiert sich zunächst an einem fremden Gehör, d.h. Gehörtes bleibt im Kurzzeitgedächtnis und wird Bewertungsgrundlage für den eigenen Sprechakt. Indem sich allmählich eine *Äquivalenz zwischen Sprechbewegungen und Lautreihe* bildet, geht diese Funktion auf das eigene Gehör über, das den (motorischen) Sprachablauf anhand von (akustischen) Modellen des Künftigen überprüft. Der nützliche Endeffekt ist bei der Benutzung von Sprache ein doppelter: Zum einen zielt Sprache auf die Vermittlung eines Inhalts an einen Dritten (Dialog, Anweisung usw.), zum anderen auf normgerechtes Sprechen, da nur dann der Inhalt vermittelt werden kann (vgl. auch *Deuse* 1984). Für die Vermittlung des Inhalts ist die Reaktion des anderen der Afferentator, für die Normgerechtheit ist es die Überprüfung der sensomotorischen Adäquatheit des Sprechaktes. Diese Überprüfung kann aber allein auf der Basis propriozeptiver Rückmeldung über die Sprechmuskulatur seitens des Sprechers nicht gelingen, da das zu erzielende Resultat in der Vermittlung einer motorischen Abfolge in eine äquivalente akustische Abfolge besteht.

Folglich leiden bei einer Störung der Afferenzsynthese auf der Ebene phonematischer Kodes, denen eine vorrangige Funktion für die Bedeutungsdifferenzierung von Wörtern zukommt, sowohl Sprachproduktion wie Sprachverständnis. Dies gilt bei der Störung lexikalischer oder semantischer Kodes in entsprechender Weise.

7. *Akustisch-mnestische Aphasie:* Hier ist das phonematische Gehör intakt. Das Wortverständnis ist ungestört. Deutliche Störungen sind beim akustisch vermittelten Einprägen von Wörtern festzustellen. Aus Wortreihen können oft nur ein oder zwei Wörter gemerkt werden. Elemente von Wortreihen werden falsch reproduziert. Die *Gegenstandsbedeutung der Wörter* ist gestört, insbesondere dann, wenn der Patient mehrere simultan dargebotene Objekte benennen soll (Entfremdung des Wortsinns). Während die prädikative Funktion der Äußerung erhalten bleibt, sind Gegenstandsbezeichnungen weit stärker gestört als Verben, Kopula und Hilfswörter (Luria 1970a, S. 146ff.; 1982, S. 330). Wie bei der sensorischen Aphasie sind auch hier sowohl Sprachverständnis wie Sprachproduktion betroffen. Die aktive Sprache ist reich an Fehlbenennungen. Obwohl längere Sätze nicht gemerkt werden können, sind Patienten jedoch in der Lage, den allgemeinen Sinn einer Mitteilung (z.B. eines Sprichwortes oder einer Fabel) irgendwie zu verstehen, „obgleich sie nicht sagen können, was geschah und mit wem etwas geschah" (*Luria* 1982, S. 341). Noch deutlicher als bei der sensorischen Aphasie (dort sind die sensorischen Konturen des sprachlichen Raumes gestört) ist hier die starke Störung der räumlichen Komponente der Sprache sichtbar. Die Rekonstruktion der gegenständlichen Welt in einem sprachlichen Raum (als Realisierung der Afferenzsynthese, auf deren Basis dann in diesem Raum sprachlich gehandelt wird) ist deutlich beeinträchtigt.

8. *Semantische Aphasie:* Ebenso wie die akustisch-mnestische Aphasie (Störung der Gegenstandsbezeichnungen, Intaktheit der Verben) sich spiegelbildlich zur „syntaktischen" Aphasie (Telegramm-Stil) verhält (weitgehender bis völliger Fortfall der Verben), so zeigt sich eine derartige *spiegelbildliche Beziehung* auch zwischen *dynamischer Aphasie* und *semantischer Aphasie.* Während bei der ersteren die Bewegungsstrukturen gestört sind (Zerfall der Satzschemata, deutliche Reduktion von Verben ; vgl. auch die Überlegung *Jackendoff*s, alle Verben auf die drei Zustände „go", „stay" und „be" zurückzuführen, die in Bd. 1, S. 238, dargestellt wurde), sind es bei letzterer die Raumstrukturen.

Bei komplizierten Sprachstrukturen entstehen Verständnisprobleme. Während Ereigniskommunikation (zwischenbegriffliche Relationsbildung) problemlos gelingt, ist die *Relationskommunikation* (innerbegriffliche Relationsbildung) stark gestört. Sätze wie „Den Wanja haut der Kolja" können nicht verstanden werden. *D. h. die Beziehungen sind nicht mehr in Gedanken umkehrbar.* Räumliche Bezeichnungen wie die Vorsilben „unter", „über", „vor", „hinter" oder die Adverbien „links" und „rechts" verlieren ihre Bedeutung (*Luria* 1970a, S. 193ff.).

Besonders deutlich wird das Wesen dieser Störungen bei der Betrachtung der „*konstruktiven Apraktognosie*", die häufig mit der semantischen Aphasie einhergeht (ebd., S. 188ff.). Schon im Alltagsverhalten der Patienten werden deutliche Störungen der Raumorientierung sichtbar. „Merkliche Schwierigkeiten haben sie auch bei speziellen Aufgaben, etwa, wenn man sie auffordert, dem Arm eine bestimmte Stellung im Raum zu geben; sie verwechseln vertikal und horizontal, frontal und sagittal, können eine geometrische Figur nicht richtig mit Streichhölzern legen usw. Diese Störungen sind besonders ausgeprägt, wenn die Patienten vor einer Aufgabe stehen, bei der sie in Gedanken bestimmte räumliche Beziehungen verändern müssen" (ebd., S. 190). Dies bezieht sich z.B. auch auf die Stellung des Uhrzeigers auf dem Zifferblatt oder die Struktur einer Landkarte, die ihre Bedeutung verlieren.

Die starke Störung der „logisch-grammatikalischen Konstruktionen" (ebd., S. 193ff.) wird häufig begleitet von *Störungen des Rechnens*, „das besonders eng mit Raumoperationen und -vorstellungen zusammenhängt" (S. 198). Im Mittelpunkt dieser „Akalkulie" steht der Zerfall der Positionsstruktur der Zahl. Die einzelnen Ziffern behalten zwar ihren Zahlenwert, aber mehrstellige Zahlen werden nicht mehr erfaßt. So wird z.B. die Größe einer Zahl nach der Größe der konstituierenden Ziffern beurteilt, also 498 für größer gehalten als 601 (ebd., S. 200).

Bei diesen Prozessen handelt es sich keineswegs um einen Zusammenbruch des ‚abstrakten Denkens'. „Begriffe wie Gattung und Art, Ursache und Wirkung erfassen sie relativ leicht. ... Die Hauptschwierigkeiten, die bei den intellektuellen Prozessen dieser Patienten auftreten, äußern sich in der Unfähigkeit, die für eine Aufgabenlösung erforderlichen Operationen zu vollziehen, wenn diese das Erfassen anschaulicher Merkmale und ihrer räumlichen Struktur voraussetzen" (ebd., S. 202f.).

Es erfolgt ersichtlich bei der semantischen Aphasie ein *Zusammenbruch des nach innen verlagerten Ereignisraumes*, innerhalb dessen die begrifflichen Bewegungen des Denkens und des inneren Sprechens in der inneren Sprache ihre räumlichen Koordinaten finden. D.h. die räumliche Seite der „5. Quasidimension" des Bewußtseins *(Leontjew)*, der *innere „Quasiraum"*, der erst die Reversibilität von Raum und Zeit im Denken möglich macht, wird schwerwiegend gestört. (Daß der Begriff „Zusammenbruch" keineswegs unangemessen ist, belegt Lurias Studie „The man with a shattered world", die den Rehabilitationsprozeß eines hirnverletzten sowjetischen Soldaten auf der Basis seiner langjährigen Tagebuchaufzeichnungen rekonstruiert). Im Unterschied hierzu bleibt bei der dynamischen Aphasie dieser Raum erhalten, jedoch werden die Bewegungen in ihm (die wir als „Quasibewegungen" bezeichnen könnten) durch Zusammenbruch einer entsprechenden Orientierungsgrundlage (Satzschema) weitgehend eingeschränkt.

Fassen wir nun diese Ergebnisse zusammen, so ergibt sich für die *Regulation der Sprache und des Denkens* folgendes Bild:

Denken erweist sich als innerer Bewegungsprozeß, der sich auf immer höher organisierte, durch Informationskonstruktion geschaffene Räume bezieht, die sich schrittweise von der realen äußeren Welt lösen und auch ohne deren Präsenz zugänglich sind. Dies hatte ich in Kapitel 5 bereits auf der Basis der Annahmen von Georg *Klaus* zu verschiedenen Ebenen der Sprache hervorgehoben. Die Dominanz der Nullebene (Ebene der sensomotorischen Handlung) liegt in der frühesten Kindheit vor. In frühen, durch den Dialog vermittelten Synthesen wird Denken individualisiert und auf der Basis eines integrierten Körperselbstbildes auf die unmittelbar gegebene Außenwelt bezogen. Durch den Übergang zum Symbolgebrauch wird das Denken mittelbar. Es entsteht die sprachliche Ebene 1 (zwischenbegriffliche Relationsbildung). Das Denken kann auf der Basis der Synthese des verallgemeinerten Ichs im Übergang zum Vorschulalter sich als über Sprache vermitteltes Denken auf die je gegebene Welt mit den je gegebenen sprachlichen Mitteln beziehen. Mit der allmählichen Stabilisierung des linkshemisphärischen sprachlichen Raums und der Verlagerung der Bewegungen in ihm nach innen (Regelgebrauch, Invarianzgebrauch, Aufbau der inneren Position) beginnt nunmehr ein oberbegriffliches Denken, bezogen auf den in der Innenwelt (linkshemisphärisch) verfügbaren sprachlichen Raum. In Abstimmung mit dem rechtshemisphärischen lokomotorischen Raum wird eine Afferenzsynthese neuer Art ermöglicht. Im Übergang zur inneren Position des Erwachsenen kann der Mensch in seiner reflexiven Innenwelt sich selbst mit wissenschaftlichen Begriffen (sprachliche Ebene 2; innerbegriffliche Relationsbildung) denken.

Denken erweist sich neurophysiologisch betrachtet als permanente Herausbildung von Handlungsprogrammen und Handlungsakzeptoren in der fließenen Gegenwart. Hierzu muß jeweils eine Grundlage für die Informationskonstruktion gegeben sein, also eine Afferenzsynthese stattfinden. Diese sinnliche, gegenständliche, räumliche Grundlage verlagert sich im Prozeß der je höheren integrativen Synthesen (Körperselbstbild, verallgemeinertes Ich, reflexives Ich) mehr und mehr in die Innenwelt und wird insbesondere durch die nach innen verlagerte Sprache realisiert. In den Prozessen des Denkens werden die in der Sprache in die Innenwelt transformierten *Bedeutungen als Mittel* benutzt. Diese Bedeutungen (also die amodalen, die invarianten Strukturen der Gegenstände) können aber nur Gegenstand wie Mittel des Denkens sein, wenn sie in der Innenwelt selber auf eine (sensorisch-gegenständlich-räumliche) Grundlage bezogen werden können. Eine solche Grundlage liefern das *Zeichenkörpersystem der Sprache* und seine innere Ordnung, also Phonematik, Lexik, Semantik. Es liefert in Verbindung mit anderen Zeichenkörpersystemen (Bildern, Gesten usw.) das Material für die Architektur des inneren Raumes und seine sensorische Konturierung (vgl. die Auswirkungen der verschiedenen afferenten Aphasien). In diesem inneren Raum („Quasiraum") können dann die Bedeutungen jeweils wieder ihre Raumkoordinaten, ihre Gegenständlichkeit und ihre Sinnlichkeit gewinnen. Natürlich verlaufen diese Prozesse der Bewegung in der Benutzung der inneren Sprache verkürzt, bedürfen nicht jener Entfaltung, die die Sprache in der Außenwelt hat.

Dies ist aber nur deshalb so, weil hier eine nach innen verlagerte Verdoppelung des von *Bernstein* festgestellten Übergangs vom äußeren zum inneren Regelkreis als Voraussetzung der Dynamisierung der Bewegungen stattgefunden hat: Der in den inneren Prozessen sich realisierende *„äußere Regelkreis"* verlangt die volle Konzentration des Subjekts in seinem Denkprozeß auf alle (über die Sprache zugänglichen) sinnlichen Details in der Innenwelt; der *„innere Regelkreis in der Innenwelt"* bedarf vermutlich ebenso wie der in der Außenwelt nur einer propriozeptiven Grundlage. Dies bedeutet aber *Automatisierung von Handlungsprogrammen als Grundlage von Handlungsakzeptoren* im Sinne des Aufbaus eines eigenen Bewegungsgedächtnisses, also Gedächtnisses für die geistigen Bewegungen. Ein solches bedarf einer sicheren kinästhetischen Basis im Sinne der Afferenzsynthese: Der Bewegungsraum muß durch das Gedächtnis zum Zeitpunkt des Fällens der Entscheidung aktualisiert sein. Auf dieser Basis können automatisierte innere Bewegungsmuster als geistige Operationen realisiert werden. Mit der *Umwandlung innerer Handlungen in innere Operationen* kann die Tätigkeit sich auf ein je neues Niveau begeben, je neue Handlungen entwickeln, die zu je neuen Operationen automatisiert werden können.

Dies verlangt neben der Aufrechterhaltung der kinästhetischen Basis (Körperselbstbild, verallgemeinerts Ichbild, reflexives Ichbild) auch die *ungestörte Reafferentierung* der geistigen Vorgänge auf verschiedenen Ebenen, da sonst an unerwarteten Stellen Handlungsplan und Handlungsergebnis auseinanderfallen, sich als nicht mehr vermittelbar erweisen (vgl. die Resultate bei den verschiedenen Formen der efferenten Aphasien und die aktiven Kompensationsbemühungen, z.B. in Form des „Telegramm-Stils").

Anhand der Darstellung der unterschiedlichen Störungsformen bei Schädigungen der Großhirnrinde sowie aus den vorweggegangenen Teilkapiteln hat sich ein differenziertes Bild ergeben: *An Prozessen des Sprechens und Denkens ist immer das gesamte Gehirn beteiligt*, wenn auch in durchaus unterschiedlicher Weise an unterschiedlichen Teilprozessen (zu weiteren Details vgl. *Luria* „Sprache und Bewußtsein", 1982). Durch moderne Diagnoseverfahren, z.B. die Positronen-Emissions-Tomographie (PET), können derartige Verteilungen durch radioaktive Markierungen des Blutes sichtbar gemacht werden: Das Röntgenbild zeigt dann die jeweils am meisten durchbluteten Zonen. Abbildung 32 gibt einige dieser Befunde wieder. (Die Abbildungen habe ich auf der Basis von farbigen Darstellungen in einer länger zurückliegenden Publikation in der Zeitschrift STERN, die ich bibliographisch nicht mehr identifizieren konnte, gezeichnet. Vergleichbare Aufnahmen finden sich bei *Lassen* u.a. 1980).

Ich kommentiere diese Abbildung hier nicht weiter, da sie sich auf der Basis des bisherigen Textes ohne größere Schwierigkeiten inhaltlich erschließt.

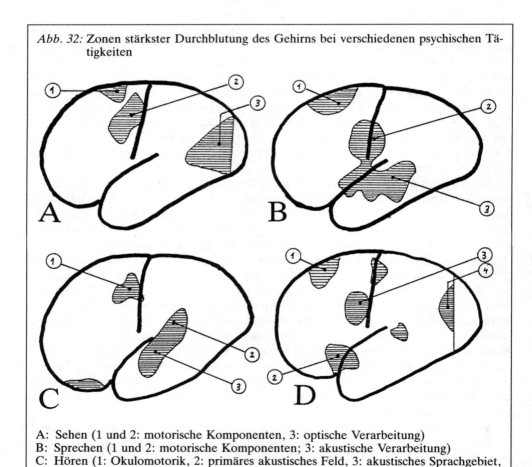

Abb. 32: Zonen stärkster Durchblutung des Gehirns bei verschiedenen psychischen Tätigkeiten

A: Sehen (1 und 2: motorische Komponenten, 3: optische Verarbeitung)
B: Sprechen (1 und 2: motorische Komponenten; 3: akustische Verarbeitung)
C: Hören (1: Okulomotorik, 2: primäres akustisches Feld, 3: akustisches Sprachgebiet, Feld 22)
D: Lesen (1 und 3: motorische Komponenten, 2: motorisches Sprachgebiet, Brocasche Zone, 4: optische Verarbeitung)

In Kürze nochmals zum Problem der *Aphasien:*

Hier bin ich bezüglich der Klassifikation den Auffassungen von *Luria* gefolgt, da sie mir theoretisch in psychophysiologischer wie in psychologischer Hinsicht am fundiertesten erscheinen. *Luria* selbst hat im Rahmen seines Ansatzes (1976b, 1977) verschiedene Formen, die über die genannten hinaus in der klassischen Aphasielehre unterschieden werden (Leitungs-Aphasie, transkortikale motorische Aphasie, amnestische Aphasie), reinterpretieren können, so daß kein Bedarf besteht, seinen Ansatz in dieser Frage zu verlassen.

Über *Luria* hinaus bin ich in *zwei Aspekten* gegangen: Zum einen scheint mir das Wesen der efferenten Aphasien in der gestörten Grundlage der *Reafferentierung* des Handlungsakzeptors zu liegen und das der afferenten Aphasien in der gestörten *Afferenzsynthese*, zum anderen muß m.E. bei der Organisation der höheren kortikalen Funktionen unbedingt das *Ebenenproblem* beim Aufbau von Körper- und Ich-Selbstbild berücksichtigt werden.

In diese Betrachtungsweise fügen sich auch moderne Ansätze der Weiterentwicklung der Aphasieforschung, wie sie z.B. Jason *Brown* (1987, 1988) im Rahmen einer *„mikrogenetischen" Theorie* der Hirnfunktionen vorlegt. Unter Mikrogenese versteht *Brown* die Realisierung einer Funktion in der Aktualgenese. Diese ist bei Aphasien insofern gestört, als die heterosynchrone Organisation der Akte des Sprachverständnisses bzw. Sprechens beeinträchtigt ist. *Brown* interessiert sich hierbei insbesondere für die hierarchische Struktur der Handlung. Im Kontext meiner Herangehensweise interpretiert, interessiert ihn der hierarchische Aufbau des Programms der Handlung (und damit des Handlungsakzeptors). Leider berücksichtigt er hierbei nicht die Theorie *Anochin*s, obwohl er ansonsten mit sowjetischer Literatur sehr gut vertraut ist.

Die *mikrogenetische Konstruktion des Sprechvorgangs* wird von *Brown* als *Realisierung unterschiedlicher hierarchischer Ebenen* verstanden, die m.E. weitgehend dem Ebenenmodell von *Bernstein* entsprechen. So argumentiert er (1988, S. 20f.) am Beispiel anteriorer (frontaler) Störungen, daß die motorische Komponente des Satzes sich von der Tiefe der Hirnstruktur zur Oberfläche entwickelt. Eingangsstadien hängen mit dem Atemrhythmus und lokomotorischen wie posturalen Rhythmen zusammen, die mit axialen (auf die Körperachse bezogenen) motorischen Systemen und archaischen Schichten im Wahrnehmungsraum verbunden sind. Oberer Hirnstamm und Basalganglien vermitteln ein frühes Stadium der motorischen Planung des Sprechaktes, das eine „Hülle" für das spätere Auftreten von Vokalen, Gliedmaßen- und axialer Motilität bildet. Auf dieser Basis setzen wiederum höhere Strukturen an.

Vergleichbar hierarchisiert erfolgt die Mikrogenese im posterioren Bereich.

Entsprechend gliedert *Brown* (1988, Kap. 1: Sprachrepräsentation im Gehirn) vier *Schichten der linkshemisphärischen Sprachfunktionen* aus (bei den rechtshemisphärischen Funktionen fehlt die Funktion des „fokalen" Neokortex), deren Schädigung zu unterschiedlichen Formen aphasischer Störungen führen kann:

1. Sensomotorischer Neokortex: ausführende Ebene.
2. Fokaler Neokortex (Brocasche Zone im Feld 44, Wernickesche Zone mit Kern im Feld 22): Ebene der phonologischen Realisierung.
3. Generalisierter Neokortex (Assoziationskortex): Ebene der Realisierung allgemeiner syntaktischer Einheiten (frontal) bzw. der lexikalischen und oberbegrifflichen (kategorialen) Realisierung.

4. Limbischer und frontolimbischer Kortex: Ebene der semantischen und assoziativen Realisierung der Sprache (posterior) sowie des assoziierten Verhaltens und der Differenzierung des Sprechaktes (frontal).

Schließlich unterscheidet *Brown* bei der Behandlung der Syndrome des anterioren (frontalen) Sektors eine fünfte Ebene: Dies ist der bilaterale limbische Kortex, der die motorische Hülle (motor envelope) realisiert und bei dessen Schädigungen akinetischer Mutismus auftritt (1988, S. 56).

Die *Entwicklung des Sprachverständnisaktes bzw. sprachmotorischen* Aktes erfolgt *stufenweise* (frontal z.B. von 5 bis 1). Dies entspricht weitgehend den Auffassungen *Lurias* (vgl. 1982). Auch die von ihm unterschiedenen hierarchischen Niveaus bei der Klassifikation von Aphasien kehren bei *Brown* wieder (2–4).

Daneben enthält *Brown*s Versuch einen interessanten Aspekt, der die Dimension der tiefen Störungen des Gehirns, die zur Aphasie führen, besser zugänglich macht. Der *Aktivierungsvorgang des frontolimbischen Bereichs* selbst kann durch tiefere Schädigungen beeinträchtigt sein. Als solche können (bilateral-limbische) Störungen im Körperselbstbild bzw. in den Wechselwirkungen von kortikal-subkortikalen Strukturen angenommen werden. Die Überlegungen von *Brown* und die in Kap. 8.2 vorgenommene Erörterung der subkortikal-kortikalen Regulation verweisen darauf, *daß es vor der Motiv- und Zielbildung* (also dem Fällen der Entscheidung als Schlüsselmechanismus) *in der Genese des funktionellen Systems zur Entstehung von Verhaltensalternativen im Sinne möglicher motorischer Akte auf den unterschiedlichen hierarchischen Niveaus kommen muß*. Ist dieser Prozeß gestört, kann weder eine adäquate Afferenzsynthese (posterior) noch die Ausbildung eines adäquaten Handlungsprogramms (frontal) erfolgen.

Natürlich können alle in diesem Teilkapitel aufgegriffenen Aspekte für die Entwicklung einer künftigen Auffassung über Aphasien hier nicht weiter vertieft werden. Sie scheinen mir jedoch insgesamt einen fruchtbaren theoretischen Zugang darzustellen, mittels dessen der Knoten des unglaublichen Wirrwarrs der Klassifikation von Hirnschädigungen und ihren Folgen weiter aufgelöst werden kann.

Diese Möglichkeit ergibt sich – und dies will ich als letzten Aspekt dieses Teilkapitels diskutieren – auch bei einer *Neubewertung der Apraxien* (also motorische Störungen ohne Lähmungserscheinungen bei Schädigung der neokortikalen Abschnitte des Gehirns).

Auf keinen Fall können Apraxien mehr im früheren Sinn als elementare Störungen der Willkürbewegungen von Aphasien abgegrenzt werden. Darauf verweist *Luria* selbst mehrfach. Auch *Hécaen* (1981, S. 280ff.; vgl. auch *Hécaen* und *Albert* 1978), einer der bedeutendsten Forscher auf diesem Gebiet, geht ausdrücklich davon aus, daß zahlreiche apraktische Störungen im engsten Kontext zu gestischer Tätigkeit stehen. *Holste* (1988) argumentiert unter Bezug auf die Gebärdensprachen der Gehörlosen dafür, in eine künftige Diskussion des Aphasieproblems unbedingt auch die Apraxien aufzunehmen. Unter dem Gesichtspunkt des mehrfach behandelten Ebenenproblems der Sprache liegt dies auf der Hand. Bevor ich hierauf eingehe, sollen in Kürze wesentliche Formen der Apraxie aufgeführt werden.

Luria (1963, vgl. auch 1970a) unterscheidet folgende efferente bzw. afferente Formen der Apraxie, die ich entsprechend ihrer Ebenenspezifik in Abbildung 33 aufführe. (Mit Stern: Ergänzungen aus der Klassifikation von *Hécaen*).

Abb. 33: Klassifikation der Apraxien nach *Luria* (und *Hécaen*)

Ebene	efferente Störungen	afferente Störungen
sprachl. Ebene 1	dynamische Apraxie (prämotorisch/frontal)	– symbolische Apraxie (linkshemisphärisch); – ideationale Apraxie* (parietal/okzipital) – räumliche Apraxie (z.T. = konstruktive Apraxie*) (Parietal, bilateral)
Nullebene	kinetische Apraxie (prämotorisch) Gangapraxie* (fronto-ponto-cellebellar)	– Haltungsapraxie, orale Apraxie (postzentral); – ideomotorische Apraxie* (parietal/temporal; bilateral)

In Kürze die Symptome:

Efferente Apraxien:

- Dynamische Apraxie: Störung einer Serie konsekutiv wechselnder Bewegungen (*Luria* 1963, S. 111);
- Kinetische Apraxie: Störung der kinetischen Melodie oder Perseveration aufgrund pathologischer Trägheit (*Luria* 1963, S. 101 ff.; *Hécaen* 1981, S. 267 f.);
- Gangapraxie (auch „frontale Ataxie" genannt): Verminderung der Fähigkeit, die Füße beim Gehen angemessen zu setzen (*Hécaen* 1981, S. 271)

Afferente Apraxien:

- Symbolische Apraxie: Keine Störungen der basalen räumlichen Koordinaten oder des zweckvollen Verhaltens, oft von Sprachstörungen begleitet: Hilflosigkeit bei Aktionen konventionellen oder symbolischen Charakters: z.B. jemand heranwinken, jemand etwas zeigen. Unfähigkeit der Imitation von Bewegungen wie Küssen oder Spucken, die spontan realisiert werden können (*Luria* 1963, S. 91 f.);
- Ideationale Apraxie: Störung in der Ausübung komplexer Gesten, deren Einzelteile erhalten bleiben: z.B. eine Kerze mit einem Streichholz anzünden. Entnehmen des Streichholzes aus der Schachtel oder Anreißen bleibt erhalten (*Hécaen* 1981, S. 260 f.);
- Räumliche Apraxie (*Luria* 1963, S. 90 f.) bzw. konstruktive Apraxie (*Hécaen* 1981, S. 261): Störungen der räumlichen Organisation der motorischen Elemente der Bewegung, die als einzelne erhalten bleiben; Rechts-Links-Vertauschungen *(Luria)*. Rechtshemisphärische Störungen beziehen sich deutlicher auf die visuell-räumliche Seite der Handlung, linkshemisphärische Störungen deutlicher auf die Handlungsplanung *(Hécaen)*;
- Haltungsapraxie, orale Apraxie: Erst nach langen Anstrengungen Finden der richtigen Position, Apraxien im Bereich von Zungen- und Lippenbewegungen (*Luria* 1963, S. 91, *Hécaen* 1981, S. 268 ff.);

– Ideomotorische Apraxie: Störung einzelner Gesten (oft verbunden mit Einschränkung des verbalen Verständnisses). Durch Imitation besser überwindbar als durch verbale Instruktion (*Hécaen* 1981, S. 259ff.).

Ich habe hierbei nicht alle genannten Formen der Apraxie aufgegriffen, sondern nur ausgewählte, um zu verdeutlichen, wie sich die Apraxieproblematik bei Berücksichtigung des Ebenenproblems neu ordnet. Dabei sollte außerdem darauf verwiesen werden, daß gemäß einer unlängst von *Pribram* (1987, S. 31) vorgetragenen These *Apraxien als Störungen des Körperselbstbildes* verstanden werden können, so daß die Abstufungen bis zum Neglect (Verlust des Bewußtseins für eine Körperhälfte) graduell sind. Für diese Hypothese spricht u. a. auch das Phänomen der Ankleideapraxie (*Hécaen* 1981, S. 267).

Störungen der höheren kortikalen Funktionen auf der Nullebene würden sich (neben sonstigen motorischen und Wahrnehmungsstörungen) als *Apraxien* bzw. *Agnosien* bzw. *Störungen im Körperselbstbild* zeigen, die selbstverständlich auch immer Auswirkungen auf die höheren Ebenen haben. Sie wären jedoch von Störungen dieser Ebenen selbst dadurch unterschieden, daß deren Störung die hierarchisch niedere Ebene nicht miteinbeziehen würde. *Aphasien* sind in diese Gruppe einzugliedern, soweit die sensomotorische Grundlage des Sprechaktes gestört ist (efferent-motorische Aphasie, afferent-motorische Aphasie, sensorische Aphasie).

Störungen auf der sprachlichen Ebene 1 würden sich auf die Realisierung der sprachlichen Praxis im Sinne von Ereigniskommunikation beziehen. Ihr Wesen läge in dem *Fehlen syntaktischer Schemata* (frontal) bzw. im erschwerten *lexikalischen Zugriff* (posterior). Derartige Störungen äußern sich entsprechend in verschiedenen Formen der Apraxie.

Störungen der sprachlichen Ebene 2 (Relationskommunikation) wären in diesem Verständnis genetisch an das spezifische Zeichenkörpersystem und seine morpho-syntaktischen Besonderheiten gebunden, das mit der Etablierung der Ebene 2 jeweils verbunden ist. Bei oral-auditivem Spracherwerb bzw. gestischem Spracherwerb wäre die *innere Sprache* anders organisiert, und die inneren Sprechbewegungen bzw. Raummuster, die bei *dynamischer* oder *semantischer Aphasie* gestört sind (durch gestörte Reafferentierung bzw. gestörte Afferenzsynthese), würden sich in einem anderen inneren Medium vergegenständlichen (innere Sprache als verkürzte Laut- bzw. Gestensprache).

Auf diesem Hintergrund ist es möglich, Störungen spezifischer anderer Sprachsysteme der Ebene 2 zuzuordnen, deren Existenz diese Systeme und damit deren Störung erst möglich macht: So z.B. *Akalkulie, Alexie, Agraphie* (Unfähigkeit zu rechnen, zu lesen und zu schreiben). *Ob im konkreten Fall jedoch ursächlich eine Störung der Ebene 2 zugrunde liegt oder die Realisierung der Funktionen der Ebene 2 durch Störungen hierarchisch niedrigerer Ebenen beeinträchtigt wird, dies bedarf jeweils der konkreten neuropsychologischen Analyse* (vgl. die Ausführungen zur Syndromanalyse in Kap. 9).

Soweit neuropsychologische Untersuchungen zur *geistigen Behinderung* vorliegen, zeigt sich ein den psychologischen Untersuchungen entsprechendes Bild (vgl. Bd. 1, Kap. 6.4.9). E. *Wolf* (1986, 1988) fand in einer neuropsychologischen Untersuchung erwachsener geistigbehinderter Menschen zum einen zahlreiche Rückstände in Funktionen der hier von mir mit Nullebene und sprachliche Ebene 1 benannten Bereiche. Zum anderen fand er jedoch ein deutliches allgemeines Störungsmuster im Sinne einer Kombination von „dynamischer" und „semantischer Aphasie".

Wie die Entstehung eines solchen Musters gedacht werden kann, ist ebenso wie die

Vertiefung der Wechselbeziehungen verschiedener Ebenen der kortikalen Regulation Inhalt des folgenden Teilkapitels, das Probleme der Entwicklungsneuropsychologie diskutiert.

8.4 Entwicklungsneuropsychologie

Den Prozeß einer Entwicklung wird man letztlich erst dann zufriedenstellend beschreiben können, wenn eine angemessene Theorie dessen vorhanden ist, was sich entwickelt. Wir stoßen damit erneut auf die in Kapitel 3 dieses Buches diskutierten methodologischen Probleme, die Anlaß einer bestimmten didaktischen Vorgehensweise waren. Bei der Darstellungslogik versuchte ich, von der allseitigen Erfassung des Gegenstandes zu seiner Bewegung (in quantitativer wie in qualitativer Hinsicht) vorzudringen. Entsprechend sind der sozialwissenschaftliche (Kap. 1 u. 2) sowie der psychologische Teil (Kap. 4–6) aufgebaut.

Während jedoch die soziale und psychologische Seite der Humanontogenese bereits annähernd befriedigend theoretisch modelliert werden kann, ist dies für die biologische Seite sehr viel schwieriger. Erst die moderne Theorie der Selbstorganisation erlaubt es letztlich überhaupt, viele Fragen richtig zu stellen, die es dann ermöglichen, vielfältige Befunde neu zu würdigen und zu ordnen. Entsprechend zeigt sich in der Literatur einerseits eine deutliche Unterentwicklung befriedigender entwicklungsbiologischer Ansätze mit größerer theoretischer Tragweite, andererseits nehmen in letzter Zeit Publikationen deutlich zu, die sich mit einer Neukonzeptualisierung und Bewertung insbesondere in den letzten Jahren gewonnener entwicklungsneurobiologischer und -psychologischer Befunde befassen. (Ich nenne exemplarisch einige Titel: Für den Prozeß der Epigenetik, also Untersuchung der Wechselwirkungen in der Konstruktion des Organismus selbst, *Pritchard* 1986; für die Verhaltensneurobiologie im Rahmen vergleichender Tierforschung *Blass* 1986; für das Entstehen individueller Differenzen *Hartlage* und *Telzrow* 1985 oder für die Lateralisierung der Hirnfunktionen bei Kindern *Molfese* und *Segalowitz* 1988.)

Zahlreiche Publikationen befassen sich mit den biologischen Entwicklungsprozessen selbst, ohne daß jedoch bereits hinreichend ihre theoretische Integration gelungen ist. Dazu sind allerdings auch bestimmte Voraussetzungen nötig: Zum einen muß näher bestimmt werden, wie sich das Verhältnis Subjekt – Tätigkeit – Objekt als Ganzes verändert und in welcher Weise die Prozesse der Informationskonstruktion bis zum Erwachsenenalter zu begreifen sind, zum anderen muß eine Theorie des Organismus entwickelt werden, in der ebenso die Autopoiese des Organismus wie seine Informationskonstruktion begreifbar werden. Zu beiden Aspekten habe ich ausführlich argumentiert (Kap. 4–7) und versucht, eine neuropsychologische Rahmentheorie zu skizzieren, die m.E. ein tieferes Verständnis der neuropsychischen Regulation beim Erwachsenen erlaubt. Dies in entwicklungsneuropsychologischer Hinsicht ebenfalls auszuarbeiten geht ebenso über meine gegenwärtigen Möglichkeiten hinaus, wie es den Rahmen dieses Buches sprengen würde. Trotzdem ist es möglich, in Form eines Exkurses hier eine Perspektive anzudeuten und sie an zwei Fragestellungen, Neuropsychologie des Autismus und Neuropsychologie von Trisomie 21 (Down-Syndrom), zu exemplifizieren.

141

Biologisch gilt, daß die *Entwicklung der Hirnfunktionen in einer bestimmten Reihen-folge* erfolgt. Bereits vorgeburtlich ist die Anzahl der Neuronen festgelegt und ihre „Verdrahtung" so weit abgeschlossen, daß nicht benötigte Zellen dem Zelltod zum Opfer fallen (*Poljakow* 1979). Die nachgeburtliche Entwicklung beinhaltet (zunächst noch) Prozesse der Markscheidenbildung (und damit Abschluß der biologischen Konstruktion der schnelleitenden Nervenbahnen) sowie umfangreiches Wachstum der Verzweigungen in den Zellpopulationen, insbesondere des Neokortex. Durch das Wachstum der Den-driten und ihrer Mikroverzweigungen (Spines) sowie der Kollateralen der Axone entwickelt sich die Funktionsstruktur des Gehirns Schritt für Schritt aus den Wechsel-wirkungen in der Tätigkeit der Zellen und Zellpopulationen. Von der Reichhaltigkeit der Tätigkeit ist die Reichhaltigkeit der neuronalen Verknüpfungen abhängig, wie umge-kehrt. Die Gesamtheit dieser Wechselwirkungen spiegelt sich wider in der Veränderung der Hirnstrombilder (EEG) im Verlauf der kindlichen Entwicklung.

Die *makroskopische und mikroskopische Differenzierung des Gehirns* folgt dabei be-stimmten Gesetzmäßigkeiten in der Form, daß die endgültige Differenzierung der in der Stammesgeschichte später ausgebildeten Hirnbereiche auch ontogenetisch später erfolgt. *Ananjew* (1974) nennt auf der makroskopischen Ebene folgende Daten:

Bis zum 7. Lebensjahr ist die Morphogenese der verschiedenen Felder des Temporal-lappens abgeschlossen, insofern sich diese Zone ihrer Größe nach den Ausmaßen des Erwachsenengehirns nähert. „Daneben differenzieren sich in späteren Entwicklungs-etappen (nach dem 7. Lebensjahr) phylogenetisch neue Felder (das 44. und das 45.) des Stirnlappens, die vorwiegend mit dem sprachmotorischen Analysator in Zusammenhang stehen" (S. 206).

Beim Okzipitallappen erreicht dessen Oberfläche bereits mit 2 Jahren 71,5% der beim erwachsenen Menschen. „Mit 7 Jahren ungefähr vergrößert sie sich auf 83,5 Prozent, danach vermindert sich das Wachstumstempo, aber das Wachstum setzt sich trotzdem fort bis zum Erwachsenensein" (ebd.).

Die Entwicklungsprozesse erfolgen heterochron, d.h. nicht alle Teile des Gehirns nehmen jeweils gleichmäßig an Oberfläche zu. So werden zum mittleren Teil des Tem-porallappens folgende Angaben gemacht: Außer ihm erreichen im ersten Lebensjahr alle anderen Unterabschnitte des Temporalhirns über die Hälfte der Oberfläche des erwach-senen Gehirns, der mittlere Teil jedoch nur 19,3%. Mit 2–4 Jahren vergrößert sich der Rückstand zu den anderen Strukturen von ca. 30% auf ca. 50%; im siebenten Lebensjahr stimmen die Kennziffern wieder überein. Also erfolgt im mittleren Bereich des Tempo-ralhirns, der wesentlich an dem Aufbau der Sprachfunktion mit beteiligt ist, zwischen 4 und 7 Jahren ein enormer Wachstumsspurt (ebd.).

Um das 7. Lebensjahr liegen die Proportionen einzelner Hirnabschnitte in den Haupt-zügen fest (die Fläche beträgt 91,6 bis 96% des erwachsenen Gehirns). Allerdings ist bei einigen Feldern, die phylogenetisch jünger sind, die Entwicklung z.T. erst später (7.–12. Lebensjahr) abgeschlossen. Sie „entwickeln sich langsamer und beenden ihre Entwicklung in einer späteren Altersstufe" (ebd.).

Vergleichbare Prozesse zeigen sich für die Entwicklung der Leitungsbahnen: Die Hauptleitungsbahn für die paarige Tätigkeit der beiden Hirnhemisphären, der Balken (corpus callosum), vergrößert sich im Alter von 7 Jahren und später merklich im Umfang (S. 208). Dies sichert u.a. die paarige Tätigkeit der Hemisphären beim erwachsenen Menschen derart, „daß in jedem Moment jede der Großhirnhemisphären in bezug auf die andere Hemisphäre bald die Informations-, bald die energetische Funktion ausübt" (S. 242).

Als allgemeine Gesetzmäßigkeit der Entwicklung stellt *Poljakow* (1970, S. 80) die Differenzierung der tertiären Felder nach den sekundären und primären fest. Mikroskopisch zeigt sich eine zunehmende Entwicklung des Anteils der Schicht III (Pyramidenzellen) an der gesamten Schichtung der Großhirnrinde bis ins Erwachsenenalter (ebd.).

Mit diesen Tendenzen sind jedoch nur die Wachstumsprozesse und Differenzierungsprozesse der Zellpopulationen der Großhirnrinde beschrieben. Psychobiologisch müssen sie jeweils im Rahmen ihrer Tätigkeit als *funktionelle Systembildung* – und damit Informationskonstruktion auf verschiedenen Ebenen – begriffen werden. müssen. *In dieser Hinsicht sind die „interzentralen" Verbindungen Ausdruck der Prozesse des Psychischen in der Tätigkeit des Subjekts.* Entsprechend hatte schon *Wygotski* 1934 in seinem bahnbrechenden Aufsatz „Die Psychologie und die Lokalisation psychischer Funktionen" geschrieben: *„Wir meinen, die spezifische Funktion jedes einzelnen interzentralen Systems besteht vor allen Dingen darin, eine völlig neue, produktive Form der Bewußtseinstätigkeit zu gewährleisten, nicht jedoch darin, lediglich Hemmungen und Erregungen der niederen Zentren auszulösen"* (1985, S. 359).

Diese Sichtweise der neuropsychischen Funktionen als vom Ursprung sozial, von der Struktur mittelbar und von der Funktionsweise willkürlich (vgl. *Luria* 1970a, S. 49) erlaubt auch ein *völlig anderes Verständnis der Entwicklungsprozesse.* Genauso, wie Sinnesschädigungen wie Blindheit oder Taubheit zum Zeitpunkt der Geburt eine andere Bedeutung für die Entwicklung eines Menschen haben gegenüber ihrem Auftreten in der späteren Kindheit oder sogar erst im Erwachsenenalter, genauso hat auch die Schädigung eines spezifischen Hirnbereichs eine je andere Bedeutung, je nachdem, zu welchem Zeitpunkt der ontogenetischen Entwicklung sie stattfindet.

Hierzu formuliert *Wygotski* (1985, S. 360) folgendes allgemeine Gesetz: *„Liegen Entwicklungsstörungen infolge irgendeines zerebralen Defekts vor, leidet in funktioneller Hinsicht, bei sonst gleichen Bedingungen, das, bezogen auf den geschädigten Abschnitt, nächsthöhere Zentrum mehr als das im Vergleich zum geschädigten nächstniedere Zentrum. Beim Zerfall beobachten wir das Gegenteil. Ist irgendein Zentrum veletzt, so wird, bei sonst gleichen Bedingungen, das im Verhältnis zum verletzten Abschnitt nächstniedere von ihm abhängige Zentrum mehr in Mitleidenschaft gezogen und relativ weniger das im Verhältnis zum verletzten Abschnitt nächsthöhere Zentrum, von dem es selbst funktionell abhängig ist".*

Schädigungen wirken damit als historisch je spezifische isolierende Bedingungen für die Tätigkeit des Subjekts und beeinflussen diese in einer bestimmten Weise (vgl. Kap. 6). *Insofern sind in der Wygotskischen Perspektive neuropsychologisch betrachtet „alle eindeutig psychologischen Besonderheiten des defektiven Kindes ihrer Grundlage nach nicht biologischer sondern sozialer Natur"* (1975, S. 71).

Diese Perspektive möchte ich im folgenden exemplarisch und skizzenhaft durch eine Befassung mit der Neuropsychologie des Kannerschen Autismus sowie der Trisomie 21 verdeutlichen.

8.4.1 Neuropsychologie des frühkindlichen Autismus

Zum Verständnis des folgenden ist es sinnvoll, nochmals kurz das entsprechende Teilkapitel 6.4.1 in Bd. 1, insbesondere ab S. 317, zu rekapitulieren sowie die Aussagen zur kortikal-subkortikalen Regulation, insbesondere in Form ihrer Zusammenfassung in den

Abbildungen 20, 24 und 25, präsent zu haben. Zudem ist es sinnvoll, immer wieder auf das allgemeine Modell des funktionellen Systems, das in Kapitel 7 entwickelt wurde (Abb. 10), als Interpretationsfolie zurückzugreifen.

Ich hatte oben bereits darauf verwiesen, daß Autismus als *zentrale Wahrnehmungsstörung* verstanden werden muß, die im Rahmen der frühen Dialoge unter üblichen Bedingungen zur Isolation führt. Es kommt damit zu einer pathologischen basalen Integration von Sinn und Bedeutungen im Körperselbstbild und später im psychischen Ich-Bild. Daraus resultieren die *Kardinalsymptome* (1) der „extremen autistischen Abkapselung", d.h. der weitgehend eingeschränkten Fähigkeit zum sozialen Dialog, die sich auch in der Art der verwendeten Sprachmuster (imperative bei Fehlen deklarativer Sprachmuster) niederschlägt, sowie (2) des Bedürfnisses zur „zwanghaften Gleichhaltung der dinglichen Umwelt", d.h. der Bindung an unbelebte Objekte. Bei der Behandlung dieser Zusammenhänge hatte ich bereits einige neuropsychologische Auffassungen kurz erwähnt (z.B. Störung des hippokampalen Regelkreises, frontolimbische Störung). Ich will dies hier nun gründlicher tun und im Rahmen der *Wygotski*schen Regel einige Überlegungen zum Neuverständnis des Autismus vortragen (vgl. auch *Jantzen* 1985a, *Jantzen* und *von Salzen* 1986, Kap. 7).

Ich beginne dabei mit Überlegungen zu den neokortikalen Funktionen und beziehe mehr und mehr die subkortikale Ebene ein.

In der Bundesrepublik war *Feuser* (1977, 1980) einer der ersten, der mit dem *Mythos* aufräumte, *Autismus sei lediglich eine emotional-soziale Störung ohne Auswirkungen auf die intellektuelle Leistungsfähigkeit.* Ein solcher Mythos konnte nur bei einer zunächst sehr einseitig selegierten Gruppe autistischer Kinder entstehen, ohne Berücksichtigung derer, die sich in Heimen, Anstalten und Schulen für Geistigbehinderte befanden. Entwicklungsneuropsychologisch ist auf Basis der *Wygotski*-Regel dies auch geradezu zu erwarten. Eine frühe schwere Wahrnehmungsstörung, die komplexe soziale Zusammenhänge undurchdringbar macht und daher zu deren negativer emotionaler Besetzung führt, muß intellektuelle Folgen haben. Dies arbeiten für die Neuropsychologie kindlicher Hirnschädigungen insgesamt im Unterschied zu Schädigungen bei Erwachsenen *Boll* und *Barth* (1981, S. 422 ff.) heraus.

Ein solcher Zusammenhang deutete sich auch bereits in den Beschreibungen von *Wing* (1973) an. Er verwies auf deutliche Sprachrückstände, oft verbunden mit Echolalie (Wiederholung des letzten Wortes, oft endlose Wiederholung bestimmter Ausdrücke), verzögerter Echolalie (Fragen von anderen werden wiederholt und nicht beantwortet) oder vorrangig konkretem und nicht abstraktem Wortgebrauch. Wegen der *Ähnlichkeit mit Entwicklungsaphasien* wurde Autismus teilweise als eine solche betrachtet. Vergleichsuntersuchungen zeigten jedoch deutliche Unterschiede. *Cantwell* u.a. (1978) fanden im Vergleich beider Gruppen keine Unterschiede auf syntaktischer Ebene, jedoch bei Autisten sehr viel weniger spontane Bemerkungen und häufiger verzögerte Echos. *Cohen* u.a. (1981) stellten bei einem entsprechenden Vergleich fest, daß bei primärer kindlicher Aphasie eine Störung der expressiven Sprache vorlag, jedoch im Vergleich zu autistischen Kindern ein besseres Sprachverständnis, bessere Kapazität für innere Sprache, für vorstellendes Spiel, Gestik und Mimik, sowie warme soziale Beziehungen. Entsprechend dominierten im Gesamtverhalten aphasischer Kinder Abhängigkeit und Unreife. Bei autistischen Kindern lag neben der Verarmung der inneren Sprache eine Verarmung der Gestik, Mimik und Nachahmung vor, verbunden mit größeren Störungen der sozialen Bindung auf der Basis eines erhöhten Bedarfs an Angstregulation.

Wertet man diese Befunde auf dem Hintergrund der *Luria*schen Aphasietheorie, so sprechen sie eindeutig für *eher frontal gelegene Störungen im Vergleich zur Aphasie*. Insbesondere sind *echolalische Äußerungen* und *Störungen der inneren Sprache* und *fehlende Abstrakta* im Sprachgebrauch hierfür Indizien (vgl. *Luria* 1970a, S. 484 sowie 1982, S. 314). Da sich im Verlauf der Entwicklung ins Erwachsenenalter bei entsprechend qualifizierter pädagogischer Unterstützung deutliche Änderungen und Verbesserungen bei autistischen Kindern ergeben können, hatte ich unter Anwendung der *Wygotski*schen Regel in einer früheren Arbeit (*Jantzen* 1985a) versucht, *Autismus als* ein durch eine zentrale frühe Wahrnehmungsstörung im hippokampalen System *selbst-induziertes Frontalhirnsyndrom* zu kennzeichnen, das sich bei zunehmendem Einfluß der höheren Ebenen z. T. wieder auflöst, entsprechende soziale Unterstützung vorausgesetzt. Für eine deutliche Ähnlichkeit zum Frontalhirnsyndrom spricht neben den bereits zitierten Befunden auch eine Arbeit von *Vilensky* u.a. (1981), die auf Gangapraxien bei autistischen Kindern im Vergleich zu hyperaktiv-aggressiven Kindern aufmerksam macht.

Dabei scheint es sich jedoch vorrangig um *Störungen der linken Hemisphäre*, also der Herausbildung von abstraktem Raum und abstrakter Zeit, zu handeln. *Dawson* (1988) faßt entsprechende Forschungsergebnisse wie folgt zusammen: „Die Daten … unterstützen eine enge Beziehung zwischen der Ausrichtung der Hemisphärenaktivität während des Sprechens und der Schwere der Sprachstörung beim Autismus. Bei autistischen Personen mit eher adäquaten sprachlichen Fertigkeiten findet man eher das normale linksdominante Muster der Hemisphären-Asymmetrie für Sprache; solche mit mehr beeinträchtigter Sprache zeigen beides: sowohl einen größeren Grad der Asymmetrie als auch rechtshemisphärische Dominanz … Unsere Daten legen nahe, daß in der frühen Entwicklung Autismus letztlich mit einer Überaktivation der rechten Hemisphäre verbunden werden kann" (S. 456).

Eine solche *rechtshemisphärische Überaktivation* muß auf der Basis des Modells von *Kinsbourne* und *Bemporad* wie den Ausführungen zur Hemisphärendominanz (s.o.) als unmittelbare Folge der autistischen Störung interpretiert werden. Die Dissoziation von Wahrnehmung und adäquatem Handeln *(Feuser)*, das Abbrechen der Dialoge, die hohe Veränderungsangst müssen sich auf der Basis dieser Modellvorstellungen in einer höheren rechtshemisphärischen Aktivität widerspiegeln. Die entsprechenden frühen Schemata des Spracherwerbs im Rahmen der Kardinalsymptome beeinträchtigen dann durch ihre bloß imperative Ausrichtung und daher den Ausfall kooperativer Beziehungen wesentlich den Aufbau von sprachlichen Abstraktionen, die u. U. lediglich in bestimmten Spezialgebieten (z. B. Mathematik) auftreten, wie es das (in Bd. 1, S. 318) von *Kischkel* (1986) übernommene Beispiel ebenso verdeutlicht wie die Figur des durch Dustin *Hoffman* verkörperten autistischen Mannes in dem amerikanischen Film „Rainman". So erfolgt der *Aufbau der inneren Position und der inneren, geistigen Bewegungen* in ihr entsprechend den Bedingungen der äußeren Dialog- und Handlungsfähigkeit. Dies führt zur Eingeschränktheit der inneren Sprache, den Echolalien usw. als Widerspiegelung der erfahrenen praktischen Einschränkung der sozialen Bewegungsmöglichkeiten nun in geistigen Bewegungen. (Bewegungen im reflexiven Ich sind im Sinne der Primärsymptome eher auf dingliche als auf komplexe soziale Situationen hin entwickelt zu vermuten.) Alle autistischen Symptome sind also „The whisper of the bang" (übersetzt: das „Flüstern des Knalles"), als dessen Ursprung *Tanguay* und *Edwards* (1982) Hirnstammschädigungen annehmen, die als neuropathologische Agenten wirken und die Entwicklung der Vorderhirnsysteme beeinflussen.

Ausgangspunkt dieses Prozesses sind ontogenetisch gesehen zentrale Wahrnehmungsstörungen durch *Schädigungen in der kortikal-subkortikalen Regulationsstruktur* (limbi-

145

sches System unter Einbezug der von mir getrennt wie zueinander vermittelt dargestellten folgenden regulatorischen Funktionen: (1) Vermittlung von Gedächtnis und Handlungsalternativen [Hippokampus], (2) Herausbildung von Modellen des Künftigen im Übergang von der Emotion zur Motivation [Basalganglien], (3) emotionale Bewertung verschiedener möglicher Motive [Amygdala] und (4) Bereitstellung von den Motiven entsprechenden Handlungsalternativen [Kleinhirn]). Über den Ort dieser Störung gibt es unterschiedliche theoretische Vorstellungen wie empirische Befunde.

Eine Reihe von Arbeiten, die ich hier im einzelnen nicht zitiere, stellt *veränderte evozierte Potentiale im Stammhirn* fest. In diese Überlegungen fügt sich auch der bereits zitierte Aufsatz von *Buchwald* (1975), der die Wirkungen von Asphyxie (Sauerstoffmangel bei Geburt, der CO_2-Überschuß hervorbringt) auf die Entwicklung des akustischen Analysators untersucht. So zeigten histologische Untersuchungen bei an Asphyxie verstorbenen Neugeborenen Schädigungen des Nucleus chochlearis von insgesamt 20–45% des Zellbestands (in einzelnen Bereichen 30–60%) sowie Störungen weiterer subkortikaler Kerne des akustischen Analysators (Olive, untere Vierhügel). *Buchwald* vermutet, daß bei derartigen subkortikalen Schädigungen „sensorische Stimuli ... zu reduntantem Rauschen entstellt (werden), anstelle spezifische Pattern der Information zu enkodieren" (S. 316). Dies entspricht *Sievers* (1982, S. 184) Annahme der „informationellen Deprivation" als wesentlichem Grundzug des Autismus.

Andere Autoren vermuten eine *Störung des mesolimbischen* (*Damasio* 1978) bzw. *medio-thalamisch-fronto-kortikalen Systems* (*Kischkel* 1985). D.h. der Regulationsmechanismus, der die Orientierungsreaktion durch selektive Hemmung der aufsteigenden sensorischen Reize unter Kontrolle hält, ist gestört. Nur verbietet sich bei Anwendung von *Wygotski*s Denkweise hier eine so vereinfachte Interpretation, da immer von der Entwicklung der psychischen Systeme als Ganzes auszugehen ist. Auf der Basis der Überlegungen zur Struktur des funktionellen Systems (Abb. 10) sowie ihrer Konkretisierung in der Behandlung der kortikal-subkortikalen Regulationsmechanismen kann ich hier gewisse Präzisierungen und Einschränkungen vornehmen, die zudem durch erste empirische Befunde gestützt werden. Es besteht kein Zweifel, daß die Gesamtheit der kortikal-subkortikalen Regulationsmechanismen bei Autismus mit ins Spiel kommt.

Trotzdem erscheint es nicht sinnvoll, wie dies *De Long* u.a. (1981) tun, Klüver-Bucy-Syndrom (bei Schädigung der Amygdala) und Autismus in Beziehung zu setzen. Das Problem bei Autismus liegt ersichtlich nicht in der Einschränkung der schnellen Wahl zwischen Motiven, also der eingeschränkten phasischen Situationsbewertung durch Emotionen, sondern in der Ermangelung nicht oder weniger angstbesetzter Handlungsalternativen. Hierbei liegt es nahe, an hippokampale Störungen, Störungen im System der Basalganglien sowie cerebelläre Störungen zu denken.

Eine starke Dominanz von *Störungen der Basalganglien* scheidet als Kandidat hierfür m.E. aus den folgenden Gründen aus. Zwar kann auch bei autistischen Kindern mit selbstverletzenden Verhaltensweisen eine veränderte Dopaminregulation (Neurotransmitter des tonischen, motivbildenden Systems der Basalganglien) nachgewiesen werden; differentialdiagnostisch gibt es jedoch ein Syndrom, bei dem es zwar häufig zu schwerer Selbstverletzung kommt, das jedoch nicht dem Autismus zugeordnet wird. Dies ist das *Lesch-Nyhan-Syndrom*. Dort kommt es auf der Basis einer genetischen Schädigung (Abwesenheit des Enzyms Hypoxanthin-Guanid-Phosphorybosil-Transferase) zu einem starken Defizit in der Verzweigung der dopaminergen Neuronen (*Davison* 1984, S. 121f.).

Ein derartiges Dopamindefizit kann künstlich hergestellt werden durch die *Neurolep-*

tika Reserpin, das die Dopaminspeicher des Gehirns entlädt, und *Chlorpromazin*, das die Dopaminrezeptoren blockiert (*Snyder* 1988, S. 82 u. 84ff.). Solche Neuroleptika werden insbesondere bei schizophrenen Psychosen verabreicht (dort liegt häufig eine erhöhte Synthese von Dopamin, die Motivspannungen signalisiert, vor) und haben schwerste Folgen für die (körperliche und) psychische Entwicklung (*Lehmann* 1986, S. 104ff.): schwerste Gedächtnisstörungen, Störungen der Affektivität, Affektlabilität, fehlende Beherrschbarkeit der Affekte, Entdifferenzierung und Minderung der intellektuellen Fähigkeiten.

Auch beim *Parkinson-Syndrom* besteht ein Defekt in der Dopaminsynthese. Er ist jedoch auf die nigrostriatäre Bahn A9 (vgl. Kap. 8.2.3) beschränkt und bezieht sich nicht auf die Selbstbekräftigung durch die Kontrolle und Wahrnehmung positiver Affekte, also die mesolimbischkortikale Bahn (A10). Störungen wie bei völligem Dopaminmangel liegen beim Parkinson-Syndrom nicht in vergleichbarer Weise vor: Es dominieren Bewegungsstörungen (Bewegungsarmut und -verlangsamung, erhöhter Muskeltonus, Wakkel- und Schütteltremor u. a. m.) sowie in psychischer Hinsicht eine gewisse Willenlosigkeit und Gleichgültigkeit.

Es bleiben also als Kandidaten für den Ausgangspunkt autistischer Störungen vor allem der *Hippokampus* und das *Kleinhirn*. Ich selbst hatte zunächst hier den Hippokampus aufgrund der spezifischen Veränderung der Neugikeitsverarbeitung favorisiert (*Jantzen* 1985a). Ähnlich hatte *Pedersen* (1981) unter Bezug auf das grundlegende Werk von *O'Keefe* und *Nadel* (1978) über die Hippokampusfunktionen und die von diesen favorisierte Grammatiktheorie von *Jackendoff* (1976; vgl. meinen Hinweis in Bd. 1, Kap. 5.5.4) autistisches Verhalten außerordentlich gut theoretisch rekonstruieren können. Trotzdem muß jetzt, nachdem in zwei Arbeiten von *Courchesne* u. a. Schädigungen in spezifischen Regionen des Kleinhirns entdeckt wurden, die Schwerpunktsetzung in der Analyse des limbischen Regulationssystems im Zusammenhang der Entstehung von Autismus korrigiert werden.

Unter Verwendung der Kernspin-Computer-Tomographie konnten *Courchesne* u. a. (1987) Hinweise für *Veränderungen im Kleinhirn* einer Person mit klassischem Autismus, aber normaler Intelligenz (IQ = 112) finden. Bestimmte Teile der Vermisregion des Kleinhirns zeigten pathologische Befunde. Daneben war die rechte Hirnhemisphäre deutlich größer als die linke. Dies wird von den Autoren jedoch als durch Entwicklung bedingte Vergrößerung diskutiert, die – wie der Fachliteratur entnehmbar – auch bei Entfernung der gegenüberliegenden Hemisphäre auftritt. Auf der Basis der hier gewonnenen Hypothesen untersuchten *Courchesne* u. a. (1988) 18 Autisten (IQ 45–111, Alter 6–30 Jahre) und verglichen sie mit einer Kontrollgruppe (N = 12) „normaler" Personen. Die Ergebnisse waren eindeutig: Eine *verminderte Ausprägung des Zellgewebes (Hypoplasie) in den Vermislappen VI und VII* konnte nachgewiesen werden.

Entwicklungsneuropsychologisch liegt damit eine Störung von Strukturen vor (vgl. Kap. 8.2.3), die als Teile des Paläocerebellums elementare Handlungsalternativen in AAM mit absichern und die modulierende Einflüsse (Hemmung) über die Purkinzezellen des Neocerebellums auf das Septum und auf hippokampale Strukturen ausüben. Insofern ist die ursprüngliche These der Hippokampusstörung nicht ungerechtfertigt, kann nun aber wesentlich spezifiziert werden. Autismus kann in diesem Sinn als *neurobiologische Entwicklungsstörung* (*Courchesne* u. a. 1988) begriffen werden. Er entsteht an einem bestimmten Ort der neurobiologischen Differenzierung des ZNS, wie dies *Cianarello* u. a. (1982) vermutet hatten. *Der Kern dieser Störung liegt m. E. in der Einschränkung von im AAM kodierten elementaren Handlungsalternativen. Diese führt ebenso zur Nichtbe-*

wältigung von Neuheit (fehlende Hemmung der hippokampalen Funktionen) wie zum Nichtgelingen von Dialogen. Je nach Schwere der Störung finden selbststabilisierende Muster wie z.B. Autoaggressionen hier ihre sinnvolle Begründung. Auf jeden Fall richten sich die Motivstrukturen und Handlungsalternativen wie bei allen anderen Menschen auch auf die Teile der Welt, die Sicherheit garantieren. Die Kardinalsymptome der extremen autistischen Abkapselung und der Bindung an Dinge erklären sich aus dieser Störung, die folgenden Symptome aus der Struktur des so determinierten Aneigungsprozesses, der trotzdem sozial bleibt. Auch die Bedürfnisse des Kindes sind soziale: Nur ist dieses Kind in dieser Hinsicht sehr viel empfindlicher und verletzlicher. Auf jeden Fall ist, mit *Feuser* (1977) ausgedrückt, das autistische Kind nicht autistisch, sondern in besonderer und differenzierter Weise sozialer Dialoge und sozialer Kooperation bedürftig.

8.4.2 Einige Überlegungen zur Neuropsychologie des Down-Syndroms (Trisomie 21)

Trisomie 21 ist eines der häufigsten Syndrome im Bereich der geistigen Behinderung. Seine Erstbeschreibung wird in der Regel dem englischen Arzt Langdon *Down* (1866) zugeschrieben, doch hat *Zellweger* (1981) vor kurzem darauf verwiesen, daß bereits *Séguin* (1846) das Syndrom beschrieben hat. *Down*s Beschreibung bediente sich rassistischer Stereotype: Er meinte, in dieser Schädigung bestimmte Parallelen zu der von ihm vermuteten Minderwertigkeit der mongolischen Rasse finden zu können. Von dort aus erklärt sich die Benennung als Mongolismus (in der deutschsprachigen Literatur des vorigen Jahrhunderts ist z.T. von Kalmückenidiotie die Rede). Da ich weder beabsichtige, einen rassistischen Begriff zu verwenden noch einen Rassisten posthum zu ehren, spreche ich durchgängig von *Trisomie 21*. Dies ist die Bezeichnung der biologischen Ursache des Syndroms. D.h. im 21. Chromosomenpaar liegt ein überzähliges Chromosom vor, das in der Epigenese durch spezifische und unspezifische Wechselwirkungen eine Reihe biologischer Veränderungen hervorbringt.

Im Vergleich zum Autismus ist die theoretische Nachzeichnung mit weitaus mehr offenen Fragen verbunden. Beim Erwachsenen dürfte sie, soweit nicht ein erfolgreicher Grundschulbesuch bereits tendenziell andere Verhältnisse geschaffen hat, dem von *Wolf* (1986, 1988) unter Anwendung der Tübinger-Luria-Christensen-Neuropsychologischen-Testbatterie (TÜLUC) für geistig Behinderte festgestellten Erscheinungsbild einer Kombination semantischer und dynamischer Aphasie entsprechen. Zumindest ergibt sich ein solcher Eindruck aus den zahlreichen Daten, die *Rondal* (1984) in einem Sammelreferat über „Linguistische Entwicklung bei geistiger Behinderung" zusammengetragen hat (vgl. Tabelle 1, S. 327–331). Gänzlich ungeklärt ist jedoch der neuropsychologische Entwicklungsprozeß dorthin. Ähnlich wie beim Autismus möchte ich von einem systemhaften Denken psychischer Zusammenhänge ausgehend die von mir verfolgte Perspektive aber zumindest durch das Aufzeigen einiger Zusammenhänge und daran geknüpfter Fragen verdeutlichen. Dies ist umso wichtiger, als sich durch umfangreiche Erfahrungen in der Erziehung und Bildung dieser Kinder wie durch bessere medizinische Versorgung ihr Erscheinungsbild z.T. gänzlich verändert hat. Das ernste, offene, interessierte Gesicht eines Kindes mit Trisomie 21, das Integrationskindergarten und Grundschule besucht hat, also vorrangig konkret-operativ zu denken vermag, wenn auch abstraktes Denken immer noch eine ernsthafte Schwelle zu sein scheint, hat kaum noch Ähnlichkeit zu dem Bild des kasperhaften, ewig grinsenden, netten „Mongölchen", das bis dato die Wahrnehmung der Fachwelt und der Öffentlichkeit häufig bestimmte.

Bereits diese Überlegungen zeigen, daß es sich hier um eine tiefgreifende Entwicklungsstörung handelt, die adäquater Pädagogik zu ihrer Überwindung bedarf. Aufgrund von äußeren Veränderungen im sprachmotorischen Analysator (Zunge, Gaumen u. ä.), aber nicht nur hierdurch, ist zudem häufig der Spracherwerb erheblich erschwert, was ein Ausweichen auf alternative Zeichenkörpersysteme (z.B. Gestensprache, Bliss-Symbolics) im Sinne einer totalen Kommunikation erfordert (vgl. auch *Jantzen* 1986a).

Für die Details der frühen Entwicklung hat *Pueschel* (1984, 1986) mit einer Untersuchung von 89 Kindern mit Trisomie 21 (T21-Kindern) eine wesentliche Aufklärung der Zusammenhänge erreicht. Die wichtigsten Befunde gibt die folgende Pfadanalyse wieder (übersetzt aus *Pueschel* in: Flehmig/Stein (Hrsg.) 1986, S. 304). Bei der Pfadanalyse handelt es sich um ein multivariates korrelationsstatistisches Verfahren, mittels dessen wahrscheinliche Zusammenhänge in zeitlichen Abfolgen dargestellt werden können. Die Zahlen an den in *Abbildung 34* dargestellten Entwicklungspfaden sind die jeweiligen signifikanten Korrelationskoeffizienten.

Analysiert man diese Entwicklungsmatrix, so fällt zunächst auf, daß der *Muskeltonus*, dessen Schlaffheit ein allgemeines Merkmal bei jungen T21-Kindern ist, *deutlich die gesamte Entwicklung beeinflußt*. Der Muskeltonus selbst ist zudem dann niedriger und ungünstiger, wenn eine angeborene Herzkrankheit (was häufig der Fall ist) vorliegt.

Weiterhin ist auffällig, wie deutlich die *Entwicklung der geistigen Fähigkeiten* von der Fähigkeit der Eltern abhängt, empfohlene Verhaltensmaßregeln durchzuführen. Diese Fähigkeit hängt wiederum von ihrer eigenen Handlungsperspektive ab, wie die hohe Korrelation mit dem Muskeltonus zeigt: Mit eher lebhaften und nicht hypotonen Kindern finden sich die Eltern besser zurecht und können Empfehlungen besser umsetzen. Diese Fähigkeit hängt zudem ab von der Gesamtbewältigungsfähigkeit der Eltern, mit einem behinderten Kind konfrontiert zu sein.

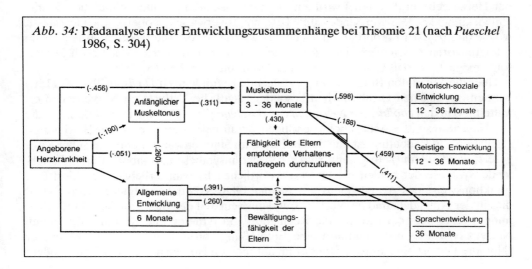

Abb. 34: Pfadanalyse früher Entwicklungszusammenhänge bei Trisomie 21 (nach *Pueschel* 1986, S. 304)

Die Entwicklung der Kinder ist jedoch nicht nur durch Schlaffheit beeinträchtigt, zahlreiche weitere Momente kommen hinzu. So verweist *Pueschel* (1986) auf nahezu durchgängig gegebene *Schädigungen der peripheren Enden des optischen und akustischen Analysators* (also organische Veränderungen an Auge und Ohr). Nur 23% der T21-Kinder verfügen über normale Hörfähigkeit (S. 306). Häufige *Dysfunktion der Schilddrüse* (Hyperthyreose), die die normale Funktionsweise des ZNS beeinflußt (bei 3–50% der Kinder, Angaben entsprechend unterschiedlichen Befunden in der Literatur), kann mittlerweile durch medikamentöse Einstellung bewältigt werden. Die schon genannten *Herzanomalien* liegen nach Literaturangaben bei 7–70% der Kinder vor (Mittelwert 19%; vgl. *Rehder* 1981, S. 58). Die Zahlen schwanken deshalb sehr stark, weil diese Anomalien mit ein Hauptfaktor der Mortalität bei sehr jungen T21-Kindern sind. Anatomische Untersuchungen verweisen auf häufigeres *Fehlen bestimmter Muskeln im Gesichtsbereich* (*Bersu* 1980). Ein solches Fehlen wird zwar auch bei anderen Populationen gefunden, jedoch ist die *stärkere Kombination morphologischer Veränderungen* (z. B. fand *Bersu* Veränderungen auch bei peripheren Arterien sowie am Spinalnerv und am 1. Hirnnerv) typisch für Trisomie 21.

Auch im *Zentralnervensystem* finden sich deutliche Veränderungen. Das *Hirngewicht* ist niedriger. Die *obere Temporalwindung* ist (oft bilateral) schmäler. Durch Zellzählungen wurde eine durchschnittliche *Reduktion der Neuronen auf ca. 50%* ermittelt (*Scott* u. a. 1983, S. 201 ff.). Es wurde eine Reduzierung des Myelinbetrages (Markscheiden der Nervenfasern) in der weißen Substanz und eine Abnahme des synaptischen Proteinbetrages in der grauen Substanz festgestellt (*Davison* 1984, S. 115). Auszählungen der Zellen in den *primären Feldern* des sensomotorischen, des akustischen und des optischen Analysators (Felder 4, 3, 41 und 17) ergaben eine deutliche *Reduzierung* insbesondere *der Sternzellen* in Schicht IV, die der Vermittlung von kortikaler und subkortikaler (thalamischer) Information dienen (*Ross* u. a. 1984).

Der ausführliche Sammelband zur Psychobiologie des Down-Syndroms, den *Nadel* (1988) herausgegeben hat, wurde mir erst während der Korrekturarbeiten an dem vorliegenden Buch zugänglich. Er konnte daher nicht mehr umfassend ausgewertet werden. Die dort vorliegenden Ergebnisse verweisen auf entsprechende Verhältnisse in der Zellschicht IV auch in anderen Bereichen des Neokortex (S. 274). In der Zusammenfassung der Herausgeberin (S. 369ff.) wird auf die hohe Bedeutung früher Stimulation für die Entwicklung des ZNS von Kindern mit Trisomie 21 verwiesen, wobei es noch unklar ist, wo die Grenzen der Förderbarkeit liegen und welche Art der Interventionsstrategien am erfolgreichsten zu sein verspricht. Aber auch bei älteren Individuen seien noch Lernerfolge möglich, so daß Gründe für weitere Hoffnung bestehen (S. 374).

Über die genannten Befunde hinaus (folgende Befunde nach *Davison* 1984, S. 115f.) wurden in einzelnen Hirnbereichen besonders deutliche Verluste an Nervenzellen ermittelt: So in den *cholinergen Neuronen der Basalganglien* (dies sind jene Neuronen, die den Neurotransmitter Acetylcholin benötigen, der insbesondere auch für die Bewegungsregulation von Bedeutung ist und durch Kurare im Sinn zeitweiser Lähmung außer Kraft gesetzt werden kann). Insgesamt sind Acetylcholinsynthese und -abbau durch die fehlende Synthese der beiden hierfür verantwortlichen Enzyme erheblich reduziert (zur Funktionsweise des Acetylcholins vgl. *Snyder* 1988, S. 28ff.). Besonders deutlich tritt dies in der Amygdala und im Nucleus Caudatus (ein Teil der Basalganglien) in Erscheinung. Ferner liegt bei dem für die Regulation von Atmung und Kreislauf relevanten Nucleus coeruleus im Stammhirn eine Entblößung von *noradrenergen Neuronen* vor (Noradrenalin ist ein Neurotransmitter im autonomen Nervensystem, der insbesondere

150

bei Streß für die Beschleunigung des Herzschlags, die Erweiterung der Bronchien und die Erhöhung des Blutdrucks sorgt).

Beide Veränderungen, die der Acetylcholin- wie der Noradrenalinsynthese, sind Kandidaten für die Aufklärung des zentralen Symptoms der anfänglichen Muskelschlaffheit. Bezüglich der Acetylcholinveränderungen gibt es ferner deutliche Ähnlichkeiten zum *Alzheimer-Syndrom*, das im höheren Lebensalter zu Demenz führt. *Scott* u. a. (1983, S. 234) vermuten unter Einbezug dieser Befunde, daß Trisomie 21 den Prozeß eines schnelleren Alterns beinhaltet.

Diese Feststellung wie auch die anderen erwähnten Befunde sollten jedoch nicht fatalistisch betrachtet werden. (Dies verbietet auch die oben genannte Entwicklung in Erziehung und Bildung von T21-Kindern). Es ist hinreichend bekannt, wie soziale Bedingungen Altern ermöglichen bzw. vorzeitige Vergreisung hervorbringen können. Auch hier gilt es natürlich, die Wechselwirkung der verschiedenen Ebenen (biologisch, psychisch, sozial) präzise zu beachten und zu erschließen.

Der Ursprung der Störung durch das überzählige Chromosom im 21. Paar wird in einer chromosomalen Überproduktion von RNS vermutet (*Scott* u. a.). Auf jeden Fall kommt es zu epigenetischen Wechselwirkungen in der Morphogenese (bis gegen Ende des 3. intrauterinen Monats), wie es aus den zahlreichen morphologischen Veränderungen (z. B. Herzmißbildungen, kürzere Finger, „Mongolenfalte", Fehlen von Muskeln usw.) erschlossen werden muß. Auch im ZNS läßt sich zu einem sehr frühen Zeitpunkt (16. Gestationswoche) bereits eine pathologische Struktur im *elektrischen Verhalten einzelner Zellen* feststellen, deren grundlegende Parameter verändert sind (Nachhyperpolarisation um −41% reduziert, Ansteigen der Membranzeit um +30%, Reduzierung der Depolarisation des Schwellenregelbereichs um −21%). Diese Defekte sind vermutlich auf eine Veränderung der Kaliumpermeabilität der Membran zurückzuführen (*Scott* u. a. 1983). Andere Veränderungen, wie z. B. primitivere Formen der dendritischen Verzweigungsstruktur (reduzierte Spinezahl), treten erst nachgeburtlich auf.

So wenig sich diese Daten zu einem konsistenten Bild in jener Dichte wie bei Autismus fügen, so ist doch bereits hier deutlich, wo in einer entwicklungsneuropsychologischen Erforschung der Trisomie 21 in Zukunft Schwerpunkte zu setzen sind: Es sind dies m. E. vor allem zwei Fragen: Zum einen die Frage nach dem Ursprung, der Weitervermittlung und der Aufhebung der Schlaffheit (reduzierter Muskeltonus). Und zum anderen die Frage nach der Wechselwirkung der gestörten Struktur der peripheren Enden der Analysatoren mit einer Tätigkeit, die unter diesen Bedingungen maximale Anregungen für Zellwachstum und Zellentwicklung der je hierarchisch höheren Zellpopulationen liefert. Wieviel ist durch Schädigung vorgegeben, wieviel ist Resultat früher sensorischer Deprivation oder späterer Isolation durch Überbehütung bzw. durch erlernte Inkompetenz, die unterdessen von zahlreichen Autoren als ein Hauptverursachungsfaktor geistiger Behinderung diskutiert wird (vgl. Jantzen 1986a)? Dies ist eine Frage, die vor allem auch durch veränderte pädagogische Praxis zu beantworten ist.

Ich hoffe, mit diesen Ausführungen Anregungen gegeben zu haben, wie künftig über spezifische Syndrome neu nachzudenken ist, um sie auch in biologischer Hinsicht historisch zu entschlüsseln, sie nicht statisch zu betrachten, sondern als Prozeß der Selbstorganisation zu rekonstruieren. Bevor ich die neurobiologische und neuropsychologische Ebene der Analyse von Behinderung jedoch verlassen kann, ist abschließend noch einiges zu den spezifischen Hirnmechanismen von Störung und Wiederherstellung auszuführen. Ich beschränke mich dabei ausschließlich auf einige elementare Sachverhalte. Diagnostische und therapeutische Aspekte werden in den entsprechenden Kapiteln (9 und 12) angesprochen.

8.5 Elementare Mechanismen der Störung und Wiederherstellung von Hirnfunktionen

8.5.1 Restitutions- und Reparaturmechanismen als Wiederherstellung funktioneller Systeme

Die in diesem wie im vorigen Kapitel entwickelte Perspektive der Selbstorganisation der Prozesse des Nervensystems in Systemen des Typs „Subjekt – Tätigkeit – Objekt" ermöglicht m.E. auch ein besseres Verständnis der Restitutions- und Regenerationsmechanismen im ZNS. Eine solche Restitution und Regeneration kann bei Nervenzellen im ZNS im Unterschied zu Körperzellen nicht durch Neubildung erfolgen. Eine Ausnahme bildet hier die in Tierexperimenten bereits erprobte Implantation von embryonalem Hirngewebe in erwachsenes Hirngewebe (vgl. *Fine* 1986). Da eine Schädigung des ZNS in jedem Falle die *Störung funktioneller Systeme unterschiedlicher hierarchischer Niveaus* (von der Zelle über die Zellpopulation bis zur Gesamtheit des Gehirnprozesses) bedeutet und damit eine Einschränkung der Tätigkeit, muß die Restitution und Regeneration in Form der Wiederherstellung solcher Systeme erfolgen. Schon *Anochins* (1967) Forschungen zu Nervenanastomosen verweisen darauf, daß die veränderte periphere Afferentierung (z.B. bei Vertauschung der Beuger- und Strecker-Innervation am Hinterlauf der Katze) im Gesamtkontext der Tätigkeit zentral durch die *Neuausbildung eines adäquaten afferenten Feldes* beantwortet wird.

Wie sieht nun die gegenwärtige Diskussion zu diesen Fragen aus?

Wichtige Aufschlüsse liefert u.a. der Bericht des Dahlem-Symposiums über „Reparatur und Regeneration des Nervensystems" (*Nicholls* 1982) sowie in ihm insbesondere das Referat von *Singer* über *„Wiederherstellungsmechanismen beim Säugetiergehirn"*.

Singer geht davon aus, daß mit dem Anstieg (1) der Fähigkeiten, neue Antwortstrategien zu erwerben, (2) der Fähigkeit des Gehirns, Reaktionen aus einem großen Repertoire auszuwählen, und (3) mit der Option, sie willentlicher Kontrolle zu unterwerfen, die Wiederherstellungsfähigkeiten sich deutlich erhöhen. „So ist die ansteigende Differenzierung des Nervensystems nicht notwendigerweise begleitet von erhöhter Vulnerabilität" (S. 205).

Im einzelnen werden folgende Sachverhalte erörtert:

1. Restitution kann auf der Basis *lokaler Reparatur* erfolgen, indem selektive Aufmerksamkeit auf die gestörte Funktion gerichtet wird. Es können für ein System nichtfunktionale, aber strukturell intakte Neuronen innerviert werden. So kann z.B. bei Verletzungen des striären Kortex, welche zu Skotomen (dunkle Flecken im Sehfeld) führen, die direkt von Art und Größe des Defekts abhängen, durch intensives visuelles Training deren Größe reduziert und die normale Funktion wiederhergestellt werden. Dies geschieht durch Training, das die selektive Aufmerksamkeit der Patienten auf die

gestörte Funktion richtet und 30–60 Minuten nach Beginn bereits Fortschritte zeigt. Eine Neubildung von Zellverbindungen (z.B. Axonenwachstum) kann daher ausgeschlossen werden. Solche Erfolge sind nur durch Spezialtraining zu erzielen und nicht im Alltagsgebrauch, da – so *Singer* – der Alltagsgebrauch die Aufmerksamkeit der zur Kompensation genutzten Neuronenverbände mit latenter Funktion unterdrückt.

2. Eine besondere Rolle für die neuronale Plastizität kommt der *Aufmerksamkeit* zu (S. 208ff.):
– Motivation und Aufmerksamkeit sind für die Wiederherstellung gestörter Hirnfunktionen zentrale Parameter;
– beim Schielen unterstützen z.B. nur solche retinalen Signale die Entwicklung der normalen visuellen Funktion, denen aktuelle Aufmerksamkeit zugewendet wird;
– es gibt deutliche Belege aus Tierexperimenten, daß der Wandel in der kortikalen Funktion durch Systeme gebahnt wird, die in die Kontrolle der Reizselektion und Aufmerksamkeit einbezogen sind.

3. Restitutionen erfolgen entsprechend der *Redundanz in der Verteilung der Systeme* (S. 210f.).
Z.B. ist die Orientierungsreaktion an viele Systeme gebunden. Wird nur eines dieser Systeme bei Tieren oder beim Menschen gestört, so sind die Effekte vorübergehend und verschwinden nach wenigen Wochen. Werden zwei oder mehr gleichzeitig zerstört, so werden die Defekte irreparabel.

4. In gewissem Umfang können *Substitutionsprozesse* bei völliger Zerstörung eines funktionellen Zentrums stattfinden (S. 211).
Die Zerstörung des primären optischen Feldes 17 bei Affen wie bei Menschen führt zur kortikalen Blindheit. Nach einigen Tagen treten bei Affen Zeichen für visuell eingeleitete Reaktionen auf (optokinetischer Nystagmus, Orientierungsreaktionen). Durch Training kann sogar die Diskrimination, nicht nur von Licht unterschiedlicher Stärke, sondern auch von einfachen Mustern, gelernt werden. Trotzdem bleibt die Wahrnehmung verarmt, bewegte Objekte werden leichter als stationäre entdeckt. Eine Substitution findet statt durch das retino-tektale System (Tectum = Vierhügelplatte oberhalb des Tegmentums, die die unteren und oberen Zweihügel umfaßt; vgl. Abb. 21), das durch Koordination der Augenbewegungen mit in die Reizselektion einbezogen ist. Beim Menschen ist ein vergleichbarer Substitutionprozeß nicht erreichbar; allerdings können auch hier einige nicht-bewußtseinsfähige Reaktionen auf optische Reize neu herausgebildet werden.

5. Zum Teil finden *kompensatorische Prozesse* statt (S. 212ff.). Solche sind z.B. die Übernahme der gesamten Funktion bei einseitiger Störung des Labyrinths (Gleichgewichtsorgan) durch das der anderen Seite oder die Wiederherstellung des Sehprozesses beim Tragen von Umkehrbrillen, die nach einigen Tagen stattfindet. In diesem Sinn kann auch der Restitutionsprozeß bei den *Anochin*schen Katzen als ein Kompensationsprozeß betrachtet werden. Aber auch alle anderen bisher nach *Singer* dargestellten Prozesse können am besten auf der Basis der Neuorganisation und Wirkweise funktioneller Systeme erkärt werden.

6. Zur Frage, ob die *Kompensationsmöglichkeiten des sich entwickelnden Gehirns* größer sind als die des *Erwachsenengehirns* (einen Überblick zum entwicklungsneurologischen

Aspekt dieser Frage auf der Basis zellulärer Entwicklung gibt *Herrschkowitz* [1982] im gleichen Band), resümiert *Singer* (S. 210): „Das sich entwickelnde Gehirn hat gewisse Optionen, Funktionen wiederherzustellen, die das erwachsene Gehirn verloren hat, aber diese Fähigkeiten sind wahrscheinlich mehr beschränkt, als man früher annahm". Auf der anderen Seite werden mehr und mehr Mechanismen erkannt, die beim Erwachsenengehirn zur Wiederherstellung führen (s. u.). Es handelt sich hierbei jedoch um *keine spezifischen Reparaturmechanismen*, sondern um *adaptive Mechanismen, die in allgemeiner Weise die Homöostase des Gehirns sichern* (S. 219).

Derartige Mechanismen sind jeweils funktionelle Systeme (vgl. Kap. 7).

Theorien der Wiederherstellung (Restitution) setzen auch immer *Theorien der Störung* voraus. Wendet man die Theorie der funktionellen Systeme an, so handelt es sich im wesentlichen um *Störungen der Afferenzsynthese bzw. der Reafferentierung funktioneller Systeme*, die ihrerseits im Rahmen der Selbstorganisation solcher Systeme zu einem anderen Verhalten führen können. Im Extremfall kann dies zur Entkoppelung eines Systems führen. Eine derartig veränderte efferente Struktur eines Teilsystems werde ich im Rahmen von *Kryshanovskys* (1986) Theorie pathologischer Systeme im folgenden Teilabschnitt darstellen.

Störungen der Afferentierung liegen den folgenden Befunden und Annahmen zur Störung in unterschiedlicher Form zugrunde.

Roland (1987) folgert aufgrund der neurologischen und neuropsychologischen Untersuchung von 94 Patienten mit Hirnschädigungen, daß den unterschiedlichen kortikalen Störungen bei Schädigung unterschiedlicher Gebiete ein unterschiedlicher Betrag an *Rauschen* zugrunde liegt. Dies deckt sich mit den schon zitierten Annahmen von *Buchwald* (1975) zum Rauschen durch die Zerstörung subkortikaler Kerne als Ursache des Autismus. *Brown* (1988, S. 129ff.) geht im Rahmen seiner Kritik an der zu unspezifischen Diachisis-Annahme (Diachisis: teilweise eingeschränkte Funktionsfähigkeit nach Hirnverletzung, die spontan wieder verschwindet) von der hierarchischen Organisation höherer kortikaler Funktionen aus, im Rahmen derer spezifische Stufen der Hirnentwicklung linguistischen Niveaus entsprechen. Solche Niveaus müssen daher nicht als „Warenhäuser" für eine bestimmte Funktion, sondern als vermittelndes strukturelles Niveau begriffen werden. Der Begriff des Rauschens als Ausdruck für veränderte Afferentierung kann hier sicherlich insofern sinnvoll verwendet werden, als kein „Nichts" an die Stelle der bisherigen afferentierenden Zellpopulation tritt, sondern eine Veränderung des afferenten Feldes, und damit eine *Veränderung der für die Informationskonstruktion erforderlichen Topologie* erfolgt.

John u. a. (1983) verweisen darauf, daß das *elektrische Verhalten der Zellpopulationen* bei kognitiven Dysfunktionen und neurologischen Störungen von Kindern erheblich verändert ist. Hintergrund-EEG und sensorische evozierte Potentiale sind im Vergleich zu den Charakteristika „gesunder, normal funktionierender Individuen" oft extrem und liegen jenseits der Grenzen der Normalverteilung. Auf eine vergleichbare Störung in der Selbstorganisation von Nervenzellen sind wir bereits bei der veränderten Kalium-Permeabilität der Nervenzellen bei Trisomie 21 gestoßen. Nun sagen diese Veränderungen unmittelbar noch nichts über die psychonervalen Funktionen als Ganzes aus. Sie sind zunächst nichts anderes als ein Ausdruck der Wiederherstellung als Selbstorganisation unter anderen und komplizierteren Bedingungen, d.h. ein Hinweis auf die größere Labilität der Gesamtheit der psychonervalen Prozesse.

Schließlich scheint auch die *Größe der Verletzung* ein Faktor zu sein, der sich unterschiedlich auf die Restitution verschiedener Bereiche auswirkt. Manchmal scheinen die Anreize für die Wiederherstellung bei größeren Verletzungen größer zu sein (*Irle* 1987).

Die *Wiederherstellung funktioneller Systeme* kann begünstig werden durch Entwicklung der *Umgebungskontrolle* sowie durch *Medikamente* (*Will* 1977). Soweit spezifische Medikamente eingesetzt werden, die jeweils allerdings relativ kurzfristig und symptomspezifisch wirken, kann man deren Wirkung, soweit sie wirklich positiv und ohne Spätschäden ist, u. a. mit der von mir weiter oben diskutierten Hypothese struktureller Koppelung durch Phaseneinstellung beschreiben. So macht auch *Fine* (1986) darauf aufmerksam, daß die Neurotransmitter Dopamin, Acetylcholin u. a. „oft nicht zu dem Zweck ausgeschüttet werden, genaue Informationsmuster weiterzuleiten, sondern um den allgemeinen Erregungszustand der Zielneuronen oder ihre Reaktion auf andere eingehende Signale zu modulieren" (S. 94). Man könnte demgemäß vermuten, daß die Gabe von Medikamenten entweder metabolisch (energetische und strukturelle Regeneration von Zellen) oder strukturell-koppelnd wirkt. Im Sinne *Bernstein*s würde dies eine Verbesserung der wellenförmigen Informationsverarbeitung bedeuten, während die kanalförmige nur durch die Tätigkeit selbst verbessert wird. (Um nicht mißverstanden zu werden: Auch die kanalförmige Aktivität trägt im Rahmen ihrer zeitlichen Parameter zur strukturellen Koppelung und Phaseneinstellung bei.)

Entsprechende Befunde zu beiden vermuteten Typen der Wiederherstellung auf zellulärer Ebene liegen vor.

Cotman und *Nieto-Sampedro* (1982) behandeln in einem Sammelreferat ausführlich das *Axonwachstum* und die *Bildung neuer synaptischer Verbindungen* als Mechanismus von Erneuerung und Plastizität. Die synaptischen Umgruppierungen (synaptic turnover) werden als dauernder Adaptationsprozeß im ZNS betrachtet, der bei Verletzungen durch die zunächst erfolgende Denervierung (Absterben von Verbindungen auf der Basis von Funktionsverlust) initiiert wird. Im nicht-pathologischen Fall findet ein solcher Prozeß z. B. bei Tieren statt, die Winterschlaf halten, oder er liegt vor, wenn im Uterus während der Schwangerschaft die noradrenerge Innervierung faktisch verschwindet und danach wiederkehrt (S. 379).

Mit vier Grundregeln kann die *synaptische Umgruppierung nach Schädigungen* beschrieben werden (S. 375):

1. Neue Synapsen bauen den Input wieder auf, der der partiellen Denervation folgt.

2. Ein afferenter Impulsgeber innerviert eine denervierte Zone nur, wenn sich sein Zielgebiet mit dem Feld der geschädigten Afferentation überlappt.

3. Das reaktive Wachstum bewirkt nur den quantitativen Anstieg oder die Wiederorganisation von vorher existierenden Verbindungen (es entstehen keine neuen Leitungen).

4. Wenn ein Neuron mehr als einen Typ von Afferenzen empfängt, gibt es eine eindeutige Hierarchie, entsprechend der relativen Kapazität der verschiedenen afferenten Impulsgeber, in Reaktion auf den Synapsenverlust zu wachsen. „Ähnliche" afferente Impulsgeber, d.h. solche von ähnlichen Zelltypen, haben Wachstumspräferenzen.

Diese Prozesse lassen sich m. E. am besten erklären auf der Basis des *aktiven Verhaltens von Zellen und Zellpopulationen*, die unter veränderten Lebensbedingungen sowohl ihre strukturelle Koppelung (wechselseitige Phaseneinstellung) neu organisieren als auch ihre individuelle Lebenstätigkeit (vgl. auch *Koshland* 1980, der die Organisation bakteriellen Verhaltens als Paradigma für das Verständnis von Zellverhalten im Nervensystem heranzieht). Die Grundlage der Realisierung der Lebenstätigkeit der Neuronen ist die Neubildung rezeptorischer (Dendritenwachstum) und effektorischer Strukturen (Kollateralenbildung, Axonsprossung, Synapsenbildung).

Empirische Befunde bestätigen das Stattfinden dieser Prozesse. Sowohl im Tierexperiment wie beim Menschen (hirnanatomische Untersuchung eines 83jährigen verstorbenen Mannes) zeigte es sich, daß bei Schädigungen in dem Gebiet der in die Hippokampusfunktion integrierten Fascia dentata (zur Anatomie vgl. *O'Keefe* und *Nadel* 1978, S. 107–112), es nach Absterben nichtgranulärer Zellen im Gebiet CA 4 (granuläre Zellen = Sternzellen) zur Bildung von entsprechenden Axonbäumen kam, die diese ersetzten. Die zugrunde liegende Schädigung der supragranulären Zellen tritt bei Krankheiten im hohen Alter auf. (*Cotman* und *Nieto-Sampedro* 1982, S. 374 bzw. 383).

Synaptische Umgruppierungen finden statt, wenn die Stimuli (z.B. der Prozeß der Denervation) mindestens 2–3 Tage wirksam sind. Reaktionen, die früher als zu diesem Zeitpunkt initiiert werden, bewirken keine synaptische Umgruppierung. Aktuelle Stimuli können sowohl Medikamente wie Impulsaktivität sein. Im peripheren Nervensystem bewirkt die Gabe von Neurotransmittern Axonsprossung, eventuell könnte dies auch im ZNS der Fall sein (S. 389).

Schließlich ist festzuhalten, daß synaptische Umgruppierungen in unterschiedlichen Hirngebieten unterschiedlich stark auftreten. Nahezu keine derartigen Prozesse erfolgen in den sensorischen Umschaltkernen; Gebiete, in denen deutliche synaptische Umgruppierungen auftreten können, sind Hippokampus, cerebraler Kortex und Kleinhirn (S. 383).

Marshall (1985, S. 223ff.) macht schließlich auf einen weiteren Prozeß aufmerksam, der für die Wiederherstellung von Funktionen neben der Axonsprossung und Neubildung von Synapsen bedeutsam ist: die *neurochemische Adaptation und Wiederherstellung*. Die überlebenden Synapsen vermitteln die Wiedererlangung des Verhaltens. Dies geschieht durch Veränderungen in der Transmittersynthese, der Freisetzung und der postsynaptischen Sensitivität. Dieser Prozeß ist sehr spezifisch und umfaßt u.U. nur einzelne Rezeptortypen. Er beginnt 3–4 Tage nach der Verletzung und ist nach 2–3 Wochen abgeschlossen (S. 240).

Zusammengefaßt: Es existieren eine Reihe von Mechanismen auf der Ebene von Zellen und Zellpopulationen, die in die Neuorganisation funktioneller Systeme einbezogen werden können. Hierzu ist eine adäquate Strukturierung der Tätigkeit in jedem Fall erforderlich. Spezifische Medikamente, soweit sie metabolische Funktionen wiederherstellen (vgl. *Luria* 1963) oder die strukturelle Koppelung von Nervenzellverbänden verbessern, ohne schädliche Nachwirkungen aufzuweisen, haben hierbei zusätzliche Bedeutung (z.B. Neurotransmitter). Ob sich darüber hinaus Medikamente mit langfristig stabilisierenden Effekten entwickeln lassen, ist eine m.W. gegenwärtig noch offene Frage (*Will* hält solche Medikamente in Form der Aktivierung des Nervenwachstumsfaktors bzw. von spezifischen Enzymen für möglich; 1977, S. 339f.).

8.5.2 Die Herausbildung pathologischer funktioneller Systeme als Kern persistierender Störungen

Es ist selbstverständlich unbestritten, daß durch die Zerstörung von Hirngewebe spezifische, nicht kompensierbare Schäden auftreten können. Ebenso unbestritten ist es, daß quantitativ veränderte Werte im Sinne der bioelektrischen Parameter der Zellen und Zellpopulationen insgesamt ein labileres, verwundbareres System der Selbstorganisation der Gehirnfunktionen und damit der Informationskonstruktion als Entwicklung des Psychischen in der Tätigkeit hervorbringen. Was aber darüber hinaus von besonderem Interesse ist, sind die pathologischen Veränderungen in der Funktion von Organen und Organsystemen, die sich im Gesamtverbund des Organismus teilweise entkoppeln. Ein solches Verhalten tritt z.B. ebenso in Form epileptischer Entladungen wie psychosomatischer Syndrome auf (aber auch, so ist zu vermuten, als Basis psychoreaktiver Stereotypbildung; vgl. hierzu Kap. 6). Zu dieser Frage der Bildung pathologischer, d.h. entkoppelter funktioneller Systeme ist vor kurzem *Kryshanovsky*s wegweisende Arbeit „Pathologie des Zentralnervensystems" in englischer Übersetzung erschienen (1986).

Wir treten damit in die Diskussion des zweiten wesentlichen Mechanismus der Plastizität der Hirnfunktionen ein, der nach *Herrschkowitz* (1982, S. 31) neben der *Remodellierung* das *„Kindling"* ist. „Kindling" bedeutet im Englischen „Anzündmaterial". Insbesondere in den Theorien zur neuronalen Basis der Epilepsie wird von einem Mechanismus ausgegangen, der sehr leicht durch äußere oder innere Reize in Gang gesetzt wird und dann selbständig Krampfpotentiale in Gang setzt. Experimentell wirken als solche Kindling-Mechanismen elektrische Stimuli geringer Intensität. Darüber hinaus hat man Schrittmacherzellen in bestimmten Hirnbereichen (im peripiriformen Kortex; d.s. Zellgruppen des Paläocortex, die u.a. in enger Verbindung zur Amygdala stehen) gefunden, die besonders sensitiv im Prozeß der Anfallsgenese sind (*McIntyre* und *Racine* 1986; zur Diskussion um die Neuropsychologie der Epilepsie vgl. auch *Dodrill* 1981, *Holste* 1986).

Was die Arbeit von *Kryshanovsky* (1986) systematisch von anderen unterscheidet, ist neben ihrer breiten empirischen Fundierung auf zahlreichen Gebieten der Neurologie (Schmerzforschung, Hirnschädigungen, Epilepsie, Psychosomatik) die systematische theoretische Konzeption, im Rahmen derer Befunde theoretisch rekonstruiert werden und zu neuer systematischer Forschung führen. Entsprechend schreibt Ronald *Melzack*, einer der Pioniere der neurologischen Schmerzforschung (vgl. als Einführung in seine „Gate-control" Theorie des Schmerzes, *Melzack* 1973), im Vorwort zur englischen Übersetzung von „aufregenden neue Konzepten", „weitreichenden Ideen" und von einer „Stimulation neuer Forschung und neuer Ideen" durch dieses Buch.

Es ist mir natürlich gänzlich unmöglich, die komplexe Theorie *Kryshanovsky*s im Detail darzustellen. Ich beschränke mich auf einige Grundgedanken und orientiere mich, soweit nicht anders zitiert, dabei wesentlich an seiner dem Buch nachgestellten ausführlichen Zusammenfassung der Theorie (S. 326–339).

Pathologische Systeme bilden die universelle pathogenetische Basis zahlreicher neuropathologischer Syndrome. Ihr wesentliches Kennzeichen ist, daß sie für den Organismus keine adaptive, sondern disadaptive und damit pathogenetische Bedeutung haben.

Sie entstehen durch *hyperaktive Strukturen*, die sich im ZNS auf der Basis äußerer oder innerer Schädigungsfaktoren oder genetischer Defekte bilden. Eine solche Struktur, die

Kryshanovsky als „*pathologische Determinante*" bezeichnet, *ordnet sich andere Teile des pathologischen Systems unter.* Sie entzieht sich sowohl der Kontrolle des Systems, in dem sie entsteht, wie den homöostatischen Mechanismen des Gehirns. Durch diese hyperaktive Determinante wird die funktionelle Organisation und Aktivität des pathologischen Systems rigide.

Im Regelfall ist die *Determinante* ein *operanter Mechanismus* in der Bildung funktioneller Systeme. Sie ist der „*systembestimmende Faktor*" (S. 7). Sie entspricht, so ist zu folgern, in *Anochin*s Terminologie dem „Fällen der Entscheidung", also der Herausbildung des „Modell des Künftigen".

Die pathologische Determinante wird in Gang gesetzt durch hyperaktive Strukturen, deren Neuronen als Folge ihrer *Deafferentierung* hyperaktiv geworden sind (S. 77). Als derartige hyperaktive Strukturen, die pathologische Determinanten hervorbringen, unterscheidet *Kryshanovsky* (1) pathologisch veränderte Freisetzung von Transmittern, (2) Übersensitivität (Anwachsen der Anzahl) postsynaptischer Rezeptoren und (3) Generatoren pathologisch erhöhter Erregung (GPEE). Insbesondere GPEE sind die Ursachen für das Entstehen pathologischer funktioneller Systeme (PS). Das durch die hyperaktive determinierende Struktur induzierte pathologische System (PS) stellt *Kryshanovsky* in folgendem Diagramm dar (S. 104):

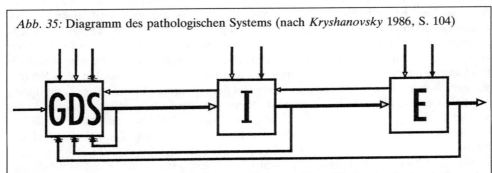

Abb. 35: Diagramm des pathologischen Systems (nach *Kryshanovsky* 1986, S. 104)

GDS: Generator-Determinanten-Struktur; I: intermediäre Glieder des Systems; E = effektorische Glieder des Systems. Weiße Dreiecke: stimulierende Verbindungen; schwarze Dreiecke: hemmende Verbindungen; durchkreuzte schwarze Dreiecke: unterbrochene hemmende Verbindungen.

Vergleichen wir dieses System mit dem Modell *Anochin*s sowie den darauf aufbauenden weiterführenden Überlegungen (Kap. 7), so fällt folgendes auf:

Das pathologische funktionelle System erhält zwar Umgebungsafferenzen, die es in der Afferenzsynthese zusammenfaßt. Bestimmte Umgebungsafferenzen hemmender Art (d.h. insbesondere Impulse höherer Zentren und homöostatischer Mechanismen) sind jedoch abgebrochen bzw. werden durch die gelernte veränderte Eigenaktivität der Zellpopulationen des Generators aktiv unterbunden. *Bedingungen, die in der Regel zu struktureller Koppelung führen, wirken entkoppelnd und lösen selbstorganisierte, entkoppelte Eigenaktivität des pathologischen Systems aus.* Dies kann jedoch nur als Phasenkoppelung vom Typ der *geraden Phaseneinstellung* verstanden werden, die durch den Bruch von Vertrautheit im System selbst zu auf Bestätigung zielendem Eigenverhalten führt (vgl. Kap. 7.3). Psychologisch entspricht dies Affekten, die zur völligen Neuorganisation des Verhaltens zwingen. Die nach außen hin *abgebrochene Zeitstruktur* wird kompensiert durch die *Produktion von Eigenzeit* bei partieller Entkoppelung von äußeren Bedingungen. Dies bedeutet zugleich Veränderungen im Modell des Künftigen, die sich als Verstärkung des „Freiheitsreflexes" *(Simonov)* als allgemeines Bedürfnis der Überwindung von Hindernissen auswirken und die Breite der Orientierung einengen.

Ein derartiges funktionelles System verfolgt daher in erster Hinsicht das Ziel seiner *Restabilisierung* und nicht mehr das im Rahmen struktureller Koppelung verfolgte Ziel eines größeren Zellverbandes, in welchem es hierarchisch eine bestimmte Funktion innehat. Es hat *Vermeidungsverhalten* gegenüber anderen Strukturen auf der Basis negativer affektiver Bewertungen von Situationen aufgebaut. Damit muß es aber auch Rückmeldungen von den ihm folgenden Strukturen unterdrücken und ihnen in seinem Sinn strukturelle Koppelung aufnötigen. D.h. es muß das Verhalten der ihm folgenden Strukturen effektorisch an seinen Eigenrhythmus anpassen. Daher werden verstärkende Rückmeldungen aufgenommen, hemmende unterdrückt. Als Ganzes ist dieses System daher, wie *Kryshanovsky* hervorhebt, *adaptiv*; gelingen Versuche seiner Beeinflussung und Änderung nur halb, so adaptiert das System und wird resistenter.

Ich folge nun nach der Darstellung und Interpretation des Grundmechanismus der weiteren zusammenfassenden Darstellung *Kryshanovsky*s.

Generatoren pathologisch erhöhter Erregung sind Neuronenpopulationen mit unzureichenden Hemmungsmechanismen und niedrigen Erregungsschwellen. In ihnen findet eine Vereinheitlichung und Differenzierung des neuronalen Verhaltens statt. Zum einen werden die Neuronen funktionell homogenisiert, zum anderen unterscheiden sie sich in der Hierarchie des pathologischen funktionellen Systems. So finden sich bei Epilepsie Neuronen mit stabilen Zeichen epileptischer Aktivität, die als Mikrogeneratoren von GPEE betrachtet werden können. Eine weitere Gruppe wird in die Einflüsse dieser ersten Gruppe einbezogen und nimmt die Eigenschaften der epileptogenen Neuronen an. Eine dritte Gruppe erwirbt diese Eigenschaften nicht, sondern wird nur in Zuständen pathologischer Erregung mit einbezogen.

Durch die Wirkung der Generatoren in den Determinanten pathologischer Systeme entstehen sekundäre Veränderungen, die in späteren Stadien zu *sekundären Determinanten* führen können. Als Beispiel hierfür könnte Autismus herangezogen werden. Die primäre Determinante resultiert aus der Schädigung der Vermis-Region im Kleinhirn. Unter Bedingungen extremen Zusammenbruchs der Dialoge treten möglicherweise selbstverletzende Verhaltensweisen als (Sicherheit vermittelnde) Dialoge des Individuums mit sich selbst auf (vgl. Kap. 6.4.1). Die damit einhergehende veränderte Dopaminsynthese und -freisetzung wäre im Sinn *Kryshanovsky*s als sekundäre Determinante zu betrachten.

Generatoren pathologisch erhöhter Erregung arbeiten nach dem „Alles-oder-Nichts"-Gesetz. Da sie die Determinante des pathologischen Systems bestimmen, hängt von ihnen in letzter Konsequenz die Manifestation des neuropathologischen Syndroms ab. Sie sind ein universeller neuropathologischer Mechanismus. Von ihrer Entstehung her sind sie polyätiologisch (können auf sehr unterschiedlichen Ursachen beruhen), von ihrer Wirkweise monopathogenetisch (wirken jeweils als Mechanismus in der gleichen Weise bei der Genese von Erkrankungen).

Im Rahmen experimenteller Modelle konnten diese allgemeinen Überlegungen in unterschiedlichen Forschungsbereichen bestätigt und angewendet werden. U.a. waren dies lokale muskuläre Rigidität, zahlreiche Formen von Epilepsie, Schmerzsyndrome zentralen Ursprungs, Gleichgewichtsstörungen, Parkinson-Syndrom, stereotypes Verhalten, Katatonie, Hyperkinese, psychose- und neuroseähnliche Zustände u.a.m. Auch im Bereich psychosomatischer Störungen ließen sich diese Annahmen experimentell bestätigen.

Für die *Therapie* werden u.a. folgende Folgerungen gezogen:
Von besonderer Wichtigkeit ist es, den Generator einer Determinante von dem Focus (Schmerz, Epilepsie) zu unterscheiden. Sofern der Generator exakt bestimmt werden könne, sei seine Elimination die radikale Lösung für die Auflösung eines solchen Systems.

Man muß hier jedoch kritisch zu diesen in Tierversuchen gewonnenen (und theoretisch sicherlich nicht in dieser Allgemeinheit zu bezweifelnden) Ergebnissen hinzufügen, daß sie auf menschliches Niveau aufgrund der Bildung eines verallgemeinerten und reflexiven Ichs und damit höherer Stufen der Koordination der psychonervalen Prozesse nicht ohne weiteres praktisch übertragen werden können. Es bedarf hier einer sorgfältigen Bestimmung, ob und unter welchen Umständen solche Ergebnisse auch hier im Sinne chirurgischer Eingriffe (z.B. bei chronischem Schmerz oder Epilepsie) anwendbar sind (vgl. die kritische Auseinandersetzung zur Remission von Verhaltensweisen nach aktiven Eingriffen ins ZNS in Form von Psychochirurgie).

Eine komplexe Therapie verlangt im Sinn *Kryshanovsky*s darüber hinaus eine pharmakologische Unterstützung. Auch hier wäre kritisch zu klären, in welcher Weise spezifische Pharmaka wirken. So ist es unübersehbar, daß Neuroleptika zur Zerstörung von Hirngewebe sowie zahlreichen Begleiterscheinungen in psychischen wie in Bewegungsprozessen führen (*Sommer* 1971, *Lehmann* 1986). Auf der anderen Seite spricht nichts gegen eine metabolische Unterstützung und eine Unterstützung der strukturellen Koppelung von Neuronenverbänden durch Medikamente, die die Synthese entsprechender Neurotransmitter bewirken.

Für eine außerordentlich wichtige Folgerung *Kryshanovsky*s halte ich, daß ein *pathologisches System* nur von seinen *Rändern* her aufgelöst werden kann. *Durch den Aufbau einer antisystemischen Aktivation wird der Wirkungsbereich der Determinante eingeschränkt.*

Dies könnte z.B. bei Epilepsie eine umfassende Aktivation durch Tätigkeit sein, wie dies *Holste* (1986) vorschlägt. Sie muß dabei natürlich der Bedingung Rechnung tragen, die Einflußsphäre der pathologischen Determinante einzuschränken und nicht auszuweiten.

Beim Abbau pathologischer Systeme durch antisystemische Aktivation gilt die *Regel: Als erstes muß man durch die antisystemische Aktivation die zuletzt von dem pathologischen System beeinflußten Glieder seinem Einfluß entziehen, danach die früher beeinflußten. Die Determinante selbst wird als letzte verschwinden* („The determinant is the last to die"; *Kryshanovsky* 1986, S. 335).

Eine *abschließende Bemerkung:* Ich habe in diesem Kapitel im Rahmen einer monistischen, allgemeinen Theorie funktioneller Systeme sowohl die neuropsychischen Prozesse in wesentlichen Grunddimensionen theoretisch neu zu durchdenken versucht wie auch ihre Entwicklung und ihre Störungen. Trotz des relativ großen Umfangs der Ausführungen konnte vieles nicht aufgegriffen und dargestellt werden, was darüber hinaus interessant und bedeutend für die Entwicklung eines Neuverständnisses der Behindertenpädagogik ist. Einige Stichworte hierzu: Hirnorganisches Psychosyndrom von seiner schwersten Ausprägung in Form des apallischen Syndroms (vgl. *Gerstenbrand* 1967) bis hin zur sog. minimalen cerebralen Dysfunktion (vgl. *Jantzen* 1984); epileptische Störungen; Bewegungsstörungen; psychosomatische Erkrankungen u.a.m. Dies alles konnte und wollte dieses Kapitel nicht darstellen, da es nicht um die Vollständigkeit der Behandlung aller Bereiche, sondern um Grundlinien eines Neuverständnisses der biologischen Ebene im Rahmen der Befassung mit Behinderung und psychischer Krankheit ging.

Kapitel 7 und 8 sollen folglich (wie die Ausführungen dieses Buches insgesamt) die Aufgabe eines theoretischen Reflexionsrahmens erfüllen, in dem es der aktiven (wissenschaftlichen, politischen, pädagogisch-therapeutischen) Praxis der Leser/innen vorbehalten ist, ihm Rahmen ihrer theoretischen wie praktischen Arbeit an einem entsprechenden Neuverständnis mitzuarbeiten und natürlich auch den hier vorgelegten Rahmenentwurf ggf. zu kritisieren und zu präzisieren. Darüber hinaus hoffe ich, das eine oder andere dieser Probleme in künftigen Arbeiten vertieft darstellen zu können.

Schließlich will ich nochmals darauf verweisen, daß in den Kapiteln 9 und 12, die sich mit Diagnostik bzw. Therapie befassen, einige weiterführende Aspekte der neuropsychologischen Überlegungen dieses Kapitels wieder aufgenommen und fortgeführt werden.

8.6 Vertiefende und weiterführende Literatur
(E = Zur Einführung geeignet)

Berichte aus der Sicht von Hirnschädigungen betroffener Menschen:

FELDENKRAIS, M.: Abenteuer im Dschungel des Gehirns. Frankfurt/M.: 1981
LURIA, A.R.: The Man with a Shattered World. Harmondworth/Middlesex: Penguin 1975
MIKULEIT, B.: Ein Aphasiker erlebt seine Rehabilitation. Bonn: Reha-Verl., 1987, 2. Aufl.
SACKS, O.: Der Mann, der seine Frau mit einem Hut verwechselte. Reinbek: Rowohlt 1987
TROPP-ERBLAD, Ingrid: Katze fängt mit „S" an. Frankfurt/M.: Fischer 1985

Wissenschaftliche Literatur:

BERNSTEIN, N.A.: Bewegungsphysiologie. Leipzig: Barth 1987, 2. Aufl. (E)
BOLL, T.J. and BARTH, J.T.: Neuropsychology of Brain Damage in Children. In: Susan B. Filskov and T.J. Boll: Handbook of Clinical Neuropsychology. New York: Wiley 1981, 418–452
BRAGYNA, N.N. und DUBROCHOTOWA, T.A.: Zu den Besonderheiten der Links- und Beidhänder. Sowjetwissenschaft: Gesellschaftswissenschaftliche Beiträge 33 (1980), 1203–1214
BRAGYNA, N.N. und DUBROCHOTOWA, T.A.: Funktionelle Asymmetrien des Menschen. Leipzig: Thieme 1984 (E)
CHANGEUX, P.: Der neuronale Mensch. Reinbek: Rowohlt 1984 (E)
FOX, N.A. and DAVIDSON, R.J. (Eds.): The Psychobiology of Affective Development. Hillsdale N.J.: Lawrence Erlbaum 1984

GRÜSSER, O.J. und GRÜSSER-CORNEHLS, U.: Physiologie des Sehens. In: R.F. Schmidt (Hrsg.): Grundriß der Sinnesphysiologie. Berlin/West: Springer 1985, 5. neubearb. u. erw. Aufl., 174–241 (E)

HARTLAGE, L.C. and TELZROW, Cathy F. (Eds.): The Neuropsychology of Individual Differences. A Developmental Perspective. New York: Plenum 1985

HÉCAEN, H.: Apraxias. In: Susan B. Filskov and T.J. Boll: Handbook of Clinical Neuropsychology. New York: Wiley 1981, 257–286 (E)

HÉCAEN, H. and ALBERT, M.L.: Human Neuropsychology. New York: Wiley 1978 (E)

HEILMAN, K.W. and SATZ, P.: Neuropsychology of Human Emotion. New York: Guilford 1983

HENATSCH, H.-D.: Bauplan der peripheren und zentralen sensomotorischen Kontrollen. In: J. Haase et al. (Hrsg.): Sensomotorik. Physiologie des Menschen Bd. 14. München: Urban & Schwarzenberg 1976, 193–263 (E)

HENATSCH, H.-D.: Zerebrale Regulation der Sensomotorik. In: J. Haase et al. (Hrsg.): Sensomotorik. Physiologie des Menschen Bd. 14. München: Urban & Schwarzenberg 1976, 265–420 (E)

HUBEL, D.H.: Auge und Gehirn. Neurobiologie des Sehens. Weinheim: Spektrum d. Wiss. 1989 (E)

JUNG, R.: Einführung in die Bewegungsphysiologie. In: J. Haase et al. (Hrsg.): Sensomotorik. Physiologie des Menschen Bd. 14. München: Urban & Schwarzenberg 1976, 1–97 (E)

KAHLE, W.: Nervensystem und Sinnesorgane. Taschenatlas der Anatomie Bd. 3. Stuttgart: Thieme 1976 (E)

KANDEL, E.R. and SCHWARTZ, J.H.: Principles of Neural Science. New York: Elsevier 1985, 2nd Ed. (E)

KINSBOURNE, M. and BEMPORAD, Brenda: Lateralization of Emotion: A Model and the Evidence. In: N.A. Fox and R.J. Davidson (Eds.): The Psychobiology of Affective Development. Hillsdale N.J.: Lawrence Erlbaum 1984, 259–291

KLINGBERG, F. und HASCHKE, W.: Neurophysiologie. In: D. Biesold und H. Matthies (Hrsg.): Neurobiologie. Stuttgart: Fischer 1977, 557–647

KOLB, B. and WISHAW, I.Q.: Fundamentals of Human Neuropsychology. San Francisco: Freeman 1980 (E)

KRYSHANOVSKY, G.N.: Central Nervous System Pathology. New York: Consultants Bureau 1986 (E)

LARBIG, W.: Limbisches System und Emotionen. In: Euler, H.A. und Mandl, H.: Emotionspsychologie. Ein Handbuch in Schlüsselbegriffen. München: Urban & Schwarzenberg 1983, 109–118

LENNEBERG, E.: Biologische Grundlagen der Sprache. Frankfurt/M.: Suhrkamp 1972

LEONT'EV, A.N. and ZAPOROZHETS, A.V.: Rehabilitation of Hand Function. New York: Pergamon 1960

LURIA, A.R.: Restoration of Functions after Brain Injury. Oxford: Pergamon 1963

LURIA, A.R.: Die höheren kortikalen Funktionen des Menschen und ihre Störungen bei örtlichen Hirnschädigungen. Berlin/DDR: DVdW 1970

LURIA, A.R.: Traumatic Aphasia. The Hague: Mouton 1970

LURIA, A.R.: The Working Brain. Harmondworth/Middlesex: Penguin 1973 (E)

LURIA, A.R.: Sprache und Bewußtsein. Köln: Pahl-Rugenstein 1982 (E)

LURIA, A.R.: L.S. Wygotski und das Problem der funktionellen Lokalisation. In: Jahrbuch für Psychopathologie und Psychotherapie 4 (1984), 15–23 (E)

LURIA, A.R. UND TSVETKOVA, Ljubov S.: Neuropsychologie und Probleme des Lernens in der Schule. Jahrbuch für Psychopathologie und Psychotherapie 9 (1989), 139–183 (E)

McGUINESS, Diane and PRIBRAM, K.H.: The Neuropsychology of Attention: Emotional and Motivational Controls. In: M.C. Wittrock (Ed.): The Brain and Psychology. New York: Academic Press 1980, 95–140

NADEL, Lynn (Ed.): The Psychobiology of Down Syndrome Cambridge/Mass.: MIT Press 1988

NAUTA, W.J.H. and FEIRTAG, M.: Fundamental Neuroanatomy. San Francisco: Freeman 1986 (E)

NICHOLLS, J.G. (Ed.): Repair and Regeneration in the Nervous System. Berlin: Springer 1982

O'KEEFE J. and NADEL, Lynn: The Hippocampus as a Cognitive Map. Oxford: Clarendon 1978

PANDYA, D.N. and BARNES, C.L.: Architecture and Connections of the Frontal Lobe. In: Ellen Perecman (Ed.): The Frontal Lobes Revisited. New York: IRBN 1987, 41–72

PICKENHAIN, L.: N.A. Bernstein und die moderne Neuropsychologie der Bewegungen. Vortrag auf der „Internationalen Bernstein-Konferenz" vom 2.–3. November in Trassenheide (DDR). Behindertenpädagogik 28 (1989) 4, 374–381 (E)

PRIBRAM, K.H.: Emotions. In: Susan B. Filskov and T.J. Boll (Eds.): Handbook of Clinical Psychology. New York: Wiley 1981, 102–134

PUESCHEL, S.: New Perspectives in Neurodevelopmental Concerns in Children with Down Syndrome. In: Inge Flehmig und L. Stern: Kindesentwicklung und Lernverhalten. Stuttgart: G. Fischer 1986, 301–308 (E)

ROUTTENBERG, A.: Das Belohnungssystem des Gehirns. In: Gehirn und Nervensystem. Weinheim: Spektrum d. Wiss. 1980, 160–167

SCOTT, B.S. et al.: Neurobiology of Down's Syndrome. Progress in Neurobiology 21 (1983), 199–237

SHINKIN, N.J.: Zur Erforschung des Mechanismus der Sprache. In: H. Hiebsch (Hrsg.): Ergebnisse der sowjetischen Psychologie. Stuttgart: Klett 1969, 406–429

SIMONOV, P.V.: Höhere Nerventätigkeit des Menschen. Motivationelle und emotionale Aspekte. Berlin/DDR: Volk und Gesundheit 1982 (E)

SIMONOV, P.V.: The Emotional Brain. Physiology, Neuroanatomy, Psychology and Emotion. New York: Plenum 1986

SINZ, R.: Neurobiologie und Gedächtnis. Stuttgart: G. Fischer 1979 (E)

SINZ, R.: Chronopsychophysiologie. Chronobiologie und Chronomedizin. Berlin/DDR: Akademie-Verlag 1980

SOKOLOV, J.N.: Die reflektorischen Grundlagen der Wahrnehmung. In: H. Hiebsch (Hrsg.): Ergebnisse der sowjetischen Psychologie. Stuttgart: Klett 1969, 61–93 (E)

SPRINGER, Sally P. and DEUTSCH, G.: Left Brain, Right Brain. San Francisco: Freeman 1981 (dt.: Linkes/Rechtes Gehirn. Weinheim: Spektrum-der-Wissenschaft-Verl. 1987) (E)

VOCATE, Donna: The Theory of A.R. Luria: Functions of Spoken Language in the Development of Higher Mental Processes. Hillsdale N.J.: Lawrence Erlbaum 1987 (E)

WYGOTSKI, L.S.: Die Psychologie und die Lehre von der Lokalisation psychischer Funktionen. In: L.S. Wygotski: Ausgewählte Schriften Bd. 1, Köln: Pahl-Rugenstein 1985, 353–362 (E)

ZIEGER, A.: Neurophysiologische und neuropsychologische Grundlagen des menschlichen Gehirns. Oldenburg: Zentrum für pädagogische Berufspraxis der Universität 1984 (E)

9 Zur Diagnose von Tätigkeit und Persönlichkeit

9.1 Diagnose und Klassifikation

Nach der Klärung zentraler Fragen der Entwicklung der Persönlichkeit und der Tätigkeit auf sozialer, psychischer und biotischer Ebene ist nun nach der Umsetzung unseres Beschreibungs- und Erklärungswissens im Einzelfall zu fragen. Wie kann im Leben eines konkreten behinderten Menschen unter Nutzung unserer bisherigen Überlegungen eine pädagogische Praxis realisiert werden, die zur möglichst umfassenden Entwicklung der Persönlichkeit und Tätigkeit beiträgt?

Die Beantwortung dieser Frage erfordert diagnostische Prozesse. Entsprechend definiert *Kornmann* (1982a, S. 19): *„Der Begriff Diagnostik umfaßt alle Aufgaben- und Tätigkeitsbereiche, in denen Daten oder Informationen zum Zwecke von Entscheidungshilfen systematisch eingeholt und verwertet werden"*. Als Elemente des Entscheidungsvorgangs spezifiziert er Subjekt und Objekt der Entscheidung, Alternativen und Informationen. Bezogen auf das Objekt der Entscheidung, das ein Subjekt ist, unterscheidet *Kornmann* je nach zugrunde liegendem *Menschenbild* vier Zugänge:

(1) Das *medizinische Modell*, das ohne Rekonstruktion von Subjektivität einem diagnostizierten Zustand unmittelbar eine bestimmte Behandlung zuweist (z.B. bei „Minimaler cerebraler Dysfunktion" [MCD] Pillen oder Diät);

(2) das *lerntheoretische Modell*, das bestimmten Zuständen (z.B. Aggressivität, Schulleistungsschwäche u.a.m.) auf der Basis des Verhaltens (also vom Standpunkt des äußeren Beobachters her) bestimmte Lernprogramme zuweist;

(3) das *sozialwissenschaftliche bzw. Etikettierungs-Modell*, das davon ausgeht, daß negativ beurteilte Zustände (z.B. Abweichungen der Schüler) das Resultat von Etikettierung sind und durch positive Veränderung des Subjekts der Diagnose (Lehrer, Psychologe) aufgehoben werden können;

(4) das *epistemologische oder Subjekt-Modell*, das von der Erkenntnisfähigkeit jedes Menschen ausgeht. Es unterstellt, daß Subjekt und Objekt des psychodiagnostischen Prozesses in gleicher Weise auf der Basis der Prinzipien der Vernunft handeln, wenn auch aus je unterschiedlichen Lebenskontexten heraus. Dies verlangt, die Perspektive des je anderen einnehmen zu können und aus dieser heraus günstige Situationen der Kompetenzentwicklung und Bedürfnisentwicklung gestalten zu können (vgl. auch *Kornmann* 1982b).

Kornmann macht damit deutlich, daß Diagnose und Menschenbild eng verbunden sind, nicht aber, warum er sich selbst an der Tätigkeitstheorie und einem materialistischen Menschenbild orientiert. Denn es gibt im epistemologischen Menschenbild weitere psychologische Alternativen: Menschenbilder im Sinne der Piaget-Schule, der Gestalttheorie, der Psychoanalyse, der „humanistischen Psychologie" oder der Ökopsychologie.

Das Dilemma hierbei ist, daß die bloße Setzung eines Menschenbildes das Problem einer adäquaten Diagnose nur scheinbar löst. Betrachten wir eine weitere Definition (*Raskin* 1977, S. 103): „Diagnostizieren ist ein Weg der Etikettierung von Verhaltensweisen, die statistisch miteinander verbunden sind, einen vorhersagbaren Verlauf haben und vielleicht definierbare Ätiologien. Zum gegenwärtigen Zeitpunkt können nur im Verlauf organischer Hirnsyndrome entsprechende Ätiologien gezeigt werden". Wie soll aber ohne eine Vorstellung einer Ätiologie, d.h. einer Geschichtlichkeit der Tätigkeit des anderen, erkannt werden, daß er vernünftig ist, wenn doch scheinbar in seiner Tätigkeit die Unvernunft dominiert? Und wie soll aus statistisch miteinander verbundenen Fakten Geschichte rekonstruiert und Zukunft geplant werden? Gerade dann muß auf Dimensionen des Alltagsdenkens zurückgegriffen werden, die in vielfältiger Weise Denkformen über Behinderung und psychische Krankheit, über Normalität und Abweichung durchdringen und in letzter Konsequenz ökonomisch und politisch herrschende Interessen widerspiegeln (vgl. Bd. 1, Kap. 2 dieses Buches).

Diagnostik verlangt daher nicht nur ein zugrunde liegendes Menschenbild, sondern einen *umfassenden theoretischen Bezugsrahmen der Rekonstruktion der Tätigkeit* des je anderen als vernünftige Tätigkeit. Ein solches Menschenbild lediglich als Akt der Demokratisierung der Beziehungen und des prinzipiellen Zugestehens der gegenseitigen Vernunftnatur zu postulieren bleibt moralischer Appell, solange nicht die Alternativen theoretisch und praktisch im Detail entwickelt sind. Und natürlich: solange nicht auch die Funktion der Diagnose und des Diagnostikers im gesellschaftlichen Prozeß reflektiert wird.

Dies wird nochmals deutlich, wenn wir uns eine *philosophische Definition von „Diagnose"* vor Augen führen. Diagnose ist eine „Erkenntnisoperation, durch die bestimmt wird, zu welcher Klasse eines Klassifikationssystems ein Ding oder ein Vorgang gehört und was seine individuellen Merkmale sind. Die Diagnose ist also ein Vergleich mit einem Klassifikationssystem als Maßstab" (*Hörz* u.a. 1983, S. 173). Eine *Klassifikation* selbst muß aber „als Einteilung einer Menge oder Klasse von Individuen in Teilklassen" bestimmten *logischen Forderungen* genügen (ebd., S. 437f.). Für unsere Fragen bedeutet dies, daß diese Forderungen sich sowohl auf das Verhältnis des Individuums zu anderen Individuen beziehen (normorientierte Diagnostik als Einteilung einer Klasse von Individuen in Teilklassen) als auch auf die Beschaffenheit des Individuums selbst (subjektorientierte Diagnostik als Ausdruck der Menge der Strukturen der psychischen Prozesse und der Tätigkeit eines Individuums). Nach *Hörz* (ebd.) sind die folgenden drei Aspekte zu beachten.

1) Zunächst einmal ist eine Klassifikation identisch mit der Definition einer *Gleichwertigkeitsrelation (Äquivalenz) zwischen den einzelnen Elementen* (*Hörz* u.a. 1983, S. 437, S. 59ff.). In der Regel ist dies bei psychometrischen Verfahren (z.B. Intelligenztest) die empirische Tatsache, daß jedes einzelne Individuum Träger gleicher meßbarer Eigenschaften ist, wie sie die als Bezugspopulation ausgewählte Stichprobe aufweist, an der der Test „geeicht" wurde. Damit bezieht sich die Klassifikation jedoch nur auf das empirische Menschenbild dieses Tests. Da in die psychologische oder behindertenpädagogische Diagnose jedoch in der Regel mehr als ein Test eingeht, zudem über weitere Erkenntnisquellen (Verhaltensbeobachtung, Anamnese, Fragebögen, Akten u.a.m.) Fakten ermittelt werden, muß hier erneut die Frage nach der Gleichwertigkeitsrelation dieser Werte untereinander aufgeworfen werden. Entweder wird sie durch die Alltagserfahrung

165

des Diagnostikers hergestellt. Oder aber er gewichtet und integriert auf dem Hintergrund eines mehr oder weniger umfassenden wissenschaftlichen (theoretischen) Menschen- und Gesellschaftsbildes die auf Testpopulationsebene miteinander unvermittelten Teilmengen.

Versuche, auf dieser Ebene zu rein *empirischen Äquivalenzrelationen* zu kommen, können im wesentlichen als *gescheitert* betrachtet werden. Derartige Versuche benutzten in der Regel *Faktoren-* oder *Clusteranalysen*. Dies sind mathematische Ordnungsverfahren für statistische Zusammenhänge zwischen veränderlichen Meßwertreihen (Variablen). Zwischen den Variablen werden Korrelationen errechnet. Zur Veranschaulichung: Graphisch erhält man eine Korrelation (z. B. zwischen Körpergröße und Gewicht), indem jede Person als Punkt in ein Koordinatensystem eingetragen wird, dessen Abszisse die eine Dimension (z. B. Größe) und dessen Ordinate die andere Dimension (Gewicht) angibt. Dies ergibt dann, vorausgesetzt es existiert eine Korrelation, einen elipsenförmigen Punkteschwarm. Geht dieser Schwarm in einen Kreis über, wird die Korrelation = 0, geht er in eine Gerade über, wird die Korrelation = 1. Die Matrix verschiedener Korrelationen von Merkmalsträgern wird nun nach Dimensionen untersucht, die die Streuung der Werte möglichst einfach klären. Nehmen wir an, wir haben eine Korrelationsmatrix, die Werte für Kopfrechnen, für Diktat, für schriftliches Rechnen und für Rechtschreibung enthält, so ist es offensichtlich, daß wir auf zwei Faktoren stoßen: einen Rechenfaktor und einen Rechtschreibfaktor. D. h. die Werte der je beiden Tests, die einen Faktor markieren, werden untereinander hoch korrelieren, mit den Werten des anderen Faktors jedoch niedrig. Je mehr Werte wir in eine solche Matrix hineinstecken, desto mehr Faktoren erhalten wir, wobei keineswegs alle eine psychologische Bedeutung haben müssen (eine hervorragende und allgemeinverständliche Erklärung der Logik der Faktorenanalyse findet sich bei *Gould* 1983, S. 265 ff.).

Faktoren dieser Art werden innerhalb der empirisch-statistisch orientierten Psychologie als *„Eigenschaften" (traits)* betrachtet. Es wurde versucht, Tests zu konstruieren, die in besonders deutlicher Weise diese Eigenschaften messen. Und es bestand die Hoffnung, auf diese Weise zu einem kompletten Klassifikationsmodell der Persönlichkeit zu kommen. So glaubte *Cattell* (1965, Kap. 4), in einer „Spezifikationsgleichung" die Ergebnisse vieler faktoriell unterschiedener Einzeltests als numerisches Persönlichkeitswert zusammenfassen zu können. Oder *Guilford* (1964) definierte Persönlichkeit als „einzigartiges Muster von Eigenschaften" in einem multidimensionalen Faktorenraum von insgesamt 120 (z. T. angenommenen, z. T. bereits gefundenen) faktoriell unterscheidbaren Dimensionen des Intellekts.

Das Problem dieser Vorgehensweise liegt darin, daß sie *empirische und theoretische Ebene der Erkenntnis* verwechselt, sie gleichsetzt bzw. die theoretische Ebene ignoriert (vgl. *Hörz* 1983, S. 212 ff.). Sie transformiert also Ereignisse von der „Nullebene" auf die „sprachliche Ebene 1" (vgl. Kap. 5.5) bzw. Prozesse von der Ebene des „Realkonkretums" auf die Ebene des „Vorstellungskonkretums" (vgl. Kap. 3.6). Sie beachtet jedoch nicht, daß diese Ebene dann in die „sprachliche Ebene 2", auf das Niveau des „Gedankenkonkretums" überführt werden muß. Nur so kann man zu theoretisch validem Wissen kommen, bzw. vom Beschreibungswissen zum Erklärungswissen übergehen. Als so betriebene, ausschließlich empirische Wissenschaft führt diese Art von Diagnostik zu einer bloßen *„Reproduktion der Fakten"* (*Adorno* 1965, S. 524), die auf dem Hintergrund unbegriffener Alltagstheorien und Ideologien die Wirklichkeit unkritisch verdoppelt. So ist die Feststellung eines Meßwertes in einem Test die eine Sache (z. B. eines IQs von 80), die Feststellung „Debilität" (in der DDR) oder „Lernbehinderung" (in der BRD) und die Prognose eines günstigeren Lernverlaufs in einer Sonderschule eine ganz andere. Dieses Unvermögen, „an die grundlegenden Mechanismen, an die die funktionale Einheit bedingenden Prozesse heranzukommen", zeigt sich am Beispiel der Intelligenzmessung in besonderer Deutlichkeit (*Schaarschmidt* 1989, S. 89). Entsprechend ist hier in jüngster

Zeit ein deutlicher Paradigmenwechsel festzustellen, der Intelligenz im Rahmen kognitiv-psychologischer Untersuchungen auf die Geschwindigkeit und Art der Informationsverarbeitung zurückbezieht (vgl. meine Ausführungen zu *Klix* in Kap. 5.5.4, sowie *Jantzen* 1988b; *Schaarschmidt* 1989, insb. S. 90ff.).

2) Eine Klassifikation muß der *Forderung der Vollständigkeit* genügen; „die Vereinigung der Teilklassen muß die unterteilte Klasse ergeben" (*Hörz* u.a. 1983, S. 437). D.h. das Klassifikationssystem selbst, in unserem Fall eine Theorie des Menschen, darf keine relevanten Dimensionen menschlicher Existenz vernachlässigen. Dieses Kriterium entspricht dem Kriterium der allseitigen Erfassung des Gegenstandes (Kap. 3.3). Darüber hinaus erfordert es das Kriterium der Vollständigkeit eines Klassifikationssystems, der Tatsache Rechnung zu tragen, daß der Gegenstand Mensch ein Prozeß ist, und wie wir gesehen haben, ein Prozeß der Selbstorganisation in qualitativen Übergängen und Veränderungen innerhalb historischer, gesellschaftlicher und natürlicher Zusammenhänge.

3) Ein Klassifikationssystem muß so beschaffen sein, daß die *Elementefremdheit der Teilklassen* gegeben ist, d.h. „es darf kein Element mehreren Teilklassen angehören" (*Hörz* u.a. 1983, S. 437). Dies ist auf der empirischen Ebene durch strukturanalytische Methoden wie Cluster- und Faktorenanalysen überprüfbar (vgl. *Schmidt* 1989), auf der theoretischen Ebene verlangt dies wohldefinierte theoretische Dimensionen. So muß z.B. bei Verwendung der Teilklassen Motiv, Emotion, Affekt, Bedürfnis, Aktivation die Beziehung dieser Begriffe zum Ganzen (Kriterium der Vollständigkeit) ebenso geklärt sein, wie ihre Abgrenzbarkeit voneinander.

Die *diagnostische Aufgabe* selbst liegt, wie bereits erwähnt, im Vergleich mit einem Klassifikationssystem als Maßstab. D.h. es muß zum einen ein *Klassifikationssystem* vorhanden sein, das den zu stellenden Anforderungen genügt. Zum zweiten muß es *Methoden* für diesen Vergleich geben. *Psychodiagnostik* hat bekannterweise eine *doppelte Funktion:* Zum einen bezieht sie sich auf bildungs-, sozial- und gesundheitspolitische Entscheidungsprozesse, zum anderen erfolgt sie subjektbezogen im Sinne der Frage nach Entwicklung von Tätigkeit und Persönlichkeit in therapeutischen und pädgogischen Zusammenhängen. Es müssen daher entsprechende Klassifikationssysteme und Methoden für eine populationsbezogene und eine individuenbezogene Diagnostik bestimmt werden. Über diese Zusammenhänge herrscht in der gegenwärtigen diagnostischen Diskussion erhebliche Unklarheit. Daher ist im nächsten Schritt der soziale Ort von Psycho-Diagnostik zu bestimmen und im Rückgriff auf die sozialwissenschaftlichen Grundlagen in Bd. 1 (Kapitel 1 und 2) ihre objektive Funktion zu klären.

9.2 Psychodiagnostik als bevölkerungspolitisches Instrument

In der Geschichte der bürgerlichen Gesellschaft entstehen zunehmend komplexere Infrastrukturen. Im Bereich der sozialen Infrastruktur (vgl. Bismarcksche Sozialgesetzgebung, Entwicklung des Schulsystems usw., aber auch in der repressiven Infrastruktur, z.B. Reichsjugendwohlfahrtsgesetz und Jugendgerichtsgesetz in der Weimarer Republik) kommt es zu veränderten, vielfältigeren und differenzierteren institutionellen

Ausprägungen (vgl. Kapitel 2). Mit der Entstehung dieser Infrastrukturen und mit der Differenzierung des gesellschaftlichen Produktionsprozesses stellen sich vielfältige Aufgaben für die sich entwickelnde Psychologie (insb. pädagogische, klinische, Arbeits- und Militärpsychologie). Zunehmend werden für prognostische Zwecke Diagnosen über die unterschiedlichsten Bereiche menschlicher Tätigkeit benötigt: sowohl im Sinne der Funktionsfähigkeit des einzelnen (Eignung) als auch im Sinne seiner ökonomisch (kosten)günstigeren Eingliederung bzw. Ausgliederung und politisch angemesseneren Zuweisung in Institutionen und Behandlungsweisen, aber auch für die Klärung von Rechtsansprüchen bzw. als Argument zu deren Zurückweisung (vgl. u.a. *Schmid* 1977, *Grünwald* 1980, *Gould* 1983).

In diesem Prozeß wird die Psychologie in den unterschiedlichen Bereichen zur Entscheidungshilfe herangezogen und gewinnt gesellschaftliches Ansehen. So stellt *Jäger* (1985, S. 90) für die pädagogische Psychologie fest: „Die Frage, wie eine von subjektiven Lehrerbeurteilungen und aktuellen Schulleistungen unabhängige objektive psychologische Klassifikation in pädagogisch befriedigender und ökonomischer Weise realisiert werden kann, führt mit zur Herausbildung des psychologischen Tests, dessen Vorformen um die Jahrhundertwende – auch aus eugenischen und psychiatrischen Klassifikationsbedürfnissen – bereits existierten".

Entgegen ihren ursprünglichen, spontan idealistischen Ansätzen wird die Psychologie in ihrer Praxis als „angewandte Psychologie" genötigt, auf naturwissenschaftliche und materialistische Methoden zurückzugreifen. Der Dualismus zwischen idealistischer und materialistischer Psychologie verlagert sich, so *Wygotski* (1985, S. 200ff.), in den Kern des Faches und führt zur bis heute andauernden *Krise der Psychologie*.

Diese Verlagerung erhält eine wichtige Grundlage durch die *Professionalisierung des Psychologiestudiums* (Einführung des Psychologie-Diploms im Jahre 1941; die Prüfungsordnung enthält eine deutliche Schwerpunktsetzung in Richtung Psychodiagnostik; vgl. *Geuter* 1985). Durch die „Amerikanisierung" der Psychologie in den sechziger Jahren (vgl. *Métraux* 1985) setzt sich an den bundesdeutschen Universitäten endgültig die *naturwissenschaftlich-empiristische Auffassung* der Psychologie gegen eine spekulativ-idealistische der alten Charakterkunde durch. Gleichzeitig entsteht mit der zunehmenden Entwicklung psychotherapeutischen Wissens (Verhaltens-, Gesprächs-, Gestalt-, Familientherapie u.a.m.) und einer erheblichen Ausweitung der Berufsmöglichkeiten in der klinischen Psychologie (vgl. *Lück* u.a. 1987, S. 209ff.) ein Wiederaufleben der scheinbar überwunden geglaubten Krise der Psychologie, innerhalb derer Subjektivität und Persönlichkeit zu einem empirisch nicht faßbaren, unwissenschaftlichen Rest geworden waren. Dieser Rest wurde aus einer rein empiristisch gefaßten „Allgemeinen Psychologie" heraus in das Prüfungsfach „Persönlichkeitspsychologie" entsorgt. Die jetzt herangezogenen *subjektwissenschaftlichen Positionen* waren im wesentlichen nicht mehr idealistisch, sondern materialistisch (im Sinne eines „psychologischen Materialismus"; vgl. *Wygotski* 1985) und monistisch orientiert. D.h. ihre hauptsächliche Fragestellung galt der Rehistorisierung des Subjekts als Persönlichkeit in der Tätigkeit. Dies gilt u.a. für wichtige psychoanalytische Positionen ebenso wie für die *Piaget*schule, die Handlungstheorie und die Tätigkeitstheorie.

Diese Prozesse entwickeln sich auf dem Hintergrund einer enormen *Ausweitung der sozialen Infrastruktur* ab Ende der 60er/Beginn der 70er Jahre, verbunden mit dem Entstehen vielfältiger Demokratisierungspotentiale (Studentenbewegung, neue soziale Bewegungen) und der Notwendigkeit einer Umstrukturierung von Bildungs-, Sozial- und Gesundheitssektor, um den veränderten Produktionsbedingungen Rechnung zu tragen

(Bildungskatastrophe, Vernachlässigung der Sozial- und Gesundheitspolitik bis in die zweite Hälfte der 60er Jahre unter CDU-Regierungen).

Im Schnittpunkt des Konflikts der empiristisch orientierten Universitätspsychologie mit einer an umfassender individueller Reproduktion und Persönlichkeitsentwicklung ihrer Klienten zunehmend interessierten Mehrheit der Psychologen gerät die *Testdiagnostik* und die empiristische *„Variablen"-Psychologie* zunehmend ins *Zentrum der Kritik.* Eine vergleichbare Auseinandersetzung findet auch in der Pädagogik statt: Die „Amerikanisierung" drückt sich hier nicht nur in dem enormen Boom pädagogisch-psychologischer Tests aus oder in der Debatte um Programmierten Unterricht, sondern vor allem auch in der lernzielorientierten Neugestaltung segmentierter Lehrpläne. Auslese- und Selektionsfunktion der Psychodiagnostik geraten zunehmend ins Zentrum der Kritik. Es wird nach neuen und subjektorientierten Verfahren gesucht. Einen Überblick über einige Resultate dieser Entwicklung liefert das folgende Unterkapitel 9.3.

Im Rahmen dieser Debatte werden von einigen Autoren wichtige Beiträge zur Bestimmung der *sozialen Funktion der Psychodiagnostik* geliefert. Bereits 1974 legt *Lorenz* eine sozialwissenschaftliche Analyse der diagnostischen Tätigkeit der Psychologen im Gesundheitssystem vor, die den Kern der bevölkerungspolitischen Funktion der Diagnostik erfaßt: *Mittel zur besseren Verwertbarkeit der Arbeitskraft* zu sein. Sie beziehe sich zwar auch auf den Gebrauchswert der Arbeitskraft, jedoch weniger unter dem Aspekt, konkrete, nützliche Arbeit hervorzubringen, als vielmehr Quelle von Wert durch ihre Anwendung im gesellschaftlichen Produktions- und Reproduktionsprozeß sein zu können. Die Diagnostik orientiere sich daher vorrangig an „abstrakter Arbeit" (vgl. zu den Kategorien „Wert" und „Gebrauchswert" sowie „abstrakter" und „konkreter Arbeit" meine Ausführungen in Kap. 1, S. 22ff.). Mit *Dörner* bestimmt *Lorenz* (1974) die soziale Funktion der Diagnose: „Die Diagnose erfüllt demnach eine Ordnungsfunktion für die Gesellschaft und für das jeweilige soziale System eines Individuums. Die Diagnose ist ein Instrument, mit dem die Gesellschaft Störungen, Gefährdungen in ihrem empfindlichsten Bereich, den Grundregeln, gerade nicht durchschaut, sondern abdeckt, abriegelt, administrativ in den Griff bekommt und unschädlich macht, indem die soziale Etikettierung medizinisch-naturwissenschaftlich vervollständigt wird" (S. 172).

Beziehen wir diese Überlegungen auf die oben vorgenommene Erörterungen zur Infrastruktur (s. o. Bd. 1,. Abb. 2, S. 29 sowie Kap. 1.5 und 1.6), so zeigt es sich deutlich, daß populationsbezogene Diagnosen *Zuordnungsentscheidungen zwischen Institutionen* (bzw. Produktionsprozessen) oder *in einer Institution* (bzw. einem Produktionsprozeß) ermöglichen sollen, d. h. Selektion oder Plazierung. Sie haben darüber hinaus ideologischen Charakter, wenn sie, wie z. B. die psychiatrische Nosologie, soziale Probleme psychologisieren bzw. psychische Probleme biologisieren (s. o. Bd. 1, S. 57ff.). Die *populationsbezogene Diagnose* geschieht im wesentlichen durch Tests, indem ein Vergleich mit einem fiktiven Bevölkerungsquerschnitt in der Eichstichprobe des Tests, bezogen auf eine bestimmte, relevante Dimension des Verhaltens (Persönlichkeitseigenschaften, Intelligenz, soziales Verhalten), erfolgt. Durch sie wird die bisher gelungene Wertübertragung der Arbeit durch Erzieher, Ärzte, Psychotherapeuten, Berufsschullehrer usw. bei den Diagnostizierten beurteilt. Ist er oder sie (und in welchem Umfang) geeignet oder nicht, wertschaffende Arbeit jetzt oder irgendwann in Zukunft besser oder schlechter zu leisten als andere in Frage kommende Personen?

Es verwundert nicht, daß im Mittelpunkt dieser Strategien *Intelligenz- und Leistungsmessung* stehen, mit denen in möglichst reiner Form „abstrakte Arbeit" gemessen wird. Die Überwindung der faktorenanalytischen Sichtweise der Intelligenz durch das Kognitions-Paradigma zeigt besonders deutlich, daß das Wesen dieses psychischen Prozesses der Intelligenz in der Schnelligkeit der Informationsverarbeitung liegt (vgl. *Jantzen* 1988b).

Diagnostik als bevölkerungspolitische Zuweisung zu Institutionen nach Wertgesichtspunkten tritt auf der anderen Seite in deutlichen *Widerspruch* zu wesentlichen Aspekten *inhaltlicher Arbeit* dieser Institutionen.

Wertorientierte Diagnose bedeutet in kapitalistischen Gesellschaften grundsätzlich auch Orientierung an der Mehrwertproduktion. Die Entscheidungsstrategien im Reproduktionsbereich bestimmen sich in letzter Konsequenz aus den Bedingungen des Profits im Produktionsbereich. Soziale Transfers, die eine nicht gelingende Wertübertragung unter bestimmbaren gesellschaftlichen Umständen aufzuheben versuchen (z. B. Ausbau von öffentlicher Früherziehung in einem Stadtteil, wo Schulleistungen und IQs der Kinder vergleichbar geringer sind), unterbleiben in der Regel, sofern sie nicht durch Gegenwehr und politische Prozesse erzwungen werden. Der unmittelbare Gebrauchswert von normorientierten Testbefunden ist für die konkrete pädagogische oder therapeutische Förderung denkbar gering. Nach der Zuweisung in eine Institution leisten die Prozesse der traditionellen Psychodiagnostik nahezu nichts für das Begreifen der Subjektlogik des Diagnostizierten. Solange ein Menschenbild im Sinne des medizinischen Modells vorherrscht, fällt dies zwar nicht weiter ins Gewicht. Alle anderen von *Kornmann* unterschiedenen Menschenbilder (lerntheoretisch, sozialwissenschaftlich, epistemologisch) verlangen jedoch, da sie subjektorientiert Lernstrategien entwickeln, andere Vorgehensweisen.

Die Feststellung des bevölkerungspolitischen Charakters der populationsorientierten Diagnostik bedeutet nicht, auf sie gänzlich verzichten zu können oder zu wollen. Zu kritisieren und zu verwerfen ist jedoch ihre Anwendung als Selektionsinstrument, auf dessen Grundlage soziale Transfers verweigert werden. Für die Zuweisung von Arbeitskräften an bestimmte Orte gesellschaftlicher Produktion und Verteilung sowie des Dienstleistungssektors braucht man prognostische Kriterien. Die Frage ist aber doch, ob im Vorgriff auf berufsstruktur- bzw. arbeitsmarktstrukturbezogene Entscheidungen die Zugänglichkeit von Bildung, Gesundheit, Kultur von einer solchen Diagnose abhängig gemacht wird. Ist es also, auf den konkreten Fall bezogen, gestattet, auf Grund eines IQs von 80 heute einen Schüler in eine Lernbehindertenschule auszusondern, weil er unter den Bedingungen, wie sie sind, nicht in der Grundschule effektiv lernen und später nur Hilfsarbeiter werden kann? Oder spricht nicht alles für eine Veränderung der Grundschule, der öffentlichen Kleinkinderziehung, der Situation „soziokulturell benachteiligter" Familien usw.?

Ökonomisch gilt auch für die Produktion von Arbeitskraft (als Ware), daß „kein Ding wert sein (kann), ohne Gebrauchsgegenstand zu sein" (*Marx*, MEW Bd. 23, 1970, S. 55). *Ohne umfassende Entwicklung der Persönlichkeit und der Fähigkeiten des Arbeiters (als Gebrauchswert) wird auch der Wert seiner Arbeitskraft reduziert sein.* Strategien, die die Entwicklung der Arbeitskraft daher aufgrund wertorientierter (und damit arbeitsmarktorientierter) Prognosen einschränken, sind kontraproduktiv für die Gesellschaft als Ganzes.

Dies gilt auch für *real- bzw. frühsozialistische Länder* wie z. B. die DDR. Da hier das Mehrwertgesetz sich nicht mehr ungebrochen durchsetzte, konnten einerseits ein hoher Bildungsstand und eine hervorragende soziale Absicherung gewährleistet werden. Andererseits erfolgten im Alltag jedoch durch Administration, Bürokratisierung und

Bevormundung des einzelnen tiefgreifende Einschränkungen der Persönlichkeitsentwicklung, die doch durch ökonomische und sozialpolitische Strategien unterstützt und
gefördert werden sollte. Dieser Widerspruch kennzeichnet auch die Psychologie und die
Behindertenpädagogik im Sozialismus (zur Psychologiediskussion in der DDR vgl.
Guthke u.a. 1983 zu Fragen der Diagnostik, *Schröder* u.a. 1988 zur medizinischen und
klinischen Psychologie, *Hiebsch* und *Schmidt* 1989 zu den gesellschaftlichen Aufgaben
der Psychologie). Entsprechend diesem *Widerspruch zwischen umfassender Persönlichkeitsentwicklung und durch politische Norm gesetzter Administration des Alltags* bestan-
den zahlreiche öffentliche Denkverbote (z.B. auch zur Integration Behinderter). Die
bestehenden Lücken in der wissenschaftlichen Analyse wurden oft mit vergleichbaren
ideologischen Argumenten der Naturangemessenheit (statt gesellschaftlicher Veränderbarkeit) einer Vorgehensweise gefüllt wie hierzulande (vgl. das biologistische Konzept
der „Debilität" in der Hilfsschulpädagogik der DDR bzw. für den Umgang mit Problemen von geistiger Behinderung und Autismus die alltagsbezogenen literarischen Darstellungen von *Keßling* 1980 und *Möckel* 1983).

9.3 Verfahren der diagnostischen Datenerhebung

Verfahren der diagnostischen Datenerhebung spielen für den Übergang von Klassifika-
tionssystemen zur Diagnose eine zentrale Rolle. Jedes theoretische Klassifikationssystem
muß in empirische diagnostische Verfahren umgesetzt werden, um im Einzelfall Daten
für die Rekonstruktion des Prozesses der Tätigkeit und Persönlichkeit zur Verfügung zu
haben. Es müssen also Methoden verfügbar sein, mittels derer das Realkonkretum, der
Lebensprozeß eines „behinderten" oder „psychisch kranken" Menschen, auf die Ebene
des Vorstellungskonkretums transformiert wird.

Erst auf der Basis empirischer Daten, deren Umfang sich im Prozeß pädagogischer
oder therapeutischer Intervention ständig erweitert, kann mittels theoretischen Wissens
eine *Rekonstruktion von Subjektivität* vorgenommen werden. Sie erfolgt *als Konstruktion
eines (theoretisch-)konkreten Menschenbildes von dem Betroffenen* auf dem Hintergrund
des allgemeinen Menschenbildes des Diagnostikers und der (empirisch-)konkreten, im
diagnostisch/pädagogisch/therapeutischen Prozeß gewonnenen Einzelerfahrungen. Dies
schließt alle erhobenen und erfaßten Daten einschließlich der Selbstwahrnehmung des
Diagnostikers ein. Das Menschenbild des Diagnostikers selbst kann sich im Prozeß des
Diagnostizierens differenzieren, wenn er auf Widerstände im Begreifen der Subjektlogik
stößt, die er (z.B. durch Supervision, Fachliteratur usw.) löst.

Der *diagnostische Prozeß* ist folglich ein *Prozeß der Vermittlung eines Allgemeinen
(durch humanwissenschaftliches Wissen des Diagnostikers fundiertes und differenziertes
Menschenbild) mit einem Einzelnen (Leben eines konkreten Menschen in all seiner Vielfältigkeit), indem das Einzelne als das Besondere dieses Allgemeinen in seiner Entwicklungslogik rekonstruiert wird*. Die Basis für diese Rekonstruktion, also für den Schritt
vom Vorstellungskonkretum zum Gedankenkonkretum (bzw. von der sprachlichen Ebene 1 zur Ebene 2), können jeweils nur die auf die Ebene des Vorstellungskonkretums in
Form von Daten transformierten Lebensverhältnisse sein. Ich habe versucht, diese Zusammenhänge in Abbildung 36 zu skizzieren.

Ich gebe im folgenden einen Überblick über verschiedene relevante Aspekte der
gegenwärtigen Psychodiagnostikdiskussion, die in methodologischer Hinsicht stark ge-

171

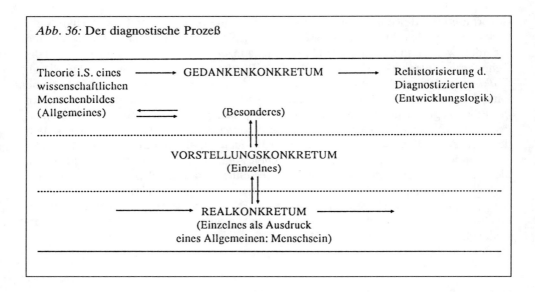

Abb. 36: Der diagnostische Prozeß

prägt ist durch die bereits erwähnte Neuauflage der Krise der Psychologie. Diese zeigt sich als Auseinandersetzung zwischen bevölkerungspolitischer und subjektwissenschaftlicher (d. h. wert- bzw. gebrauchswertorientierter) Funktion. Welche Daten und wie diese zu erheben sind, um adäquate Diagnosen für verschiedene Zwecke vornehmen zu können, darum geht der Streit.

Auf die empirisch-methodologische Diskussion hierzu gehe ich bestenfalls am Rande ein (vgl. *Lienert* 1969 zur Testkonstruktion, *Gutjahr* 1974 zur „Messung psychischer Eigenschaften" sowie *Sprung* und *Sprung* 1982 zur Methodologie und Methodik einer als „empirische Humanwissenschaft" verstandenen Psychologie). Auch zur Frage konkreter Verfahren muß auf die angegebene Literatur verwiesen werden.

Nach der kurzen Darstellung verschiedener zur Diskussion stehender Aspekte bzw. Strategien der diagnostischen Datenerhebung (sowohl normorientierte wie subjektorientierte Varianten) setze ich mich (9.4) mit den Problemen des Übergangs von der empirischen zur theoretischen Ebene der diagnostischen Erkenntnis auseinander. Ich werde dort *Luria*s Ansatz der Syndromanalyse ausführlich darstellen und auf *Schiepek*s Entwurf einer systemischen Diagnostik eingehen. Das folgende Teilkapitel 9.5 entwirft dann Strategien für den Prozeß des Diagnostizierens als Rekonstruktion von Subjektivität bzw. als Rehistorisierung der Betroffenen im Bewußtsein des Diagnostikers, die in Form pädagogischer und therapeutischer Strategien und/oder diagnostischer Begutachtung ihren Ausdruck finden.

9.3.1 Normorientierte Verfahren

Der Begriff „normorientierte Verfahren" (z. T. werden auch die Begriffe „institutionelle Entscheidung", „indirekte Diagnostik" oder „populationsbezogene Diagnostik" verwendet) darf nicht suggerieren, daß sich davon absetzende Verfahren subjektorientierter Diagnostik ohne Populationsbezug und Normorientierung möglich sind. Deshalb wäre es besser, von einer *bevölkerungspolitischen Ebene* der Diagnostik (darunter fallen auch bildungs-, sozial- und gesundheitspolitische Entscheidungen) zu sprechen, im Unterschied zu einer *individuenbezogenen Ebene.*

Zunächst gehe ich auf die *psychiatrische Nosologie* ein. Ihre Problematik liegt nur vordergründig darin, daß sie verworfen werden müßte, weil sie ihre vorgegebenen diagnostischen Funktionen nicht erfüllt. So wird ihr u.a. vorgeworfen, inhuman und schädlich zu sein, den Patienten nur zum passiven Objekt zu machen, zu etikettieren und Ausdruck einer altmodischen und nicht mehr arbeitsfähigen Maschinerie entsprechend dem medizinischen Modell zu sein (*Shevrin* und *Shectman* 1973). Trotzdem kommt kein ernsthafter Psychiatriekritiker darum herum, daß die „Krankheitsurteile" der Psychiatrie (*Herzog* 1981) nicht nur Etikettierungen sind, mit denen sozialer Ausschluß innerhalb der repressiven Infrastruktur realisiert wird, sondern reale Probleme von Menschen widerspiegeln (vgl. z.B. *Jervis* 1978, *Dörner* und *Plog* 1978, die entsprechende Reinterpretationen versuchen). Diese Probleme werden in der psychiatrischen Nosologie aber nur auf der Erscheinungsebene empirisch gruppiert wiedergegeben. Sie sind in dieser Wiedergabe meist biologistisch und psychologistisch verzerrt. Vor allem aber besteht häufig eine außerordentliche Diskrepanz zwischen der Vielzahl nosologischer Gruppierungen und der Einförmigkeit psychiatrischer Behandlungsstrategien. Trotzdem lohnt es sich, die nosologischen Kategorien als Hinweise auf reale Prozesse zu rehistorisieren (vgl. meine Ausführungen in Kap. 6 bzw. in Kap. 8 zu einzelnen Syndromen) und nach ihrer Bedeutung auf sozialer, psychischer und biotischer Ebene zu fragen. Jedes „Krankheitsurteil" in Form einer psychiatrischen Diagnose hat Wirkungen im sozialen Umfeld, jede Diagnose spiegelt psychische Prozesse wider, und jeder psychische Prozeß ist von biotischen Prozessen abhängig und determiniert diese zugleich.

Entsprechend der Entwicklung der psychologisch-psychotherapeutischen Diskussion der letzten Jahrzehnte zeigt sich auch eine deutliche Differenzierung in der psychiatrischen Nosologie. Diese kann direkt an der Entwicklung der *internationalen psychiatrischen Standardklassifikation*, des *DSM III* (Diagnostic and Statistical Manual) verfolgt werden (vgl. *May* 1979). Seine Klassifikationen sind ab der zweiten Version (DSM II, 1968) Teil der Internationalen Krankheitsklassifikation (ICD) der Weltgesundheitsorganisation (WHO). Im DSM III (1973) wurde der Klassifikationsteil über Störungen im Kindes- und Jugendalter gegenüber dem DSM II verbessert. Das DSM III enthält außerdem erstmals eine multidimensionale Beschreibungsweise (auf 5 „Achsen"), in der neben den klassischen „Klinischen Syndromen und Störungen" (Achse I) „Entwicklungs- und Persönlichkeitsstörungen" (Achse II), „Körperliche Störungen und Zustände" (Achse III) auch der „Schweregrad psychosozialer Belastungsfaktoren" (Achse IV) und die „Globale Beurteilung des psychosozialen Funktionsniveaus" (Achse V) mit aufgenommen sind (vgl. die deutsche Übersetzung der revidierten Fassung von 1987; *DSM III-R* 1989).

Neben dem DSM III gibt es verschiedene andere Klassifikationsmodelle. So das GAP-System (Group for Advancement in Psychiatry) für die Diagnose psychopathologischer Störungen im Kindesalter und auf dieser Basis aufbauend das sehr differenzierte Diagnoseschema von *Prugh* (1973). Es ordnet bestimmten Altersperioden bestimmte psychosoziale Dimensionen zu und versucht, auf diese Weise Persönlichkeitsentwicklung zu beschreiben (vgl. *May* 1979; Wiedergabe des Schemas auch in *SOFI* 1982, Anhang).

Im deutschsprachigen Bereich liegt das „Manual zur Dokumentation psychiatrischer Befunde" (AMDP; 1981) vor sowie das von *Remschmidt* und *Schmidt* (1977) übersetzte

„Multiaxiale Klassifikationsschema für psychiatrische Erkrankungen im Kindes- und Jugendalter" von M. *Rutter* und Mitarbeitern. Auch hier findet eine Klassifikation auf fünf Achsen dem DSM III entsprechend statt. Es ist an die Internationale Standardklassifikation, 9. Revision (ICD 9), angepaßt.

Als Musterbeispiel normorientierten, subjektfeindlichen Vorgehens wird in der Regel die *psychometrische Diagnostik* herangezogen. Hauptgrund ist wahrscheinlich ihr Pragmatismus. Intelligenz ist – nach einem häufig kolportierten Spruch des amerikanischen Psychologen *Boring* – das, was der Intelligenztest mißt. Da in der Konstruktion von Tests alle methodologischen Kriterien operational bestimmt werden (in Form von Meßgrößen), ist es in der Tat für den Testkonstrukteur relativ beliebig, welche Test-Aufgaben (Items) er aufnimmt. Hauptsache, diese Items tragen aufgrund ihrer Schwierigkeit und Trennschärfe zur interindividuellen Differenzierung bei und ergeben Skalen, welche sich im Rahmen von Faktorenanalysen oder aufgrund von Korrelationen mit bestimmten Außenkriterien als valide erweisen.

Der Schwierigkeitsindex bestimmt sich als Wert der in einer Stichprobe prozentual richtig gelösten Aufgaben. Der Trennschärfenindex bezieht sich auf den Beitrag der Aufgabe, zwischen Testabsolventen mit hohen und niedrigen Testpunktwerten zu unterscheiden. Angestrebt wird eine möglichst hohe Trennschärfe über den gesamten Schwierigkeitsbereich der Aufgaben hinweg. Dabei werden Tests so konstruiert, daß durch ihre Schwierigkeitsverteilung eine *Normalverteilung* der Punktwerte um einen bestimmten Mittelwert erreicht wird. Dies ermöglicht es, die Testwerte auf Intervallskalenniveau zu verrechnen und damit Punktwertdifferenzen zwischen einzelnen Personen in verschiedenen Schwierigkeitsbereichen gleichzusetzen. So entspricht z. B. der Unterschied zwischen einem IQ von 80 und 85 dem zwischen 103 und 108. Alle auf der Gaußschen Normalverteilung aufbauenden Werte, in denen Testergebnisse dargestellt werden, sind über lineare algebraische Transformationen direkt miteinander vergleichbar (ob C-Wert, IQ-Wert, T-Wert usw.). Dies suggeriert ein universelles metrisches System, auf das hin Personen abgebildet werden können, selbst wenn die Tests an unterschiedlichen Stichproben geeicht wurden, da die Stichproben jeweils nach bestimmten Kriterien repräsentativ zusammengestellt sind bzw. sein sollen. Als Alternative zur *klassischen Testtheorie* wird das *Rasch-Modell* diskutiert (vgl. *Büscher* 1978). Es versucht, Schwierigkeiten unabhängig von der Population zu bestimmen, und arbeitet auf Proportionalskalenniveau (Skala mit absolutem Nullpunkt), zeigt aber letztlich deutlich ähnliche Verteilungseigenschaften wie die Gaußsche Normalverteilung der klassischen Testtheorie (*Gutjahr* 1974, Kap. 5). Da mich hier nicht die statistischen Verfahren interessieren, mit denen Tests konstruiert werden, sondern die objektive soziale Bedeutung bestimmter Vorgehensweisen in der Diagnostik, gehe ich hierauf nicht näher ein.

Eine wichtige Grundannahme, die in die Konstruktion populationsbezogener Tests eingeht, ist die *Konstanz von Eigenschaften*. Aus dieser angenommenen Konstanz heraus wird die notwendige experimentähnliche Kontrolle der Testsituation abgeleitet. Diese muß für alle Individuen in der gleichen Weise in der Untersuchungssituation gesichert sein (Durchführungsobjektivität) und für alle Testanwender zur gleichen Auswertung führen (Auswertungsobjektivität). Entsprechend dem Eigenschaftsmodell (das an die Stelle des Modells der Vermögenspsychologie des vorigen Jahrhunderts getreten ist) muß der Test zuverlässig oder meßgenau (reliabel sein). D. h. zwischen zwei Wiederholungen oder zwei Testhälften muß eine hohe Korrelation bestehen. Die Validität, d. h. die Gültigkeit, wird entweder durch Experten inhaltlich bestimmt (z. B. repräsentativer Test für ein Schulfach), oder sie ist im Sinne der Übereinstimmung mit einem psychologischen Konstrukt (meist über die faktorielle Validität ermittelt) gegeben oder wird durch Korrelation mit einem Außenkriterium (z.B. Korrelation des IQ mit dem Lehrerurteil) bestimmt.

Im Gegensatz zu einigen Argumenten in der umfangreichen Testkritikdebatte (vgl. zu dieser Debatte z.B. *Grubitzsch* 1986) denke ich, daß an diesen Kriterien kaum etwas verbessert werden kann, soweit man auf der wertorientierten, bevölkerungspolitischen Ebene diagnostizieren will. Auch wenn derartige Daten zu Zwecken der Auslese und Selektion benutzt werden, so sind sie andererseits als empirische Meßwerte dort unumgänglich, wo es um den Nachweis von systematischer Benachteiligung aufgrund sozialer und ökologischer Bedingungen oder um die Begründung notwendiger positiver sozialer Transfers für Benachteiligte geht. Gegen ihre Anwendung bei der Eignungsdiagnostik oder Berufsberatung und Arbeitsplatzvermittlung ist ebenfalls wenig zu sagen, wenn nicht die Selektionskategorie Arbeitslosigkeit die Folge ist und wenn der Entscheidung in jedem Falle fördernde Maßnahmen folgen. Schließlich ist ein Populationsbezug in der klinischen Psychologie zur Definition des Aussagenbereichs von Einzelfallstudien unumgänglich.

Die eigentliche Achillesferse der bisherigen psychometrischen Verfahrensweise liegt in der bloß empirischen und nicht theoretischen Bestimmung von Eigenschaften, in ihrer „Substantialisierung" (*Gould* 1983) und in ihrer unterstellten Konstanz. Genau dies ist die Hintertür, durch die sich der Gebrauch des scheinbar wertfreien Verfahrens mit ideologischen Strukturen vermittelt. An die Stelle der theoretischen Rekonstruktion von Subjektivität tritt beim Anwender häufig die bloße Wiedergabe der Meßwerte und ihre Interpretation in Dimensionen des Alltagswissens. Um nicht mißverstanden zu werden: Die inhaltliche Kritik der Testkritikdiskussion an vielen Verfahren (vgl. z.B. *Zimmermann* u.a. 1971 zur Kritik des HAWIK) und an der Art ihrer Verwendung teile ich voll. In der Testkritik ist es aber bisher, von wenigen Ausnahmen abgesehen, versäumt worden, über die ideologiebildende und selektierende Funktion von Tests hinaus deren soziale Funktion genauer zu bestimmen. Sie ist damit meist nicht über den Ansatz der Etikettierungstheorien (labeling-approach) hinausgelangt. Dies führt teilweise dazu, daß von der Testkritik auch jede Form subjektorientierter Diagnostik negiert wird.

9.3.2 Subjektorientierte Ansätze

Ich versuche im folgenden, ohne Anspruch auf Vollständigkeit, den Leser/innen einige Orientierungspunkte in dieser außerordentlich umfangreichen und keineswegs abgeschlossenen Diskussion zu geben, und gehe dabei auf folgende Aspekte ein: Förderdiagnostik, neuropsychologische Diagnoseverfahren, Verhaltensanalyse, entwicklungsprozeßbezogene Diagnostik, Einzelfallanalyse und biographische Methoden, systemische Methoden. Dieser Überblick dient sowohl der Orientierung über wichtige Verfahren als auch der Diskussion einiger grundsätzlicher Fragen.

Förderdiagnostik

Hinter diesem Stichwort verbirgt sich eine außerordentlich differenzierte und umfangreiche Diskussion innerhalb der Sonderpädagogik, die sich zunächst um das Überweisungsverfahren für die Sonderschule für Lernbehinderte zentriert (vgl. *Probst* 1973) und versucht, dieses zu verbessern (*Kornmann* 1977), darüber hinaus aber eine an Förderung orientierte Diagnostik entwickeln will (vgl. *Kornmann* 1974, *Barkey* u.a. 1976, *Kornmann* u.a. 1983, *Bundschuh* 1985). In dieser Debatte spielen die Arbeiten von *Probst* (1979, 1981, 1983; *Probst* und *Wacker* 1986) eine wichtige Rolle. Ich beschränke mich für die Darstellung und Diskussion der „Förderdiagnostik" exemplarisch auf sie, da sie innerhalb dieses Ansatzes die wohl entwickeltsten Positionen sind.

Ausgehend von dem didaktischen Ansatz *Kutzers* (1973, 1976, 1979, 1983, 1985, 1986) entwickelt *Probst* Verfahren einer *„struktur-niveau-orientierten Diagnostik"*. *Kutzers* Grundidee ist es, zu geistigen Operationen in Form von Invarianzbildungen vorzudringen. Ihn interessiert nicht Paukwissen, sondern instrumentelles Wissen. Am Beispiel des Mathematikunterrichts kann er durch einen am Aufbau der Begriffe orientieren Unterricht in wenigen Wochen Lernleistungen bei Sonderschülern erreichen, für die der Lehrplan weitaus längere Zeiträume (bis hin zu Jahren) ansetzte. Wissen baut sich für *Kutzer* in Form von Begriffshierarchien auf, innerhalb derer jede neue Ebene der Strukturbildung (Invarianzbildung) bestimmte Voraussetzungen hat. Der Erwerb von Wissen ist daher vom richtigen Einstieg in diese Begriffshierarchien abhängig. Dies eröffnet diagnostische Aufgaben im Sinne der Bestimmung von begrifflichen Hierarchien einzelner Unterrichtsgegenstände. Auf der anderen Seite ist der Wissenserwerb vom *Repräsentationsniveau der Schüler* (1. enaktiv, materiell, handelnd, konkret; 2. materialisiert, vorstellend, ikonisch; 3. symbolisch, innere Sprache, abstrahiert) abhängig. Diese Niveaus im aktualgenetischen Prozeß des Aufbaus von Begriffen übernimmt *Probst* von verschiedenen Autoren, insb. auch von *Galperin*, auf dessen Theorie ich in Kapitel 11 noch zu sprechen komme. *Probst* (1979, S. 124) demonstriert die Aufschlüsselung beider Aspekte u.a. am Beispiel des Hebelgesetzes. Der obere Teil von Abb. 37 enthält die struktur- und niveaubezogene Auffschlüsselung, der untere den Begriffstammbaum der Gegenstandsstruktur.

Entwicklung wird als *Vermittlung von Struktur und Niveau* betrachtet, also als Fortbewegung in Richtung der Diagonale des Koordinatensystems. Aus der Logik dieses Ansatzes ergeben sich folgende *Aufgaben für die Diagnostik:*

1. Analyse der Sachstruktur des Vorfelds bestimmter schulischer Leistungen;
2. Analyse der ontogenetischen Voraussetzungen (Begriffsniveaus) für bestimmte Lernleistungen;
3. Analyse und empirische Überprüfung von Sachstrukturen schulischer Leistungen;
4. struktur- und niveaubezogene Aufschlüsselung von Lernsituationen, um für Schüler individualisierte Wege des Lernens im Rahmen innerer Differenzierung des Unterrichts zu eröffnen.

Der letzte Punkt wird außer in der Analyse des Hebelgesetzes bei *Probst* und *Wacker* (1986) für die Schriftsprache behandelt. Darüber hinaus verweise ich auf die weiterführende Diskussion bei *Feuser* und *Meyer* (1987, S. 32ff.).

Voraussetzungsstrukturen schulischer Lernleistungen analysiert *Probst* im Bereich des Schriftspracherwerbs (1983).

Kognitive Begriffsniveaus untersucht er in dem Buch „Diagnostik und Didaktik der Oberbegriffsbildung" (*Probst* 1981). Er entwickelt dort ein Testverfahren, das als Lerntest (vgl. zu dieser Konzeption *Guthke* 1972) konzipiert ist, und überprüft, ob Schüler mit Unterstützung nächsthöhere Begriffsniveaus erreichen. *Probst* unterscheidet hierbei affektiv-egozentrisches Niveau, perzeptiv-begriffliches Niveau, funktionale und kategoriale Begriffsbildung (zum Aufbau des Tests s.o., Kap. 5, Abb. 19, S. 218).

176

Abb. 37: Struktur- und niveaubezogene Aufschlüsselung des Gegenstandes „Hebelgesetz"

		KOM	PLEX	I	TÄT
symbolisch innere Sprache abstrahiert	AU	Der kürzeste Weg vom Punkt zur Graden ist das Lot. Drehung ist Bewegung in einer Ebene bei einem ruhenden Punkt. Länge, Maßeinheit	Hebel ist ein Körper mit Drehpunkt. Ein Hebel ist eigentlich eine Funktion	Die Länge des Hebelarmes ist der Abstand vom Drehpunkt zum Angriffspunkt der Kraft, genauer: zur Kraftlinie	Anwendung der Gleichung; auf neue Probleme Schwerpunkt von Erde und Mond bestimmen; eingekleidete Aufgaben, z.B. Hebelwirkungen an der Schubkarre bestimmen
materialisiert vorstellend ikonisch	VE	Auf Abbildungen Dinge bestimmen, bei denen Drehung auftritt. Rechte Winkel erkennen; Längen vergleichen bestimmen	Nach Abbildungen Hebel und Nicht-Hebel erkennen	Größe von Drehmomenten nach Abbildungen einarmiger Hebel vergleichen z.B. Schöpfwerk mit Esel	Hebelsachverhalte an Zeichnungen und Modellen erklären. Wo treten Hebelwirkungen auf?
enaktiv materiell handelnd, konkret	NI	Gewichte heben, Kräfte vergleichen, Gebrauch von drehenden und schiebenden Dingen, kürzester Weg, Gleichgewicht. (Psychomotorische Erfahrungen)	Gegenstände mit Hebelwirkung erkennen, handhaben.	Einsatz einer gegebenen Kraft am einarmigen Hebel; z.B. Türklinke drücken	Auf Wippe, Balkenwaage, Schnellwaage, Gleichgewicht herstellen.

Gegenstandsstruktur:

Kraft: Größe, Richtung, Angriffspunkt

Drehung

Abstand, Länge

Gleichgewicht

def. Hebel: Körper mit Drehpunkt

Drehmoment: Verbindung von Kraft u. Hebelarm

$K_{xl} = P_{xq}$ Gleichgewicht und Bewegung am Hebel. Verhältnis zweier Drehmomente

(aus: Probst 1979, S. 124)

Zur Analyse einer Sachstruktur verweise ich u. a. auf die empirische und theoretische Ermittlung der Voraussetzungsstruktur von Zahlbegriff und Zahloperationen (*Probst* 1983).

An der Vorgehensweise der „Förderdiagnostik" allgemein, aber explizit auch auf *Probst* bezogen, hat *Schlee* (1985a, b, c) folgende *Kritik* geübt.
1. Aus der Bestandsaufnahme eines Ist-Zustands (Diagnose) ist unmittelbar keine Entscheidung über einen Sollzustand ableitbar (didaktische Entscheidung). Insofern sind

Versprechen der Förderdiagnostik, bessere Didaktik zu ermöglichen, nicht haltbar. In diese gehen übergreifende Vorstellungen wie allgemeine Bildungsziele, curriculare Festlegungen, Entwicklungs- und Persönlichkeitsvorstellungen mit ein.

2. Die Förderdiagnostik hat bisher ihre empirische Validierung versäumt. Es gibt keine Belege, daß durch sie bessere Förderung möglich ist. Sie dient bestenfalls der psychischen Entlastung der Lehrer.

3. Es fehlen theoretische Grundlagen des Diagnostizierens. Daher sind die Diagnostiker den sich ergebenden Daten „irgendwie" hilflos ausgeliefert (1985c, S. 870).

Die Kritik ist berechtigt, wo sie dem z.T. in dieser Diskussion erhobenen Anspruch der unmittelbaren Verknüpfung von Diagnostik und Didaktik widerspricht. Aus der Struktur-Niveau-Analyse des Hebelgesetzes sind z.B. keine didaktischen Entscheidungen direkt ableitbar, da völlig ungeklärt ist, in welchem Lernkontext Schüler Zugangsmöglichkeiten zu diesen durch logische (und durch empirische) Klärung von Voraussetzungen gewonnenen Strukturen des Begriffserwerbs erhalten können. Angewendet leistet das Schema nichts anderes als diagnostische Verfahren insgesamt: den konkreten Prozeß der Tätigkeit der Schüler auf empirischer Ebene (Verhaltensebene) sichtbar zu machen. Erst auf der Basis dieser empirischen Erkenntnis kann im zweiten Schritt (als Übergang zur theoretischen Erkenntnis) die mögliche „Erschließung der Sache für den Schüler" (Strukturaspekt) und des „Schülers für die Sache" (Niveauaspekt, Motivaspekt) im Denken des Lehrers erfolgen (entsprechend *Klafkis* Begriff der „kategorialen Bildung" als Ausgangspunkt didaktischen Denkens; vgl. *Stöcker* 1987). Und erst von diesem gewonnenen „Gedankenkonkretum" aus ist ein qualifizierter Prozeß des Unterrichtens möglich (vgl. die beiden folgenden Kapitel 10 und 11).

Berechtigt ist die Kritik ebenfalls, wo sie eine „Theorie des Diagnostizierens" anmahnt.

Der Kern des Problems liegt aber in folgendem: Sind die auf empirischer Ebene durch diese Diagnostik erfaßten Sachverhalte auch aus theoretischer Sicht wichtig, oder sind sie eher nebensächlich? (Hierbei müssen sie in der Transformation von der „Nullebene" auf die Ebene der empirischen Erkenntnis selbstverständlich den zu stellenden methodologischen Ansprüchen genügen; und dies ist der Fall.) Insofern vernachlässigt *Schlees* Kritik ein zentrales Problem der Beurteilung von Testverfahren: das ihrer inhaltlichen Validität. *Theoretisch wichtige Sachverhalte sind solche, die es rückbezogen auf eine systematisch ausgearbeitete und weiter auszuarbeitende Theorie vom Menschen möglich machen, menschliche Subjektlogik zu rekonstruieren.* Da *Probst* sich hier, ebenso bezogen auf die Sachstruktur wie auf den Entwicklungsprozeß wie auf die Aktualgenese von Begriffen, jeweils entwickelter und miteinander in Verbindung stehender theoretischer Ansätze bedient, muß die oben aufgeworfene Frage eindeutig mit ja beantwortet werden.

Neuropsychologische Diagnostik

Die neuropsychologische Diagnostik versucht, unterschiedliche Aspekte der höheren kortikalen Funktionen und ihrer Störung bei örtlichen Hirnschädigungen mittels psychologischer Tests zu erschließen. Ziel dieser Diagnostik ist es, *hirnorganische Syndrome genau zu beschreiben bzw. ihre unterschiedlichen Existenzformen* (sensorische Aphasie, motorische Aphasie usw.) *zu unterscheiden*.

Hier finden sich alle bisher diskutierten Probleme des Diagnostizierens wieder. So versuchen die gängigen standardisierten Testbatterien (z.B. die Halstead-Reitan-Neuropsychological Battery, vgl. *Boll* 1981; oder der Aachener Aphasietest; vgl. *Huber* u. a. 1980, *Willmes* u. a. 1980, *Weniger* u. a. 1981) das Klassifikationsproblem über empirische Mittelwerts- und Profilvergleiche zu lösen. Andererseits liegt in der von *Luria* ausgearbeiteten Diagnostik eine Alternative vor, die letztlich aber erst mit der von mir in Abschnitt 9.4 behandelten Syndromanalyse hinreichend nutzbar wird.

Vor allem in „Die höheren kortikalen Funktionen …" (1970a, S. 361–538) legt *Luria* vielfältige und umfangreiche *„Funktionsproben"* vor, die sich auf die Prüfung folgender Bereiche beziehen: Bewegungsfunktionen (insb. Hand und Mund), akustisch-motorische Koordination, hautkinästhetische Funktionen, höhere Sehfunktionen (visuelle Wahrnehmung, Orientierung im Raum, räumliches Denken), mnestische Prozesse, Sprachfunktionen (expressive und rezeptive Sprache), Schreiben und Lesen, Rechnen, Denkprozesse. *Luria* selbst beherrschte auf der Basis dieser Funktionsproben und seines umfassenden diagnostischen und empirischen Wissens den Prozeß der Diagnose meisterhaft (vgl. *Levitin* 1982). Gleichzeitig war es aber kaum möglich, diese Fähigkeiten an andere in vergleichbarer Form weiterzugeben, außer in Form des Schüler-Meister-Verhältnisses. So sind es vor allem die *Luria*-Schülerinnen *Tsvetkova* und *Chomskaja*, die heute diese Diagnostik beherrschen und lehren.

Die elaborierte Theorie und die umfangreichen diagnostischen Verfahren, die nach der Diagnose eine unmittelbare Zuordnung therapeutischer Verfahren ermöglichten (vgl. *Tsvetkova* 1981), fanden trotzdem weltweit Beachtung (vgl. z. B. *Goldberg* 1976) und führten bald zu Versuchen ihrer besseren Handhabung. Anne-Lise *Christensen*, eine dänische Neuropsychologin, legte 1975 eine erste Testversion vor, die auf der Basis dieser Aufgaben entwickelt worden war. Ihr folgten Weiterentwicklungen im angloamerikanischen (Luria-Nebraska-Battery von *Golden* u. a. [vgl. *Golden* 1981]) und deutschsprachigen Bereich (Tübinger-Luria-Christensen-Batterie [TÜLUC] von *Hamster* u. a. 1980, für die BRD, sowie eine DDR-Version der Nebraska-Batterie durch *Frühauf* 1984). Darüber hinaus wurden Versionen für das Kindesalter entwickelt (vgl. *Carr* 1981 für den angloamerikanischen Bereich). Die deutschsprachigen Varianten (für die DDR Luria-Nebraska-Neuropsychologische-Batterie, Kinderform; 8–12 Jahre; für die BRD die TÜKI) befinden sich gegenwärtig im Stadium der Erprobung bzw. Normierung.

Entsprechend den üblichen Regeln der Testkonstruktion wurden Aufgabenanalysen auf der Basis der Funktionsproben durchgeführt und die jeweils trennscharfen Aufgaben bei angemessener Schwierigkeitsvariation in den Test aufgenommen. Die TÜLUC (die anderen Versionen sind ähnlich aufgebaut) umfaßt insgesamt 10 Dimensionen für die Makroanalyse (1. motorische, 2. akustomotorische, 3. kutane und kinästhetische, 4. visuelle Funktionen, 5. rezeptive Sprache, 6. expressive Sprache, 7. Schriftsprache, 8. Rechnen, 9. mnestische Prozesse, 10. intellektuelle Prozesse), die sich nochmals in 30 Teilbereiche erster Ordnung (z. B. bei motorischen Funktionen: 1. Hände, 2. oral, 3. sprachliche Regulation) und 64 Teilbereiche zweiter Ordnung (z. B. bei Hände 8 Unterbereiche) aufteilen (Mikroanalyse). Jeder Teilbereich besteht letztendlich aus einer Reihe von Aufgaben (zwischen 3 und 8). Die Auswertung erfolgt auf einer sechzehnstufigen Skala: z. B. 1 = keine Kontaktnahme (Patient reagiert nicht auf Untersucher); 8 = Hilfen (Untersucher gibt Hilfen, Antwort richtig); 16 = komplex (Diese Reaktion erfolgt rasch, sicher und völlig richtig).

Mit dieser Verfahrensweise wurde die Transformation von neuropsychologischen Daten der Nullebene (vom „Realkonkretum") auf die Ebene der empirischen Erkenntnis (Vorstellungskonkretum) außerordentlich erleichtert und für viele Psychologen und Pädagogen zugänglich gemacht. Wie diese Werte in eine Diagnose gemäß der *Luria*schen

Aphasie-Klassifikation überzuführen sind, ist jedoch im Handbuch zur TÜLUC nicht zufriedenstellend gelöst – und nur dann ist ein spezifisches Therapieprogramm im Sinne der von *Tsvetkova* (1981) vorgelegten Strategien anwendbar. Auch die bei *Golden* (1981) geführte Diskussion ist in dieser Hinsicht unbefriedigend. Wenig befriedigend sind auch die bereits genannten empirischen Klassifikationsversuche mit der Halstead-Reitan-Neuropsychologischen-Batterie bzw. dem Aachener Aphasietest, da sie sich bei den Klassifikationsgruppen auf herrschende neurologische Diagnosen beziehen, die von einer durch Erfahrung gewonnenen, jedoch nicht theoretisch (wie bei *Luria*) durchgearbeiteten Klassifikation der Aphasien ausgehen (z.B. Globale Aphasie, Broca-Aphasie, Wernicke-Aphasie, amnestische Aphasie; vgl. *Wilmes* 1980). Unter der Hand wird der empirischen Klassifikation ein theoretisches System (als Validierungskriterium) untergeschoben, dessen Angemessenheit umstritten ist. Entsprechend ermöglicht es in der Regel kaum therapierelevante differentialdiagnostische Zuweisungen (außer in dem groben Sinne der Trennung von sensorischen und motorischen Aphasien).

Da gegenwärtig für den *Kinderbereich* noch keine neuropsychologischen Verfahren im Handel vorliegen, die *Luria*-Kinder-Versionen sich auch nur auf den Altersbereich von 8 Jahren und darüber beziehen werden, ist zumindest noch die von *Ayres* (1972) entwickelte Testbatterie für 4–8jährige Kinder zu nennen, die allerdings nur in englischer Version vorliegt (Southern California Sensory Integration Test). Durch die Vielfalt ihrer insgesamt 17 Untertests zu sensorischen, motorischen, Raumorientierungs- und Haltungsaspekten ist sie ein außerordentlich brauchbares Instrumentarium für diesen Altersbereich. Sie steht in engem Kontext zu *Ayres* (1979) Auffassung, daß sensorische Desintegration eine Folge von leichten Hirnschädigungen (MCD) ist, und den hierauf aufbauenden Behandlungsprogrammen (*Ayres* 1984). Beides hat in der BRD mittlerweile erhebliche Aufmerksamkeit und Verbreitung gefunden.

Verhaltensanalyse

Im Zusammenhang mit der Entwicklung psychotherapeutischer Verfahren durch die akademische Psychologie selbst sah sich die bisherige Diagnostik erheblicher Kritik ausgesetzt. Im Rahmen der an psychologischen Lerntheorien orientierten Verhaltenstherapien (vgl. als Überblick *Baade* u.a. 1984) wurde *abweichendes Verhalten als gelernt und daher wieder verlernbar* betrachtet. Folglich interessierte sich die Diagnostik nicht mehr für als unveränderlich angesehene, *indirekt* erschließbare Persönlichkeitseigenschaften, sondern für die Beschreibung und Analyse *direkt* beobachtbarer Bedingungen und Konsequenzen des zu ändernden Verhaltens. Dabei werden Diagnostik und Verhaltensmodifikation als sich wechselseitig beeinflussende Größen betrachtet (*Schmook* u.a. 1974). Hervorzuheben ist, daß hier Methoden der Informationsgewinnung und Bedingungsanalyse, also empirische und (ansatzweise auch) theoretische Erkenntnismethoden, unterschieden werden.

Methoden der *Informationsgewinnung* sind u.a. standardisierte Verhaltensinventare, z.B. zur Erfassung von Furcht oder von Verstärkungsmechanismen, Situationsbeurteilungen (z.B. Hausbesuche, Beobachtung von Alltagssituationen, u.U. unter Hinzuziehung von Ton-Bild-Technik), systematische Verhaltensbeobachtungen, physiologische Messungen, Gespräche mit Bezugspersonen von Klienten.

Die *Bedingungsanalyse* stellt durch die Anwendung der *Verhaltensgleichung* zwischen den Daten einen Bezug her. Dieser kann sich auf Einzelsymptome beziehen, aber auch Symptomgruppen zusammenfassen. Die Verhaltensgleichung nach *Kanfer* lautet:

180

S	–	O	–	R	–	K	–	C

Stimulus   Organismus   Reaktion   Kontingenz   Konsequenz

Zunächst wird das problemrelevante Verhalten (Reaktion) bestimmt, d.h. „alle beobachteten oder berichteten gestörten Verhaltensweisen des Klienten anhand konkreter Merkmale wie Auftrittshäufigkeit, Dauer usw. genau ... beschrieben" (*Schmook* u.a. 1974, S. 365). Dies erfolgt deskriptiv und funktional, d.h. auch im Hinblick auf vorweggehende oder folgende Bedingungen.

Die Analyse der Reizsituation (Stimulus) fragt nach auslösenden und regulierenden Faktoren problemrelevanten Verhaltens.

Unter dem Aspekt „Organismus" werden über biologische Komponenten hinaus eigentlich *alle* intraindividuellen Konstanten, die relevant sind, erfaßt. Es wird überprüft, inwieweit verhaltenstherapeutische Interventionen in Frage kommen, welche organismischen Probleme die Therapie beeinträchtigen können und ob das Verhalten organismische Konsequenzen hat (z.B. bei Magersucht).

Als Konsequenz werden alle Ereignisse erfaßt, die auf das gestörte Verhalten folgen und dessen Häufigkeit, Dauer und Intensität steuern (in „belohnender" wie in „bestrafender" Hinsicht).

Unter dem Gesichtspunkt „Kontingenz" werden Häufigkeit, Regelmäßigkeit und zeitliche Reihenfolge der Konsequenzen analysiert (vgl. zur Verhaltensdiagnose auch *Schulte* 1976a).

Im Rahmen des „subjektiven Behaviorismus" und der kognitiven Verhaltenstherapie erfolgt eine Modifizierung: *„Inneres Verhalten"* wird ebenfalls in die Diagnose mit aufgenommen. In diesen Kontext sind auch die an Rückkoppelungsmodellen orientierten handlungstheoretischen Überlegungen zur Diagnose einzuordnen (vgl. z.B. *Kleiber* 1981), die im deutschsprachigen Raum sich meistens an den handlungsregulatorischen Vorstellungen von *Hacker* (1973) orientieren. Dies verlangt, sowohl neue Verfahrenstechniken in Form der Erhebung subjektiver Weltbilder in spezifischen Handlungsbereichen einzusetzen als auch anspruchsvollere Modelle der theoretischen Erklärung zu entwickeln.

Für unsere Überlegungen ist neben der Unterscheidung von empirischer und theoretischer Ebene in der Diagnose folgendes aus der Diskussion um „Verhaltensdiagnostik" interessant: Hier wird davon ausgegangen, daß mit der Erhebung der Information und der Erstellung der Diagnose im Rahmen der Bedingungsanalyse nur die beiden ersten Schritte in einem Entscheidungsprozeß vollzogen werden, der mit dem Erfolg oder Mißerfolg einer Therapie endet. Die noch folgenden weiteren Schritte sind nach *Westmeyer* (zitiert nach *Schulte* 1976b, S. 119): Bedingungswissen, Zielbestimmung, Therapieplanung, Änderungswissen, Durchführung der Therapie und Kontrollmessung. Diagnostische Hypothesen können folglich nur in Relativität zum jeweiligen Hintergrundwissen überprüft werden und sind von diesem abhängig.

Diagnose als Rekonstruktion der Entwicklungslogik von Tätigkeit und Persönlichkeit ist daher lediglich ein Teilmoment in einem pädagogischen und therapeutischen Prozeß. (Sie wird übrigens nicht nur vom Diagnostiker auf den Klienten hin realisiert, sondern auch umgekehrt, und ist aus dieser Sicht für die Aufrechterhaltung oder den Abbruch bzw. auch für die Qualität des pädagogisch-therapeutischen Prozesses bedeutsam.)

Qualitative Entwicklungsdiagnostik

Seit der Entwicklung von *Piagets* Theorie hat es verschiedene Versuche gegeben, Verfahren für die Ermittlung der von ihm bzw. von anderen Autoren (s.o., Kap. 5) festgestellten qualitativen Übergänge zu entwickeln. Ein Verfahren dieser Art habe ich bereits mit dem Begriffsbildungstest von *Probst* (1981) vorgestellt (vgl. Kap. 5.4.3). Für den Bereich geistiger Behinderung ist auf die von *Bibl* (1980 a, 1981) überarbeiteten Skalen von *Uzgiris* und *Hunt* (1975) zu verweisen, die Aufgaben zur Erfassung von Fähigkeiten auf den ersten 6 sensomotorischen Niveaus nach *Piaget* enthalten. Einen sorgfältigen Bericht über die praktische Anwendung bei geistig behinderten Erwachsenen liefern *Hennige* u.a. (1988). Damit liegen erste Verfahren zur Erfassung des Hierarchieaspekts der Persönlichkeit (vgl. Kap. 2) vor, die für eine subjektorientierte Psychodiagnostik bei Kindern oder bei geistig behinderten Menschen unumgänglich ist (vgl. *Jantzen* 1982, 1983), sicherlich aber auch darüber hinaus Bedeutung besitzt.

Einzelfallanalyse und biographische Methoden

Seit Beginn der 80er Jahre findet eine intensive Diskussion um Einzelfalldiagnostik statt, innerhalb welcher die alten Unterscheidungen zwischen einem naturwissenschaftlich-messenden, „nomothetischen" Vorgehen und einem einzelfallbezogenen, beschreibenden, hermeneutischen, „idiographischen" Vorgehen zunehmend verworfen werden. Die Wissenschaftlichkeit einer Diagnose bestimmt sich nicht nur über die metrische Qualität von Verfahren.

Ohne zugrunde liegende inhaltlich-theoretische Konzepte führt eine Diagnose lediglich zu einer „zirkulären Verdoppelung" (*Hilke* 1984).

Aus theoretischen Gründen muß der Weg von der bisherigen Verabsolutierung quantitiver Diagnostik hin zu einer qualitativen Diagnostik führen. Menschliches Verhalten ändert und entwickelt sich nicht linear, es weist qualitative Übergänge und Veränderungen auf (im Sinne des „chaotischen", nicht außendeterminierten Verhaltens autonomer Systeme; *Jüttemann* 1984, S. 42). Eine qualitative Diagnostik muß, um das „Allgemeine im Individuellen" bestimmen zu können, von theoretischen Konzepten, d.h. bestimmten Auffassungen vom Menschen ausgehen (vgl. *Jüttemann* 1987). Sie muß, da die Reichhaltigkeit des Einzelfalles zu berücksichtigen ist, als *biographische* oder *ätiologische Diagnostik* angelegt werden. (*Jüttemann* 1984 und 1985).

Natürlich bestehen auch dann methodologische Probleme, wie zuverlässige Daten im Einzelfall, hier z.B. im Sinne von Veränderungsmessungen, oder bei kleinen Gruppen gewonnen werden können. Dazu gibt es eine umfangreiche Diskussion, auf die ich nicht näher eingehe. Zumindest existieren auch in naturwissenschaftlich-metrischer Sicht wohlbegründete Methoden und Strategien der Einzelfallanalyse (vgl. u.a. *Petermann* und *Hehl* 1979, *Petermann* 1981, *Schmidt* 1989, *Schmidt* und *Reschke* 1989, *Piontek* 1989).

Mit der Neubestimmung von Einzelfall-Diagnostik als vorwiegend ätiologisch-biographischer Diagnostik (vgl. *Jäger* und *Nord-Rüdiger* 1985, *Jäger* und *Kaiser* 1987) stellen sich Fragen nach Zuverlässigkeit und Gültigkeit von lebenslauf- und situationsbezogenen Erhebungsverfahren, z.B. von Fragebögen und Explorationstechniken (vgl. als Überblick zu den Vor- und Nachteilen beider Methoden *Fisseni* 1987, S. 170ff.).

Da im Vordergrund nicht mehr die quasi-experimentelle Manipulation der Testsituation als Voraussetzung umfassender Datengewinnung steht, sondern der Betroffene

182

selbst als Gesprächspartner zum Experten wird (*Thomae* 1987, S. 113), ergeben sich zusätzliche methodologische und methodische Fragen zur Einschätzung von *Zuverlässigkeit und Gültigkeit subjektiver Urteile über den eigenen Lebenslauf.*

Psychoanalytische Forschungen zeigen, daß Lebensgeschichten subjektive Konstruktionen sind, die insbesondere dort gelingen, wo gelungene Bindungen zur Umwelt (z.B. durch das kindliche Spiel) die ursprünglichen Bindungen zwischen Mutter und Kind erweitert haben. In diesem „potentiellen Raum" *(Winicott)* wird die eigene Lebensgeschichte verortet und zugänglich (vgl. *Schacht* 1978). Emotional negativ besetzte Erinnerungen können der Verdrängung unterliegen, an ihre Stelle treten „Deckerinnerungen", die z.T. erst im Prozeß der gemeinsamen „Rekonstruktion" in der Therapie aufdeckbar sind (vgl. *Greenacre* 1976, 1981). Subjektives selbst ist im diagnostischen Prozeß durch die Befragung der Betroffenen daher ebensowenig unmittelbar gegeben, wie irgendwelche anderen Daten „selbstredend" sind. Sie sind auch hier nichts anderes als Erscheinungsweisen von Subjektivität auf der Ebene des „Vorstellungskonkretums", die der theoretischen Bearbeitung und Rekonstruktion bedürftig sind.

Um „eine Lebensgeschichte als subjektives Dokument zu verstehen" ist nach *Watson* (1976) die Berücksichtigung folgender Ebenen erforderlich: 1. soziokultureller Kontext; 2. individuelles Leben im Kontext; 3. unmittelbarer Kontext der Lebensgeschichte zum Zeitpunkt der Datengewinnung; 4. Vorverständnis des Forschers; 5. dialektische Beziehung zwischen Forscher und Befragtem; 6. die Art der Interpretation der beobachteten Phänomene durch den Befragten; 7. kognitive Momente (z.B. Art des Gedächtnisses, bezogen auf die eigene Lebensgeschichte); 8. Selbst-Identität des Befragten; 9. Konflikte im Lebensprozeß; 10. Entscheidungssituationen; 11. die Einheit des phänomenalen Bewußtseins (auf die die Einzeldaten wieder zurückzubeziehen sind).

Innerhalb biographischer Forschung ist daher von *objektiven* wie von *subjektiven* Daten auszugehen, wobei die subjektiven Daten selbst aus ihrem *Lebenskontext* heraus verstanden werden müssen.

Der sich hier abzeichnende Wandel im Verständnis von Diagnostik hat in mehrfacher Hinsicht Folgen, die bereits von verschiedenen Autor/innen thematisiert werden.

1. Mit dem Übergang zu einer qualitativen Diagnostik, die sich ätiologisch und biographisch orientiert und die über eine lediglich die Handlungen bewertende Diagnostik zunehmend interventionsbezogen vorgeht (*Jüttemann* 1984), erfolgt gleichzeitig eine Abkehr von der (labor-)experimentellen Situation und eine Orientierung an der *Handlungsforschung*. Der diagnostische Prozeß wird zum Forschungsprozeß über die Angemessenheit eigener Interventionsstrategien und das hinreichende Begreifen der Situation. Dieser Forschungsprozeß kann aber gleichzeitig nur durch Handeln (Intervention im Sinne von Kooperation, Dialog, aber auch gemeinsame Veränderung von Lebensbedingungen) aufrechterhalten werden (vgl. *Schneider* 1980, S. 208f.).

2. Die Einzelfallanalyse ist im Sinne der *„Möglichkeitsverallgemeinerung"* ein sinnvoller Forschungsprozeß (vgl. *Holzkamp* 1983, Kap. 9). Eine Verallgemeinerbarkeit ist grundsätzlich gegeben, da „jedes einzelne menschliche Individuum bzw. jede einzelne menschliche Sozialkonstellation die Charakteristika der ‚gesellschaftlichen' Natur des Menschen absolut verkörpern muß" (ebd., S. 578). Im Prozeß dieser Verallgemeinerung im konkreten Einzelfall wird der (gesellschaftliche und psychische) Ort, an dem das Subjekt sich befindet, rekonstruiert. „‚Ich' (auf unsere Erörterung bezogen: als ‚diagnostiziertes' Subjekt; W.J.) finde mich dabei ... bewußt und reflektiert an der ‚Stelle' im gesellschaftlichen Leben, an der ich faktisch ‚schon immer' stand" (ebd., S. 539).

Entsprechend gilt: Voraussetzung für einen solchen Prozeß ist es, Kategorien zu besitzen, mit denen (1) diese Rekonstruktion objektiv möglich ist, und die (2) subjektiv zugänglich sind. Die erste Problemebene ist somit die der Diagnose, die zweite die der Identitätsentwicklung als Resultat pädagogischer, therapeutischer oder politischer Prozesse.

3. Wenn je „Ich" der Ausgangspunkt dieses Rekonstruktionsprozesses des Subjekts (Prozeß der Identitätsbildung) ist, so ist es *Aufgabe der Diagnose*, in Kooperation mit dem Betroffenen die *Bedingungen und Möglichkeiten heutiger und künftiger Identität* aufzuspüren. Der Ausgangspunkt wäre dann (als Kern des diagnostischen Prozesses) die *logische Rekonstruktion des je „Du".* *Woesler de Panafieu* (1981, S. 31) konkretisiert dies an feministischer Biographieforschung bei alten Frauen so: „Wir haben begonnen zu begreifen, wie und warum sie in bestimmten Situationen ihres Lebens zu welchen Entscheidungen, Lösungen oder Handlungswegen gekommen sind. Wir analysieren ihre Alltagssituation als Teil ihrer gesellschaftlichen Position, als Ausdruck von Frauenleben in unserer Gesellschaft. Und wir fragen uns: Hätten wir es unter vergleichbaren Bedingungen anders – besser oder schlechter gemacht?" D. h. die logische und psychologische Stimmigkeit der Re-Konstruktion des je „Du" wird reflexiv im „bimodalen Ich" (vgl. Bd. 1, S. 254) des Diagnostikers überprüft.

Diese völlige *Historisierung des diagnostischen Vorgehens* als Rekonstruktion der Geschichte von Tätigkeit und Persönlichkeit des anderen (oder im Sinne *Holzkamps*: als Entwicklung seiner „Handlungsfähigkeit") schafft zugleich Betroffenheit, die aber die Analyse nicht ersetzen darf. „Erzählte Lebensgeschichte als Realität anzunehmen bedeutet nicht, sie für bare Münze zu nehmen" (S. 32). Und das gleiche gilt für unsere theoretischen Rekonstruktionen im diagnostischen Prozeß. Sie sind Annäherungen an Subjektivität und bedürfen im Handeln der Überprüfung und Bestätigung.

Folglich sind es die beiden Hauptprobleme biographischer Forschung (und damit einer biographiebezogenen Diagnostik): *„Wie kann in der Nähe Abstand gehalten werden?"* und *„Wie können sich Objektivität und Betroffenheit gemeinsam herstellen?"*

Bevor ich diesen und anderen Fragen im Detail nachgehe (9.5 bzw. 12.4), möchte ich u. a. auf einen weiteren Aspekt aufmerksam machen. Mit der Loslösung von der Dominanz einer populationsbezogenen, normorientierten Diagnostik und der Verfolgung der Frage nach den Möglichkeiten subjektorientierten Vorgehens wird es deutlich, daß damit auch der individuenzentrierte Standpunkt verlassen wird und der Mensch in seinen Lebensverhältnissen zum Gegenstand der Diagnose wird. Die unterste Ebene dieser sind hierbei familiäre Verhältnisse, deren Erfassung und deren Begreifen in den neueren Diskussionen um Diagnose und Therapie eine zunehmende Bedeutung erhält. Der diagnostische Prozeß bezieht sich hier nicht mehr bloß auf ein Individuum, sondern auf ein (soziales) System.

Systemische (Familien)-Diagnostik

Der Begriff „systemische Diagnostik" wird in der psychologischen Diskussion im doppelten Sinne verwendet: Er kennzeichnet zum einen – im Sinne der systemischen Familientherapie – die Diagnose der Interaktionsstrukturen in Familien, zum anderen im Sinne *Schiepeks* (1986) den übergreifenden, holistischen Aspekt der Rekonstruktion von Persönlichkeit. In diesem Teilabschnitt behandele ich lediglich den ersten Aspekt.

Mit der zunehmenden Erkenntnis, daß Krankheiten und Behinderungen Familienverbände modifizieren, aber auch in ihnen und durch sie entstehen und verfestigt werden, wurden in den letzten 20 bis 25 Jahren verschiedene familientherapeutische Konzeptionen entwickelt. Sie reichen von der Weiterentwicklung psychoanalytischer Auffassungen in dieses Gebiet hinein bis zu systemtheoretischen Analysen von Familienstrukturen (als kritische Auseinandersetzung vgl. *Hörmann* u.a. 1988; s.u., Kap. 12.5).

Wesen des gestörten familiären Prozesses ist es, daß *emotionale Konflikte nicht ausgetragen* werden. Nicht ausgetragene Konflikte führen durch *Transformation über bestimmte Interaktionsstrukturen* (Verstrickung, Überfürsorglichkeit, Rigidität, fehlende Bereitschaft bzw. Unfähigkeit zur Konfliktlösung, wechselseitige Nutzung der Familienmitglieder als Bündnispartner usw.) *zu psychischen und somatischen Folgeerscheinungen* (vgl. *Minuchin* u.a. 1986, aber auch die in Kap. 6, S. 284 aufgezeigten inneren Reproduktionsmechanismen von Isolation). Insbesondere in Familien mit behinderten Kindern entstehen unter der entsprechenden realen bzw. antizipierten Belastung pathologische Familienzusammenhänge im Sinne „negativer Zirkel", die sich aufgrund gesellschaftlicher Isolierung und Überbelastung nach außen abschotten. Oft kommt es zur „Überbehütung" von Kindern, bei gleichzeitigen massiven Schuldgefühlen und Schuldverteilungsstrategien der Eltern über Rollenkonstellationen des Aufopferns u.a.m. (vgl. *Mangold* und *Obendorf* 1981, *Steffen* 1979).

Da derartige familiären Strukturen sehr stabil sind und nach außen geschützt werden, bestehen für den Familienhelfer bzw. Familientherapeuten erhebliche Gefahren, in die Konfliktaustragungsstrategien einbezogen und in das System integriert zu werden. Entsprechende diagnostische Verfahren der Datenerhebung und Wissensverarbeitung sind daher nötig, um zu vermeiden, daß der Familientherapeut in einen „See des Chaos" gerät (*Mandelbaum* 1976, S. 497). Gerade hier wird besonders deutlich, daß die Datenerhebung eine strikt von der systemischen Rekonstruktion zu unterscheidende Ebene ist.

Für die *Diagnose der Interaktionen in Familien* sind nach *Kruse* (1984, S. 105) drei sich überlagernde Ebenen von Bedeutung, auf die bezogen Daten interpretiert und verknüpft werden müssen:

1. *Eigenschaften der Familienkommunikation* wie z.B. Klarheit, Situationsangemessenheit, Widersprüchlichkeit, Strukturiertheit;
2. *Beziehungen zwischen den Familienmitgliedern:* Koalitionen, Dominanzverhältnisse, Rollenbeziehungen und -zuschreibungen;
3. *Mechanismen oder Regeln, die die Interaktion steuern:* Dies sind u.a. Problemlösungsstrategien, Auseinandersetzungs- und Konfliktmuster, Familienideologien im Sinne gemeinsamer Vorstellungen, was erwünscht und was verpönt ist, und schließlich Belohnungs- und Bestrafungsmuster.

Durch die theoriebezogene Identifikation dieser unterschiedlichen Aspekte auf der Basis von Erhebungsverfahren wird die Familie in ihrer *Systemstruktur* und *Systemdynamik* rekonstruierbar. In psychoanalytisch orientierten Ansätzen wird hierbei stärker als in systemischen die individuelle Entwicklungslogik der einzelnen Familienmitglieder einbezogen. Systemische Ansätze konzentrieren sich dagegen vorrangig auf die Aufdeckung und Umstrukturierung des Systemcharakters als Voraussetzung für notwendige Konfliktlösungen.

Es dürfte damit deutlich sein, daß eine ausgearbeitete Theorie systemischer Zusammenhänge in Familien Voraussetzung für die Diagnose ist. Die durch empirische Verfahren erhobenen Daten werden übersetzt in bestimmte typische Verhaltensstrukturen im Sinne der von *Kruse* benannten drei Ebenen. Die so gefundenen Strukturen werden mit theoretisch verfügbaren Systemvorstellungen (z.T. im Sinne von Typen) von Familienstruktur und -dynamik in Verbindung gebracht, und auf diese Weise wird die konkrete Familie als Verbesonderung allgemeiner Systemzusammenhänge in Familien rekonstruiert.

Auf der Ebene der Datenerhebung treten neben die hier schon behandelte individuenzentrierte Diagnostik interaktionsdiagnostische Verfahren. Diese reichen von Familieninterviews, Verhaltensbeobachtung in der Familie in Alltagssituationen und in künstlich geschaffenen Situationen bis hin zu aktiven Darstellungsformen der Familienstruktur und der Konfliktsituation (z.B. Rollenspiel; vgl. *Kruse* 1984).

Im folgenden Teilkapitel gehe ich auf das nun sehr deutlich herausgearbeitete Problem ein: Wie kann eine valide theoretische Rekonstruktion von Tätigkeit und Persönlichkeit auf der Basis empirischer Daten (deren Erhebung selbst bestimmten methodischen Regeln unterliegen muß) erfolgen? Ich interessiere mich zunächst (in Kapitel 9.4) vor allem für die methodologische Seite, d.h. ich stelle zwei hierfür vorgeschlagene Methoden dar und untersuche sie kritisch (Syndromanalyse nach *Luria*, systemische Diagnostik nach *Schiepek*). In Kapitel 9.5 versuche ich dann, methodische Folgerungen für eine tätigkeitstheoretisch fundierte Diagnostik zu skizzieren.

9.4 Verfahren der theoretischen Verarbeitung diagnostischer Daten

9.4.1 Die Syndromanalyse nach Luria

Luria und *Artem'eva* (1978) stellen eine Methode der Integration unterschiedlicher erhobener Daten zu einer Diagnose dar. Sie bezeichnen dieses Verfahren als *Syndromanalyse* und erläutern es sowohl in klinisch-diagnostischer wie in empirisch-statistischer Hinsicht. Sie halten es sowohl in der Neuropsychologie als auch in der klinischen Psychologie für anwendbar.

Da sie dieses Verfahren gegenüber der normorientierten, psychometrischen Diagnostik als Alternative für den Einzelfall darstellen und (auch mit wahrscheinlichkeitsstatistischer Argumentation) dessen Zuverlässigkeit (Reliabilität) hierfür begründen, will ich vorweg auf ein mögliches Mißverständnis aufmerksam machen, dem *Luria* und *Artem'eva* Vorschub leisten. Die eine Art der Reliabilität sei die der psychometrischen Verfahren, die entsprechend den Methoden der Testkonstruktion hergestellt werde; die andere Art der Reliabilität entstehe durch die Gruppierung der vielfältigen Daten eines einzelnen Menschen zu einem „Syndrom".

Aufgrund unserer bisherigen Diskussion kann festgestellt werden: Die eine Ebene der Argumentation ist auf die Transformation von Daten vom Realkonkretum in das Vorstellungskonkretum bezogen, die andere Ebene auf die Transformation vom Vorstellungskonkretum (Kombination bereits erhobener Daten zu einer zuverlässigen Diagnose) in das Gedankenkonkretum (vgl. Bd. 1, S. 88ff.). Dies bestätigt *Luria* selbst, wenn er für ein derartiges Vorgehen in der biographischen Analyse den *Marx*schen Ausdruck des „*Aufsteigens zum Konkreten*" (im Sinne der Wiederherstellung der Ganzheit des Individuums in seiner Welt) verwendet (1979, S. 178), das dem *„Aufsteigen zum Abstrakten"* (im Sinne der Erfassung von Einzelaspekten) folgen muß (1984, S. 611). D.h. jedes der vielen Einzelfakten, die in der Syndromanalyse neu gruppiert werden, muß nach bestimmten methodischen Regeln erhoben werden. Über solche verfügte selbstverständlich auch *Luria*. Nur die Tatsache, daß er für die Diagnose aufgrund seines reichhaltigen Wissens in der Regel keine psychometrischen Tests, sondern Funktionsproben benutzen konnte, ließ ihn ersichtlich diese Problemebene in dem zitierten Aufsatz (mit *Artem'eva*) übersehen. Es geht also hier nicht um einen „völlig anderen Weg" der empirischen Forschung, sondern um die Transformation von Daten auf ein höheres Niveau, das eine Rehistorisierung des diagnostizierten Subjekts gewährleistet. Erst von dort aus ist ein hypothesengeleitetes und theoretisch begründetes sowie für Rückkoppelung offenes therapeutisches Vorgehen möglich.

Mit dieser Einschränkung vorweg nun zu den Details:

Das Problem in der neuropsychologischen Diagnose ist es, daß der Diagnostiker nicht reine Fakten im Sinne von genauen Informationen über Ort und Schweregrad von Schädigungen erhalten kann, sondern daß immer komplizierte funktionelle Systeme gestört werden. Durch die Schädigung eines spezifischen Hirngebietes tritt ein *„primärer Defekt"* auf, „der in der Folge eine Serie von sekundären oder systemischen Störungen hervorbringt und den normalen Prozeß jener geistigen Aktivität stört, in welchem das funktionelle System aktiv war" (*Luria* und *Artem'eva* 1978, S. 284).

So sind z.B. bei der sensorischen Aphasie die Störungen des verbalen (phonematischen) Gehörs das *„Primärsymptom"*; *„Sekundärsymptome"* sind vielfältige Störungen aller Formen verbaler Aktivität, welche letztlich ohne die Partizipation des intakten Gehörs für verbal-auditive Reize unmöglich ist.

Bei Schädigungen der Parieto-Okzipital-Region besteht der primäre Defekt in der Störung der visuellen, auditorischen, taktilen und vestibulären Synthese. Dies wirkt sich in Schwierigkeiten aus, sich im wahrgenommenen Raum zu orientieren, rechts und links zu unterscheiden, simultan die Beziehungen einer Gruppe von Objekten zu verstehen (Primärsymptome). Sekundärsymptome zeigen sich z.B. in folgender Hinsicht (vgl. die Ausführungen zur semantischen Aphasie in Kap. 8.3.2):

Komplexe geographische Karten oder geometrische Muster können nicht mehr entziffert werden, Kopfrechnen und die Anwendung logisch-grammatikalischer Regeln sind gestört. Letzteres zeigt sich in deutlichen Schwierigkeiten der Relationskommunikation wie z.B. beim Verstehen des Satzes „Den Wanja haut der Kolja", in dem die Nominalphrase („der Kolja") in die Verbalphrase eingeschoben ist und in dieser Funktion erst entschlüsselt werden muß (vgl. *Luria* 1982, S. 259ff.). Die räumliche Analyse und Synthese im inneren semantischen Feld, also im „Quasiraum" der Bedeutungen (s.o.), gelingt nicht mehr; dies ist der Kern des Syndroms.

Für den Diagnostiker besteht hierbei folgendes Problem. Er muß zahlreiche *Symptome so gruppieren, daß sie sich einem Syndrom zuordnen, anderen Syndromen jedoch nicht*. So kann eine Verwechslung von ähnlichen Buchstaben wie z.B. „b" und „p" oder „d" und „t" bei einer noch unbekannten Hirnschädigung sehr unterschiedliche Ursachen haben: Sie kann ein Resultat einer Störung des phonematischen Gehörs sein (sensorische Aphasie); sie kann durch Artikulationsstörungen entstehen, die den Übergang von einem Phonem zum anderen erschweren (efferent-motorische Aphasie); sie kann als Resultat eines gestörten kinästhetischen Feedbacks (afferent-motorische Aphasie) auftreten; oder sie kann das Resultat einer allgemeinen Inaktivität sein (frontale Schädigungen) u.a.m.

187

Wenn der Patient aber gleichzeitig vergleichbare Störungen beim Schreiben zeigt oder bei der Unterscheidung von Wortbedeutungen, wenn er ähnlich klingende Worte verwechselt, Probleme beim Benennen von Objekten hat oder phonematische Fehler beim Auswählen von Wörtern macht und wenn er keinerlei Zeichen von pathologischer Trägheit in den Bewegungen, von Artikulationsstörungen oder von reduzierter Aktivität zeigt, dann darf angenommen werden, daß das Primärsymptom in einer Schädigung des phonematischen Gehörs liegt (*Luria* und *Artem'eva* 1978, S. 286).

Die Bedeutung jedes einzelnen Faktums kann folglich nur ermittelt werden, indem es mit allen anderen Fakten in Bezug gesetzt wird. Entsprechend formuliert *Luria* an anderer Stelle (1979, S. 177), direkt bezogen auf die biographische Analyse: „Wissenschaftliche Beobachtung ist nicht bloße Beschreibung getrennter Fakten. Ihr Hauptziel ist es, ein Ereignis von so vielen Perspektiven aus zu sehen, wie möglich". Und (1984, S. 611): „Der konkrete Gegenstand, der Objekt der wissenschaftlichen Forschung ist, stellt kein isoliertes Ding dar, dessen Wesen sich in einem bestimmten abstrakten Begriff formulieren ließe. Der Gegenstand der Wissenschaft ist ein Ding mit seinen Verbindungen und Beziehungen, und je tiefer wir diese Verbindungen und Beziehungen verstehen, desto reicher wird unser begriffliches Verständnis des Dinges (Vorgangs, Prozesses). Daher stellt die wissenschaftliche Erkenntnis auch einen immer reichere Bezüge aufweisenden Prozeß des sukzessiven Aufsteigens zum Konkreten dar, bei dem in gleichem Maße allgemeine wie individuelle Gesetzmäßigkeiten aufgedeckt werden" (vgl. auch meine Ausführungen zur Methodologie in Kap. 3).

Luria und *Artem'eva* beschreiben die Methode des In-Bezug-Setzens der einzelnen Daten mit allen anderen Daten durch die *Analogie zur Faktorenanalyse*. Wie in dieser (oder entsprechend in der Clusteranalyse) wird in der Syndromanalyse eine optimale Gruppierung der Symptome im Sinne von Faktoren angestrebt, als deren Achsen die Syndrome zu denken sind. D. h. die Symptome sind möglichen Syndromen so zuzuordnen, daß sie unter sich und mit dem Syndrom höher korrelieren als bei Zuordnung zu einem anderen Syndrom (vgl. die Q-Technik der Faktorenanalyse). Dies ist natürlich nur möglich, wenn *populationsbezogene Erkenntnisse* über die empirische und die theoretische Struktur eines Syndroms vorhanden sind. Auf beide Aspekte gehen *Luria* und *Artem'eva* nicht näher ein. Daher einige Bemerkungen hierzu.

Empirische Erkenntnisse über ein Syndrom bestehen darin, daß populationsbezogene Abweichungen von Bevölkerungsnormen erfaßt sind, z. B. die genannten Schwierigkeiten in der Anwendung von „b" und „p". Auch die Erstellung eines subjektiven Profils in den zehn Dimensionen der *Luria*schen Funktionsdiagnostik bzw. der TÜLUC (s. o.) setzt voraus, daß durch einen empirischen Populationsbezug die Normalität jeder Teildimension im Sinne einer durchschnittlichen Ausprägung in einer Gesamt- oder Teilpopulation (Alter, Geschlecht usw.) dem Untersucher präsent ist. Erst dies erlaubt die Feststellung der relativ höheren oder niederen Ausprägung einer Profilkomponente (also die empirische Abstraktion).

Theoretische Erkenntnisse über ein Syndrom bestehen darin, daß die Vielzahl der mit einem bestimmten empirisch konstatierten Syndrom (das in der Regel aufgrund eines bestimmten Leitsymptoms klassifiziert wird) verbundenen Ausdrucksformen auf gemeinsame Ursachen zurückgeführt werden kann. Dies erfolgt z. B. beim *Kannerschen Autismus* durch die Zurückführung der zahlreichen *„Sekundärmerkmale"* auf die beiden *Kardinalsymptome* der *Unfähigkeit zum sozialen Dialog* und der *Bindung an unbelebte Objekte* (s. o. Bd. 1, S. 317f.). Die Diagnose „Autismus" hängt folglich davon ab, ob im Einzelfall die verschiedenen Sekundärsymptome auf die Primärsymptome sinnvoll rückbezogen werden können. Insofern stellen die Kardinalsymptome des Autismus theoretische Abstraktionen bezogen auf eine bestimmte Population dar. Ihr Populationsbezug ist theoretischer Art und erlaubt im Einzelfall das Neubegreifen zahlreicher Symptome und damit ein Stück Rehistorisierung. Gleichzeitig dürfte deutlich sein, daß die Angabe der „Kardinalsymptome" des Autismus nur ein Teilschritt ist, der auf höherem Niveau selbst in einer darüber hinausgehenden adäquaten Theoriebildung aufzulösen ist. Aus dieser Sicht müssen die Kardinalsymptome selbst rehistorisiert werden. Meine Ausführungen zur Psychologie und Neuropsychologie des Autismus (Kap. 6.4.1 sowie 8.4.1) versuchen, einen derartigen Weg aufzuzeigen.

„Aufsteigen im Konkreten" bedeutet also *Rehistorisierung*, indem die Vielfalt der vorgefundenen Zusammenhänge jetzt auseinander hervorgehend und in Entwicklung begriffen werden kann. Wie ist dabei vorzugehen?

Auf der Ebene der Erscheinungen weisen die verschiedenen Syndrome bestimmte *„Leitsymptome"* auf. D.h. Menschen mit einem bestimmten psychopathologischen Syndrom sind in besonderer Weise „auffällig". Solche „Leitsymptome" liegen auch den Kategorien der psychiatrischen Standardklassifkation zugrunde. Menschen werden dort entsprechend sozialen Kriterien der Störungsdimension (im Sinne der klassischen Nosologie und ihrer Fortführung; s.o.) gruppiert. Durch vielfältige empirische Forschung sind jedoch neben diese Leitsymptome zahlreiche weitere Symptome getreten. So wird z.B. in der Literatur zu „Anorexia Nervosa" ein ganzes Bündel von kognitiven, emotionalen, familiären Bedingungen genannt, die das Leitsymptom, den außerordentlich starken Gewichtsverlust bei fehlender Krankheitseinsicht, begleiten. Was in der Literatur hier jedoch weitgehend fehlt – und insofern ist „Anorexia Nervosa" symptomatisch für den Forschungsstand (mit Ausnahme der Psychoanalyse, wo immerhin entsprechende Versuche der entwicklungslogischen Bestimmung von Syndromen unternommen werden) – ist die Bestimmung der Primärsymptome, von denen aus erst das Syndrom als Ganzes logisch zu rekonstruieren ist. In diesem Falle haben wir „Selbsthaß" als zentrale Neubildung in den Prozessen der zweiten und sozialen Geburt der Persönlichkeit (vgl. Bd. 1) als Primärsymptom bestimmt und von hier aus eine logische Rekonstruktion der anderen Symptome leisten können (vgl. *von Hebel* u.a. 1986, *Jantzen* 1988c).

Für eine *angemessene Diagnose im Sinne einer umfassenden Rehistorisierung* muß (1) über das Alltagswissen auf der Ebene von Leitsymptomen (alltagsempirische Erkenntnis) hinausgehende wissenschaftlich-empirische Erkenntnis über das Syndrom vorhanden sein. Dabei treten weitere Symptome neben das Leitsymptom oder u.U. an seine Stelle. Sodann muß auf der Basis der erhobenen empirischen Daten (2) eine befriedigende logische Rekonstruktion der unterschiedlichen (Sekundär-)Symptome aus einem Primärsymptom gelingen (theoretische Erkenntnis). Ansätze hierzu liegen z.B. vor im Sinne von Betrachtungsweisen der Psychoanalyse, der genetischen Entwicklungspsychologie *Piaget*s usw., jedoch durchaus auch in Traditionen des Alltagsbewußtseins. Auch dort sind durchaus angemessene Erklärungen für die Logik einer Verhaltensweise zu finden, die in der Alltagskultur durch Literatur, Film, Fernsehen, persönliche Erfahrungen u.a.m. vermittelt werden und in die wissenschaftliche Erkenntnisse zurückfließen.

Die *Methode* der Rekonstruktion ist strikt *naturwissenschaftlich*. Nur das landläufige Mißverständnis betrachtet, so *Wygotski* (1985, S. 227), Experiment und empirische Forschung als das Wesen der naturwissenschaftlichen Methode. Dieses Wesen liegt jedoch im strikt *induktiv-analytischen Vorgehen* (Induktion: Nach DUDEN eine wissenschaftliche

Methode, bei der vom besonderen Einzelfall auf die Allgemeinheit, Gesetzmäßigkeit geschlossen wird; vgl. ausführlich *Klaus* und *Buhr* 1985, S. 564ff.).

„Die Analyse ist also prinzipiell nicht der Induktion entgegengesetzt, sondern mit ihr verwandt. Sie ist deren höchste Form und negiert deren Wesen (die Vielzahl). Sie stützt sich auf die Induktion und steuert sie. Sie stellt die Frage. Sie liegt *jedem Experiment zugrunde*, jedes *Experiment ist eine Analyse in Aktion, wie jede Analyse ein Experiment in Gedanken ist*. Deshalb wäre es richtig, sie als experimentelle Methode zu kennzeichnen".

Die theoretische Analyse muß also die Vielzahl der empirischen Fakten analytisch (im Gedankenexperiment) ins Verhältnis setzen. Die geschieht nicht gänzlich voraussetzungslos, weil mit den durch die Leitsymptome übermittelten Vermutungen und den diagnostischen Fragestellungen sowie durch die sorgfältige Erfassung (je nach Fragestellung) zahlreicher empirischer Dimensionen eine Reihe spezifischer Hypothesen und Vorannahmen vorhanden sind. Sie beschränken die Syndromanalyse selbst auf wenige Alternativen, die zu prüfen sind. Diese Alternativen ergeben sich durch die bisherige Bestimmung von Syndromen (vgl. z. B. Kap. 6.4 sowie Kap. 8.3 und 8.4) und die Überprüfung der Anwendbarkeit ihrer systemhaften Konstellation auf die vorzunehmende Einzelfallanalyse. Resultat einer solchen Analyse kann es auch sein, daß die bisher bekannten Syndromkonfigurationen nicht anwendbar sind und dann ein neues Muster vorliegt (vgl. *Berger* und *Jantzen* 1989).

Die *Prüfmethode* ist diejenige, die *Marx* in der Einleitung der „Kritik der politischen Ökonomie" (MEW 42) bei der Darstellung der Methode des „Aufsteigens vom Abstrakten zum Konkreten" bereits demonstriert hat: *Untersuche jedes relevante Merkmal in bezug auf die Änderungen aller anderen Merkmale*. D. h. im Gedankenexperiment wird Merkmal für Merkmal als unabhängige Variable gesetzt und variiert, und die Veränderungen der so gegebenen abhängigen Variablen werden geprüft. Können aus der Veränderung eines bestimmten Merkmals Veränderungen in den anderen Merkmalen erklärt werden? Die Lösung, die am besten die Veränderung in dem gegebenen Universum von Merkmalen erklärt sowie darüber hinaus mit einem bisher beschriebenen Syndrom übereinstimmt und sich von anderen unterscheidet (bzw. bei einem neuen Syndrom: sich von allen anderen Syndromen unterscheidet), ist die angemessene Lösung. Die Adäquatheit einer Syndromkonfiguration wird oberhalb ihrer Erklärungsebene durch die Verhältnisse der psychischen Prozesse (vgl. Kap. 4–6) zueinander bestimmt. Ist sie im Sinne der Zusammenhänge dieser Prozesse logisch stimmig? Denn natürlich kann die Syndrombestimmung als Verbesonderung eines Allgemeinen nicht die Gesetzmäßigkeiten dieses Allgemeinen (des sinnhaften und systemhaften Aufbaus der psychischen Prozesse) in einem Teilbereich außer Kraft setzen.

Da wichtige Aspekte der Herausarbeitung einer Syndromkonfiguration bei *Schiepek* (1986) sehr detailliert bestimmt sind, stelle ich im folgenden einige seiner Überlegungen zur „Systemischen Diagnostik" dar.

9.4.2 Die „Systemische Diagnostik" nach Schiepek

In seinem Buch „Systemische Diagnostik in der Klinischen Psychologie" geht *Schiepek* (1986) bei der Betrachtung von Therapie als Prozeß von Konzepten der Selbstorganisation (u. a. *Prigogine*, *Jantsch*) sowie von der Theorie sozialer Systeme *(Luhmann)* aus.

Auf der Grundlage der Auseinandersetzung mit diesen Ansätzen benutzt er den Konstruktivismus im Sinne *Maturana*s als Ausgangsposition für eine systemische Diagnostik. Systemische Diagnostik bedeutet für ihn Einzelfalldiagnostik, die sich auf Systembildung und Transformation in den Prozessen der Subjektentwicklung bezieht.

Systemische Diagnostik ist weit mehr als die „Einführung einer Rückkoppelungsschleife" (S.61); sie beinhaltet die *Suche nach Mustern statt nach Einzelelementen* (S.78). Und entsprechend unseren bisherigen Überlegungen unterscheidet *Schiepek* strikt die Objektebene der Datengenerierung von der Metaebene der systemischen Diagnostik (S. 62, S. 100).

Am besten kann *Schiepek*s Position auf der Basis eines Schemas der Systemischen Diagnostik dargestellt werden (S. 102), das ich mit leichten Veränderungen wiedergebe.

Ich erörtere dieses Schema Punkt für Punkt. *Schiepek* geht davon aus, daß der Prozeß des Diagnostizierens auf dem Hintergrund heuristisch nutzbaren theoretischen, empirischen und subjektiven Wissens stattfindet. Dies wirkt über den „subjektiven Anwendungsmodus" auf die Bildung von Hypothesen zurück. Insgesamt versteht er sein Modell jedoch als *„strukturalistisch"* und untersucht nicht in jedem Punkt die Vermittlung der einzelnen Aspekte. Offen bleibt bei ihm, wie der diagnostische Prozeß und das theoretisch, empirisch und subjektiv nutzbare Wissen im Detail zusammenhängen. Ein Teil dieses Wissen sind die „systembezogenen Fragen" (bzw. „kybernetischen Kriterien"), die angewendet werden, um von der Ebene der empirischen Erkenntnis (u. a. theoretische und empirische Teilaspekte als Hypothesen 1. Ordnung) zur theoretischen Erkenntnis zu gelangen. Ich gehe darauf noch näher ein.

„*Alltagssprachliche Beschreibung*" und die Ebene der *Hypothesen erster Ordnung* habe ich im Rahmen der Auswertung des *Luria*schen Ansatzes der Syndromanalyse bereits diskutiert. Hinzu kommt bei *Schiepek* eine *„Checkliste"*, die dafür sorgt, den Gegenstand in seiner Reichhaltigkeit zu erfassen. Allgemein gehen in eine solche Liste verschiedene

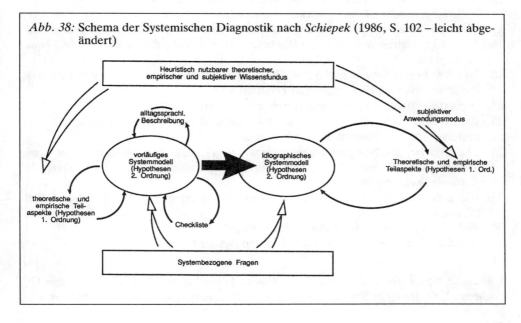

Abb. 38: Schema der Systemischen Diagnostik nach *Schiepek* (1986, S. 102 – leicht abgeändert)

„Auflösungsebenen" ein: „z. B. Individuum: physiologische, kognitive, motorische u. a. Beschreibungsebenen; Kommunikation; Interaktion; Gruppenprozesse; materielle, finanzielle, räumliche Lebensbedingungen; institutionelle und organisatorische Bedingungen" (S. 80). Ich werde im folgenden Teilkapitel (9.5) eine entsprechende Strategie vorstellen, die das Erfassen der „Auflösungsebenen" systematisch mit dem theoretischen Wissen verbindet.

Auf den nach diesen Prozeduren vorhandenen Wissensbestand wendet *Schiepek* eine Reihe von (insgesamt 35) „systembezogenen Fragen" bzw. „kybernetischen Kriterien" an, mit denen er die Systemkonfiguration zu bestimmen versucht. D. h. hier wird eine Strategie vorgelegt, mit deren Hilfe das Aufsteigen vom Abstrakten zum Konreten und die Gewinnung des Ausgangskonkretums möglich wird.

Diese *„Systembezogenen Fragen und Kriterien"* (S. 81 ff.) kann ich hier nur in Kurzform aufführen:

1. Handelt es sich bei einem Element um ein *aktives* (z. B. Individuum, Gruppe, psychische oder physische Teilkomponenten) oder ein *passives* Element (z. B. materielle Situation)?
2. Welche *Einwirkungen* gibt es auf ein Element bzw. umgekehrt, welche direkten Abhängigkeiten sind für dieses Element erkennbar?
3. Welche *Auswirkungen* hat ein Element auf andere Elemente?
4. Welche *Stärke* weisen die im System beobachtbaren Wirkungen auf?
5., 6.: Welche Elemente repräsentieren eher *Flüsse*, welche eher *strukturelle Bedingungen* im System? Welche Vorgänge sind eher als *Frequenzen*, welche eher als *Zustandsgrößen* zu interpretieren?
7.–9.: Liegen *einseitige* oder *wechselseitige* Beziehungen vor? Welche Elemente wirken auf andere Bedingungen, werden aber wenig beeinflußt, bzw. umgekehrt?
10., 11.: Welches sind *puffernde*, welches *beschleunigende* Komponenten?
12.–14.: Welche Konstellationen ändern sich *schnell*, welche sind *unveränderlich*, welche sind *veränderlich*, aber schwer beeinflußbar?
15. Welche *Formen von Entwicklung* einzelner Systemkomponenten sind erkennbar?
16., 17.: Wo bestehen *Tendenzen zu Wachstum oder Schrumpfung* und welchen *Verlauf* nehmen sie?
18.–20.: Wo liegen *Grenz- und Schwellenwerte* bestimmter Systemkomponenten bzw. Prozesse? Welche *Verschiebungen* erfahren sie?
21. Welche Komponenten verändern sich *irreversibel*?
23.–25.: Welche *Außenkontakte* liegen vor? Welche *Außen- bzw. Innenabhängigkeiten* bestehen für das momentane Funktionieren des Systems?
26.–32.: Welche *Rückkoppelungskreise* bzw. *Regelkreise* sind vorhanden und wie realisiert sich die *Selbstregulation* bis hin zur Bestimmung von *selbstregulierenden Teilfunktionen* und ihrer *Vernetzung*?
33. Wie sieht die *Diversität* des Systems (Anzahl der unterschiedlichen Elemente, Vielfalt) aus?
34. Welcher *Durchsatz* erfolgt durch das System?
35. Welcher *Vernetzungsgrad* besteht in einem System?

Durch die diagnostische Klärung dieser Fragen kommt es zur Herausbildung von Hypothesen 2. Ordnung im Sinne eines *vorläufigen Systemmodells*. Das Gesamtsystem wird selbst als dynamisch sich entwickelnder Prozeß der Selbstorganisation begriffen. Daher muß das allgemeine Systemmodell auf der Basis der durch es neu gewichteten Hypothesen 1. Ordnung in das *idiographische Systemmodell* transformiert werden, das als „Gesamthypothese" ständig im Prozeß befindlich zu begreifen ist. Es bleibt bezüglich der Aufrechterhaltung und Modifizierung seiner Konfiguration ständig in einem konstruktiven Prozeß rückgekoppelt an die durch es neu geordneten Hypothesen 1. Ordnung, die systembezogenen Fragen und den „heuristisch nutzbaren theoretischen, empirischen und subjektiven Wissensfundus", rückgekoppelt in der jeweilig spezifischen diagnostisch/therapeutischen Sitation („subjektiver Anwendungsmodus").

Es dürfte deutlich geworden sein, daß dieser eben erwähnte Prozeß weitgehend dem von *Luria* als „Aufsteigen im Konkreten" benannten Prozeß nach Herausfindung des Syndroms entspricht. Und ähnlich wie *Luria* und *Artem'eva* (1978) von Syndromen 1. und zweiter Ordnung ausgehen, welche in der Syndromanalyse ermittelt werden müssen, spricht *Schiepek* (1986, S. 121 ff.) von Systemhierarchien als „wesentlicher Form der Strukturbildung in Systemen".

Ich ergänze die Darstellung noch um die *Abbruchskriterien*, die *Schiepek* für den diagnostischen Prozeß entwickelt (1986, S. 139), da sie zum Teil vom Systemcharakter der Diagnose unmittelbar abhängig sind:

– „Die Abwägung von Kosten und Nutzen der Weiterführung des diagnostischen Prozesses".
– „Die Überschaubarkeit des Systemmodells".
– „Die Frage nach der Erfolgswahrscheinlichkeit von Interventionen, die aufgrund weiterer Daten und einer erweiterten Modellbildung vielleicht noch möglich würden".
– „Die Überprüfung, ob das bisher konstruierte Systemmodell die mit den Problemen zusammenhängenden dynamischen Muster zu reproduzieren in der Lage ist (Modelltest)".
– „Die Frage, ob die Systemkomponenten, die mit der Erweiterung der Modellbildung auf der sozialen Makroebene einbezogen würden, überhaupt einer Intervention zugänglich sind" (z. B. Einstellung der Stadtbevölkerung gegenüber einer Behinderteneinrichtung).

Man müßte zumindest hinzufügen: Das Verhältnis von Zumutbarkeit und Nutzen für den Klienten durch den diagnostischen Prozeß (das gegenwärtige, mittelfristige und langfristige Aspekte hat).

Die Ansätze von *Luria* sowie von *Schiepek* liefern wichtige methodologische und methodische Hinweise für die theoretische Verarbeitung der auf der Ebene des Vorstellungskonkretums akkumulierten empirischen Befunde. Wie dieser Prozeß in eine systematische Strategie des theoriegeleiteten Diagnostizierens einzubetten ist, untersuche ich im folgenden. Es geht darum, wie unsere bisherige Diskussion über die verschiedenen Ebenen des ganzheitlichen Menschen und das dabei entwickelte Menschenbild mit dem diagnostischen Prozeß zu vermitteln sind. Diese Frage behandelt *Schiepek* zwar praktisch (in Form der „Checkliste"), theoretisch jedoch ausdrücklich nicht. *Luria* geht zwar von einem entfalteten Menschenbild aus, seine Strategie diagnostischen Vorgehens bezieht sich aber vor allem auf die Vermittlung von biotischer und psychischer Ebene, die Bedeutung der sozialen Ebene für den diagnostischen Prozeß tritt

193

dagegen eher zurück. Auf der Basis der von *Schiepek* genannten Abbruchkriterien ist das für neuropsychologische Diagnosen im klinischen Bereich zwar legitim, enthält aber gleichzeitig ein Stück Reduktionismus, gegen den doch *Luria* sich immer vehement gewehrt hat. Um nur ein Beispiel zu nennen: Bei der Nachsorge für Patienten mit Hirnverletzungen sind häufig Familienstrukturen (Schuldmechanismen, Überbehütung usw.) die kompliziertesten Hindernisse für ein Fortschreiten der Rehabilitation.

9.5 Diagnostik als Prozeß der Rehistorisierung des Betroffenen im Bewußtsein des Diagnostikers

9.5.1 Vorbemerkungen

Die Rekonstruktion der Subjektivität des/der zu Diagnostizierenden verlangt *diagnostische Strategien*, die jetzt, nachdem die methodologischen Voraussetzungen des diagnostischen Prozesses vorgeklärt sind, als Ganzes skizziert werden sollen. Worum es in diesem Prozeß geht, hat Franco *Basaglia* (1974, S. 15) in seinem Buch „Was ist Psychiatrie" wie folgt bestimmt: „Wenn tatsächlich der Kranke die einzige Realität ist, auf die wir uns zu beziehen haben, dann müssen wir uns eben gerade mit beiden Seiten dieser Realität befassen: mit der, daß er ein Kranker mit einer (dialektischen und ideologischen) psychopathologischen Problematik ist, und mit der anderen, daß er ein Ausgeschlossener ist, ein gesellschaftlich Gebrandmarkter. Eine Gemeinschaft, die therapeutisch sein will, muß sich diese doppelte Realität – Krankheit und Brandmarkung – vor Augen halten, um nach und nach die Gestalt des Kranken so rekonstruieren zu können, wie sie gewesen sein mußte, bevor die Gesellschaft mit ihren zahlreichen Schritten der Ausschließung und der von ihr erfundenen Anstalt mit ihrer negativen Gewalt auf ihn einwirkte".

Rekonstruktion der Gestalt des Kranken bedeutet gleichzeitig Rehistorisierung: Kern der Behandlung (Pädagogik, Therapie) ist es aus dieser Sicht, die vielfältige Reduktion, welcher der/die psychisch Kranke (Behinderte) im Verlauf seiner/ihrer Geschichte ausgesetzt war, durch eine veränderte Gegenwart aufzuheben. Es ist nicht mehr nach dem Defekt, also etwa nach der Sprachbehinderung, dem Autismus, der Schizophrenie zu fragen, sondern nach den Möglichkeiten der Subjektentwicklung. Die scheinbar anormalen Verhaltensweisen sind als Resultat sinnvoller und systemhafter psychischer Entwicklung unter Bedingungen der Isolation zu begreifen. Und Prozesse der Subjektentwicklung sind gegen die herrschende Logik der ausgrenzenden Institutionen ebenso durchzusetzen, wie gegen einen Alltag, für den Normalität die aktive Leistungsfähigkeit, soziale Unauffälligkeit und positive Bejahung der herrschenden Verhältnisse bedeutet. *Rehistorisierung des Kranken (Behinderten) bedeutet daher in erster Hinsicht, ihn gegen das herrschende „Fall"-Denken (ein Fall von „Anormalität", von „geistiger Behinderung", von „Depression") und gegen die Paradigmen der Unverständlichkeit, der Unerziehbarkeit und Nichtbildbarkeit* (vgl. Kap. 2, S. 58) *als Subjekt seiner Tätigkeit neu zu begreifen.*

Es ist Ziel des diagnostischen Prozesses, den zu diagnostizierenden Menschen aus seiner Geschichte heraus als Verbesonderung eines Allgemeinen, nämlich als Menschsein, als Humanität denken zu können. Nur indem wir die Welt sowohl mit seinen Augen als auch zugleich mit unserem Wissen sehen lernen, erschließt sich die mögliche Entwicklung des Betroffenen durch und in Formen neuer Praxis, innerhalb derer sie wirkliche Entwicklung werden kann. Und nur ein derartiges radikales Neudenken macht es möglich, humane Praxis auch gegen den Anschein des Unabänderlichen denken und durchsetzen zu können. Der „Fall" von „geistiger Behinderung" oder „psychischer Krankheit" wird damit zu einem Fall des *Marx*schen kategorischen Imperativs „alle Verhältnisse umzuwerfen, in denen der Mensch ein erniedrigtes, ein geknechtetes, ein verlassenes, ein verächtliches Wesen ist" (MEW 1, S. 385).

Damit wird die Diagnostik aber zugleich zu einem Prozeß, in dem der Diagnostiker gegen die herrschenden Verhältnisse, gegen die „Gleichgültigkeit der Bedeutungen" wieder Sinn für sich realisiert, eigene Entfremdung überwindet. Dies ist nach *Leontjew* (1981b) ein ästhetischer Prozeß, den wir mit Peter *Weiss* als Entwicklung einer „Ästhetik des Widerstands" auf seiten des Diagnostikers begreifen können. Indem der Diagnostiker die Geschichte des anderen als Geschichte von Leiden, Widerstand und (möglicher) Befreiung rehistorisiert, spiegelt er sich in sich selbst als Mensch wider, der der Humanität fähig ist. Der Diagnostiker wird damit zum Subjekt seiner Tätigkeit, er hört auf, Agent der Herrschenden oder zumindest ihr neutraler Sachwalter zu sein. Er versagt sich den vom ihm verlangten „Befriedungsverbrechen" (*Basaglia* 1980), indem er nach Humanität statt nach Sachzwängen fragt, und trägt damit zu seiner eigenen Befreiung und Rehistorisierung, zur Aufhebung seiner Entfremdung bei (vgl. die vertiefte Behandlung des ästhetischen Prozesses im folgenden Kapitel).

Bei dieser Rekonstruktion und Rehistorisierung gehen wir von den Kategorien *„Persönlichkeit"* und *„Tätigkeit"* aus, wie ich sie im wesentlichen in den Kapiteln 3 bis 6 dargestellt habe. Mit *Leontjew* (1979) können *drei Parameter der Persönlichkeit* unterschieden werden: 1) die Vielfältigkeit der Beziehungen zu den Menschen und zur Welt; 2) der Hierarchisierungsgrad der Tätigkeiten und Motive und 3) der allgemeine Typ der Persönlichkeit als innere Wechselbeziehung ihrer hauptsächlichen Motivationslinien, der Prozesse ihrer Sinngebung. *Leontjew* folgt hierin *Wygotski*s Annahme, daß alle psychischen Funktionen zweimal vorhanden sind: zuerst *interpsychisch* zwischen den Personen, im Dialog, der Kooperation, im sozialen Verkehr, und daß sie danach zu *intrapsychischen* Funktionen werden. Dies geschieht im Prozeß der sinnhaften Aneignung von Bedeutungen. Sinn und Bedeutungen geraten dabei immer wieder, wie oben ausgeführt, in Widerspruch. Sie können auseinanderfallen, was zur Stereotypbildung führen kann (vgl. Kap. 6.4). Die Persönlichkeit entwickelt sich nach Auffassung *Wygotski*s von der Persönlichkeit „an sich", indem sie auf andere wirkt, wie sie ist, zur Persönlichkeit „für sich". Erst indem sie Persönlichkeit „für andere" wird und die Folgen der eigenen Tätigkeiten und Handlungen in den Tätigkeiten und Handlungen des anderen erfährt, sich also im anderen spiegelt, erfährt die Persönlichkeit sich selbst. Entsprechend hält *Wygotski* fest: *„Die Beziehungen zwischen höheren psychologischen Funktionen waren irgendwann eine reale Beziehung zwischen Menschen"* (1989, S. 295). Die Grundlagen des Willens (der Mensch gibt sich selbst Anweisungen und „Kommandos") sind aus äußeren Anweisungen hervorgegangen, welche solche Personen an das Kind gerichtet haben, die für dessen Entwicklung bedeutsam waren. Aus dem Streit der Kinder im Spiel, wo jedes seine eigenen Gedanken äußert, entsteht später das Nachdenken als Streit der Gedanken in der Person selbst. Jedes Verhältnis des Menschen zu sich selbst resultiert also aus den Verhältnissen zu anderen. Insofern kann das *Psychische als ein dramatischer Prozeß* begriffen werden, in dem das Drama des Lebens (mit dem Enstehen der inneren Position des Erwachsenen, der fünften Quasidimension der Bedeutungen, die das Weltbild konstituieren; s. o.) in die Prozesse des Bewußtseins verlagert ist (vgl. meine Ausführungen zum Prozeß der reflexiven Ichbildung in der Pubertät in Kap. 5.6).

Die beiden *Hauptaufgaben der (Entwicklungs)-Diagnostik* sind daher *nach Wygotski* (1987, S. 80 und 83), das *reale Entwicklungsniveau* und die *Zone der nächsten Entwicklung* zu bestimmen (siehe auch Kap. 11.4 zur vertieften Behandlung). Die „Zone der nächsten Entwicklung" ist der Bereich, innerhalb dessen das Kind mit Hilfe anderer etwas realisieren kann, was es alleine noch nicht kann. „Was das Kind heute in Zusammenarbeit und unter Anleitung vollbringt, wird es morgen selbständig ausführen können. Und dies bedeutet: Indem wir die Möglichkeiten eines Kindes in der Zusammenarbeit ermitteln, bestimmen wir das Gebiet der reifenden geistigen Funktionen" (S. 83). Zusammenarbeit, oder besser im *Marx*schen Sinne „*Kooperation*", wird von *Wygotski* im weitesten Sinne verstanden und keineswegs nur auf kognitive Leistungen reduziert, wie dies häufig in einer mißverstandenen Wiedergabe dieses Konzepts aufscheint. Wesentlicher Teil der Kooperation ist die Sinnentwicklung und Bindung an andere Menschen, d.h. die Realisierung des Bedürfnisses des Menschen nach dem Menschen. (*Marx*, MEW 23, Kap. 11, führt die Vorteile der Kooperation u.a. auf die Belebung der „Lebensgeister" als Ausdruck des „Gesellschaftstriebes" zurück.) Ich gehe hierauf im folgenden Kapitel näher ein.

Fassen wir das Konzept der Zone der nächsten Entwicklung in diesem weiten Sinne (vgl. *Jantzen* 1988d), so stoßen wir auch hier auf den dritten von *Leontjew* benannten Parameter der Persönlichkeit, also auf den Zusammenhang ihrer Motivationslinien bzw. der Perspektiven ihrer Sinngebung, welcher Voraussetzung und Resultat des ins Innere verlagerten dramatischen Prozesses des Lebens ist (vgl. *Wygotski* 1989).

Eine „*echte Diagnose*", die als solche „*eine Erklärung enthalten, eine Voraussage treffen und wissenschaftlich begründete Maßnahmen festlegen*" muß (*Wygotski* 1987, S. 89), muß daher entsprechend den von *Leontjew* herausgearbeiteten Gesetzmäßigkeiten der Entwicklung der Persönlichkeit *vom Sozialen über den Hierarchieaspekt zu den Prozessen der Sinngebung und der Handlungsfähigkeit des Subjekts* voranschreiten.

Da die *Kategorie „Handlungsfähigkeit"* innerhalb der marxistischen Psychologie in den letzten Jahren eine zunehmende Rolle spielt, möchte ich in Kürze zu ihrer Bedeutung Stellung nehmen. Für *Holzkamp* (1983) ist der Mensch prinzipiell soziales und gesellschaftliches Lebewesen. Seine Motivkonfigurationen und seine Bedürfnisse zielen auf die Teilhabe an der kollektiv verallgemeinerten Vorsorge für subjektiv relevante Lebensumstände. Entsprechend den gesellschaftlichen Klassenverhältnissen, die sich auf den verschiedensten gesellschaftlichen Ebenen reproduzieren, können Kinder jedoch gerade aufgrund ihrer Sozialintentionalität durch Strafen und Bedrohungen und durch das Entstehen von Angst dazu gebracht werden, sich in den bestehenden Verhältnissen einzurichten. Sie orientieren sich damit an Partialinteressen und nicht mehr an allgemeinmenschlichen Interessen. Diese Art der Handlungsfähigkeit nennt *Holzkamp „restriktive Handlungsfähigkeit"*. Restriktive Handlungsfähigkeit, die sich auf den Verstoß gegen die eigenen objektiven Interessen gründet, beinhaltet nach Auffassung *Holzkamp*s zugleich immer auch Selbstfeindschaft. Sie kennzeichnet den einen Pol für die Entwicklung von Handlungsfähigkeit, deren anderer die „*verallgemeinerte Handlungsfähigkeit*" ist. Diese zielt auf die Erweiterung der Verfügbarkeit über die gesellschaftlichen Verhältnisse, während die restriktive Handlungsfähigkeit zu einem Einrichten in ihnen und zur Reproduktion der beschränkenden gesellschaftlichen Verhältnisse führt.

Sicherlich ist es ein Gewinn gegenüber der von *Holzkamp* kritisierten „Variablenpsychologie", das Konzept der möglichen Autonomie des Subjekts und seiner Handlungsfähigkeit in den Mittelpunkt zu stellen, andererseits bleibt letztlich weitgehend ungeklärt, wie Handlungsfähigkeit zustande kommt, da *Holzkamp* u.a. auf die Kategorien Persönlichkeit, Sinn und Bedeutungen, Widerspiegelung und Tätigkeit verzichtet. Für *Vorwerg* (1989), der die Kategorie „Handlungsfähigkeit" etwas anders begründet (und für den die Ansätze von *Holzkamp* und *Leontjew* bloße „Metatheorien" und nicht im eigentlichen Sinne psychologische Theorien sind; S. 14), ist diese Kategorie erforderlich, um den zentralen Aspekt der *„psychischen Regulation und Steuerung des Verhaltens"* in gesellschaftlichen Lebenszusammenhängen zu modellieren. Im Schema „Subjekt Tätigkeit – Objekt" tritt folglich bei ihm „Handlungsfähigkeit" an die Stelle des subjektiven Pols der Tätigkeit (Dialektik von Sinn und Bedeutung, die sich in der Dialektik von Abbild und Tätigkeit realisiert), während Tätigkeit als Bindeglied auf den ziel- und zweckbestimmten Handlungsprozeß reduziert wird. Da auch bei *Vorwerg* eine Ausarbeitung des Sinnaspekts fehlt, wird Psychisches letztlich nur als Prozeß der Handlungsregulation und -steuerung, entsprechend der handlungstheoretisch-kognitivistischen Hauptausrichtung in der Psychologie der DDR, verstanden.

Die Synthese von Handlungen, und damit Handlungsfähigkeit, ist jedoch von einer Reihe inter- und intrapsychischer Wechselwirkungen im sinnhaften und systemhaften Aufbau der psychischen Prozesse abhängig, (vgl. Kap. 4–6, sowie Abb. 10, Kap. 7), so daß aus meiner Sicht „Handlungsfähigkeit" zwar eine wichtige, nicht aber *die* zentrale Kategorie für die (Persönlichkeits-)Psychologie ist, wie dies *Holzkamp* oder *Vorwerg* postulieren.

9.5.2 Vom sozialen Prozeß zur Rekonstruktion von Persönlichkeit und Tätigkeit

Im diagnostischen Prozeß ist von der Rekonstruktion der sozialen Verhältnisse auszugehen, innerhalb derer, vermittelt durch die Tätigkeit des Subjekts, aus „interpsychischen" historischen und kulturellen Verhältnissen, Dialog, Kooperation, Kommunikation und sozialem Verkehr „intrapsychische" Prozesse und Strukturen entstanden sind. In die Richtung einer solchen Bestandsaufnahme zielt bereits *Schiepek*s Vorschlag der Erfassung solcher Umstände in „Checklisten" (s.o.). Dies reicht jedoch nicht aus, da für die Rekonstruktion der Wirkweise dieser Prozesse auch ihre Struktur und Logik bekannt sein müssen (vgl. z.B. Kap. 1). Zudem findet der Übergang dieser Struktur und Logik im *Alltag* statt, so daß auch eine Theorie des Alltags erforderlich ist, aus der heraus der Übergang von Objektivem in Subjektives und von Subjektivem in Objektives begriffen werden kann. Gesellschaftliche Verhältnisse eröffnen sich den Individuen nicht von Seiten der Produktion, sondern von der *Distribution* her (*Marx*, MEW 42, S. 31), also von der räumlichen, zeitlichen, natürlich-geographischen, infrastrukturellen, institutionellen Verteilung (zu einer Theorie des Alltags vgl. u.a. *Lukács* 1986, *Levebre* 1977, *Bourdieu* 1982).

Für *Sève* (1972) stellen gesellschaftliche Verhältnisse in dieser Hinsicht *„historische Individualitätsformen"* dar, die die Aneignungsmöglichkeiten und -notwendigkeiten der Menschen bestimmen. Darunter versteht er *objektiv determinierte Tätigkeitszyklen*, in denen die Individuen unter bestimmten historischen Umständen tätig sind (1986). Diese könnten sein: Schulbesuch, weibliche Sozialisation, Rechtsformen im Alltag usw., aber auch Behinderung, berufliche Arbeit usw. Im Schnittpunkt dieser Individualitätsformen findet klassen- und schichtenspezifische Vergesellschaftung der Individuen statt, d.h.

diese Individualitätsformen bilden nach Seiten der Individuen „*Aktivitätsmatrizen*", Tätigkeitsmöglichkeiten, in denen und über die hinaus die Individuen sich entwickeln.

Der Alltag, in dem Individuen ihre Tätigkeit realisieren und ihre Persönlichkeit entwickeln, ist historisch dimensioniert. Dies habe ich in Kapitel 5 am Beispiel der Forschungen von *Kon* (1983) zur „Entdeckung des Ich" bereits andiskutiert. Wesentlich weiter in dieser Hinsicht führt für unsere Fragen der Versuch einer Sozialgeschichte der Tätigkeitsentwicklung durch *Kuckhermann* und *Wigger-Kösters* (1985a) in Verbindung mit Fragen der Rehabilitation von Behinderten (1985b). Woher stammen die Formen der Rehabilitation durch Arbeit in der Psychiatrie bzw. bei erwachsenen Behinderten? Obwohl hier gesellschaftlich entwertete Arbeitsformen vorliegen, wird ihnen gleichzeitig ein Wert für die Rehabilitation zugesprochen. Dies führte dazu, unterschiedliche *Tätigkeiten als Reproduktionszyklen von Menschen* in der bisherigen Menschheitsgeschichte zu untersuchen. „Tätigkeiten sind Re-Produktionen des Lebens, womit zugleich auf ihre zyklische und erweiternde (fortschreitende) Struktur hingewiesen ist" (*Kuckhermann* und *Wigger-Kösters* 1986, S. 179). Menschen produzieren unter allen Umständen in ihrer Tätigkeit Bedeutungen von gesellschaftlichen Prozessen und von ihrer Tätigkeit selbst. Sie produzieren diese aber unter historischen Bedingungen und Möglichkeiten, mit den jeweils vorgefundenen Mitteln und an ihrem jeweiligen historischen Ort. Und in diese Bedeutungsproduktion geht die bisherige Sozialgeschichte der Tätigkeit ein. D.h. Tätigkeiten ändern ihren sozialen Standort und ihre Bedeutung, alte werden entwertet und verschwinden, neue entstehen. Und entsprechend verändern sich die durch sie gesetzten Aneignungsbedingungen: So bleibt z.B. beim Brotbacken der stoffliche Aspekt seit dem Mittelalter im wesentlichen unverändert erhalten, während sich die Handlungsprozesse und die sozialen Beziehungen in diesem Prozeß verändern. *Aneignung* wird hier im sozialwissenschaftlichen Sinn als das *Verhältnis zum Eigentum* betrachtet, das durch Arbeitsteilung, Recht, Klassenspaltung in sehr unterschiedlicher Weise dem je einzelnen zugänglich ist. Insofern zeigt sich in der Rehabilitation von Behinderten ein ambivalentes Verhältnis: Einerseits werden die betroffenen Menschen durch die entwertete Arbeit (geringer Lohn) diskriminiert, und sie wissen dies auch sehr genau, andererseits wird die Arbeit als Mittel der Persönlichkeitsentwicklung und Selbststabilisierung empfunden und wirkt in dieser Hinsicht.

Auf der Basis dieser Überlegungen entwickelten *Kuckhermann* und *Wigger-Kösters* (1986) einen Vorschlag, wie von der Erfassung der sozialen Seite der Tätigkeit zur Rekonstruktion der Persönlichkeit vorangeschritten werden kann. Sie unterscheiden hierbei die folgenden vier Schritte, die eingebettet in die Analyse der gesellschaftlichen Reproduktion erfolgen (im Sinne der Bestimmung von typischen Formen der individuellen Reproduktion, typischen Fähigkeits- und Bedeutungsprofilen sowie historisch bedeutsamen Formen der Orientierung, Subjektivität, Identität).

1. „*Was jemand tut – Lebenszusammenhang als tätige Verortung*"
Zunächst muß festgestellt werden, welche Tätigkeiten zum Reproduktionszyklus eines Menschen gehören. D.h. die „dominierenden Lebensbereiche eines Menschen, an denen er mit seinen Handlungen partizipiert" werden erfaßt und analysiert. Als einzelne Aspekte werden genannt: Betriebsstruktur, Arbeitsinhalte, Wohn- und Familienverhältnisse, Aktivitäten im Freizeitbereich. Es geht hier noch gänzlich um die „sozialen Fakten des persönlichen Lebens" (S. 193). Festzuhalten sind folgende drei Ebenen bei der *Gegenstands-* und *Handlungsprozeßanalyse:*
– „Stofflich-qualitative Merkmale der jeweiligen Tätigkeit";

- „Sozialform" (d.h. sozial-institutionelle Bedingungen der Lebenssituation);
- „Individualform" (d.h. Reproduktionszusammenhang des Individuums in einer bestimmten Lebenssituation).

Bei der *Beziehungsanalyse* sind direkte, gegenstandsvermittelte Kooperationsbeziehungen zu erfragen sowie die Beziehungsstruktur in Familie, Freundeskreis und außerhalb des Arbeitslebens.

2. „Momente persönlicher Strukturierung der Tätigkeit"

Hier wird nach der Art und Weise der Tätigkeit gefragt, nach den Tätigkeitsschwerpunkten, der Tätigkeitsvielfalt, dem Verhältnis von Routine und Veränderung, Ruhe und Aktion, Beziehungsdichte und Einsamkeit usw., also nach allen Momenten individueller Gestaltung der Tätigkeiten.

3. „Die Geschichten des Tuns – Bedeutungs- und Sinnbildung in der Tätigkeit"

Hier geht es um die Erfassung des *„semantischen Feldes"*, innerhalb dessen sich die Persönlichkeit reproduziert. Dabei wird vorgeschlagen, dieses Feld von Sinn und Bedeutungen insbesondere durch Interviews und Geschichten zu erfassen.

Zu ergänzen ist, daß hierher auch die Erfassung des *Hierarchieaspektes* gehört. Denn auch bei Erwachsenen ist das hierarchische Niveau der Tätigkeit nicht in allen Bereichen gleich.

So zeigt *Sameroff* (1978, S. 103ff.) am Beispiel der Austauschbeziehungen zwischen Müttern und kleinen Kindern, daß hier sehr unterschiedliche Abbildniveaus die Tätigkeit bestimmen können:
- Die auf sensomotorischem Niveau tätige Mutter hat das Gefühl, durch ihre Tätigkeit unmittelbar etwas bewirken zu können. Entzieht sich das Kind ihren Intentionen, so kann Ablehnung und Unverständnis resultieren.
- Die präoperational organisierte Mutter sieht ihr Kind zwar von sich getrennt als eigenständig, jedoch statisch und isoliert. Sie unterstellt, daß das Kind seine Eigenschaften (häßlich, dumm, unbeliebt, schön, intelligent, liebenswert) immer behält.
- Auf der Ebene der konkreten Operationen kann die Mutter zwar die Veränderungen und altersspezifischen Besonderheiten des Kindes begreifen; ihre Grenzen bestehen jedoch darin, die geforderten Verhaltensweisen jeder Altersstufe als „gegebene, dem Kinde innewohnende Merkmale menschlicher Wachstumsprozesse" (S. 105) zu verstehen.
- Auf dem formal-logischen Niveau erkennt die Mutter, das sich ihr Kind anders entwickeln würde, wenn sie sich anders verhalten würde.
- Und auf dialektischem Niveau erkennt sie, „daß ihr Verhalten Resultat ihrer sozio-kulturellen Erfahrungen ist, zu denen auch das Verhalten ihres eigenen Kindes gehört" (S. 106).

Ansonsten ist jedoch *Kuckhermann* und *Wigger-Kösters* zuzustimmen, daß über kleine Geschichten sehr viel Relevantes über Lebenssituationen in Erfahrung gebracht werden kann, sofern dem Diagnostiker eine Theorie der Lebenssituation und eine Theorie der psychischen Verarbeitung zur Verfügung steht, denn nur von dieser aus kann er das Einzelne verallgemeinern.

Hierher gehören darüber hinaus auch *Geschichten aus zweiter Hand, Akten* usw. Denn oft sind die Betroffenen, z.B. als Insassen von Psychiatrien oder Behindertenanstalten, „geschichtslos" geworden. D.h. sie können ihre Erinnerungen selbst nicht darstellen. Entscheidend ist es hier, die Logik dieser Berichterstattung aus zweiter Hand, die in der Regel stigmatisierend ist, umzukehren und systematisch nach Kompetenzen und Entwicklung zu fragen. (Vgl. als exemplarisches Beispiel die biographische Analyse eines jungen Mannes mit schweren selbstverletzenden Verhaltensweisen in *Jantzen* u. *von Salzen* 1986, S. 62–89.) Damit ist bereits der Übergang zum letzen Schritt vollzogen:

4. *„Übergänge und Verbindungen – Das Drama des Lebens"*
Hier werden die Verhältnisse der drei bisher genannten Ebenen, ihre Übergänge und Verbindungen zueinander thematisiert. „Die Geschichten, in denen wir unser Leben strukturieren, und die Faktizität, mit der wir unsere Handlungen in der Welt verorten – in diesem Zusammenspiel wird die zweite Ebene des Spannungsfeldes (die erste liegt zwischen den äußeren Notwendigkeiten und dem wirklich gelebten Leben; W.J.) sichtbar, aus dem heraus sich unser Leben als Drama entwickelt, und hier liegt der Gegenstand der Psychologie der Persönlichkeit" (*Kuckhermann* u. *Wigger-Kösters* 1986, S. 200).

Auf der Basis unserer Überlegungen zur Syndromanalyse wird deutlich, daß diese im Sinne des „Aufsteigens vom Abstrakten zum Konkreten" im Übergang vom dritten zum vierten Schritt stattfindet. In den ersten drei Schritten erfolgt das „Aufsteigen im Abstrakten" im Sinne einer systematischen Materialsammlung, bei der von der gesellschaftlichen zur persönlichen Ebene vorangeschritten wird. Im vierten Schritt erfolgt das „Aufsteigen im Konkreten" als Rekonstruktion des Dramas des Lebens und als umfassende Rehistorisierung.

9.5.3 Einige Probleme des Übergangs von der systematischen Materialsammlung zur Rekonstruktion von Persönlichkeit und Tätigkeit

An dieser Stelle stellt sich die Frage, ob sich der Übergang zwischen den Schritten 3 und 4, dessen Kern die Syndromanalyse ist, noch genauer klären läßt, da es sich hier ja gleichzeitig um die systematische Zusammenfassung des Materials aus sehr unterschiedlichen empirischen und theoretischen Quellen handelt. Insbesondere stellt sich die Frage, mit welcher *inhaltlichen Strategie* bzw. welcher *Leitfrage* aus den „Geschichten des Tuns" bzw. anderen Daten auf der Ebene des Vorstellungskonkretums der *Ausgangspunkt* für die Rekonstruktion des Dramas des Lebens gefunden werden kann. Natürlich sind hier die 35 systembezogenen Fragen von *Schiepek* in struktureller Hinsicht nützlich, aber welche psychologisch-inhaltlichen Kriterien gibt es?
Nützlich für die Beantwortung dieser Frage scheint mir ein Schema von *Schröder* zu sein, das ich als Abbildung 39 wiedergebe.

Dieses für unsere weiteren Überlegungen nützliche Schema muß allerdings unter zwei Gesichtspunkten kritisch betrachtet werden: Dies sind die Behandlung der objektiven Lebenssituation an nachrangiger Stelle (Punkt 4) und der Ersatz persönlichkeitstheoretischer Kategorien durch das Konzept der Handlungsfähigkeit sowie deren weitere Bestimmung durch miteinander unvermittelte Dimensionen der Handlungsregulation (Punkt 3). Dem ersten Kritikpunkt wurde bereits Rechnung getragen, auf den zweiten gehe ich noch ein.
Wesentlich an dem Vorschlag *Schröders* ist das *Ausgehen von den Isolationsbedingungen im Leben der Persönlichkeit und der Rekonstruktion ihrer „alters- und positionsbezogenen Wirkung"*.

Abb. 39: Aufgaben und Diagnostizierungsgegenstände einer persönlichkeits-pathopsychologisch fundierten klinischen Psychodiagnostik (*Schröder* 1988, S. 35)

Diagnostik von:

1. **Persönlichkeitsentwicklung unter Isolationsbedingungen** („Rekonstruktion" im Längsschnitt: Prozeß und Phänomenologie von Kompensation und Bewältigung)

2. **Isolationsbedingungen in ihrer Struktur und Qualität sowie ihre alters- und positionsbezogene Wirkung** (biologisch, sozial, psychisch, materiell)

3. **Handlungsfähigkeit**
3.1. dominierende Tätigkeitsmotive
(Leistungsmotivation, Kontrollambition, Werthierarchie, Selbstbestätigungs-Motiv, Handlungs-/Lageorientierung, Dominanzbedürfnis, Hilfs- und Hoffnungslosigkeit, „irrationale Überzeugungen", ...)
3.2. Fähigkeiten der Anforderungsbewältigung
(Kognitive Umwelt- und Selbstkonzepte: subjektives Stressorkonzept, anforderungsbezogene Coping-Erfahrung, SK eigener Fähigkeiten; Problemlösefähigkeit; Entscheidungsfähigkeit; Kausalattribuierung; Bildung bedürfnis- und anforderungsgemäßer Handlungsziele)
3.3. Verhaltenstechniken (-fertigkeiten)
(habituelle Verhaltensprogramme, instrumentelles Verhalten: operative Bezugseinheiten des Bewältigungsverhaltens)
3.4. Stile der Handlungs- und Tätigkeitsregulation
Dauerbelastungs- und Frustrationsbedingungen (Abwehr-, Dekompensierungs- und Bewältigungsformen)

4. **Objektive Lebenssituation als Verhältnis von subjektiven/objektiven Ressourcen und Anforderungsstruktur**
4.1. objektive Ressourcen
(a. personale: Soziale Kompetenz, Sachkompetenz, Gesundheit
b. externale: Soziales Unterstützungsnetz, materielle Bedingungen, kognitive Hilfen)
4.2. Anforderungscharakteristik und Konfliktgehalt der Lebenssituation

5. **Pathopsychologisch relevanter Individualitätstyp**
(„Anforderungs-Bewältigungs-Konstellation", „Interaktionstyp")

Beziehen wir dies zurück auf die Vorgehensweise von *Kuckhermann* und *Wigger-Kösters*, so stellt sich auf der Ebene 3 ihres Vorgehens („Geschichten des Tuns") in Verbindung mit dem Erfassen des Hierarchieaspektes das zentrale Problem, gesellschaftliche Normalität und Anormalität des zu Diagnostizierenden aus der Logik des Entwicklungsprozesses als sinnvoll und systemhaft zu rekonstruieren.

Dies ist möglich, wenn bei allen uns unverständlich erscheinenden Verhaltensweisen zunächst nach möglichen Bedingungen der Isolation gefragt wird.

Auf der Basis der Erscheinungsform der Symptomatik, die als sinnvoll und zweckmäßig für das Subjekt anerkannt wird, ist dann anhand der vorliegenden „Leitsymptome" der Möglichkeitsraum zu bestimmen, innerhalb dessen eine entsprechende pathologische Struktur sich entwickelt haben könnte (vgl. Kap. 6.4).

Weiterhin ist, sofern die isolierenden Bedingungen primär durch biologische Schädigungen gesetzt sind, auch nach der Entwicklungslogik hieran ansetzender psychischer Syndrome zu fragen. Deren allgemeine Struktur (z.B. Blindheit, semantische Aphasie, Autismus, Trisomie 21) wird als zusätzliche Erklärungshilfe zur Aufklärung isolierender Bedingungen und ihrer Reproduktion in den Prozessen des Psychischen genutzt.

Es geht jedoch nicht nur um die Rekonstruktion der als „anormal" erscheinenden Tätigkeiten des Subjekts, sondern um seine *Handlungsfähigkeit* als Ganzes. Neben den sozialen Versagens- und Inkompetenzbereichen müssen auch die Kompetenzbereiche in gleicher Weise rekonstruiert werden. Es muß daher ebenso wie nach den isolierenden auch nach den *stabilisierenden, stützenden, entwickelnden Bedingungen* gefragt werden.

Auf welchem höchsten Niveau der Tätigkeit organisieren sich die Kompetenzen des betroffenen Menschen (und sei dies auch nur in sehr schmalem Umfang), und in welchen Lebensbereichen kann er sie anwenden?

Wo gab es in seiner Geschichte kooperative Beziehungen und Bindungen, die ihm halfen, sich gegen isolierende Bedingungen zu stabilisieren; wer sind die Menschen, die ihn (und sei es auch nur in Teilen ihrer Handlungen) unterstützt haben?

Welche Merkmale, Bedeutungen und Wirkungen haben die unter Bedingungen der Isolation neu aufgebauten Kompetenzen, sozialen Beziehungen und Bindungen?

Wie ist das Verhältnis von Wunsch und Wirklichkeit im Leben des Betroffenen?

Welche Bedingungen seiner Geschichte sind ihm zugänglich, welchen ist er ausgeliefert?

Für diese Rekonstruktion von Handlungsfähigkeit sind die von *Schröder* angeführten *handlungsregulatorischen Konzepte* allerdings *nicht hinreichend*. Dominierende Tätigkeitsmotive (wie z.B. Leistungsmotivation, Handlungs-/Lageorientierung usw.), Fähigkeiten der Anforderungsbewältigung, Verhaltenstechniken und -fertigkeiten sowie Stile der Handlungs- und Tätigkeitsregulation stellen ein buntes Sammelsurium der in der internationalen Diskussion unterdessen anerkannten und untersuchten handlungsorientierten Dimensionen von Persönlichkeit dar. Einerseits ist es positiv, daß durch solche Konzepte der traditionelle Eigenschaftsbegriff der Psychodiagnostik zu überwinden versucht wird. Andererseits ist jedoch kritisch zu vermerken, daß weder das Verhältnis dieser Konzepte zueinander geklärt wird, noch das ihnen anstelle des klassischen Eigenschaftsmodells zugrunde gelegte Verständnis als „habituelle Regulationskomponenten". All diese Kategorien sind vorrangig empirische Verallgemeinerungen; ihre theoretische Weiterverarbeitung über das Handlungsregulationsmodell hinaus steht im wesentlichen noch aus.

Es ist unbestritten, daß diese Kategorien sich auf Realität beziehen und wichtige Dimensionen erfassen. Ihre Nutzbarkeit für eine Rehistorisierung der Persönlichkeit bleibt aber doch eingeschränkt, solange ihre Reichweite und ihre Grundlagen nicht weiter geklärt sind. Die notwendige Klärung kann hier noch nicht im Detail geschehen und wird Aufgabe weiterer Forschung bleiben. Trotzdem lohnt es sich, das zugrunde gelegte Konzept der *„habituellen Regulationskomponenten" (Guthke* u.a. 1983, *Witzlack* 1984), das an die Stelle des klassischen Eigenschaftsbegriffs getreten ist, etwas näher zu beleuchten, um von hier aus einen Zugang zum erweiterten Begreifen dieser im Detail nützlichen und wichtigen Dimensionen diagnostischen Vorgehens zu erhalten.

Von „habitualisierten Person-Umwelt-Beziehungen" anstelle des traditionellen Eigenschaftsbegriffs ist bereits bei *Witzlack* 1977 (S. 28) die Rede. In seiner in der DDR-

Psychologie bisher wohl gründlichsten Bestimmung der „Grundlagen der Psychodiagnostik" beansprucht der Autor, durch ein tätigkeitsorientiertes Konzept die Mängel traditioneller Auffassungen zu überwinden. Nach traditioneller Auffassung werden Eigenschaften als Gegenstand des psychodiagnostischen Prozesses entweder als bloße Reiz-Reaktions-Verknüpfungen angesehen, die mit Verhalten gleichgesetzt werden, oder aber sie werden (insbesondere aufgrund faktorenanalytischer Verfahren) als (empirische) Abstraktionen von bestimmten Verhaltensweisen betrachtet bzw. als (angeborene oder erworbene Dispositionen) substantialisiert.

Dagegen sind für *Witzlack* Eigenschaften *widergespiegelte Wechselwirkungsbeziehungen in der Person-Umwelt-Beziehung*, die sowohl *Zustands- wie Prozeßqualitäten* aufweisen können (S. 29). Sie haben tätigkeitsregulierende Funktion. Ihre dynamische Funktion hängt von ihrem Bewußtseinsgrad ab. Sie können unterschieden werden nach ihrem Generalisierungsgrad (allgemein oder nur in bestimmten Situationen), nach ihrem Ausprägungsgrad sowie nach ihrer Stabilität bzw. Veränderbarkeit. Und bei dieser Auffassung bleibt es im wesentlichen in der Psychologie der DDR. *Psychisches* wird als *Regulationsprozeß besonderer Art* betrachtet. Neben der *Ausführungsregulation*, für die die *Leontjew*sche hierarchische Trennung von Handlungen und Operationen übernommen wird (vgl. *Hacker* 1973), wird die *Antriebsregulation* (Motive usw.) unterschieden, ohne daß der Bezug beider zueinander bestimmt werden könnte.

Einerseits wird hierdurch das Konzept von Eigenschaften als psychischem Vermögen, das in der klassischen Psychodiagnostik herrscht, aufgebrochen, da so verstandene Eigenschaften immer nur anforderungsabhängig sichtbar gemacht werden können, sie sich in der Tätigkeit entwickeln und zugleich Voraussetzungen für die Tätigkeit sind (*Schaarschmidt* 1985, S. 360). Die größere Dynamik der Konzeption, verbunden mit einer Weiterentwicklung empirisch-statistischer Verarbeitungsverfahren, führt insofern zu wesentlich differenzierteren Beschreibungen des Zusammenhangs von Anforderungen und Bewältigung.

So können *Schröder* und *Naumann* (1989) z. B. auf der Basis der Erfassung der vier Dimensionen der Handlungsfähigkeit und deren Subdimensionen fünf unterschiedliche Typen von Bewältigungsstrategien bei chirurgischen Patienten nachweisen. (Dies entspricht dem Punkt 5 in *Schröder*s o. a. Überlegungen.) Diese Bewältigungsstrategien stehen in deutlichem Zusammenhang mit postoperativem psychischen Befinden und medizinischen Komplikationen, das bei den „passiv Ausgelieferten" und den „neurotisiert Mißtrauischen" im Unterschied zu den drei anderen Gruppen eher negativ ist. Auf der Basis dieser Ergebnisse können Patienten durch psychologische Vortests klassifiziert und adäquate Operationsvorbereitungen erhalten werden.

Es dürfte deutlich sein, daß dadurch der Populationsbezug spezifiziert und verfeinert wird und individualisierte Entscheidungen besser vorbereitet werden können.

Andererseits kommt es durch fehlende Klärung der „habituellen" Grundlage der regulatorischen Subdimensionen der „Handlungsfähigkeit" zu vergleichbar dürren Abstraktionen in den diagnostischen Beschreibungen, wenn zur Analyse des Einzelfalles und zur Rekonstruktion von Tätigkeit und Persönlichkeit übergegangen wird. Es bleibt gänzlich unklar, in welchem Verhältnis diese regulatorischen Komponenten zu Kategorien wie „Tätigkeit", „Persönlichkeit" usw. stehen, obgleich sie sicherlich real sind.

Damit stoßen wir jedoch auf das allgemeine Problem, auf Test- oder Fragebogenebene erfaßte Eigenschaften in Bezug zur Entwicklung der Persönlichkeit zu setzen. Sollen wir sie als bloße Oberflächenphänomene, die nur die gesellschaftliche „Normalität" des

Subjekts widerspiegeln, zur Seite legen und uns auf die „Geschichten des Tuns" konzentrieren, oder bieten uns diese „Eigenschaften" bzw. „habitualisierten Regulationskomponenten" darüber hinausgehende Möglichkeiten? Die Ergebnisse *Schröders* sprechen ja immerhin dafür, daß ihnen bei gleichzeitiger Erfassung verschiedener Dimensionen zumindest wichtige prognostische Bedeutung zukommt.

Ich will kurz einen Lösungsweg andeuten, der sich auf der Basis des *Habitusbegriffes* anbietet. Ich beziehe mich hierzu auf verschiedene Arbeiten von *Brandes*, die in Einklang zu unseren bisherigen Überlegungen zu bringen sind. *Brandes* (1981) bezieht sich u. a. auf den französischen Soziologen *Bourdieu*, für den Habitusformen „Systeme dauerhafter Dispositionen" sind. *„Im Habitus wirkt der Körper des Menschen als eine Art ‚praktisches Gedächtnis', in dem, ohne Notwendigkeit einer Bindung an Prozesse bewußter Verarbeitung, objektive Strukturen in ihrer Dimension der räumlichen Erfahrbarkeit subjektiv aufgehoben sind"* (S. 94).

Dies entspricht gänzlich den Ausführungen zum Körperselbstbild, das sich in einer Reihe von Synthesen im sozialen Verkehr entwickelt (Kap. 6.3) sowie neuropsychologisch sich als konkreter Raum in den kortikal-subkortikalen Prozessen sowie in der rechtshemisphärischen Regulation niederschlägt. In gleicher Weise hatte schon *Freud* (1950) im „Entwurf einer Psychologie" von 1895 (vgl. *Jantzen* 1989b) das Körperselbstbild (in Form der Gegenbesetzungen gegen Wahrnehmungsreize bzw. als Bahnung von Bewegungen aufgrund bisheriger Körpererfahrungen) als Grundlage der „Ich"-Funktion im Sinne der Vergangenheit deutlich abgesetzt vom Prozeß der Reizaufnahme (Gegenwart) und der Herausbildung des Zukünftigen im Prozeß des Bewußtseins (vgl. Kap. 12.2).

Der *Habitus* wäre in dieser Hinsicht die *sensorische* (einschließlich der propriozeptiven) *Erfahrungskumulation im konkreten* (und darüber hinaus im abstrakten) *Raum*, während sich für die Bewegungen selber kein unmittelbares Gedächtnis entwickelt. Dieses entsteht im Sinne von *Bernstein* bzw. *Bragina* und *Dubrochotova* (vgl. Kap. 8.2.2 bzw. 8.3.1) lediglich für die topologischen Aspekte der Bewegungen, also für ihre allgemeine räumliche (im inneren Regelkreis nur noch propriozeptive) Struktur. Außenwelt in diesem Sinne ist sowohl die reale Außenwelt (im spontanen Prozeß) als auch (im reflexiven Prozeß) jener Teil der im subjektiven Weltbild des Erwachsenen konstruierten bimodalen Innenwelt, in der dem Ich das „Körper-Ich" bzw. das „Ich als Du" gegenübersteht (vgl. Kap. 5.6). Aus dieser Dialektik von innen und außen entsteht die Dialektik von bewußter Zustands- und Prozeßregulation bzw. Lage- vs. Handlungsorientierung, von der *Schröder* (1989) unter Rückgriff auf *Kuhl* spricht.

Brandes (1989) bzw. *Brandes* und *Mies* (1988) vertiefen diesen Gedanken, den *Körper als „Bedeutungsträger"*, d.h. als „soziales Gebilde" zu betrachten: „Das Verhältnis zum eigenen Körper wird durch das Verhalten der anderen zum eigenen bzw. das eigene Verhalten zum fremden Körper ausgebildet" (*Brandes* und *Mies* 1988, S. 356). Es liege die Vermutung nahe, daß in der „Frühphase der Entwicklung über die Konstituierung des Körpergefühls ein in spezifischer Weise (d.h. von der konkreten sozialen Lebenslage bestimmt) sozial geprägtes Verhältnis zum eigenen Körper angeeignet wird, das die folgende Entwicklung orientiert und zur Basis für Identitätsbildung und Weltsichten (über Geschmack, Lebensgewohnheiten bis zu politischen Ansichten) wird" (*Brandes* 1989, S. 79).

Habituelle Regulationskomponenten sind demnach nichts anderes als die auf der Basis der jeweiligen situationsspezifischen Afferenzsynthesen im Körperselbstbild in der Gegen-

wart realisierten sinnhaften und systemhaften Prozesse des Psychischen (vgl. Abb. 10) *unter dem Aspekt ihrer Realisierungsform.*

Ähnlich argumentiert z.B. auch der sowjetische Psychophysiologe *Rusalov* zur Frage des Temperaments als einer sehr allgemeinen und basalen habituellen Dimension. Die *formal-dynamischen Eigenschaften des Temperaments* (energo-dynamische Eigenschaften wie „Geschwindigkeit" und „Plastizität") sind als Möglichkeitsraum angeboren. Sie erhalten ihre Charakteristika jedoch erst durch die endgültige Ausgestaltung ihrer Zeitparameter im epigenetischen Prozeß (vgl. Kap. 7). Ihre ererbte Grundlage ist Voraussetzung dieses epigenetischen Prozesses, unterliegt jedoch in ihrer Ausgestaltung der Determination der funktionellen Systeme des Organismus durch die Variabilität der Bedingungen der äußeren Welt, auf die sich das Subjekt in seiner Tätigkeit aktiv bezieht (vgl. *Rusalov* 1987a und b). In inhaltlicher Hinsicht sind *habituelle Schemata* zunächst die angeeigneten körperlichen bzw. körpernahen, sozial vorgefundenen Formen und Mittel der Tätigkeit, mit und in denen sie sich realisiert (vgl. *Haselmann* 1988, S. 375). Darüber hinaus verlagern sich diese Schemata selbstverständlich durch den sozialen Verkehr auch in die innere Position des Erwachsenen (also in das über Sprache vermittelte Körperselbstbild des abstrakten, d.h. psychisch-reflexiven Raumes). Sie wirken dort insbesondere in Form unbewußter und/oder vorbewußter psychischer Prozesse (vgl. Kap. 12.2).

Habituelle Schemata weisen somit zwei Bestimmungsstücke auf:

(1) Sie sind Modi des „Hineinwachsens" der Vergangenheit in die Gegenwart. Sie sind damit *Voraussetzungen jeder Tätigkeit*, welche in Form der Afferenzsynthese im Körperselbstbild (afferentes Feld) realisiert werden. Sie bauen sich nach dem Modell der Dominante vor dem Eintritt in die Tätigkeit auf (s.o.). Sie bilden die Grundlage für die habituelle Regulation in der Tätigkeit selbst. D.h. sie sichern deren formal-dynamische Eigenschaften im Sinne von ins Körperselbstbild übergegangenen und sozial mit emotionaler Wertigkeit verbundenen Normen, Gebräuchen, Reaktionsformen usw. die in konstanter Weise den Intrasystemzusammenhang psychischer Funktionen modifizieren (erhöhte Anspannung, erhöhte Angst, Lage- statt Handlungsorientierung usw.).

(2) Als derartige *habituelle Regulationskomponenten* zeigen sie sich jedoch nur in der Tätigkeit. Sie kennzeichnen den (formal-dynamischen) Regulationstypus des Komplexes der psychischen Funktionen im Aufbau des Modells des Künftigen, d.h. der Verknüpfung der Vergangenheit/Gegenwart über die fließende Gegenwart mit der Zunkunft. Sie sind in dieser Hinsicht Bedingungen der Tätigkeit und entsprechen physiologisch den inneren formal-dynamischen Beziehungen im Handlungsakzeptor. D.h. die habituellen Schemata als Basis der Konstituierung der inneren (abstrakten und konkreten) Raum-Zeit (vgl. 8.3.2) werden über die habituellen Regulationskomponenten in der Tätigkeit mit den jeweiligen gegenständlichen Bedingungen der Tätigkeit vermittelt.

Verwischt man theoretisch diese beiden Aspekte der dialektischen Vermittlung von Vergangenheit/Gegenwart (Afferenzsynthese auf der Basis des Körperselbstbildes) mit den Prozessen der Herausbildung des Modell des Künftigen und der aus ihm entspringenden Regulierung der Tätigkeit (Bildung des Handlungsprogramms und -akzeptors), so landet man je nach Schwerpunktsetzung beim traditionellen Eigenschaftsbegriff oder beim Begriff der „habituellen Regulationskomponente". *Der traditionelle Eigenschaftsbegriff reduziert Subjektivität gänzlich auf die in der Gegenwart sich ausdrückende Vergangenheit* (Disposition bzw. Verhalten), ohne diese rekonstruieren und das Subjekt der Tätigkeit

205

rehistorisieren zu können (Konstanz der Anforderungssituation unter quasiexperimentellen Testbedingungen). *Der handlungsregulatorische Ansatz der „habitualisierten Regulationskomponenten" thematisiert schwerpunktmäßig die Vermittlung von Gegenwart und Zukunft in den Handlungen* (Verhältnis von Anforderungen und Bewältigung). *Die Geschichte des Subjekts scheint jedoch nur als ungeklärter „habitueller" Anteil der Regulationskomponente auf.*

„Eigenschaften" oder „habituelle Regulationseigenschaften" sind damit jeweils *empirische Abstraktionen*, Verallgemeinerungen auf der Ebene des Vorstellungskonkretums. In gleicher Weise sind dies die mit ihnen korrespondierenden „pathopsychologisch relevanten Individualitätstypen", die *Schröder* unterscheidet. Sie selbst wie der zusammenfassende Oberbegriff „Handlungsfähigkeit" stellen ebenso wie der klassische Eigenschaftsbegriff und der mit ihm korrespondierende Begriff des „Verhaltens" (vgl. *Jantzen* 1989c) nur die *Endpunkte im „Aufsteigen zum Abstrakten"* dar. Das Aufsteigen vom Abstrakten zum Konkreten erfolgt anhand der syndromanalytischen Methode und der dabei zu stellenden inhaltlichen Fragen.

Im Ergebnis dieser Überlegungen wird allerdings auch deutlich, daß die von *Wygotski* als entscheidend für den diagnostischen Prozeß herausgearbeiteten Kriterien der Erklärung, Voraussage und wissenschaftlich begründeten Maßnahme auf gesundheitspolitischer Ebene durchaus mit der von *Schröder* entwickelten Strategie gewährleistet werden können. Was dabei ungeklärt bleibt – betrachten wir dies am Beispiel der von *Schröder* und *Naumann* (1989) untersuchten Bewältigungsstruktur bei chirurgischen Operationen –, ist die psychologisch neu zu strukturierende Vorbereitungssituation selbst. Auch diese kann natürlich ein gewisses Stück standardisiert werden. Trotzdem taucht unausweichlich ein ungeklärter Rest auf, wo dieses diagnostische Vorgehen nicht mehr ausreicht, ohne daß zusätzliche diagnostische Qualitäten des vorbereitenden Psychologen selbst ins Spiel kommen. Hier müssen dann in der Tat über die Strategien hinaus, die in den Bereichen 3 (Erfassung der Handlungsfähigkeit) und 5 (Identifizierung des pathopsychologisch relevanten Individualitätstyps) von *Schröder*s Schema letztlich für ihn den Schwerpunkt ausmachen, die Bereiche 4, 1 und 2 (objektive Lebenssituation, Persönlichkeitsentwicklung unter Isolationsbedingungen sowie deren Struktur und Qualität und altersbezogenen Wirkung) an die erste Stelle treten. Die *handlungsregulatorischen Dimensionen* gerinnen aus dieser Sicht zu *Momentaufnahmen* im Prozeß des Dramas des Lebens, das einer eigenen Rekonstruktion bedarf. Aber hierfür sind auch diese Momentaufnahmen, und, bleiben wir im Bild, in möglichst großer Schärfe, erforderlich.

Abschließende Bemerkungen

Es konnte in diesem Kapitel nicht darum gehen, Strategien des Diagnostizierens im Detail zu entwickeln. Mein Anliegen war es, einige grundlegende Überlegungen zur Theorie und Praxis des diagnostischen Prozesses vorzutragen. Zur Ebene der theoretisch-diagnostischen Kompetenz (systematisch entwickeltes Menschenbild als begriffliches Werkzeug der Rehistorisierung) liefern die bisherigen sozialwissenschaftlichen, psychologischen und neurowissenschaftlichen Ausführungen eine differenzierte Grundlegung. Diese erweitert sich in den folgenden Kapiteln um verschiedene Aspekte von Dialog, Kommunikation, Kooperation und sozialem Verkehr. Zum Erwerb bzw. Ausbau von empirisch-diagnostischer Kompetenz kann auf die in den entsprechenden Abschnitten dargestellte Literatur verwiesen werden.

Nicht behandelt wurde das Problem der *Gutachtenerstellung*. Hier kann ich zur Einführung in die damit verbundenen sozialwissenschaftlichen und ethischen Dimensionen auf einen sehr informativen Artikel von *Hartmann* und *Haubl* (1985) verweisen. Einen darüber hinausgehenden Überblick verschafft das von beiden Autoren herausgegebene Buch „Psychologische Begutachtung" (*Hartmann* und *Haubl* 1984), das gleichzeitig einen Überblick über die wichtigsten Praxisfelder gibt. Schließlich gibt es für alle wichtigen Bereiche jeweils Fachliteratur zu den jeweiligen institutionellen Anforderungen an ein Gutachten, auf die ich verweise.

9.6 Vertiefende und weiterführende Literatur

(E = zur Einführung geeignet)

ADORNO, T. W.: Soziologie und empirische Forschung. In: E. Topitsch (Hrsg.): Logik der Sozialwissenschaften. Köln: Kiepenheuer & Witsch 1965, 511–525

BERGER, E. und JANTZEN, W.: Zur Methodologie der Einzelfallstudie am Beispiel pubertärer Selbstschädigung. In: O. Sasse und N. Stoellger (Hrsg.): Offene Sonderpädagogik. Frankfurt/M.: P. Lang 1989, 379–398

DSM-III-R. Diagnostische Kriterien und Differentialdiagnosen des Diagnostischen und Statistischen Manuals Psychischer Störungen. Beltz: Weinheim 1989

GREENACRE, Phyllis: Rekonstruktionen. Psyche 30 (1976), 702–722

GRUBITZSCH, S.: Psychodiagnostik. In: G. Rexilius und S. Grubitzsch (Hrsg.): Psychologie. Theorien – Methoden – Arbeitsfelder. Ein Grundkurs. Reinbek: Rowohlt 1986, 283–311 (E)

GUTHKE, J. et al.: Psychodiagnostik – gesellschaftliche Anforderungen, Trends, methodologische Probleme und Strategien. Psychologie für die Praxis 1 (1983) 1, 54–65

GUTJAHR, W.: Die Messung psychischer Eigenschaften. Berlin/DDR: DVdW 1974

HARTMANN, H. A. und HAUBL, R. (Hrsg.): Psychologische Begutachtung. München: Urban & Schwarzenberg 1984 (E)

HARTMANN, H. A. und HAUBL, R.: Der Konflikt zwischen Auftrag und Gewissen. Psychologie heute (1985) 4, 61–66 (E)

HENNIGE, Ute et al.: Die Erfassung und Förderung der sensomotorischen Kompetenz geistig Schwerstbehinderter. Sickte: Neuerkeröder Anstalten 1988

HERZOG, G.: Krankheits-Urteile. Logik und Geschichte in der Psychiatrie. Wunstorf: Psychiatrie-Verlag 1981

JANTZEN, W.: Diagnostik im Interesse der Betroffenen oder Kontrolle von oben? In: Fachschaftsinitiative Sonderpädagogik Würzburg (Hrsg.): Diagnostik im Interesse der Betroffenen. Würzburg 1982, 10–51 (E)

JANTZEN, W.: Die Bedeutung der Syndromanalyse nach Luria für die biographische Forschung, dargestellt am Beispiel psychopathologischer Prozesse. In: G. Auernheimer et al. (Hrsg.): Studien zur Tätigkeitstheorie IV. Marburg: Inst. f. Erz.wiss. d. Universität 1988, 147–184 (E)

JÜTTEMANN, G.: Klinisch-psychologische Diagnostik in neuer Sicht. In: G. Jüttemann (Hrsg.): Neue Aspekte klinisch-psychologischer Diagnostik. Göttingen: Hogrefe 1984, 35–60

JÜTTEMANN, G.: Das Allgemeine am Individuellen als Fragestellung der Allgemeinen Psychologie. In: G. Jüttemann und H. Thomae (Hrsg.): Biographie und Psychologie. Berlin/West: Springer 1987, 73–96

KORNMANN, R.: Beratung und Begutachtung im Bereich der Verhaltensgestörtenpädagogik. Kurseinheit 1: Diagnostisches Vorgehen zur Ermittlung von Merkmalen und Bedingungen von Verhaltensstörungen. Hagen: Fernuniversität 1982 (E)

KORNMANN, R. et al. (Hrsg.): Förderdiagnostik. Heidelberg: Schindele 1983

KRUSE, F. O.: Interaktionsdiagnostik in der Familie. In: G. Jüttemann (Hrsg.): Neue Aspekte klinisch-psychologischer Diagnostik. Göttingen: Hogrefe 1984, 102–123

KUCKHERMANN, R. und WIGGER-KÖSTERS, Annegret: Von der Geschichte der Tätigkeit zu Geschichten der Persönlichkeit. In: Institut für Marxistische Studien und Forschungen (Hrsg.): Marxistische Persönlichkeitstheorie. IMSF-Jahrbuch Bd. 10, Frankfurt/M. 1986, 172–202 (E)

LIENERT, G. A.: Testaufbau und Testanalyse. Beltz: Weinheim 1969, 3. erg. Aufl.

LORENZ, A.: Psychodiagnostik in der Psychiatrie. Gießen: Achenbach 1974 (E)

LURIA, A. R. and ARTE'MEVA, E. Yu.: Two Approaches to an Evaluation of the Reliability of Psychological Investigations (Reliability of a Fact and Syndrome Analysis). Soviet Psychology 8 (1970) 3–4, 271–282; erneut in: M. Cole (Ed.): The Selected Writings of A. R. Luria. New York: Sharpe 1978, 282–293

MAY, J. G.: Nosology and Diagnosis. In: J. D. Noshpitz (Ed.): Basic Handbook of Child Psychiatry. Vol. 2: Disturbances in Development. New York: Basic Books 1979, 111–144

PROBST, H.: Strukturbezogene Diagnostik. In: H. Probst (Hrsg.): „Kritische Behindertenpädagogik in Theorie und Praxis". Solms-Oberbiel: Jarick 1979, 113–135

PROBST, H.: Testverfahren zur Diagnostik spezifischer Lernvoraussetzungen. In: R. S. Jäger u. a. (Hrsg.): Tests und Trends. Weinheim: Beltz 1983, Bd. 3, 77–105 (E)

REMSCHMIDT, H. und SCHMIDT, M.: Multiaxiales Klassifikationsschema für psychiatrische Erkrankungen im Kindes- und Jugendalter nach RUTTER, SHAFFER und STURGE. Bern: Huber 1977

SCHAARSCHMIDT, U.: Neue Inhalte und Methoden in der Diagnostik geistiger Leistungsfähigkeit. Psychologie für die Praxis 7 (1989) Ergänzungsheft, 87–101

SCHIEPEK, G.: Systemische Diagnostik in der Klinischen Psychologie. München: Psychologie Verlags Union 1986 (E)

SCHMID, R.: Intelligenz- und Leistungsmessung. Geschichte und Funktion psychologischer Tests. Frankfurt/M.: Campus 1977

SCHMIDT, H.: Methodik der Strukturanalyse – ein Beitrag zur Modellbildung in der Psychologie. Zeitschrift für Psychologie 196 (1988) 2, 129–149

SCHRÖDER, H.: Persönlichkeitspsychologie, Pathopsychologie und klinische Psychologie. In: H. Schröder (Hrsg.): Fortschritte der klinischen Persönlichkeitstheorie und klinischen Psychodiagnostik. Leipzig: Barth 1988, 29–37

SCHULTE, D. (Hrsg.): Diagnostik in der Verhaltenstherapie. München: Urban & Schwarzenberg 1976, 2. Aufl.

WITZLACK, G.: Grundlagen der Psychodiagnostik. Berlin/DDR: DVdW 1977 (E)

10 Basale Pädagogik und humanes Lernen

Der *Grundmangel aller bisherigen Pädagogik* als Erziehungspraxis, Erziehungslehre und Erziehungswissenschaft ist es, *Teile der Gattung Menschheit auszuschließen*. Wesentliche soziale und ideologische Zusammenhänge dieses Ausschlusses habe ich bereits erörtert (vgl. Kap. 1 und 2). Erziehungspraktisch wie -wissenschaftlich erfolgt er als Ausgliederung besonderer Institutionen (z.B. Sonderschulen) und besonderer Pädagogiken. Deren Allgemeines bleibt in der sog. Allgemeinen Pädagogik unbestimmt. Sie beschäftigt sich in der Regel nur mit Fragen der Erziehung und Bildung nichtbehinderter, nicht „defektiver" Kinder, Jugendlicher und Erwachsener. (Ich spreche im folgenden, um den zweifelhaften Begriff „Zögling" zu vermeiden, meist von Kindern, meine damit aber auch Jugendliche und Erwachsene, soweit sie als Subjekt Objekt pädagogischer Bemühungen sind.)

Bevor Sonderpädagogik überhaupt auf ihre Klientel trifft, ist diese bereits ideologisch und praktisch ausgesondert und enthistorisiert. In einer Praxis, der der soziale Ausschluß vorweggeht, hat es die Sonderpädagogik doppelt schwer, ihr *Allgemeines als umfassende menschliche Entwicklungsfähigkeit* denken und realisieren zu können. Zum einen müßte sie von der historisch gewordenen Erscheinung der behinderten Menschen, mit denen sie in Berührung kommt, abstrahieren. Sie müßte grundsätzlich aus der Perspektive der Entwicklungsfähigkeit dieser Menschen denken und in entsprechender Praxis die hierzu notwendigen Voraussetzungen schaffen. Zum anderen müßte sie ihre Teilhabe an der Praxis des sozialen Ausschlusses als Ausübung repressiver Gewalt gegenüber Wehrlosen begreifen, unabhängig davon, ob sie dies damit beabsichtigt oder nicht. Und sie hätte darüber hinaus praktisch und politisch die Aufhebung aussondernder Institutionen zu betreiben: Dies bedeutet sowohl Aufhebung besonderer Einrichtungen wie grundlegende Veränderungen der allgemeinen Einrichtungen, die diesem Ausschluß vorgängig sind, d.h. ihn organisieren. In dem historisch vorfindbaren Auseinanderfallen von Allgemeiner und Sonder-Pädagogik (Heilpädagogik, Behindertenpädagogik) ist allerdings das notwendige Begreifen der Einheit des Menschen in der Menschheit ebenso verloren gegangen, wie der Zusammenhang ihrer Werkzeuge und Mittel (vgl. *Séguin* 1912, sowie mit Bezug auf diesen *Feuser* 1989).

Die Denkweise einer *Allgemeinen Behindertenpädagogik*, die ich hier verfolge, bedeutet eine Negation der beiden Seiten dieses historischen Prozesses. Sie negiert die Gleichmacherei der Allgemeinen Pädagogik ebenso wie die Segregation durch die Sonderpädagogik, indem sie dagegen die Realisierung und Schaffung umfassender Entwicklungsfähigkeit aller, d.h. auch behinderter Menschen durch Individualisierung und Integration denkt. Indem sie die bisher biologisierten und psychologisierten Tatbestände von Behinderung in der dialektischen Vermittlung biotischer, psychischer und sozialer Prozesse neu begreift und ihr im Einzelfall eine Rehistorisierung gelingt, denkt sie sozusagen *„von unten" gegen das herrschende Schul- und Bildungssystem* im Sinne eines *utopischen Potentials*.

Es sind zum einen Basiselemente des Erziehungsprozesses schlechthin und damit auch der gemeinsamen Erziehung und Bildung behinderter Kinder zu bestimmen. In diesem Sinne spreche ich von *basaler Pädagogik* (vgl. *Feuser* 1984, S. 14ff.). Diese ist Allgemeine Pädagogik, da sie die grundlegenden Kategorien pädagogischen Handelns als Voraussetzung und Bedingung für Prozesse humanen Lernens behandelt. Sie unterscheidet sich von bisherigen Entwürfen Allgemeiner Pädagogik dadurch, daß sie auf der Basis einer allgemeinen Humanwissenschaft (im Sinne einer materialistischen Anthropologie; vgl. *Jantzen* 1989d, 1990a), wie sie in den bisherigen Ausführungen zu entwickeln versucht wurde, die von ihr bisher diskutierten *pädagogischen Grundkategorien genauer und im Zusammenhang* zu bestimmen versucht. Dialog, Kommunikation, Kooperation, kollektives Subjekt, sozialer Verkehr und dann erst Erziehung und Bildung u.a.m. sind deshalb Grundkategorien, da vor allem anderen Pädagogik das gemeinsame Handeln und den sozialen Austausch von mindestens zwei Menschen als Bedingung beinhaltet. In die Bestimmung dieser Grundkategorien gehen in den bisherigen Ausführungen entwickelte Kategorien ein wie z.B. gegenständliche und engagierte Tätigkeit, Sinn und Bedeutungen u.a.m.

Zum anderen sind institutionelle Zusammenhänge, insbesondere das Verhältnis von Erziehung und Unterricht zu untersuchen, um die allgemeinpädagogischen Überlegungen in konkret-historische Zusammenhänge zurückzuführen. Dies erfolgt in Kapitel 11, in dem zugleich einige weitere Dimensionen Allgemeiner Pädagogik näher bestimmt werden.

10.1 Dialog

In Kapitel 6 habe ich herausgearbeitet, daß Sinnbildungsprozesse sich auf gattungsnormale Umwelten im ökologischen Sinne, insbesondere aber auf andere Individuen der Gattung richten. Sie realisieren sich in der Form von Bindungen, die mit jedem neuen Abbildniveau eine neue Qualität erreichen. In Kapitel 7 wurden die Prozesse der Herausbildung von Bedeutungen als Informationskonstruktion begriffen, die aufgrund der (gerichteten) Interaktion des biologischen Systems mit den Wechselwirkungen an seiner Peripherie entstehen. Die Prozesse der strukturellen Koppelung an die Umwelt wurden als Prozesse der Phasenverstellung biologischer Uhren begriffen, die durch Interaktionen mit der Umwelt, insbesondere aber mit Individuen der eigenen Gattung erfolgen. Die subjektive Seite dieser Prozesse stellt sich bei ungerader Phaseneinstellung als Emotion, bei gerader Phaseneinstellung als Affekt dar. Diese emotional-affektiven Wertungen werden modifiziert durch die Verhaltensprogramme/Operationen, über die ein Subjekt verfügt und die ins Modell des Künftigen eingehen. Dieses selbst wird reguliert über die antizipierten bedürfnisrelevanten Aspekte des Objektbereichs in Form des Motivs und über die inhaltlichen Aspekte des Objektsbereichs, auf die sich Tätigkeits- und Handlungsziele ebenso wie Operationen und psychophysische Reaktionen beziehen.

Bei *Subjekt – Tätigkeit – Subjekt – Beziehungen* ist daher zu erwarten, daß die Austauschprozesse sowohl in bedürfnisrelevanter Hinsicht (Phasenkoppelung bzw. -verstellung) wie in inhaltlicher Hinsicht (Informationsaustausch) stattfinden. Wenn ich im folgenden von Informationsaustausch spreche, so ist dies jeweils im Sinne von Informationskonstruktion sowie von Bezug auf die physikalische Außenwelt und ihre Modifizierung durch Handlungen des Subjekts zu verstehen.

Diesen Doppelaspekt der strukturellen Koppelung und des Informationsaustauschs finden wir im dialektischen Zusammenhang von Dialog und Kooperation wieder, die sich über die kommunikative Tätigkeit im Rahmen des sozialen Verkehrs vermitteln.

Dialog ist nach dem Historischen Wörterbuch der Philosophie (*Ritter* und *Gründer* 1972) „ein Gespräch, das durch wechselseitige Mitteilung jeder Art zu einem interpersonalen ‚Zwischen‘, d.h. zu einem den Partnern gemeinsamen Sinnbestand führt" (S. 226).

Nachdem im Dualismus des *Descartes* die erkennende Substanz („ich denke, also bin ich") von der ausgedehnten Substanz (materielle Welt) getrennt ist, müssen Überlegungen erfolgen, wie sich beide im Psychischen miteinander vermitteln, eine Frage, die *Descartes* selbst bereits vergeblich zu lösen versucht hatte (vgl. *Wallon* 1987). Wie kann ich in einem fremden, von mir wahrgenommenen Körper einen anderen Menschen, d.h. ein anderes denkendes Ich erkennen? Legt man die Bewegung des Seelischen nicht wie im Occasionalismus (vgl. Bd. 1, S. 115ff.) in das göttliche Prinzip, das die Vermittlung zwischen dem Ich (erkennende Substanz) und dem Du (Hineinnahme der ausgedehnten Substanz in die psychischen Prozesse) realisiert, so kann man entweder von einem Analogieschluß vom eigenen auf ein anderes Ich ausgehen, oder von einem Dialog, in dem eine „Gleichursprünglichkeit beider Gewißheiten" *(Jacobi)* gegeben ist. *Feuerbach*, der die Religion als den verhimmelten Reflex auf irdische Verhältnisse identifiziert, Gott ist also der verallgemeinerte Mensch, setzt daher an dessen Stelle den Menschen. „Der Mensch für sich ist Mensch (im gewöhnlichen Sinn); Mensch mit Mensch die Einheit von Ich und Du – ist Gott" und, gegen *Hegel* gewendet: „Die wahre Dialektik ist kein Monolog des einsamen Denkers mit sich selbst, sie ist ein Dialog zwischen Ich und Du" (zit. nach *Ritter* und *Gründer*, 1972, S. 227).

Feuerbach überwindet nach *Marx* (MEW Erg. Bd. 1, S. 570) den Hegelschen Idealismus, indem er das gesellschaftliche Verhältnis „des Menschen zum Menschen" zum positiven Ausgangspunkt der Philosophie macht. Was *Marx* und *Engels* hieran kritisieren, ist nicht die Grundfassung dieses Verhältnisses, sondern seine Gleichsetzung mit Religion: „Der Idealismus besteht bei *Feuerbach* darin, daß er die auf gegenseitiger Neigung beruhenden Verhältnisse der Menschen zueinander, Geschlechtsliebe, Freundschaft, Mitleid, Aufopferung usw., nicht einfach als das gelten läßt, was sie ohne Rückerinnerung an eine, auch für ihn der Vergangenheit angehörige Religion aus sich selbst sind, sondern behauptet, sie kämen erst zu ihrer vollen Geltung, sobald man ihnen eine höhere Weihe gibt durch den Namen Religion" (*Engels*, MEW 21, S. 284). Diese Gefühle als Sinnlichkeit (praktische Sinne) sind Resultat der gesamten Weltgeschichte (*Marx*, MEW Erg. Bd. 1, S. 541f.).

Während der *Dialog* die *Herausbildung von gemeinsamen Sinninhalten* darstellt und *nach der Seite des Subjekts* sich durch *Gefühle wie Liebe, Freundschaft, Mitleid* u.a. ausdrückt, hat der Begriff Kommunikation in philosophischer Hinsicht eine klar hiervon unterschiedene Bedeutung.

Kooperation ist nach *Marx* (MEW 23, Kap. 11) die Form der planmäßigen Zusammenarbeit vieler. Die Übernahme dieses Begriffs in die Psychologie führt nach dem „Wörterbuch der Psychologie" (*Clauß* u.a. 1981, S. 339f.) zum Begriff der *sozialen Wechselwirkung*. „Darunter wird das wechselseitige Aufeinanderwirken mindestens zweier Individuen während irgendeines beliebigen Aktes einer Lebenstätigkeit, der innerhalb eines gemeisamen raumzeitlichen Bezugssystems stattfindet, begriffen. Wird dieses unter dem Aspekt des beobachtbaren ‚offenen‘ Verhaltens betrachtet, so erscheint dieser Prozeß als *Interaktion*, untersucht man ihn unter dem Aspekt des Informationsausstausches, so heißt er *Kommunikation*", und, so müßten wir hinzufügen, erscheint er unter dem Aspekt der *gemeinsamen produktbezogenen Tätigkeit* (innerhalb derer die Individuen interagieren und kommunizieren), so erscheint er als *Kooperation*. Im Unterschied zum Dialog, dessen Funktion die Sinnvermittlung ist, liegt die Funktion der Kooperation in der Vermittlung von Bedeutungen. Dies gilt über den Arbeitsprozeß hinaus für alle Formen gemeinsamer produktbezogener menschlicher Tätigkeit.

Kommunikation kennzeichnet als philosophische Kategorie nach *Ritter* und *Gründer* (1976, S. 894) das *Bedeutungsfeld: Mitteilung, Gewährung, Verbindung, Austausch, Verkehr, Umgang, Gemeinschaft*. Nach *Klaus* und *Buhr* (1985, S. 640) ist sie der *„Austausch von Nachrichten zwischen Menschen"*. Etymologisch bedeutet „kommunizieren" neben „mitteilen" auch „gemeinschaftliches Tun". Insofern ist Kommunikation auch *Vermittlung mit dem Gemeinwesen*. Diese Auffassung findet sich in existenzphilosophischer Sicht bei *Jaspers*. Kommunikation ist für ihn die geschichtliche, durch Mitteilung erwirkte „Gemeinschaft gegenseitigen bewußten Verständlichwerdens" (zit. nach *Ritter* und *Gründer* ebd.).

Vergleichbare Unterscheidungen von Dialog und Kommunikation finden sich in Linguistik und Literaturwissenschaft. Insbesondere im Werk *Bachtin*s, der in seiner Bedeutung für die marxistische Sprachwissenschaft mit *Wygotski*s Bedeutung für die Psychologie vergleichbar ist (vgl. *Wertsch* 1985, *Clark* und *Holquist* 1984), wird der Sinn- und Bedeutungsaspekt im Dialog unterschieden (vgl. z.B. *Bachtin* 1985). Die Kommunikation selbst wird nach *Vasil'eva* (1989) bei *Bachtin* als ein systembildender Faktor betrachtet. In der Äußerung im Dialog drückt sich nicht nur die *Objektwelt* aus, sondern auch die *Einstellung* (attitude). „Inhalt" und „Stimme" der Äußerung werden in vergleichbarer Weise unterschieden wie bei dem Schweizer Linguisten *Bally „Dictum"* und *„Modus"*. Dictum ist die Information über das Objekt, Modus die Einstellung des Subjekts zum Inhalt (bzw. zum Modus des anderen Subjekts). Der Modus (oder die Stimme) ist nach *Bally* die „Seele des Satzes". Nach *Bachtin* ist der *Dialog* (im engeren Sinne) ein *Alternieren zwischen Partnern auf gegenseitige modale Stimuli, d.h. zwischen Reaktionen auf subjektive Positionen*.

Auch *Lotman* (1989) unterscheidet den sinnhaften und bedeutungshaften Aspekt der Kommunikation, die gemeinsam den Kern von Semiosphären bilden (gesellschaftlichen Orten gleichen sprachlichen Signalgebrauchs, die sich von anderen abgrenzen [s.u.]). Er bringt diese Aspekte mit der Dominanz der beiden Hirnhemisphären in Verbindung.

Weitere Klarheit gewinnen wir, wenn wir *entwicklungspsychologische Arbeiten zur Entwicklung des Dialogs* aufgreifen. Hier hat insbesondere René *Spitz* zur Aufklärung der Sachverhalte beigetragen (1972, 1974, 1988).

Für *Spitz* (1972) ist der Dialog ein *Akt der Reziprozität*. „Es ist ein Dialog des Tuns und Reagierens, der in Form eines Kreisprozesses innerhalb der Dyade (Einheit von Mutter und Kind; W.J.) vor sich geht, als fortgesetzter, wechselseitig stimulierender Rückkopplungsstromkreis" (S. 255). In Aktion und Reaktion werden Gefühle unterschiedlichen Ausmaßes investiert. „Die Aktion kann mit einem Minimum von Emotion einhergehen; die Reaktion kann rein emotional sein, und umgekehrt" (S. 256). Wahrscheinlich ist es so, „daß mangelnde Rückkopplung das Hauptkriterium ist, an welchem das Kind das Belebte vom Unbelebten unterscheiden lernt" (ebd.). Als Grundlage der besonderen Bedeutung lebendiger Objekte nimmt Spitz verschiedene Faktoren an; er vermutet, daß „Befriedigung *und* Versagung, Libido *und* Aggression" daran beteiligt sind (S. 257). Der Dialog, der in den frühen Objektbeziehungen von Säuglingen beginnt, innerhalb derer etwa im Alter von 6 Monaten die Unterscheidung von Belebtem und Unbelebtem auftritt, ist für *Spitz* (1972, S. 263) die *Quelle* und der *Beginn* der *artspezifischen Anpassung.* „Der Dialog wirkt als Vektor der Entwicklung des Säuglings. Er beeinflußt deren Richtung und fördert die Anpassungsversuche und das psychische Wachstum" (*Spitz* 1974, S. 155).

Den Inhalt dieser Prozesse habe ich in Kapitel 6 bereits als Sinnbildung und Entwicklung von Bindung bestimmt. Die Reziprozität dieser Prozesse verdeutlicht *Spitz* (1988) am Ineinandergreifen der AAM bei Entenküken und Muttertieren. „Obwohl ihr Führungslaut vom Weinen des Entenkükens ganz verschieden ist, paßt er wie Schlüssel und Schloß zu dem Affekt des Kindes und der des Kindes zu ihrem. Die beiden Affekte greifen in einer beiderseitigen Interaktion ineinander ein" (S. 66). Bereits hier, aber erst recht auf stammesgeschichtlich höheren Entwicklungsniveaus, bewirken Dialoge über die emotionale Phasenkoppelung der Erbkoordinationen in ursprünglich durch AAM koordinierten Dialogsituationen, daß *Bedeutungen auf höherem Niveau synthetisiert* werden. Durch die positive emotionale Bekräftigung der einzelnen Handlungen und der durch den (erwachsenen) Dialogpartner vermittelten Gesamthandlung werden *vorher getrennte Handlungen aneinander gekoppelt*. Die entsprechend veränderte integrierende Funktion der Tätigkeit (Herausbildung des Modells des Künftigen als erwartetes Maß emotionaler Erfülltheit) führt dazu, daß dann auch die *emotionalen Bewertungen auf höherem Niveau* ansetzen. Durch reziproke Dialoge entstehen daher *Räume von Bestätigung, Vertrautheit und Sicherheit*, auf deren Grundlage *Neuigkeit* bewältigt werden kann.

Dialoge haben ihre *eigene Zeitdimension* (dies ist die Basis der Herausbildung kollektiver Subjektivität, s. u.). Sie realisieren sich in der Wechselwirkung von Rhythmus und Raumkoordination (*Spitz* 1974, S. 68) und beinhalten das Feedback des lebendigen Partners als Befriedigung (ebd., S. 69), d.h. sie sind synergetische Prozesse (vgl. Kap. 7).

Mit zunehmender Entwicklung schaffen sich Kinder selber solche Räume von Bestätigung, Vertrautheit und Sicherheit, indem sie sich im Unbelebten und im Reich der Phantasie imaginäre Partner schaffen. Insbesondere *Winnicott* (1976) hat derartige Prozesse als Schaffung von *„Übergangsobjekten"* beschrieben. Dies sind Gegenstände, die bei Alleinesein an die Stelle einer emotional positiv besetzten Person treten und damit Situationen des Alleineseins überbrückbar machen: der Daumen, an dem das Kind lutscht, die Schmusedecke, der Teddy u. ä. Insbesondere dienen diese Objekte der Überbrückung von Situationen, in denen Bestätigung und Vertrautheit verloren geht; dies ist bei Kindern vor allem der Übergang vom Wachsein zum Schlaf. Damit schafft sich das Kind selbst jenen *sinnstiftenden Zwischenraum*, der sonst durch den Dialog mit vertrauten Personen hergestellt wird (*Winnicott* 1984, S. 206).

Sicherheit als Basis der Bewältigung von Neuigkeit entsteht einerseits durch die *Abwesenheit von Angst*, andererseits durch den *Aufbau von Bindung* durch adäquate Erwiderung der ursprünglichen Kontaktsignale (*Grossmann* 1977a, S. 159.) Von Anfang an lernt ein Kind daher zwei Strategien. (1) Die Nichtbeantwortung oder nichtadäquate Beantwortung von Kontaktsignalen zu vermeiden bzw. unter pathologischen Bedingungen so zu antizipieren, daß es durch entsprechende Tätigkeiten und Handlungen seine Integration zu sichern vermag. (2) Sichere Bindung zu antizipieren und sie ggf. selbst durch entsprechende Kontaktstrategien im Dialog zu sichern, z.B. durch eindeutig liebevolle Begrüßung der Mutter nach kurzer Trennung. Dies bedeutet aber eine gefühlsmäßige Besetzung der Mutter als Ganzes, die den kurzfristigen Verlust durch die

Trennung nicht nur kompensiert, sondern die Rückkehr der Mutter nach der Trennung als emotional-befriedigend antizipiert. Unsichere Bindung dagegen führt zwar nach Rückkehr der Mutter nicht zur Dialogvermeidung, bewirkt aber doch, daß das Kind selbst nicht unmittelbar und auf höchstem Niveau dialogfähig ist. Eine Absicherung durch die Mutter nach der Trennung muß dann vorweggehen (Trösten), damit es wieder seine Tätigkeitskompetenz zurückgewinnt (vgl. *Grossmann* 1981).

Es ist jetzt möglich, auch die Kategorie Gefühl im Unterschied zu Affekt und Emotion (vgl. Bd. 1, Kap. 4) psychologisch genauer zu bestimmen. *Gefühle sind die mit der bedürfnisrelevanten Seite der Gegenstände der Tätigkeit verknüpften Antizipationen der emotionalen Erfülltheit.* Je vielseitiger ein Objekt (im Sinne eines psychischen Gegenstandes, insbesondere im Sinne eines anderen Subjekts) sich für ein Subjekt erschließt, je umfassender und je weniger gegensätzlich die Aspekte der ihm anhaftenden Bedürfnisrelevanz sind, desto umfassender und eindeutiger ist die *gefühlshafte Besetzung.* Je umfassender aber die gefühlshafte (positive oder negative) Besetzung eines Objekts ist (Liebe, Haß, Angst), desto weniger ändert die im je einzelnen Prozeß der Auseinandersetzung mit dem Objekt neu erfahrene emotionale Bewertung unmittelbar dieses Gefühl. *Leontjew* (1979) verdeutlicht den Unterschied der Kategorien Emotion, Affekt und Gefühl wie folgt: „Der junge *Rostow* befürchtet vor der Schlacht (und das ist eine Emotion), daß ihn die Angst überwältigen wird (ein Affekt). Eine Mutter kann mit einem ungezogenen Kind ernsthaft böse sein, ohne auch nur eine Minute lang aufzuhören, es zu lieben (ein Gefühl)" (S. 191).

In einer weiteren Arbeit untersucht *Spitz* (1974) die Bedingungen des *Mißlingens von Dialogen.* Er findet sie in ständig unterbrochenen Aktionszyklen vor ihrer Erledigung. „Die Schädigung beeinträchtigt die Anpassungsfähigkeit, die Fähigkeit, die Umwelt zu begreifen und zu meistern. Dies führt Schritt für Schritt in einem zunehmenden Maße zum Zusammenbruch der Kommunikation, des Dialogs" (S. 144). Entsprechend können an die Stelle von Dialogen *Pseudodialoge* treten als *„Austausch sinnloser Akte und falscher Reaktionen".* Am Beispiel von Überbevölkerungsexperimenten bei Ratten wird festgehalten: „Die Reaktionen werden nicht konsumiert. Kaum hat nämlich das Tier angefangen, auf einen Reiz zu reagieren, wird schon durch neuen Kontakt eine zweite Reaktion ausgelöst ... So kommt es zur Desorientierung" (S. 141). Ich denke, daß die Kategorie des Pseudodialogs geeignet ist, auch spezifisch menschliche Kommunikationssituationen zu analysieren: Seien es pathologische Familienstrukturen, die Überbehütung von Kindern durch ihre Eltern oder Dialogverweigerung aufgrund der Herausbildung von psychischen Abwehrmechanismen. Zu unterscheiden wären hiervon Situationen, die zwar an ihrer Oberfläche an Pseudodialoge erinnern, wie z.B. Partykommunikation, die aber von den genannten Situationen dadurch unterschieden sind, daß sie freiwillig und nicht dauerhaft eingegangen werden. Folglich ist hier eher von einer größeren sozialen Distanz zu Kommunikations-(und Dialog-)partnern zu sprechen als von Pseudodialog.

Innerhalb der *Pädagogik* findet die Kategorie des Dialogs zunehmende Beachtung. Dies steht sicher auch im Zusammenhang mit dem Scheitern der Amerikanisierung der Pädagogik in den 70er Jahren. Diese führte zu einer immer größeren Zerstückelung der Inhalte (Lernzielhierarchien, Lehrplanleisten, Leistungstests usw.). Pädagogik in dieser Form erwies sich als hilflos, den Problemen der Zeit angemessene Antworten zu geben.

Innerhalb der *Behindertenpädagogik* gibt der Bericht über die 24. Arbeitstagung der Dozenten für Sonderpädagogik, die dem Thema „Das Dialogische in der Heilpädagogik" gewidmet war, einen guten Einblick in die aktuelle Diskussion (*Iben* 1988).

Am präzisesten hat für mich *Reiser* (1988) einige Zusammenhänge des *Dialogs im pädagogischen Gruppenprozeß* beschrieben. In Abgrenzung von pädagogischen zu therapeutischen Prozessen bestimmt er die pädagogische Funktion des Dialogs: „Wo Übertragung war, soll Kontakt werden: Kontakt als die unmittelbare Erfahrung des eigenen und des anderen Selbst" (S. 34). Übertragung hingegen (vgl. *Freud* 1977, S. 33) würde die Projektion vergangener gefühlshafter Bindungen als Wiederholung in der aktuellen Situation bedeuten (gefühlshafte Verwechslung des Lehrers mit dem Vater, des Schülers mit dem eigenen Kind, dem Partner, den Eltern, anderer Schüler mit Vater, Mutter, Geschwistern usw; s.u. Kap. 12.4.2).

Damit aus einer Situation Dialog entstehen kann, sind *Grundbedingungen* zu realisieren:

1. Die reale Versorgung der Beteiligten muß sichergestellt sein. Dazu gehören sachliche Kontinuität der Einrichtung (Gruppe, Rahmen, Regeln) und die Versorgung durch persönliche Nähe und Zuwendung.
2. Für die Betreuer gehört dazu die Erfahrung, daß sie um ihrer selbst willen wahrgenommen und ernstgenommen werden und nicht nur als Funktionsträger. Dies ist möglich, wenn sie zugleich die notwendigen Bedingungen des „einfühlenden Verstehens der Beziehungsprozesse" erfüllen.
3. Der Prozeß, der zum Dialog führt, benötigt einen gemeinsamen Gegenstand, eine gemeinsame Tätigkeit, ein gemeinsames Thema (S. 35).

Dialog führen zu können bedeutet, den *Menschen als Gegenüber* zu sehen, d.h. ihn *als Objekt loslassen* zu können. „Das Loslassen-Können des Objekts geht einher mit der Entwicklung des Vertrauens in die eigene Fähigkeit, in der Welt bestehen zu können. Vertrauen ist auch Vertrauen in mich, das gute Objekt in mir bewahren zu können" (S. 37).

Die *Gruppe* ist hierbei über die Zweierbeziehung hinaus von doppelter Bedeutung:

1. Sie ermöglicht *Trauerarbeit*. D.h. „über die gegenseitige Identifikation hinaus wächst die Möglichkeit des Kontakts zum eigenen Schmerz und zum Erleben des anderen".
2. Sie trägt zur *Entfaltung des Ichs in der Welt* bei, „die sich stets an einem Sachinteresse entlang strukturiert. Die gemeinsame Tätigkeit in der Gruppe stärkt hier die vorwärtsgerichteten Kräfte des Ich, die ein Loslassen des realen oder imaginierten allversorgenden Objekts ermöglichen und auf die gemeinsame Lebensbewältigung gerichtet sind" (S. 39).

Reiser kennzeichnet damit die wesentliche Wirkung des Dialogs in der Gruppe in vergleichbarer Weise, wie ich dies mit Bezug auf *Grossmann* als Herausbildung von Bindung und Sicherheit hervorgehoben habe.

In seinem Verständnis von Dialog baut *Reiser* auf Martin *Buber* auf. Zugleich warnt er aber davor, „sich in wohlklingender Rede auf die Lücken oder Unklarheiten bei *Buber* zu stützen, die gesellschaftlichen Verhältnisse möglichst auszublenden, die materiell determinierten Störungen außer Acht zu lassen und ‚das Menschliche, die Beziehung' als die eigentliche Domäne der Erziehung gegen das Politische abzuheben" (S. 39).

Diese Warnung im Ohr, sollte es uns klar sein, daß wir bei der folgenden Darstellung der dialogischen Beziehung uns noch auf der *sozialpsychologischen Ebene* bewegen. Wir sind also von der psychischen Ebene des ganzheitlichen Menschens noch nicht wieder zur gesellschaftlichen Ebene zurückgekehrt. Um dort präzise denken zu können, müssen wir zunächst am Problem von Dialog, Kommunikation, Kooperation usw. allgemeine Voraussetzungen des Sozialen auf der psychischen Ebene klären.

Buber ist Schüler *Diltheys*, ist Jude und dem Chassidismus verpflichtet (Gott wird in dieser Auffassung nicht nur als Schöpfer der Welt betrachtet, sondern hat auch eine weltliche Gestalt). Er lehrt ab den 20er Jahren jüdische Religionswissenschaft und Ethik in Frankfurt, flüchtet 1938 nach Jerusalem, wo er 1965 stirbt. Als sein Hauptwerk wird das 1923 erschienene Buch „Ich und Du" betrachtet (*Buber* 1984). Philosophisch baut er auf *Feuerbach* auf und betrachtet „die Einheit des Menschen mit dem Menschen" als höchstes Prinzip. Ich stelle im folgenden seine wichtigsten Grundgedanken auf der Basis der Monographie von Jutta *Vierheilig* (1987) „Dialogik als Erziehungsprinzip" dar.

Für *Buber* ist das Dialogische die Entfaltung des Zwischenmenschlichen. *Der Mensch wird am Du zum Ich.* Dieses Verhältnis bezieht sich jedoch zugleich auf die Menschheit als Gattungswesen. „Nicht jeden einzelnen Menschen muß man lieben, sondern die Menschen an sich in ihrer allen gemeinsamen Eigenschaft als einmalige, einzigartige Wesen" (*Buber* nach *Vierheilig* 1987, S. 15).

Im Mittelpunkt von *Buber*s Auffassung steht die Kategorie der *Beziehung*. Es wäre interessant, dies in den Details mit der Konzeption des sowjetischen Psychologen *Mjassischtschew* zu vergleichen, der nach *Wassiljuk* (1987) neben der Tätigkeitstheorie *Leontjew*s und der Einstellungspsychologie *Usnadze*s das dritte große Paradigma sowjetischer Psychologie auf der Kategorie Beziehung aufgebaut hat. Leider ist das Werk von *Mjassischtschew* bisher weder auf Deutsch noch auf Englisch zugänglich. Nach *Buber* ist die Beziehung durch folgende Eigenschaften gekennzeichnet:

- *Authentizität.* Es geht darum, daß der in den Dialog eintretende Mensch dem anderen die Teilnahme an seinem Sein gewährt.
- *Gegenwärtigkeit.* Die Wirklichkeit des anderen ist nur im Augenblick der Beziehung erlebbar.
- *Gegenseitigkeit.* Beide Personen wirken an der jeweils anderen Person. Dies wird erst möglich, indem das grundsätzliche Anderssein des je anderen anerkannt wird. (Dies entspräche dem Prozeß der Rehistorisierung des anderen; vgl. Kap. 9). Die *Urdistanz des anderen* ist nach *Buber* der dialektische Gegenpol der Beziehung.
- *Ausschließlichkeit.* Im Augenblick der Begegnung existiert für die Beteiligten nur das jeweilige Du. Das Du „füllt den Himmelskreis", aber „nicht als ob nichts wäre als er (der andere Mensch als Du; W.J.): aber alles andere lebt in seinem Licht" (nach *Vierheilig*, S. 18).

Mit der Kategorie *Vergegenwärtigung* macht *Buber* deutlich, daß jede Beziehung zugleich von vorausgegangenen Komponenten bestimmt ist. Dies würde bedeuten, auch wenn ich den anderen nicht konkret historisch kenne, ihn mir aber als Mensch schlechthin vergegenwärtigen zu können. Erst dies schafft die Voraussetzung zur Beziehung und zum Dialog.

Die Betrachtungsweise des Dialogischen selbst ist das *Innewerden*, das man im Sinne von *Fromm*s (1976) Alternative des „Seins" statt des „Habens" als nicht einschränkendes Gewahrwerden des anderen verstehen kann. „Ein jeder aktualisiert die Kräfte des ihm

216

gegenüberstehenden Du ('Erschließung des Du') und bietet ihm in diesem Akt seine 'Hilfe zum Selbstwerden' an" (*Vierheilig* 1987, S. 19). Aus diesem Prozeß resultiert die *dialogische Verantwortung* als Verantwortung für diese Situation (also als wechselseitige Verantwortung für „wirkliche Antworten"). Neben der *„Du-Welt"*, die sich im Dialog erschließt, existiert die *„Es-Welt"*, als Welt der Gegenstände unter Gegenständen, in die nach Beendigung des Dialogs und dem Verlassen der Du-Welt zurückgefallen wird. Es ist die „erhabene Schwermut unseres Loses, daß jedes Du in unserer Welt zum Es werden muß" (nach ebd., S. 21). Der *Aktualität der Begegnung* steht die *Latenz* gegenüber. Der andere ist „mein Du nicht mehr und noch nicht wieder" (nach *Vierheilig*, S. 22).

Auch *Buber* unterscheidet wie *Mjassischtschew* (nach *Lomov* 1987, S. 374) verschiedene (wenn auch z.T. andere) *Sphären der Beziehung:* Beziehungen im Leben mit der Natur, im Leben mit den Menschen und mit den „geistigen Wesenheiten". *Vierheilig* (1987, S. 25) bemerkt hierzu: „Die angesprochene Geistsphäre meint allerdings nicht eine direkte Beziehung zu Gott, denn dessen Du ist in jedem anderen Du immer auch mitgegenwärtig; was sie stattdessen ausmacht, muß an dieser Stelle offen bleiben, da selbst *Buber* sie verbal nicht fassen kann". Hier trifft erneut *Engels* Kritik an *Feuerbach*: Warum diese allgemeine Beziehung als Liebe zur Menschheit, Glaube an das Gute im Sinne des Menschenmöglichen u.a.m. nicht an sich gelten könne, sondern noch die Form der Religion benötige? Auf dem Hintergrund dieser Auffassungen, die Leben als Wechselseitigkeit der Beziehungen zur Natur, zu den Menschen und zur „Geistsphäre" (also zum menschlichen Gattungswesen) begreift, wird *Erziehung* als ein Prozeß der Wechselseitigkeit (Mutualität) verstanden. *Erst im Erzieher wird die Welt „zum wahren Subjekt ihres Wirkens"* (*Buber* nach *Vierheilig*, S. 27). D.h. dieser vermittelt die Wechselseitigkeit, in der er sich zugleich selbst befindet, nicht durch „Eingriff", sondern durch *„Einwirkung"* (ebd., S. 28).

Erziehung bedeutet, eine Atmosphäre des Vertrauens zu schaffen, nicht aber Konfliktfreiheit. Dies ist deshalb nicht möglich, da *Buber* in vergleichbarer Weise zu den bei *Marx* und *Engels* beschriebenen Grundbedürfnissen (Bedürfnis nach Arbeit, Bedürfnis nach Einheit zur Gattung) zwei Grundtriebe unterscheidet: den *„Urhebertrieb"*, d.h. das Bedürfnis danach, „einen eigenen Anteil am Werden der Dinge zu haben" und den *„Trieb nach Verbundenheit"*, denn „nur am Du wächst und reift der Mensch" (ebd., S. 30).

Die Erfahrung der gemeinsamen Situation von der Gegenseite her (als Schaffung einer Situation des Vertrauens) nennt *Buber* Umfassung. „Während innerhalb der Freundschaft volle Mutualität (Wechselseitigkeit; W.J.) waltet, d.h. beide Partner sich selbst von ihrem Standpunkt wie dem Standpunkt des anderen empfinden, ist das Verhältnis zwischen Erzieher und Zögling durch die zwar konkrete, aber einseitige Umfassung gekennzeichnet" (*Vierheilig* 1987, S. 37). Der Lehrer erlebt diese einseitige Umfassung als Auslösung von etwas durch sein pädagogisches Handeln. Diese Erfahrung der Gegenseite (*Klafki* nennt dies die Erschließung des Schülers durch die Sache) ermöglicht die *Selbstentdeckung des Lehrers:* „Am Du des Schülers lernt er seine eigenen Grenzen und Unzulänglichkeiten kennen" (ebd., S. 38). Um Lehrer zu sein, ist er demnach auf ständige Entwicklung verwiesen. Dies ist ein Verständnis von Erziehung, wie es *Marx* in den „Thesen über Feuerbach" gegen diesen so formuliert hatte: „Die materialistische (d.h. *Feuerbach*s; W.J.) Lehre von der Veränderung der Umstände und der Erziehung vergißt, daß die Umstände von den Menschen verändert und der Erzieher selbst erzogen werden muß. Sie muß daher die Gesellschaft in zwei Teile – von denen der eine (die Erzieher bzw. die Philosophen; W.J.) über ihr (d.h. den zu Erziehenden bzw. dem Volk; W.J.) erhaben ist – sondieren. Das Zusammenfallen des Änderns der Umstände und der menschlichen

Tätigkeit oder Selbstveränderung kann nur als revolutionäre Praxis gefaßt und rationell verstanden werden" (MEW Bd. 3, S. 5f.).

Wie eine solche Selbsterziehung der Erzieher im Sinne der *buber*schen Auffassungen auszusehen hätte, läßt sich wiederum mit *Marx* verdeutlichen, wenn er am Ende des Abschnittes über das Geld in den „Ökonomisch-Philosophischen Manuskripten" positiv der durch das Geld gesetzten Entfremdung entgegenhält: „Setze den *Menschen* als *Menschen* und sein Verhältnis zur Welt als ein menschliches voraus, so kannst du Liebe nur gegen Liebe austauschen, Vertrauen nur gegen Vertrauen etc. Wenn du die Kunst genießen willst, mußt du ein künstlerisch gebildeter Mensch sein; wenn du Einfluß auf andere Menschen ausüben willst, mußt du ein wirklich anregend und fördernd auf andere Menschen wirkender Mensch sein. Jedes deiner Verhältnisse zum Menschen – und zur Natur – muß eine *bestimmte*, dem Gegenstand deines Willens entsprechende *Äußerung* deines *wirklichen individuellen* Lebens sein. Wenn du liebst, ohne Gegenliebe hervorzurufen, d.h. wenn dein Lieben als Lieben nicht die Gegenliebe produziert, wenn du durch deine *Lebensäußrung* als liebender Mensch dich nicht zum *geliebten Menschen* machst, so ist deine Liebe ohnmächtig, ein Unglück" (MEW Erg. Bd. 1, S. 567). *Buber* (1962) selbst formuliert dementsprechend: „Pädagogisch fruchtbar ist nicht die pädagogische Absicht, sondern die pädagogische Begegnung" (S. 62). Dies verlangt eine entsprechende Sublimierung des pädagogischen *Eros* auf seiten des Lehrers. Pädagogischer Eros ist nicht nur auf erotische Ambitionen im Sinne von Übertragung beschränkt (vgl. hierzu *Bernfeld* 1967). Er entsteht auch aus der Situation des Dialogs, als Wunsch vom Schüler, verstanden und bestätigt zu werden. Als solcher muß er nach *Buber* jeweils in *Askese* aufgehoben werden, damit sich der Lehrer allen Schülern widmen kann und nicht nur denen, zu denen er sich hingezogen fühlt (*Vierheilig* 1987, S. 43).

Eine derartige dialogische Situation als Umfassung seitens des Erziehers
– schafft Vertrauen und ermöglicht damit Vertrauen,
– gesteht dem Schüler Autonomie zu und schafft damit die Voraussetzungen zur Entwicklung seiner Autonomie,
– widerspiegelt dem Schüler seine Humanität als Achtung vor ihm und schafft damit die Voraussetzungen zur Realisierung der eigenen Würde, die sich freilich nur im humanen Umgang mit anderen realisieren kann.
Sie entwickelt im Sinne von *Wygotski*s Auffassung, daß alle höheren psychischen Funktionen zweifach existieren, die Dimensionen von Vertrauen, Respektierung der Würde, Respektierung der Autonomie zunächst intersubjektiv, damit sie dann intrasubjektiv werden können.

In einer solchen Situation wird es dem Schüler möglich, seine eigenen Anteile am Zustandekommen bzw. Nicht-Zustandekommen dieser Situation zu erkennen, d.h. „daß durch die Umfassungserfahrung und den Dialog zwischen Lehrer und Schüler eine Art ‚innerer Dialog' ausgelöst wird" (*Vierheilig* 1987, S. 38).

Psychologisch können wir den *Dialog* damit als *wechselseitige Sinnverschränkung* kennzeichnen. Ich erinnere an *Leontjew*s (1979) Aussage, daß der Sinn durch das Leben entsteht, er aber Bedeutungen braucht, um sich auszudrücken. Bin ich zum Dialog fähig im Sinne der Vergenständlichung jener Situation, die ich zu erreichen wünsche (Liebe, Vertrauen usw.), so schaffe ich, indem ich die Bedeutungen für eine(n) andere(n) so organisiere, daß sie (er) darin Sinn zu finden vermag, gleichzeitig die Voraussetzungen, daß sie (er) meinen realisierten Bedeutungsstrukturen durch ihre (seine) Antwort Sinn verleiht.

Gehe ich als Erzieher aber nicht nur von einer Vergegenwärtigung der Erfahrungen mit diesem Menschen als konkretem Menschen aus, sondern habe mir *Menschsein generell als sinnhaften und systemhaften Aufbau der psychischen Prozesse* angeeignet, so bin ich auch dann *handlungsfähig*, wenn der Dialog zunächst *nicht* erwidert wird. Ich bin dann in der Lage, indem ich dem anderen dieses Menschsein unter allen Umständen zugestehe, mich unter allen Umständen um humanes Handeln zu bemühen. D.h. weder Verhaltensstörungen noch mir zunächst scheinbar unverständliche Handlungen werden mich dazu verleiten, wider die Gebote der Vernunft zu handeln, um es mit *Spinoza*s „Ethik" (1987) zu sagen. Indem ich erkenne, daß alles „nach den ewigen Gesetzen und Regeln der Natur geschieht", werde ich aus dieser Perspektive nichts finden (weder Behinderung noch Verhaltensstörung), was „Haß, Spott oder Verachtung" verdient, sondern werde streben, „soweit die menschliche Tugend es vermag, gut zu handeln, wie man sagt, und fröhlich zu sein" (S. 262).

Eine solche Perspektive wird in unterschiedlichen Aspekten nicht nur in Ansätzen wie denen von *Séguin, Makarenko, Korczak* oder *Suchomlinski*, sondern insbesondere auch in der psychoanalytischen Pädagogik entwickelt. Ich verweise exemplarisch auf die von *Redl* und *Wineman* (1986a) herausgearbeiteten Strategien zur „Steuerung aggressiven Verhaltens beim Kinde", die genaugenommen *regulierende Prinzipien des eigenen Handelns* der Erzieher/innen darstellen. *Redl* und *Wineman* behandeln in ihrem Buch unterschiedliche „antiseptische" Eingriffsweisen in komplizierten Situationen, deren Ziel es ist, diese Situationen ohne Bestrafung und ohne Eskalation überwinden zu können. Beim Problem des notwendigen körperlichen Eingreifens, wenn die Gesundheit und das körperliche Wohlergehen der schwer verhaltensgestörten Kinder, mit denen sie arbeiteten, gefährdet waren, führen sie exemplarisch aus (vgl. auch *Redl* und *Wineman* 1986b):

„Der Erwachsene darf sich keine Gegenaggression leisten, auch kein Gramm mehr an Gegenkraft, als unbedingt notwendig ist, um das angestrebte Ziel zu erreichen. Er muß geduldig, freundlich und liebevoll bleiben. Er wird die Hiebe, die das Kind mit Händen und Zunge gegen ihn austeilt, weder mit Gegengewalt noch mit Tadel beantworten noch sich in diesem Stadium der Unbeherrschtheit des Kindes auf irgendwelche Argumente einlassen, die aus den Wahnvorstellungen des Kindes erwachsen könnten. ... Er wird die hinausgeschrieenen Anschuldigungen des Kindes ruhig beantworten: ‚Schon gut, mein Junge, alles ist in Ordnung, kein Grund zur Aufregung. Alles ist gut, sobald Du dich beruhigt hast. Du hast es gleich überstanden, reg dich nicht auf, es besteht kein Anlaß zur Beunruhigung – alles ist in Ordnung'" (*Redl/Wineman* 1986a., S. 85).

Einige Handlungsprinzipien höheren Allgemeinheitsgrades (ich gehe in Kap. 12.4.2 näher auf sie ein) habe ich selbst für therapeutische Intervention zu entwickeln versucht (*Jantzen* 1979, S. 134ff.). Eines dieser Prinzipien lautet z.B. „Radikale Parteinahme für den Klienten" und wird verdeutlicht mit *Makarenko*s Äußerung zum Kern seiner pädagogischen Erfahrungen (Werke Bd. 5, S. 155): „Möglichst hohe Forderungen an den Menschen und möglichst hohe Achtung vor ihm". Der *Sinn solcher Prinzipien* ist es, in komplizierten Situationen, in denen dem anderen Menschen ein Dialog nicht möglich ist, ja u. U. zugleich elementare Kommunikationsstrukturen zusammenbrechen, Handlungsrichtlinien zu haben. Diese ermöglichen es mir als Erzieher oder Therapeut, im Sinne der Aufrechterhaltung von Selbstkontrolle so zu handeln, daß die Voraussetzungen für die spätere Aufnahme eines Dialogs nicht zerstört werden bzw. erhalten bleiben bzw. entwickelt werden.

Gelingt es mir, eine derartige vernünftige Perspektive einzunehmen, so erlebe ich mich im inneren Dialog als sinnvoll handelnd, auch wenn im äußeren Dialog meine Bedeutungsangebote nicht immer als sinnstiftend aufgenommen werden. Warum diese Sinnstiftung nicht gelingt, hat allerdings jeweils Anlaß zu diagnostischer Reflexion und zur vertiefenden Rehistorisierung (Vergegenwärtigung) des anderen zu sein.

Auf verschiedene Aspekte des dialogischen Austauschs komme ich in den weiteren Ausführungen noch zurück. Zunächst ist jedoch die Kategorie Kooperation zu klären.

10.2 Kooperation und Kollektiv

Innerhalb der Behindertenpädagogik hat ebenso wie der Dialogbegriff auch der Kooperationsbegriff in den letzten Jahren zunehmend an Bedeutung gewonnen. Er steht ebenso in *Feusers* integrativer Pädagogik und Didaktik (1984, 1989; *Feuser* und *Meyer* 1987) im Mittelpunkt wie in der von *Schönberger*, *Jetter* und *Praschak* vertretenen Kooperativen Pädagogik (1987). *Schönberger* (1987) definiert dabei *Kooperation* wie folgt:

– *Jede Kooperation, also auch schon die sensomotorische, gründet in der gemeinsamen Lösung eines gleichen Problems.*
– *Sie ist als solidarisches Handeln gleichberechtigter und freier Partner die vollendetste Form menschlicher Lebenstätigkeit.*
– *„Diese kooperative Lebensform prägt ... die Lebenswelt nur insoweit, wie die gesellschaftlichen Machtverhältnisse Gleichberechtigung und Freiheit ermöglichen"* (S. 119).

Nicht überall in der Pädagogik wird dieser Begriff so verstanden. Im „Pädagogischen Wörterbuch" (*Laabs* u.a. 1987) wird Kooperation definiert als „arbeitsteiliges, durch Kommunikation zwischen den Lernenden vermitteltes und vom Lehrer geführtes *Zusammenwirken zum Erreichen von Unterrichtszielen"* (S. 211; Hervorhebung W.J.).

Wie kommt es, daß dieser Begriff von Autoren, die sich jeweils auf *Marx* zurückbeziehen, einerseits als zentrale Kategorie und damit Zweck menschlichen Lebens verstanden wird, andererseits aber als Herrschaftsverhältnis (denn nichts anderes ist die von *Laabs* u.a. vorgenommene Instrumentalisierung der Kooperation als bloßes Erziehungsmittel)?

Eine gründliche Auseinandersetzung mit der *Marx*schen Fassung des Kooperationsbegriffs zeigt, daß beide Ansätze zu kurz greifen. *Schönberger*, indem er das Individuelle als das Eigentliche gegen das Gesellschaftliche denkt, das „Pädagogische Wörterbuch", indem es die „freie Entwicklung eines jeden" *(Marx)* hinter den gesellschaftlich notwendigen pädagogischen Vermittlungsprozeß zurücktreten läßt.

Kooperation ist nach *Marx* (MEW 23, Kap. 11) *„die Form der Arbeit vieler, die in demselben Produktionsprozeß oder in verschiednen, aber zusammenhängenden Produktionsprozessen planmäßig neben- und miteinander arbeiten"* (S. 344). Sie ermöglicht es, daß ein Arbeitsgegenstand einen Raum in kürzerer Zeit durchläuft (z.B. Bausteine werden in einer Kette weitergegeben) bzw. daß an einem Arbeitsgegenstand vielseitig im Raum angegriffen wird (bei einem Hausbau). Sie ermöglicht die Verteilung komplizierter Arbeitsprozesse auf viele (mit unterschiedlichen Qualifikationen ausgestattete) Arbeiter

220

gleichzeitig und ermöglicht die Überwindung kritischer Momente im Sinne bestimmter Zeitabschnitte, innerhalb derer ein Produkt erstellt werden muß (z. B. rechtzeitiges Einbringen der Ernte) (S. 346f.).

Sie erreicht ihre *erhöhte Effektivität* zunächst dadurch, daß *im arbeitsteiligen Arbeitsprozeß der je andere Arbeiter als Arbeitsmittel gesetzt wird, das Arbeitsmittel (Werkzeuge) anwendet.* Über die so geschaffene neue „Kraftpotenz" der Kooperation durch die „Verschmelzung vieler Kräfte in eine Gesamtkraft" (S. 345) entstehen jedoch nicht nur *Subjekt-Objekt-Bezüge* zwischen den Arbeitern, sondern zugleich *Subjekt-Subjekt-Bezüge*, die die Effektivität der Arbeit erhöhen. Es „erzeugt bei den meisten produktiven Arbeiten der bloße gesellschaftliche Kontakt einen Wetteifer und eine eigne Erregung der Lebensgeister (animal spirits), welche die individuelle Leistungsfähigkeit der einzelnen erhöhen". Und der Text fährt fort: „Dies rührt daher, daß der Mensch, wenn nicht, wie Aristoteles meint, ein politisches, jedenfalls ein gesellschaftliches Tier ist" (S. 348f.). Die hiermit ins Spiel kommenden subjektiven Momente (Wetteifer, Bedürfnis des Menschen nach dem Menschen) verfolge ich z. T. weiter bei der Erörterung der Kategorie Kollektiv.

Die Gesamtheit dieser Momente macht die Überlegenheit der Kooperation aus. „Im planmäßigen Zusammenwirken mit anderen streift der Arbeiter seine individuellen Schranken ab und entwickelt sein Gattungsvermögen" (S. 349).

Nun bedarf aber jede gesellschaftliche oder gemeinschaftliche Arbeit in größerem Maßstab „mehr oder minder einer Direktion, welche die Harmonie der individuellen Tätigkeiten vermittelt und die allgemeinen Funktionen vollzieht, die aus der Bewegung des produktiven Gesamtkörpers im Unterschied von der Bewegung seiner selbständigen Organe entspringen. Ein einzelner Violinspieler dirigiert sich selbst, ein Orchester bedarf des Musikdirektors" (S. 350).

Diese *Leitungsfunktion* kann unter Bedingungen der Lohnarbeit gänzlich von der Kooperation der Arbeiter abgezogen werden. Sie erscheint als Leitungsverhältnis, das die Voraussetzung der Kombination ihrer Arbeit bildet, und tritt ihnen „ideell als Plan, praktisch als Autorität des Kapitalisten gegenüber, als Macht eines fremden Willens, der ihr Tun seinem Zweck unterwirft" (S. 351). Diese *Oberaufsicht*, die sich zur ausschließlichen Funktion festigt, ist nun ein *Herrschaftsverhältnis* geworden, das nicht mehr aus der Natur des gemeinschaftlichen Arbeitsprozesses entspringt, sondern durch den gesellschaftlichen Charakter dieses Prozesses bedingt ist. „Der Oberbefehl in der Industrie wird Attribut des Kapitals, wie zur Feudalzeit der Oberbefehl in Krieg und Gericht Attribut des Grundeigentums war" (S. 352).

In vergleichbarer Weise ist die im „Pädagogischen Wörterbuch" herausgestellte *Leitungsfunktion des Lehrers* im Unterricht von ihrer sachlichen Seite der je konkreten Vermittlung der Kooperation gelöst. Sie wird als Mittel der Erreichung von Unterrichtszielen betrachtet, an deren Realisierung der Wert der Arbeit des Lehrers geprüft wird; d. h., sie wird dem institutionellen Aspekt von Schule subsumiert. Denn, so *Bernfeld* (1967), „die Institution Schule ist nicht aus dem Zwecke des Unterrichts gedacht ... Sie entsteht aus dem wirtschaftlichen – ökonomischen, finanziellen Zustand, aus den politischen Tendenzen der Gesellschaft; aus den ideologischen und kulturellen Forderungen und Wertungen, die dem ökonomischen Zustand und seinen politischen Tendenzen entsprangen" (S. 27). Insofern muß es über *Schönberger*s Bestimmungen von Kooperation hinausgehend eine Grundfrage sein, wie die Leitungsfunktion wieder in die Kooperation selbst einbezogen werden und gegen die Herrschaftsfunktion von Schule und Unterricht entwickelt werden kann.

Wir halten fest: *Wesentliches Moment der Realisierung von Kooperation ist die Möglichkeit der Übernahme der Leitungsfunktion durch jeden Kooperierenden. Ist dies aus Gründen der entwickelten Arbeitsteilung nicht möglich, so muß im Sinne von umfassender Demokratisierung der Kooperation die Möglichkeit der Kontrolle dieser Funktion gegeben sein.* Dies ist im Verhältnis zwischen Pädagogen und Kind möglich, indem diesem selbst Verantwortung übertragen wird. Insbesondere *Praschak* (1989, S. 252ff.) hat dies für die Pädagogik pflegebedürftiger, schwerstbehinderter Menschen ausgezeichnet an Situationen der Mithilfe in der Pflege herausgearbeitet. So müssen bei der Entwicklung der Nahrungsaufnahme auf der Basis des Saugplanes (als unterstes Niveau sensomotorischer Kompetenz nach *Piaget*) einerseits Elemente einer humanen Kultur geschaffen werden: Schlucken lernen durch Essen; keine Verabreichung von Einheitsbrei; Speisen werden einzeln und nach individueller Vorliebe genossen; zum Essen wird etwas getrunken; die Essenssituation verlangt Zeit, Raum, Nähe und Konzentration; eine entspannte Grundhaltung ist abzusichern. Andererseits können erst in diesen Kontexten Austauschbeziehungen hervorgebracht werden, innerhalb derer subjektive Kompetenzen als solche entwickelt, angewendet und in ihren Wirkungen für den sozialen Austausch erfahren werden.

In diesem Zusammenhang ist auch die Konzeption der *Kooperation in der „Zone der nächsten Entwicklung"* neu und erweitert zu begreifen, die das Kernstück von *Wygotskis* Auffassung der pädagogischen Prozesse darstellt. Über das reale Entwicklungsniveau hinaus verfügt jedes Kind über eine Zone potentieller Leistungen/Fähigkeiten, die es alleine nicht, jedoch mit Hilfe anderer durch *Nachahmung* realisieren kann. Damit ist nicht nur die Nachahmung einer praktischen Tätigkeit gemeint. „Alles, was das Kind nicht selbständig auszuführen vermag, was es aber erlernen oder unter Anleitung beziehungsweise mit Hilfe hinführender Fragen ausführen kann, ist dem Gebiet der Nachahmung zuzuordnen" (*Wygotski* 1987, S. 83). „Was das Kind heute in Zusammenarbeit und unter Anleitung vollbringt," – so fährt *Wygotski* fort – „wird es morgen selbständig ausführen können" (ebd.). Inwieweit dies möglich ist, hängt von verschiedenen Bedingungen ab, auf die der Lehrer Einfluß nehmen kann. Werden dem Kind lediglich Mittel zur Aufgabenlösung zur Verfügung gestellt oder werden Möglichkeiten realisiert, in denen es sich selbst praktische und geistige Mittel der Lösung schaffen kann? Inwieweit werden Aufgaben einzeln oder unter Nutzung der Vorteile der Arbeitsteilung gemeinsam und kooperativ (z.B. im projektorientierten Unterricht) gelöst? Inwieweit knüpfen schulische Aufgaben an den bisherigen Erfahrungen der Schüler an? Inwieweit erfahren sie sinnbildende Unterstützung durch den Lehrer, indem Vertrauen in sie gesetzt und ihnen Verantwortung übertragen wird? Und inwieweit werden Voraussetzungen für Dialog und Kooperation zwischen den Schülern geschaffen?

Schließlich ist noch auf einen weiteren, bei *Schönberger* ebenfalls nicht erörterten Aspekt der Kooperation einzugehen, auf den *Feuser* aufmerksam macht. *Integration* bedeutet für *Feuser* (1984), *„daß alle Kinder an/mit einem gemeinsamen Gegenstand in Kooperation miteinander auf ihrem jeweiligen Entwicklungsniveau spielen und lernen"* (S. 18). Dies wird in einer späteren Publikation genauer bestimmt. „Der ‚gemeinsame Gegenstand' integrativer Pädagogik *ist nicht das materiell Faßbare*, das letztlich in der Hand des Schülers zum Lerngegenstand wird, *sondern der zentrale Prozeß*, der hinter den Dingen und beobachtbaren Erscheinungen steht und sie hervorbringt" (*Feuser* 1989, S. 32). Am Beispiel des gemeinsamen Kochens eines Gemüseeintopfes wird deutlich gemacht: „Die im Vorgang des Kochens durch die einwirkende Wärme entstehenden Veränderungen sind der gemeinsame Gegenstand des Unterrichts. Aber die Repräsentation und das Ziel dieses Unterrichts liegen für den einen Schüler auf der Ebene der sinnlich-konkreten Erfahrung dieses Vorgangs durch Wärmeausstrahlung, Isolierung, Düfte, Geräusche u.v.m., für den anderen auf der Ebene der mathematischen Bewältigung der physikalischen und chemischen Vorgänge oder der dazu bestehenden Theoriebildung", also der theoretischen Erfassung der vorher praktisch erfahrenen thermodynamischen Gesetzmäßigkeiten (ebd.).

In die Kooperation gehen folglich unterschiedliche inhaltliche Aspekte, d.h. *unterschiedliche Bedeutungsebenen und -aspekte eines gemeinsamen Gegenstandes als möglichem Produkt* ein. Die Gegenständlichkeit der realen Welt ist in ihrer sinnhaften und bedeutungshaften Erschließung jedem Kind je nach Entwicklung seiner Persönlichkeit in unterschiedlicher Weise gegeben. Erst durch die Kooperation kann es durch *Teilhabe an der Planung und Durchführung*, also im sozialen Austausch, in der Kommunikation, über den kooperativen Prozeß selbst seine *Fähigkeiten arbeitsteilig realisieren sowie weitere erwerben*. Der über seine Fähigkeiten hinausreichende kooperative Akt als Ausdruck des gemeinsamen Willens der Beteiligten organisiert produktbezogen einen überindividuellen subjektiven Prozeß, der von den Individuen entwickelt wird und zugleich diese entwickelt. Wir stoßen damit auf das Problem der *kollektiven Subjektivität*, deren elementare Form mit der Theorie des Kollektivs beschrieben werden kann. Dies sind in ihrem allgemeinen Aufbau vergleichbare Prozesse der Struktur- und Systembildung, wie sie auf der Stufe der Kooperation von Einzellern in der Quasimehrzelligkeit oder in der Kooperation von Zellpopulationen im ZNS beschrieben wurden (s.o.). Die Unterschiede liegen im Hierarchisierungsgrad der Tätigkeit und damit der für Menschen spezifischen Gesellschaftlichkeit der Tätigkeit (vgl. Kap. 5 zur Naturgeschichte des Psychischen).

Ein *Kollektiv* ist auf der Basis unserer Überlegungen zu Sinn und Bedeutungen bzw. auf allgemein-biotischem Niveau zu struktureller Koppelung (biorhythmische Phasenkoordination) und Informationskonstruktion eine *überindividuelle Einheit subjektiven Handelns, die durch Sinnbildung und Bedeutungsstiftung der Individuen entsteht sowie diese organisiert*. (Ein Kollektiv stellt synergetisch betrachtet einen „Ordner" dar.) Grundformen der Vermittlung von Individuen und Kollektiv sind Dialog und Kooperation. Damit entsteht ein funktionelles System höherer Art, in dem die Menschen „wie von einem Geiste gelenkt" handeln (so *Spinoza* im „Politischen Traktat" über den Staat, sofern und nur wenn dessen Tätigkeit gegenüber dem Volk den Gesetzen der Vernunft entspricht; 1988, S. 21). Auf die Pathologie dieser Prozesse, die dort entsteht, wo kollektive Subjektivität institutionell durch Mythosbildung und Gewalt, Angst vor Sinnverlust und schuldhafter Verstrickung durch Bedeutungsentfremdung erzwungen wird, gehe ich im nächsten Kapitel ein.

Für *Petrowski* (1983) unterscheidet sich das Kollektiv prinzipiell von der in der Sozialpsychologie vielfältig beschriebenen *diffusen Gruppe*. Diese wird gekennzeichnet durch die Gegensatzpaare Autonomie vs. Konformismus und Sympathie vs. Antipathie. Autonome werden als resistent gegenüber der Gruppe beschrieben, Konforme sind Träger des Gruppenprozesses. Durch Konformität wird gleichzeitig Sympathie erworben bzw. wahrgenommene Antipathie überwunden. Also würde Erziehung zur Gruppenfähigkeit nach diesen Auffassungen zur Konformität und zum Abbau von Autonomie führen. Deutlich hiervon unterschieden sind jedoch, dies arbeitet *Petrowski* auf der Basis umfassenden empirischen Materials heraus, *Gemeinschaften und Kollektive*. Dort gelten die für diffuse Gruppen benannten Gesetzmäßigkeiten nicht.

Neue Gesetzmäßigkeiten sind hier:

(1) Die *kollektive Selbstbestimmung*. Die Mitglieder argumentieren aufgrund gemeinsamer Wertvorstellungen auch gegen Gruppendruck. Entscheidend hierfür ist „die bewußte Solidarität der Persönlichkeit mit den Wertungen und Aufgaben des Kollektivs als einer Gemeinschaft, die vereint ist durch die über den Rahmen der gegebenen Gruppe hinausgehenden ... Ziele und Ideale" (S. 55).
(2) Die *Gruppeneinheitlichkeit in der Wertorientierung* (S. 60f.) und
(3) die *wirksame emotionale Identifikation mit der Gruppe* (S. 61).

In seiner stratometrischen Theorie des Kollektivs unterscheidet *Petrowski* drei Straten, d.h. Ebenen der Entwicklung: Zunächst existiert eine *diffuse Gruppe*, auf deren Basis eine *Gemeinschaft* entsteht, in der Beziehungen und Formen des Zusammenlebens durch die gemeinsame Tätigkeit vermittelt werden. Eine noch tiefere, *kernbildende Ebene des Kollektivs* stellt dann schließlich die durch die konkrete zielgerichtete Tätigkeit der Gruppe bestimmte Charakteristik der Gruppenaktivität dar (S. 71). Diese ergibt sich ersichtlich aus der *Dialektik zwischen den befriedigenden inneren Beziehungen* (emotionale Charakteristika, adäquater Beitrag zum gemeinsamen Produkt) *und den äußeren Bedingungen*, die durch die kollektive Tätigkeit motivgeleitet und gegenstandsadäquat verändert werden (S. 99–108). Die gegenständliche Tätigkeit des Kollektivs hat folglich *produktive wie reproduktive Aspekte*, d.h. sie kann oszillieren zwischen dem Pol der inneren Reproduktion der Kollektivität und dem Pol des Produkts der Kooperation, das als Ziel der gemeinsamen Tätigkeit hervorgebracht werden soll.

Insofern hat das Kollektiv nicht nur die Funktion, die Vorteile der Kooperation in besonderer Weise nutzen zu können und damit auch die Fähigkeiten der Mitglieder zu entwickeln (Bildungsfunktion). Es organisiert zugleich seine eigene innere Kohärenz in Form der Einflußnahme auf die Aufrechterhaltung bzw. notwendige Veränderung der gemeinsamen Werte durch die Mitglieder und der zuverlässigen Realisierung der Verwirklichung der je neu bestimmten Ziele (Erziehungsfunktion).

Diese Aspekte treten deutlich hervor in den von *Makarenko* und *Suchomlinski* geleisteten Beiträgen zur Theorie des Kollektivs, mit denen wir eine weitere Ebene der Konkretisierung der Kategorien einer basalen, allgemeinen Pädagogik beschreiten.

Makarenko definiert das Kollektiv wie folgt:

„Das Kollektiv ist ein zielbewußter Komplex von Individuen, die sich organisiert haben und Organe des Kollektivs besitzen. Dort, wo es eine Organisation des Kollektivs gibt, dort gibt es auch Organe des Kollektivs, dort gibt es eine Organisation bevollmächtigter Personen, Beauftragter des Kollektivs, und die Beziehungen von Kamerad zu Kamerad sind nicht solche der Freundschaft oder der Liebe oder der Nachbarschaft, sondern stellen eine verantwortungsvolle gegenseitige Abhängigkeit dar" (aus Makarenko Werke Bd. 5 1974, S. 220).

Diese verantwortungsvolle gegenseitige Abhängigkeit setzt als Gefühlsgrundlage die *Gruppensolidarität* voraus (*Kon* 1979, S. 8). Soweit die Organisationsform des Kollektivs in der Erziehung bereits bereits systematisch genutzt und beschrieben wird, spielen darüber hinaus dialogische Situationen zwischen dem Pädagogen und den Kollektivmitgliedern eine bedeutende Rolle für die Entwicklung der Fähigkeit zur Selbsterziehung.

224

Zwei Momente stehen in *Makarenko*s Auffassung zur Bedeutung des Kollektivs für die Erziehung im Vordergrund.

Das eine ist die Erziehung der Jugendlichen zur *Aktivität und Verantwortung* sowohl in der Arbeit wie in der Selbstverwaltung (vgl. *Sauermann* 1987, S. 112f.). Im Rahmen dieser Erziehung ergibt sich die Entwicklung von der bloßen Einordnung in das Kollektiv (*Makarenko* erzog in den 20er Jahren in der Sowjetunion auf der Straße aufgefundene, verwahrloste Jugendliche in einer großen Erziehungskolonie) bis hin „zur freien Forderung des Kollektivs und des einzelnen an sich selbst" (Bd. 5, S. 159). Dies führte nach einigen Jahren hin zur Fähigkeit jedes Kollektivmitglieds, ein Kollektiv leiten zu können (ebd., S. 269).

Das zweite Moment wird als *„Stil und Ton des Kollektivs"* (*Sauermann* 1987, S. 115) beschrieben, d.h. als bestimmte Seiten der Kultur, Ästhetik und Ethik des Kollektivs. „Eine besondere Rolle spielen dabei die Schönheit und das Glück im Kollektiv und durch das Kollektiv" (ebd.). Das wichtigste Merkmal für Stil und Ton des Kollektivs liegt in der Betonung und Durchsetzung des Gefühls der *Würde und Selbstachtung* aller Beteiligten. Dies geht einher mit der Entwicklung von *Orientierungsvermögen*. Dieses Orientierungsvermögen zielt auf die Realisierung humaner innerer Beziehungen des Kollektivs wie seiner Beziehungen zur Welt. Entsprechend führt *Makarenko* aus: „Kein Zögling, sei er auch noch so klein und schwach oder sei er ein Neuling im Kollektiv, soll sich isoliert und schutzlos fühlen. Niemand hat das Recht und nicht einmal die Möglichkeit, ein schwächeres Mitglied des Kollektivs ungestraft zu verhöhnen, zu tyrannisieren oder ihm Gewalt anzutun – das muß ein strenges Gesetz des Kollektivs sein" (Bd. 5, S. 88f.).

Die innere Seite der Tätigkeit des Kollektivs als Subjekt (sein Inhalt, sein Wesen) wird durch seine *Organisiertheit* (Leitungsfunktionen, demokratische Kontrolle, Regeln usw.) und ein *„System von Perspektiven"* realisiert, als dessen Hauptmerkmal *Makarenko* nicht materielle Anreize sieht, sondern „die Freude auf morgen" (Bd. 1, S. 602). Ein System solcher Perspektiven muß von nahen Perspektiven (warme Zimmer, ausreichendes Essen, Schutz vor Willkür usw.) über mittlere Perspektiven (z.B. Gestaltung eines Lagers in den Sommerferien) bis hin zu weiten Perspektiven reichen (z.B. Zukunft des eigenen Landes und seine Fortentwicklung) (Bd. 5, S. 78–86). *Auernheimer* (1979, S. 197) bestimmt unter Aufgreifen dieser Gedanken die Kategorie *Bildung* als Gewinnung von Identität „durch ein bewußtes und definiertes Verhältnis des Menschen zum eigenen Selbst, zur eigenen Klasse und zur Gesellschaft als ganzer unter der Perspektive ihrer Entwicklung in Richtung gleicher Mitwirkungs- und Entfaltungsmöglichkeiten für alle".

Entsprechend zielt *Makarenko*s Begriff von *Disziplin* nicht auf eine bloß formale Unterordnung, die er als „Ordnung" im Sinne ihrer Durchsetzung durch Disziplinarmaßnahmen ablehnt, sondern auf die Realisierung von Würde und Verantwortung im Sinne von humanem Handeln auf den verschiedenen Ebenen dieser Perspektiven (vgl. Bd. 4, S. 386).

Da die Wahrheit immer konkret ist, kann humanes Handeln später letztlich nur erfolgen, wenn es im Erziehungsprozeß und insbesondere im Kollektiv erfahren und realisiert wurde und wird. Dieser Gedanke steht im Kernpunkt von *Suchomlinski*s Pädagogik. Er leitete von Ende der 40er bis zu Beginn der 70er Jahre eine Schule in der Ukraine und hat in zahlreichen Publikationen das m.E. entwickeltste System marxistischer Pädagogik in Theorie und Praxis ausgearbeitet. (In deutscher Übersetzung liegen vor *Suchomlinski* 1962, 1963, 1974, 1977, 1979, 1982.)

In Kritik an jeder Art von „Kommandeurspädagogik" geht *Suchomlinski* (1963, S. 111) davon aus, daß „nicht die Unterordnung unter den persönlichen Willen des Leiters, sondern die Treue zu einer Idee ... den Menschen zu innerer Disziplin, geistiger Beharrlichkeit und Konsequenz im Kampf gegen Schwierigkeiten" erzieht. Diese Idee, die *Suchomlinski* im Sinne der Humanitätsforderung des *Marx*schen kategorischen Imperativs sieht (s. o., Kap. 1), muß in der Tätigkeit des Kollektivs selbst, in seinen inneren wie äußeren Beziehungen zum Ausdruck kommen. Das Kollektiv bildet seiner Auffassung nach (1979, S. 14ff.) eine *organisatorische und moralische Einheit*. Die Tätigkeit des Kollektivs ist ein „Eckpfeiler", der alleine aber nicht ausreicht. *Die Hauptkraft, die die Menschen im Kollektiv vereint, ist „die Sorge des Menschen um den Menschen, die Verantwortung des einen für den anderen, die Verantwortung des einzelnen gegenüber dem Kollektiv, gegenüber der Gesellschaft"* (S. 15). Mitgefühl mit allem Lebendigen, Verantwortung für alles, was lebt, Verabscheuung des Bösen, Sorge um das Gute und Schöne im Sinne des Humanen, Entwicklung eines Gefühls der Verantwortung: „So darf es nicht bleiben" und aktives Eingreifen, damit die Welt besser wird, dies sind Grundgedanken von *Suchomlinski*s pädagogischer Konzeption, die polytechnische und wissenschaftliche, moralische und ästhetische Erziehung und Bildung umfassend verbindet.

Entsprechend ist es die *Aufgabe der Kollektiverziehung*, „die zwischenmenschlichen Beziehungen so zu gestalten, daß die Persönlichkeit bereichert und in ihrer moralischen Schönheit bestärkt wird, daß der Mensch beim Umgang mit anderen Freude empfindet und den unwiderstehlichen Wunsch verspürt, mit anderen Menschen zusammen zu sein" (1979, S. 54). Diesen Prozeß zu unterstützen verlangt Behutsamkeit, Takt und pädagogische Kultur des Erziehers, der bei der Behandlung von Mängeln und Schwächen des Einzelnen im Kollektiv *niemals die Würde des einzelnen verletzen* darf (S. 30). Notwendig ist eine harmonische Einheit von ideologischem, intellektuellem, moralischem, ästhetischem und emotionalem Leben des Schulkollektivs, für welche die wesentliche Voraussetzung die *„Herrschaft des Denkens"* ist, ohne die von einem Kollektiv nicht gesprochen werden kann.

*Suchomlinski*s Bestimmung des Kollektivs beinhaltet eine im Vergleich zu *Makarenko* vertiefte *Vermittlung des Dialogischen mit dem Aspekt der Kooperation*. Dies wird besonders deutlich in dem Kernkapitel seines Buches „Die weise Macht des Kollektivs" (1979), das insgesamt zehn *Aspekte der Herausbildung des erzieherischen Einflusses des Kollektivs auf die Persönlichkeit* behandelt, von denen ich die ersten acht in Kürze skizzieren will. Dabei greifen diese Erörterungen bereits wesentlich über die Darstellung dieser Kategorie hinaus, da sie ihren Einbau in ein System basaler Pädagogik insgesamt skizzieren.

1. Als wesentliche Grundlage der *Sozialisierung der Persönlichkeit* muß das Kind für emotionale Einwirkungen zugänglich sein bzw. bleiben. Folglich muß das Kollektiv Möglichkeiten für das Kind schaffen, sich gut zu verhalten. Es muß ihm dazu verhelfen, so viele Taten wie möglich zu vollbringen, „die dem Streben nach moralischer Schönheit und dem Wunsch entspringen, den Menschen Gutes zu tun" (S. 54). Dabei ist davon auszugehen, daß moralische Disziplin über Furcht nicht aufgebaut werden kann. „Furcht gleicht Stricken, mit denen man nicht nur den Willen, sondern auch das Denken der Schüler fesselt" (S. 52).

2. Es ist Aufgabe der Kollektiverziehung, die *zwischenmenschlichen Beziehungen* so zu gestalten, daß „der Mensch beim Umgang mit anderen Freude empfindet und den unwiderstehlichen Wunsch verspürt, mit anderen Menschen zusammen zu sein" (S. 54). Hierbei kann nicht erwartet werden, daß sich diese Anregungen sofort im Tun der

Persönlichkeit niederschlagen (S. 62). Der erzieherische Wert dieser Freude liegt darin, daß Schüler daran gewöhnt werden, ihre Gedanken in das Kollektiv einzubringen und selbst Anregungen durch das Kollektiv zu erhalten (S. 56).

3. *Emotionaler Reichtum im Leben des Kollektivs* hat notwendig die Fähigkeit des Pädagogen zur Voraussetzung, „feinfühlig auf die seelischen Zustände der Schüler zu reagieren" (S. 64). Widerspenstigkeit und Eigenwillen der Schüler sind besser als stumme Unterwürfigkeit und Willenlosigkeit. Zwang führt zur psychischen Verkrüppelung (S. 68). Eine große Gefahr besteht darin, wenn Schüler immer nur die Gebote des Lehrers ausführen wollen. Je öfter es dem Lehrer gelingt, das Kollektiv zur Ausführungen von Tätigkeiten anzuregen, die „durch edle Gefühle stimuliert sind, desto reicher an Emotionen wird es, desto fester und zuverlässiger werden die ideellen Bindungen zwischen den Kollektivmitgliedern" (S. 63).

4. Das *geistige Leben des Kollektivs und der Persönlichkeit* kann nur gestärkt werden, wenn der Schüler täglich, in jeder Unterrichtsstunde etwas durch eigene Anstrengung erreicht (S. 85). „Denken zu können, bedeutet die Welt und die eigene Stellung in ihr klar und differenziert zu erkennen, zu verstehen und zu empfinden" (S. 74). Entsprechend muß der Entwicklung der Einstellung der Schüler zur Bildung einer eigenen Meinung sowie der Rolle des selbständigen und schöpferischen Denkens im Leben des Kollektivs und der Einzelpersönlichkeit besondere Bedeutung zukommen (S. 73).

5. Von besonderer Bedeutung ist das *Arbeitsleben des Kollektivs*, wobei es für *Suchomlinski* (vgl. insb. 1962) wesentlicher Aspekt der Arbeit ist, den Arbeitsprozeß geistig zu durchdringen. Gleichzeitig ist es aber die konkrete Arbeit (im Schulgarten, im polytechnischen Unterricht, in der Übernahme von Pflichten in der Nachbarschaft usw.), in der sich die Verantwortung für andere Menschen realisiert, die Würde verleiht und das moralische Recht gibt, über andere zu urteilen (1979, S. 88).

6. Für die *Entwicklung des Schöpfertums im Kollektiv* wird für die jüngeren Kinder die *Rolle der Märchen* hervorgehoben. „Armut der Sprache ist Ausdruck von Armut im Denken; Armut im Denken aber führt zu moralischer, intellektueller, emotionaler und ästhetischer Unempfindlichkeit" (S. 100). Hier können Märchen bei jüngeren Kindern, die diese besonders gerne im Kollektiv hören, eine wichtige Funktion erfüllen. „Je mehr das Kind über Unverständliches staunt, desto aktiver denkt es, desto wißbegieriger ist es. Das Staunen über Unklares, Unverständliches, besonders jedoch über Unwahrscheinliches und Phantastisches ist für das Kind deshalb so anziehend, weil es seine Begeisterung den Freunden zeigen und seine Eindrücke, Gefühle und Gedanken mit ihnen teilen will" (S. 108).

7. Von besonderer Bedeutung ist die „*Entwicklung von Freude und Güte, Kraft und Gewissen*". Gemeint ist jene Freude, „die im Leben, in unserem Umgang mit anderen aus Menschlichkeit, Herzlichkeit, Behutsamkeit und Sorge entspringt" (S. 113). „Gewissen, Ehrgefühl, Würde und die Fähigkeit, das Menschliche zu achten, müssen dem Kind von klein an anerzogen werden" (S. 120). Durch die Verantwortung in der Pflege von Lebendigem (Pflanzen, Tiere) im Zusammenhang des Kollektivs erwirbt das Kind die Fähigkeit, „etwas, das ihm teuer ist, in sein Herz zu schließen" (S. 121), und andere daran teilnehmen zu lassen. Es findet in diesem Sinn als eine Erziehung zur Begegnung (Buber) statt.

8. Bei den heranwachsenden Jugendlichen ist die Erziehung zu *idealen Vorstellungen von der Schönheit des Verhaltens* und die *Entwicklung der Selbsteinschätzung* von großer Bedeutung. D.h. es findet zunehmend eine Verlagerung der vorher angeeigneten Fähigkeiten und Haltungen in die innere Position statt. Besondere Bedeutung kommt in

227

diesem Übergang der Literatur zu. Darüber hinaus wird angestrebt, daß jeder Schüler verantwortlich in die Erziehungsarbeit jüngerer Schüler mit einbezogen wird (S. 126).

Aus diesen Überlegungen heraus ergibt sich als Kern einer optimalen Gestaltung kollektiver Beziehungen die Schaffung eines hohen Maßes an *wechselseitiger Verantwortung zwischen Persönlichkeit und Kollektiv*. Unter kooperativem Aspekt ist dabei die Übernahme der *Leitungsfunktion* sowohl für die Entwicklung von Kompetenz wie von Selbstachtung und von Verantwortlichkeit von besonderer Bedeutung. Diese bahnt sich an, indem das Kollektiv als Ganzes Verantwortung gegenüber dem einzelnen übernimmt, d.h. die Quellen des Mißlingens der Tätigkeit des einzelnen jeweils auch im Kollektiv selber gesucht werden. Leitungsfunktionen für ein Kollektiv zu übernehmen beinhaltet folglich die Realisierung sowohl des produktiven wie des reproduktiven Aspektes der kollektiven Tätigkeit. Dies verlangt auch, dialogische Fähigkeiten zur Begegnung mit anderen zu entwickeln. Hier wie überall ist von einer Zone der nächsten Entwicklung auszugehen, innerhalb derer die Schüler dies noch nicht allein, jedoch mit Unterstützung anderer bzw. des Lehrers können.

Dabei sind die bisher in diesem Buch entwickelten Kategorien mitzudenken. Übernahme von Verantwortung in der Dialektik von Persönlichkeit und Kollektiv kann jeweils nur entsprechend dem je realisierten Abbild- und Tätigkeitsniveau erfolgen und hat der spezifischen Entwicklung der Persönlichkeit Rechnung zu tragen. Dabei muß die Organisation der Tätigkeit jeweils auf höchstem Niveau erfolgen. Auf einige weitere Aspekte dieses Gedankens gehe ich bei der Behandlung der Kategorien Bildung und Erziehung ein.

10.3 Kommunikation und sozialer Verkehr

Kommunikation hatte ich oben definiert als (1) Austausch von Nachrichten und (2) Vermittlung mit dem Gemeinwesen. Im Sinne der Definition bei *Ritter* und *Gründer* (1976, S. 894) – als Bedeutungsfeld: Mitteilung, Gewährung, Verbindung, Austausch, Verkehr, Umgang, Gemeinschaft – ist Kommunikation eine Tätigkeitsform, in der die Vermittlung von Sinn und Bedeutungen zwischen Subjekten erfolgt. D.h. sie ist die *vermittelnde Einheit von Dialog und Kooperation*.

Innerartlicher *sozialer Verkehr*, in dem sich Kommunikation als Austausch zwischen Individuen vollzieht, beinhaltet auf tierischem Niveau Subjekt-Subjekt-Interaktionen in der sexuellen Reproduktion, in der Aufzucht der Jungen, im Zusammenleben tierischer Gemeinschaften, in der Abgrenzung eigener Reviere oder u.U. auch in der zielbezogenen gemeinsamen Tätigkeit bei der Jagd. Auf menschlichem Niveau ist der innerartliche soziale Verkehr gänzlich durch das historisch entstandene System gesellschaftlicher Verhältnisse in Produktion und Reproduktion bestimmt, d.h. er erfolgt über die Tätigkeit des gesellschaftlichen Gesamtarbeiters vermittelt.

Tierische Tätigkeit wird von *Tembrock* (1975, S. 23) als Verhalten in Raum-Zeit-Systemen verstanden, die durch Beharrungstendenzen, Ausweichtendenzen und Annäherungstendenzen strukturiert sind. *Biokommunikation* bezieht sich auf wechselseitige Regulierung von Distanz (Beharren, Ausweichen oder Annähern) zwischen Individuen oder die Orientierung an der von anderen Subjekten vorgenommenen oder angekündigten Regulierung der Distanz zu dritten Objekten oder Subjekten. D.h. bestimmten Ausdrucksformen von Individuen sind in der Kontaktkommunikation (Körperkontakt) bzw. der Telekommunikation (im Nahfeld oder Distanzfeld) bestimmte Bedeutungen zugeordnet. Sie haben Signalfunktion (vererbt oder erworben) für andere Individuen der Gattung. Durch strukturelle Koppelung (biorhythmische Synchronisation affektiv/emotionaler Wertungen) und Informationsvermittlung in der Population hat die Tierkommunikation in Populationen eine für die Selektion stabilisierende Rolle (vgl. *Tembrock* 1982, S. 201). Das Verhalten der je anderen Tiere wird zum Ansatzpunkt einer überindividuellen Orientierung über subjektiv relevante Lebensbedingungen.

Auf menschlichem Niveau werden solche Systeme der überindividuellen Orientierung selbst historisch hervorgebracht (Sprache und Arbeit). D.h. die Produkte menschlicher Tätigkeit, jeweils realisiert in der Produktion, in der Kultur, im sozialen Verkehr, werden jetzt zur Voraussetzung menschlicher Tätigkeit der je folgenden Generationen. Das kollektive Subjekt „gesellschaftlicher Gesamtarbeiter" weiß damit mehr als die je einzelnen Individuen, obwohl es durch nichts anderes als die Tätigkeit der einzelnen Individuen realisiert wird. (*Holzkamp* 1983a, 172ff. bezeichnet dies als Prozeß der „Zweck-Mittel-Verkehrung": Die Mittel werden von den Individuen „für den Fall von" angeeignet, ohne daß dieser bereits eingetreten ist.) Die Vermittlung der je neuen Voraussetzungen an die je folgenden Generationen (bzw. der arbeitsteiligen Vermittlung von Erfahrung in der je vorhandenen Generation) schafft das Problem von *Erziehung und Bildung* sowie seine Lösungsaspekte: Die Formen der Kommunikation müssen sowohl auf Sinnentwicklung wie auf Bedeutungstransfer ausgerichtet sein. Nur dies garantiert den Erhalt der zwei *Grundvoraussetzungen gesellschaftlicher Systeme:* Lernfähigkeit und Erhaltung, Regelung bzw. Weiterentwicklung ihrer eigenen Struktur (*Tjaden* 1977).

Diese innere Struktur der gesellschaftlichen Verhältnisse, innerhalb derer sich der Austausch der Individuen in der Kommunikation ereignet, bezeichnet Marx als Verkehr (vgl. MEW Bd. 3, u.a., S. 67ff., S. 70ff.). Der Begriff Verkehr bezieht sich also auf die *„Austauschprozesse zwischen den Subjekten eines Gemeinwesens und zwischen den Gemeinwesen als Ganzen"* (*Raeithel* 1983, S. 169). Dieser Verkehr vollzieht sich nicht beliebig, sondern hängt ab von den ausdifferenzierten gesellschaftlichen Verhältnissen in Basis und Überbau, in Produktion, Distribution, Zirkulation und Konsumtion ebenso wie in Staat, Recht, Religion, Sprache, Infrastruktur usw. Insofern ist er unter die jeweils gesellschaftlichen Verhältnisse subsumiert und findet in bestimmten *„Verkehrsformen"* statt. Die *Kategorie „Form"* ist in diesem Zusammenhang, so *Raeithel* (1983, S. 169), „am besten als ein System von Begrenzungskanälen für reproduktive Prozesse zu verstehen ... Eine Form wird gebildet durch das Insgesamt der zugehörigen Mittel und enthält zugleich den reproduktiven Zyklus dieser Mittel". Solche „Verkehrsformen" sind – so kann *Raeithels* Gedanke fortgeführt werden – an die kollektiven „Subjekte eines Gemeinwesens" gebunden, also an gesellschaftliche Institutionen bzw. antiinstitutionelle Bewegungen in einem Gemeinwesen. Persönlichkeitsentwicklung kann in dieser Hinsicht, so *Haselmann* (1985), auch als Reproduktion von „Sozialformen" verstanden werden. Ähnlich unterscheidet auch *Sève* (1972) Individualitätsformen (z.B. die des Arbeiters) als Ausdruck der objektiven historischen Logik gesellschaftlicher Verhältnisse, die nach seiten der Individuen zugleich Vergesellschaftungsmöglichkeiten, „Aktivitätsmatrizen" darstellen (1972). Eine entsprechende Bestimmtheit der Individualitätsform „Behinderung" wurde in Band 1 (Kap. 1 und 2) des vorliegenden Buches bereits dargestellt.

Alle diese Verkehrsformen, Sozialformen, Individualitätsformen (*Haselmann* spricht darüber hinaus noch von Beziehungsformen) sind in sich und untereinander über Verkehr (als Allgemeines) und Kommunikation (als Besonderes) vermittelt.

A.A. *Leontjew* (1982) definiert *Verkehr*, der vor allem und zunächst sprachlicher Verkehr ist, als *„Prozeß der Herstellung und Aufrechterhaltung eines zielgerichteten, direkten oder durch bestimmte Mittel vermittelten Kontakts zwischen Menschen, die in psychologischer Hinsicht irgendwie miteinander verbunden sind"* (S. 46). Dabei geht er unter Bezug auf *Marx* von drei Ebenen der gesellschaftlichen Verhältnisse aus.

(1) Die Basis bilden die materiellen Verhältnisse (Gesellschaftsformation, Produktionsverhältnisse, Produktivkräfte).
(2) Als „sekundäre Verhältnisse" werden die ideologischen Verhältnisse betrachtet, die sich insbesondere in der Entwicklung der Staatsformen widerspiegeln.
(3) Die Realisation dieser sekundären Verhältnisse als „tertiäre", „übertragene Produktionsverhältnisse" beinhaltet „die Typologie jener konkreten Spielarten, die der Verkehr je nach den verschiedenen Bedingungen annimmt, unter denen er abläuft" (S. 37).

Ideologische Verhältnisse spiegeln aber niemals nur die Produktion wider, sondern immer auch die Reproduktion, zu deren Gewährleistung allgemeine Produktionsbedingungen außerhalb der Produktion entstehen, d.h. Infrastrukturen, die sich in Form gesellschaftlicher Institutionen realisieren (vgl. Kap. 1). Ihre widersprüchliche Einheit mit den materiellen Verhältnissen der Produktion bildet in der Distribution – der räumlich-zeitlichen Verteilung gesellschaftlich-natürlicher Verhältnisse – nach seiten der Individuen hin die gesellschaftliche Oberfläche aus (vgl. *Marx*, MEW 42, S. 31). Von dieser als *Alltag* ausgehend und über sie hinaus (in der Dialektik von Individualitätsform und Aktivitätsmatrix), eignen sich die Individuen die gesellschaftliche Realität an (vgl. auch Abb. 17, Bd. 1). Diese Ebene der Infrastrukturen und Institutionen wäre als zwischen die Ebene 1 und 2 geschobene weitere Ebene (1a) zu betrachten.

Die widersprüchliche Vermittlung von Reproduktion und Produktion bedingt die Ausformung des Ideologischen, die sich in sprachlicher Form vergegenständlicht. Und dies ist die Struktur, in die hineinversetzt die Individuen im sozialen und sprachlichen Verkehr produzieren und kommunizieren. *Das Wesen des Ideologischen ist es, daß es in der sprachlichen Vermittlung von Bedeutungen zugleich Sinn bindet und Zustimmung organisiert.* Nach *Vološinov* (1975; Pseudonym für M. *Bachtin*) hat alles Ideologische Zeichencharakter (S. 54ff.). Das *Zeichen* ist für ihn weder rein subjektiv noch rein objektiv. Es hat (1) die Funktion der Stellvertretung von Wirklichkeit, die es (2) in der gesellschaftlichen Kommunikation als sozial vermittelte Verwirklichung des Zeichens erst realisiert, aber (3) nicht als unmittelbare Vermittlung, sondern in einem Prozeß der Kommunikation, der sich zwischen Individuen abspielt. Sagen wir es in der Terminologie von *Wygotski:* Indem das Zeichen an sich zum Zeichen für andere wird und damit Zeichen für mich (in seiner Bedeutung als soziales Werkzeug), wird es dies gleichzeitig in der *sinnvermittelten* Bedeutung, die es in diesem spezifischen Akt (oder diesen spezifischen Akten) des sozialen Verkehrs für mich hat. Ähnlich geht auch *Gramsci* (1984) davon aus, daß in letzter Konsequenz „jedes sprechende Wesen seine eigene, persönliche Sprache, das heißt seine eigene Art und Weise zu denken und zu fühlen, hat. Die Kultur in ihren unterschiedlichen Abstufungen faßt eine größere oder kleinere Menge von Individuen in zahlreichen Schichten zusammen, die in mehr oder weniger engem sprachlichen Kontakt zueinander stehen, die sich untereinander in unterschiedlichem Grad verstehen usw. Es sind diese historisch-sozialen Unterschiede und Verschiedenheiten, die in der Gemeinsprache ihren Niederschlag finden und jene ‚Hindernisse' und jene ‚Ursachen für Mißverständnisse' hervorbringen, die die Pragmatiker aufgegriffen haben" (S. 61).

Gleichzeitig resultieren aus diesem Kontext die Möglichkeiten der klassen-, rassen-, gruppenspezifischen *Umwertung der Werte* als Umwertung bzw. Entwertung der Bedeutungen. In den jeweiligen sinn- und bedeutungsvermittelnden Strukturen werden dann das Einzelne und das Allgemeine falsch verbunden und das Einzel- oder Gruppeninteresse dem Menschheitsinteresse übergeordnet. Gut ist dann das saubere Kind und böse das dreckige, gut ist der Deutsche und schlecht ist der Ausländer usw. Insofern ist *Vološinov* zuzustimmen, daß das Zeichen ein Ort des Klassenkampfes ist.

Der jeweilige Zeichengebrauch und damit die jeweilige Art der Kommunikation hängt von den unterschiedlichen Prozessen *kollektiver Subjektivität* ab, in die die Individuen durch Dialog und Kooperation eingebunden sind. Da sich während der Schulzeit und in der Pubertät die dialogischen wie kooperativen Beziehungen nach innen verlagern und in der Dialektik von „Ich" und anderem „Du" bzw. von „Ich" und „Ich als Du" präsent sind, beziehen sich Prozesse kollektiver Subjektivität nicht nur auf die unmittelbare Erfahrung, sondern erstrecken sich im Weltbild bis hin zur Teilhabe am kollektiven Subjekt Menschheit. Sei es in der verhimmelten Fassung der Gleichheit aller Gläubigen im himmlischen Regiment Gottes, in der Entsubstantialisierung des himmlischen Gottes bei *Feuerbach* oder in der modernen progressiven Theologie oder in einer atheistisch-humanistischen geistigen Aneignung des Weltverkehrs *(Marx)* auf der Basis des kategorischen Imperativs.

Kommunikation muß also immer als Teilhabe an kollektiven Prozessen begriffen werden, nach deren *Subjekt* zu fragen ist. „Wenn wir es also mit gemeinsamer Tätigkeit zu tun haben, können wir mit voller Berechtigung von einem kollektiven Subjekt oder vom Gesamtsubjekt dieser Tätigkeit sprechen, dessen Wechselwirkung mit den ‚individuellen Subjekten' nur über eine psychologische Analyse der Struktur der gemeinsamen Tätigkeit verstanden werden kann" (A.A. *Leontjew* 1980, S. 530; in gleicher Richtung äußert sich auch *Radsichowski* 1983, S. 569). Erst auf dieser Ebene erschließt sich auch der Prozeß der *Identitätsbildung*, insofern sich das Subjekt (abhängig vom Hierarchisierungsgrad seiner Persönlichkeit und seiner Reichweite und Tiefe seiner Beziehungen zu den Menschen und zur Welt) sich jeweils aus dem Bezug zu den anderen Menschen als identisch erfährt. Dies ist in besonderer Deutlichkeit von G.H. *Mead* (1975) herausgearbeitet worden. So ist Identität „im Grunde eine gesellschaftliche Struktur und erwächst aus der gesellschaftlichen Erfahrung" (S. 182). „Die organisierte Gemeinschaft oder gesellschaftliche Gruppe, die dem einzelnen seine einheitliche Identität gibt, kann ‚der (das) verallgemeinerte Andere' genannt werden. Die Haltung dieses verallgemeinerten Anderen (die das Subjekt zu sich selbst einnimmt; W.J.) ist die der ganzen Gemeinschaft" (S. 198). Entsprechend ist die Identität jeweils als „Struktur von Haltungen" im Gegensatz zu einer Struktur von Gewohnheiten zu verstehen (S. 205).

Der allgemeine Zusammenhang dieser Prozesse kollektiver Subjektivität, in denen Individuen ihre Identität entwickeln, wird auf der Ebene der Sprachprozesse von *Lotman* (1989) wie folgt analysiert.

Lotman geht davon aus, daß die Einheit der Sprache nicht das isolierte monologische Statement ist, sondern der Dialog. Dieser selbst ist aber wieder nur verständlich aus der Gesamtheit der sprachlichen Verhältnisse heraus. Um dies zu analysieren, formuliert *Lotman* in Anlehnung an das Konzept der „Noosphäre" des bedeutenden sowjetischen Naturwissenschaftlers *Vernadskii* das Konzept der *„Semiosphäre" als grundlegender Analyseeinheit*. Für *Vernadskii* ist die Biosphäre als Ort der lebendigen Materie ein kosmischer Mechanismus, der einen bestimmten Raum in einer planetarischen Einheit einnimmt. Die Noosphäre entsteht dann, wenn die menschliche Aktivität in diesem Prozeß eine dominante Rolle spielt (S. 43). In diesem Konzept wird das Leben als Einheit betrachtet, in der alle Organismen wechselseitig verbunden sind. Entsprechend geht *Lotman* von einem semiotischen Universum als Totalität individueller Texte und Sprachen aus, der Semiosphäre, die ihrerseits in partikuläre Semiosphären zerfällt (vermutlich vergleichbar dem Verhältnis Biosphäre zu Biotop).

Eine Semiosphäre ist *begrenzt* durch einen *nichtsemiotischen oder allo-semiotischen Raum* (d.i. ein Raum, in dem ein anderes System sprachlicher Signale gilt). Ihre Grenzlinien bestehen aus der Summe bilingualer Übersetzungsfilter. Bei Durchgang durch diese Filter wird der Text in eine unterschiedene Sprache außerhalb der partikulären Semiosphäre transformiert. Allo-semiotische Texte oder Nichttexte müssen in die Sprache des inneren Raumes übersetzt werden. Da das Konzept der Semiosphäre mit dem der Grenze korreliert, kann in dieser Hinsicht von einer Semiosphäre als *„semiotischer Person"* gesprochen werden. Wenn Grenzen von Semiosphären mit Grenzen von kulturellen Räumen zusammenfallen, so sind sie zugleich *Grenzen zwischen kulturellen und mythologischen Räumen* (z.B. zu den Barbaren; oder unter dem Aspekt der Ausländerfeindlichkeit zu den „Kanaken", „Türken", „Itakern"; der Behindertenfeindlichkeit zu den „Spastis", den „Irren" oder den „Idioten").

Es besteht eine *semiotische Ungleichmäßigkeit* nach außen und nach innen. Der äußere Raum kann ein Raum anderer Semiotik oder nichtsemiotisch sein. Im inneren Raum besteht eine *Kernstruktur*. Diese entsteht durch Fortschreiten zum Stadium der Selbstbeschreibung; sie bildet metalinguistische Sprachen (z.B. Grammatiken) heraus, mit denen sie sich nicht nur selbst, sondern auch den peripheren Raum beschreibt. Dies ist verbunden mit einer Vermischung von Niveaus, d.h. verschiedene linguistische Niveaus existieren gleichzeitig. Unter diesem Gesichtspunkt könnte man u.a. auch die altersspezifischen hierarchischen Niveaus des Sprachgebrauchs beschreiben. Sie würden aus Sicht dieser Theorie partiell allo-semiotisch, wenn sie durch verzögerte Entwicklung (Lernbehinderung) oder Nichtentwicklung (schwere geistige Behinderung) bzw. Andersentwicklung (Gebärdensprache der Gehörlosen) gegen die Regeln der Metasprache verstoßen. Die Schöpfung metasprachlicher Selbstbeschreibungen vergrößert die Starrheit der Struktur und schränkt die Entwicklung ein (S. 49).

Innerhalb der Semiosphären bestehen zahlreiche innere Grenzen. Ersichtlich geht *Lotman* davon aus, daß die elementarste Einheit durch *dialogische Situationen* geschaffen wird. Dazu sind zwei ähnliche, aber zu gleicher Zeit unterschiedliche Partner nötig. Die Besonderheit des Dialogs ist es, daß übermittelter und empfangener Text vom Standpunkt eines Dritten einen vereinheitlichten Text darstellen, d.h. daß also Rückkoppelung im Sinne kollektiver Subjektivität entsteht. Die jeweils übersendeten Texte müssen also in ihrer Antwort Elemente des Übergangs in eine fremde Sprache beinhalten, sonst ist ein Dialog unmöglich. Das bedeutet natürlich, daß jeder Dialogpartner letztlich bilingual sein muß und die elementarste partikuläre Semiosphäre sich im inneren Weltbild des je einzelnen Dialogpartners realisiert. Kommunikation ist daher ein Vorgang, der in einander umhüllenden Semiosphären stattfindet. Semiosphären können wir dabei als selbstorgansierte Einheiten kollektiver Subjektivität verstehen.

Dies führt uns zu dem Verständnis, daß Kommunikation, Dialog, Kooperation und Herausbildung kollektiver Subjektivität Prozesse mit nichtlinearen Übergängen zu je anderen Prozessen sind, innerhalb derer neue Raum-Zeit-Dimensionen entstehen und sich selbst koordinieren. Diese Koordination ist nicht beliebig, sondern entsteht vermittelt durch, in und gegen gesellschaftliche(n) Institutionen. Alles dies sind Prozesse, in denen Pädagogen als professionelle Mittler noch nicht auftreten. Trotzdem sind dies Prozesse von *Erziehung und Bildung* im Sinne einer ständigen Vermittlung von Sinn und Bedeutungen, Dialog und Kooperation in Prozessen der Herausbildung und des Vergehens kollektiver Subjektivität; Prozesse, in denen Interpsychisches zu Intrapsychischem wird, Menschen sich vergesellschaften, d.h. mit dem Gemeinwesen vermitteln. In welcher Weise dieser Prozeß durch gesellschaftliche Erziehung, die auf Konservierung und Reproduktion der Gesellschaft zielt (vgl. *Bernfeld* 1967), zugleich über diese hinaus im Sinne der Aufhebung von Entfremdung und Gewinnung von Vernunft und Humanität gestaltet werden kann, dies bedarf einer Präzision des Begriffs von Erziehung und Bildung sowohl innerhalb wie außerhalb der institutionalisierten Pädagogik.

10.4 Erziehung und Bildung

Erziehung wird bei *Koroljow* und *Gmurman* (1973) als „Lenkung der Entwicklung, als Einflußnahme auf die Entwicklung" (S. 93) verstanden. Sie ist aber keineswegs bloß die Summe solcher Einflüsse der Erzieher oder von Einflüssen des Lebens. „Sie vollzieht sich im Prozeß der Tätigkeit der Schüler, im Zusammenwirken von Lehrer und Schülern und schließlich durch Selbsterziehung" (S. 111). Etwas detaillierter definiert das „Pädagogische Wörterbuch" (*Laabs* u.a. 1987) „Erziehung" als „gesellschaftliche Tätigkeit zur bewußten und zielgerichteten Entwicklung von Persönlichkeiten, zu ihrer Befähigung für ihre Lebenstätigkeit insgesamt und für spezielle ihrer Betätigungsweisen" (S. 108).

Bernfeld (1967) betrachtet Erziehung generell als konservativen Vorgang, der die „Konservierung der biopsychischen und der sozialökonomischen, mit ihr der kulturell-geistigen Struktur der Gesellschaft" betreibt (S. 110). *Holzkamp* (1983b, c) kritisiert als Erziehungsförmigkeit, daß der Erwachsene von vorgegebenen Zielen aus deren Notwendigkeit dem Kind zu vermitteln versucht und seine Absichten gegen den Widerstand des Kindes mit Macht durchsetzt. Dieser Herangehensweise liege die Auffassung zugrunde, daß Kinder erst sozial werden müßten. Gezielte Beeinflussung auch mit fortschrittlichen Inhalten müsse daher letztlich durch diese Vorwegnahme des Zieles und den dadurch gesetzten Zwang ihr Gegenteil erreichen. Dagegen sei die Subjektlogik der Kinder zu setzen, die von Anfang an auf Aneignung der Welt und Verfügungserweiterung zielt. Entsprechend sei es das eigentliche Problem von Erziehung, daß der Erwachsene erst einmal lernen muß, mit Kindern so zu leben, daß sie seinen Rat und seine Unterstützung wirklich annehmen können. Erziehung positiv gewendet sei damit letztlich Unterstützungstätigkeit, in der die Entwicklungslogik nicht vorwegbestimmt werden könne.

Auernheimer (1984) sieht folgende grundlegenden Merkmale von Erziehung:
- die Interaktion zwischen Lernenden und solchen, die einen Schritt weiter sind (Entwicklungsvorsprung);
- sowie die Förderung des anderen (Lernenden) beabsichtigen (pädagogische Intention);
- dies impliziert, daß die Lernenden nicht von den Fortgeschrittenen an sich gebunden werden;
- und verlangt unverzichtbar Vertrauen seitens des Zöglings (zumindest aber Zustim-

mung). Ohne solche (und das damit verbundene Vertrauen) könne von Erziehung keine Rede sein.

Als Ziel einer kritischen erzieherischen Absicht formuliert *Auernheimer* (1984), vergleichbar zu seiner Definition von Bildung (1979, s.o.), „ein bewußtes und aktives Verhältnis des zu Erziehenden zur gegenständlichen Welt, zur Gesellschaft und zum eigenen Selbst. Sie muß also zu einem Begriff der Wirklichkeit verhelfen und Perspektiven der Veränderung vermitteln" (S. 181).

Aus all diesen Definitionen geht ein Verständnis von *Erziehung als soziale Form der Tätigkeit* (als institutionelle Tätigkeit, Tätigkeit von Erwachsenen gegenüber Kindern, Fortgeschrittenen gegenüber Lernenden) hervor. Erziehung wäre also der Prozeß, der zur Entwicklung von *Bildung* und über diese hinaus zur Realisierung eines gesellschaftlich allgemein oder z.T. gewünschten Verhaltens („Zucht"; Erzogenheit statt „Ungezogenheit") führt. Dabei unterscheiden sich die Auffassungen der (jeweils marxistisch orientierten) Autoren hinsichtlich der zu respektierenden und zu berücksichtigenden Autonomie des Subjekts. Diese ist am engsten gefaßt im „Pädagogischen Wörterbuch". Verfolgt man z.B. den von *Laabs* u.a. (1987) genannten Charakterbegriff dort weiter (S. 75), so erscheint Charakter als normative Kategorie im Sinne einer Wertorientierung an der „Weltanschauung und Moral der Arbeiterklasse". Er drückt sich aus in allgemeinen formalen Tugenden (Erzogenheit) wie Standhaftigkeit, Beharrlichkeit, Bescheidenheit, Ehrlichkeit, Höflichkeit im Gegensatz zu negativen, individualistischen Eigenschaften (Unerzogenheit) wie z.B. Egoismus, Egozentriertheit, Hochmut, extremer Ehrgeiz, Rücksichtslosigkeit, Mißachtung der Interessen anderer Menschen.

Ein positiver Inhalt von Erziehung auf der Seite des Subjekts im Sinne dessen, was das Resultat als Erzogensein bedeutet, ist in keiner der Definitionen zu finden. Dies müßte aber unabhängig von den Inhalten der Bildung bestimmbar sein, da sonst Erzogenheit letztlich nur einerseits als soziale Einschränkung menschlicher Natur begriffen werden könnte *(Bernfeld)*, andererseits mit Bildung im Sinne von Identitätsgewinnung zusammenfiele *(Auernheimer)*, oder schließlich ein positiver Begriff von ihr möglicherweise nicht statthaft wäre *(Holzkamp)*.

Der Wortstamm „ziehen" in „Erziehung" verweist auf die Förderung eines Entwicklungsprozesses (wie auch bei Pflanzen oder Tieren), dessen optimale Struktur letztlich dann realisiert wird, wenn die Bedingungen ihrer *Selbstorganisation und Autonomie* respektiert werden. Was ist aber das Wesen dieser Autonomie? Es ist nicht die Homöostase, sondern die *Selbstentwicklung* als Höherentwicklung gemäß den artspezifischen Möglichkeiten. In diesem Sinne kennzeichnet *Marx* (MEW 42, S. 396) menschliche Entwicklung ihrer Möglichkeit nach als „absolute Bewegung des Werdens", d.h. „Entwicklung aller menschlichen Kräfte als solcher, nicht gemessen an einem *vorhergegebenen* Maßstab" als „Selbstzweck". Ihr Ziel ist die Aufhebung von Entfremdung und die *universelle Realisierung des menschlichen Gattungswesens*. Am Beispiel des Verhältnisses des Mannes zur Frau bestimmt *Marx* (MEW Erg. Bd. 1, S. 535) dieses Ziel wie folgt: „In diesem Verhältnis zeigt sich auch, inwieweit das *Bedürfnis* des Menschen zum *menschlichen* Bedürfnis, inwieweit ihm also der andre Mensch als Mensch zum Bedürfnis geworden ist, inwieweit er in seinem individuellsten Dasein zugleich Gemeinwesen ist" (S. 535).

Die Realisierung des Bedürfnisses des Menschen nach dem Menschen wäre folglich als Inhalt von Erziehung zu betrachten, die hierzu die Voraussetzungen zu schaffen hätte. In diesem Sinne finden sich im Werk von *Suchomlinski* einige Aussagen zum Wesen von Erziehung:

„Erziehung des Menschen heißt Herausbildung des geistigen Bedürfnisses des Menschen nach dem Menschen" (1979, S. 82).

„Die Selbsterziehung … beginnt damit, daß menschliche Einmaligkeit den Wunsch weckt, nachzuahmen" (also mit der Herausbildung des Bedürfnisses nach sich selbst als Mensch; W.J.). „Erziehung ist dann meisterhaft, wenn man erreicht, daß sich diese individuellen Wesenszüge im Streben der Persönlichkeit, in hochentwickelter menschlicher Würde, leidenschaftlicher Begeisterung und einer gesunden Selbstachtung äußern" (1982, S. 48), was sich praktisch jedoch nur in der Übernahme von Verantwortung für andere realisieren kann und muß (ebd., S. 49). Entsprechend steht im Kern von *Suchomlinski*s Erziehungskonzeption die Einheit von Ästhetischem, Emotionalem und Sittlichen (ebd., S. 46).

Für die *Haltung des Erziehers* zum Kinde gilt:

„Das Geheimnis der Erziehung besteht, wenn Sie so wollen, eben darin, den Wunsch des Kindes, daß sie zu seinem Freund werden, nicht verlorengehen zu lassen" (1979, S. 191).

Und: „Man sollte sich bei der Erziehung an folgende Regel halten: Die Beseitigung eines Übels darf kein neues hervorbringen" (ebd., S. 132).

Der Prozeß der Erziehung zielt folglich auf die Realisierung und Herausbildung der Fähigkeit zur Sinnentwicklung und Sinnverwirklichung in der menschlichen Tätigkeit als sozialer Tätigkeit, d.h. auf die Entwicklung humaner Beziehungen zu sich selbst, zu den Menschen und zur Natur. Sie zielt auf *humane gefühlsbegründete Haltungen*, während Bildung auf *Inhalte* zielt.

Es sollte dabei deutlich sein, daß derartige Gefühle als Ausdruck und Basis von Sinn je nach Ausprägungsgrad und Entwicklungsstand der Persönlichkeit sich auf unterschiedliche Objekte beziehen und ein unterschiedliches Maß an Tiefe beinhalten. So unterscheidet *Kon* (1979) Kameradschaft, Freundschaft und Liebe als Beziehungen je unterschiedlicher gefühlshafter Tiefe. Sexuelle Liebe als eine besondere Ausdrucksform der Liebe wird dabei in ihrer reifen Form als „eine organische Verbindung des sinnlichen Triebs mit dem Bedürfnis nach menschlicher Wärme, intimer Nähe" verstanden; ihre Entwicklung ist ein langwieriger Prozeß (S. 155). Hinzuzufügen wäre (religiöser) Glaube als personenbezogenes (auf eine mythische Figur wie Gottvater, Jesus, Maria usw. projiziertes) bzw. nicht personenbezogenes, auf die Gattung Menschheit gerichtetes Liebesgefühl.

Ethologisch scheint es verschiedene autonome „affektive Systeme" zu geben. Nach *Harlow* können bereits bei Affen unterschieden werden: Kindesliebe zur Mutter, Mutterliebe zum Kind, Liebe zwischen Geschwistern, heterosexuelle Attraktionen und schließlich Vaterliebe (*Kon* 1979, S. 149). Dies verweist auf vergleichbare, vom Stand der ontogenetischen Entwicklung abhängige Gefühlsdimensionen auf menschlichem Niveau (vgl. auch *Count*s Überlegungen zur entsprechenden Ausgestaltung der Verhaltens-Biogramme von Säugetieren unterschiedlicher Evolutionsniveaus; 1970). Für *Lauster* (1982) ist Liebe Zuwendung als Resultat einer interessierten, positiven, verständnisbereiten Wachsamkeit, Aufmerksamkeit und Achtsamkeit. „Je mehr Sie sich aufmerksam anderen zuwenden, um so mehr werden sie spüren, daß dies in eine liebende Zuneigung übergeht", und zwar nicht nur gegenüber Menschen, „sondern gegenüber allem, was jetzt existiert" (S. 64). „Die Zuwendung zu allem Lebendigen ist die Grundlage der Liebesfähigkeit" (S. 65). Zuwendung geht einher mit meditativer Haltung: Die Aufmerksamkeit unterwirft sich dem Augenblick des Gefühls, Empfindens und Erkennens (S. 71). Liebe ist für *Lauster* psychische Gesundheit. Als Resultat in dieser Hinsicht nicht gesunder Prozesse der Entwicklung der Persönlichkeit entstehen Angst und ihr geschuldete zahlreiche Abwehrme-

235

chanismen (vgl. S. 77). Erziehung würde aus dieser Sicht (wie auch schon bei *Suchomlinski* betont) Angstabbau beinhalten und die Möglichkeit zu Beziehungen schaffen müssen, innerhalb derer positive gefühlshafte Besetzungen wieder möglich sind. In diesem Sinne spricht *Freud* in einem Brief an C. G. *Jung* davon, daß „Psychoanalyse (...) eigentlich eine Heilung durch Liebe (ist)" (zit. als Motto bei *Bettelheim* 1986).

Betrachte ich, wie oben begründet, Erziehung als Herausbildung gefühlsbegründeter humaner Haltungen, so finde ich eine der in diesem Sinne besten Bestimmungen positiver Aspekte des Erziehungsbegriffs in Dorothee *Sölle*s Entwurf einer feministischen Theologie „Lieben und arbeiten" (1985).

Dort, wo bei *Marx* der schon zitierte kategorische Imperativ als Grundhaltung steht („alle Verhältnisse umzuwerfen, in denen der Mensch ein erniedrigtes, ein geknechtetes, ein verlassenes, ein verächtliches Wesen ist"), steht in *Sölle*s Theologie der *kategorische Imperativ Jesajas* (56, 6–12):

„Löse die Fesseln der Ungerechtigkeit, sprenge die Bande der Gewalt. Gib frei die Mißhandelten. Jedes Joch sollt ihr zertrümmern. Brich dem Hungrigen dein Brot. Die Obdachlosen führe in dein Haus. Wenn du einen nackt siehst, so kleide ihn. Entzieh dich nicht deinen Brüdern".

In einem gänzlich entsubstantialisierten Gottesbegriff bestimmt *Sölle* Gott als *Liebhaber/in des Lebens*, die *wir Menschen* sind und werden können im Prozeß der Schöpfung, der nicht abgeschlossen ist. Mitschöpfer/in im Sinne der Realisierung dieses uns aufgegebenen menschlichen Wesens zu sein und zu werden bedeutet, „Widerstandskämpfer und Revolutionär" zu sein und zu werden. Es bedeutet Beteiligung an den drei Arten des Schöpfungsprozesses: „an der Erneuerung der Erde, an der Befreiung von Sklaverei und am Widerstand gegen den Tod und alle todbringenden Mächte" (S. 212).

Im einzelnen bedeutet dies:
(1) Erhalt und Fortführung der Schöpfung der Natur. Gegen Naturzerstörung und Vernichtung der Erde ist *„Zärtlichkeit für alles, was auf dieser Erde lebt"* (S. 211) zu entwickeln. Sie bildet die Grundlage unserer Fähigkeit zu Widerstand und zur Übernahme von Verantwortung.
(2) Auch die zweite Schöpfung (Exodus als Auszug aus der Fremdherrschaft) ist nicht abgeschlossen. Noch existieren Ausbeutung und Militärherrschaft, noch sind Frieden und Gerechtigkeit nicht erreicht. In diesem Sinne Liebhaber/in des Lebens zu werden bedeutet, im Sinne von *Jesaja*s Imperativ, *Nächstenliebe als Basis von Widerstand* zu entwickeln als eine Beziehung, die jedem von Ausbeutung und Unterdrückung, Hunger und Armut betroffenen Menschen auf dieser Erde zukommt.
(3) Im Sinne des dritten Aspektes von Schöpfung geht es um die Bedrohung durch die todbringenden Mächte wie um unseren eigenen Tod. Dieser ist nicht der physische Tod, sondern der *Tod im Leben*, indem wir *psychisch absterben* und gleichgültig werden. Die Auferstehung findet demnach im Leben statt und ist die *Zurückgewinnung unserer menschlichen Würde als humanes Subjekt unserer Beziehungen zu den Menschen, zur Welt und zu uns selbst* (vgl. auch *Sölle* 1975, S. 7ff.: „Der Tod am Brot allein").

Bildung bezieht sich, wie dies in mehreren Zitaten bereits deutlich wurde, auf die inhaltliche Seite des im Erziehungsprozeß vermittelten Verhältnisses zu den Menschen und zur Welt, d. h. auf den bedeutungshaften Aspekt der Aneignung. Indem Pädagogik in der „Konstruktion dieser inhaltlichen geistigen Welt im Zögling" *(Herbart)* ihre „größte Aufgabe und Möglichkeit" hat, ist „jeder Vorgang in der Seele ein Bildungsprozeß" ... „‚Bildung' bedeutet dann die gesunde, wahrhafte und weitreichende Gliederung dieses seelisch-geistigen Zusammenhangs" *(Nohl* 1933, S. 47). Löst man den hierin steckenden Dualismus von Seele und Welt bzw. Seele und Geist auf, so geht es *im pädagogischen Prozeß sowohl um die Entwicklung von Sinn (Erziehung) wie um die Entwicklung von Bedeutungen als Aufbau des Weltbilds (Bildung) in der Tätigkeit. Dies ist ein Prozeß der wechselseitigen Vermittlung.*

Eine auf dieser von *Leontjew* vertretenen Auffassung (vgl. *Stöcker* 1986) aufbauende, exaktere Bestimmung des Bildungsbegriffs hat *Stegemann* (1983, 1984) versucht.

Stegemann (1984) geht davon aus, daß gegenwärtig keine geschlossene Bildungstheorie vorliegt. Im geisteswissenschaftlichen Bildungsbegriff stehe im Mittelpunkt die Entfaltung des subjektiven Geistes – innerhalb derer sich der allgemeinmenschliche Geist ausdrücke – zu höheren Formen. In kritisch-rationalistischer Sicht von Erziehung und Bildung seien Erziehungsphilosophie, Erziehungswissenschaft und Erziehungspraxis voneinander getrennte Bereiche. In der kritischen Theorie werde das Subjekt als etwas betrachtet, was sich gegen die Verhältnisse, in deren Negation entwickeln müsse; und die materialistische Pädagogik betrachte Bildung als Kulturfähigkeit, Qualifikation u. a. m., nicht aber als Selbstbewegung des Subjekts. Ein solcher Standpunkt müsse als Standpunkt des „inneren Beobachters" *(Maturana)* jedoch eingenommen werden, um auch den humanistischen Bildungsbegriff der geisteswissenschaftlichen Pädagogik dialektisch aufheben zu können.

Ansatzpunkte für eine solche Herangehensweise sieht *Stegemann* in *Leontjew*s Tätigkeitstheorie. Entsprechend der dialektischen Entwicklung von Abbildniveau und Tätigkeitsniveau (s. o. Bd. 1. Kap. 5, insb. Abb. 17) schlägt er deshalb vor, *Bildung als Bewegung der Tätigkeit auf höhere(n) Niveaus* zu betrachten. Sie führt auf höheres Niveau und ereignet sich (weitet sich aus) auf höherem Niveau. *Stegemann* greift auf *Tjaden*s (1977) Überlegung zurück, die Soziohistorie der Menschheit als stufenweisen Prozeß der Entwicklung (Entwicklung der Produktionsweisen) zu betrachten, in welchem aus nicht lösbaren Widersprüchen im Verhältnis von Arbeitsaufwand und Bruttoprodukt je neue Stufen entstehen. „Das jeweils neue, effektivere System entwickelt jeweils neue Mittel der Realisierung des Stoffwechsels mit der Natur. Die Bedeutungen dieser einzelnen Momente des Stoffwechsels evolvieren in die 5. Quasidimension (d. i. nach *Leontjew* das in der inneren Position sich realisierende Weltbild, das sich mit Bedeutungen füllt; W. J.) als gesellschaftliche Bedeutungen. Indem diese die historische Logik widerspiegeln, sind sie das Material der Tätigkeitsentwicklung des jeweiligen Systems gesellschaftlicher Produktion, damit des subjektiven Trägers dieser Produktion" (S. 139).

Ontogenetisch kommt es dabei zu einem *allgemeinen Entwicklungswiderspruch von Bildung,* den *Stegemann* darin sieht, daß die Tätigkeit jeweils mit neuen gesellschaftlichen Bedeutungen konfrontiert wird und notwendigerweise über die vorhandenen Bedeutungen hinausgreift. Sie ist also gezwungen, sich durch neue Bedeutungen zu organisieren, die adäquater ihren Bedürfnissen entsprechen. Dies ist der Prozeß, den ich in der Dialektik der Entwicklung von Abbildniveau und Tätigkeitsniveau in Kapitel 5 bereits dargestellt und auf der Basis seiner allgemeinen Regulation im Rahmen der Theorie funktioneller Systeme weiter ausgearbeitet habe. Er kann auf dieser Grundlage wie folgt bestimmt werden.

237

Der nützliche Endeffekt der Tätigkeit (vgl. Kap. 7, Abb. 10) ist das Maß der emotionalen Erfülltheit. Diese antizipierte emotionale Erfülltheit kann sich nur im objektiven Prozeß der Transformation des Gegenstandes in das Produkt realisieren und muß daher im Modell des Künftigen in Maße der pragmatischen Ungewißheit auf Handlungs- und Operationsebene transformiert werden. Da der Prozeß reichhaltiger ist als das Bewußtsein *(Leontjew)*, ist das Subjekt jeweils zur *Selbstüberschreitung* seiner bisherigen Fähigkeiten im Rahmen seiner gattungsspezifischen Möglichkeiten genötigt (sofern es nicht durch isolierende Bedingungen und Stereotypbildungen, letztlich also durch Angst hieran gehindert wird). Diese gattungsspezifischen Möglichkeiten zielen beim Menschen auf umfassende Aneignung des in Produktion und sozialem Verkehr in vergegenständlichter Form vorliegenden Gattungserbes. Nur über dessen (operative) Nutzung in Tätigkeiten und Handlungen kann sich der je einzelne Mensch niveauspezifisch mit anderen Subjekten der Gattung in Kooperation vermitteln und in dialogische Beziehungen eintreten.

Im Bildungsbegriff der philosophisch-pädagogischen Klassik, den *Stegemann* in seiner Bestimmung positiv aufzuheben versucht (vgl. insb. auch 1983, S. 35 ff. zur Begriffsgeschichte), ist die Zentralidee der Aufklärung „aufgehoben" (*Klafki* 1987, S. 14). *Aufklärung* ist nach *Kant* „der Ausgang des Menschen aus selbstverschuldeter Unmündigkeit. Unmündigkeit ist das Unvermögen, sich seines Verstandes ohne Leitung eines anderen zu bedienen" (o. J., S. 225). Die Möglichkeit der Nutzung des eigenen Verstandes ohne Leitung anderer setzt an die Stelle der selbstverschuldeten Unmündigkeit die Entfaltung der *Vernunftfähigkeit*. Vernunftfähigkeit zielt aber über bloßen Verstand hinaus. Sie ist humane Nutzung des Verstandes, Synthese von Herz und Verstand, Moral und Denken usw. Insofern bedeutet Aufhebung der selbstverschuldeten Unmündigkeit die Aufhebung des Leidens an der Unmündigkeit in einem Begriff der dieses Leiden überwindenden humanen Perspektive (vgl. *Seidel* 1988, *Jantzen* 1990b). In dieser Weise hat insbesondere *Spinoza* den Vernunftbegriff bestimmt. In seiner „Ethik" schreibt er (Teil 4, 50. Lehrsatz):

„Mitleid ist bei einem Menschen, der nach der Leitung der Vernunft lebt, an und für sich schlecht und unnütz. Beweis: Denn Mitleid ist (…) Unlust, und daher (…) an und für sich schlecht. Das Gute aber, das aus ihm folgt, daß wir nämlich den bemitleideten Menschen von seinem Leid zu befreien suchen, (…) suchen wir nach dem bloßen Gebot der Vernunft zu tun (…), und nur von dem, was wir nach dem Gebot der Vernunft tun, können wir gewiß wissen, daß es gut ist. (…) Daher ist Mitleid bei einem Menschen, der nach der Leitung der Vernunft lebt, an und für sich schlecht und unnütz." Zusatz: „Hieraus folgt, daß der Mensch, welcher nach der Leitung der Vernunft lebt, soviel als möglich zu bewirken strebt, daß er nicht von Mitleid ergriffen werde."

Denn: „Wer richtig erkannt hat, daß alles aus der Notwendigkeit der göttlichen Natur folgt und nach den ewigen Gesetzen und Regeln der Natur geschieht, der wird sicherlich nichts finden, was Haß, Spott oder Verachtung verdient, noch wird er jemand bemitleiden, sondern er wird streben, soweit die menschliche Tugend es vermag, gut zu handeln, wie man sagt, und fröhlich zu sein. Hierzu kommt noch, daß derjenige, welcher leicht vom Affekt des Mitleids ergriffen und von dem Unglück und den Tränen eines andern bewegt wird, oft etwas tut, was ihn selbst später reut; sowohl weil wir im Affekt nichts tun, wovon wir gewiß wissen, daß es gut ist, als auch weil wir leicht durch falsche Tränen betrogen werden. Ich spreche jedoch hier ausdrücklich nur von einem Menschen, der nach der Leitung der Vernunft lebt. Denn wer weder durch die Vernunft noch durch Mitleid bewegt wird, andern Hilfe zu leisten, der wird mit Recht unmenschlich genannt, denn er scheint mit einem Menschen keine Ähnlichkeit zu haben" (Spinoza 1987, S. 262 f.).

Ich finde, daß dieser Gedankengang eine sehr präzise Bestimmung von Vernunft leistet, die uns für die Diskussion des Bildungsbegriffes weiterhilft. Er verweist neben einer Bestimmung der *Vernunft als dialektische Einheit von Sinn und Bedeutungen*, die im Prozeß von Bildung und Erziehung sich realisiert, darüber hinaus auch auf die notwendige *Aufhebung affektiv-emotionaler Dimensionen* (Mitleid) *auf höherem Niveau*. Diese geistige (und gefühlshafte) Aneignung eigener Gefühlshaftigkeit bezeichnet *Gramsci* als *„Katharsis"*. Er hält sie für das wesentliche Moment der geistigen Herausbildung von Humanität. In einem Brief an seine Frau schreibt er, bezogen auf die Lektüre von „Onkel Toms Hütte", „Krieg und Frieden" und auf die Betrachtung von Leonardos „Abendmahl": „Du siehst es wie einer, der sich bei der Berührung mit einer bestimmten Gefühlswelt davon angezogen oder abgestoßen fühlt, während er immer in der Atmosphäre des unmittelbaren Gefühls und der unmittelbaren Leidenschaft bleibt. Das ist es vielleicht auch, warum Du Dich nicht mehr wie früher von der Musik angezogen fühlst. Nach meiner Meinung muß es bei uns zu einer Katharsis kommen, wie die Griechen sagten, durch die die Gefühle sich künstlerisch als Schönheit neu beleben und nicht mehr als miterlittene und noch wirkende Leidenschaft" (*Gramsci* 1956, S. 280). Im Mittelpunkt dieses ästhetischen Prozesses steht für *Gramsci* (wie auch für *Suchomlinski*; vgl. u. a. 1963, S. 15; 1974, S. 40) die *moralische Schönheit des Menschen*. So schreibt *Gramsci* (1984): „Nicht die Sprache ist schön, sondern die poetischen Meisterwerke, und ihre Schönheit besteht darin, daß sie das innere Universum des Dichters getreu ausdrücken. Deshalb ist ein Vers aus der ‚Göttlichen Komödie' ebenso schön wie der Ausdruck naiver Bewunderung für ein Spielzeug" (S. 49). Oder er hebt an der Aufführung von *Ibsen*s Nora als humanen Kern hervor: „das Streben edler Seelen zu einer höheren Form von Menschlichkeit ... deren Sitte in der Erfüllung des Innenlebens und in der Entfaltung der eigenen Persönlichkeit ... liegt" (1980, S. 314).

Dieses Moment der Katharsis, das Gefühl und Verstand in den Dimensionen des Ästhetischen und Moralischen, des Schönen und des Guten, neu verknüpft und als Vernunft dem Verstand humane Perspektiven gibt, hat *Wygotski* in seiner *„Psychologie der Kunst"* (1976, Kap. 9) vertieft analysiert. Emotionen, die in der Kunst erfahren werden, sind geistige Emotionen. Sie kommen nur in der Innenwelt zum Ausdruck, die als Bewußtsein, Phantasie usw. als Resultat der Aneignung des Sozialen (s. o.) verstanden wird. Da geistige Emotionen nicht nur in der Kunst auftreten, stellt sich die Frage nach ihrer Eigenart. Diese besteht darin, daß das Kunstwerk – insbesondere die Tragödie, an der *Wygotski* dies zunächst analysiert – nach dem Prinzp der Antithese wirkt und wechselseitig entgegengesetzte Gefühlsreihen hervorbringt. *Messmann* (1986) hat dies einmal an *Aitmatov*s Werk „Der weiße Dampfer" untersucht: Gefühle der Sorge um den Helden dieser Geschichte verknüpfen sich mit Gefühlen der Hoffnung auf die Durchsetzung von Humanität. Obwohl dies sich nicht realisiert, obwohl der Held scheitert, entsteht als kathartischer Effekt im Leser ein Gefühl, in dem dieser Widerspruch ausgelöscht wird: „So darf es nicht bleiben!" *Wygotski* analysiert diesen Widerspruch als Widerspruch von Form und Inhalt. Die ästhetische Form, insbesondere der Rhythmus, gehen über das Bestreben des Betrachters, sich auf den Inhalt einzulassen, hinweg. Der Inhalt wird in der kathartischen Reaktion „durch die Form vertilgt". In der „Selbstaustilgung" der Affekte besteht die kathartische Reaktion (S. 251f.).

Verknüpfen wir diesen Gedanken, der in der „Psychologie der Kunst" noch etwas unklar bleibt, mit den gerade auf deutsch erschienenen Notizen *Wygotski*s über „Konkrete Psychologie" (1989), so läßt sich der Prozeß der Katharsis, der unmittelbar mit der Genese der Vernunft zusammenfällt, wie folgt aufklären. Jede höhere psychische Funktion, so *Wygotski*, war zunächst eine Funktion zwischen den Menschen. „Die erneute Zerlegung des zu Einem Verschmolzenen … (führt; W.J.) zu einem kleinen Drama" (S. 295, unter Bezug auf *Politzer*s „konkrete Psychologie"). So erweist sich das Nachdenken als Streit der Gedanken, wie früher der Streit das Resultat des auf verschiedene Kinder verteilten Denkens war (S. 297). Entsprechend ist m. E. der kathartische Prozeß nichts anderes als ein Prozeß des emotionalen Ergriffenseins, des Berührtseins, der sich vorher nicht auf die Tätigkeit in der Phantasie, sondern auf die Tätigkeit in der realen Welt bezog. Er ist Resultat des Hineinwachsens des Dialogs nach innen. Die im Dialog erfahrene humane Handlung, die zum „Innewerden" *(Buber)*, d.h. zur emotionalen Berühung führt, ist nun die in der inneren Position selbst in der Phantasie realisierte humane Handlung. Der innere Widerspruch von gut und böse, schön und häßlich, löst sich im Inhalt der Tragödie zum Obsiegen des Bösen oder des Häßlichen auf.

Gleichzeitig führt die Form des Kunstwerkes über die Vernichtung des Guten oder Schönen im Augenblick die Möglichkeit der Zukunft fort. Dies geschieht deshalb, weil die emotional-affektive Phasenverstellung (strukturelle Koppelung) durch den tragischen Ausgang gleichzeitig durch die Kontinuität der schönen (rhythmischen) Form ihre Brechung findet. Für den Betrachter entsteht damit in psychologischer Hinsicht über den Bruch hinaus eine emotional positive Kontinuität, die ihn zugleich mit der Verarbeitung des Verlustes konfrontiert. Indem der Betrachter in der Phantasie die gegen das Böse oder Häßliche gerichtete Möglichkeit als seine Möglichkeit erneut aufgreift, begegnet er im inneren Dialog sich selbst, erkennt sich als human. Die emotionale Bewertung dieser jäh auftauchenden Erkenntnis erscheint als Affekt in der Innenwelt und löscht die bisherige Gefühlsspannung in sich aus, insofern er gegen die Inhumanität der Welt die Möglichkeit des Humanen als Schönheit und Moralität im Betrachter selbst schafft. Diese im Ästhetischen entwickelte *Perspektive der Vernunft* im Sinne der Möglichkeit des Widerstandes gegen Inhumanität und des humanen Eingreifens wird von Peter *Weiss* in der „Ästhetik des Widerstands" als *geträumte Revolution* gedacht, die zusammen mit der wachen Revolution die „Revolution total" ergibt (Bd. 2, S. 56, S. 60). In diesem Prozeß entsteht Hoffnung auf eine humane Zukunft, die in der wachen Revolution durchgesetzt zu werden vermag (vgl. *Werner* 1987; bzw. *Messmann*s [1989] exemplarische Aufarbeitung dieses Prozesses am Gemälde von *Géricault* „Das Floß der Medusa", auf das *Weiss* ausführlich eingeht). Wache und geträumte Revolution in dieser Perspektive der Vernunftwerdung greifen jenes dialektische Verhältnis auf, das Marx in der dritten These über *Feuerbach* als Zusammenfallen des Änderns der Umstände und der Selbstveränderung kennzeichnet.

In ähnlicher Weise betrachtet *Lukács* (1987) die Dimension des Ästhetischen als Möglichkeit der Perspektive der Befreiung (Kap. 16) und Aufhebung der insbesondere durch die Form der Religion gesetzten Entfremdung. Das Ästhetische ist für ihn Medium der Umwandlung des ganzen Menschen in den „Menschen ganz" (S. 768). Es ist Ausdruck des Bedürfnisses, „eine Welt zu erleben, die real und objektiv ist und zugleich den tiefsten Anforderungen des Menschseins (des Menschengeschlechts) entspricht" (S. 523).

Es wird aus diesen Überlegungen deutlich, daß *Bildung und Erziehung gänzlich dynamisch, in Bewegung* gedacht werden müssen. Sie können *nicht an einem „vorgegebenen Maßstab"* (*Marx*, MEW Bd. 42, S. 396) gemessen werden, sondern nur *am Maß ihrer selbst*, als je im Augenblick realisierte Humanität. Um diesen Aspekt begrifflich zu fassen, scheinen mir vor allen anderen die Kategorien „Würde" und „Verantwortung" geeignet zu sein.

Ich habe diese Kategorien bereits an mehreren Stellen angeführt, so daß eine kurze

Definition hier ausreicht. *„Würde"* ist laut etymologischem Wörterbuch (Duden Bd. 7, 1989, S. 819) ein „Achtung gebietender Wert, der einem Menschen innewohnt". Für Ernst *Bloch* (1985a, S. 13) gibt es ein Naturrecht des Menschen auf menschliche Würde. Dies bedeutet ein Grundrecht auf Gemeinde, Humanismus und Demokratie, Erfülltheit eines humanen Lebens, in der es „mit der Freundlichkeit, der tiefdringenden, der Brüderlichkeit, der schwierigen" sehr ernst genommen wird (1985a, S. 314). Würde kann es ohne Ende der Not nicht geben. Es ist der „aufrechte Gang", der Würde verleiht und der sich in einer realen Hoffnungswelt im Sinne des *Marx*schen Imperativs in der Eigenschaft realisiert, „Materie nach vorwärts" zu sein (1985b, S. 1627). Würde zu ermöglichen und zu respektieren bedeutet immer, Identität im Sinne von Selbstachtung aufzubauen. Dies ist nur möglich über die Respektierung von Würde, über das in den anderen gesetzte humane Vertrauen, das ihn Verantwortung übernehmen läßt. Entsprechend ist für *Suchomlinski* die Mißachtung der Würde der Boden, aus dem die Wurzeln des Bösen sich nähren (1982, S. 121).

Eine bemerkenswerte Bestimmung von Würde, auf die *Rügemer* (1988) im Zusammenhang seiner Überlegungen zu Allgemeinbildung aufmerksam macht, findet sich im Abitursaufsatz des jungen *Marx* über die „Betrachtung eines Jünglings bei der Wahl eines Berufs":

„Würde kann aber nur der Stand gewähren, in welchem wir nicht als knechtische Werkzeuge erscheinen, sondern wo wir in unserem Kreise selbständig schaffen ... Die Hauptlenkerin aber, die uns bei der Standeswahl leiten muß, ist das Wohl der Menschheit, unsere eigene Vollendung ... Die Natur des Menschen ist so eingerichtet, daß er seine Vervollkommnung nur erreichen kann, wenn er für die Vollendung, für das Wohl seiner Mitwelt wirkt" (MEW Erg. Bd. 1, S. 593).

Würde ist demnach nicht nur etwas Zugestandenes, sondern aktiv Aufgegebenes: Sie ist die Würde des „nicht-knechtischen Werkzeugs".

„Verantwortung" ist nach Duden (Bd. 7, 1989, S. 777) „das Verantworten; Verpflichtung, für etwas einzutreten oder die Folgen zu tragen". Dies wird im rechtlichen Sinne als Verantwortung gegenüber Institutionen und den Herrschenden häufig zugleich zu einer Verweigerung der Antworten nach unten. In diesem Sinne sei an die Fassung von Verantwortung erinnert, die *Sève* (1985) versucht: „Vom ethischen Standpunkt aus bin ich für alles verantwortlich, auf was ich einwirken kann. Nur für dieses, aber für dieses alles" (S. 234).

Für *Schönberger* (1987) ist „Verantwortung" ein *grundlegendes sittliches Merkmal menschlichen Handelns.* „Sie besteht in der Verbindlichkeit, die das Handeln gewinnt unter dem Anspruch eines Problems. Dieser Anspruch entsteht, wenn der Handelnde eine Sachlage als nicht nur ihn allein betreffende Aufgabe erkennt und deren Lösung zwar in einer bestimmten Situation, jedoch gemessen an situationsübergreifenden Ordnungen und Gütemaßstäben als sinnvolles und erreichbares sowie verpflichtendes Ziel bewertet". *„Veranwortung entfaltet und erfüllt sich in Kooperation"*; sie ist daher „ihrem Wesen nach Mit-Verantwortung" (S. 119). Wir können hinzufügen: Sie ist Verantwortung für die äußeren und inneren Zusammenhänge der Kooperation, d.h. für die Realisierung des gemeinsamen Produkts ebenso wie für die Abstimmung der Tätigkeit im kollektiven Subjekt, sowohl in produktionsbezogener (Kooperation) wie reproduktionsbezogener Hinsicht (Dialog).

Bildung im bisher entwickelten Sinne ist der *„Anspruch eines jeden auf Entfaltung seiner*

Menschlichkeit" (Stöcker 1987, S. 33) als Vermittlung zu einem Allgemeinen: zu seinem historisch gegebenen und aufgegebenen Gattungswesen, das er im Ensemble gesellschaftlicher Verhältnisse „außermittig" (Sève 1972) vorfindet und sich in Sinn wie in Bedeutungen aneignen muß, um sich mit sich als Mensch und damit zur Gattung vermitteln zu können.

Allgemeinbildung in diesem Sinne ist vor allem durch Wolfgang *Klafki* (1963, 1974, 1987) sowohl in ihrem Charakter des Allgemeinen wie in ihren sinn- und bedeutungs-erschließenden Momenten als „kategoriale Bildung", bestimmt worden. *Klafki* (1985, S. 12–30, 1986) nennt *fünf Momente von Allgemeinbildung* (ich gebe sie in der weiter-führenden Zusammenfassung von *Stöcker* 1987 wieder, dessen Argumentation ich folge und insbesondere in Bezug auf *Feuser* ergänze):

(1) Jeder Mensch ist *Subjekt*, d.h. „ein zur freien Willensbestimmung fähiges Wesen", d.h. in jedem Menschen realisiert sich die menschliche Vernunftnatur (subjektiver Aspekt von Allgemeinbildung).

(2) „Vernünftigkeit, Selbstbestimmung, Freiheit des Denkens und Handelns gewinnt das Subjekt nur in Aneignungs- und Auseinandersetzungsprozessen mit einer Inhaltlich-keit, die ihm zunächst nicht selbst entstammt, sondern Objektivation (Vergegenständli-chung fügt *Stöcker*, S. 34, ein) bisheriger menschlicher Kulturtätigkeit i.w.S.d.W. ist" (*Klafki* 1986, S. 459f.). Die Entwicklung der Vernunftmöglichkeit zur Vernunftfähigkeit bedarf daher *historischer Vergegenständlichungen* als Medium eines Allgemeinen (ob-jektiver Aspekt).

(3) Bildung als Allgemeinbildung muß *allen Menschen* möglich und zugänglich sein. Dies verlangt die Aufhebung des Bildungsmonopols herrschender Klassen und Schichten (vgl. *Alt* 1978) und den Aufbau einer Integrierten Gesamtschule (*Klafki* 1985, S. 19). Bei konsequenter Durchhaltung von *Klafki*s Anspruch muß und kann diese m.E. nur als reformpädagogisch orientierte Einheitsschule im Sinne von *Feusers* Konzeption inte-grativer Pädagogik, d.h. ohne Ausschluß von Behinderten, realisiert werden (politischer Aspekt).

(4) Allgemeinbildung ist Bildung im Medium eines Allgemeinen, „d.h. in der Aneig-nung *von* und Auseinandersetzung *mit* dem die Menschen gemeinsam Angehenden, mit ihren gemeinsamen Aufgaben und Problemen, den in der Geschichte bereits entwickel-ten Denkergebnissen und Lösungsversuchen, den schon erprobten Möglichkeiten, den schon erworbenen Erfahrungen des Menschen als Individuum und zugleich als gesell-schaftlichen Wesens, den bereits formulierten Fragestellungen, aber auch den sich abzeichnenden zukünftigen Entwicklungen und den darauf bezogenen, alternativen Lö-sungsvorschlägen" (*Klafki* 1985, S. 18). Allgemeinbildung ist in diesem Sinne Erziehung zur *„Gemeinschaftlichkeit";* in ihrem Zentrum steht das Kriterium der *„Solidaritätsfä-higkeit".* Gefunden wird das Medium, in dem dieser Prozeß sich organisiert, in *„gesell-schaftlichen Schlüsselproblemen",* die von der Menschheit gelöst werden müssen, wenn die Gattung auf humane Weise überleben will (*Stöcker* 1987, S. 354 in Bezug auf *Klafki*). Schlüsselprobleme sind gemäß der Konzeption von *Baumgärtner* (1980), auf die *Klafki* hier zurückgreift, z.B. Krieg oder Frieden, sinnvolle Arbeit oder sinnentleerte Arbeits-losigkeit, reale Demokratie oder autoritärer Obrigkeitsstaat, denen *Klafki* selbst noch zahlreiche weitere Themen hinzufügt (1985, S. 21) wie z.B. individueller Glücksanspruch und zwischenmenschliche Verantwortlichkeit, Behinderte und Nichtbehinderte, „Ver-wissenschaftlichung" der modernen Welt und das alltägliche Verhältnis von Mensch und Wirklichkeit u.a.m. Die Diskussion um Projektmethode und projektorientierten Unter-

richt (s. u.) sowie zahlreiche Überlegungen in den Didaktiken der einzelnen Unterrichtsfächer zu einem vom menschlichen Leben und menschlichen Bedürfnissen ausgehenden Unterricht können sicherlich einen umfassenden Katalog weiterer Themen hinzufügen (sozialer Aspekt von Allgemeinbildung).

(5) Allgemeinbildung ist allseitige Bildung, ist im Sinne von *Pestalozzi* Bildung von Kopf, Herz und Hand. Sie umfaßt nach *Klafki* die *moralische*, die *kognitive* und die *ästhetische* Dimension. Sie muß zugleich praktisch-werktätige Bildung sein, um der grundlegenden Bedeutung dieses Aspekts für die Persönlichkeitsentwicklung Rechnung zu tragen und um von frühesten Phasen an der Bedeutung künftiger beruflicher Tätigkeit Rechnung zu tragen. Dem entspricht der Begriff der *„polytechnischen Bildung"* bei *Marx* (*Stöcker* 1987, S. 34). Die Vermittlung dieser verschiedenen Dimensionen des Bildungsprozesses ist m. E. bisher am überzeugendsten im Werk von *Suchomlinski* geleistet worden, aber selbstverständlich hat auch die vielfältige reformpädagogische Diskussion und Praxis außerordentlich wichtige Ergebnisse erbracht, die der Aufarbeitung in einer *allgemeinen Didaktik* bedürfen. Ich will zusätzlich darauf aufmerksam machen, daß mir in diesem Katalog die Dimension der *religiösen Bildung* fehlt. Ich folge dabei dem Verständnis von Ernst *Bloch* (1985a), daß in jeder künftigen Gesellschaft auch eine „Verwaltung des Sinns" gebraucht wird. „Etwas, das die Gemüter ordnet und das die Geister lehrt, um wieder, wie Kirche, in Bereitung und Richtung zu leben" (S. 310). Eine solche religiöse Bildung, deren Ansätze ich bei *Sölle* wie auch in der Theologie der Befreiung sehe, die aber bereits im St.Simonismus als wesentlichem Teil des utopischen Sozialismus als „soziales Christentum" gefaßt wurde, ist für mich – gerade als Atheist – eine fundamentale Dimension von Allgemeinbildung.

Bildung als Übergang vom Subjektiven zum Objektiven und vom Objektivem zum Subjektiven wird von *Klafki* als Prozeß der *„kategorialen Bildung"* bestimmt. „Bildung ist Erschlossensein einer dinglichen und geistigen Wirklichkeit für einen Menschen – das ist der objektive ... Aspekt; aber das heißt zugleich: Erschlossensein dieses Menschen für diese seine Wirklichkeit – das ist der subjektive ... Aspekt". Wesentliches Medium dieser wechselseitigen Erschließung ist „das Gewinnen von ‚Kategorien' auf Seiten des Subjekts" (1974, S. 43). Die Aufgabe des Pädagogen ist es folglich, diese Prozesse der wechselseitigen Erschließung zu realisieren.

Ein ähnlicher Gedanke zur wechselseitigen Erschließung des Schülers für die Sache und der Sache für den Schüler findet sich bei *Suchomlinski* (1982, S. 57f.). Pädagogische Meisterschaft setzt dreierlei voraus: 1. gute Kenntnisse im eigenen Fach und im Stoff, so daß sich der Lehrer nicht auf den Stoff, sondern auf den Schüler konzentrieren kann; 2. muß der Lehrer sich gedanklich an die Stelle des Schülers setzen können, d.h. dessen Schwierigkeiten bei der Aneignung des Stoffes müssen im Mittelpunkt des Denkens des Lehrers stehen; 3. muß der Lehrer sich „zum Verstand und zum Herzen der Schüler" hinwenden. Er „verkündet keine Wahrheiten, er spricht mit den Kindern und Jugendlichen". Die Erschließung, die in dieser Hinsicht als Erschließung des Sinns für Bedeutungen stattfindet, ist die Herausarbeitung eines ausgeprägten Verhältnisses zur Wahrheit (S. 114), sowohl in den menschlichen Beziehungen wie in den geistigen Anstrengungen zur Aneignung des Stoffes. In diesem Sinne gewinnt der Unterricht seine humane Dimension, die keineswegs in allzugroßer Nachsicht besteht. „Wahre Humanität bedeutet vor allem Gerechtigkeit als Verbindung von Achtung und hohen Ansprüchen" (S. 88).

Wechselseitige Erschließung bedeutet also Erschließung von Sinn und Erschließung

243

von Bedeutungen. Hierzu ist ein Gedanke von Erich *Wulff* (1989) von zusätzlichem Nutzen. In der Analyse von Wahnzuständen arbeitet *Wulff* heraus, daß es wechselseitige, sozial realisierte Aufeinanderverweisungen von Sinn und Bedeutungen gibt. Es gibt eine *„Sinnbezogenheit von verallgemeinerten Bedeutungen"* und eine *„Verallgemeinerbarkeit von subjektivem Sinn".* Diese *„Teilhaftigkeitsbeziehung"* zwischen Sinn und Bedeutungen ist zwar sozial möglich, wird aber immer nur in der Tätigkeit selbst durch Akte der Anerkennung (oder Aberkennung) realisiert. Dies kann im Bildungsprozeß nur dann systematisch unterstützt werden, wenn der Lehrer über Erschließungsmöglichkeiten der Bildungsdimensionen des Stoffes und der sozialen Situationen (in der genannten doppelten Hinsicht) verfügt, mit denen sich der Schüler in seiner Tätigkeit vermittelt.

Stoffe können daher nicht beliebig sein, um kategoriale Bildung zu ermöglichen. Sie müssen zum einen im Sinne von Allgemeinbildung adäquate Entwicklung von Sinn und Bedeutungen ermöglichen. In dieser Hinsicht müssen sie nach *Klafki „exemplarisch"* sein. Sie müssen zum anderen im konkreten Inhaltsbereich sowohl allgemein wie konkret historisch angemessene Kategorienbildung ermöglichen, d.h. verallgemeinerbare Bedeutungen in sich tragen. In dieser Hinsicht müssen sie *„elementar"* sein. Und sie müssen von ihrer sozialen Möglichkeit her sinnerschließend sein, d.h. „Teilhaftigkeitsbeziehungen" zwischen Sinn und Bedeutungen gestatten. In dieser Hinsicht müssen sie nach *Klafki „fundamental"* sein. (Diese Interpretation der Kategorien „elementar" und „fundamental", die von *Feuser* in gleicher Weise vorgenommen wird, stützt sich insbesondere auf *Klafki* 1963, S. 326f. sowie S. 330ff.)

Exemplarisches Lernen bedeutet, an einer begrenzten Zahl von Beispielen aktiv „allgemein, genauer: mehr oder weniger weitreichend verallgemeinerbare Kenntnisse, Fähigkeiten, Einstellungen" zu erarbeiten (*Klafki* 1985, S. 89). Die Dimension des Exemplarischen hat *Klafki* mit dem Begriff der „Schlüsselprobleme" bereits weiter verdeutlicht. Darüber hinaus kann das Exemplarische in verschiedenen *Grundformen* auftreten, die jeweils Allgemeines (Kategoriales) und Besonderes (Exemplarisches) vermitteln. Solche sind (ebd., S. 106f.):

– das Verhältnis „Gesetz" und „Fall", „Methode" und „Anwendungsfall", „Prinzip" und „Exempel";
– der „Typus", der an einem oder mehreren „Repräsentanten" erkennbar wird;
– das „Klassische" im Sinne der einmaligen, prägnanten, vorbildhaften Darstellung einer Grundmöglichkeit ästhetischer Gestaltung, individueller oder sozialer Lebensentscheidung, politischen Denkens oder Handelns;
– die „einfache ästhetische Form" musikalischen, bildnerischen, dichterischen, mimisch-gestischen Gestaltens und Gestalt-Verstehens;
– die „einfache Zweckform" der sprachlichen Kommunikation, des technischen Konstruierens, der gesellschaftlichen Daseinsregelungen, des Sports;
– das historisch-politisch Repräsentative, Wieder-Vergegenwärtigende.

Grundformen des Exemplarischen sind das *Fundamentale* und das *Elementare* (das *Klafki* 1963, S. 327 nochmals unterscheidet in die „kategorialen Voraussetzungen geistiger Aneignung" und das „Geschichtlich-Elementare"). *Feuser* (1989) begreift „das ,Elementare' als die im Subjekt Bedeutung konstituierende und das ,Fundamentale' (als) die sinnstiftende Seite ein und desselben Prozesses... Für die Unterrichtsplanung bedeutet dies, das Elementare und Fundamentale eines jeden Inhalts zu analysieren und als Mittelpunkt des Unterrichts den Schülern zu erschließen" (S. 33).

Im Sinne der drei genannten Schritte bei *Suchomlinski* erweist sich die Bestimmung des

Erschließenden im Stoff als dem ersten Schritt zugeordnet. Daß es von dieser Möglichkeit zur Wirklichkeit wird, verlangt dann die beiden folgenden Schritte im Sinne der Vermittlung des Exemplarischen als Fundamentales und Elementares mit der Lebensrealität der Schüler.

Feuser (1989) hat den Zusammenhang, um den es geht, wie folgt zusammengefaßt:

„Das Elementare und Fundamentale ... sind ... nicht im Sinne der naturwissenschaftlich-empirisch überprüfbaren Sachverhalte und extrahierbaren Naturgesetze per se in den Objekten verankert, sondern sozusagen erfahrungsbedingte Thesen des Subjekts über die objektive Realität, die es im Tätigkeitsprozeß zu konstituieren gilt" ... sie sind also „kategoriale Produkte der Bedeutungskonstitution auf der Basis des persönlichen Sinns, den das Subjekt sich selbst in bezug auf die Welt und der Welt für es selbst verleiht, die als didaktischer Kern eine Pädagogik erst als allgemeine und integrative konstituieren" (S. 35).

Wie am *diagnostischen Prozeß* bereits erörtert (vgl. Abb. 35), liegen auch hier die Sachverhalte sowohl in allgemeiner Form (möglicher Inhalt des Lernprozesses als Bedeutungsgehalt der Stoffstruktur) als auch in einzelner Form vor (Realität des Lernstoffes als kategoriale Bildung, vermittelt über den Sinn- und Bedeutungsaufbau des Subjekts). Das Besondere als Gedankenkonkretum, in dem beide Seiten zueinander vermittelt und damit die mögliche Entwicklungslogik des Schülers sichtbar und unterstützbar wird, kann erst als Resultat eines spezifischen Vermittlungsprozesses erfaßt werden. Diesen haben wir in allgemeiner Form bereits als diagnostischen Prozeß kennengelernt. Bezieht sich ein derartiger Prozeß auf die Vermittlung von einem oder mehreren Schülern mit einer spezifischen stofflichen Struktur mit dem Ziel von Bildung (im *Stegemann*schen wie *Klafki*schen Sinne), so sprechen wir von einem *didaktischen Prozeß*. Dieser umfaßt – als wesentliches Merkmal von Didaktik – die Analyse des Unterrichtsstoffes, bezogen auf seine kategoriale Struktur im Rahmen des gesamten Wissens- und Praxisgebietes, auf seinen exemplarischen Gehalt und auf das in ihm realisierte Fundamentale und Exemplarische.

In diesem Sinne existieren Fundamentales und Elementares sowohl auf Seiten des Objekts wie auf Seiten des Subjekts und gehen in der realen Tätigkeit jeweils neue Synthesen der Sinn- und Bedeutungsanerkennung (bzw. -aberkennung) ein. Das Exemplarische kann für den Schüler nur deshalb als Besonderes ein Allgemeines erschließen, weil es ihm selbst bereits als Allgemeines für bisherige Lebenserfahrungen zugänglich ist.

Nochmals *Feuser* (1989): „Das mit den didaktischen Kategorien des Elementaren und des Fundamentalen Gefaßte hat im intentionalen Erziehungs- und Bildungsprozeß nur dann eine das Subjekt erschließende und damit für es sinn- und bedeutungskonstituierende Funktion, wenn es jene aus dem Gesamt des unterschiedlichen Angebots extrahierbaren Sachverhalte in einer im Bereich der aktuellen Zone der Entwicklung liegenden Weise repräsentiert, ... daß das Wesen, das die erfahrbaren Sachverhalte hervorbringt, sozusagen im sinn- und bedeutungskonstituierenden Zukunftslichtkegel des lernenden Subjekts liegt, entwicklungslogisch also in der nächsten Zone der Entwicklung, was den Aneignungsprozeß des lernenden Subjekts bedingt. Das Elementare und das Fundamentale sind folglich keine Instrumente, die von der aktuellen Zone der Entwicklung der Schüler her gesehen diesen jedweden Sachverhalt aneigenbar machen oder jedweden Schüler für die Aneignung eines Sachverhaltes motivieren können" (S. 36).

245

Die *Erschließung der Unterrichtsinhalte* selbst, auf die ich im folgenden Kapitel noch näher eingehe, erfolgt historisch und aktuell.

Der Inhalt, über den sich die Kategorien vermitteln, „birgt in sich den Weg, auf dem er zum Inhalt wurde – er hebt diesen Weg in sich auf" (Klafki 1974, S. 41). *Alle „Wahrheiten" sind Resultate der Anstrengung, die „unternommen wurde, sie zu erringen" (Gramsci* 1987, S. 73). „Kenntnisse, die losgelöst sind von dieser ganzen individuellen Mühsal des Suchens (sind) nichts weniger ... als Dogmen, absolute Wahrheiten" (ebd., S. 72). Zu zeigen, wie andere diesen Weg zur Wahrheit durchlaufen haben, „ist übrigens eine Lektion in Bescheidenheit, durch die es nicht zur Herausbildung jener äußerst lästigen Zunft von Besserwissern kommt, die schon glauben, das Universum ergründet zu haben, wenn sie nur dank einem guten Gedächtnis eine gewisse Zahl von Einzeldaten und -kenntnissen in dessen Schubfächern einzuordnen vermögen" (ebd., S. 74).

Wenn es auch der Weg zur wissenschaftlichen Wahrheit und damit der inhaltliche Weg zur Bildung ist, vom Irrtum zur Wahrheit vorzudringen, so ist er in Wiederholung des historischen Weges zu dieser Wahrheit für den Schüler nicht wiederholbar. Denn *die Fragen des Schülers an den Stoff sind aus seiner Lebenssituation heraus und zu einem anderen historischen Zeitpunkt andere.* Entsprechend zieht *Stöcker* (1986) zwei Schlußfolgerungen:

(1) „Nicht das *Stellen* von Aufgaben sollte der wesentliche Inhalt der Lehrertätigkeit sein, sondern die *Entwicklung* von Problemen, die die Entwicklung der Schülertätigkeit auf höhere(n) Niveaus fordern und fördern, die also den Widerspruch von Problemsituation und subjektiv nicht vorhandenen Mitteln ihrer Problembewältigung für die Schüler lösbar erscheinen lassen" (S. 139). D.h. neue Kenntnisse werden als „Mittel und Produkt von Problemlösungen *entwickelt*, nicht als fertige Ergebnisse dargestellt" (S. 140).

(2) „In der Struktur des Problems werden die Menschen hinter den Dingen der Welt sichtbar, kann das humanistische Menschenbild verkörpert werden, werden individuelle Lösungen in Übereinstimmung mit dem Menschenideal zugänglich und zum Bedürfnis. In der durch den Lehrer verkörperten humanistischen Position ist für die Schüler die Gewißheit aufgehoben, daß der Lehrer die Entwicklung des Schülers unterstützend und achtungsvoll begleiten wird" (S. 140).
Kooperation von Lehrer und Schülern in diesem Lernprozeß ist daher möglich, weil beide die gleichen Motive haben, „das Gattungswesen" durchzusetzen, sich selbst als „Mensch in der Menschheit" zu verwirklichen (S. 141).

Ob und wie diese Motive unter Bedingungen von Schule, Institutionalisierung und Entfremdung, von Isolation in der Persönlichkeitsentwicklung, Ausbildung von Stereotypen und Abwehrmechanismen realisiert bzw. wiederbelebt werden können, ist Gegenstand der beiden letzten Kapitel.

10.5 Vertiefende und weiterführende Literatur

(E = Zur Einführung geeignet)

AUERNHEIMER, G.: Zur Bedeutung der Perspektive für einen demokratischen Bildungsbegriff. Demokratische Erziehung 5 (1979) 2, 190–200 (E)

BAUMGÄRTNER, F.: Grundeinsichten als Strukturprinzip der Allgemeinbildung. Demokratische Erziehung 6 (1980) H. 4, 420–427

BERNFELD, S.: Sisyphos oder die Grenzen der Erziehung. Frankfurt/M.: Suhrkamp 1967 (E)

BUBER, M.: Reden über Erziehung. Heidelberg: Lambert Schneider 1962

FEUSER, G.: Allgemeine integrative Pädagogik und entwicklungslogische Didaktik. Behindertenpädagogik (28) 1989 1, 4–48 (E)

HOLZKAMP, K.: „We don't need no education ...". Forum Kritische Psychologie Bd. 11 (1983), 113–125

KLAFKI, W.: Neue Studien zur Bildungstheorie und Didaktik. Weinheim: Beltz 1985 (E)

LEONTJEW, A. A.: Psychologie des sprachlichen Verkehrs. Weinheim: Beltz 1984

LOMOV, B.: Methodologische und theoretische Probleme der Psychologie. Berlin/DDR: Volk und Wissen 1987

LOTMAN, Yu. M.: The Semiosphere. Soviet Psychology 27 (1989) 1, 40–61

MAKARENKO, A. S.: Werke in 7 Bänden. Berlin/DDR: Volk und Wissen 1974

MEAD. G. H.: Geist, Identität und Gesellschaft. Frankfurt/M.: Suhrkamp 1975, 2. Aufl.

PETROWSKI, A. W.: Psychologische Theorie des Kollektivs. Berlin/DDR: Volk und Wissen 1983

RAEITHEL, A.: Tätigkeit, Arbeit und Praxis. Grundbegriffe für eine praktische Psychologie. Frankfurt/M.: Campus 1983

REDL, F. und WINEMAN, D.: Steuerung des aggressiven Verhaltens beim Kind. München: Piper 1986, 4. Aufl.

REISER, H.: Dialog im Gruppenprozeß – Zur Vermittlung dialogischer Philosophie und pädagogischer Praxis. In: G. Iben (Hrsg.): Das Dialogische in der Heilpädagogik. Mainz: Matthias-Grünewald-Verlag 1988, 23–40 (E)

SAUERMANN, E.: Makarenko und Marx. Praktisches und Theoretisches über die Erziehung der Arbeiterjugend. Berlin/DDR: Dietz 1987 (E)

SCHÖNBERGER, F.: Kooperation als pädagogische Leitidee. In: F. Schönberger u. a.: Bausteine der Kooperativen Pädagogik. Stadthagen: Bernhardt-Pätzold 1987, 69–139 (E)

SEIDEL, H.: Vernunft und Erbe. Zu theoretischen und praktischen Fragen der marxistisch-leninistischen Philosophie und Philosophiegeschichtsschreibung. Deutsche Zeitschrift für Philosophie 36 (1988) 6, 481–501 (E)

SÖLLE, Dorothee: Lieben und Arbeiten. Eine Theologie der Schöpfung. Stuttgart: Kreuz 1985 (E)

SPITZ, R. A.: Vom Dialog. München: dtv 1988 (E)

STEGEMANN, W.: Tätigkeitstheorie und Bildungsbegriff. Köln: Pahl-Rugenstein 1983

STEGEMANN, W.: Bildung. In: E. Reichmann (Hrsg.): Wörterbuch der kritischen und materialistischen Behindertenpädagogik. Solms-Oberbiel: Jarick 1984, 137–144 (E)

STÖCKER, H.: „Das Wesentliche ist für die Augen unsichtbar". Wolfgang Klafki zum 60. Geburtstag. Demokratische Erziehung 13 (1987) 7/8, 33–39 (E)

SUCHOMLINSKI, W.: Die weise Macht des Kollektivs. Berlin/DDR: Volk und Wissen 1979

SUCHOMLINSKI, W.: Gespräche mit einem jungen Schuldirektor. Berlin/DDR: Volk und Wissen 1982 (E)

TEMBROCK, G.: Biokommunikation. Reinbek: Rowohlt 1975

VASIL'EVA, I. I.: The Importance of M. M. Bakhtin's Idea of Dialogue and Dialogic Relations for the Psychology of Communication. Soviet Psychology 26 (1988) 3, 17–31

VIERHEILIG, Jutta: Dialogik als Erziehungsprinzip – Martin Buber: Anachronimus oder neue Chance für die Pädagogik? Frankfurt/M. Selbstverlag (Oberer Kirchwiesenweg 7) 1987 (E)

VOLOŠINOV, V. N.: Marxismus und Sprachphilosophie. Frankfurt/M.: Ullstein 1975
WYGOTSKI, L. S.: Das Problem der Altersstufen. In: L. S. Wygotski: Ausgewählte Schriften Bd. 2, Köln: Pahl-Rugenstein 1987, 53–90
WYGOTSKI, L. S.: Konkrete Psychologie des Menschen. In: M. Holodynski und W. Jantzen (Hrsg.): Studien zur Tätigkeitstheorie V. Bielefeld: Universität 1989, 292–308

11 Widersprüche und Möglichkeiten von Schulpädagogik und Didaktik

Nachdem im vergangenen Kapitel die Perspektive einer humanen Allgemeinen Pädagogik entwickelt wurde, die den Resultaten unseres langen Weges durch psychologische und neurowissenschaftliche Fragestellungen entspricht, ist nun erneut nach der *Realität gesellschaftlicher Verhältnisse* zu fragen. Ich habe diese in Kapitel 1 und 2 anskizziert, Kapitel 9 hat für die Geschichte der Diagnostik als angewandter Bevölkerungspolitik weiteres Material hinzugefügt, Kapitel 10 hat in Rückgriff auf das Verhältnis von struktureller Koppelung und Informationskonstruktion (vgl. Kap. 7) sozialpsychologische Grundlagen für das weitere Verständnis geschaffen. Erneut müssen wir hier auch die individualpathologische Ebene aufgreifen, die in psychologischer Hinsicht in Kapitel 6, in neurowissenschaftlicher Hinsicht in Teilen des Kapitels 8 (insbes. 8.5.2 zur Funktionsweise pathologischer funktioneller Systeme) entwickelt wurde. In der Vermittlung all dieser Fragen – und noch einiger weiterer, auf die ich noch eingehe – finden wir uns spätestens dann wieder, wenn wir über die praktische Realisierbarkeit der von mir entwickelten Perspektive für die Behindertenpädagogik reden, d.h. über die Bekämpfung des sozialen Ausschlusses und die Realisierung von Integration.

Beginnen wir mit der geschaffenen Realität. Während noch vor wenigen Jahren zur Frage der *Integration behinderter Kinder* in Regelkindergärten und -schulen weitgehende Ablehnung vorherrschte, hat sich unterdessen das Bild deutlich gewandelt. Sowohl der Verband Deutscher Sonderschulen als größter Lehrerfachverband auf diesem Gebiet als auch die Bundesvereinigung Lebenshilfe für geistig Behinderte, im außerschulischen Bereich der größte Verband, diskutieren, wenn auch noch immer vorsichtig, in Richtung Integration. In der Tat sind die positiven Forschungsergebnisse nicht mehr zu übersehen. Über den Kindergartenbereich informiert ausführlich eine Schriftenreihe des Deutschen Jugend-Instituts in München (zusammenfassend *Miedaner* 1986). Neben den dort erschienenen Berichten sei verwiesen auf *Kauter* und *Klein* (1982) sowie *Feuser* (1984).

Ich selbst arbeitete von 1980 bis 1983 in der wissenschaftlichen Begleitung der Auflösung eines Sonderkindergartens der Spastikerhilfe Bremen e.V. und seiner Umwandlung in einen integrativen Kindergarten mit (vgl. *Seidler* 1984, 1988; *Holste* 1984 sowie allgemein zur Integration behinderter Vorschulkinder in Bremen *Herzog* 1987). Das Projekt scheiterte trotz inhaltlich sehr erfolgreicher Arbeit am politischen Umfeld (vgl. *Jantzen* 1986b).

Alle vorliegenden Berichte verweisen im wesentlichen auf deutliche *Vorteile integrierter Vorschulerziehung*. Nur an wenigen Stellen wird jedoch bisher die u.a. von *Feuser* und mir vertretene Forderung nach Integration auch der schwerstbehinderten Kinder umgesetzt. Die sog. „Integration der Integrationsfähigen" unter Zurücklassung eines sogenannten „harten Kerns" (vgl. *Slavich* 1983) in Sondereinrichtungen zeigt sich noch deutlicher in der Diskussion um schulische Integration.

Aber auch hier sind die vorliegenden Forschungsberichte positiv. Behinderte Kinder (auch geistig behinderte) können in der Grundschule integriert werden; eine Unterforderung nichtbehinderter Schüler/innen in Integrationsklassen trat nicht auf (vgl. *Wocken* und *Antor* 1987, 1988 für den Hamburger Versuch; für die BRD insgesamt siehe die Überblicksarbeit von *Demmer-Dieckmann* 1989). Trotz unbestrittener erster Ergebnisse steht die *schulische Integration* noch am Anfang; die von *Demmer-Dieckmann* in Orientierung an dem Bremer Schulversuch (Zwischenbericht: *Feuser* und *Meyer* 1987) zusammengestellten Bedingungen schulischer Integration sind in kaum einem Versuch erfüllt (Abbildung 40).

Der rauhe Alltag zeigt sich vor allem dort, wo die Ausdehnung solcher Versuche auf die schulische Regelversorgung verlangt wird (Bremen) bzw. wo der Übergang aus der Grundschule in die Sekundarstufe I (Sek.I) erfolgt. In Berlin und Hessen wurde unter den Kultusminister/innen *Laurin* bzw. *Wagner* Kindern mit Trisomie 21 der Besuch der Sek.I in einer Regelschule verweigert, in Bremen scheiterte die weitere Durchführung des Schulversuchs an der schulischen Wirklichkeit der Sek.I. Nicht, daß sie pädagogisch nicht zu bewältigen gewesen wäre; aber Schule bzw. Schulverwaltung waren nicht zur Realisierung der dort nötigen Bedingungen bereit. (Der Abschlußbericht von *Feuser*, der daraufhin die wissenschaftliche Begleitung niederlegte, liegt gegenwärtig noch nicht vor.)

Abb. 40: Notwendige konzeptionelle Vorgaben für die schulische Integration behinderter Kinder

- **Regionalitätsprinzip/dezentrale Integration** (alle Schüler/innen kommen aus dem unmittelbaren Einzugsgebiet der Schule)
- **Aufnahme aller Schüler/innen** (unabhängig von Art und Schweregrad ihrer Behinderung, weitere Aufnahmekriterien, die bestimmte behinderte Schüler/innen ausschließen, darf es nicht geben)
- **Orientierung** der Klassenzusammensetzung in bezug auf die Relation behinderter/nichtbehinderter Schüler/innen **an der Normalverteilung** in der Bevölkerung (10%)
- **Kein Sonderschulstatus für behinderte Schüler/innen** (sie werden schulrechtlich an der integrativ arbeitenden Schule geführt und ohne Probezeit aufgenommen)
- **Gemeinsames Curriculum** für alle Schüler/innen
- **Berichte über individuelle Lernentwicklungen** für alle Schüler/innen statt Ziffernzensuren und Zeugnissen
- **Aufhebung der leistungsorientierten Versetzungsentscheide** für alle Schüler/innen
- **Dezentralisierung notwendiger personeller und materieller Hilfen**
- **In den Unterricht integrierte Therapiemaßnahmen**
- **Zuordnung der Sonderschullehrer/innen zum Kollegium der Integrationsschule** (keine stundenweise Abordnung von den Sonderschulen)
- **Team-Teaching** von Grund-/Gesamt- und Sonderschullehrer/innen in den überwiegenden Unterrichtsstunden
- **Offene und freie Arbeitsformen, Individualisierung, Innere Differenzierung, Projektunterricht**
- **Kooperative Unterrichtsplanung, -durchführung und -auswertung** des pädagogischen und therapeutischen Personals (Kooperationsstunden)
- **Kompetenztransfer** aller Mitarbeiter/innen der integrativen Arbeit
- **Supervision, wissenschaftliche Begleitung, spezifische Fortbildung** für das pädagogische und therapeutische Personal und die Mitarbeiter/innen im Unterricht.

Haben wir also wieder einmal in Sisyphosarbeit Steine auf den pädagogischen Idealberg gewälzt (*Bernfeld* 1967)? Und ist damit auch der in diesem Buch entwickelte Ansatz nichts als schöne Utopie? Vor einer Antwort die übereinstimmende Einschätzung der größten Schwierigkeiten sowohl der Schulversuche in Hamburg (*Wocken* und *Antor* 1987, 1988) als auch in Bremen (*Feuser* und *Meyer* 1987): Nicht etwa geistige Behinderungen, sondern Verhaltensstörungen (und die nicht nur bei behinderten Kindern) stellten das eine Hauptproblem dar, das andere lag in der unterentwickelten Fähigkeit der Lehrer/innen kooperativ, und in neuen Formen zu arbeiten. Fügen wir die Hauptprobleme hinzu, die *Demmer-Dieckmann* in ihrem Überblick über die Integrationsversuche insgesamt benennt: Sie liegen neben den schon benannten Problemen zum einen in der Zusammenarbeit mit Eltern, zum anderen in der Zusammenarbeit mit der Schulbürokratie.

Für die Vorhaben der Auflösung von Sondereinrichtungen insgesamt ist *Herzog* (1987) zuzustimmen, der in Anbetracht der Begrenztheit bzw. dem partiellen Scheitern von Integration für den Vorschulbereich in Bremen folgert: „Das Verarmen und Verelenden größerer Bevölkerungsteile als überregionale Entwicklung verweist die traditionellen psychosozialen Berufe auf den Platz von Partialbeiträgen, die immer zu spät kommen; es verweist die Behindertenarbeit auf den Platz von gutgemeinten Mühen für Minderheiten, bei fehlenden Hilfsmöglichkeiten für die weitaus größeren Problemgruppen" (S. 108).

Zurück zur Frage: Steine auf den pädagogischen Idealberg hätten wir gewälzt, hätten wir unsere gemeinsame Gedankenarbeit als Verfasser und Leser/innen dieses Buches nicht mit Kapitel 1 begonnen und würden jetzt nicht in die Wirklichkeit einer arbeitsteilig hochentwickelten und durch Klassenteilung gespaltenen Gesellschaft zurückkehren. Hier stoßen wir genau auf die *Grenzen der Erziehung*, die *Bernfeld* benannt hat: auf die in der Person des Schülers, die im Lehrer und die in der sozialen Wirklichkeit. Aber wir stoßen nicht mehr naiv auf sie. Wir wissen, daß weder die Grenzen in der Natur des Schülers noch in der Natur des Lehrers natürliche und/oder unumstößliche sind. Wir haben begonnen, diese Grenzen als soziale zu verstehen, die durch die Veränderung einer sozialen Wirklichkeit massiv verschoben werden können. Wir haben, so hoffe ich, ein Stück jenen „aufrechten Gang" *(Bloch)* gelernt, der für eine konkrete Utopie einer humanen Gesellschaft, für die Realisierung des „Prinzips Hoffnung" notwendig ist. Anders gesagt: Wir haben jenes Stück Revolution „geträumt", von der Peter *Weiss* spricht (s.o.), und kehren damit gerüstet und verändert in die soziale Realität zurück.

Diese Realität ist allerdings nicht nur ökonomisch determiniert, sondern Institutionen wie Staatsapparate, Schulen, Kindergärten usw. haben ihre eigene Logik und ihre eigenen Gesetzmäßigkeiten, innerhalb derer sie soziale Prozesse vermitteln. Diese Strukturen sollen am Beispiel der Schule als Institution näher betrachtet werden. Es soll dann verfolgt werden, wie institutionelle Bedingungen didaktische Sichtweisen bestimmen. Schließlich soll in diesem Kapitel auf der Basis vorhandener Forschungen und Reformansätze entwickelt werden, wie Schule, so wie sie ist, bereits anders gedacht und praktiziert, d.h. verändert werden könnte. Diese notwendige Veränderung sehe ich in der Perspektive einer Schule für alle und ohne Ausschluß.

251

11.1 Schule als Institution

„Schulen sind historisch gewachsene und bürokratische Institutionen zur Reproduktion der Gesellschaft und zur Sozialisation des einzelnen". Sie „erfüllen ihre Aufgaben nicht nur dadurch, daß sie die Sach-, Sozial- und Sprachkompetenzen der Schüler entwickeln, sondern auch dadurch, daß sie die Schüler fortwährend *selektieren* (sie also beurteilen, zensieren, in verschiedene Schulformen und Bildungsgänge einweisen, sie versetzen oder sitzenbleiben lassen), und dadurch, daß sie die Schüler zu einer *loyalen Haltung* gegenüber der ganzen Gesellschaft erziehen" (*Meyer* 1987, Bd. 1, S. 60f.). Entsprechend wird in der Literatur von einer *Qualifikations-*, *Selektions-* und *Legitimationsfunktion* gesprochen (*Fend* 1980, S. 13–54).

Wie alle Institutionen ist *Schule als Institution* weder eine Organisationsstruktur noch ein bestimmter konkreter Ort (Schule in der XY-Straße). Eine Institution ist die *„Art und Weise, wie bestimmte Dinge getan werden müssen"*; sie entwickelt sich als *„eine Reihe von organisierten Verfahrensweisen"* normativer Art (ähnlich wie Recht, Brauch oder Sitte); *„einer Institution kann man nicht angehören, man ist ihr unterworfen"* (*König* 1958, S. 135, 138). Nach *Kuhn* (1990) sind Institutionen „Einrichtungen, in denen eine Gesellschaft oder Gruppe von Menschen zur Erreichung der in ihr herrschenden Zwecke ihre Kooperation, Kommunikation und den gegenseitigen Verkehr, samt der dabei auftretenden Widersprüche regelt".

Institutionen haben einen *Doppelcharakter:* Als gesellschaftliche Formen, d.h. Regulative, sichern sie einerseits die *Tätigkeit des gesellschaftlichen Gesamtarbeiters* oder seiner Teile. Andererseits sichern sie die Reproduktion der Gesellschaft durch die *Reproduktion der Menschen* in bestimmten Sozialformen (Familie, Gemeinde usw.). Die räumlich-zeitliche, energetische und stoffliche Vermittlung beider Aspekte findet in dem vorgefundenen gesellschaftlichen System von Arbeits- und Klassenteilung (gesellschaftliche Produktionsweise) durch den Prozeß der gesellschaftlichen (produktiven und reproduktiven) Arbeit selbst statt.

In beiderlei Hinsicht sind Schulen rechenschaftspflichtig. Zum einen müssen sie die Reproduktion gegenüber der Gesellschaft verantworten, zum anderen gegenüber Schülern und Eltern. Dies drückt sich aus in der *„Doppelform" der Note*, die zum Vermittlungsagens wird. Als *„Warenform"* (vgl. *Marx* MEW 23, S. 62) verspricht sie die Auskunft über die inhaltliche Seite („Naturalform") der Qualifikation (des Arbeitsvermögens) der Schüler. Zugleich offenbart sie als *„Wertform"*, inwieweit die wertschaffende Arbeit des Lehrers ein adäquates Resultat hat. „Der Erfolg seiner Tätigkeit ist kontrollierbar. Jederzeit ist feststellbar, ob die Schüler den zum Prüfungstermine fälligen Stoff beherrschen. Der Lehrer wird durch Prüfung seiner Schüler geprüft" (*Bernfeld* 1967, S. 21). Hat er in historisch durchschnittlicher Weise Lehrerarbeit schlechthin (abstrakte Arbeit) in der Reproduktion der Schüler vergegenständlicht? Und hat er sie in der Arbeitsfähigkeit der Schüler schlechthin, relativ unabhängig vom inhaltlichen Wissen, vergegenständlicht? Genau dies wird mit der Note überprüft. Sie entspricht als Leistungsbewertung der *„Geldform"*, die im späteren Leben den Warentausch reguliert.

Insofern Schulen diesen Prozeß realisieren und überprüfen, müssen sie *bürokratisch* (Bürokratie = Schreibstubenherrschaft) organisiert sein. Der Gegenstand ihres verwaltungsförmigen Handelns ist der reibungslose Transfer von Lehrerarbeit in Schülerarbeit. Er wird über die *Noten* gemessen (Büro-) und mit *disziplinarischen Sanktionen* (-herrschaft) gegenüber Schülern wie Lehrern durchgesetzt. Dieser Gedanke findet sich bereits im Preußischen Landschulreglement von 1763: „§ 22. Die Disciplin muß weislich geschehen: so daß den Kindern die Eigenliebe als die Quelle aller Sünden entdeckt und ihre Abscheulichkeit gewiesen, der Eigensinn oder Eigenwille mit Fleiß gebrochen, auch das Lügen, Schimpfen, Ungehorsam, Zorn, Zank, Schlägerey etc. ernstlich, jedoch mit Unterschied und nach vorhergegangener gnugsamer Überzeugung des geschehenen Verbrechens bestrafet werden ..." (zitiert nach *Gamm* 1979 S. 36 f.). In dieser Hinsicht hat die Schule repressive Aufgaben, ist „Institution der Gewalt" (*Basaglia* 1971). Ihre über bürokratisches Handeln stattfindende Selektionsfunktion umfaßt beide Aspekte: *Verhaltensauslese und Leistungsauslese.*

Da die Entwicklung der Warenform letztlich immer von der Entwicklung der Naturalform abhängig ist, es ohne Gebrauchswert keinen Wert geben kann, gewinnt Schule mit höherer Entwicklung in bestimmten Epochen eine gewisse *pädagogische Eigenständigkeit.* Gelingt es ihr, mit pädagogischen und nicht disziplinarischen Mitteln Probleme zu lösen, bzw. verbietet der demokratische Druck disziplinarische Lösungen, so stabilisiert sie sich als (relativ) autonomes System im Sinne pädagogischen Handelns gegenüber der staatlich-bürokratischen Determinierung ihrer Abläufe.

Führen wir diesen Gedanken zurück auf die Theorie der funktionellen und pathologischen funktionellen Systeme. Die Schule geht in derartigen Situationen von der Unterordnung unter ein pathologisches funktionelles System (Zielgröße: Vermeidung negativer Affekte durch Informationsreduktion; vgl. 8.5.2) in ihre *partielle Reorganisation als autonomes funktionelles System* (7.4) über, das in Kooperation mit anderen arbeitet. (Zur Anwendbarkeit neurobiologischer systemtheoretischer Vorstellungen auf soziale Systeme vgl. auch *Bergner* und *Mocek* 1986, S. 157 ff.)

Historisch gesehen haben sich Schulen mit dem Übergang zur bürgerlichen Gesellschaft und der Entwicklung der kapitalistischen Produktion endgültig durchgesetzt. Der Prozeß der Entwicklung von Wissenschaft, Technik, Produktion, Markt, nationaler und internationaler Ausbeutung usw. erforderte zunehmend ein differenziertes Bildungssystem, das für alle Klassen und Schichten *Reproduktionsleistungen* übernahm, die familiär in diesem Umfang nicht mehr erbracht werden konnten. Schulen für das Volk und Schulen für die herrschenden Klassen wuchsen so Stück für Stück zu einem *einheitlichen Schulsystem* zusammen.

In der sich entwickelnden sozialen Infrastruktur realisierte die Schule als Institution eine wichtige Teilfunktion. Sie wurde wesentliche Institution zur *Herstellung des Arbeitsvermögens.* Dafür mußten Teile der gesamtgesellschaftlich zur Verfügung stehenden wertschaffenden Arbeit (vgl. Kap. 1) in diesen Bereich transferiert, also aus der Ökonomie abgezogen werden. Als *subordinierte Sekundärarbeit* hat sie dort allgemeine Produktionsbedingungen (*Güther* 1977) zu realisieren. Ärzte, Schulmeister usw. schaffen nicht den Fond, aus dem sie bezahlt werden, „obgleich ihre Arbeiten in die Produktionskosten des Fonds eingehen, der überhaupt alle Werte schafft, nämlich die Produktionskosten des Arbeitsvermögens" (*Marx* MEW Bd. 26.1, S. 138). Sie müssen innerhalb der kapitalistischen Produktion (aber auch in jeder nachkapitalistischen Gesellschaft) über vom Staat abgezweigte Teile des variablen Kapitals (bzw. Neuwerts) finanziert werden (Steuern, Schulgeld). Es besteht daher aus der *Kapitallogik* heraus ein Interesse, (1) daß diese Kosten nicht allzusehr expandieren, (2) daß die Lehrer ihre Arbeit adäquat realisieren und (3) daß durch die Erziehung der nächsten Generation Fortschritt im doppelten Sinne (vgl. hierzu die Thesen in Kap. 2.3) gesichert wird: als

Fortschritt in der Entwicklung von Wissenschaft und Technik und als Fortschritt in der Durchsetzung des Gesellschaftsvertrags als bevölkerungspolitische Kontrolle der „Minderwertigen".

Dadurch entsteht einerseits eine *tendenzielle Nachrangigkeit* gegenüber der Entwicklung in der Produktion selbst. Die Arbeitsplatzstruktur wirkt auf die Berufsstruktur zurück und diese auf die Schulstruktur. Andererseits entstehen mit der Einrichtung von Infrastrukturen *sozial stabile Gebilde*. Sie sind weniger vom Willen und der Entwicklung des Einzelkapitals abhängig als von dem über die Staatsfunktion mit realisierten Ausdruck des Gesamtinteresses des Kapitals bzw. der mit ihm ideologisch und materiell verbundenen Bevölkerungsschichten. Insbesondere gehen auch die Ansprüche und Bedürfnisse der *in den Infrastrukturen* selbst arbeitenden Menschen in gesellschaftliche Planung mit ein. Ihnen wird in mehrfacher Hinsicht Rechnung getragen bzw. begegnet: zum einen als Weiterentwicklung der inneren Effizienz einmal geschaffener Infrastrukturen sowohl in technischer, in materieller und personeller Hinsicht, zum anderen im Sinne der politischen Loyalitätssicherung in diesem Bereich (Herausbildung traditioneller Intelligenz) gegen die Arbeiterklasse und mit ihr verbündete Schichten, zum dritten als Abwehr „übermäßiger" Forderungen in Bildung und Ausbildung (Chancengleichheit, Mitbestimmung, demokratische Inhalte usw.). D.h. jede neue Differenzierung der Infrastruktur schafft gleichzeitig *neue Voraussetzungen und Bedürfnisse*, auf die sich die weitere Planung beziehen, mit denen inhaltlich und politisch umgegangen werden muß. Dies geschieht gemäß dem über den Staat vermittelten gesellschaftlichen Gesamtinteresse (das wesentlich vom Kapital bestimmt ist) z.T. durch Realisierung, z.T. durch Abwehr von Forderungen. Hierbei wird je nach politischem Standort auf unterschiedliche Ideologeme zurückgegriffen (Sachzwang, Auswuchern des Sozialstaates, unerträgliche Indoktrinierung, widernatürliche Gleichmacherei usw.), die jeweils den Primat der Politik der ökonomisch und politisch herrschenden Kräfte sichern sollen.

In diesem Sinne realisiert sich das *bürgerliche Bildungsmonopol* (nach *Alt* 1978 neben dem Besitz- und dem Herrschaftsmonopol der dritte Hauptbaustein von Klassenherrschaft) als Einfluß auf den Umfang und das Wesen der Bildungsinhalte. Dieser Einfluß ist in der Schule und über sie hinaus vielfältig nachweisbar (vgl. *Bourdieu* 1982, *Tausendfreund* 1987). Er wird in vielfältiger Hinsicht durch Strukturen und Vereinigungen des politischen Konservatismus durchgesetzt. Dies weisen z.B. *Nyssen* (1970) am Einfluß wirtschaftlicher Interessenverbände in der Schulpolitik bzw. *Wanner* (1984, 1988) in der Rekonstruktion des institutionellen und ideologischen Geflechts des „Pädagogischen Konservatismus" nach. Dieses Geflecht umfaßt Verbindungen zwischen Monopolkapital und Staat, zu konservativen Parteien, Stiftungen, Eltern- und Lehrerverbänden, dem politischen Klerikalismus u.a.m. Diese Kräfte haben sich vor allem in der Bekämpfung der Gesamtschule, im militanten Vertreten eines Konzepts biologischer Begabung, in den Thesen „Mut zur Erziehung" und im massiven Einfluß auf Bildungsinhalte und Bildungsstrukturen hervorgetan. Ginge es nach einem ihrer bekannten Ideologen, Bernhard *Sutor*, so wäre es Kern von Didaktik, daß Schüler lernen, „daß die Würde des Menschen nur dort eine handlungsleitende Bedeutung hat, wo durch ihre Berücksichtigung die gegebene Ordnung und die eigenen Interessen nicht beeinträchtigt werden" (*Prim* 1989, S. 359).

Kehren wir zurück zur Definition von *Meyer*. Die dort angesprochene *Reproduktionsfunktion der Schule* ist ersichtlich in sehr unterschiedlicher Weise determiniert. Ökonomische Interessen (Herausbildung von Arbeitsvermögen) in kapitalistischer Bestimmtheit (als möglichst gut verwertbare Ware Arbeitskraft) treffen sich mit ideologischen Bestimmungen (doppelter Fortschrittsbegriff) und politischen Momenten (Funktion des bürgerlichen Staates, Eigendynamik der Infrastruktur).

Und diese Bestimmungen schneiden sich wiederum mit denen, die, (im Sinne *Gramscis*) vom „historischen Block des Sozialismus" ausgehend, gegen die herrschende Kapitallogik *umfassende humane und kulturelle Entwicklung bei grundlegender ökonomischer und sozialer Absicherung aller Menschen* fordern. Wir erinnern uns, daß es dieser Prozeß ist, der von den Herrschenden als fortschrittsfeindlich, als „Aufstand der Minderwertigen", „demokratische Krankheit", Ausdruck von Haß und Neid usw. begriffen und bekämpft wird (vgl. Kap. 2.3).

In diesem Sinne muß auch die *Sozialisationsfunktion* differenzierter betrachtet werden. Nicht nur die Schule als Institution erzieht (*Bernfeld* 1967 S. 28), sondern Erziehung bleibt immer konkret inhaltlich bestimmt durch Dialog, Kooperation, Kommunikation, sozialen Verkehr der Individuen in der Schule, und sei es auch nur in der gemeinsamen Tätigkeit der Schüler gegen die des Lehrers. Schule konditioniert daher nicht einfach nur in kapitalistische Alltagsnormen, sie ist auch immer zugleich Ort des Widerstands gegen diese. Dies ist sie umso umfassender, je mehr die inhaltliche Seite des Lernens mit ins Spiel kommt. (Vgl. historisch z.B. die Reduzierung der Volksschulbildung auf Gesinnungsunterricht durch die *Stiehl*schen Regulative von 1856 und die Neuaufnahme der Realien in den Allgemeinen Bestimmungen von 1873; diese inhaltlichen Veränderungen eröffneten jeweils fortschrittlichen Lehrern auch andere Spielräume.) Insofern muß auch die Sozialisationsfunktion dialektisch betrachtet werden und darf weder einseitig nach Konditionierung, Durchsetzung des heimlichen Lehrplans durch disziplinarische Anforderungen und Benotung u.ä. aufgelöst werden noch ebenso einseitig nach bloßer Qualifikationsvermittlung (als unterschiedliche Nuancierungen in dieser Debatte vgl. *Huisken* 1972, *Beck* 1974, *Bammé* und *Holling* 1976, *Auernheimer* u.a. 1979, *Jantzen* 1981).

Deutlich wird auf jeden Fall: In der Schule spiegelt sich nicht nur die Dialektik der Klassenkämpfe wider. *Die Schule ist ein Ort der realen und ideologischen Austragung des Klassenkampfes*, da sie als Institution diese Widersprüche in sich vereint. Verdeutlichen wir uns die objektive Dialektik, um die es geht, mit einer Passage aus dem Kommunistischen Manifest (*Marx* u. *Engels*, MEW Bd. 4):

„Die Bourgeoisie befindet sich in fortwährendem Kampfe: anfangs gegen die Aristokratie; später gegen die Teile der Bourgeoisie selbst, deren Interessen mit dem Fortschritt der Industrie in Widerspruch geraten; stets gegen die Bourgeoisie aller auswärtigen Länder. In allen diesen Kämpfen sieht sie sich genötigt, an das Proletariat zu appellieren, seine Hülfe in Anspruch zu nehmen und es so in die politische Bewegung hineinzureißen. Sie selbst fügt also dem Proletariat ihre eigenen Bildungselemente (1888 eingefügt: *politischen* und *allgemeinen*), d.h. Waffen gegen sich selbst, zu. Es werden ferner ... ganze Bestandteile der herrschenden Klasse ins Proletariat hinabgeworfen oder wenigstens in ihren Lebensbedingungen bedroht. Auch sie führen dem Proletariat eine Menge Bildungselemente zu" (1888: *Aufklärungs-* und *Fortschrittselemente*; S. 471). „Der Fortschritt der Industrie, dessen willenloser und widerstandsloser Träger die Bourgeoisie ist, setzt an die Stelle der Isolierung der Arbeiter durch die Konkurrenz ihre revolutionäre Vereinigung durch die Assoziation. Mit der Entwicklung der großen Industrie wird also unter den Füßen der Bourgeoisie die Grundlage selbst hinweggezogen, worauf sie produziert und ihre Produkte sich aneignet. Sie produziert vor allem ihre eigenen Totengräber" (S. 473f.).

Jenseits eines bloß verkürzten und militaristisch geprägten Revolutionsbegriffs, der

255

mittlerweile im „realen Sozialismus" seine Grenzen erfahren hat, liefert diese Passage wesentliche Ansatzpunkte für ein dialektisches Verständnis des Verhältnisses von Klassenauseinandersetzungen in und außerhalb der Schule. Dieses Verständnis kann jedoch erst voll entfaltet werden, wenn wir den Vergesellschaftungsschub im Bildungssystem in den letzten 20 Jahren mit den bisherigen marxistischen Analysen der Institution Schule konfrontieren.

Ich deute dies in Auseinandersetzung mit *Bernfeld* (1967) an. Dort ist zu lesen (geschrieben 1925): „Die Institution Schule ist nicht aus dem Zweck des Unterrichts gedacht ... Sie entsteht aus dem wirtschaftlichen-ökonomischen, finanziellen Zustand, aus den politischen Tendenzen der Gesellschaft; aus den ideologischen und kulturellen Forderungen und Wertungen, die dem ökonomischen Zustand und seinen politischen Tendenzen entsprangen" (S. 27). Auf dem Hintergrund der im folgenden skizzierten Entwicklung der letzten zwanzig Jahre ist im Sinne der Passage aus dem Manifest hinzuzufügen: Und in der Durchsetzung eben jener ökonomischen, kulturellen und politischen Tendenzen setzen sich mit Notwendigkeit Momente der Allgemeinbildung, der Aufklärung und des Fortschritts in der Bildung der lohnabhängigen Teile der Bevölkerung durch, die auf Einengung und Überwindung der Kapitallogik zielen. Diese Widersprüche erfassen vor allem auch die Schule.

Ausgehend vom „Sputnikschock" 1956 und der Beschwörung der „Bildungskatastrophe" ergab sich Ende der 60er/Anfang der 70er Jahre ein deutlicher *Umbruch der Bildungspolitik.* Er wurde aufgrund des Übergangs von der extensiv erweiterten zur intensiv erweiterten Reproduktion des Kapitals erforderlich, d.h. Reproduktion unter zunehmender Nutzung wissenschaftlich-technischen Fortschritts (*Petrak* u.a. 1974). Die notwendige gesellschaftspolitische Korrektur der im internationalen Vergleich deutlichen Rückständigkeit des Bildungssystems der BRD fiel zusammen mit großen sozialen Bewegungen, die ihren Niederschlag im Regierungswechsel zur sozial-liberalen Koalition fanden bzw. über diese hinausreichten. Dies waren zum einen die Bestrebungen der SPD selbst nach sozialer und demokratischer Umgestaltung. Es war ein Erstarken der Gewerkschaften nach der schweren Krise des Jahres 1966/67, welche die ca. 10 Jahre andauernde Sozialpartnerschaftsillusion nach dem KPD-Verbot erschütterte. Es waren die Anti-Notstandsbewegung und die Studentenbewegung. In diesem Kontext entstand eine tiefgreifende *Umgestaltung des Bildungssystems*, die in *quantitativer* Hinsicht u.a. in den in Tabelle 2 zusammengestellten Zahlen zum Ausdruck kommt.

Mindestens ebenso bedeutend ist dieser Umbruch in *qualitativer* Hinsicht. Es kam zu inhaltlichen und unterrichtsorganisatorischen Veränderungen in fast allen Bereichen; insbesondere wurde mit der alten volkstümlichen Bildung im Primar- und Hauptschulbereich gebrochen. Historische und gesellschaftskritische Inhalte hielten Einzug in die Schulen. Naturwissenschaftliche Inhalte wurden im Rahmen der Curriculumreform gründlich verändert und erweitert. Ein Großteil der mit dieser Expansion entstehenden neuen Stellen an Schulen und Hochschulen (ihr entsprach eine vergleichbare Expansion im außerschulischen Bereich, insb. in sozialpädagogischen Berufen) wurde mit Lehrer/innen besetzt, die von den großen sozialen Bewegungen beeinflußt waren. Die Schülerbewegung an den Schulen sorgte für eine weitere Veränderung des Bildungsklimas. An den Hochschulen wurden zahlreiche Stellen mit von der Studentenbewegung beeinflußten Hochschullehrer/innen besetzt. Erziehungsfragen standen für einige Jahre im Mittelpunkt öffentlichen Interesses.

Durch ein Umdenken in Erziehungsfragen im Sinne einer zunehmenden Liberalisierung, das erhebliche Bevölkerungsteile erfaßte, durch veränderte Inhalte und z.T.

Tab. 2: Ausgewählte Kennziffern der Entwicklung im Bildungssystem der BRD von 1960 bis heute

a) Schulbesuch in Prozent der Gleichaltrigen bei Schülern zwischen 13 und 14 Jahren

	Hauptschule	Sonderschule	Gesamtschule	Realschule	Gymnasium
1960	70,1	3,0	–	11,3	15,0
1970	55,3	5,2	–	19,0	21,0
1980	39,2	4,9	3,8	25,4	26,7
1986	36,0	4,9	5,1	26,1	28,0

b) Schüler- und Studentenanteil in Prozent der Gleichaltrigen 21- bis 22jährigen

1960	1970	1980	1986
7,0	11,6	21,5	27,0

c) Schulabgänger in Prozent

	Hauptschule	Realschule	Hochschulreife
1970	63	26	11
1986	34	40	26

d) Kindergartenplätze je 1000 Kinder

1960	1970	1975	1980	1986
328	384	655	790	790

(aus: *Grund- und Strukturdaten* 1989/90, S. 20f., 24, 29, 72f.)

veränderte Lehr- und Lernformen, durch den großen Bewußtseinswandel in der Lehrerschaft (der sich besonders deutlich in den quantitativen und qualitativen Veränderungen in der Gewerkschaft Erziehung und Wissenschaft ausdrückt), durch eine enorme zeitliche Verlängerung des Bildungscurriculums (vgl. Tab. 2b) kam es zu einem *neuen Typus von Jugend*, der durch ein wesentlich differenzierteres und entwickelteres Ausmaß an Reflexion und Ichbildung gekennzeichnet ist (vgl. *Beck* 1986, *Dörre* 1987, *Jantzen* 1988e). Allerdings muß zugleich die widersprüchliche Form hervorgehoben werden, in der sich diese Prozesse in der Schule durchsetzten. Segmentierung des Lehrplans und des Unterrichts schreiten bei gleichzeitiger höherer Qualifikation fort, Mammutschulen entstehen, Vereinzelung greift um sich. Soweit die Selektionsfunktion nicht mehr durch Schultypen wie Gymnasium, Realschule, Volksschule, Sonderschule übernommen wird (also in Integrationsversuchen, Grundschule, Orientierungsstufe und Gesamtschule), verlagert sich das Problem der äußeren Differenzierung zwischen den Schulen als äußere und innere Differenzierung in die Schulen und wirft dort zahlreiche und neue Widersprüche auf (vgl. *Keim* 1979).

Die hervorgehobene *„unverhoffte Renaissance einer ‚enormen Subjektivität' innerhalb und außerhalb von Institutionen"* entstand nach *Beck* (1989, S. 12) zusätzlich durch die *„Selbstdemaskierung von Gefahren".* Aber nicht nur hierdurch: Diese Selbstdemaskierung wurde erst auf dem Hintergrund der neuen sozialen Bewegungen möglich und erzwungen (Friedensbewegung, Frauenbewegung, Anti-AKW-Bewegung, Umweltbewegung), die ihrerseits erheblich zur Demaskierung der herrschenden Verhältnisse beitrugen. Hinzu kamen das zunehmende Engagement der Kirchen in Fragen der Dritten Welt, die erneute Auseinandersetzung mit der deutschen Geschichte u. a. m. Hiermit einher ging einerseits eine neue Verantwortlichkeit für Mensch und Natur, andererseits erfolgte ein massiver Zerfall gültiger Weltbilder (Sinnkrise). Es kam seitens der Herrschenden zu immer erneuten Angriffen auf Inhalte und Formen der Bildung. Insbesondere bedingt durch die Massenarbeitslosigkeit überschnitt sich die Herausbildung der Hauptschule als Restschule mit völliger inhaltlicher Perspektivlosigkeit für die Jugendlichen und Herausbildung eines neuen rechten Potentials (Zweidrittel-Gesellschaft).

In einem Zwischenresultat dieser Entwicklung konnte *Schwänke* (1979) festhalten, daß Schule zunehmend auch bildungsferne Schichten erfaßt hat, wodurch sie (so in Zusammenfassung der Entwicklung von Bildungschancen in der BRD 1945–1979) ihre Statusdeterminationsfunktion teilweise verloren habe. Das Bildungssystem sei „heute nicht mehr in so starkem Maße wie früher an der Zuweisung sozialer Positionen und an der Reproduktion gesellschaftlicher Schichten beteiligt". Eigentum, Berufsgruppenzugehörigkeit und familiäre Herkunft haben deutlichen Einfluß auf die berufliche Karriere (*Schwänke* 1979, S. 121f.).

Für die Schule heute resultiert zunehmend folgender Widerspruch: *Bei höherer Bildung, höherem Bewußtseinsstand der Persönlichkeit, bei durch Lehrerausbildung und Bildungsinhalte deutlich verbesserten Möglichkeiten, guten Unterricht zu realisieren einerseits, ist dies andererseits zunehmend erschwert durch Massenarbeitslosigkeit und Sinnzerfall aufgrund des Zustands der Welt sowie zunehmender häuslicher Sozialisationsdefizite. Insbesondere erweist sich die Zerstückelung schulischen Lernens als schwerwiegendes Hindernis.*

Zunehmend treten schwerere Störungen in den Grundschulen und Neofaschismus an den Hauptschulen auf, zunehmend erscheinen Reproduktion und Sozialisation durch die Institution Schule erschwert und verunmöglicht. Damit erreicht die Schule einen Zustand, wo die *„Naturalform" des Arbeitsvermögens* (die über Entwicklung, Erziehung und Bildung der Persönlichkeit hervorgebracht wird) beim jetzigen Stand schulischer Bildung und Erziehung nicht mehr so herausgebildet wird, daß ein dem Arbeitsmarkt entsprechend vermarktbares Arbeitsvermögen resultiert. Die Realisierung der *„Wertform" der Arbeitskraft als Ware* (vgl. *Marx*, MEW Bd. 23, S. 62), also ihre reale Vermarktbarkeit, stößt nicht nur auf Grenzen, weil die Arbeitsplätze beschränkt sind. Sie tut dies auch zunehmend durch nicht mehr von der Schule in der bisherigen Form behebbare Sozialisations- und Bildungsdefizite. Darüber hinaus ist der Ausverkauf „des unmittelbaren Interesses an einer freiheitlichen, dem Wohle aller Bürger verpflichteten Gesellschaftspraxis" (*Prim* 1989, S. 358) auch an den Schulen bei denjenigen ein „Systemtatbestand" geworden, die sie unter heutigen Bedingungen erfolgreich absolvieren und dabei gelernt haben, sich nur an Leistungen zu orientieren.

Der erhöhte Grad von Individualisierung und Engagement für human bedeutsame Fragen bei den Jugendlichen findet damit andererseits seinen dialektischen Gegensatz in einer *„Kultur des egoistischen Expansionismus"* (H.E. *Richter* nach *Prim* ebd.), die an Schulen und Universitäten bereits existiert. Diese Prozesse finden auf dem Hintergrund massiver gesellschaftlicher Umverteilung von unten nach oben statt, innerhalb derer Mittel für Schulreform ohne massiven sozialen Druck kaum zu erwarten sind. Andererseits ist in dieser Zuspitzung der Widersprüche, in der sowohl die reformpädagogische Diskussion als auch das „burn out" der Lehrer zunehmen, noch keine bildungspolitische Bewegung ausmachbar.

Schule als Institution gerät unter diesem Druck zunehmend an ihre Systemgrenzen und muß sich neu organisieren. Ordnet sie sich weiterhin lediglich der wertförmigen Leistungserstellung unter, so wird sie rapide zunehmend *dysfunktional*, da die Herstellung der Naturalform (Persönlichkeitsentwicklung, Arbeitsvermögen) in den heutigen gesellschaftlichen Bedingungen bereits so gestört ist, daß ohne Schulreform auf Dauer sich dieser Prozeß auf die Herstellung der benötigten Warenform massiv auswirken wird.

Im Zusammenhang des gegenwärtigen Entwicklungsstandes an Bewußtsein über die Gefährdung der Welt und gleichzeitig der Notwendigkeit einer hohen Qualifikation für den kapitalistischen gesellschaftlichen Arbeitsprozeß zeigen sich gegenwärtig *drei Tendenzen für schulische Sozialisation:* (1) Herausbildung einer tendenziell systemübergreifenden, fortschrittlichen Gesinnungs- bzw. Verantwortungsethik; (2) Herausbildung einer tendenziell systembejahenden Perspektive als Egoismus und Utilitarismus; (3) tiefgehender Perspektiv- und Sinnverlust mit neuer Sinnbildung, bezogen auf rückwärts gerichtete Ideale.

Die Struktur des ersten Sinnbildungsprozesses habe ich im vergangenen Kapitel in der Dialektik von Dialog, Kooperation, Kooperation, sozialem Verkehr als Möglichkeit tendenziell nichtentfremdeter Vergesellschaftung bereits herausgearbeitet. Genauso, wie dieser Typ an vielen Orten in der Gesellschaftsgeschichte auszumachen ist, spiegeln auch die beiden anderen Prozesse historisch vorweggehende, dort (partiell) erfolgreiche, jedoch entfremdete Sinnbildungsstrukturen wider, die sich in Pädagogik und Didaktik ebenso wie im schulischen Alltag wiederfinden. Ihre Herausbildung erfolgt über Disziplinierung, Unterordnung, Zwang und Bindungsversagen. Da sie einer allgemeinen und humanen Pädagogik entgegenstehen, aber durch Schule und Didaktik, wie sie sind, begünstigt wurden und werden, ist es wichtig, sie im Detail zu identifizieren. Der zweite Modus der Sinnbildung ist die Unterordnung unter die Logik von „Sachzwängen", die Orientierung an der Leistung und die Realisation von Ich-Entwicklung über individuelle Karriere. Mit ihm historisch teilweise verbunden, aber trotzdem getrennt ausweisbar ist der dritte Modus. Dies ist die Unterordnung in Ich-schwächende Formen kollektiver Subjektivität, die durch die Anrufung überindividueller Objekte und Mythen (Faschismus, Sektenbildung u.a.m.) bei gleichzeitiger massiver Abgrenzung gegen andere realisiert wird. In gebotener Kürze stelle ich einige ideologietheoretische Überlegungen dar, die insbesondere auf den dritten Sinnbildungsmodus (Vergesellschaftung durch Angst und Anrufung) Licht werfen.

11.2 Institution, Ideologie und Subjektwerdung

Diese drei Sinnbildungsmechanismen sind natürlich nicht strikt voneinander unterschieden; sie koexistieren und gehen ineinander über. Vergleichbar werden sie auch in einem Aufsatz über *„Angst und Politik"* von Franz *Neumann* aus dem Jahre 1954 beschrieben.

Neumanns (1986) Studie steht im Zusammenhang seiner Forschungen zur Wirkung des autoritären Staates. Er geht dabei von einem *logischen Zusammenhang von Entfremdung und Angst* aus. Angst kann als Realangst vorhanden sein, sie kann kathartisch wirken, wenn es gelingt, die angsthervorbringende Situation produktiv zu überwinden, sie kann aber auch zu neurotischer Angst werden. Diese entsteht aus der Versagung libidinöser Impulse in der Lebensgeschichte. Die Bindung an einen Führer ist dann die Rückgewinnung von libidinösen Beziehungen, die in einem Akt „der psychologischen Regression" (u.U. einer Ich-Beschädigung, ja sogar eines Ich-Verlusts) erfolgt (S. 268). Die Libido (in unserer Terminologie die in der Bindung realisierte Sinngebung, d.h. strukturelle Koppelung der Affekte) ist der „Zement", der Führer und Masse zusammenschweißt.

Neumann unterscheidet drei Arten des kollektiven Zusammenhangs. Sie entsprechen im wesentlichen meinen bisherigen Überlegungen. (1) *Affektlose Identifizierungen mit Organisationen* wie Kirche, Armee usw. Sie sind nicht immer libidobesetzt und weniger regressiv als affekthafte Identifizierungen (S. 269). Sie dürften dem zweiten von mir genannten, an „Sachzwängen" und Leistung orientierten Typus entsprechen. Demgegenüber werden zwei Typen affekthafter Identifizierung unterschieden.

(2) *Kooperativ-affektive Identifizierung*. Ihr Kennzeichen ist es, „daß sich viele Gleiche in kooperativer Weise so identifizieren, daß ihr Ich im Kollektiv-Ich aufgeht. Aber diese kooperative Form ist selten, auf kurze Perioden beschränkt oder jedenfalls nur für kleine Gruppen operativ gewesen" (S. 269). Dies stimmt vermutlich zu dem Zeitpunkt, da *Neumann* diesen Artikel geschrieben hat. Mit der heute deutlich höheren Entwicklung der Individualisierung der Persönlichkeit finden wir diesen Typus, der den Kern nichtentfremdeter, „solidarischer Selbstvergesellschaftung" (*Maase* 1985), bilden dürfte, in wesentlich neuen Formen. Die großen sozialen Bewegungen in der Bundesrepublik wie die Friedensbewegung (dort insbesondere in Form der Blockaden), die Anti-AKW-Bewegung, aber auch die großen revolutionären Massenbewegungen in den „real-sozialistischen" Ländern im Jahr 1989 sind m.E. deutliche Belege für diesen Typ von kollektiver Verbindung. Er entspricht dem ersten von mir genannten Modus von Sinnbildung.

(3) *Affektiv-regressive Identifizierung*. Diese regressivste Form, die „auf nahezu totalem Ich-Schwund" aufbaut, macht *Neumann* insbesondere in der „*caesaristischen Identifizierung*" aus. Ihr Indiz ist die „falsche Konkretheit", der sich Führer und Massen bedienen, d.h. die falsche Verbindung von Einzelnem und Allgemeinen (ein Beispiel im BILD-Zeitungsjargon: Weil jemand in meiner Nachbarschaft neben der Sozialhilfe schwarz gearbeitet hat, braucht man eine strengere Kontrolle und härtere Bestrafungen gegenüber allen Sozialhilfeempfängern und Schwarzarbeitern). Mit dem Wirksamwerden eines solchen Deutungsmusters entsteht eine positive Identifizierung nach innen (d.h. ich fühle mich in dem, was mich im Alltag stört, von meinem „Führer" angenommen und emotional bestätigt) und zugleich negativ nach außen durch (1) Intensivierung und Kanalisierung der Angst; (2) Identifizierung des Störenfriedes und (3) falsche Konkretheit, insofern immer etwas Wahres daran ist.

Dies entspricht im wesentlichen der Funktionsweise des von Hannah *Arendt* (1986) beschriebenen *totalitären Denkens*, dessen Kernpunkt die *Identifizierung eines* (sozialen) „*objektiven Gegners*" ist, zu dem *aufgrund äußerer Merkmale* willkürlich Personen zugerechnet werden; gleichgültig, ob sie als Subjekt real den damit verbundenen Zuschreibungen entsprechen oder nicht. Dabei kann sich der Verdacht potentiell auf alle erstrecken. „So zeigten sich auch die totalitären Tendenzen des sogenannten McCarthyism in den Vereinigten Saaten am deutlichsten in dem Versuch, nicht einfach Kommunisten zu verfolgen, sondern jeden Bürger dazu zu veranlassen, sich als Nichtkommunist auszuweisen" (S. 566). Solche Denkstrukturen finden sich auf sozialpsychologischer Ebene vergleichbar im Hitler-Faschismus ebenso wie im Stalinismus, aber keineswegs nur dort.

Neumann, der den Typ affektiv-regressiver Identifizierung in historischer Analyse in einer Reihe von Situationen ausmacht, hält fest:

„Für den Erfolg in der heutigen Gesellschaft ist es viel wichtiger, sich mit den Mächtigen gut zu stehen, als sich durch eigene Kraft zu bewähren. Das weiß der heutige Mensch. Das Destruktive, Angsterzeugende ist gerade die Machtlosigkeit des einzelnen, der sich der technologischen Apparatur einzufügen hat. ... Die soziale Entfremdung, das heißt die Furcht vor sozialer Degradation, ist allein nicht zureichend. Das Moment der politischen Entfremdung muß hinzutreten" (S. 280f.). Diese äußert sich in der Apathie, „weil der einzelne nicht die Möglichkeit sieht, durch seine Anstrengung etwas am System zu ändern" (ebd.). Hier finden die Techniken der Propaganda und des Terrors (Unberechenbarkeit der Sanktionen) ihren psychologischen Boden, die Massen und Führung koppeln. Hinzu tritt für die Anhänger einer Bewegung die Wahrnehmung von Schuld aufgrund des „gemeinsam begangenen Verbrechens", aber sicher darüber hinaus, wenn ich dies auf den folgenden Gedanken ausweite, des gemeinsam begangenen Unrechts schlechthin (für das es ja immer eine Legitimation gibt). Man darf, so *Neumann*, nämlich „nicht übersehen, ... daß jedes politische System auf Angst basiert ... Man kann vielleicht sagen, daß das total repressive System depressive und Verfolgungsangst, das halbwegs freiheitliche Realangst institutionalisiert" (S. 282). Wir können davon ausgehen, daß Schule als Institution an diesen Prozessen wesentlich beteiligt ist.

In gebotener Kürze stelle ich einige *ideologietheoretische Überlegungen* dar, die auf den affektlosen und den affektiv-regressiven Sinnbildungsmodus weiteres Licht werfen.

Im Rahmen des an der FU Berlin von der Gruppe um W. F. *Haug* betriebenen Projekts Ideologietheorie (PIT), verweist *Haug* (in *Behrens* u.a. 1979, Kap. 6) auf die Staatstheorie des französischen marxistischen Philosophen Louis *Althusser* (vgl. 1977).

Ideologische Formen, die Formen der Ausfechtung von Klassengegensätzen sind, untersucht *Althusser* als *Ideologische Staatsapparate* (ISA). Er geht von der Frage aus, was sich alles reproduzieren muß, damit sich die Gesellschaft als Ganzes reproduziert. Er stellt sich Gesellschaft als „topisch gegliedertes Ensemble relativ eigenständiger Zentren und Praxen" vor (*Behrens* u.a., S. 107). Für die Reproduktion als Ganzes sind nicht nur die repressiven Staatsapparate, sondern auch die ideologischen Staatsapparate von Bedeutung. „In jedem Apparat sind Gewalt und Ideologie ineinandergemischt, entscheidend ist das Machtverhältnis" (ebd., S. 111).

Entscheidend für die ideologische Reproduktion der Produktionsverhältnisse ist nicht die Reproduktion der ideologischen Regionen selbst, sondern die Reproduktion der Kräfteverhältnisse zwischen den ISAs sowie die regionalen Kompetenzverteilungen und Grenzziehungen. (ebd., S. 113). In dieser Hinsicht entspricht dies *Lotman*s Konzeption der „Semiosphäre" (s.o., Kap. 10.3). Die *unterwerfende Instanz*, die in und zwischen diesen Apparaten hervorgebracht wird (und die den Individuen als gesellschaftlich ordnungsbildender Faktor erscheint; *Haug* verwendet dafür den *Marx*schen Terminus „ideologische Macht"), nennt *Althusser* das *„SUBJEKT"*, dem sich der einzelne Mensch, das *„Subjekt"* unterwirft.

Den Prozeß der Vermittlung zwischen SUBJEKT und Subjekt faßt *Althusser* wie folgt (ebd., S. 119):

(1) Durch das SUBJEKT erfolgt ähnlich wie im Verhältnis Gott und Moses die Anrufung des Subjekts, das sich gegenüber dem SUBJEKT zu verantworten hat. Dieses wiederum ist dem Subjekt jedoch nicht rechenschaftspflichtig. (Wir erkennen hierin soziologisch die Struktur des Rechts, psychologisch die Struktur des Über-Ichs wieder; W.J.)

(2) Das Subjekt antwortet „Hier bin ich"; d.h. es definiert auf den Anrufenden hin bezogen sein eigenes Ich und unterwirft sich: „Moses als Diener Gottes, der Arbeiter als Sozialpartner, der Kleinbürger als guter Untertan". (Dies entspricht dem Prozeß der Herausbildung der Ich-Identität als innerer Dialog zwischen „Ich" und „Ich als Du"; an die Stelle des „Ichs" im Sinne des Gattungssubjektes Menschheit tritt ein weltliches oder verhimmeltes Subjekt der Macht und Ordnung; s.o., Kap. 5.)

(3) Die Identitätsbildung stabilisiert sich durch den Effekt der Wiedererkennung/Anerkennung (effet de reconnaissance). „Die Subjekte erleben ihre Identitätsbildung immer aufs Neue, indem sie sich sukzessiv im SUBJEKT ‚wiedererkennen' und sich in intersubjektiver Bezugnahme auf das SUBJEKT gegenseitig in den anderen Subjekten wiedererkennen (z.B. die soziale Kohäsion in der Gemeinde der Gläubigen)". (Wir erkennen dies wieder als die synergetische strukturelle Koppelung der individuellen sinnbildenden Strukturen im Prozeß der Herausbildung kollektiver Subjektivität; vgl. Kap. 7 u. 10).

(4) Es resultiert die „absolute Garantie, daß alles in Ordnung ist und daß alles gut gehen wird, solange die Subjekte nur wiedererkennen, was sie sind und sich dementsprechend verhalten".

Wir finden in dieser Analyse die Herausbildung (tendenziell bzw. real) pathologischer funktioneller Systeme auf der Ebene kollektiver Subjektivität beschrieben. Im Glauben an Sachzwänge und Leistung erfolgt die Orientierung nicht auf ein personelles oder personifiziertes Subjekt, sondern auf die Geordnetheit des Staatswesens und seiner Prozesse. Damit beginnt jedoch nach Seiten der Individuen der Übergang von isolierenden Bedingungen in eine innere Reproduktion der Isolation (s.o. Kap. 6). Dies läßt sie der Möglichkeit nach zum späteren Zeitpunkt mit rein pragmatischen Argumenten antihuman handeln (vgl. die Debatte um die Thesen von Peter *Singer* 1984 zur Euthanasie behinderter Menschen auf der Basis einer utilitaristischen Ethik; u.a. Behindertenpädagogik 28 (1989) H. 3 sowie *Jantzen* 1989e). Wesen dieser Einschränkung ist Informationsreduktion.

Erfolgt nun zusätzlich die Anrufung durch ein ideologisches SUBJEKT im Sinne des von *Neumann* beschriebenen affektiv-regressiven bzw. cäsaristischen Identifikationstypus, so haben wir alle Kennzeichen eines *pathologischen funktionellen Systems* vorliegen (s.o. Kap. 8.5.2). Die Tätigkeit des Systems realisiert sich in Situationen der zunehmend notwendigen Verarbeitung neuer Information in der beschriebenen Weise. Ein „Generator" pathologisch erhöhter Erregung, entstanden durch Informationsabschottung gegenüber der Außenwelt, unterwirft als „Determinante" die untergeordneten Strukturen im Sinne des Herstellens einer inneren strukturellen Koppelung bei beschleunigter Eigenzeit und Unterdrückung der Rückmeldungen. (Es zeigt sich hier das Moment der „totalen Organisation", auf das Hannah *Arendt* [1986, S. 575] verweist. In diesem, aber nur in diesem Sinne trifft *Haken*s Begriff der *Versklavung* in synergetischen Prozessen zu, die ansonsten eher Prozesse der Kooperation sind.) Die letzten Monate der *Ceaucescu*-Diktatur einschließlich des rhythmisch klatschenden Parteitags von ca. 5000 Personen sind ein beredtes Beispiel für derartige Prozesse, deren Struktur wir nunmehr erkennen können: *(1) Bindung (libidinöse Besetzung) im Sinne von Übertragung zur übergeord-neten Struktur (SUBJEKT) und untereinander nach innen, (2) Identifizierung eines „objektiven Gegners" außerhalb (3) auf dem Wege der Zuschreibung der gegnerischen Eigenschaft in falscher Konkretheit, (4) wodurch Angstpotential auf dem Wege der Projektion kanalisiert wird, (5) bei Unterdrückung aller Rückmeldungen, die diese Information nicht bestätigen.*

Betrachten wir noch einige Überlegungen zur psychologischen Seite dieser Prozesse, die im wesentlichen meinen Überlegungen zur inneren Reproduktion von Isolation entsprechen (s.o., Kap. 6).

Haug (1979) hält unter Anlehnung an die kritische Psychologie *Holzkamp*s das „Über-Ich" für eine *innere Instanz des Zwangs*, sozusagen für „die Dépendance der ideologischen Macht im Individuum. Wenn die ,produktiven Bedürfnisse' durch Umweltkontrolle auf die Tabuschranken des Privateigentums und seiner komplexen soziokulturellen Ordner stoßen, führt der Konflikt zur Angst ... Als Gegenstück zur Sozialstruktur mit ihren ideologischen Apparaten entsteht ein psychischer Apparat. Seine ideologischen Instanzen ermöglichen es, daß das Individuum durch die Ideologien zur Ordnung gerufen wird" (S. 6). Dabei schließen sich „aufrechter Gang und ideologische Unterwerfung ... einander nicht aus" (*Haug* in *Behrens* u.a. 1979, S. 192).

Grundform der Ideologiebildung ist die *„Verhimmelung"* (*Haug* 1979, S. 9). Die Obrigkeit als von Gott eingesetzt, ein substanzialisierter Gott selbst, ein über uns stehender Führer, der es besser weiß, der „für uns" handeln kann, unhinterfragte Strukturen, die quasi naturhaft „Ordnung" sichern usw., werden als höher und schützenswerter angesetzt, als die Bedürfnisse realer Menschen. Genau dies ist die *Konstitution* (Anerkennung) des SUBJEKTs im Sinne *Althusser*s durch die Individuen. Oder mit dem französischen Psychoanalytiker *Lacan* gesagt, auf den sich *Althusser* in seinem Denken deutlich bezieht: „Je mehr sich ein Wesen einem Sinn, den es nicht erbet hat, unterworfen sieht, desto eher hat es nur eine Lösung: diesen aufgezwungenen Bedeutungen entsprechend zu funktionieren. Dieses rettet es in psychischer Hinsicht, entfremdet es aber dem Sinn für immer" (Zusammenfassung von *Roedel* 1986, S. 129).

D.h. in den Habitus, ins Körperselbstbild, ins psychische Selbstbild gehen wesentliche Bedürfnisstrukturen mit ein, deren jeweiliges Modell des Künftigen auf die *Minimierung von Angst* zielt. Dies entspricht dem psychoanalytischen Mechanismus der *Verdrängung und Gegenbesetzung* von Angst (vgl. Kap. 12.2). Gleichzeitig sind diese Prozesse gekoppelt an solche der aktiven *Bindungssuche* und von praktiziertem *Bindungsverhalten*. Darauf verweist *Grossmann* (1977) bei der Analyse der frühen Angstentstehung im Aufzeigen der Dialektik von Bindung und Sicherheit. „Je besser die Bindung gelingt, desto weniger Bindungsverhalten ist nötig. Bindung ist Sicherheit für das Kind" (S. 35). Fehlende Bindung in der frühen Kindheit determiniert keineswegs das spätere Entstehen autoritärer Strukturen. Als graduelle Anpassung an isolierende Bedingungen (vgl. Kap. 6.2.5) – und dadurch reduzierte Autonomie des Subjekts – erhöht sie jedoch die Möglichkeit, daß es unter neuen isolierenden (initiierenden) Bedingungen auf dieser Basis zu einer sinnhaften und systemhaften Umbildung der psychischen Prozesse kommt. D.h. ein Stereotyp entsteht.

Entsprechende Strukturen weist *Holzkamp-Osterkamp* (1981) bei der Analyse von *biographischen Dokumenten von NS-Mittäter/innen* nach:

„Die faschistische Ideologie besteht ... in dem Versprechen, kurzfristig und risikolos die Ohnmacht und Ausgeliefertheit der eigenen Existenz zu überwinden" (S. 157). Die Übernahme der faschistischen Wertorientierung entspringt einem „Gefühl, gebraucht zu werden", also nicht einer Lust an Unterwerfung als solcher. Sie ist „im Gegenteil ein Mittel der Überwindung individueller Ohnmacht und der erweiterten Möglichkeit, sich anderen gegenüber durchzusetzen" (S. 159). Dies läßt sich in den biographischen Analysen nachweisen. Bei den drei Untersuchten (Rudolf *Höß*, Melita *Maschmann*, Cornelia *Keller*) fallen „Beziehungslosigkeit und Isoliertheit der Existenz" und der „Mangel an befriedigenden sozialen Beziehungen auf" sowie eine Gestörtheit der Beziehungen, die sich u. a. in der Unfähigkeit zeigt, „sich Auseinandersetzungen zu stellen". Die Attraktion der Idee der Volksgemeinschaft bestand darin, „einerseits in der Gemeinschaft aufgehoben" zu sein und andererseits die privaten Probleme „im Dienste der Sache" hinter sich lassen zu können (S. 161f.). Durch inhaltsleere kollektive Beziehungen wie „Treue" gelang der Schutz vor der größten seelischen Gefahr, der Angst. Es blieb die Aufgabe „mit seinem Mitleid fertig zu werden", aber schließlich führte die Tatsache, daß man „die Unmenschlichkeiten gegen sein natürliches Empfinden durchführte", dazu, daß man sich „von jeder persönlichen Schuld" freisprechen konnte (S. 167).

Holzkamp-Osterkamp folgert daraus, daß das Böse nicht in den Menschen liegt und auch nicht als „Gott-sei-bei-uns" über uns herkommt, sondern daß es ein Resultat der „prinzipiellen Bedeutungslosigkeit und Ungesichertheit der kapitalistischen Verhältnisse ist und im Faschismus seine Zuspitzung findet" (S. 170).

Dem kann zugestimmt werden. Wie steht es aber mit der möglichen Auflösung solcher Strukturen? Beide Wege sind uns aus der Theorie des pathologischen funktionellen Systems bekannt. Der eine zielt auf die Zerstörung seines Generators, der als Determinante wirkt. Dies führt aber keineswegs zur unmittelbaren Auflösung der Stereotypen, die sich in den untergeordneten Strukturen gebildet haben (vgl. zum Problem der Verarbeitung des Faschismus A. u. M. *Mitscherlich* 1977). Der zweite Wege ist es, Teile der Peripherie dem Einfluß der Determinante, also deren Macht- und Herrschaftsstrukturen, Ideologiestrukturen (Informationsbeeinflussung) und Bindungsstrukturen partiell zu entziehen. Dies geschieht nicht durch die Umkehrung des Herr-Knecht-Verhältnisses, darauf verweist Thea *Bauriedl* (1988) in einer der differenziertesten Untersuchungen zum Verhältnis von Psychoanalyse und Politik, sondern durch das „*Erkennen und Auflösen der eigenen Beteiligung an der Unterdrückung*" (S. 72; natürlich setzt sie dieses Prinzip nicht absolut. Es gibt Situationen, so z. B. KZ-Haft, wo eine derartige Beteiligung nicht vorliegt). „Die Spaltung zwischen Gut und Böse, zwischen richtig und falsch, zwischen Freund und Feind bleibt genau so lange bestehen, wie die Alternative zu dieser Spaltung, die Zunahme an menschlicher Nähe, an Konflikt- und Kontaktfähigkeit, nicht attraktiver ist als die Aufrechterhaltung des Status quo" (ebd., S. 107). Dies führt uns zurück zu unserer Diskussion des Dialogs im vergangenen Kapitel, wonach im Verständnis von *Reiser* die Ermöglichung von *Trauerarbeit* einen wesentlichen Beitrag zur Entfaltung des Ichs leistet.

Was gewinnen wir durch diese Analyse der gesellschaftlichen Funktion der Schule sowie der in ihr vorfindbaren Sinnfindungstypen? M. E. erhalten wir nicht nur Kriterien für eine realistischere Beurteilung von Schule als Institution, nicht nur Kriterien für die Beurteilung der humanen Qualität unterschiedlicher pädagogischer und didaktischer Ansätze, sondern vor allem auch geistige Mittel, in den Widersprüchen dieses Schulsystems gegen die herrschenden Verhältnisse denken und handeln zu lernen, ohne uns antihumane Mittel aufzwingen zu lassen. Diesen Aspekt will ich im folgenden bei der Behandlung der didaktischen Ebene vertiefen.

11.3 Was ist Didaktik?

Weiter oben hatte ich Didaktik allgemein als Vermittlung von einem oder mehreren Schülern mit einer spezifischen stofflichen Struktur mit dem Ziel von Bildung gekennzeichnet (Kap. 10.4). Sehen wir zunächst einmal ab von der bis hierhin mit untersuchten Formbestimmtheit des Unterrichts durch gesellschaftliche Reproduktion und Schule als Institution, so lassen sich mit *Gamm* (1978) *vier Funktionen der Schule* beschreiben:

1. „Schule begründet den ersten Kontakt zu öffentlichen Institutionen, zu jenen unübersichtlichen Mammutapparaten von Bürokratie, mit denen jedermann zeitlebens zu tun hat".
2. Sie „erschließt dem Kinde personale *Interaktionsformen*, die ihm die Kleinfamilie kaum bietet".
3. Sie schafft durch ihre „sekundäre Sozialisation" (im Unterschied zur primären in der Familie) „Voraussetzungen für das Leistungsprinzip in unserer Gesellschaft".
4. Über das Lernen „erbringt sie eine ihrer wesentlichsten Sozialisationsleistungen, die hier als *systematischer Zugang zur Gesellschaft in Geschichte und Gegenwart* gekennzeichnet werden soll" (*Gamm* 1978, S. 30).

Ziehen wir jetzt die Ausführungen über die Analyse von *Schule als Institution* und die Prozesse der „ideologischen Subjektion" *(Haug)* hinzu, so realisieren Prozesse schulischen Lernens sich in der Dialektik von ideologischer Subjektion und solidarischer Selbstvergesellschaftung. Dabei ergeben sich – und haben sich je nach historischer Situation und gesellschaftlicher Entwicklung ergeben – Verschiebungen nach der einen oder anderen Seite dieses Widerspruchs. Insofern gehen in didaktische Prozesse immer „*heimliche Lehrpläne*" (*Beck* 1974) ein, in denen etwas ganz anderes als die vorgegebenen Bildungsinhalte vermittelt werden. Durch „Lohn-Strafe-Systeme der Motivation", durch die „Zerstückelung aller Zusammenhänge im Fächersalat", durch die „Organisation dieser Trümmer im Stundenplan" (S. 147) wird gleichzeitig auch u. a. gelernt,
– „daß nur der Tüchtige weiterkommt",
– „die Kollegen als Konkurrenten zu bekämpfen",
– „daß Beruf von Berufung kommt, aber nur wenige berufen sind" und auch jemand „den Dreck wegräumen" muß,
– „daß die Oberen schon wissen, was richtig ist",
– „daß Ordnung, Sauberkeit, Gehorsam, Fleiß und Übung die Pflastersteine zum Erfolg und zu anständigem Leben sind" u. a. m. (S. 33f.).

Didaktik ist, soweit sie diese Zusammenhänge nicht hinterfragt, nach *Beck* (1974) die „*Rechtfertigung*" *des Unterrichts*, den die Lehrer machen, und ein *Sammelsurium von Tricks*, eine „*mit viel Aufwand entwickelte Technik, den Kindern das beizubringen, was sie absolut nicht lernen wollen*" (S. 101f.).

Eine dem schulischen Lernen angemessene Analyse von Didaktik wie ihre Weiterentwicklung hätte demnach beide Seiten dieses Prozesses zu reflektieren: allseitige Entwicklung der Naturalform des Arbeitsvermögens der Schüler und auf dieser Grundlage die Entwicklung der Wertform einerseits; einschränkende Unterordnung unter den gesellschaftlichen (d. h. in der BRD den kapitalistischen) Arbeits- und Verwertungsprozeß, Disziplinierung, Reglementierung, Selektion und Bestrafung andererseits. Eine der wenigen Definitionen von *Didaktik*, die dies berücksichtigt, ist ein Handbuchartikel von Barbara *Rohr* (1984a). Für sie zielt Didaktik auf *„Handlungsanleitungen für den Unterricht. Gegenstand der allgemeinen Didaktik ist somit der vielschichtige Bereich des Lehrens und Lernens innerhalb der Bildungseinrichtungen – bezogen auf unterrichtliche Zielgruppen in allen Schulformen, auf allen -stufen und für alle -fächer"* (S. 167). Dabei sind drei Ebenen in der Aufarbeitung bisheriger Didaktik zu beachten und entsprechend zu befragen:

1. *Der Mensch als biosoziales Wesen.* „Welche Sichtweise von der menschlichen Persönlichkeit, ihren Lern- und Entwicklungsdimensionen liegt einer didaktischen Theorie zugrunde"?
2. *Schule als gesellschaftliche Institution.* „Welche gesellschaftliche Funktion vertritt eine didaktische Theorie? Welches sind ihre systemstabilisierenden und/oder ihre kritischen Elemente"?
3. *Unterricht in der Schule.* „Welches sind die handlungsleitenden Grundsätze einer didaktischen Theorie und wie sind sie wissenschaftlich begründet" (S. 168)?

Die Geschichte didaktischer Prinzipien zeigt die Berechtigung der Auseinanderhaltung dieser Ebenen. Der (konservative) Philosoph *Herbart* (1776–1841; vgl. Bd. 1, S. 52f.) hatte auf der Basis von Hauslehrertätigkeit und philosophischen Erwägungen eine differenzierte Auffassung von Persönlichkeitsentwicklung und Lernen entwickelt und mit ihr verbunden eine Theorie von Erziehung und Unterricht, in deren Mittelpunkt der „erziehende Unterricht" stand (vgl. *Ebert* 1976). Unter den Bedingungen der Massenschulen im Deutschen Kaiserreich machten die *Herbartianer* ein von *Herbart* entwickeltes lerntheoretisches Prinzip als *Phasenschema des Unterrichts* zum Kern jeder Unterrichtsplanung. Jede Unterrichtsstunde habe in folgenden Schritten als Wechsel zwischen Vertiefung und Besinnung abzulaufen. Als Formalstufen bezögen sie sich „ohne Rücksicht auf allen Inhalt nur auf geistige Verrichtungen und Übungen", als „psychische Formen, an die der Lernprozeß gebunden ist" (*Schorn* 1912, S. 415). Nach *Herbart* sind dies:

1. Klarheit: analytische Betrachtung, umfassende Anschauung des Gegenstandes;
2. Assoziation: noch systemlose Verbindung mit ähnlichen Vorstellungen, jedoch nicht völlig wahllos, da dies durch die Gegensätze der ersten Stufe verhindert wird;
3. System: Einordnung durch Überprüfung und Analyse des Bezugszusammenhangs in den Gedankenkreis;
4. Methode: Produktion neuer Glieder des Wissenssystems aus den vorhandenen.

Durch Hinzufügung eines weiteren Schrittes wandeln sich diese Stufen und leben bis in moderne Planungsschemata fort. (Dies wird durch Ersetzen von „Vergleichung" durch „Eigenarbeit der Schüler" noch deutlicher.) So lauten sie bei Wilhelm *Rein*, dem bedeutendsten Herbartianer um die Jahrhundertwende: 1. Vorbereitung, 2. Darbietung, 3. Vergleichung, 4. Zusammenfassung, 5. Anwendung.
Indem von der bei *Rohr* genannten ersten didaktischen Ebene unreflektiert zur dritten übergegangen wird, wird das berechtigte Anliegen, den Lerngesetzmäßigkeiten entsprechend zu unterrichten, in sein Gegenteil transformiert. Individuelle Lernprozesse von vielen (damals 70–80) Kindern werden quasi einem Maschinentakt subsumiert. Aus dem Planungsschema als notwendigem Mittel der *„Machtbalance" im Unterricht* (*Meyer* 1987,

1, S. 192), das durchaus mit den Schülern zusammen erarbeitet werden kann (ebd., S. 198ff.), wird damit (auf Ebene 2 gem. *Rohr*) ein *Herrschafts- und Disziplinierungs-mittel*.

– *Meyer* (ebd., S. 51) definiert mit Max *Weber* (1976, S. 28) diese drei Kategorien wie folgt:
– *Macht* ist „jede Chance, innerhalb einer sozialen Beziehung den eigenen Willen auch gegen Widerstreben durchzusetzen, gleichviel worauf diese Chance beruht".
– *Herrschaft* ist ein Sonderfall von Macht, wenn diese institutionell abgesichert und durch Normen begründet wird. „*Herrschaft* soll heißen die Chance, für einen Befehl bestimmten Inhalts bei angebbaren Personen Gehorsam zu finden;
– *Disziplin* soll heißen die Chance, kraft eingeübter Einstellung für einen Befehl prompten, automatischen und schematischen Gehorsam bei einer angebbaren Vielheit von Menschen zu finden".

Das Schicksal der *Herbart*schen Theorie ist im übrigen kein Einzelfall. Mit der Lern-theorie des bekannten sowjetischen Psychologen *Galperin*, eines Mitarbeiters von A.N. *Leontjew*, auf die ich noch zurückkomme, wurde – durchaus in progressiver Ab-sicht – häufig ähnlich verfahren (vgl. hierzu *Jantzen* 1983b, *Meyer* ebd., S. 186ff.).

Im folgenden werde ich mich aus Darstellungsgründen vorrangig auf die *im engeren Sinne didaktische Ebene „Unterricht in der Schule"* beziehen. Dabei sollten die hier (ich hoffe deutlich genug) hervorgehobenen Wechselwirkungen mitgedacht werden.
Für *Meyer* (1987, 1, S. 22ff.) bestehen vier, nach Allgemeinheitsgrad übereinander-geschichtete Ebenen von pädagogisch relevanter Theoriebildung: 1. Unterrichts- und Methodenkonzepte, 2. allgemeindidaktische Modelle und Konzeptionen, 3. Theorien der Erziehungswissenschaft, 4. philosophisch/ sozialisationstheoretisch/ wissenschafts-theoretische Reflexion.
Gemäß dem Pädagogischen Wörterbuch (*Laabs* u.a. 1987) untersucht Didaktik die *„Gesetzmäßigkeiten des Unterrichtsprozesses, insbesondere die Zusammenhänge zwi-schen Lehren und Lernen (Lerntätigkeit), Unterrichtszielen, Unterrichtsinhalten und Methoden"* (S. 83; ähnlich auch *Klingberg* o.J., S. 43).

Derartige allgemeine Gesetzmäßigkeiten des Unterrichtsprozesses werden in der Regel in bestimmten *„Didaktischen Prinzipien"* zu modellieren versucht. So nennt *Klingberg* (o.J., S. 251ff.), der bekannteste Didaktiker in der DDR, folgende neun Prinzipien (Ich stimme in der Tendenz überein; einige kritische Anmerkungen füge ich an.):

1. „Einheit von wissenschaftlicher Bildung und allseitiger sozialistischer Erziehung auf der Grundlage des Marxismus-Leninismus".

Ich annotiere: Statt sozialistisch sollte von „demokratrisch", statt von Marxismus-Leninis-mus von „radikalem Humanismus" gesprochen werden. Alles andere ist Indoktrination und drückt Mißtrauen in Menschen bezüglich ihrer Fähigkeit aus, in einer demokratischen und humanen Umgebung sich selbst für das Richtige entscheiden zu können.

2. „Verbindung von Unterricht und produktiver Arbeit, von Theorie und Praxis".
3. „Planmäßigkeit und Systematik des Unterrichts".
4. „Fachübergreifende Systematik der Unterrichtsarbeit".
5. „Prinzip der führenden Rolle des Lehrers und der Selbsttätigkeit der Schüler".

Ich annotiere: Bei Kenntnis der in der DDR (wie auch im Mainstream der BRD-Pädagogik) wenig entwickelten Diskussion um Dialog, Kooperation und Kollektiv, außer in instrumen-

267

teller Hinsicht als Gruppen- oder Partnerarbeit (vgl. *Jantos* in *Lompscher* 1989, Kap. 3, bzw. *Autorenkollektiv* 1988 Bd. 2) greift mir diese Formulierung zu kurz. Sie müßte präzisiert werden. Gleiches gilt für das 7. Prinzip.

6. „Faßlichkeit des Unterrichts".
7. „Individuelles Eingehen auf die Persönlichkeit des Schülers auf der Grundlage der Arbeit mit dem Schülerkollektiv".
8. „Anschaulichkeit des Unterrichts" (Ich problematisiere, daß dies u.U. zur Pseudo-konkretheit führen und zum Lernhemmnis werden kann; vgl. *Leontjew* 1979, S. 242ff.).
9. „Ständige Ergebnissicherung".

Derartige Prinzipien haben für die wissenschaftliche Durchdringung und praktische Gestaltung von Unterricht hohe Bedeutung (vgl. auch *Rohr*s 1980, im Sinne von Prinzipien formulierten 18 Thesen zum „Handelnden Unterricht"; bzw. zu entsprechender Praxis im Bereich der Schule für Lernbehinderte *Kornmann* und *Ramisch* 1984).

Methodologisch sind sie auf der *Ebene zwischen Gesetz und Norm* anzusiedeln (vgl. *Fuchs* 1984, S. 199ff.). Dabei ist zu beachten, daß sie sich auf Didaktik im engeren wie im weiteren Sinne (s.u.) beziehen können. D.h. sie können *stoffbezogen*, *methodenbezogen* und *subjektbezogen* formuliert werden (ebd., S. 217f.). (Stoffbezogen: Auswahl der Unterrichtsinhalte, Stoffverteilung im Lehrplan, in der Jahresplanung, in der Unterrichtseinheit; methodenbezogen: z.B. „von den Sachen zu den Worten" oder vom „Allgemeinen zum Einzelnen"; subjektbezogen: Ausgehen von den Bedürfnissen der Kinder, Ausgehen von der Selbsttätigkeit). Je nach Enge oder Weite des Begriffs von Didaktik, je nach theoretischem Ansatz werden solche Prinzipien daher differieren. Ebenso wie bestimmte Unterrichtskonzepte (z.B. dialogische Gestaltung, Offener Unterricht, Projektorientierter Unterricht usw.) bieten sie „*Gesamtorientierungen methodischen Handelns*" (*Meyer* 1987, 2, S. 208).

Im Unterschied zu den bisher vorgestellten Auffassungen grenzt *Klafki* (1975) den Begriff der Didaktik explizit auf die Vermittlung von stoffbezogener und subjektbezogener Aspekte ein (wechselseitige Erschließung im Sinne kategorialer Bildung). Er kennzeichnet Didaktik im Sinne einer „Wissenschaft vom Unterricht" als „*Didaktik i.w.S.*". Er selbst folgt dem Vorschlag *Weniger*s, *Didaktik im engeren Sinne als Theorie der Bildungsinhalte bzw. Bildungskategorien* aufzufassen. Er wirft damit verbunden die kritische Frage auf, wie denn bei einer Didaktik i.w.S. (als Theorie des Unterrichts) von dieser die Methodik unterschieden werden könne, gegenüber der die didaktische Intentionalität den Primat haben müsse (S. 92). Ich folge diesem Verständnis, wie es auch in der folgenden Definition der Didaktik durch *Gamm* (1979) zum Ausdruck kommt.

„Sie erhebt, in welcher Ausprägung auch immer, den Anspruch, Kategorien bereitzustellen, um die vorfindliche Welt erschließbar zu machen und eine verantwortliche Auswahl aus der Materialfülle der Vergangenheit zu treffen" (S. 110). Entsprechend fasse ich Didaktik (in welche die beiden anderen bei *Rohr* hervorgehobenen Ebenen von Schule als gesellschaftliche Institution und Mensch als biosoziales Wesen, d.h. Subjekt seiner Tätigkeit, mit eingehen) als vom Allgemeinheitsgrad übergeordnet zu Theorie des Unterrichts und zu Methodik auf (vgl. Abb. 41).

Zur Methodik verweise ich auf die beiden Bände von *Meyer* (1987: 1, 2), zur Unterrichtsplanung auf die Monographie von *Schulz* (1981), zur allgemeinen Didaktikdiskussion auf *Blankertz* (1971). Ich verfolge diese Aspekte hier nicht weiter. Die sonderpäd-

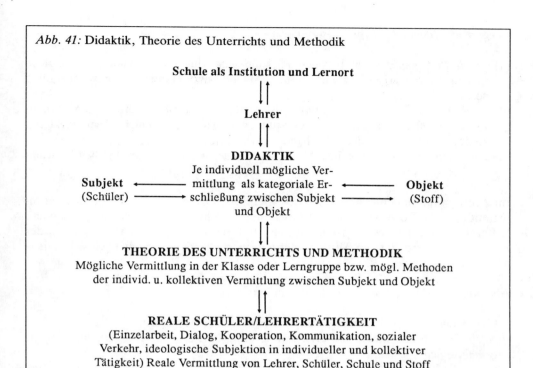

agogische Diskussion entspricht im wesentlichen der allgemeinen Didaktikdiskussion (vgl. *Kluge* 1976, *Bleidick* 1978, *Rohr* 1984a). Mit Ausnahme der Ansätze von *Feuser*, *Kutzer* und *Manske* sowie der ihnen verbundenen Arbeiten, gehe ich im folgenden nicht weiter auf diese Diskussion ein. Dies wäre Gegenstand einer speziellen Behindertenpädagogik und Didaktik. Ebensowenig gehe ich auf die Diskussion in der Sonderpädagogik der DDR ein (was *Bleidick* 1988, in einer Rezension zu Bd. 1 dieses Buches moniert). Zumindest im Hilfsschulbereich leistet die dortige Diskussion wenig mehr, als alte Hilfsschulpädagogik mit (vermeintlich) tätigkeitstheoretischen Ansätzen zu einem zwar praktisch handhabbaren, aber theoretisch unverdaulichen Konglomerat zusammenzurühren (vgl. *Baudisch* u.a. 1987. Natürlich hängt dies auch mit den Restriktionen im Volksbildungssystem vor der Wende im November 1989 zusammen. Die zukünftige Entwicklung bleibt abzuwarten).

Insgesamt folge ich einem bildungstheoretischen und didaktischen Verständnis, das auf einer kritischen Diskussion von *Klafki*s Überlegungen (vgl. Kap. 10) ebenso aufbaut wie auf den Arbeiten *Feuser*s zur Integrativen Pädagogik. In dieser Perspektive, die ich in Kürze in ihren zentralen didaktischen Aussagen nochmals konkretisiere, behandele ich in den dann folgenden Abschnitten dieses Kapitels „Schulisches Lernen und Identitätsbildung" (subjektbezogener Aspekt), „Wissenschaft und Unterricht" (stoffbezogener Aspekt) sowie „Individualisierung und innere Differenzierung" als didaktisches, unterrichtliches und methodisches Kernproblem einer basalen, d.h. allgemeinen Pädagogik.

Integrative Pädagogik ist für *Feuser* (1989)

(1) *basale Pädagogik*. Sie ist bezogen auf Kinder und Jugendliche aller Entwicklungsniveaus, Grade der Realitätskontrolle, Denk- und Handlungskompetenz ohne sozialen Ausschluß;
(2) *kindzentriert*. Die Individualisierung ist an den Gesetzmäßigkeiten von Wahrnehmung und Entwicklung, d.h. an Subjekthaftigkeit, Persönlichkeitsentwicklung, Bedürfnissen und Motiven der Kinder orientiert;
(3) *allgemein*. Dies schließt keinen Menschen von der Aneignung der für alle Menschen in gleicher Weise bedeutsamen gesellschaftlichen Erfahrung aus.

Im Zentrum der in den Institutionen des öffentlichen Bildungswesens stattfindenen Integration (bei Auflösung von Sondereinrichtungen) stehen Individualisierung und innere Differenzierung. Um es im Sinne *Séguins* zu sagen (1912, S. 46): Die Achtung der Individualität verbietet die Verbesonderung nach gleichmacherischen Gesichtspunkten.

Als *didaktische Fragen* treten in den Mittelpunkt:

– Gegen das Prinzip der Segregierung die *innere Differenzierung*;
– gegen äußere und innere Differenzierung nach Curricula die *Individualisierung im gemeinsamen Curriculum*;
– gegen die Parzellierung und Reduzierung die *Projektarbeit* und *Kooperation am gemeinsamen Gegenstand*.

Flankierend treten hinzu der Kompetenztransfer zwischen pädagogisch und therapeutisch Kooperierenden sowie die integrative Therapie.

Diese Zusammenhänge, die auf eine umfassende Schulreform hinauslaufen, verdeutlicht *Feuser* (1989, S. 30) in didaktischer Hinsicht an folgendem Schema (Abb. 42), das zusammenfassend für die bisherige und als Ausgangspunkt für die weitere Analyse dienen soll.

11.4 Schulisches Lernen und Identitätsbildung

Über kaum ein Gebiet in der Psychologie gibt es gegenwärtig so *uneinheitliche Vorstellungen* wie über das *Lernen*. Während man sich in grundsätzlichen Definitionen sicherlich noch einigen kann, werden je nach Autor/in immer wieder unterschiedliche hierarchische Aufstellungen einzelner Lernformen vorgeschlagen (vgl. z.B. *Gagné* 1973, *Klix* 1976, *Clauß* 1987, *Witruk* 1989). Einerseits werden elementare Lernmechanismen wie Wahrnehmungslernen, Assoziationslernen und instrumentelles Lernen als universell hervorgehoben (vgl. *Feuser* 1984). Andererseits werden (meist unter Bezug auf die Sonderstellung des Menschen) z.B. Formen des „Urteilens" wie Hypothesenbildung, induktives und deduktives Schließen, analoges Schließen sowie Regellernen (heuristische Techniken) von derartigen Formen des „Bedingens" abgehoben (*Klix* 1982, *Witruk* 1989, Abs. 2.3.2).

Abb. 42: Das didaktische Feld integrativer Pädagogik

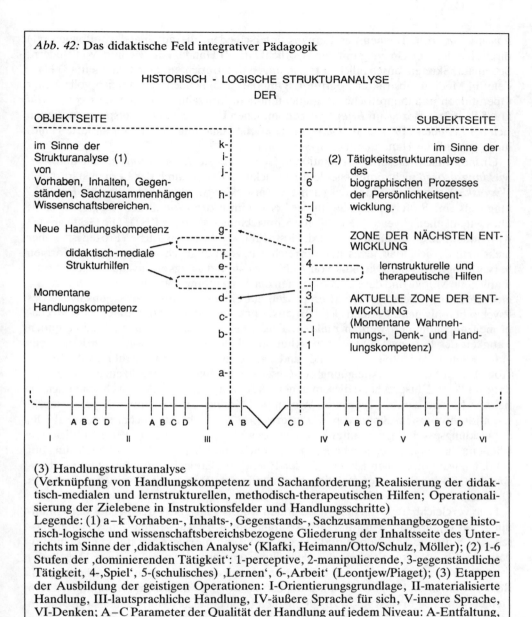

(3) Handlungstrukturanalyse
(Verknüpfung von Handlungskompetenz und Sachanforderung; Realisierung der didaktisch-medialen und lernstrukturellen, methodisch-therapeutischen Hilfen; Operationalisierung der Zielebene in Instruktionsfelder und Handlungsschritte)
Legende: (1) a–k Vorhaben-, Inhalts-, Gegenstands-, Sachzusammenhangbezogene historisch-logische und wissenschaftsbereichsbezogene Gliederung der Inhaltsseite des Unterrichts im Sinne der ‚didaktischen Analyse' (Klafki, Heimann/Otto/Schulz, Möller); (2) 1-6 Stufen der ‚dominierenden Tätigkeit': 1-perceptive, 2-manipulierende, 3-gegenständliche Tätigkeit, 4-‚Spiel', 5-(schulisches) ‚Lernen', 6-‚Arbeit' (Leontjew/Piaget); (3) Etappen der Ausbildung der geistigen Operationen: I-Orientierungsgrundlage, II-materialisierte Handlung, III-lautsprachliche Handlung, IV-äußere Sprache für sich, V-innere Sprache, VI-Denken; A–C Parameter der Qualität der Handlung auf jedem Niveau: A-Entfaltung, B-Verallgemeinerung, C-Beherrschung, D-Verkürzung (Galperin).

Weiterhin wird – ausgehend von der Theorie der „dominierenden Tätigkeit" (vgl. Bd. 1, S. 198ff.) – in der didaktischen Diskussion ein bestimmtes Entwicklungsniveau (im wesentlichen Schulalter) als „Lernen" beschrieben. Das Wesen der hier stattfindenden *„Lerntätigkeit"* sei vor allem dadurch bestimmt, „daß die Aneignung von Wissen und Können hier zum eigentlichen Ziel und Inhalt der Tätigkeit wird" (*Lompscher* 1989, S. 29). Und damit nicht genug: Im schulischen Lernen selbst werden *drei Repräsenta-*

tionsniveaus, d.h. Ebenen des Lernens unterschieden, die aufeinander aufbauen: (1) direkt handelnder Umgang mit der Wirklichkeit; (2) Handeln im Medium von Bildern, Schemata, Skizzen, anschaulichen Erzählungen und Berichten, Darstellungen; (3) Handeln im Medium abstrakter Begriffe („Symbole"), „nur noch" gedanklich vollzogener Operationen und theoretischer Argumentationen. Vorstellungen, die dieser von *Klafki* (1985 S. 103) in Bezug auf *Bruner* vorgenommenen Unterscheidung entsprechen, finden sich bei *Leontjew* (1974) und *Galperin* (materielle Handlung bzw. materialisierte Handlung, sprachliche Handlung, geistige Handlung).

Grundproblem dieser Klassifikationen ist es, daß sie *Entwicklungsniveau* und *Entwicklungsprozeß* nicht unterscheiden. Entwicklung findet durch das Lernen statt. Nach *Wygotski*s Konzept der Zone der nächsten Entwicklung muß gutes Lehren der Entwicklung stets eine Stufe voraus sein, findet Lernen im Prozeß von „Inter" zu „Intra" statt. Dies gilt auf allen Niveaus menschlicher Entwicklung (*Wygotski* 1987). Die Geste an sich wird, indem sie Geste für andere wird, Geste für mich. In einem solchen Prozeß ist es aber nicht erforderlich, daß jedes neue erreichte Niveau zugleich auch neue Lernformen hervorbringt. Aus der Dialektik von Abbildniveau und Tätigkeitsniveau entstehen qualitativ neue Motive und damit neue Formen der Vermittlung von Subjekt und Objekt. Sie erscheinen im jeweils weiteren Lernprozeß auf einem neuen Organisationsniveau des Psychischen als neue Formen des Lernens, ohne daß neue zugrunde liegende Mechanismen angenommen werden müßten. Dies zeigt sich auch bei der „dominierenden Tätigkeit des Lernens". Diese entwicklungspsychologische Auffassung wurde von mir auf ein neues Verhältnis von Abbild- und Tätigkeitsniveau zurückgeführt (vgl. Kap. 5, Abb. 17), auf dem die Aneignung der Gesellschaftlichkeit der Werkzeuge in den Vordergrund tritt. Entsprechend diesem neuen Organisationsniveau des Psychischen richten sich die Motive darauf, das eigene Wissen und Können zu erweitern. Die drei Repräsentationsniveaus im Sinne von *Klafki* erweisen sich dabei als nichts anderes als die entwicklungspsychologisch unter Bezug auf das Modell von *Klaus* (1969) identifizierten Ebenen: Nullebene, sprachliche Ebene 1, sprachliche Ebene 2: also Problemlösung auf (1) der sensomotorischen Ebene, (2) der Ebene von Ereigniskommunikation (Alltagssprache), (3) der Ebene von Relationskommunikation (Wissenschaftssprache, abstraktes Denken).

Eine vergleichbare Vorgehensweise finden wir bei *Piaget*, der den Modus der Umbildung von empirischer Abstraktion (Assimilation, d.h. Ausweitung eines Handlungsschemas auf neue Situationen und Gegenstände) in reflexive Abstraktion (Akkommodation, d.h. Reorganisation des Handlungsschemas aufgrund neuer Umstände) sorgfältig von dem Niveauaspekt der Herausbildung des Psychischen unterscheidet (vgl. Bd. 1, Abb. 13 und 14). Ohne mir anmaßen zu wollen, auf diesem sehr komplizierten Gebiet damit alle Fragen gelöst zu haben, bietet sich bei dieser Herangehensweise die im folgenden dargestellte Lösung an. Ich unterscheide zunächst *drei elementare Lernformen, die auf allen Organisationsniveaus des Psychischen wiederkehren.* Sie treten auf jedem Niveau in einer neuen Form der Vermitteltheit auf, entsprechend der jeweils qualitativ neuen Form der Integration von Bedeutungen (Abbildniveau). Im nächsten Schritt behandle ich die Besonderheiten der Identitätsbildung im Schulalter, um dann auf didaktische Modelle der Lerntätigkeit in diesem Alter einzugehen.

Mit *Jantsch* (1979) verstehe ich Lernen als die *„Koevolution erfahrungsbildender Systeme"* (S. 269). Durch ihre wechselseitige Vermittlung im Sinne von struktureller Koppelung (d.h. biorhythmischer Phasensynchronisation) und Auseinandersetzung mit einer zeitlich-räumlich organisierten Umwelt kommt es zur Informationskonstruktion (s.o. Kap. 7). „Lernen beruht nicht auf der Einschleusung von Fremdwissen in ein System, sondern auf der Mobilisierung von Prozessen, die dem lernenden System selbst inhärent sind, zu seinem eigenen kognitiven Bereich gehören" (*Jantsch* ebd.). Entsprechend *Klix* (1976) können wir in einem zweiten Schritt Lernen definieren als *„jede umgebungsbezogene Verhaltensänderung, die als Folge einer individuellen (systemeigenen) Informationsverarbeitung eintritt"* (S. 347). Lernen ist von Erbkoordinationen abzugrenzen, ist umgebungsbezogen und besteht in der Ausbildung und Korrektur individueller Gedächtnisinhalte. In meinen Überlegungen zur Theorie funktioneller Systeme habe ich den nützlichen Endeffekt einer Tätigkeit als Maß der emotionalen Erfüllung bestimmt. Dieser Endeffekt kann aber nur durch die Reduzierung der pragmatischen Ungewißheit über die Umwelt im Prozeß der eigenen Handlungen realisiert werden. Lernen findet folglich (drittens) *auf der Basis emotionaler (positiver oder negativer) Bekräftigung* statt. Mit *Simonov* (1984) halten wir fest: „Der Bekräftigungsfaktor des Konditionierens ist nicht die Befriedigung eines Bedürfnisses, sondern die Maximierung eines positiven oder Minimierung eines negativen emotionalen Status" (S. 280). Lernen findet daher (viertens) dann am umfassendsten statt, *wenn Sicherheit und Bindung im innerartlichen Verkehr die positive Bekräftigung optimieren und ein umfassendes Explorations- und Neugierverhalten möglich machen* (vgl. *Grossmann* 1977a, b, 1981).

Auf diesem Hintergrund können drei Formen des Lernens unterschieden werden, die von *Piaget* (1975a, b), *Klix* (1976) und *Feuser* (1984) in unterschiedlicher Terminologie als elementar bezeichnet werden (Abb. 43).

Abb. 43: Elementare Lernformen

---

1. Wahrnehmungslernen
(*Piaget:* empirische Abstraktion (1975a) bzw. wiedererkennende und generalisierende Assimilation (1975b); *Klix:* Habituation; *Feuser:* Wahrnehmungslernen)

---

2. Signallernen
(*Piaget:* endogene Rekonstruktion spontaner Handlungsabläufe bzw. funktionelle, wiederholende, differenzierende Assimilation; *Klix:* bedingter Reflex und bedingte Reaktion; *Feuser:* Assoziationslernen)

---

3. Instrumentelles Lernen
(*Piaget:* reflexive Abstraktion bzw. Zirkulärreaktionen, Akkommodation; *Klix:* Instrumentelles Bedingen, bedingte Aktion; *Feuser:* Instrumentelles Lernen)

Ich erläutere diese Formen in Kürze:

1. *Wahrnehmungslernen.* In einer Situation, die unverändert bleibt, erfolgt die Gewöhnung an neue Reize (Habituation) im Sinne des Abgewöhnens (*Klix* 1976, S. 354). Der hohe Neuigkeitsgrad, der zunächst Abwendungs- oder Zuwendungsreaktionen hervorbringt, löst sich auf. Die Bekräftigung erfolgt im einen Fall durch die Minimierung einer negativen Emotion. In vergleichbarer Weise wird im anderen Fall ein positiver Reiz habituiert. Durch Abnahme der positiven Emotionen als Resultat der reduzierten Neu-

heit ist er zwar nicht mehr Gegenstand unmittelbarer Zuwendung, wird aber als vertrauter Gegenstand positiver Valenz wiedererkannt. Da Neuheit immer von vorher Erfahrenem abhängt, gehen gleichzeitig elementare Aspekte instrumentellen Lernens im Sinne der Stärke der Zu- oder Abwendungsreaktion mit ein. Insofern besteht ein dialektischer Zusammenhang von Assimilation und Akkommodation (*Piaget* 1975b, S. 43). Bei Vorherrschen der Assimilation als Erfahrungserweiterung kommt es bei ansonsten unveränderten Handlungsschemata zu ersten Anfängen eines Funktionswechsels, durch den erste Möglichkeiten des späteren Dominanzwechsels (qualitative Veränderung des Handlungsschemas) entstehen (vgl. Bd. 1, S. 92).

2. *Signallernen*. Ein vorher bedeutungsloser (aber auf der Ebene des Wahrnehmungslernens zugänglicher) Reiz (S 1) geht einem bedeutsamen Reiz (S 2) unmittelbar vorweg, auf den bezogen das Subjekt ein Handlungsschema anwendet. Spontane Handlungsabläufe aus der Ursprungssituation werden jetzt auf die durch den neuen Reiz gegebene neue Situation durch „assoziative Verknüpfung" beider Situationen *(Feuser)* bezogen. (Konditionierter Speichelfluß beim Hund im Sinne von *Pawlow:* Anstelle des Fleisches bewirkt ein der Fütterung vorweggehender Glockenton jetzt den Speichelfluß). Derartige Merkmale erhalten ihre Bedeutung immer nur im Rahmen einer Gesamtsituation, wie dies Versuche *Anochins* ergaben (vgl. *Klix* 1976, S. 366ff.). Derselbe Glockenton, der am Morgen zur Antizipation der Nahrung und zu einer Zuwendungsreaktion führt, führt aufgrund einer negativen Bekräftigung (Stromstoß) am Nachmittag zu einer heftigen Abwehrreaktion. D.h. das Signal entsteht im Rahmen wahrgenommener, situationsbezogener Verhaltensmöglichkeiten. Während beim Wahrnehmungslernen die Veränderung des Neuigkeitsgrades in der konstanten Situation zur Veränderung der emotionalen Wertung und damit zur Bekräftigung führt, erfolgt dies beim Signallernen durch die an das Signal gekoppelte Wahrnehmung der Neuigkeitsbewältigung durch eigenes Verhalten. Im Sinne unseres Schemas des funktionellen Systems (Abb. 10) hat der Übergang von der fließenden Gegenwart in Modelle des Künftigen stattgefunden, für die das Signal ein neues objektives Merkmal der Bedürfnisrelevanz des Gegenstandes darstellt. Die Gegenstände der potentiellen Motivbildung erweitern sich daher (differenzierende Assimilation), Handlungsschemata werden in neuen Situationen wiederholt (funktionelle, wiederholende Assimilation).

3. *Instrumentelles Lernen*. Über die Situationen des Wahrnehmungslernens (relevante Reize verlieren ihre Bedeutung, werden vertraut) und des Signallernens (bisher irrelevante Reize werden tätigkeitsrelevant) hinaus verbleiben Situationen, die keine eindeutigen Handlungsalternativen bieten. Gleichzeitig gibt es Bedarfszustände des Organismus, die ihn in psychologischer Hinsicht als Bedürfnisse zur Tätigkeit aktivieren. Es kommt zu einem Suchprozeß nach (1) motivbildenden Gegenständen und (2) auf sie bezogene Handlungen in einer unbekannten Umgebung.

Damit Handlungsalternativen verfügbar werden, müssen sie sich zuvor als Handlungswiederholungen von den Situationsmerkmalen getrennt haben. Die Trennung gelingt umso eher, je mehr Situationen generalisierend und differenzierend an das Handlungsschema assimiliert sind. Dieses kann dann als Realität eigener Ordnung reflexiv (d.h. in auf das Körperselbstbild gerichteter Wahrnehmung) von der Situation getrennt werden. Physiologisch findet im Sinne *Bernsteins* ein Übergang auf den inneren Regelkreis statt, der die Wiederholung der Bewegung über propriozeptive Rückkoppelung gestattet. Instrumentelles Lernen bzw. „Akkommodation" bedeutet daher (1) die Trennung der propriozeptiven von den exterozeptiven Rückmeldungen, um dann (2) diese propriozeptive Gedächtnisstruktur als Handlungsmodell in einer neuen Situation der Suchaktivität anzuwenden. Die einmalige gelungene Anwendung wirkt als Bekräftigung im Sinne der Realisierung der durch das Motiv antizipierten emotionalen Erfüllung. Es entsteht ein neues, reflexives Handlungsschema höherer Ordnung („Operation" nach *Leontjew*, „Akkommodat" nach *Piaget*).

Alle höheren Formen des Lernens erweisen sich als Realisierung dieser drei elementaren Lernformen auf höheren Niveaus. So werden im *„Vicarious trial and error"-Lernen* (*Klix* 1976, S. 385) die Verhaltensalternativen nicht mehr in der praktischen Suchaktivität ausprobiert, sondern in der Orientierungstätigkeit vor Eintritt in die praktische Aktivität: Mäuse stocken bei Veränderung einer Konstellation in einem Labyrinth, das sie gewohnt sind, auf dem kürzesten Weg zu durchlaufen. Sie zeigen kurzes Orientierungsverhalten (z.B. Schnuppern) und laufen dann den kürzesten Weg. Beim *„Lernen durch Einsicht"* werden nicht mehr die Situationsmerkmale alleine (Gegenstandsbedeutungen! s.o. Kap. 5) in der Orientierungstätigkeit überprüft. Bestimmte Situationsmerkmale haben die „Eigenschaften von Werkzeugen" (*Klix* 1976, S. 395). Das instrumentelle Lernen hat sich nach innen verlagert und bezieht sich auf die alternative Überprüfung von in der Situation selbst gegebenen Gegenständen als potentielle Werkzeuge. Die Bekräftigung erfolgt durch die erfolgreiche praktische Handlung. Ab diesem Niveau (nach *Piaget* 6. sensomotorisches Stadium) beginnen sich präoperationale, über Symbole und Zeichenkörpersysteme vermittelte Handlungen von der sensomotorischen Tätigkeit zu lösen (Sprachentwicklung, vgl. Kap. 5). Auf dieser neuen Ebene treten erneut die drei Lernformen auf. Daß sie letztlich auch auf den höchsten Ebenen menschlichen Denkens auftreten, wird z.B. in den von *Galperin* unterschiedenen drei Orientierungstypen menschlichen Lernens (s.u.) deutlich.

Die Bestimmung elementarer Lernformen und ihre Anwendung auf die jeweiligen Organisationsniveaus des Psychischen liefert uns bisher noch fehlende Voraussetzungen zur Erfassung der Subjektlogik im Rahmen einer integrativen Pädagogik in Früherfassung, Kindergarten und Schule, d.h. auf allen Niveaus. Als allgemeine Voraussetzungen kategorialer Bildung (Erschließung des „Zöglings" für die Sache) bedürfen sie einer für jedes Organisationsniveau (und im Rahmen des diagnostischen Prozesses für jedes Kind) näheren Bestimmung der dort vorausgesetzten Prozesse der Ich- und Identitätsentwicklung. Ich verweise allgemein auf Kapitel 5 und 6 und gehe hier besonders auf das Schulalter ein.

Mit dem *Schulalter* entsteht ein Abbildniveau, das umfassend die Aneignung der Gesellschaftlichkeit der Werkzeuge ermöglicht. Der Funktionswechsel zu diesem neuen Niveau beginnt mit dem Regelspiel und der *Herausbildung der „inneren Position"*, die sich auch auf emotionale Wertungen bezieht. Die unterschiedlichen Regeln in der Verwendung verschiedener sozialer Gegenstände werden mit dem Beginn des Schulalters auf einer neuen Ebene im konkret-operativen Denken *(Piaget)* synthetisiert, also im oberbegrifflichen Denken, d.h. Denken mit sozialen Werkzeugen (Dominanzwechsel, vgl. Kap. 3). Diese Oberbegriffe werden auf der Ebene der inneren Sprache in der Orientierungstätigkeit angewendet, durch die Ergebnisse der antizipierten Praxis bekräftigt und erweitert und bilden geistige Operationen. In diesen Prozessen kommt es zu einer *Justierung der Begriffe* in der Innenwelt und zur *räumlich-zeitlichen Reversibilität von geistigen Bewegungen* in einem *inneren Quasiraum* (s.o., insb. Kap. 5 und Kap. 8.3.2).

Mit der umfassenden Möglichkeit zur Invarianzbildung können Kinder sich jetzt selbst in der inneren Position als Benutzer von sozialen Werkzeugen und Regeln invariant betrachten. Im Unterschied zum Rollenspiel tritt im Wettkampf oder in der Kooperation eine *neue Stufe der Identität* auf, bei der das Kind „die Haltung aller anderen Beteiligten zu sich" einnehmen muß. „Die vom Teilnehmer angenommenen Haltungen der Mitspieler organisieren sich zu einer gewissen Einheit und diese Reaktion kontrolliert wieder die Reaktion des Einzelnen" (*Mead* 1975, S. 196). Auf der Basis der Auseinandersetzung mit den je bedeutsamen anderen Personen entsteht in der inneren Position die Betrachtung der eigenen Tätigkeit in der Haltung des „verallgemeinerten anderen", also vom *Standpunkt der Kooperation bzw. des Kollektivs* aus. Diese Blickweise wird zunächst ausschließlich auf der Handlungsebene eingenommen. Erst mit dem Übergang auf das Niveau des abstrakten Denkens bzw. der sozialen Tätigkeitsbedeutungen in der frühen Pubertät und der Entdeckung der Motive hinter den Handlungen sowie der Synthese dieser Formen in der zweiten und sozialen Geburt der Persönlichkeit (s. o.) ist der Prozeß der Herausbildung des reflexiven Ichs abgeschlossen, dessen erste Stufe mit Beginn des Schulalters erreicht wird.

Da sich das Kind als Kooperierende(r) vom Standpunkt des Wettkampfs bzw. der Kooperation bestimmt, bestimmt es das Gelingen seiner Tätigkeit nicht nur am Maßstab der Realisierung ihres individuellen Ergebnisses, sondern zugleich auch an der Bedeutung für das Kollektiv. Der *nützliche Endeffekt* liegt sowohl in der emotionalen Erfüllung durch die eigenen Handlungen als auch in der emotionalen Erfüllung aufgrund der objektiven Bedeutung der eigenen Handlungen für das Kollektiv (Kooperationsaspekt) und der Anerkennung dieser Handlungen durch die Mitglieder des Kollektivs (dialogischer Aspekt). Es entstehen daher *Motive in mehrfacher Hinsicht:* (1) Umfassende Herausbildung der eigenen Fähigkeiten (Lernmotiv); (2) Realisierung der eigenen Tätigkeit (Leistungsmotiv) (3) in sozial bedeutsamen Situationen (kooperatives Leistungsmotiv) unter (4) Bedingungen des Vergleichs mit anderen (Wettbewerbsmotiv) und (5) der Anerkennung durch andere bei (6) Gewährleistung der Anerkennung anderer (Bedürfnis nach Kameradschaft und Solidarität / Motiv zu Kameradschaft und Solidarität). Entsprechend vielfältig entwickeln sich die Interessen, die sich in diesem Alter insbesondere auf neue Verfahren (soziale Werkzeuge) zur Realisierung der eigenen Motive richten (vgl. *Leontjew* 1979, S. 272ff. zur Genese von Interessen).

Tritt durch die Wertorientierung der Schule (und den Druck der Eltern) anstelle des Wetteifers die Konkurrenz, anstelle der Solidarität der Egoismus und anstelle eines auf sozial bedeutsame Situationen gerichteten Leistungsmotivs ein lediglich auf die individuell bedeutsame Note gerichtetes Motiv, so wird die Identitätsbildung vereinseitigt erfolgen. Die o.g. egoistische und utilitaristische Tendenz schulischer Sozialisation kann folglich als Prozeß einer lediglich partiellen und damit gestörten Identitätsentwicklung in dieser Altersstufe begriffen werden. Dies wird noch deutlicher am Vergleich weiblicher und männlicher Sozialisation. Aufgrund der sozial bedingten und durch weibliche Sozialisation realisierten Geringerschätzung der eigenen Leistungsfähigkeit bei stärkerer Entwicklung von Einfühlungsvermögen und Harmoniebedürfnis (vgl. *Belotti* 1975, *Scheu* 1977), entstehen bei Mädchen gleichzeitig im Sinne von Humanität entwickeltere Identitätsmuster, verglichen mit der eher männlichen utilitaristisch-egoistischen Vereinseitigung. So verweist *Janssen-Jurreit* (1979, S. 495) auf geschlechtsspezifische Unterschiede beim *Milgram*-Experiment. (In einer experimentellen Situation soll durch Stromstöße nach „Fehlern" das Verhalten von Lernenden durch die Versuchspersonen beeinflußt werden. Die Lernenden simulieren dabei physische Schmerzen.) Männliche Versuchspersonen teilten größere Quantitäten aus und drückten den schockauslösenden Knopf länger.

Auf diesem identitätstheoretischen Hintergrund darf bei *lernbehinderten und leistungs-beeinträchtigten Schülern* nicht nur von Leistungsstörungen (erschwerter und unsicherer Übergang zum oberbegrifflichen Denken) ausgegangen werden. Wir müssen darüber hinausgehend *schwere Störungen der Identität und Selbstachtung* annehmen, die wiederum geschlechtsspezifisch unterschiedlich ausgeprägt sind (vgl. *Prengel* 1984). Ihre Überwindung verlangt nicht nur einen sorgfältigeren Begriffsaufbau (vgl. hierzu insbesondere die didaktischen Ansätze von *Kutzer*). Sie verlangt vor allem ein Klima von Humanität und Vertrauen, verbunden mit hohen Anforderungen in praktisch wichtigen Aufgaben (Problemen!), die in Prozessen der Kooperation bewältigt werden. Auf dieser Basis kann auch das theoretisch-oberbegriffliche Denken sich stabilisieren. Insbesondere ist aber der Besuch einer Sonderschule, und damit die äußere Stigmatisierung als leistungsunfähig, Gift für die Ausbildung einer stabilen Identität und eines positiven Selbstwertgefühls (vgl. u. a. *Aab* 1983).

Begabung und Schöpfertum, Lernen und Interesse, Motivation und Identität entwickeln sich ausgehend von der „zentralen Neubildung" (*Wygotski* 1987) einer kooperativen Ichstruktur im Schulalter. Gerade in dieser scheinbar nur kognitiven Entwicklungsphase (wenn man den Aussagen der meisten Didaktiken und schulischen Lerntheorien folgt) spielen die im vorweggegangenen Kapitel dargestellten allgemeinpädagogischen Zusammenhänge eine besonders wichtige Rolle. Dies verlangt eine grundsätzliche Neueinschätzung schulischen Lernens über bloße Theorien der Bedeutungsvermittlung hinaus, die auf höherem Niveau aufgehoben werden müssen. Damit dies möglich wird, sind derartige Lerntheorien zunächst darzustellen. Hier beschränke ich mich ausschließlich auf tätigkeitstheoretische Ansätze, weil sie m. E. in besonderer Weise die Probleme der Übergänge zwischen den bereis mehrfach mit G. *Klaus* hervorgehobenen semantischen Ebenen sichtbar machen.

Ich beginne mit der von *Galperin* (unter Bezug auf *Leontjew* 1974 sowie *Wygotski*s Konzept der Zone der nächsten Entwicklung) ausgearbeiteten *Interiorisationstheorie*, diskutiere aber in ihrem Kontext gleichzeitig bereits die insb. von *Lompscher* und *Dawydow* auf der Basis der Theorie der Lerntätigkeit entwickelte Strategie des Aufsteigens vom Abstrakten zum Konkreten (Strategie A→K). In Abbildung 44 (aus *Jantzen* 1980, S. 147) habe ich den systematischen Ort und die Struktur der Interiorisationstheorie wiedergegeben. Bei der Darstellung folge ich einer ausführlichen früheren Auseinandersetzung (*Jantzen* 1983, erneut in *Jantzen* 1986c).

Denken, um dessen Aufbau es in schulischen Lernprozessen geht, ist für *Galperin Orientierungstätigkeit auf der Ebene psychischer Abbilder*. Es geht „um die Orientierung in den Dingen auf der Grundlage des Abbilds dieser Dinge und nicht um die Dinge oder deren Abbilder selbst" (1967, S. 88). Im Mittelpunkt seiner Theorie steht nicht die Frage nach dem Kenntniserwerb (Assimilation im Sinne *Piaget*s), sondern nach dem *Aufbau neuer geistiger Operationen* (Akkommodation). Die Aneignung einer neuen geistigen Operation kann aber nicht ohne die Realisierung des Verstehens in materieller oder materialisierter (exemplarisch-modellhafter) Form erfolgreich sein. Dieser Ansatz entspricht unseren Überlegungen zum instrumentellen Lernen. Geistige Operationen als Suchaktivität auf Praxis angewendet (*Leontjew* 1975, S. 17f. spricht allgemein von der „schöpferischen Rolle des motorischen Gliedes") bedürfen der Bestätigung in der praktischen Handlung, um durch diese Bekräftigung manifest zu werden.

Entsprechend unterscheidet *Galperin* einen *Orientierungsteil* der Handlung von einem Ausführungsteil. Im Orientierungsteil werden Orientierungshandlungen im Sinne der Vorführung von Aufgabenlösungen vorgegeben oder im Sinne der Überprüfung von

Abb. 44: **Struktur und systematischer Ort der Interiorisationstheorie** *(Galperin)* **im pädagogischen Prozeß**

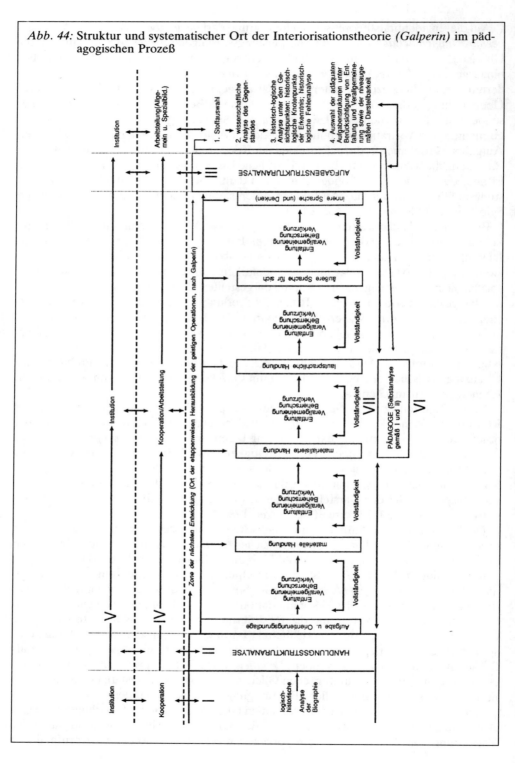

Handlungsalternativen entwickelt. Dabei unterscheidet *Galperin* drei in der Schule zur Anwendung kommende Orientierungstypen.

Orientierungstyp I (unvollständige Orientierungsgrundlage der Handlung) entspricht dem Wahrnehmungslernen: Die Aufgabenlösung wird an einem Beispiel vorgeführt. Das Lernen erfolgt nach Versuch und Irrtum. Die Übertragbarkeit der Lösungshandlung auf neue Aufgaben ist äußerst beschränkt.

Orientierungstyp II (empirisch aufgebaute vollständige Orientierungsgrundlage der Handlung) entspricht dem Assoziationslernen. Ein bestimmter Lösungstyp (Algorithmus) wird dem Schüler vermittelt und in seinem Werkzeugcharakter an mehreren Beispielen demonstriert. Die Durchführung der Handlung wird durch Vorgabe einer Reihe von Orientierungspunkten unterstützt. Im allgemeinen werden Handlungen dieses Typs ohne Ausprobieren sofort richtig ausgeführt. Die Übertragbarkeit auf neue Aufgaben ist bedeutend größer als beim ersten Typ, hängt aber wesentlich vom Vorhandensein identischer Elemente ab.

Orientierungstyp III (theoretisch aufgebaute vollständige Orientierungsgrundlage): An erster Stelle steht „die planmäßige Unterweisung in der Analyse neuer Aufgaben" (1969a, S. 377). Die Orientierung wird hier „auf der Grundlage der allgemeinen Konstruktion konkreter Erscheinungen eines gegebenen Gebietes, ihrer wesentlichen Einheiten und Regeln ihres Zusammenfügens aufgebaut. Nach der Beherrschung der Analyse der konkreten Erscheinungen (für derartige Einheiten und ihre Zusammenfügung) baut der ‚Schüler' selbständig eine vollständige Orientierungsgrundlage der Handlung für jede beliebige Erscheinung auf dem gegebenen Gebiet auf" (1966/67, S. 18). Die Übertragbarkeit auf neue Aufgaben ist sehr groß. Dieser Typ entspricht ersichtlich dem instrumentellen Lernen. Als *optimale Form* der Herausbildung einer Orientierungsgrundlage des Typus III kann die *Modellierung eines Zusammenhangs* (Herstellung eines Modells) betrachtet werden, die als *„Ausgangsabstraktum"* (vgl. *Lompscher* bzw. *Dawydow*) zum *Instrument des Lernens* wird.

Galperin spricht sich für den dritten Typus aus. Er hält ihn für die von *Piaget* theoretisch zugelassene Unterrichtsform, „bei der die Wissensaneignung gleichzeitig mit der geistigen Entwicklung erfolgt" (1969b, S. 1282).

Hier wie im Ausführungsteil der Handlung (Arbeitshandlung) unterscheidet *Galperin* vier Parameter, die jeweils zusammen das Kriterium der *Vollständigkeit* einer Lernhandlung oder eines Teilabschnittes ausmachen: *Entfaltung, Verallgemeinerung, Beherrschung, Verkürzung.* Daß sie in jedem Schritt der etappenweisen Aneignung geistiger Operationen auftreten, bedeutet, daß sie dies der Möglichkeit nach tun. Jeweils entsprechend den Lernvoraussetzungen, der Stoffstruktur usw. realisieren sich die Kriterien selbst in entfalteter oder verkürzter Form. Ihr heuristischer Wert liegt darin, dem Lehrer bei Lernschwierigkeiten Hinweise auf notwendige Handlungsschritte bei der Unterrichtsplanung und bei notwendigen Korrekturhandlungen zu geben: Verallgemeinerung kann sich nur auf der Basis von Entfaltung, Beherrschung nur auf der Basis von Verallgemeinerung vollziehen. Auf der Ebene der Orientierungshandlung entspricht das Kriterium der Entfaltung dem der allseitigen Erfassung des Gegenstandes, die erst eine Analyse des Gegenstandes von jedem seiner Einzelaspekte aus (Verallgemeinerung) möglich macht. (Der Gegenstand wird als das je Allgemeine des einzelnen Aspektes rekonstruiert.) Die Beherrschung dieser verallgemeinernden Verfahren realisiert sich im Modell, das zugleich eine Verkürzung der Handlungen (als Knotenpunkt der Erkenntnis) wie eine Verallgemeinerung auf höherem Niveau darstellt. Hier kann es zum Ausgangspunkt einer Untersuchung im Sinne neuer Entfaltung eines konkreten Zusammenhangs werden.

Gehen wir nun über zum *Ausführungs- bzw. Arbeitsteil*. Grundsätzlich gilt für schulisches Lernen die Bemerkung von *Suchomlinski* (1982): „Je größer der Kreis von Fakten, der durch eine abstrakte Aussage verallgemeinert wird, umso mehr müssen die Fakten von den Schülern selbständig analysiert und geistig verarbeitet werden, damit die Aussage fest eingeprägt wird" (S. 30). Nur dann ist ohne speziell darauf gerichtete Arbeit Einprägen durch das Verstehen von Regeln und deren Anwendung auf Fakten möglich.

Je reichhaltiger also eine theoretische Einsicht unter Bedingungen ihrer Nutzung als geistiges Werkzeug zur Anwendung kommt, desto umfassender erschließt sich die Praxis, und desto umfassender wird die Theorie überprüft. Dies geschieht zu Anfang des Schulalters noch aufbauend auf den praktischen Handlungen in *materiell gegebenen Situationen*, auf deren Basis (z.B. Ausmessen des Klassenraumes oder des Schulgeländes im Geographieunterricht) erst allgemeine Modelle gewonnen werden, mittels derer dann Wirklichkeit analysiert werden kann. In dieser Praxis selbst, die immer reichhaltiger ist als ihre Vorwegnahme in der Orientierungshandlung, entstehen neue Orientierungshandlungen, die sich auf der Ebene bloßer Wahrnehmung ebenso realisieren können, wie im bewußten Kennenlernen von Praxis. Zu warnen ist durchgängig von einer scheinbar von selbst wirkenden bloßen Anschaulichkeit.

Auf der Ebene der *Materialisierung* geht es um das praktische Arbeiten an Materialien, die für eine in der Situation nicht unmittelbar verfügbare Wirklichkeit (geographische Räume, historische Texte) stehen, sie materialisieren. Auch hier kann wieder auf der Ebene von Wahrnehmungslernen (Auffinden von Orten auf der Landkarte), Assoziationslernen (Anwendung von Meßverfahren zum maßstabgetreuen Ablesen) oder instrumentellem Lernen gearbeitet werden.

Modelle selbst, als spezifische Form der Materialisierung, sind wie alle Begriffe sowohl *Abbild* als auch *Werkzeug*. Mit ihnen kann ein empirischer Sachverhalt, der (materiell oder materialisiert) gegeben ist, analysiert werden, oder ihre Analyse selbst verhilft zu neuen Einsichten (vgl. *Fridman* 1982, S. 115f.). Entsprechend definiert *Lompscher* (1985): „*Der besondere Wert von Modellen besteht darin, daß sie nicht die konkreten Merkmale der einzelnen Erscheinungen oder Situationen, sondern nur konstitutive, im gegebenen Kontext wesentliche Merkmale und Relationen enthalten, also abstrakt sind. Sie sind aber gleichzeitig anschauliche Abbildungen und machen damit grundlegende Zusammenhänge und Wesensmerkmale der Wahrnehmung und Vorstellung zugänglich"* (S. 64). Demnach erfüllen *Modelle die Funktion von Primärbegriffen* (vgl. Bd. 1, S. 234f.) und bilden eine (mit z.B. graphischen Mitteln künstlich geschaffene) „Bevorzugungsebene klassifizierenden Erkennens" *(Klix)*, die im hierarchischen Denken die Ebene schneller Orientierung ist. In eben diesem Sinne sind auch die in diesem Buch verwendeten Abbildungen nicht Realität, sondern Repräsentationen von Realität (Abbild) und können als geistige Mittel (Werkzeug) zur Untersuchung eines komplexen Sachverhaltes verwendet werden. Sie bilden „Ausgangsabstrakta" für die Leser/innen, die der Anwendung auf Realität bedürfen, um im „Aufsteigen vom Abstrakten zum Konkreten" Ausgangspunkte begreifenden Erkennens werden zu können.

Verschiedene Arbeiten zur Anwendung der Strategie A→K liefern Beispiele in diesem Sinne (vgl. z.B. *Autorenkollektiv* 1988, *Dawydow* u.a. 1982, *Fischer* 1989). Wesentliche *Funktion des Modells als Ausgangsabstraktum* ist es, zur (relativen) *Auflösung des Widerspruchs* beizutragen, „*daß einerseits jedes Kenntnissystem Ergebnis eines mehr oder minder langwierigen Aneignungsprozesses ist, andererseits die Aneignung der entsprechenden Kenntnisse aber bereits ein Bezugssystem für die kognitive Verarbeitung und Speicherung erfordert*" (*Lompscher* 1989, S. 57).

Der Übergang auf die *sprachliche Handlung* erfolgt im Sinne *Galperin*s zunächst durch die sprachliche Begleitung der praktischen Handlung und danach durch die äußere Sprache, getrennt von dieser. In der „*äußeren Sprache für sich*" erfolgt dann eine Verkürzung der Sprache vom Kommunikationsmittel zum Mittel des Denkens. Wesentliche Teile der Handlung erfolgen bereits in der *inneren Sprache*, nur noch wesentliche Teilergebnisse werden laut formuliert. Schließlich geht die Handlung insgesamt in das innere Sprechen über und verwandelt sich in einen „*reinen" Denkakt*.

Das *Grundproblem* dieser bis hierher vorgestellten theoretischen Überlegungen ist es, daß sie spätestens auf der sprachlichen Ebene nicht mehr nach dem *Motiv der Tätigkeit* fragen. Sie setzen es auf der Ebene der Lerntätigkeit quasi naturwüchsig als Leistungsmotiv (Lernen zu lernen) voraus. Ist der Unterricht nur interessant, verfügt er über gute Orientierungsgrundlagen, Materialisierungen und Ausgangsabstrakta, so könnte man *Galperin*, *Lompscher* oder *Dawydow* interpretieren, so lernen die Schüler wie von selbst. Dabei wird aber gänzlich übersehen, daß die *Versprachlichung* einer Einsicht ihr Motiv in den *kommunikativen und dialogischen Prozessen von Kooperation und Kollektiv*, d.h. im sozialen Verkehr findet. Ein Übergang zur *innersprachlichen* Ebene findet sein Motiv in der *Übernahme der Leitungstätigkeit* in Kooperation und Kollektiv. Dies verlangt die geistige Abstimmung der Teilaktivitäten und die Antizipation der Handlungen der je einzelnen, bezogen auf den Produktionsprozeß (Lernprozeß) wie je untereinander. Hierzu ist aber die Verfügbarkeit von entsprechenden Bedeutungen im Weltbild Voraussetzung, d.h. Kopfarbeit im Sinne von wissenschaftlichem Denken.

Da diese Theorien diese Sachverhalte nicht reflektieren, bleibt das *Individuum für die Didaktik ein isoliertes Einzelnes*, auch wenn Kooperation ihrer Form nach als Mittel zur Effektivierung von Unterricht diskutiert und untersucht wird. Bevor ich auf diesen Aspekt nochmals eingehe, einige *wichtige Ergänzungen* zur bisher vorgestellten Theorie.

Iris *Mann*, d.i. Christel *Manske* (1979, 1988), verweist darauf, daß vor dem Orientierungsteil der Tätigkeit der *Prozeß der Motivation* (Motivbildung) stehen muß. In besonderer Weise geeignet für die Herausbildung von Motiven sind *generative Themen* (*Freire* 1973), die aus der Lebenswirklichkeit der Menschen heraus ihren Bedürfnissen entsprechen, sowie durch ihre Struktur zugleich Ansätze zur Erschließung der Sache bieten (s.u.).

Ebenso wie *Mann* (1979, S. 72) hebt *Lompscher* (1985, S. 61ff., S. 68) die Bedeutung der *Exteriorisation*, der Vergegenständlichung hervor. Durch die insbesondere in der praktisch-gegenständlichen Tätigkeit (materiell oder materialisiert) mögliche entfaltete Handlungsausführung treten (1) „die zur Zielerreichung erforderlichen Bedingungen und Schritte", (2) „die dabei zu beachtenden Merkmale des Gegenstands und der eingesetzten Mittel", (3) „die durch die Handlung bewirkten Veränderungen des Gegenstands und der Mittel" (auch vorübergehende Zwischenzustände) so hervor, „daß sie vom Lernenden bemerkt und geistig verarbeitet werden können" (S. 62). D.h. *die Theorie wird nur wirksam, wenn sie zum Mittel der Praxis wird, und nur von hier aus erhält sie Impulse in der Form von Widersprüchen (Problemen), die ihre weitere Entwicklung erfordern.*

Von besonderer Wichtigkeit für schulisches Lernen ist die Entwicklung *willkürlicher*

Aufmerksamkeit. Sie muß als *geistige Kontrolltätigkeit* interiorisiert werden (*Galperin* 1973). Dies geschieht in materialisierter Form, indem über einen Vergleichsmaßstab (z.B. eine „Leitkarte", die alle beim Aufsatz- oder Diktatschreiben relevanten Aspekte der benötigten Aufmerksamkeit in Form von Kontrollhandlungen erfaßt; vgl. *Mann* 1977, 1979) die Kontrollhandlungen entfaltet werden. Auf dieser Basis wird im Prozeß der Versprachlichung und schließlich Verkürzung („Äußere Sprache für sich") aus der materiellen eine geistige Kontrollhandlung (vgl. *Mann* 1977, S. 93–103). Eine derartige Handlungskontrolle muß als *resultative*, als *handlungsbegleitende* und als *vorausschau-ende Selbstkontrolle* entwickelt werden (*Lompscher* 1985, S. 70ff.). Hierin liegt ein entscheidender Weg zur Reduzierung von Handlungsfehlern.

Einen wesentlichen Beitrag zur Überwindung von bloß an individuellem Lernen orientierten Auffassungen leistet *Engeström*s (1986, 1987; vgl. auch *Kauppi* 1988) *Konzept des „expandierenden Lernens".* Es ermöglicht eine Neubestimmung des Konzepts der „Zone der nächsten Entwicklung".

Engeström (1986) geht unter Bezug auf *Bateson* (1981) von verschiedenen *Niveaus des Lernens* aus, die er mit L. I bis L. IV kennzeichnet. (Lerntyp IV wird als Neuverknüpfung phylogenetischer [besser: soziogenetischer] und ontogenetischer Erfahrungen als Möglichkeit bestimmt, aber in dem Aufsatz nicht behandelt).

Basales Niveau ist *Lerntyp 0*, auf dem keine Korrektur stattfindet (Erbkoordinationen).

Bei *Lerntyp I* findet eine Korrektur von Irrtümern der Auswahl in einer Menge von Alternativen statt. Dies sind Habituation, bedingtes Konditionieren, operantes Verknüpfen (d.i. instrumentelles Lernen), beiläufiges Lernen, Auslöschung.

Bei *Lerntyp II*, der nochmals in zwei Unterformen aufgeteilt wird, findet eine Korrektur in der Menge der Alternativen oder in der Interpunktierung der Erfahrungsabfolge statt (Gewohnheiten und Charakter bilden sich). Dieses Niveau ist als *L. IIa* auch höheren Tieren eigen (ein Delphin konnte als Kriterium seiner Belohnung die Unerwartetheit von Handlungsanteilen lernen und zeigte eine Kombination mit acht völlig neuen Teilhandlungen). Bei L. IIa und L. IIb ist das Objekt/Ergebnis gegeben. Das Instrument wird bei *L. IIa* durch *Versuch und Irrtum* gefunden, bei *L. IIb* durch Experimentieren „ge- oder besser erfunden" (S. 156). Ein Objekt wird auf dieser Stufe als Problem aufgefaßt, das spezifische Bemühungen erfordert. D.h. auf Stufe IIb wäre „Lerntätigkeit" (im Sinne von *Lompscher* und *Dawydow*) als spezifisch menschliche Tätigkeit anzusiedeln, bei der ständig neue *Lerninstrumente* geschaffen werden.

Bei *Lerntyp III* finden die Veränderungen nicht in der Menge oder Interpunktion der Alternativen, sondern „im System der Mengen von Alternativen" statt. Dies würde im Sinne von *Klix* (s.o., Kap. 5.5.4) Änderungen in der Hierarchisierungsstruktur der Begriffe, also in der Art ihrer Justierung in der Innenwelt bedeuten. Eine solche Änderung kann jedoch m.E. nur durch ein hinter den Handlungen auftretendes neues Moment, also eine Veränderung der Sinn- und Motivstruktur erfolgen (s.o. Kap. 5.6 sowie Kap. 10.4 zum kathartischen Prozeß). Entsprechend beinhaltet L. III für *Engeström* den Prozeß der *bewußten Selbstveränderung*.

Anlässe für Veränderungen liegen für ihn in *sozialen Situationen, die Widersprüche schaffen*. (Soweit ich der Rezension seines Buches [*Engeström* 1987], das ich noch nicht in Händen habe, durch *Kauppi* [1988] entnehmen kann, bezieht er sich dort in dieser Frage ausdrücklich auf *Holzkamp* [1983]. Für diesen [vgl. S. 139ff.] ist Motivation die gelernte Antizipation positiver emotionaler Wertigkeiten in künftigen Situationen. Sie ist damit

Bestandteil des „autarken Lernens", das nicht mehr signalvermittelt, sondern signalverwertend stattfindet. Es gewährleistet die Hineinentwicklung in den Sozialverband, d.h. das Individuum wird grundsätzlich als sozial gedacht. Es muß durch die eigene Aktivität als Beitrag zum kollektiven Aktivitätserfolg motiviert sein [S. 171]. Auf menschlichem Niveau entspricht m.E. Lernen II dem Niveau der restringierten Handlungsfähigkeit nach *Holzkamp*, Lernen III dem Niveau der verallgemeinerten Handlungsfähigkeit). Aus dem *primären* (äußeren) *Widerspruch* zwischen Individuum und Umwelt aufgrund des Bedürfnisses wird in der (sozialen) Situation ein *sekundärer*, den *Engeström* mit *Bateson* als „*double bind*" bezeichnet. In Double-bind-Situationen erhält ein Individuum zwei Mitteilungen oder Befehle, die einander ausschließen. „Die einmal gelernte Gewohnheit wendet sich in einem oberflächlich ähnlichen, strukturell aber veränderten Kontext gegen das Individuum" (S. 153). Double bind als *innerer Widerspruch* ist typisch für das Niveau L.II.

Lernen III ist, da es aus Widerspruchssituationen im Lernen IIb hervorgeht, ein Produkt von Double-bind-Situationen. Bekanntestes Produkt von ständigem Double-bind ist Schizophrenie. „Sie ist eine tiefe Umstrukturierung des Bewußtseins des Subjekts, hervorgerufen von Kontexten, in denen das Subjekt unfähig ist, auf metakommunikative Weise auf die widersprüchlichen Botschaften oder Befehle zu reagieren, die es erhält" (S. 157). Weiter oben (Kap. 6.4.6) habe ich (mit *Wygotski*) Schizophrenie als Verlust der Kontakte mit dem „sozialen Selbst" gekennzeichnet. Es kommt zu inadäquaten, d.h. widersprüchlichen Bindungen zwischen Ich (Standpunkt der Menschheit oder einer sozialen Klasse, Gruppe usw.) und dem Ich als „Du", die alleine nicht aufgelöst werden können. Ihre Bearbeitung in Prozessen der Angst verschiebt sich in die Innenwelt und führt dort zu pathologischen Umbildungen.

Ein Beispiel, das *Engeström* für L.III gibt, belegt, daß es um Prozesse der Umbildung des eigenen Selbst unter den Bedingungen des Gattungsstandpunktes geht. Ein Verständnis von Entwicklung als plötzliche „Explosionen" im Sinne von Krisen oder als „stillschweigende, unsichtbare Beiträge", mit dem dieser Übergang zu beschreiben versucht wird, erklärt nicht die „vielleicht interessantesten Phänomene von Lernen III". „Man betrachte die ‚Kinderkampagne für nukleare Abrüstung' ... die 1981 in den USA begann. Innerhalb weniger Monate beteiligten sich Tausende von Kindern aus dem gesamten Land und aus dem Ausland an dieser Bewegung und schrieben Briefe an Präsident *Reagan*. Die Kinder, die die Kampagne begannen, erlebten weder persönliche Krisen noch waren ihre Beiträge unsichtbar, stillschweigend und unbewußt. Ihre kleinen Aktionen wurden rasch zu einer objektiv neuen Form gesellschaftlicher Tätigkeit" (S. 160f.). *Engeström* begreift dies als Prozeß der Selbstorganisation, den er (mit *Prigogine*) an folgendem Gedanken illustriert. Ein Stein wird ins Wasser geworfen, Wellenkreise breiten sich aus. Gleichzeitig findet ein entgegengesetzter Prozeß statt, Wellen kehren zum Kern zurück, verstärken den Ursprung des Impulses und kehren auf höherem Niveau wieder (ebd.).

Auf der Basis der Erörterung von Lerntyp III versucht *Engeström* folgende Neufassung des *Konzepts der Zone der nächsten Entwicklung*. In einem „provisorischen Begriff" ist sie die „*Distanz zwischen dem gegenwärtigen Alltagshandeln der Individuen und der historisch neuen Form gesellschaftlicher Tätigkeit, die kollektiv als Lösung für potentielle Double-bind-Situationen in den Alltagshandlungen hervorgebracht werden kann*" (S. 167). Das soziale double bind kann zur Regression (Verbleiben auf L.II) oder zur Expansion (auf L.III) führen. Insofern wird von *expandierendem Lernen* gesprochen. Dieser Übergang wird exemplarisch an Mark *Twain*s „Huckleberry Finn" dargestellt.

283

Der Möglichkeitsraum (Funktionswechsel) des Übergangs zu kollektivem (ich füge hinzu: der Humanität verpflichtetem) Handeln entsteht, als Huck sich entschließt, den mit ihm auf dem Floß fahrenden geflüchteten Neger gegen seine (Hucks) ursprüngliche Absicht nicht seinen (des Negers) Jägern auszuliefern, sondern diese belügt. Auf dieser Ebene entsteht eine zunächst „pragmatische (aber humanistische; W.J.) Moralphilosophie", die in einem späteren Schritt (Transformation von Aktionen in eine kollektive Tätigkeit) zur Wirklichkeit auf einer höheren Ebene (Dominanzwechsel) werden kann.

Damit gelingt *Engeström*, obwohl er m.E. in mindestens drei Aspekten verkürzt argumentiert, ein wichtiger Schritt zur Überwindung einer bloß kognitivistisch aufgefaßten Lerntheorie. Ich benenne zunächst diese Verkürzungen, um dann den positiven Gehalt hervorzuheben.

(1) Lernarten und Entwicklungsniveaus werden nicht differenziert. Damit werden die wesentlichen Selbstorganisationsprozesse auf dem Niveau des instrumentellen Lernens (Akkommodation) nicht erkannt. Die Möglichkeit konfliktbewältigender, selbstorganisierender Lernformen wird erst relativ spät zugestanden. Dies führt beim Zurückgehen auf niedere Lebensniveaus tendenziell immer stärker zur Auffassung des notwendigen äußeren Bedingens anstelle des selbstorganisierten Lernens (vgl. auch meine Auseinandersetzung mit *Leontjews* phylogenetischen Auffassungen in Kap. 5.1). Eine solche Verkürzung, die das Niedere eher als Minusvariante denn als eigene Qualität der Selbstorganisation sieht, die allen Lebensprozessen innewohnt und im Hierarchieaspekt lediglich in höheren Formen aufgehoben (d.h. nicht nur negiert, sondern auch konserviert) wird, hätte für die Bestimmung von Lernen und Entwicklung bei schwerstbehinderten Menschen außerordentlich nachteilige Folgen.

(2) Soziale Situationen wirken über den Prozeß der biorhythmischen Phasenverstellung (strukturelle Koppelung) auf allen Lebensniveaus als Zeitgebermechanismen (Synchronisation), durch die in emotional-affektiven Prozessen im lebendigen System selbst Systemzeit und damit Lernen entsteht. Derartige Aspekte können natürlich in *Engeströms* System noch nicht enthalten sein, da ich sie m.W. in diesem Buch erstmalig entwickele.

(3) Damit verbunden ist, daß Sinnbildungsmechanismen nicht erkannt und behandelt werden, obgleich sie auf allen Lebensniveaus in der Dialektik von Tätigkeit (sinnbildender, bedürfnisrelevanter Aspekt der Bedingungen der Welt) und Abbild (bedeutungsbildender, bedingungsrelevanter Aspekt) Widersprüche ständig ins Subjektive transformieren.

L.III erweist sich auf diesem Hintergrund damit lediglich als *hochentwickelter Spezialfall des Lernens* auf dem höchsten Niveau der Persönlichkeit, dem reflexiven Ich, als Lernen in der inneren Position des Erwachsenen, bezogen auf diese Position. Es geht hierbei um Prozesse der Vernunftwerdung und der Aufhebung der Entfremdung durch Herstellung der Einheit zur Gattung in kathartischen Prozessen. Auf niederen Entwicklungsniveaus verläuft dieser Prozeß niveauspezifisch zunächst zwischen verschiedenen Personen, bevor er sich in der inneren Position der Erwachsenen als dramatischer Prozeß nach innen verlagern kann. Seine synergetische Strukturbildung wird am Beispiel der Kinderkampagne deutlich. In ihr entsteht der Typ des affektiv-kooperativen Verhaltens (s.o.). Der Möglichkeitsraum einer bisher entwickelten pragmatischen (humanistischen) Moral findet in einer ordnungsbildenden Struktur seinen Pol der sozialen Sinngebung: für Frieden einzutreten. Indem Kinder selbst aus „freien" Stücken (sie sind nur dann „frei", wenn ihre Autonomie gewahrt bleibt) ihnen mögliche Tätigkeitsformen finden und sich

284

in diesen Formen jeweils andere Kinder widerspiegeln, entsteht ein selbsorganisierter, synergetischer, kooperativer und selbstreferentieller Prozeß. Der „Ordner" (vgl. *Haken* 1983) in ihm ist eine ideelle Struktur, die an keine Person (sondern an eine „Semiosphäre"; vgl. Kap. 10.3) gebunden ist. Er entsteht als Widerspiegelung der je einzelnen im Prozeß der Menschheit, vermittelt über Kommunikation und sozialen Verkehr.

Die *Zone der nächsten Entwicklung* wird demnach nicht nur (1) durch den Stoffaspekt und ihm angemessene Lernsituationen (Interiorisationstheorie, Theorie der Lerntätigkeit), sondern (2) darüber hinaus (s.o., Kap. 10.2) durch kooperative und kollektive Aspekte bestimmt. Entscheidend (3) ist sie aber von Widerspruchssituationen abhängig, die es gestatten und erfordern, human zu sein bzw. zu werden. Dies ist ein Modus, den *Maase* (1985) als *solidarische Selbstvergesellschaftung* kennzeichnet und mit einer Zeile aus einem Gedicht von Nazim *Hikmet* als Buchtitel vorweggestellt hat: „Leben einzeln und frei wie ein Baum, aber brüderlich wie ein Wald ..." („... das ist unsere Sehnsucht"; W.J.).

Es wird Aufgabe einer integrativen, entwicklungslogischen Didaktik und Pädagogik (vgl. insb. *Feuser*) sein,
(1) auf allen Identitätsniveaus die jeweiligen Prozesse der Identitätsbildung sowohl allgemein wie in ihrer institutionellen Brechung genauer zu bestimmen, wie ich dies hier am Beispiel des Schulalters versucht habe;
(2) in der gleichen Differenziertheit, wie dies Interiorisationstheorie und Theorie der Lerntätigkeit vornehmen, auch auf allen anderen Entwicklungsniveaus die Spezifika des Lernens zu erfassen;
(3) auf der Basis der Überlegungen zum Konzept der Zone der nächsten Enwicklung eine der Überwindung des bisherigen kognitiven Reduktionismus angemessene Theorie von Lernsituationen zu entwickeln.

In dieser Hinsicht kann ein bei *Engeström* (1986) wiedergegebener Gedanke von *Griffin* und *Cole* (1984, S. 62) nur unterstrichen werden: *„Die Weisheit von Erwachsenen liefert keine Teleologie für die Entwicklung von Kindern. Soziale Organisation und dominierende Tätigkeit lassen eine Lücke, in der das Kind eine neue und kreative Analyse entwickeln kann (...) Eine Zone der nächsten Entwicklung ist ein Dialog zwischen dem Kind und seiner Zukunft; sie ist kein Dialog zwischen dem Kind und der Vergangenheit eines Erwachsenen"* (S. 165f.).

11.5 Wissenschaft und Unterricht

Wissenschaft habe ich bereits in Bd. 1 (Kap. 3.5) näher bestimmt. Für unsere Zwecke reicht es, hier nochmals hervorzuheben, daß sie eine *Form menschlicher Tätigkeit* (allgemeine Arbeit) darstellt, die auf die *theoretische Aneignung von Wirklichkeit* gerichtet ist. Ihre Ergebnisse sind wissenschaftliche Begriffe als Abbild und Werkzeug. Im System der Wissenschaft wurden und werden die Bedeutungsstrukturen herausgearbeitet bzw. präzisiert, die (1) als geistige Werkzeuge die kommunikative und kooperative Realisation der Tätigkeit des gesellschaftlichen Gesamtarbeiters sichern, und die (2) diese Funktion nur erfüllen können, indem sie als Bedeutungen (geistige Operationen) im Weltbild der einzelnen Individuen existieren. Aus der Transformation dieser Bedeutungen ins Weltbild der nächsten Generation entsteht das Problem des Unterrichts.

285

Unterricht ist nach *Fichtner* (1980) die „spezifische Organisationsweise institutionalisierter Erziehung ... bei der das Hauptgewicht in der systematischen Übermittlung gesellschaftlich notwendiger Gegenstände der Aneignung, d. h. der Bildungsvermittlung im weitesten Sinn, liegt" (S. 109).

Zwischen *Wissenschaft* und *Unterricht* gibt es verschiedene *komplizierte Vermittlungsvorgänge*.

(1) Dieses Verhältnis wird zunächst einmal durch die *soziale Funktion der Schule* vermittelt (s. o.). Hier realisieren sich Bildungsmonopol, Fächerstruktur, Lehrplanvorgaben, wissenschaftliche Ausbildung und administrative Kontrolle der Lehrer/innen u. a. m. Diese Strukturen haben sich in den siebziger Jahren (vgl. die in Tab. 2 zusammengestellten Daten) erheblich verändert. Die durch die gesellschaftliche Entwicklung gegebene Notwendigkeit, „Bildungsreserven" auszunutzen, führte dazu, daß das Verhältnis von Wissenschaft und Unterricht zu einem zentralen Problem der Lehrplanrevision wurde (vgl. *Frey* 1975). Wichtige Problemebenen, die eine Rolle spielten, waren u. a.

– die Auffassung *Bruner*s (1970), daß ein wissenschaftlicher Inhalt auf jeder Altersstufe redlich vermittelt werden kann. Hieraus resultierte die Forderung nach einem *Spiralcurriculum*, in welchem Inhalte auf verschiedenen Niveaus wiederkehren;
– die Frage nach der *Struktur des Faches* („structure of discipline") als Grundlage der Entscheidung, was für das jeweilige Unterrichtsfach aus der Sicht der jeweiligen Wissenschaftsdisziplin auszuwählen sei;
– die Frage, wie *Lernzielvorgaben* in den Lehrplänen diesen Prozeß abzusichern vermochten (Entwicklung von Lernzieltaxonomien bzw. Operationalisierung von Lernzielen; vgl. *Bloom* 1972 bzw. *Mager* 1965).

(2) Im Verhältnis von Wissenschaft und Unterricht zeigen sich *zwei Verständnisse von Wissenschaft*, die einander diametral entgegenstehen.

Zum einen ist dies ein positivistisches Verständnis, das durch immer stärkere Zergliederung, kontrollierte Methoden und *empirische Verallgemeinerung* die Welt unabhängig vom forschenden Subjekt zu analysieren und zu beschreiben versucht. Wissenschaftliche Bildung in diesem Sinne beinhaltet ein immer größeres Wissen und Können in einem immer kleineren Teilgebiet, was insbesondere mathematisch, technische, experimentelle Verfahren voraussetzt.

Zum anderen existiert ein Verständnis von Wissenschaft, das den Forscher selbst als Bestandteil der Welt und des Erkenntnisprozesses begreift und zu einer historischen, ganzheitlichen, *theoretisch verallgemeinernden Sichtweise* strebt. Das eine ist philosophiehistorisch betrachtet die Weiterführung der cartesianischen, das andere die der spinozistischen Weltauffassung. Einerseits geht es um die immer umfassendere und immer exaktere Überführung der Struktur der „ausgedehnten Substanz" (Descartes) auf die Ebene des Vorstellungskonkretums. Hauptkriterien der Wissenschaftlichkeit sind methodologisch kontrollierte, experimentelle Erforschung und die Transformation in mathematische Modelle. Andererseits geht es um die monistische Rekonstruktion des Weltprozesses in Teil- oder Gesamttheorien auf der Ebene des Gedankenkonkretums. Am Beispiel der Biologie: Im einen Falle ist Leben auf der molekularen Ebene zu suchen, im anderen Falle kann es als Prozeß der Entwicklung und Differenzierung der Biosphäre (vgl. *Wahlert* 1977) in der Koevolution der Lebensformen (*Jantsch* 1979) begriffen werden (z. B. in den Intentionen der *Darwin*schen Theorie). Diese zweite Ebene, dies habe ich bereits in Kapitel 3 herausgearbeitet, schließt die erste Ebene nicht aus, sondern im Sinne ihrer Aufhebung ein. Je nachdem, welches herrschende Verständnis in jenen Teilen der Wissenschaft besteht, die sich im Prozeß der Lehrplangestaltung durchsetzen können, wird die Bestimmung der Struktur der Wissenschaft und damit die Bestimmung der wesentlichen Unterrichtsinhalte ausfallen.

In der Diskussion um die *Didaktik des Biologieunterrichts* unterscheiden sich *„fundamentale Ideen" (Bruner)*, die aus der (über empirische oder theoretische Verallgemeinerung bestimmten) Struktur des Faches abgeleitet werden, z.B. wie folgt:

In der Konzeption von *Etschenberg* (zit. nach *Ewers* 1974, S. 90) erfolgt eine Orientierung an „Grundphänomenen des Lebendigen" wie z.B. Formenvielfalt, innerorganismische Struktur, Fortpflanzung, Entwicklung, Bewegung, Stoffwechsel, Steuerung und Evolution.

In der Konzeption von *Wahlert* und *Kattmann* wird Biologie als „Evolutionsökologie" und „Lehre von der Biosphäre" betrachtet, die „Lebewesen und Ökosysteme geschichtlich sieht ... Geschichte aber, von der man selbst betroffen ist, kann man nicht nur distanziert betrachten" (*Wahlert* 1977, S. 54f.). Entsprechend geht *Kattmann* (1980, S. 229) von der Position des Menschen in der Biosphäre aus und beginnt mit der Grundfrage „Welchen biologischen Grundlagen und Bedingungen verdankt der Mensch seine Existenz?". Aus dieser historischen und vom Menschen ausgehenden Betrachtungsweise resultieren die folgenden „fundamentalen Ideen": (1) „Träger des Lebens ist die Biosphäre"; (2) „Evolution vollzieht sich an Populationen, nicht an Individuen"; (3) „Selbstorganisation und Selbsterhaltung der Lebewesen sind Leistungen des gesamten Organismus, nicht der Moleküle"; (4) „Biosysteme sind offene Systeme im Fließgleichgewicht"; (5) „Biosysteme haben eine Geschichte" (1978, S. 266ff.).

In Betrachtung der *Wissenschaftsgeschichte* selbst zeigt es sich, daß entsprechend den sozial vorherrschenden soziogenetischen Abbildniveaus (vgl. Bd. 1, Abb. 11) und im Denken einzelner Wissenschaftler/innen immer über sie hinausreichend auch der Wissenschaftsprozeß verschiedene Etappen der Herausbildung des Weltbilds durchläuft. Am Beispiel der Biologie erörtert *Wahlert* drei entsprechende Biologien. Die erste (sie entspricht dem funktionalen Denken [Abb. 11, Bd. 1] bzw. dem konkret operativen Denken im Sinne von *Piaget*) ist die Klassifikation von Lebewesen (empirische Verallgemeinerung) aufgrund ihrer Ähnlichkeiten und Unterschiede durch *Linné*. Die zweite Biologie entspricht dem kategorialen Denken (abstraktes Denken im Sinne von *Piaget*). Es zergliedert durch Analyse und Experiment und beginnt in der Biologie mit der Synthese einer organischen Verbindung (Harnstoff) durch *Wöhler* 1820. Die dritte Biologie im Sinne dialektischen Denkens tritt mit der Theorie *Darwin*s auf.

An diesen Überlegungen *Wahlert*s wird deutlich, daß jeweils ein Minimum von Wissen auf der vorweggehenden Ebene vorhanden sein bzw. genutzt werden muß, bevor auf der höheren Ebene eine realistische Lösung formuliert werden kann. Nur wenn beides zusammenkommt: (funktional)-empirische Abstraktion im Sinne von *Linné* und ganzheitliches Denken im Sinne von *Darwin*, kann eine nichtspekulative theoretische Lösung gelingen. Die gegenwärtige Krise des Darwinismus, für die es verschiedene Überwindungsversuche gibt, beruht z.B. vor allem darauf, daß die sowohl auf der Ebene der (kategorial)-empirischen Verallgemeinerung (molekularbiologische Teilkenntnisse) wie auf der Ebene der theoretischen (d.h. dialektischen) Verallgemeinerung (Selbstorganisationstheorie) hinzugetretenen Erkenntnisse bisher noch nicht mit den *Darwin*schen Auffassungen zu einer Synthese gebracht werden konnten (vgl. *Jantzen* 1989a). Es wird aber zugleich deutlich, daß ganzheitliches Denken bereits auf einer relativ wenig entwickelten Faktenbasis weitreichende Resultate bringen kann. In diesem Sinne müßte man auch die Denkmethoden von *Darwins* Vorgängern in neuer Weise aufgreifen und für den Unterricht fruchtbar machen.

(3) Im *Unterricht* selbst zeigen sich *zwei verschiedene Ansätze beim Herausbilden von Begriffen.* Das eine ist die am *Assoziationslernen und* der empirischen Verallgemeinerung orientierte, positivistische Methode, das andere die an der *Lerntätigkeit* der Schüler orientierte historische, theoretisch verallgemeinernde, ganzheitliche Methode. Das historische Verhältnis beider Lernmethoden kann noch nicht als erforscht gelten (vgl. *Dawydow* 1988). Trotzdem versuche ich einige Bemerkungen zu ihrer Einordnung und Charakterisierung. Historisch spiegeln sich in ihrem *Wechselverhältnis* mindestens folgende Dimensionen: (1) der Stand der Wissenschaftsentwicklung und das vorherrschende Verständnis in den Wissenschaften, die in Unterrichtsfächer eingingen; (2) der Entwicklungsstand von Pädagogik von einem Handwerk zu einer Wissenschaft hin; (3) das durch die Schule gesetzte Bildungsmonopol. (Das „Kunde"-Prinzip [z.B. „Naturkunde"] in der bis in die 60er Jahre im Sonderschul- und Hauptschulbereich in der BRD dominierenden „Volkstümlichen Bildung" blieb auf dem Niveau des anschaulich-präoperationalen Denkens und des klassifizierenden Benennens. Gleichzeitig wurde im Gymnasium in den naturwissenschaftlichen Fächern kategoriales und in den geisteswissenschaftlichen Fächern, aber gänzlich vom naturwissenschaftlichen Bereich getrennt, historisches und dialektisches Denken [z.B. in der Literatur] vermittelt); (4) das durch die Dialektik von Naturalform und Wertform in der Schule für den Lehrer entstehende Verhältnis, auf der Basis des Wohlverhaltens und der Noten seiner Schüler (Warenform) in seiner eigenen Arbeitswilligkeit und Fähigkeit institutionell überprüft zu werden; (5) das Verständnis von kindlicher Entwicklung und Lerntätigkeit; (6) das vorherrschende bürgerliche Bildungsverständnis im Sinne enzyklopädischen Wissens.

Durch diese Geschichte bedingt, herrscht noch heute ein positivistisches, am Assoziationslernen orientiertes Verständnis in der Praxis des schulischen Lernens vor (wenn auch theoretisch wie praktisch bestritten und umkämpft), während im nachschulischen Bereich in der Lehrlingsausbildung bereits an der Theorie der Lerntätigkeit orientierte Ausbildungsprozesse realisiert werden (Leittext-Methode bei den Ford-Werken Köln, vgl. *Rügemer* 1988; Ausbildungsberuf „Kommunikationselektronik" mit dem Lehrprogramm „Mausy" bei der Deutschen Bundespost. Hier wird zunächst ein Sachverhalt theoretisch gelernt, bevor er praktisch ausgeführt wird; vgl. Weser-Kurier v. 23.1.1990, S. 21). Die *positivistische Form der Begriffsbildung* stellt an gegebenen Gegenständen „durch Beschreibung, Vergleich und Situationsanalyse Eigenschaften" fest und verknüpft diese „additiv zu Begriffen". *Nestle* (1975, S. 25) wendet gegen eine solche Art des Vorgehens ein, daß „die durch Beobachtung und Experiment gewonnenen Erkenntnisse nicht das Sein der Natur an sich, sondern ein Wechselspiel zwischen Subjekt und Objekt zum Ausdruck bringen. Das bedeutet, daß die in Gesetzen erkannte Wirklichkeit als eine Verbindung von Interessen, Theorien und Versuchsbedingungen verstanden werden muß". Entsprechend stellen auch *Otte* und *Steinbring* (1975) heraus, daß es die „Begründung einer ‚Struktur der Disziplin' nicht durch isolierte Momente, sondern durch den Gesamtzusammenhang des Wissensprozesses" gibt (S. 74). Dies bedeutet aber, daß es *„keine von der Aktivität des Erkenntnissubjekts bzw. des Lernenden unabhängige eindeutige und fest fixierte Struktur des Wissens gibt"* (S. 81).

Hierarchische Aufschlüsselungen von Unterrichtsinhalten, wie die von *Kutzer* und

Probst vorgeschlagenen theoretischen Bestimmungen und empirischen Ermittlungen von aufeinander aufbauenden Komplexitätsstufen eines Stoffes im Verhältnis zu den Niveaus der geistigen Repräsentation (vgl. Abb. 36 zur Aufschlüsselung des Hebelgesetzes) sind daher noch keine Lösung für das Problem der Vermittlung von Wissenschaft und Unterricht auf der didaktischen Ebene. Sie bewegen sich auf der Ebene der Unterrichtstheorie. Ihr Wert liegt neben ihrer diagnostischen Bedeutung (s.o.) vor allem darin, daß sie bei einmal gegebenen Lehrplänen und Lehrplanstrukturen diesen Stoff auf der Ebene der in Form von Operationen anzueignenden Bedeutungen besser unterrichtsbezogen differenzieren.

Auf der didaktischen Ebene selbst beinhaltet das Verhältnis von Wissenschaft und Unterricht zwei Fragen: die nach der *Struktur des Faches* und die nach der *Problemsituation*. Auf beide Aspekte will ich mit *Dawydow* in Kürze eingehen, um dann im Vorgehen *Freire*s einen Lösungsweg anzudeuten.

Nach *Dawydow* (1967) *muß der „Aufbau von Lehrplänen der Bewegung vom Abstrakten zum Konkreten, vom Allgemeinen zum Besonderen entsprechen. Das Fundament eines solchen Lehrplans ist der Grundbegriff der jeweiligen Wissenschaft, der ihr ‚Gebäude‘ fixiert"* (S. 265f.). Ein am Aufbau theoretischen Denkens orientierter Unterricht ermöglicht auf dieser Grundlage die Rekonstruktion der realen Entwicklung, der Historizität des Gegenstandes, also „eine in sich gegliederte, systematische Totalität" (1977, S. 277) der Sache im Denken. Der theoretische Begriff fungiert dann als „Widerspiegelung des Zusammenhangs von Allgemeinem und Einzelnen" (ebd., S. 307). Nach Auffassung von *Dawydow* (1977) *soll der Unterricht „in komprimierter, verkürzter Form den tatsächlichen historischen Prozeß der Entstehung und Entwicklung ... des Wissens reproduzieren"* (S. 339), indem das Kind mit gesellschaftlich vorgefundenen Standards und Hilfsmitteln „von Anfang an in seiner Tätigkeit die allgemeinen Eigenschaften der Dinge reproduziert" (S. 348).

Dies deckt sich weitgehend mit für in der Biologiedidaktik durch *Kattmann* und *Wahlert* entwickelten Herangehensweise und entspricht *Klafki*s Forderung nach „Schüsselthemen" als Zentrum von Allgemeinbildung. Ein schönes Beispiel für einen an dieser Herangehensweise orientierten Biologieunterricht (unter Verwendung der Lehrstrategie A→K) liefert ein über ein Jahr laufendes Unterrichtsexperiment zur Evolutionstheorie von *Hedegaard* (1988) in Klasse 4 der dänischen Grundschule. Aus anderen Fächern liegen im Arbeitszusammenhang von *Lompscher* und *Dawydow* zahlreiche Beispiele vor.

Spielräume, die jeder einzelne Lehrer in diesem Sinn nutzen kann, sind natürlich bestimmt durch die Art des gegenwärtig noch vorgegebenen Lehrplans, durch die Zusammenarbeitsmöglichkeiten im Kollegium, durch die Zerstückelung bzw. Kombination der Fächer usw. Insbesondere im projektorientierten Unterricht gibt es vielfältige Erfahrungen mit einer derartigen Herangehensweise.

Offen bleibt aber bis heute ein *Hauptproblem: Was sind die logisch-psychologischen Grundlagen des Konzepts „Lernproblem"?* (*Dawydow* 1988, S. 32). Auf welcher Grundlage identifizieren sich also die Schüler mit einer Thematik. Wie wird der Gegenstand für sie „problematisch"? Im Sinne *Klafki*s geht es hierbei um die Erschließung des Schülers für die Sache. Ohne Zweifel gehören hierzu, wie *Dawydow* betont, ein gutes Verständnis der Geschichte der besonderen Disziplin und ihres Verhältnisses zu der Geschichte des „großen" theoretischen Denkens (im Sinne philosophischer Grundfragen) und darüber hinaus gute Voraussetzungen in dialektischer Logik. Was fehlt, ist aber ein Verständnis des logisch-psychologischen Inhalts des Lernproblems.

Zur Lösung dieser Frage könnte m. E. *Freire*s (1973) *Konzept der generativen* Themen beitragen. Jede Epoche hat ihre (antithetischen) Themen, die *Freire* als Komplex von Ideen, Konzeptionen, Hoffnungen, Zweifeln, Werten und Herausforderungen versteht (S. 84). Alle diese Themen enthalten Grenzsituationen, in denen „die Existenz von Menschen mitgesetzt (ist), denen diese Situation direkt oder indirekt dient und von solchen, deren Existenzrecht durch sie bestritten liegt, und die man an die Leine gelegt hat" (S. 85). „Generative Themen können in konzentrischen Kreisen angesiedelt sein und sich vom Allgemeinen zum Besonderen bewegen. Die weiteste epochale Einheit ... enthält Themen von universellem Charakter. Das Fundamentalthema unserer Epoche ist meines Erachtens das der Herrschaft, das seinen Gegensatz, nämlich das Thema der Befreiung, mitsetzt als Ziel, das es zu erreichen gilt" (ebd.). Ebenso wie *Dawydow* geht auch *Freire* davon aus, daß nur durch Gewinnen von Abstraktionen das Konkrete durchdringbar und aneigenbar wird, in der Weise, „daß beide Elemente als Gegensätze aufrecht erhalten werden und sich im Akt der Reflexion dialektisch aufeinander beziehen" (S. 87). Es bedarf daher der *„Dekodierung"* von Situationen vom Teil zum Ganzen und dann zu den Teilen zurück, d.h. vom Abstrakten zum Konkreten aufzusteigen. Damit dies gelingt, *muß die Untersuchung der Thematik „die Untersuchung des Denkens der Leute" einschließen* (S. 90). Über die Entschlüsselung der kodierten Alltagssituation in dialogischen Aktionen (im Sinne *Buber*s verstanden) kann dann Kooperation entwickelt werden, „um die Welt zu verwandeln" (S. 143).

Die *Gewinnung des Lernproblems* geschieht wie folgt (vgl. *Hernandez* 1977, S. 74f.):

(1) Zunächst erfolgt (hier bezogen auf das Lernen von Erwachsenen) die *Kontaktaufnahme*. In dieser Kontaktaufnahme wird die *Gegenwart als lebendiger Kodex* im Hinblick auf mögliche generative Themen betrachtet, der entziffert werden muß.

(2) Aus dem gewonnenen Material werden *Kodierungen* erstellt, die in einem zweiten Schritt den Zu-Erziehenden zur Dekodierung vorgelegt werden. „Dabei muß darauf geachtet werden, daß die Kodierungen nicht nur die ausdrücklichen Widersprüche darstellen, sondern auch die dialektisch enthaltenen Widersprüche" (S. 75).

(3) Die so kodierten, und damit thematisch und in ihren Widersprüchen verdichteten Sachverhalte, werden den Betroffenen zur *Dekodierung* (als forschender Prozeß!) vorgelegt. Im Ergebnis beginnen diese, „ihre Situation aus der Distanz zu betrachten und fangen an, sie in ihren Elementen und in ihrer Totalität zu verstehen" (ebd.).

(4) Auf dieser Basis werden dann die *Programme* (Lehrpläne) entwickelt, bezüglich ihrer Interdisziplinarität korrigiert und abgestimmt, gegebenenfalls kommen weitere „Scharnierthemen" hinzu, um Themen untereinander zu verbinden.

Dieses im Rahmen der Alphabetisierung in Ländern der sog. Dritten Welt entwickelte Konzept beinhaltet es m. E. (bei gleichzeitiger Übereinstimmung in vielen Grundfragen anders als bei *Dawydow*) *nicht unmittelbar vom Lehrplan auszugehen*. Vielmehr wäre der Lehrplan als Grundkonzept thematisch aufbereiteter Themen zu betrachten, die nur dann herangezogen werden, wenn sie im Rahmen der Auseinandersetzung der Betroffenen mit der Welt aus deren Perspektive (die psychologisch-logisch zu erschließen sowie durch Kodierung und Dekodierung herzustellen ist) zu einem realen Problem und zum Ausgangspunkt von Lernen werden können. *Schlüsselthemen nach Seiten der Struktur des*

290

Stoffes hin können sich demnach nur dann nach der Seite des Schülers hin erschließen und erschlossen werden, wenn sie zu generativen Themen werden. Von hier aus gibt es deutliche Bezüge sowohl zum Projektunterricht wie zur Forderung unterschiedlicher Fachdidaktiken, von konkreten Bezügen im Alltagsleben der Schüler auszugehen.

11.6 Individualisierung und Innere Differenzierung

Nach Behandlung der bildungstheoretischen Grundfragen (Kap. 10) sowie der näheren Bestimmung von Didaktik im Sinne von *Klafkis* Theorie kategorialer Bildung habe ich in diesem Kapitel bisher Subjektseite (Identitätsbildung und Lernen) sowie Objektseite (Wissenschaft und Unterricht) vertieft diskutiert. Damit einhergehend wurden zahlreiche Aspekte der Vermittlung beider Seiten in der Tätigkeit behandelt. Wie kann diese Vermittlung aber in einer *Klasse bestimmter Größe im Unterricht* stattfinden? Mit der Erörterung dieser Frage verlasse ich die im engeren Sinne didaktische Fragestellung und gehe zur Theorie des Unterrichts über (vgl. Abb. 41). Es geht hier nicht um die konkrete Ausführung aller Probleme dieser Ebene und schon gar nicht um die Ebene der Unterrichtsmethodik (vgl. *Meyer* 1987: 1 u. 2), sondern um die systematische Diskussion des Problems: Wie kann Bildung für alle in einer mit sehr heterogenen Schülern zusammengesetzten Klasse erfolgen? Dies wirft die Frage nach Individualisierung durch innere Differenzierung auf. Ihre Möglichkeit ist am ehesten gegeben, wenn einerseits ein Unterricht gestaltet wird, der sich an den bisherigen Überlegungen orientiert und andererseits trotzdem in wichtigen Aspekten auf die Aneignung fachsystematischen Denkens bezogen bleibt. Wie ist dieses an die Quadratur des Kreises erinnernde Problem zu lösen?

Ich gehe hierbei in mehreren Schritten vor. Zunächst skizziere ich (1) mit *Mann* (Ch. *Manske*) und *Feuser* den Gesamtansatz eines solchen handelnden Unterrichts, komme dann (2) auf die Projektmethode als Kern zu sprechen und schließlich (3) auf die bisherige Diskussion zur „Inneren Differenzierung". (*Rohrs* [1980] Konzept des handelnden Unterrichts, das in die gleiche Richtung argumentiert, behandele ich hier nicht näher, da es m.E. in verschiedenen Aspekten nicht die tätigkeits- und bildungstheoretische Konsistenz dieser beiden Ansätze erreicht.)

Iris *Mann* (1979) entwickelt aufbauend auf den Ideen Paolo *Freires* sowie auf der Interiorisationstheorie und der Theorie der Lerntätigkeit eine Konzeption des *handelnden Unterrichts* als Kernstruktur einer humanen Erziehung. Ich gebe in Kürze die von ihr aufgestellten grundlegenden *Thesen* wieder (S. 103 ff.):

1. *„Wechselseitigkeit im Lernprozeß anstelle der Bankiersmethode"*. Als „Bankiersmethode" bezeichnet *Freire*, daß der Lehrer Wissen austeilt und der Schüler es aufnimmt. Handelnder Unterricht (H.U.) geht davon aus, daß Lehrer/innen und Schüler/innen auch unterschiedliche Interessen haben. Diese Interessen werden als Ausgangspunkte für Erkenntnis betrachtet. Konflikte zwischen Schüler/innen und Lehrer/innen werden nicht unterdrückt, sondern von beiden Seiten ernsthaft diskutiert. Gewaltanwendung ist mit den Prinzipien des H.U. nicht vereinbar. „Das Wesentliche eines dialogischen Verhältnisses ist der Verzicht auf Lob und Tadel ... Das Lob schafft kein Selbstbewußtsein. Es schafft Abhängigkeit. Weder Lob noch Tadel sind dazu geeignet, daß die Kinder ein

Wissen über sich selbst entwickeln. Sie erfahren nur, wie die Lehrer über sie denken" (*Manske* 1988, S. 32).

2. *„Wissenschaftlichkeit anstelle von Vorurteilen".* Dies bedeutet nicht nur eine ständige Orientierung der Lehrer/innen am Stand der Wissenschaft, auf die sie sich beziehen und ihre adäquate Transformation in Unterricht in Form von Lernproblemen und Modellen, es bedeutet auch eine umfassende Weiterbildung zu entwicklungspsychologischen, persönlichkeitstheoretischen, sozialpsychologischen und gesellschaftlichen Fragen. Eine ähnliche Position vertritt *Suchomlinski* (1982).

3. *„Allseitige Ausbildung der Sinnestätigkeit anstelle der Trennung von Kopf- und Handarbeit".*

4. *„Dialektische Denkmethode und historische Herangehensweise anstelle von Denken auf der Erscheinungsebene".* Hier verweist *Manske* (1988) auf *Dawydow*s (1973) Überlegungen zur Herausbildung dialektischer Begriffe. Kinder lernen im H.U. Widersprüche zu begreifen, indem sie die Gegenstände historisch zu sehen beginnen und die verschiedenen Seiten von Konflikten hervorgehoben werden.

5. *„Förderung anstelle von Auslese",* d.h. im H.U. soll kein Kind scheitern (Lernen entsprechend dem Konzept der ‚Zone der nächsten Entwicklung').

6. *Gruppenarbeit anstelle von Einzelarbeit".*

7. *Lernen für die Gesellschaft anstelle des Lernens für den Lehrer".* „Die Kinder lernen im handelnden Unterricht, frühzeitig gesamtgesellschaftliche Verantwortung zu übernehmen. Sie lernen, sich aktiv und verantwortungsbewußt an der Lösung von Problemen ihrer unmittelbaren Umgebung, wie z.B. Umweltschutz, Gastarbeiterkinder, geschlagene Kinder, Jugendarbeitslosigkeit usw. einzusetzen. Sie lernen nicht in erster Linie für eine gute Note, sondern gute Schüler helfen als „kleine Lehrer" dem Lehrer bei der Förderung schwacher Mitschüler" (*Mann* 1979, S. 105). Auch bestehen deutliche Übereinstimmungen zur Schul- und Unterrichtskonzeption *Suchomlinski*s (1982).

8. *„Aufhebung der Entfremdung anstelle allseitiger Verarmung".* „Indem die Kinder im handelnden Unterricht lernen, sich in ihren Produkten selbst zu vergegenständlichen und füreinander sinnvoll tätig zu sein, lernen sie sich und die Mitschüler auf immer höherem Niveau kennen. Durch die warmherzige und geistige Nähe mit den Mitschülern und den Lehrern finden sie letztlich zu sich selbst" (*Mann* 1979, S. 105).

Ein solcher Unterricht steht, dies zeigen *Feuser*s bisherige Publikationen und Erfahrungen zur Integrativen Pädagogik, keinesfalls im Gegensatz zu einem wissenschaftlichen Lernen im Sinn der Fachsystematik, er geht nur gänzlich anders an diese Frage heran. Im Mittelpunkt des Unterrichts stehen Projektorientierung und Kooperation. Der *gemeinsame Gegenstand*, auf den sich die Kinder in diesem Lernzusammenhang beziehen, ist nach *Feuser* (1989) der *„zentrale Prozeß, der hinter den Dingen und beobachtbaren Erscheinungen steht und sie hervorbringt"* (S. 32). An ihm lernen die unterschiedlichen Kinder mit unterschiedlichen Zielen und auf unterschiedlichen Entwicklungsniveaus. Die Planung erfolgt „von unten nach oben" (S. 40), d.h. von behinderten oder schwerstbehinderten Kindern ausgehend zu den nichtbehinderten und dort von den weniger zu den mehr „leistungsfähigeren". Dabei lernen die Kinder auf allen Niveaus zahlreiche Selbsthilfetechniken (z.B. Lexika zum Nachschlagen usw.), so daß sie schnell zu selbständigen Prozessen des Erforschens gelangen. An der Nicht-mehr-Gewährleistung dieser Bedingungen in der Fortführung des Schulversuchs in der Orientierungsstufe scheiterten gerade die hochentwickelten Kinder an ihren Lehrern. Die Grenzen für diesen Unterricht lagen in der schulpolitischen Situation und in der (letztlich pädagogischen!) Unfähigkeit der Lehrer, nicht aber in der Struktur dieser sehr heterogen zusammengesetzten Klassen.

Trotzdem bedarf *Feusers* Bestimmung des gemeinsamen Gegenstandes einer weiteren *Präzisierung,* da der Lernprozeß, die Motive und die Interessen nicht nur durch den Gegenstand bestimmt werden, sondern auch durch den Kooperationsprozeß als Ganzes. Der gemeinsame Gegenstand liegt nicht nur im Prozeß, der die in den Unterricht hineingenommenen Dinge und Erscheinungen hervorbringt. Er liegt zugleich auch (vgl. Kap. 10) in den *Strukturen kollektiven Lernens,* in der Teilnahme an kooperativen und dialogischen Prozessen, die sowohl Herstellung des äußeren Produkts wie Herstellung des inneren Zusammenhangs des Kollektivs beinhalten. Die hierauf gerichteten Motive und Interessen beinhalten eigenständige Dimensionen der Entwicklung in diesem Alter jenseits und neben den Leistungsmotiven (vgl. 11.4). Die sich entwickelnden, auf Kooperation und Kollektiv bezogenen Bedürfnisse und Motive nach wechselseitiger Abstimmung und Unterstützung in der Arbeitsteilung und nach Leitung des Gesamtprozesses geben gerade auch „leistungsstärkeren" Schüler/innen umfassende Möglichkeiten ihrer allseitigen Entwicklung, indem sie, den Lehrer/innen zur Seite tretend, wie diese Lehrende und Forschende werden.

Bisherige Ausführungen zum *Projektunterricht* (exemplarisch aus der sehr umfangreichen Literatur nenne ich *Bastian* und *Gudjons* 1988, *Frey* 1982, *Duncker* und *Götz* 1984, *Heller* und *Semmerling* 1983, *Mayrhofer* und *Zacharias* 1977, *Struck* 1980 sowie für den Sonderschulbereich *Jarkowski* u. a. 1982) decken sich in vielerlei Hinsicht mit den hier entwickelten Grundauffassungen von Erziehung und Unterricht. So nennen *Bastian* und *Gudjons* (1988) unter Bezug auf *Freire* die *freie, selbstbestimmte, nicht hierarchische Problembearbeitung das „Herzstück"* des Projektunterrichts.

Schule, wie sie ist, läßt Projektunterricht leicht zu einer bloßen Methode zusammenschrumpfen, indem ihr dieses „Herzstück" herausgenommen wird. Insofern sei eher von projektorientiertem Unterricht zu sprechen (S. 15). Die für *projektorientierten Unterricht* genannten *Kriterien,*die ich an einigen Punkten erläutere und ergänze, sind dann:

(1) *Situationsbezug;*
(2) *Orientierung an den Interessen der Beteiligten;*
    Bei *Mayrhofer* u. *Zacharias* wird unter Aufzeigen zahlreicher entschlüsselbarer Situationen von „direkten Bezügen" gesprochen, die wiederhergestellt werden müßten. Interessierte Leser/innen finden dort eine lange Liste von Themen, die im Sinne *Freires* kodiert und dekodiert werden könnten (vgl. S. 56ff);
(3) *Selbstorganisation und Selbstverantwortung*, wobei es notwendig ist, daß Lehrer und Schüler sich gemeinsam sachkundig machen;
(4) *Gesellschaftliche Praxisrelevanz;*
(5) *Zielgerichtete Projektplanung;*
(6) *Produktorientierung;*
    Duncker und *Götz* (1984) machen darauf aufmerksam, daß Produkte als äußere (z.B. vorzeigbare Gegenstände, Ausstellungen, aber auch Verbesserung von Situationen) auftreten oder als innere (Wissen und Fertigkeiten, identitätsfördernde und persönlichkeitsgebundene Erkenntnisse, Einsichten, Einstellungen). *Jürgensen* (1988) verweist darauf, daß jedes Resultat, geistig wie materiell, sowohl Resultat wie Instrument sein kann. „Der Schüler kann sich die Gegenstandsbedeutung nur durch Handeln aneignen. Dabei muß er die Objekte verändern, um an ihnen Erfahrungen

machen zu können, Sachtexte in Dialoge und Bilder in Spielszenen umformen, Werkstoffe zu Modellen verarbeiten, Graphiken in Sprache umsetzen usw. Indem er solchermaßen Gebrauchsgegenstände baut, Videofilme dreht, Handpuppen anfertigt, Hörspiele bzw. Theaterstücke verfaßt und inszeniert, verbindet er konkrete mit geistigen Handlungen. Denn um die konkreten Handlungen herstellen zu können, muß er zugleich Kenntnisse, Erkenntnisse, Theorien und Lösungsstrategien entwikkeln. Einerseits sind diese theoretischen Erkenntnisse die geistigen Mittel zur Herstellung materieller Produkte, andererseits das geistige Ergebnis, zu dessen Erzeugung die materiellen Produkte das Mittel waren" (ebd., S. 10). Lernpsychologisch wird damit die bisherige Handlung vom Resultat gelöst und als Orientierungsteil (Instrument, Modell) für künftige Handlungen benutzt. D. h. aber, daß an diesen Stellen jeweils ein Übergang zu einem neuen Niveau instrumentellen, d. h. begrifflichen Lernens erfolgt (s. o.);

(7) *Einbeziehung vieler Sinne* (nicht so sehr im unmittelbaren sensualistischen Sinne, sondern eher als Sinnlichkeit und Genuß);

(8) *Soziales Lernen im Projekt*;

(9) *Interdisziplinarität*.

Unter Punkt (10) verweisen *Bastian* und *Gudjons* (1988) auf die *Grenzen des Projektunterrichts*. Diese bestehen dort, wo es um den *„Lehrgang"* als Kern schulischen Unterrichts geht. „Gegenüber dem Projektunterricht wird der Lehrgang dadurch gekennzeichnet, daß er sich nicht an die dingliche Ordnung des „Lebens" hält, sondern den Kategorien folgt, mit denen der Mensch die Mannigfaltigkeit der Erscheinungen zu erfassen gelernt hat. Er gliedert die Welt auf in ein System, das sich an der Systematik der Wissenschaften orientiert" (S. 25). Ich habe oben aufgezeigt, daß dies aus den unterschiedlichsten Gründen gerade nicht der Fall ist. Hier wie bei anderen Autoren (z. B. *Frey* 1982, der sich immerhin für die postindustrielle Gesellschaft eine ausschließlich nach der Projektmethode arbeitende Schule vorstellen kann; S. 199) scheint es, als stünden sie in dieser Frage vor einer Mauer, über die hinaus keine Schulreform denkbar ist.

Sie verkennen dabei, daß *projektorientiertes Lernen die systematische Vermittlung von Stoff nicht ausschließt, sondern erfordert*. Allerdings muß dies in einer *anderen Form* geschehen, als sie der traditionelle Unterricht gewährleistet. Wird die Struktur der Disziplin im Sinne theoretischer Verallgemeinerung neu bestimmt, so erscheinen in den Projekten, die auf entsprechende Gegenstände (z. B. Entwicklung des Lebens; vgl. *Hedegaard* 1988) bezogen sind, die *bisherigen Lerngegenstände des traditionellen Unterrichts* (z. B. mathematische oder physikalische Kenntnisse) nunmehr *als Mittel, die dringend der Aneignung bedürfen, um Problemlösungen vorzunehmen*. Neben den projektbezogenen, d. h. gegenstands- und kooperationsbezogenen Motiven entstehen *mittelbezogene Interessen*. (Interessen entstehen immer dort, wo sich der Aneignungsprozeß von dem Zielaspekt auf den Mittelaspekt verlagert und zugleich die Problemlösung als vorrangig für die Realisierung der Tätigkeit erkannt wird; vgl. *Leontjew* 1979, Kap. 7.10). Um ein Ökosystem zu erforschen, muß ein Minimum an physikalischen, chemischen und mathematischen Kenntnissen vorhanden sein. Entsprechende Kursangebote, z. B. über Selbstinstruktionsprogramme und eigene Experimentiermöglichkeiten unter Anleitung ergänzt und vermittelt, erhalten dann einen eigenen Motivierungscharakter. Dies bedeutet, das Bedürfnis nach adäquater Ausweitung der eigenen Mittel, Fähigkeiten und Fertigkeiten tritt motivbildend an die Stelle eines vorrangig auf die Note zielenden Leistungsmotivs.

Spätestens hier wird deutlich, daß das *Problem der inneren Differenzierung und Individualisierung* als zentrales Problem der unterrichtlichen Vermittlung von Schüler/innen und Sache(n) sowie der Schüler/innen untereinander (im Sinne von *Klafkis* Begriff der kategorialen Bildung) nicht über die Vorgabe von formalen Kriterienrastern gelöst werden kann, wie dies *Klafki* und *Stöcker* (1985, erstmals 1976) versuchen und wie es *Feuser* kritisch (1987) wieder aufgreift (vgl. Abb. 45).

Derartige Raster als Strukturierungshilfen und Suchraster, so hilfreich sie in der Praxis auch sein mögen, sind nichts anderes als *empirische Abstraktionen*. Sie orientieren sich nicht an der Struktur der Disziplin, für die *Klafki* so zentrale Neubestimmungen wie in der Theorie der Kategorialen Bildung oder in seinen Auffassungen zur Allgemeinbildung geleistet hat. Sie lösen das *zentrale Problem der inneren Differenzierung* nicht: *Wie können im schulischen Unterricht alle Schüler/innen gemeinsam und doch unterschiedlich an einem gemeinsamen Gegenstand Allgemeinbildung entwickeln und zugleich im Sinne allseitiger gefühlhafter und erkennender Vermittlung (Vernunft) mit den Menschen und der Welt erzogen werden?* Ohne diese Lösung wird die innere Differenzierung die Probleme der äußeren Differenzierung, an deren Stelle sie mit Recht tritt (vgl. *Keim* 1979), reproduzieren, und dies vor allem in Form der Entmutigung und Identitätsbeeinträchtigung der leistungsschwächeren Schüler. (Neben *Klafki* und *Stöcker*, deren Ausführungen durchgängig als die bisher differenziertesten bezeichnet werden, verweise ich zum Problem innerer Differenzierung exemplarisch auf *Kelly* 1981, *Meyer-Willner* 1979 und *Morawietz* 1980.)

Die Lösung des Problems der inneren Differenzierung und Individualisierung in der Unterrichtsmethodik verlangt zuvor seine Lösung in der Unterrichtstheorie im Sinne des mehrfach von mir herausgestellten Aufsteigens im Gedankenkonkretum, d.h. seine *theoretische Abstraktion*. Das erfordert, sich auf jeder Stufe der Theoriebildung des Gesamts an empirischem Material zu versichern und es auf höherem Niveau theoretisch aufzu-

Abb. 45: Kriterienraster der inneren Differenzierung nach *Klafki* und *Stöcker* (1985, S. 134)

B. *Differenzierungs-aspekte* / A. *Unterrichtsphasen*	1. Stoffumfang/ Zeitaufwand	2. Komplexitätsgrad	3. Anzahl der notwendigen Durchgänge	4. Notwendigkeit direkter Hilfe/Grad der Selbständigkeit	5. Art der inhaltl. od. method. Zugänge/der Vorerfahrungen	6. Kooperationsfähigkeit
I. Aufgabenstellung. – entwicklung						
II. Erarbeitung						
III. Festigung						
IV. Anwendung/ Transfer						

C. *Aneignungs- bzw. Handlungsebenen*
a) konkrete Aneignungs- bzw. Handlungsebene
b) explizit-sprachliche Aneignungs- bzw. Handlungsebene
c) rein gedankliche Aneignungs- bzw. Handlungsebene

heben. D. h. die Widersprüche in ihm müssen ebenso aufgehoben werden wie die Widersprüche zwischen seiner theoretischen Aufhebung und der bisherigen Struktur der Theorie, die hier der entsprechenden detaillierten Bearbeitung, Erweiterung und in Teilen Neubestimmung bedarf, bis die Rekonstruktion geleistet ist. Diesen Weg weiterzugehen übersteigt Anliegen und Möglichkeiten des vorliegenden Buches. Mir kam es darauf an, unter Aufgreifen bisheriger Ansätze und an einigen Stellen über sie hinausgehend, Möglichkeiten zur theoretischen Lösung des Problems umfassender Integration aller Kinder in der Schule (und entsprechend natürlich vorher im Kindergarten) voranzutreiben. Was zu tun bleibt, ist eine Neubestimmung des gesamten didaktischen, unterrichtswissenschaftlichen und -praktischen sowie methodischen Feldes: Hierfür sehe ich die bisher besten, wenn auch beim bisherigen Publikationsstand in einigen Fragen noch nicht in jeder Hinsicht hinreichend entwickelten Voraussetzungen in *Feusers* Integrativer Pädagogik und Didaktik.

11.7 Vertiefende und weiterführende Literatur
(E = zur Einführung geeignet)

ALT, R.: Das Bildungsmonopol. Berlin/DDR: Akademie-Verl. 1978 (E)

BASTIAN, J. und GUDJONS, H. (Hrsg.): Das Projektbuch. Hamburg: Bergmann und Helbig 1988, 2. Aufl.

BECK, J.: Lernen in der Klassenschule. Reinbek: Rowohlt 1974

BEHRENS, M. u. a.: Theorien über Ideologie. Argument-Sonderband 40, Berlin/West: Argument 1979

BLANKERTZ, H.: Theorien und Modelle der Didaktik. München: Juventa 1971, 5. Aufl. (E)

DAWYDOW, W. W.: Über das Verhältnis zwischen abstrakten und konkreten Kenntnissen im Unterricht. In: Lompscher J. (Hrsg.): Sowjetische Beiträge zur Lerntheorie. Die Schule P. J. Galperins. Köln: Pahl-Rugenstein 1973, 241–260

DAWYDOW, W. W. u. a.: Ausbildung der Lerntätigkeit bei Schülern. Berlin/DDR: Volk und Wissen 1982 (E)

DEMMER-DIEKMANN, Irene: Zum Stand der Realisierung „schulischer Integration" im Schuljahr 1987/88 in der Bundesrepublik Deutschland und West-Berlin. Behindertenpädagogik 28 (1989) 1, 49–97

ENGESTRÖM, Y.: Die Zone der nächsten Entwicklung als grundlegende Kategorie der Erziehungspsychologie. Marxistische Studien. Jahrbuch des IMSF, Bd. 10. Frankfurt/M.: Inst. f. Marx. Studien u. Forsch. 1986, 151–171 (E)

FEUSER, G.: Zwischenbericht: Gemeinsame Erziehung behinderter und nichtbehinderter Kinder im Kindertagesheim. Bremen: Diakonisches Werk 1984

FEUSER, G.: Allgemeine integrative Pädagogik und entwicklungslogische Didaktik. Behindertenpädagogik (28) 1989 1, 4–48 (E)

FEUSER, G. und MEYER, Heike: Integrativer Unterricht in der Grundschule. Solms-Oberbiel: Jarick 1987

FREIRE, P.: Pädagogik der Unterdrückten. Reinbek: Rowohlt 1973 (E)

GALPERIN, P. J.: Zur Untersuchung der intellektuellen Entwicklung des Kindes. Sowjetwissenschaft: Gesellschaftswissenschaftliche Beiträge 22 (1969) 1270–1283

HOLZKAMP-OSTERKAMP, Ute: Faschistische Ideologie und Psychologie. Forum Kritische Psychologie Bd. 9, 1981, 155–170

JANTZEN, W.: Soziologie der Sonderschule. Beltz: Weinheim 1981

JANTZEN, W.: Galperin lesen. Demokratische Erziehung 8 (1983) 5, 30–37, erneut in: ders.: Abbild und Tätigkeit. Studien zur Entwicklung des Psychischen. Solms-Oberbiel 1986 (E)

296

JORKOWSKI, Renate u. a.: Wir können's ja doch! Projekterfahrungen an der Sonderschule. Solms-Oberbiel: Jarick 1982

KEIM, W.: Schulische Differenzierung. Königstein/Ts.: Athenäum 1979, 2. Aufl. (E)

KLAFKI, W.: Studien zur Bildungstheorie und Didaktik. Beltz: Weinheim 1975

KLAFKI, W. und STÖCKER, H.: Innere Differenzierung des Unterrichts. In: W. Klafki: Neue Studien zu Bildungstheorie und Didaktik. Weinheim: Beltz 1985, 119–154 (E)

KLINGBERG, L.: Einführung in die Allgemeine Didaktik. Frankfurt/M.: Fischer-Athenäum o. J. (E)

KLIX, F.: Information und Verhalten. Huber: Bern 1976 (E)

KUHN, H. M.: Institution. In: H. J. Sandkühler (Hrsg.): Europäische Enzyklopädie Philosophie und Wissenschaften. Hamburg: Meiners 1990 i. V.

LOMPSCHER, J. u. a.: Persönlichkeitsentwicklung in der Lerntätigkeit, Berlin/DDR: Volk und Wissen (1985) (E)

LOMPSCHER, J.: Psychologische Analysen der Lerntätigkeit. Berlin/DDR: Volk und Wissen 1989

MANN, Iris (d. i. Manske, Christel): Schlechte Schüler gibt es nicht. München: Urban & Schwarzenberg 1977

MANN, Iris (d. i. Manske, Christel): Lernprobleme. München: Urban & Schwarzenberg 1979 (E)

MEYER, H. Unterrichtsmethoden. I: Theorieband. II: Praxisband. Frankfurt/M.: Scriptor 1987 (E)

MIEDANER, L.: Gemeinsame Erziehung behinderter und nichtbehinderter Kinder. München: DJI Materialien 1986

PIAGET, J.: Das Erwachen der Intelligenz beim Kinde. Gesammelte Werke Bd. 1. Stuttgart: Klett 1975

ROHR, Barbara: Didaktik. In: E. Reichmann (Hrsg.): Handbuch der kritischen und materialistischen Behindertenpädagogik und ihrer Nebenwissenschaften. Solms-Oberbiel: Jarick 1984, 167–173

SCHWÄNKE, U.: Bildungschancen in der Bundesrepublik. Entwicklungen und Strukturen seit 1945/49. In: Schule und Erziehung. Das Argument SB 30. Berlin/W.: Argument-Verl. 1979, 109–122

SEIDLER, Dietlind: Integration von Behinderten. Grundpositionen, Thesen, Auswertung. Jahrbuch für Psychopathologie und Psychotherapie 4 (1984) 80–113

WANNER, K.: Pädagogischer Konservatismus. Köln: Pahl-Rugenstein 1984 (E)

12 Allgemeine und spezielle Therapie

Bei der Rehabilitation behinderter Menschen, oder besser beim Aufheben von Ausschluß und isolierenden Bedingungen, geht es nicht nur um Probleme von Bildung und Erziehung. Häufig haben sich isolierende Bedingungen in Form von Stereotypen in der Tätigkeit der betroffenen Menschen manifestiert (vgl. Kap. 6); häufig treten zugleich körperliche Schädigungen bzw. Instabilitäten auf. Hier werden *Psychotherapie* oder *spezifische medizinische Heilverfahren* zu unabdingbaren Bestandteilen des rehabilitativen Prozesses. Um interdisziplinär miteinander arbeiten zu können, muß die Sprachverwirrung überwunden werden, die gegenwärtig zwischen den Berufsgruppen herrscht, muß eine Rekonstruktion des gemeinsamen Gegenstandes (umfassende Persönlichkeitsentwicklung der Betroffenen) erfolgen. D.h. es ist zunächst eine Verständigung über die *Grundbegriffe Gesundheit und Krankheit* vorzunehmen.

Entsprechend dem mehrfach behandelten Problem des Zusammenwirkens der drei Ebenen des ganzheitlichen Menschen (biotische, psychische und soziale Ebene) und ihrer spezifischen Wechselwirkungen gehe ich daher zunächst vorrangig auf den Gesundheitsbegriff allgemein und in diesem Zusammenhang auf die biotische Ebene von Gesundheit und Krankheit ein (12.1). In einem zweiten Schritt greife ich das Problem der psychosomatischen und psychischen Erkrankungen auf und diskutiere die Fragen des Unbewußten und der psychischen Abwehrmechanismen (12.2). Die soziale Ebene von Gesundheit und Krankheit wird im Kontext der Funktion der Medizin im Prozeß gesellschaftlicher Reproduktion behandelt (12.3). Vor allem aus dieser Funktion heraus bestimmt sich der Doppelcharakter von Heilverfahren als Instrumenten von Macht und gesellschaftlicher Ordnung einerseits und individueller Entwicklung andererseits. Er tritt besonders deutlich am Verhältnis von Psychotherapie und Verhaltenskontrolle hervor (12.4). Auf diesem Hintergrund kann dann das Verhältnis von Psychotherapie und realer Lebenssituation am Beispiel der Familientherapie genauer bestimmt (12.5) und abschließend auf das Verhältnis von allgemeiner und spezieller Therapie eingegangen werden.

12.1 Gesundheit und Krankheit

Nach der bekannten *Definition der WHO* (Weltgesundheitsorganisation) in der Präambel ihrer Satzung von 1946 ist *Gesundheit „ein Zustand des völligen körperlichen, geistigen und sozialen Wohlbefindens und nicht nur des Freiseins von Krankheit und Gebrechlichkeit".* Die Kategorie „Gesundheit als Wohlbefinden" blieb schwer faßbar und zog insbesondere vielfältige medizinische Kritik nach sich. Eine vorrangig an Begriffen der pathologischen Anatomie und defektiver Denkweise orientierte Ärzteschaft unterstellte immer wieder „Utopismus", „frühlingshafte Euphorie", „Verabsolutierung des Prinzips der Selbstentfaltung" u. a. m. (vgl. *Krumenacker* 1988, S. 163ff.). Nicht das Utopische ist allerdings Problem dieser Definition, sondern sein Abstraktbleiben, daß es nicht „konkrete Utopie" wird (ebd., S. 168ff.). *Konkrete Utopie* im Sinne *Bloch*s (1985b) bedeutet die „Idee des Noch-Nicht-Seins", also die reale Möglichkeit als Antizipation denken zu können. Dies verlangt aber eine begriffliche Reproduktion der Mannigfaltigkeit der Erscheinungen und historisches Denken im Sinne des Aufsteigens im Konkreten (vgl. Kap. 3 und 9), d. h. eine wissenschaftliche Fundierung der Kategorien Gesundheit, Krankheit und Wohlbefinden auf der biotischen, psychischen und sozialen Ebene. Hierbei ist methodologisch im Sinne *Leontjew*s (1979, Kap. 6) vorzugehen, wonach die je niedere Ebene als Voraussetzung der je höheren zu denken ist, die je höhere jedoch die je niedere determiniert.

In diesem Sinne hat der Gesundheitsbegriff der WHO unterdessen weitere Spezifizierungen erfahren. In der *Erklärung von Ottawa* (1986) wurde er mit Voraussetzungen verknüpft: „Um ein umfassendes körperliches, seelisches und soziales Wohlbefinden zu erlangen, ist es notwendig, daß sowohl einzelne als auch Gruppen ihre Bedürfnisse befriedigen, ihre Wünsche und Hoffnungen wahrnehmen und verwirklichen sowie ihre Umwelt meistern bzw. sie verändern können. In diesem Sinne ist Gesundheit als ein wesentlicher Bestandteil des alltäglichen Lebens zu verstehen und nicht als vorrangiges Lebensziel. Gesundheit steht für ein positives Konzept, das in gleicher Weise die Bedeutung sozialer und individueller Ressourcen für die Gesundheit ebenso betont wie die körperlichen Fähigkeiten". Folglich liegt die Verantwortung für Gesundheit auch nicht nur bei dem Gesundheitssektor, sondern bei allen Politikbereichen.

Trotz der berechtigten Aufnahme des Aspekts der Befriedigung von Bedürfnissen, Wünschen und Hoffnungen bleibt ungeklärt, was denn im engeren Sinne unter Wohlbefinden zu verstehen ist. Einen wichtigen Ansatzpunkt zum Weiterdenken liefert *Löther*, der im Wörterbuch „Philosophie und Naturwissenschaften" (*Hörz* 1983) *Gesundheit* wie folgt definiert. Sie „*ist das funktionelle Optimum des lebendigen Systems in der Totalität seiner aktiven und reaktiven Lebensäußerungen. Dieses Optimum wie die konkrete Totalität möglicher Lebensäußerungen ist von Art zu Art und innerhalb der Arten für Populationen, Geschlechter, Individuen und Stadien der Individualentwicklung verschieden*" (S. 323). *Krankheit ist hingegen eine „zeitweilige und labile Form des organismischen Lebens"* (ebd.). Funktionelles Optimum im Sinne von Wohlbefinden hat mit adäquater Selbstorganisation, Autonomie des Systems als Ganzem und adäquater funktioneller Integration seiner kooperierenden Teilsysteme zu tun. Bevor ich diesen Aspekt vertiefe, aber zunächst zu einer anderen Frage: Ist Nicht-Gesundheit bereits Krankheit? Zumindest legt dies die Definition von *Löther* nahe.

Betrachten wir den Krankheitsbegriff, wie er von *Löther* (1985) in einer weiteren Publikation zu bestimmen versucht wird: „Auf dem Gebiet der Krankheiten handelt das Leben gegen den Tod durch das organismische Potential der Selbstregulation, das in der Evolution von niederen zu höheren Formen gewachsen ist. Homöostase ist die Basis der Gesundheit. Bei einer Krankheit sind die Funktionen der homöostatischen Mechanismen darauf gerichtet, das alte oder neue interne Gleichgewicht zu suchen oder zu schützen" (S. 131). *Krankheiten* sind demnach *temporäre Beeinträchtigungen des Selbstorganisationsprozesses* (Krankheitsursache, Defekt) *und prozeßhafte Versuche der autopoietischen und selbstreferentiellen Wiederherstellung der Homöostase*. Sie existieren auf allen Lebensniveaus, so z. B. bereits bei Bakterien bei Virusinfektionen durch Bakteriophagen. Allerdings differenzieren sich auf den verschiedenen phylogenetischen Niveaus Arten und Formen der Krankheiten aus. Für das Ende einer Krankheit bestehen drei Möglichkeiten: Die Wiedergewinnung der Gesundheit (Heilung), ein eingeschränkt adaptiver Status beschränkter Lebensaktivität (Beschwerden bleiben) oder der Tod.

Ein ähnlich dynamisches Verständnis von Krankheit entwickeln Hecht u. a. (1977): „*Krankheit* ist eine natürliche *Erscheinungsform des Lebens*, die sich *qualitativ* von der Gesundheit unterscheidet und auf einer *temporären* und grundsätzlich *reversiblen Störung der lebensdienlichen Prozesse und Wirkungsprinzipien* des Organismus, insbesondere seiner *bionomen Organisation* beruht. Sie ist das Ergebnis einer gegenüber der Resistenz und Anpassungsfähigkeit des Organismus *dominierenden Wirksamkeit äußerer und/oder innerer Krankheitsursachen und -bedingungen*. Krankheit ist ein *dynamischer Prozeß*, der unter dem Bild *funktioneller und morphologischer Atypien* verläuft und dabei den *Gesamtorganismus einbezieht*. Ihr liegt nicht nur eine Störung der somatischen und/oder psychischen Lebensvorgänge, sondern beim Menschen stets auch eine *Beziehung zur gesellschaftlichen Umwelt* und seines *sozialen Wohlbefindens* zugrunde. Sie ist in jedem Falle ein Zustand subjektiver und/oder objektiver *Hilfsbedürftigkeit* und *eingeschränkter Leistungsfähigkeit*" (S. 54). Entsprechend der Definition von Gesundheit als Wohlbefinden ist Krankheit „eine *Störung der körperlichen und/oder geistigen Gesundheit des Menschen, seiner gesellschaftlichen Beziehung und seines sozialen Wohlbefindens*" (ebd.).

Damit ist das Wesen des Krankheitsprozesses zwar ein Stück weiter verdeutlicht, aber die Frage des Übergangs von Krankheit und Gesundheit ebenfalls nicht hinreichend bestimmt. Ich werde diese Frage anhand der grundlegenden Arbeit von *Sershantow* verfolgen und gleichzeitig auf dem Hintergrund der bisherigen Ausführungen (insbesondere in Kap. 7 und 8) Präzisierungen versuchen.

Sershantow u. a. (1980) begreifen die Funktion des Organismus auf der Basis von *Anochin*s Theorie funktioneller Systeme. Im Organismus kommt es in der Entwicklung zu stabilen Veränderungen in Organen und Organsystemen, d. h. organismische Struktur insgesamt, nicht nur im ZNS, muß als Gedächtnisbildungsprozeß betrachtet werden. Der Prozeß der *Ontogenese* ist in dieser Hinsicht die „Art und Weise der Akkumulation und Verarbeitung von Informationen aus der Wechselwirkung des sich entwickelnden Organismus mit der Umwelt, durch die seine Entropie verringert und seine Stabilität, die Widerstandsfähigkeit für das Überleben in dieser Umwelt gesteigert wird" (S. 52).

Dies entspricht *Bernstein*s Auffassung (1987, S. 225), daß der Organismus in seiner Entwicklung nicht auf einen Zustand oder eine Homöostase abzielt, „sondern auf die Weiterentwicklung in Richtung des artgemäßen Entwicklungs- und Selbsterhaltungsprogramms". Für die Prozesse der *Informationskonstruktion* (also im Sinne *Roth*s die selbstreferentiellen Prozesse im ZNS, das selbst nicht autopoietisch ist, also die Selbsterhaltungsfähigkeit des Organismus voraussetzt; 1986, S. 210) gilt nach *Bernstein:* „keine Anpassung der Ist-Werte an die Soll-Werte, sondern *umgekehrt:* Umprogrammierung im Hinblick auf den Ablauf der Angelegenheit" (1989, S. 190). Aber auch die *autopoietischen Prozesse* sind an Informationskonstruktion gebunden: Sowohl auf Zell-, auf Organ- und auf Organismusebene. Ihre vom Standpunkt des inneren Beobachters veränderte Informationskonstruktion (Expression unterschiedlicher Strukturen des Genoms im Prozeß der Zelldifferenzierung, verbunden mit den jeweiligen Freiheitsgraden des Zell- und Organverhaltens) bildet nach außen, also im Zellverbund, bezogen auf je andere Zellen je andere Umwelten. In diesem Prozeß der epigenetischen Selbstkonstruktion der autopoietischen wie der selbstreferentiellen Strukturen (ZNS) des Organismus finden lebenslang konstruktive Veränderungen statt. Dabei spielen zunächst die

Prozesse der Herausbildung der autopoietischen Grundlage des Gesamtorganismus die führende Rolle (Embryo- und Fetogenese; vgl. u.a. *Patten* und *Carlson* 1977, *Pritchard* 1986), die zunehmend dem Prozeß der Informationskonstruktion des Organismus als Ganzes regulativ subsumiert werden (Herausbildung funktioneller Systeme unterschiedlichen Hierarchieniveaus; vgl. Kap. 7.5). Die Prozesse der Herausbildung des Psychischen unterliegen dabei, wie oben herausgearbeitet, der sozialen Determination.

Zentrale Fragen zur Regulation des Organismus sind daher folgende:

(1) Wie gehen Störungen der autopoietischen Grundlage des Organismus in die selbstreferentiellen Prozesse der Informationskonstruktion und einer dem Krankheitsprozeß angemessenen Lebenstätigkeit ein?

(2) Welche Ebenen bzw. Klassen von Adaptations-, Kompensations- und Reparaturmechanismen stehen zur Rekonstruktion einer wieder adäquaten autopoietischen Grundlage zur Verfügung?

(3) Was ist die Hauptstörung, die die Selbstherstellung des Organismus (Autopoiesis) bedroht?

Die erste dieser Fragen kann auf der Basis unserer bisherigen Überlegungen unmittelbar geklärt werden. Sowohl in der Theorie der Dominante (vgl. Kap. 7.4) wie in *Pribram*s Theorie der emotionalen Regulation (Kap. 8.2.3) werden *Übergangsmechanismen von Körperprozessen in psychische Prozesse* genauer bestimmt. Damit ein Bedarf (der sich auf der Ebene der Veränderung von Stoffwechselgradienten in und zwischen Zellen, Organen und Organsystemen ergibt) zum Bedürfnis wird, bedarf es der entsprechend veränderten Tätigkeit auf Zell-, Organ- und Organismusebene und des Übergangs in die Informationskonstruktionsprozesse des ZNS (vgl. Abb. 27, Bd. 1). Physikalisch betrachtet ist dabei das Problem zu lösen, daß der Organismus ein *optimales Verhältnis zwischen Energieaufnahme und Energieverausgabung* realisieren muß, um nach den Gesetzen der Thermodynamik effektiv zu sein. Dies geschieht, indem er Modelle des Künftigen, bezogen auf seinen eigenen physiologischen, funktionellen und energetischen Zustand, mit Modellen des Künftigen im System Subjekt – Tätigkeit – Objekt vergleicht (vorauseilende Widerspiegelung nach *Anochin*).

Von der Art und *Flexibilität der Energieverwertung*, also der Stabilität bzw. Ultrastabilität der autopoietischen Prozesse, ist es energetisch abhängig, auf welche Umwelten der Organismus sich beziehen kann (über welche energetischen Reserven er im Sinne von *Cannon*s Modell der Notfallreaktion, also der zusätzlichen energetischen Mobilisierung, verfügt). Inhaltlich ist der Vermittlungsprozeß von Organismus und Umwelt von der Art seiner phylo- und ontogenetischen *Abbildstrukturen* in der Informationskonstruktion abhängig.

Die Vermittlungsebene, über die sich beide Prozesse realisieren, ist die Herausbildung der *Afferenzsynthese* im ZNS als (widersprüchliche) Einheit der Gedächtnisbildungsprozesse des Organismus in der fließenden Gegenwart. Die Afferenzsynthese, also die aktuelle, situationsbezogene Realisierung des *Körperselbstbildes* in den psychischen Prozessen (vgl. auch Kap. 8.3.1) ist jeweils die Matrix, in die antizipierte energetische Veränderungen sowie Informationsstrukturen eingetragen sind. Letztere beziehen sich auf die Wahrnehmung des eigenen Körpers (interozeptive und propriozeptive Prozesse) sowie der im Weltbild (in den Prozessen des Psychischen) konstruierten Außenwelt (exterozeptive Prozesse). Durch den Rückgriff auf im Gedächtnis von der Situation getrennte eigene Tätigkeitsformen (innerer Regelkreis, propriozeptive Gedächtnisbildung im Sinne der Herausbildung von Operationen als subjektive Bedeutungsstrukturen) werden *Modelle des Künftigen* konstruiert. Diese Modelle orientieren sich an der möglichen *emotionalen Erfüllung*, die sich jedoch nur in Form der Reduktion von pragmatischer Ungewißtheit (Δ I im Sinne *Simonov*s) realisiert (vgl. Abb. 10).

Auf der Basis dieser Überlegungen läßt sich folgendes festhalten:

(1) Das jeweilige *funktionelle Optimum* im Sinne von Gesundheit als Wohlbefinden hängt vom adäquaten Verhältnis zwischen energetischer Verausgabung und bedürfnisrelevanter Reproduktion in der Tätigkeit ab. Dieses Verhältnis ist vermittelt über die bisher erworbenen Bedeutungsstrukturen (Abbildniveau). Wohlbefinden realisiert sich folglich immer in der fließenden Gegenwart in Form emotionaler Bewertungen. Diese können als Prozeß *harmonischer Vermittlung* im Augenblick verstanden werden. Sie realisieren, mit *Hegel* gesprochen (*Hegel* 1970, Bd. 13, S. 187), eine im Widerspruch „zusammenstimmende Einheit". Entsprechend zielt der Sinnbildungsprozeß jeweils auf solche Situationen harmonischer Vermittlung. Über die zur Verfügung stehenden Bedeutungen sollen Situationen hervorgebracht werden, die potentiell sinnstiftend sind. D.h. auf Grund der Erfahrungen mit der Objektwelt in der Vergangenheit liegt eine *affektive Wertigkeit der Objekte* für die Zukunft vor. (Dies ist die Grundlage für die Realisierung der „Teilhaftigkeitsbeziehung" zwischen Sinn und Bedeutungen, die ich oben, vgl. Kap. 10, unter Bezug auf einen Gedanken von *Wulff* erörtert habe.) Dieser Gedanke entspricht *Freud*s Auffassung der Objektbesetzung, die wiederum auf *Spinoza* zurückgeht (vgl. *Jantzen* 1989b). Da die Realisierung der emotionalen Erfüllung, abgesehen von der unerwarteten Erfüllung durch die Schönheit bzw. Humanität des Augenblicks, immer nur in Form von Handlungen geschehen kann (deren Ausgang tendenziell offen ist), hängt sie letztlich von der *Kooperations- und Dialogfähigkeit* der Individuen ab.

Wir erinnern uns, daß unsere Erbkoordinationen zur strukturellen Koppelung für andere Individuen unserer Gattung offen sind. Der Übergang vom biologischen zum individuellen bzw. persönlichen Sinn erfolgt durch Dialoge und sozialen Verkehr. Das Resultat dieser Prozesse ist *Bindung* (Kap. 6.3) sowie die Herausbildung *gegenständlicher Gefühle* (Kap. 10.4). Die reziproken Handlungen der je anderen Individuen können bei uns positive Affekte hervorrufen. Ich habe versucht, diesen Aspekt unter dem Gesichtspunkt der biorhythmischen Phasenkoppelung der emotional/affektiven Prozesse zu analysieren (Kap. 7.3). Letztlich realisieren wir unsere je individuellen psychischen Raum-Zeit-Strukturen durch wechselseitige emotional-affektive Phasenkoppelung. Insofern beinhaltet der Prozeß kollektiver Subjektivität (s.o.) die *wechselseitige Synchronisation* unserer inneren Raum-Zeit-Kontinua.

Wohlbefinden ist in dieser Hinsicht dann jeweils *gestört*, wenn durch inadäquate Antizipationsmöglichkeiten von Bindung und sozialem Verkehr (vgl. den Prozeß der Stereotypbildung, Kap. 6) Individuen sozial ausgeschlossen, partiell vom Kulturbildungsprozeß abgetrennt, isoliert sind. In sozialer Hinsicht entspricht diesem Prozeß die Kategorie der Entfremdung.

Die Komplexität der zu berücksichtigenden Zusammenhänge, die immer als *Einheit von Entfremdung und Kulturbildung* zu begreifen sind (vgl. Kap. 6), wird deutlich in der folgenden sozialmedizinischen Definition von *Gigase* (1987):

„Der Kranke nimmt seine Krankheit nur durch die Störung wahr, die sie in seinem täglichen Wohlbefinden verursacht. Seine Wahrnehmung der Krankheit, das Bewußtwerden dieser Wahrnehmung und die Art seiner Reaktion stehen in besonderem

Zusammenhang und äußern sich in Verhaltensweisen, die für den Fachmann, der diesen Zusammenhang nicht berücksichtigen würde, unverständlich blieben zumal es oft vorkommt, daß man keine objektive Ursache für das Unwohlsein findet. Die Krankheit wird empfunden in Verbindung mit früherer Erfahrung, mit einem ungewöhnlichen Zustand, dem durchschnittlichen Gesundheitsniveau der Umgebung, den gängigen Meinungen und Traditionen, der ethnischen, religiösen und ideologischen Zugehörigkeit des Kranken – kurz mit einem subtilen Netz kultureller Faktoren" (S. 4f.).

Im Unterschied zu rein naturwissenschaftlichen Versuchen, Krankheit zu erfassen, muß davon ausgegangen werden, daß nicht nur die subjektive Dimension von Krankheit als *„Kranksein"* sozial determiniert ist. Die durch den kulturellen Prozeß gegebene Stabilisierung oder Labilisierung des Subjekts, das sich subjektiv als krank wahrnimmt, verändert auch den Prozeß der Krankheit selbst (z.B. über die psycho-neuro-immunologische Rückkoppelung).

(2) Körperliche Veränderungen im Sinne von Krankheiten, Verletzungen usw. bewirken psychologisch gesehen eine *Veränderung im Körperselbstbild*, d.h. in der Afferenzsynthese, indem sie die Tätigkeit einschränken. Dies bewirkt eine Abnahme von Sicherheit und ggf. eine Zunahme von Furcht bzw. Angst, wie jeder Neuigkeitsprozeß. Der Grad der *Neuigkeit* ist dabei u.a. abhängig von der Art der zur Verfügung stehenden Bedeutungssysteme und Bewältigungsstrategien für Krankheit. Zugleich realisiert der körperliche Prozeß über Schmerzen, Ekel, Erbrechen, Schweißausbrüche, Schwindel u.a.m. eine Reihe von im Körperselbstbild wahrnehmbaren Veränderungen, die in hohem Maße – sowohl erbkoordiniert wie gelernt – mit *Aversionen* besetzt sind. Dies reduziert erneut Vertrautheit und provoziert Vermeidungsverhalten. Sofern dieses nicht aktiv möglich ist bzw. durch dichteren sozialen Verkehr und Dialog die Situation stabilisiert wird, wird Sicherheit passiv durch *Regression* realisiert. Diese gewährleistet auf dem Weg des Rückgriffs auf ontogenetisch basale Formen der Sicherheitsfindung (im Extremfall apathisches Zusammenrollen) die Bewältigung von Neuigkeit, d.h. Angstreduktion und partielle Restabilisierung. Krankheit ist in dieser Hinsicht eine isolierende Bedingung, die bei inadäquater Auflösung zur psychischen Reaktionsbildung (innere Reproduktion von Isolation, Herausbildung von Stereotypen) führen kann.

Die zweite, oben gestellte Frage war, welche *Regulationsmechanismen* zur *Wiederherstellung einer adäquaten autopoietischen Grundlage* führen.

Dabei gilt nach *Sershantow* u.a. (1980): „Der Zeitpunkt und die Reihenfolge der Einschaltung der Systeme der Erhaltung der Homöostase wird über den integralen Apparat des Gehirns verwirklicht. Über afferente Wege der Rückkoppelung (nervlicher oder humoraler Apparat) gelangt die Information über die Effektivität der Anpassungsreaktionen in den integralen Apparat des Gehirns, das mit den extero- und interozeptiven Apparaten des Organismus verbunden ist. Bei optimalen Parametern der Lebenstätigkeit des Organismus vollzieht sich eine automatische Aufrechterhaltung des herausgebildeten Regimes mit Hilfe von Kontrollvorrichtungen auf der Grundlage von Rückkoppelungen" (S. 50). Für Prozesse der Regulation ist es entscheidend, nicht von einzelnen Ursachen und Wirkungen auszugehen, sondern von „Systemen ursächlich miteinander verbundener Erscheinungen" (S. 51).

Abbildung 46 gibt diese systemische Betrachtungsweise wieder.

Insgesamt unterschieden *Sershantow* u.a. fünf *Klassen der Störungsregulation* (S. 47ff.).

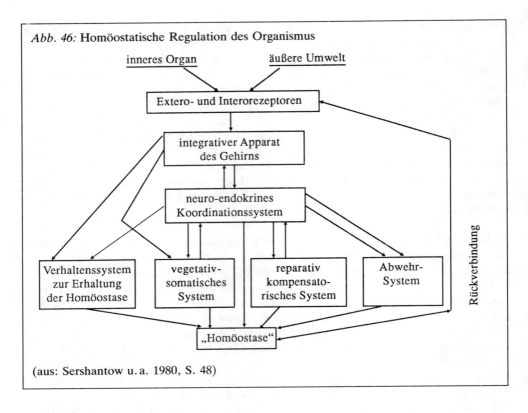

(1) *Neuro-endokrines System* zur Erhaltung der Homöostase. Es arbeitet über die biologischen Prozesse der Veränderung des innerzellulären Stoffwechselprozesses und hat eine besondere Bedeutung für die Realisierung energetischer Veränderung in den Anpassungsreaktionen.
(2) *Vegetativ-somatisches System*. Isolierte Aktivierung somatischer Reaktionen im Hinblick auf äußere Einwirkungen wie: Erbrechen, Durchfall, Schweißabsonderung, erhöhter arterieller Druck u. a.
(3) *Reparatorisch-kompensatives System*. Steigerung der Mitoseaktivität im Gebiet geschädigter Strukturen und damit Zellneubildung; kompensatorische Hypertrophie der Zellen durch Vergrößerung der Zahl und des Volumens intrazellulärer Organellen.
(4) *Abwehrsystem* (Immunschutz und Abwehrreaktionen).
(5) *Verhaltenssystem*.

Erst die koordinierte Wechselwirkung dieser Systeme sichert den *Prozeß der Selbstregulation* als grundsätzliche Anpassung des Organismus als Ganzes. Dabei wird der Zeitpunkt und die Reihenfolge der Einschaltung der Systeme über den integralen Apparat des Gehirns bewirkt. (Dies bedeutet aber: Es gibt zwar rein somatische Krankheitsursachen, aber keinen Krankheitsprozeß, der nicht psychosomatisch ist.)

Die dritte, oben gestellte Frage war nach der *basalen Störung* der *Autopoiese*.

Angriffspunkt aller Einwirkungen auf den Organismus sind die „*Zellelemente der Organe und Systeme*" (*Sershantow* u.a. 1980, S. 84). Dabei zeigen sich vergleichbare

Zellreaktionen auf die unterschiedlichsten Einwirkungen sowie drei universelle Anpassungsmechanismen:

(1) Die Zelle vergrößert ihr Volumen und befindet sich in einem Zustand erhöhter Aktivität (Hypertrophie sowie Hyperfunktion durch Erhöhung des Vorrats intrazellulärer, funktionell-struktureller Einheiten);
(2) Beschleunigung des Zyklus der Zelle zur Erneuerung ihrer Mikrostrukturen;
(3) Qualitative Veränderungen des intrazellulären Stoffwechsels.

Besondere Bedeutung kommt dabei der *Koppelung zeitlicher Strukturen* zu. Als eine der wesentlichsten Ursachen einer Dekompensation der Zelle wird das „Mißverhältnis zwischen der Zahl der Ultrastrukturen, die im Prozeß der Adaptation notwendig sind, und der Geschwindigkeit ihrer Herausbildung" betrachtet (S. 85).

Im Adaptationsprozeß werden zunächst die *Alarmreaktion*, dann die *kompensatorische Hyperfunktion* und schließlich entweder die *Heilung* oder das Stadium der *dauerhaften Schädigung* (bzw. des Untergangs) unterschieden. Entsprechende Verlaufsstrukturen finden sich nicht nur auf Zellebene, sondern auch bei nahezu allen Organen.

An dieser Stelle können wir zu unseren Überlegungen zur *Theorie funktioneller Systeme* zurückkehren. Die Überschwemmung mit Neuigkeit (Alarmphase) verlangt die Kontrolle der Afferenzen und die zeitliche Aktivierung der eigenen Tätigkeit. Dies bedeutet die Entstehung eines *Generators pathologisch erhöhter Aktivität* als Determinante im Sinne der Theorie des pathologischen funktionellen Systems (*Kryshanovsky*; vgl. Kap. 8.5.2). Das pathologische funktionelle System dient damit zunächst unmittelbar dem Heilungsprozeß als sinnvoller Kompensationsmechanismus einer pathogenen Einwirkung, kann sich aber bei Mißlingen der Kompensation ggf. verselbständigen, wie es die bei *Kryshanovsky* genannten Beispiele belegen.

In diesem Kapitel wurden bisher verschiedene *Wechselwirkungen der verschiedenen Ebenen* des Organismus, insbesondere aber die Wechselwirkung der biotischen und der psychischen Ebene andiskutiert. Auf der Basis dieser sicher sehr skizzenhaften Darstellung eröffnet sich m.E. eine Hintergrundtheorie, die es ermöglicht, medizinische, psychologische, bewegungstherapeutische, pädagogische usw. Dimensionen menschlicher Entwicklung zusammen zu denken. *Gesundheit und Krankheit erweisen sich als dialektische Gegenpole des Lebens*, die psychologisch in den beiden Grunddimensionen spinozistischen Denkens erfaßt werden können: *Freude* bzw. Glück im Sinne von Wohlbefinden sowie Gesundheit und *Leiden* im Sinne von Krankheit. Auf der biologischen Ebene besteht eine Dialektik, die durch die Wechselwirkung funktioneller und pathologischer funktioneller Systeme gekennzeichnet ist. Hier finden vielfältige Verschränkungen statt. So ist z.B. die Herausbildung pathologischer funktioneller Systeme dem Übergang in den Gesundungsprozeß, aber sofern es zum Persistieren kommt, in einen weiteren Krankheitsprozeß zuzurechnen. Aber auch bei einem Persistieren eines Symptoms (dauerhafte Schädigung) kann auf höherem Niveau wieder Kompensation und Wohlbefinden entstehen.

Gesundheit als Wohlbefinden ist deshalb vor allem etwas, was durch adäquaten sozialen Verkehr, durch Dialog und Kooperation, durch Gestaltung humaner Verhältnisse hergestellt wird. Sie ist etwas, „das genossen, nicht verbraucht werden soll" (*Bloch* 1985b, S. 546). Sie ist „ein sozialer Begriff, genau wie das organische Dasein der Menschen als

Menschen insgesamt. So ist sie überhaupt erst sinnvoll steigerbar, wenn das Leben, worin sie steht, nicht selber von Angst, Not und Tod überfüllt ist" (ebd., S. 541). Solange dies so ist, bedeutet Gesundheit auch Widerstand und die Fähigkeit, „ein unerträgliches Milieu abzulehnen" (*Krumenacker* 1988, S. 237). Es versteht sich, daß in den Prozessen von Krankheit und Gesundheit dem oben skizzierten Zusammenhang humaner Prozesse kollektiver Subjektivität (vgl. Kap. 10) eine fundamentale Bedeutung zukommt.

12.2 Psychosomatische Grundbegriffe: Körper, Unbewußtes, Abwehrmechanismen

Psychosomatische Grundkonzepte versuchen „den Dualismus in der Medizin zu überwinden, ohne die Unterschiede zwischen körperlichen und seelischen Phänomenen zu verwischen" (*Uexküll* 1981, S. 85). Sie tragen der Tatsache Rechnung, daß zahlreiche körperliche Krankheiten psychogenen Ursprungs sind, belastenden Lebenssituationen entspringen. Es ist hier nicht der Ort, näher auf Umfang und Art dieser Erkrankungen einzugehen (vgl. als Standardwerk *Uexküll* 1981) oder gar die vielfältigen Dimensionen ihrer Entstehung (z.B. Streßmechanismen, Psychoneuroendokrinologie, Psychoneuroimmunologie) zu behandeln.

Im Zusammenhang meiner bisherigen Ausführungen zur allgemeinen Theorie des Organismus und zur Rolle der Emotionen (zwei wesentliche Teilgebiete für die Diskussion der Entstehung psychosomatischer Störungen) ist es ersichtlich, daß psychosomatische Störungen wesentlich in der *Entkoppelung der zeitlichen Synchronisation von Organismus, Organsystemen, Organen und Zellpopulationen* bestehen, die sich nach dem Modus pathologischer funktioneller Systeme neu organisieren (vgl. *Kryshanovsky* 1986, aber auch *Sokolov* u.a. 1983, *Sokolov* und *Belova* 1985). Die dauernde Überbelastung bestimmter Körperfunktionen, indem ihre über das Körperselbstbild zurückgemeldeten Warnsignale nicht hinreichend beachtet, nicht wahrgenommen oder abgewehrt werden, führt zu ihrer Labilisierung. Unter Bedingungen hoher Belastung bei damit verbundener reduzierter immunologischer Abwehr ist einerseits die Empfänglichkeit des Organismus für spezifische Infektionen größer. Andererseits kommt es mit dem Abschluß von Tätigkeiten tendenziell zu einer Entkoppelung. Die Veränderung der führenden Ebene der Tätigkeit, innerhalb derer unter dem Aspekt eines subjektiv bedeutsamen Modells des Künftigen die körperlichen Kräfte überstrapaziert wurden, führt zu einer Entkoppelung der bis dahin überbelasteten Organsysteme (z.B. Herzinfarkt zu Beginn des Urlaubs u.ä.; vgl. auch *Jantzen* 1985b). Die auftretenden Krankheitserscheinungen können zum Teil eine Eigendynamik gewinnen, da sie in den entsprechenden sozialen Situationen die Situation des jetzt kranken Individuums verbessern (Krankheitsgewinn). Dies kann z.B. für die Familiensituationen anorektischer Patientinnen ebenso gezeigt werden wie für die soziale Funktion von Herzneurosen oder andere, meist geschlechtsspezifischen Reaktionsweisen, die auf neue Weise eine vorher unerträgliche soziale Situation partiell (und damit widersprüchlich) stabilisieren (vgl. z.B. *Minuchin* u.a. 1986, *Selvini-Palazzoli* 1984).

Auf der psychologischen Ebene ihrer Erklärungen greifen psychosomatische Theorien meist auf psychoanalytische Vorstellungen zurück, die sie in Gesamtschemata des Zusammenhangs von Körper und Psyche einführen. Bei *Uexküll* ist dies der „*Funktionskreis*". Über Wirkorgane (Effektoren) wirkt ein Subjekt im Rahmen seiner bisherigen

Bedeutungsverwertung in einer Umwelt auf bestimmte Aspekte der Umgebung. Seine Problemlösungsversuche wirken als Wirkmale auf die Umgebung und werden über Merkmale (neue Probleme) im Prozeß des Merkens über die Merkorgane (Rezeptoren) an das Subjekt zurückgemeldet, das ihnen neue Bedeutungen zuerteilt. Es ist deutlich: Hier wird im Schema Subjekt – Tätigkeit – Objekt gedacht, wobei deutliche Übereinstimmungen zur Theorie funktioneller Systeme bestehen.

Durch Lernen und Erfahrungsbildung weitet sich dieser Funktionskreis zum *„Situationskreis"* aus. Dies entspricht in unserem Ansatz dem Aspekt der Entwicklung der Persönlichkeit in der Ontogenese. Abb. 47 gibt diese Entwicklung wieder: Ausgehend vom Funktionskreis (A) im Rahmen von artspezifischen Programmen (Erbkoordinationen) kommt es zur partiellen Ausdifferenzierung von Subjekt und Objekt beim Säugling (B) bzw. zu einer umfassenden psychischen Vermittlung zwischen Individuum und Umgebung beim Erwachsenen (C) (*Uexküll* 1981, S. 26, 29, 32).

Daß diese Vorstellungen zwar in die richtige Richtung weisen, aber noch nicht hinreichend sind, sollte auf dem Hintergrund meiner bisherigen Ausführungen zum sinnhaften und systemhaften Aufbau der psychischen Prozesse wie ihrer neurobiologischen Grundlagen deutlich sein. Vor allem sind sie deshalb nicht hinreichend, weil die sukzessive Entwicklung des Körperselbstbildes in der Tätigkeit in ihnen nicht thematisiert wird. Sie verfügen über keine Kategorien für die ständigen Übergänge von psychischer in körperliche Strukturbildung (Lernen, Gedächtnis) und von körperlicher in psychische Strukturbildung (Dominante, Afferenzsynthese), die jeweils im Prozeß der Herausbildung funktioneller Systeme stattfinden. Und nur auf diesem Hintergrund kann das Problem beantwortet werden, warum *bestimmte Bereiche des Körperselbstbildes inadäquat entwickelt* sind bzw. *inadäquat in die Prozesse des Psychischen integriert* werden. Im Hinblick auf die psychischen Prozesse ist dies das Problem des *Unbewußten und der Abwehrmechanismen.*

Zur Lösung dieses Problems ist es sinnvoll, auf *Freud*s (1950) frühe psychophysiologische Vorstellungen zu diesen Prozessen im „Entwurf einer Psychologie" von 1895 zurückzugreifen. Das Modell, das er in dieser Hinsicht entwickelt (und auf das *Pribram* mehrfach positiv zurückgreift; Kap 8.2.3), habe ich graphisch zusammengefaßt (Abb. 48; erstmals in *Jantzen* 1989b, S. 52). An ihm läßt sich auf dem Hintergrund unseres bisherigen Wissens die hier anstehende Problematik in der nötigen Weise vereinfacht behandeln, ohne nochmals auf die vielen komplizierten neuropsychologischen Ebenen der Herausbildung des Körperselbstbildes eingehen zu müssen.

Freud nimmt aus logischen Gründen *drei unterschiedliche neuronale Systeme* an. Sie entsprechen im wesentlichen meinen Überlegungen zur zeitlichen Struktur psychischer Prozesse in Abb. 10. Im Psy-Neuronen-System des Gehirngraus erfolgt die Übersetzung der körperlichen Funktionen in das *Körperselbstbild*, das *Freud* als *„Ich"* bezeichnet. Dieses Ich repräsentiert die durch Erfahrungsbildung in es eingetragene Dimension der Vergangenheit/Gegenwart des Organismus. Es trägt aufgrund seiner bisherigen Erfahrung durch (motorische) Bahnung und (affektive) Besetzung (Reizabwehr) als bedürfnishafte Gerichtetheit die Möglichkeiten des Künftigen in sich.

Die Modellierung des Künftigen muß jedoch in einem anderen neuronalen System erfolgen, das über die Vergangenheit/Gegenwart hinausreicht. Dies ist das System der *Realitätsprüfung* und des *Bewußtseins* (Omega-Neuronen in der Hirnrinde). Seine Vermittlung mit dem Ich erfolgt über den Prozeß der Wahrnehmung in der (fließenden) Gegenwart. Diese *Wahrnehmung* (System der Phi-Neuronen) erfolgt in Form von Reizquantitäten, die bezogen auf das System des Ichs, also das Körperselbstbild (im Sinne

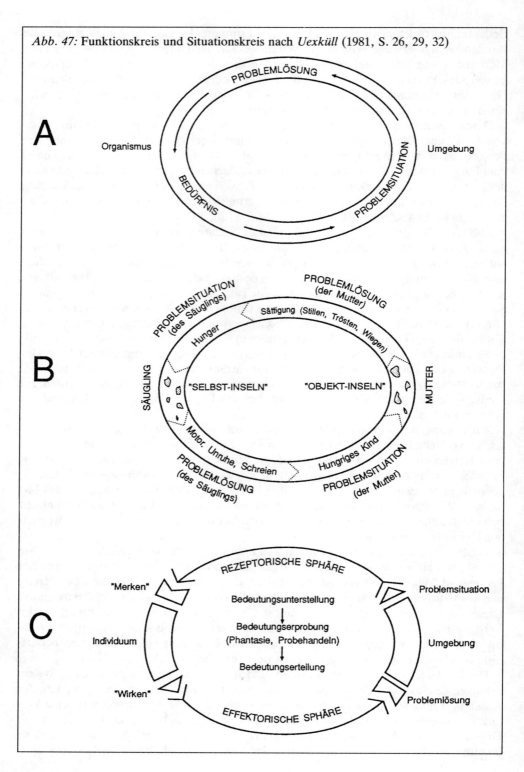

Abb. 47: Funktionskreis und Situationskreis nach *Uexküll* (1981, S. 26, 29, 32)

Abb. 48: Struktur der psychischen Funktionen in *Freud*s „Entwurf einer Psychologie" von 1895

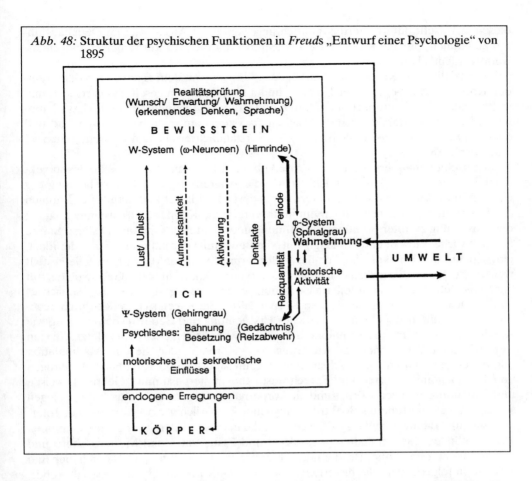

eines ständigen, gleitenden Prozesses der Afferenzsynthese) bewertet werden. Im Zusammenhang mit den latenten Bedürfnisstrukturen entsteht Lust oder Unlust, die aktivierenden und Aufmerksamkeit erregenden Einfluß auf das Bewußtsein (System der Omega-Neuronen) nimmt. Das Bewußtsein selbst greift über Aktivierung und Denkakte aktiv in das Körperselbstbild ein (in Abbildung 10 hatte ich dies vergleichbar als den Übergang von der äußeren Wahrnehmung zur Wahrnehmung der eigenen Verhaltensalternativen herausgearbeitet). Es selbst wird, so *Freud*, nicht über die einzelnen Quantitäten der Wahrnehmung aktiviert, sondern über deren Periode.

Soweit die Grundgedanken im Entwurf von 1895. Es läßt sich nachweisen, daß diese auch im „Abriß der Psychoanalyse", *Freud*s letztem und unvollendeten theoretischen Werk aus dem Jahre 1938 noch durchgängig präsent sind (vgl. *Jantzen* 1989b).

Über *Freud* und die Psychoanalyse hinausgehend versuchen *Brandes* (1989) bzw. *Brandes* und *Mies* (1988) unter Rückgriff auf die Tätigkeitstheorie, aber auch die kulturtheoretischen Ansätze von *Bourdieu* (1976, 1982) und *Elias* (1976), eine Begrifflichkeit zu entwickeln, „die zwar der Bindung des psychisch Unbewußten an die Körperlichkeit des Individuums Rechnung trägt, die aber sozialwissenschaftlich begründet und eingebunden ist" (Brandes 1989, S. 77). Im Unterschied zum *biologischen Konzept des Leibes* wird *Körper als sozial produzierter Gegenstand* verstanden. Ohne diesen m. E. sehr differenzierten und richtungsweisenden Ansatz hier im Detail ausführen zu können, möchte ich mit einem längeren Zitat die Struktur seiner Herangehensweise verdeutlichen.

Die Sozialität des Körpers wird durch den „Umgang mit dem eigenen und dem fremden Körper" erworben. Dieser Umgang findet nicht in einem gesellschaftsfreien Raum statt, sondern ist strukturiert durch Sitten und Bräuche, Definitionen und Klassifikationen, „die für die Stabilität eines Gesellschaftssystems am unentbehrlichsten sind und daher in besonderer Weise als fraglos selbstverständlich erscheinen müssen" (*Brandes* und *Mies* 1988, S. 354).

Im einzelnen realisiert sich dieser Prozeß über „so fundamentale Aspekte des subjektiven Bezugs zur sozialen Wirklichkeit wie die Abgrenzung und Unterscheidung der eigenen Individualität von der anderen; die Fixierung zeitlicher und räumlicher Rahmen der Interaktion; das Eingebundensein in übergreifende Kooperationszusammenhänge; die Einstellung zu Interessenübereinstimmung und -konflikt, Nähe und Distanz, Stärke und Schwäche, Gewalt und Abhängigkeit, die Bewertung der materiellen und der ideellen Aspekte der Tätigkeit, folglich die Anforderungen, die an deren Kontrolle gestellt werden etc. Sie manifestieren sich in der Auswahl und Anordnung der Gegenstände, mit denen die Subjekte die unmittelbare Umgebung ihrer Körper gestalten und die sie sich als ähnlich zugehörig empfinden wie den Körper selbst. Sie zeigen sich in den durch Techniken beeinflußten Aspekten körperlicher Erscheinung und Bedürfnisbefriedigung wie Kleidung, Gesicht, Frisur, Sexualpraktiken, Eßgewohnheiten etc. Nicht zuletzt schlagen sie sich in den Dispositionen und Äußerungen der Körper nieder, die jeder Manipulation von außen gänzlich entzogen scheinen: Bewegungsmuster und Rhythmen, Haltungen und Physiognomie, Gesten und Sprechweise. Indem sie bestimmte Gebrauchsweisen und Bedeutungen in den Körper und die körpernahen Gegenstände einschreiben, legen sie zugleich ein bestimmtes Spektrum möglicher körperlicher bzw. körpernaher Interaktionen und damit auch die Positionen fest, die in diesen Interaktionen eingenommen werden können. Sie beinhalten, was Mann und Frau, Vater und Mutter, Eltern und Kinder, Tochter und Sohn, Bruder und Schwester etc. tun und zu unterlassen haben und was sie infolgedessen als historische Individualitätsformen charakterisiert" (ebd., S. 354f.).

Diese Auffassungen lassen sich ohne Schwierigkeit verbinden mit der von mir dargestellten Konzeption zur Entwicklung des Körperselbstbilds durch die frühen Dialoge (vgl. Kap. 6.3 und 10.1), des instrumentellen Lernens, der Realisierung sensomotorischer, sprachlicher und geistiger Operationen über den inneren (proprozeptiven) Regelkreis sowie der neuropsychologischen Organisation des Körperselbstbildes (insb. Kap. 8.2.3, 8.3.1).

Ins Körperselbstbild sind die unterschiedlichen Ebenen der herausgebildeten *Abbildniveaus* eingetragen (vgl. Abb. 17, Bd. 1), so ist aus unseren bisherigen Überlegungen zu schließen. Sie bilden jeweils das *afferente Feld*, innerhalb dessen sich das Subjekt in seiner Tätigkeit als Basis der Herausbildung der Modelle des Künftigen orientiert (vgl. die Ausführungen zum Problem der Aphasie; Kap. 8.3.2). Führen wir die verschiedenen Abbildniveaus auf die drei von *Klaus* (1969) benannten Ebenen zurück (Nullebene als sensomotorische Ebene, sprachliche Ebene 1 als Alltagssprache, d.h. Ereigniskommunikation bzw. zwischenbegriffliche Relationsbildung, sprachliche Ebene 2 als wissenschaftliche Sprache, d.h. Relationskommunikation bzw. innerbegriffliche Relationsbildung; vgl. Kap. 5.5), so bietet sich folgende Lösung für das Problem des Unbewußten an.

310

Unbewußt sind alle in den Erbkoordinationen eingetragenen bzw. auf der sensomotorischen Ebene erworbenen Erfahrungen, soweit sie nicht in die Symbolisierungen der Sprache übersetzt wurden. Dabei ist es möglich, daß über die Symbolisierung bestimmter Inhalte im kindlichen Spiel die zugleich mit diesen ursprünglich verbundenen Ängste, Schmerzen u. ä. wieder auftauchen. Das Kind muß sich jetzt nicht nur gegen angstmachende Situationen wehren, die situationsspezifisch in der Außenwelt oder vermittelt über seine situationsbezogene Erinnerung auftreten (wie noch auf der bloß sensomotorischen Ebene). Es muß sich jetzt auch gegen angstmachende Erinnerungen, die an symbolisch wiederholbare Situationen gekoppelt sind, schützen. Dies geschieht mit bestimmten Techniken, z. B. der Ritualisierung, oder durch Umdeutungen, wie am kindlichen Borderline-Syndrom (Kap. 6.4.3) bereits behandelt.

Prozesse dieser Art werden in der Psychoanalyse als *Abwehrmechanismen* bezeichnet. Sie schützen das Subjekt gegen die affektiven Folgen der von ihm selbst durch symbolisches (z. B. Spiel) bzw. alltagssprachliches Handeln realisierbaren Erinnerungen, indem versucht wird, diese durch bestimmte Techniken wieder aus dem Bewußtsein zu verdrängen. Dieser Prozeß wiederholt sich auf höherer Ebene in der Hierarchisierung der Innenwelt und dem Entstehen des reflexiven Ichs. Mit dem Übergang auf diese Etappe entsteht ein höherer Grad an Bewußtsein im Sinne von Bewußtheit der Historizität der eigenen Lebensprozesse. Alltagserfahrungen werden in höherer Weise aufgehoben, bleiben aber zum Teil auch auf dem Niveau der alltagssprachlichen Ebene (und natürlich werden auch in diese nicht alle sensomotorischen Erfahrungen überführt). Damit sind Teile des Körperselbstbildes als psychisches Selbstbild zwar prinzipiell bewußtseinsfähig, jedoch nicht über Begriffe abrufbar, sondern nur in bestimmten Situationen wieder erinnerbar. Dies könnte im wesentlich als *Ebene des Vorbewußten* betrachtet werden.

Da das *Weltbild im inneren Quasiraum* (innere Position des Erwachsenen) als Bewußtsein im Sinne der von *Leontjew* hervorgehobenen „5. Quasidimension der Bedeutungen" universell ist (Bewußtheit), bedarf es in diesem Innenraum der Regelung nach Zonen, die gerne und weniger gerne betreten werden. Denn alles einmal Erfahrene und Hierarchisierte ist prinzipiell präsent. Und es bedarf darüber hinaus eines bestimmten Schutzes, nicht alle erfahrenen Situationen, die in der Alltagssprache präsent sind, zu erinnern, da sie erneut Angst oder Schmerzen bzw. Leiden erzeugen würden. Von hier aus entwickeln sich im Denken *nach innen gerichtete Strategien*, bestimmte sprachlich durchaus faßbare und erinnerbare Erfahrungen (1) nicht ins Weltbild aufzunehmen oder aber (2) sie, sofern sie im Weltbild enthalten sind, mit bestimmten Techniken abzuwehren. Dies scheinen zum einen die Mechanismen zu sein, die den neurotischen Prozessen unterliegen, wo die Abwehr auf die Aufnahme bestimmter, im Prinzip erinnerbarer Erfahrungen ins innere Weltbild zielt. Zum anderen dürften dies die Mechanismen bei Schizophrenie oder (psychotischer) Depression sein, wo entsprechende, das Subjekt gefährdende Inhalte bereits in die Sinnbildungsprozesse in der inneren Position des Erwachsenen eingedrungen sind und durch entsprechende Abwehrmechanismen auf diesem Niveau wieder isoliert werden müssen (z. B. als Sinnbildungsprozesse durch selbstgeschaffene neue Bedeutungen im Wahn).

Nach meiner Auffassung decken sich die von *Freud* herausgearbeiteten *Ebenen des Unbewußten, des Vorbewußten und des Bewußten* mit den von *Klaus* benannten *semiotischen Ebenen* (Nullebene, sprachliche Ebene 1, sprachliche Ebene 2); d. h sie gehen einher mit der hierarchischen Entwicklung verschiedener *Abbildniveaus*. Entsprechend den isolierenden Bedingungen auf jedem Niveau und den Formen individueller Sinngebung mit neuen, selbstgeschaffenen Bedeutungen (Stereotypen) entstehen *Abwehrme*

311

chanismen gegen angsterzeugende und ichbedrohende Erfahrungen *auf jedem dieser Niveaus*. Der *Verdrängungsprozeß* kann daher nicht nur als Verdrängungsprozeß ins Unbewußte verstanden werden. Vermutlich ist er (1) ein Verhindern des Übergangs von angstmachenden Erfahrungen auf eine höhere Ebene (sprachliche Symbolisierung bzw. Bewußtsein) und (2) eine Kontrolle angstmachender Inhalte auf der jeweiligen Ebene durch spezifische Techniken. Vergleichbar halten auch *Brandes* und *Mies* (1988) es für zweifelhaft, „daß Verdrängung und Ausschluß aus dem Bewußtsein identisch sind" (S. 358).

Erneut sieht es so aus, als bringe die Klärung des Ebenenproblems wie bereits bei *Luria*s Aphasietheorie (8.3.2) auch hier die klassifikatorische Lösung verschiedener offener Fragen voran. Ich kann diese Lösung für das Problem der Abwehrmechanismen hier noch nicht vorschlagen, will aber darauf aufmerksam machen, daß die Ausführungen in Anna *Freud*s klassischer Arbeit „Das Ich und die Abwehrmechanismen" teilweise in diese Richtung weisen (erstmals 1936). Ich verdeutliche dies in Kürze.

Bei der Neurose des Erwachsenen erfolgt die Triebabwehr (also die Versagung eigener Bedürfnisse) aus Über-Ich-Angst: „Das Ich fügt sich der höheren Instanz und nimmt gehorsam den Kampf gegen die Triebregung mit allen seinen Folgen auf" (Anna *Freud* 1987, S. 245).

Bei der infantilen Neurose erfolgt die Abwehr aus Realangst. Das Kind wehrt sich gegen sexuelle und aggressive Wünsche, „um nicht in Widerspruch mit den Verboten der Eltern zu kommen" (ebd., S. 247).

Insgesamt nennt Anna *Freud* folgende *Abwehrtechniken*: Verdrängung, Regression, Reaktionsbildung, Isolierung, Ungeschehenmachen, Projektion, Introjektion, Wendung gegen die eigene Person, Verkehrung ins Gegenteil, Sublimierung als Verschiebung des Triebziels. Letztere Technik gehört jedoch eher in den Bereich des Normalen als in den Bereich der Neurose (S. 235).

Als Grundprinzip gilt: „In letzter Linie dient jede einzelne Abwehrhandlung immer wieder der Sicherung des Ichs und der Ersparung von Unlust" (ebd., S. 257). Entsprechend beziehen sich die Abwehrmechanismen sowohl nach außen wie nach innen (vgl. Abb. 49).

Abb. 49: Abwehrtechniken nach innen und nach außen in der Konzeption von Anna *Freud*

nach innen gerichtet	nach außen gerichtet
Verdrängung: Beseitigung der Triebabkömmlinge	*Verleugnung:* Beseitigung der Außenweltreize
Reaktionsbildung: Sicherung gegen Rückkehr d. Verdrängten von Innen her	*Phantasie:* Sicherung gegen der Verleugnung gegen Erschütterung durch die Außenwelt
Hemmung der Triebregung nach Innen	*Ich-Einschränkung* zwecks Vermeidung nach außen
Intellektualisierung der Triebvorgänge (Gefahrverhütung nach innen)	*Wachsamkeit* für Gefahren der Außenwelt

Es ist nicht sinnvoll, hier darüber hinausgehend die bis heute unterschiedenen Abwehr-techniken zu katalogisieren. Wesentliche Aspekte einer theoretischen Neubearbeitung dieser Problematik sind m.E. die Dimension innen und außen sowie der Hierarchisie-rungsgrad der psychischen Prozesse. Ob es sinnvoll ist, pathologische Mechanismen von nicht-pathologischen zu unterscheiden, erscheint mir fraglich. M.E. ist dies eine von einer äußeren psychiatrischen Klassifikation herangetragene Unterscheidung, die in den Prozessen der Selbstorganisation des Psychischen und der oben diskutierten Dialektik von gesund und krank keine Entsprechung findet. Sicherlich ist es sinnvoll, das Konzept der Abwehrtechniken insgesamt auszuweiten (was sich bei Anna *Freud* andeutet) und mit den Bewältigungstechniken (Coping) in Zusammenhang zu bringen (vgl. *Franz* 1989). Theoretisch betrachtet, liegt die Thematik unterschiedlicher Techniken der An-forderungsbewältigung auf der gleichen Ebene wie das Problem der „habituellen Regu-lationskomponenten", zu dem ich oben ausführlich Stellung bezogen habe (9.5.3). Es handelt sich dabei um Bewegungen des Psychischen, untersucht im Sinne ihrer Realisie-rungsform. Sie sind als habituelle Schemata Kompetenzen, die erst im je konkreten Prozeß ihre inhaltliche Bedeutung erhalten und nicht losgelöst von diesem als patholo-gisch oder normal betrachtet werden dürfen.

Fassen wir zusammen: Psychosomatische Prozesse, aber auch psychopathologische Prozesse allgemein beinhalten das *Mißlingen von Situationen des Wohlbefindens aufgrund der fehlenden Verfügbarkeit über die eigene Körperlichkeit.* Diese Körperlichkeit selbst ist historisch geworden und die jeweilige Grundlage des Selbst (Körper-Ich, verallgemei-nertes Ich, reflexives Ich). Sie realisiert sich in der Afferenzsynthese. In diesem Prozeß werden gleichzeitig *psychische Bewegungsformen als Verhaltensalternativen* benutzt, die durch Lernen erworben wurden. Sie dienen der Bewältigung äußerer oder innerer An-forderungen. Soweit diese Bewegungsformen sich auf Angstreduktion bzw. Vermeidung von Unlust beziehen, sind sie *Abwehrmechanismen*, die die Selbstwahrnehmung in be-stimmten Aspekten verhindern. Dies kann zur fehlenden Rückkoppelung zwischen psychischen Prozessen und dem eigenen körperlichen Zustand (als sozialer Zustand) und damit zu Krankheit führen.

12.3 Medizin und gesellschaftliche Reproduktion

Weiter oben habe ich bei der Analyse der Institution Schule auf die gemeinsamen Aspekte der Tätigkeit von Ärzten und Lehrern verwiesen: Sie schaffen nicht den Fond, aus dem sie bezahlt werden, „obgleich ihre Arbeiten in die Produktionskosten des Fonds eingehen, der überhaupt alle Werte schafft, nämlich die Produktionskosten des Arbeits-vermögens" (*Marx*, MEW Bd. 26.1, S. 138). D.h. die Mediziner unterliegen in gleicher Weise wie die Lehrer dem institutionellen Zwang, durch den Transfer des Wertes ihrer Arbeitskraft die Arbeitskraft anderer Menschen her- bzw. wiederherzustellen.

Bisher habe ich nur die *Naturalform von Gesundheit und Krankheit* dargestellt. Bei der Betrachtung von Medizin als gesellschaftlicher Institution stoßen wir jetzt ebenso wie bei der Institution Schule auf die Problematik von *Warenform* und *Wertform*:

– Wird das Arbeitsvermögen des Behandelten als Ware Arbeitskraft auf dem Markt wieder verfügbar (Warenform)? Wird also insofern seine Arbeits- und Leistungsfä-higkeit wieder hergestellt? Und was ist diese bzw. wie kann man sie überprüfen?

– Wird die Arbeitskraft des Arztes in adäquater Form (Wertform) verausgabt, so daß ein möglichst hohes Maß an Werttransfer stattfindet? Und wie kann dieses hohe Maß an Werttransfer bestimmt werden?

Führen wir uns nochmals das Wesen der Institutionen Schule sowie Medizin vor Augen, also ihre *gesellschaftliche Funktion*. Es besteht für den gesamtgesellschaftlichen Prozeß einerseits darin, daß in den entsprechenden Infrastrukturen Bildung und Gesundheit hergestellt werden, d.h. allgemeine Produktionsbedingungen realisiert werden. Andererseits muß jedoch *wertschaffende, abstrakte Arbeit aus der ökonomischen Produktion abgezogen* werden. Sie bleibt aus der Sicht der Produktion als basaler Prozeß diesem subordinierte Sekundärarbeit und steht dort nicht zur Verfügung. Dies verlangt aber eine sorgfältige Abstimmung der in der gesellschaftlichen Produktion und Reproduktion eingesetzten wertschaffenden Arbeit (Herstellung von Gütern bzw. Herstellung der Arbeitskraft) und eine entsprechende *Neuwertverteilung*, über die dieser Prozeß finanziert werden kann. Entweder muß der Arbeiter höhere Lohnanteile erhalten, um privat Leistungen der Medizin kaufen zu können. Oder aber der Kauf erfolgt über festgelegte Lohnanteile vermittelt, die in Pflichtversicherungen gezahlt werden. Aus diesen wird im Rahmen vertraglicher Gestaltung die Tätigkeit des Arztes honoriert. Und genau hier muß es in Klassengesellschaften zu einer *Interessenkollision* kommen, da jede Erhöhung des Lohns oder der sog. Lohnnebenkosten den Mehrwert schmälert und damit den Profit.

Dieser Interessenwiderspruch realisiert sich im Prozeß der medizinischen Versorgung auf sehr unterschiedlichen Ebenen, die ich in Kürze andiskutiere. Betrachten wir zunächst die unmittelbare *Ebene des Tauschverhältnisses:* Der niedergelassene Arzt (bzgl. der ökonomischen Situation des Krankenhauses vgl. *Kühn* 1980) erhält *Geld* für seine erbrachten Leistungen. Dies erhält er mittelbar vom (Privat-)Patienten oder über Privat- bzw. gesetzliche Krankenversicherungen, die über die kassenärztliche Vereinigung seine Leistungen mit ihm abrechnen.

Was für *Leistungen* erbringt er? Und wie werden sie bemessen? Gesundheit ist ein immaterielles Gut. Der Arzt wird nicht dafür bezahlt, daß jemand gesund, sondern daß jemand wieder *arbeitsfähig* wird. Dies wird definiert als das *Verschwinden von Symptomen*, die für fehlende Arbeitsfähigkeit, also Krankheit, stehen. Durch das naturwissenschaftliche Modell in der Medizin, gewonnen an der pathologischen Anatomie (vgl. zur Geschichte *Foucault* 1976), wird es möglich, *Krankheit* als einen Prozeß von auf verschiedene Weise feststellbaren *körperlichen Veränderungen* zu definieren. Entsprechend können für jede dieser Veränderungen spezifische Leistungen des Mediziners bestimmt werden, die zur Behebung bzw. zur Reduzierung der Krankheitssymptome und damit zur Heilung oder Besserung der Krankheit führen.

Die Heilung einer Krankheit wird damit zu einem meßbaren Prozeß, ohne daß auch nur annäherungsweise ein Begriff von Gesundheit oder Krankheit vorhanden sein muß. So stellt *Jaspers* fest: „Was gesund und was krank im allgemeinen bedeutet, darüber zerbricht sich der Mediziner am wenigsten den Kopf" (zitiert nach *Krumenacker* 1988, S. 77). Was der Mediziner kennen muß, sind lediglich die pathologischen Abweichungen aller Organsysteme. Er wird umfassend zum *humanbiologischen Meß- und Regeltechniker* ausgebildet. Dies ist bereits in der Ausbildung zu sehen. Von der Ganzheitlichkeit des Menschen ist im Medizinstudium in der Regel nicht die Rede. Kern des Studiums ist die weitgehende analytische Zerstückelung des menschlichen Körpers, der seinerseits nur als Organismus betrachtet wird. So ist bei *Dersee* und *Dupke* (1981, S. 93) die Rede von

„42 Ausbildungsfächern, deren Wissen in 1500 Fragen durch Ankreuzen der richtigen Anworten abgehakt werden soll". Dies fördert ein Studierverhalten, aus dem „Ärzte" hervorgehen, die orientierungslos im Fächer- und Stoffwust sind, keine Schwerpunkte mehr setzen und Wichtiges nicht von Unwichtigem unterscheiden können.

Ausgebildet als humanbiologischer Meß- und Regeltechniker, muß der Mediziner über vielfältige Meßverfahren verfügen, also *diagnostische Verfahren* im Sinne der Überführung des Realkonkretums auf die Ebene des Vorstellungskonkretums (vgl. Kap. 9, Abb. 36). Außerdem (und dies wird in der Ausbildung insb. im klinischen Teil bzw. in der Facharztausbildung vermittelt) müssen für jede Störung adäquate *therapeutische Interventionsstrategien* und *-techniken* vorhanden sein, die Erfolg aufweisen. Solche Strategien können den Einsatz von physikalischen Behandlungen (z.B. Kuren, Massagen, Bestrahlungen), von Hilfsmitteln (z.B. Herzschrittmacher, Schiene), von Medikamenten, von Eingriffstechniken (Operationen) aber u.U. auch von Gesprächen (Psychotherapie) oder einfach von Ruhe (Krankenhausaufenthalt) beinhalten. Sie werden unmittelbar bestimmten Diagnosen zugeordnet und (ohne rehistorisierende Rekonstruktion der Lebensprozesse des Patienten) als Reparaturtechniken zur Beseitigung des Symptoms eingesetzt (sog. „medizinisches Modell"; vgl. *Keupp* 1979).

Die Anwendung dieser Strategien erfolgt nach den Gesetzen der *Kostenökonomie*. Wenn zwei Strategien den gleichen sichtbaren Erfolg haben, dann ist nach dieser Betrachtungsweise die preiswertere vorzuziehen, auch wenn die andere in letzter Konsequenz zu einem erheblich höheren Maß an Wohlbefinden führt. Entsprechend gibt es umfassende Gebührenordnungen für Ärzte, in denen ihre Leistungen in der Anwendung dieser Strategien und Techniken nach Geldbeträgen aufgeschlüsselt sind. Nur wenn die vom Arzt erbrachten und die über Rezept zusätzlich herangezogenen Leistungen in einem bestimmten durchschnittlichen Zeitraum nicht bestimmte ökonomische Grenzen überschreiten, wird er in vollem Umfang honoriert.

Die medizinische Versorgung ist damit *Teil ökonomischer Kreisläufe*. Wir können sie als eingebettet in den Kreislauf des variablen Kapitals verstehen (Ausgaben für Löhne und sog. Lohnnebenkosten). Einen Überblick liefert das folgende, aus *Deppe* (1980, S. 111) übernommene Strukturschema (Abb. 50).

Neben der Funktion, durch Diagnose-Therapie-Zuordnungen nach dem medizinischen Modell die effektive Reparatur von Arbeitsvermögen zu erreichen, sind weitere Dimensionen der gesellschaftlichen Bestimmtheit von Medizin hervorzuheben. Um die Kolleg/innen aus der Medizin nicht schon hier zu verschrecken: Es geht mir hier genausowenig wie bei den Lehrer/innen (vgl. Kap. 11) darum, Menschen ihre humanen Motive abzusprechen. Was mich interessiert ist, was im Rahmen der Institution Medizin aus diesen Motiven wird. D.h. hier steht im Vordergrund die *Formbestimmtheit der Medizin*, also ihre Bestimmtheit durch Warenverkehr und gesellschaftliche Produktion und Reproduktion.

Auf dieser Ebene tritt neben die Ausrichtung des medizinischen Blicks durch die pathologische Anatomie nach *Foucault* die technisch-politische Funktion der Medizin, der Zusammenhang von Heilen und Herrschen (vgl. *Krumenacker* 1988, *Foucault* 1976. 1979). Über die notwendige Ökonomie ihrer Tätigkeit werden die Mediziner in *bevölkerungspolitische Funktionen* eingebunden. Dies ergibt sich nach *Foucault* aus dem Einbezug der Medizin in die notwendige Verhütung von Epidemien. In Form der Information, Kontrolle und Zwangsdurchsetzung übernimmt sie hier polizeiliche Maßnahmen.

Daneben lassen sich eine Reihe weiterer bevölkerungspolitischer Aspekte nennen.

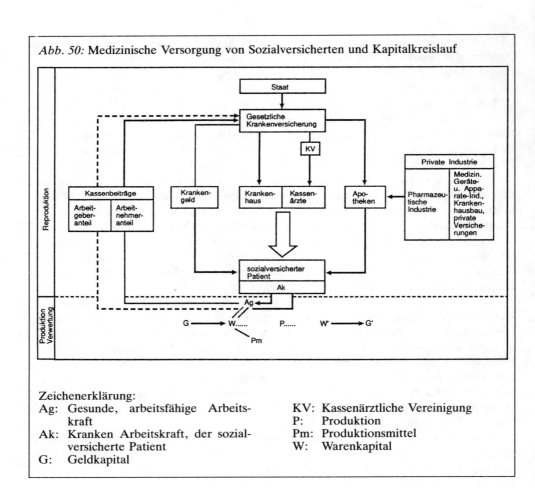

Abb. 50: Medizinische Versorgung von Sozialversicherten und Kapitalkreislauf

Zeichenerklärung:
Ag: Gesunde, arbeitsfähige Arbeitskraft
Ak: Kranken Arbeitskraft, der sozialversicherte Patient
G: Geldkapital
KV: Kassenärztliche Vereinigung
P: Produktion
Pm: Produktionsmittel
W: Warenkapital

Indem die Medizin die Grenze nichtverwertbarer Arbeitskraft zieht, ist sie *Institution des sozialen Ausschlusses*. Diese Grenzen werden zum einen mit psychiatrischen Diagnosen gezogen; zum anderen stellen Chronizität und Pflegebedürftigkeit Diagnosen dar, die zum massiven Entzug von sozialen Leistungen führen. Festzuhalten ist, daß in der psychiatrischen Klinik die Medizin Trägerin eines besonderen Gewaltverhältnisses ist, d.h. unmittelbar polizeiliche Aufgaben übernimmt. Die Geschichte der Medizin zeigt, daß Mediziner sich aus der bevölkerungspolitischen Logik, in der sie handeln, zu Herren über Leben und Tod aufschwingen können. Dies belegen das Verhältnis von Medizin und Faschismus (vgl. z.B. *Thom* und *Caregorodcev* 1989), aber auch die aktuelle Diskussion um Sterbehilfe und neue Euthanasie nur zu deutlich. In dieser Hinsicht sind *Heilen und Vernichten* im bevölkerungspolitischen Auftrag der Medizin aufs engste verknüpft. In ihren Gesundschreibetechniken orientiert sich die Medizin oft eher an den Anforderungen der Produktion als an der Gesundwerdung der Patienten. Dies resultiert nicht nur aus den erörterten Ware-Geld-Beziehungen. Hinzu kommen weitere *Formen der Kontrolle* durch die Institution Medizin (z.B. über Vertrauensärzte). Schließlich spielt für die Anerkennung von Berufskrankheiten, für Berentung u.ä. wiederum die Medizin eine entscheidende Rolle. Kliniken sind Orte sozialer Kontrolle par excellence und, in feudalistischen Strukturen organisiert, Orte der Machtausübung der Chefärzte (die an den Universitäten zugleich als Professoren wesentlich die ideologische Ausrichtung der Medizin organisieren).

Durch die Ausrichtung an der Bekämpfung der Krankheit als Defekt des Organismus und der auf dieser Basis bestimmten technischen Verantwortung werden Mediziner/innen und medizinisches Hilfspersonal notwendig in die Rolle von funktionierenden Rädchen des Ganzen gebracht. Sie werden z.T. bei extremer Überbelastung bis an die Grenzen ihrer physischen Möglichkeiten ausgebeutet. Da die Klinikzeit ein Durchgangsstadium in der Ausbildung ist, erfolgt hier wie im Studium selbst eine *Sozialisierung in die Teilhabe an Machtverhältnissen* (die die Ärzte gegenüber dem Hilfspersonal reproduzieren müssen). Diese setzen sich als autoritäre Verkehrsformen, Administrieren usw. auch in den Alltag des Kassenarztes fort. Das Ganze ist gekleidet in die Formel der *besonderen Verantwortung*, die die Medizin als Bewahrerin des Lebens und der Gesundheit habe, und ist institutionalisiert über den Hippokratischen Eid.

Entsprechend anderen Gruppen der traditionellen Intelligenz (vgl. z.B. *Kuczynski* 1987) weisen Mediziner in der Regel materielle Motive oder Interesse an Macht weit von sich und erklären ihr Handeln aus dem *überzeitlich-humanen Auftrag* ihres Faches (vgl. *Wulff* 1969). Aus der Fähigkeit des Heilens und der Feststellung, daß die Medizin in besonderer Weise mit Leiden und Tod konfrontiert sei, wird eine besondere human-ethische Position des Mediziners abgeleitet. Da sich diese in der Regel unreflektiert mit den ideologischen Dimensionen herrschenden Denkens verbindet (vgl. Bd. 1, Kap. 2.3), wundert es nicht, daß Mediziner in ihrer Praxis in Ausübung ihrer bevölkerungspolitischen Funktionen historisch nicht gerade selten zu Handlangern des Inhumanen geworden sind. Neben den Sonderfällen aktiver Beteiligung am Mord, neben unzähligen Experimenten an Menschen ist eine *antihumane Handlungsweise* geradezu *Ausdruck der Institution Medizin in Klassengesellschaften*, wie ich es im folgenden Teilabschnitt am Beispiel des Doppelcharakters therapeutischen Handelns noch weiter hervorheben werde. Daß niedergelassene Ärzte sich diesem Widerspruch nicht entziehen können, verdeutlicht *Abholz* (1989). Der ökonomische Hebel des Honorierungssystems zwingt immer wieder dazu, eine Abhängigkeit, Inkompetenz usw. der Patienten herzustellen.

12.4 Zum Doppelcharakter von Therapie

Therapie als Bezeichnung für Kranken- und Heilbehandlung wurde im 18. Jahrhundert als medizinischer Begriff aus dem griechischen Wort „therapeia" gebildet, das ursprünglich *Dienen, Dienst, Pflege* bedeutet. Der *Therapeut* (griech.: „therapon") ist ursprünglich der *Diener* oder *Gefährte*. Aus den bisherigen Ausführungen wird deutlich, daß in dieser Frage des Dienens der Schlüssel zum Verständnis des Doppelcharakters von Therapie liegt. Dient der Therapeut dem Betroffenen, ist er Gefährte, der ihn im Prozeß der Zurückerlangung seines Wohlbefindens systematisch unterstützt? Oder aber ist er bloß humanbiologischer Meß- und Regeltechniker, Verhaltenskontrolleur, Diener der Herrschenden, Bevölkerungspolitiker? Nimmt er also vorrangig den Standpunkt der Erstellung der Naturalform von Gesundheit als Wohlbefinden, als funktionelles Optimum ein oder nimmt er den Standpunkt der möglichst preiswerten Realisierung der Warenform ein, versteht er also Gesundheit als Arbeits- und Leistungsfähigkeit, und Krankheit als biologischen Defekt?

Natürlich wird niemand bezweifeln, daß Therapie jeweils wieder auch die Arbeitsfähigkeit, also die Warenform herstellen muß, gegen die sich letztlich im gesellschaftlichen Transfer das Honorar für die Heilberufe tauscht. Aber ebenso wie bei der Problematik von Bildung und Erziehung ist auch hier zu beachten, daß eine Ware nur Wert haben kann, wenn sie Gebrauchswert hat. In letzter Konsequenz kann Arbeitsfähigkeit in umfassender Weise nur resultieren, wenn Gesundheit hervorgebracht wird. Je mehr dies in den Institutionen des Gesundheitswesens von den Heilberufen her selbst thematisiert und gedacht wird, desto eher kann, in Verbindung mit den Betroffenen, ein Stück relative Autonomie erzwungen werden, innerhalb derer größere Spielräume für humanes Handeln und Gesundheit möglich sind. Insofern also Mediziner/innen, Psychotherapeut/innen, Angehörige der Heilberufe sich dieser Dialektik stellen und bewußt werden, ist sie zwar nicht aufgehoben, aber die Widersprüche in Richtung der Durchsetzung von Humanität werden deutlicher und können auf höherem Niveau zur Geltung gebracht werden. Um eigene Handlungsspielräume gezielter und klarer ausnutzen zu können, ist es wichtig, sich des Doppelcharakters therapeutischer Verfahren bewußt zu sein. Diene ich als Therapeut den Betroffenen, bin also ihr „Gefährte", so ist Therapie *heilender Dialog*, diene ich den Herrschenden, so ist sie *Verhaltenskontrolle und Zwang*. Ich diskutiere diese Dialektik im folgenden ausschließlich im Bereich der Psychotherapie bzw. Verhaltenskontrolle, da sie hier in besonders deutlicher Form aufzufinden ist.

12.4.1 Therapie als Verhaltenskontrolle

Therapie als Verhaltenskontrolle tritt dort am deutlichsten hervor, wo gegen „anormales Verhalten", also gegen die nicht gegebene Verwertbarkeit und Ausbeutbarkeit der Beherrschten, Disziplinierungs- und Kontrollverfahren entwickelt werden, die sie wieder zum störungsfreien Funktionieren bringen sollen. Diese den „Fortschritt" durch Bekämpfung der „Minderwertigen" (vgl. Kap. 2.3) erhaltende bevölkerungspolitische Funktion gegenüber sogenannter Gewalt (Verhaltensstörung) hinterfragt *Chorover* (1982) wie folgt: „Die soziale Voreingenommenheit des medizinischen Erklärungsversuchs von Gewalt hat zur Folge, daß er sich voll auf die Unterschicht oder den einzelnen Verzweifelten oder den Wahnsinnigen konzentriert ... Daher kommen diese Spezialisten für die geistige Gesundheit dort, wo die Gewalt von Personen ausgeht, die in offizieller Mission handeln, nur selten mit ihren Etiketten und mit Therapievorschlägen; die hohen Staatsbeamten, die die Zerstörung Indochinas durch amerikanische Bombenangriffe anordneten, erfuhren keinerlei solche Diagnose oder Behandlung" (S. 201).

Anormal ist in dieser Hinsicht, *was sich nicht in die gesellschaftliche Verwertungslogik fügt*. Es wird als aktiver oder passiver Widerstand gegen die herrschende Ordnung (Gewalt gegen die Herrschenden) begriffen und mit Mitteln der Verhaltenskontrolle zu regulieren versucht. Je weiter der soziale Ausschluß bereits vollzogen, desto brutaler die Mittel. *Im Mittelpunkt der Verhaltenskontrollstrategien steht das Brechen des Willens und die Umorganisierung der Persönlichkeit im Sinne von Anpassung und Unterordnung.* Derartige Techniken lassen sich in besonderer Weise in der Geschichte der Psychiatrie aufspüren. An die Stelle der alten Gewaltverfahren (Dauerbäder, Drehstühle u.a.m.) treten zunehmend modernere Behandlungsverfahren wie Psychochirurgie, Elektroschock, medikamentöse Behandlung sowie, insbesondere im Bereich der Foltermethoden, bestimmte psychologische Verfahren.

Der Ort, wo derartige Verfahren zunächst massenweise entwickelt und angewendet werden, ist die *Militärpsychiatrie*. Darüber hinaus wurde die Verwendung der unterschiedlichsten Verfahren für Kriminalitätskontrolle und Durchsetzung polizeilicher Aufgaben nicht nur verschiedentlich gefordert (vgl. *Chorover* 1982, *Pape* 1986), sondern im Bereich der *Folter* durchgängig angewendet. Einen ersten Überblick über die militärpsychiatrischen Zusammenhänge liefert *Siemen* (1982). Zur Bekämpfung der *Kriegsneurosen* im 1. Weltkrieg (vgl. S. 16ff.) entwickeln die Militärpsychiater ein umfangreiches Instrumentarium *„aktiver Therapien"*, mit dem Ziel, diese Soldaten wieder funktionsfähig zu machen. Es geht darum, „keine Ungeheilten zu dulden". Der Arzt habe (so der führende Militärpsychiater *Nonne* 1922, S. 105ff.) die Maxime, „aus eigener Überzeugung heraus anderen seinen Willen aufzuzwingen". Neurotiker müßten dazu gebracht werden, „die Flucht in die Gesundheit der Flucht in die Krankheit vorzuziehen". Dazu wurden elektrische Ströme (sinus- und faradische Ströme) z. T. stundenlang angewendet, Scheinoperationen durchgeführt, Soldaten gezwungen, Erbrochenes wieder zu essen u. a. m. Ziel war es, die gestörten Soldaten, wenn schon nicht an der Front, so doch in Zwangseinsätzen in der Kriegsindustrie („Arbeitstherapie") weiter verwenden zu können. Wer die Schrecken des Krieges verarbeiten konnte, galt als gesund; wer nicht, als krank. Bei den Mannschaften zeigte sich nach Meinung der Psychiater hierin eine psychopathische Minderwertigkeit, bei den Offizieren als „von Haus aus gesunden Menschen" eine nervöse Erschöpfung, eine „Neurasthenie".

Eine neue Welle „aktiver Therapien" tritt dann in der Kriegswirtschaft des nationalsozialistischen Deutschlands Ende der 30er/Anfang der 40er Jahre auf. Insbesondere wird auf die neu entdeckten *Schocktherapien* (Elektro-, Cardiazol- und Insulinschock) zurückgegriffen, die einfach anzuwenden und billig waren. „Wer trotz Insulin, Cadiazol- und Elektroschocktherapie nicht gesund wurde, der galt als unheilbar und kam nach Langenhorn" (das psychiatrische Krankenhaus Hamburgs, das Zwischenstation für die Weiterleitung in das Vernichtungslager Meseritz-Obrawalde war; *Ebbinghaus* 1984, S. 144). Die Anwendung aktiver Verfahren in dieser Zeit erfolgt nicht nur in der Psychiatrie. Bei Tuberkulosebehandlung wird in vergleichbarer Weise mit „Gasbrustfüllungen" behandelt. Wer dies ablehnte, galt als asozial und wurde asyliert (*Roth* 1983, S. 123).

Die Anwendung der neu entdeckten aktiven Verfahren wie Psychochirurgie, Schockbehandlung, Psychopharmakaanwendung blieb keineswegs nur auf das faschistische Deutschland beschränkt, sondern wurde *medizinisches Allgemeingut*. Bis heute ist ihr Gebrauch weitgehend legitimiert und wird von Psychiatern vielfältig verteidigt, wobei die Gegenbefunde systematisch totgeschwiegen werden. Ich gebe im folgenden einen Überblick über die wichtigsten Verfahren.

Psychochirurgie: Hierunter werden „chirurgische Eingriffe am morphologisch gesund erscheinenden Gehirn verstanden, durch die psychiatrische Erkrankungen oder Störungen des Verhaltens gebessert oder behoben werden können" (*Dieckmann* und *Hasler* 1976, S. 1217). Durch Lobotomie (Zerstörung großer Teile der Frontallappen), die in den 40er Jahren und danach bei Zehntausenden von psychiatrischen Patienten in aller Welt durchgeführt wurde, traten schwerste Persönlichkeitsstörungen auf (vgl. die Ausführungen zum Frontalhirnsyndrom Kap. 8.3.2). Verbunden mit langer Negierung der hieran erwachsenen Kritik wurde zunehmend auf stereotaktische Verfahren übergegangen (Errechnung der zu zerstörenden Punkte, Einführung feiner Sonden über Röntgenkontrolle, Zerstörung des Gewebes durch Erhitzen). Als Indikationen werden nahezu alle

319

psychiatrisch klassifizierten Störungen angegeben. Im wesentlichen existieren neben der klassischen *Lobotomie* fünf stereotaktische Methoden:

1. *Frontale Traktotomie:* Unterschneidung der Frontalorbitalregion bis zu 6 cm Tiefe und Trennung von Verbindungen zwischen Hypothalamus und Kortex;
2. *Thalamotomie:* Ausschaltung von Kernen in unterschiedlichen Regionen des Thalamus;
3. *Cingulotomie:* Ausschalten des Cingulumbündels;
4. *Amygdalotomie:* Ausschaltung der Amygdala;
5. *Hypothalamotomie.*

Für jedes Gebiet werden optimale Mengen an Gewebezerstörung genannt. Negative Folgen werden in der Regel von den Befürwortern negiert, obgleich sie vielfältig und deutlich nachweisbar sind. Eine beliebte ideologische Formel ist es, die operierten Gebiete jeweils zu „stillen Zonen" zu erklären, die zwar durch Entfernung Verhalten positiv beeinflussen, selbst aber keinen aktiven Beitrag für den Aufbau von Verhalten liefern. Dies galt zunächst für die Rechtfertigung der Lobotomie, findet sich aber heute noch z.B. in der Rechtfertigung der Cingulotomie (vgl. *Valenstein* 1980, Kap. 9–12). Durchgängig findet keinerlei neuropsychologische Argumentation in dieser Debatte statt. Ich überlasse es den Leser/innen dieses Buches, anhand der im Kapitel 8 aufgezeigten Zusammenhänge die jeweiligen Folgen von Schädigungen zu bewerten. Einen aktuellen Überblick über die Befürwortung stereotaktischer Operationen liefert das Buch von *Adler* und *Saupe* (1979); die unterschiedlichen Positionen in der Psychochirurgie-Debatte in den USA enthält das Buch von *Valenstein*. In einer neuropsychologischen Kritik der Psychochirurgie resümieren *Jantzen* und *Jüttner* (1980): *„Ein Eingriff bei nicht eindeutig lokalisierbaren Störungsherden bei psychischen Erkrankungen* (also z.B. Tumor als Indikation eines neurochirurgischen Eingriffs) *im Sinne der Störung gesunden Gewebes mit dem Ziel psychischer Veränderungen ist vom Effekt und vom Risiko her als unkalkulierbar zu kennzeichnen. Von der Kenntnis der Neuropsychologie aus ist er als dilettantisch zu betrachten und von den persönlichkeitstheoretischen Voraussetzungen her als unverantwortlich"* (S. 133).

Elektroschock: Die sog. Elektrokonvulsionstherapie (EKT) ist eine seit 1938 verwendete Methode der Beeinflussung von psychisch Kranken. Über an beiden Kopfseiten (im Bereich der Temporallappen) oder auch einseitig angebrachte Elektroden wird ein kurzer Stromstoß (0,1–0,5 sec. 110 V, 200–1600 mAmp) gegeben, der einen generalisierten Krampfanfall auslöst. Im Rahmen einer Behandlung werden bis zu 10 oder mehr derartige Stromstöße durchgeführt, selten erhält ein Patient weniger als 6–8 Schocks. Die Indikationen beziehen sich vor allem auf Psychosen, jedoch auch auf das Ruhigstellen von Anstaltspatienten. Darüber hinaus finden sich in der Literatur Berichte über die Anwendung in zahlreichen weiteren Einzelbereichen. Da die Methode billig ist und zur schnellen Ruhigstellung führt (Gedächtnisverlust über Tage, manchmal bleiben ganze Teile des Gedächtnisses für Jahre ausradiert), erfreut sie sich nach wie vor großer Beliebtheit im Krieg (vgl. *Pape* 1986, S. 174f.) wie im Frieden (als umfassendsten kritischen Überblick vgl. *Breggin* 1980). Die Protagonisten dieser Therapie, die sie gegen jede Kritik verteidigen, sind sich ihrer Wirkweise durchaus bewußt: so *Meyerson* (zit. nach *Pape* 1986, S. 189): „Ich sage das ohne Zynismus. Tatsache ist, daß man einige der allerbesten Heilerfolge bei den Individuen erzielt, die man fast bis zur Amentia reduziert".

Was weniger gerne zugegeben wird ist, daß Elektroschocks *schwere Hirnschäden* hervorbringen. Insbesondere die Arbeit von *Sommer* (1971) belegt, daß bereits bei drei Schocks Anzeichen von akuten Zellveränderungen auftreten. Vor allem im frontobasalen Bereich gibt es deutliche Veränderungen der Rinde. Nach 4 Schocks haben diese Prozesse deutlich zugenommen. Zahlreiche Nervenzellnekrosen in der III. und V. Rindenschicht treten auf. Nach 10 Schocks finden sich frontal sowie abnehmend temporal-parietal schwerste Veränderungen in allen Rindengebieten. Die nicht vom Stromdurchlauf betroffenen Gebiete sind unverändert. Andere Schockverfahren, *Sommer* untersucht dies am Cardiazolschock, führen ebenfalls zu Hirnschädigungen. Dies gilt auch für die Vergabe des Neuroleptikums Chlorpromazin.

Sommer faßt zusammen: *„Durch den gewebeschädigenden Faktor werden zur Zeit noch in der Psychiatrie therapiebedingte hirnorganische Defektzustände geschaffen, die Besserungen oder sogenannte Heilungen vortäuschen"* (S. 106).

Neuroleptika: Neuroleptika sind chemische Mittel, die zur Dämpfung unruhiger Menschen mit psychiatrischen Diagnosen verwendet werden. Sie sind zur Zeit *das* psychiatrische Mittel der Wahl, wurden und werden bei Millionen von Menschen verwendet. Die beiden wichtigsten, *Chlorpromazin* und *Haloperidol* (Haldol), werden von der WHO in der Liste der unentbehrlichen Mittel aufgezählt (*Finzen* 1981, S. 16). Dies ändert nichts an der Tatsache, daß ihr Gebrauch und Dauergebrauch zu schweren Schädigungen führt. Auf einige Aspekte bin ich bereits oben eingegangen (8.4.1). Einen gründlichen Überblick über die Wirkungen liefert *Lehmann* (1986). Bei ihrem Dauergebrauch ist physiologisch von *Hirnschädigungen* und psychologisch von *Persönlichkeitsstörungen* auszugehen (schwere Gedächtnisstörungen, Gemütsstörungen, Zerfall und Entdifferenzierung der intellektuellen Leistungsfähigkeit).

Als letztes gehe ich auf die Struktur der *modernen psychologischen Foltermethoden* ein. Wer dies im hier diskutierten Kontext für abstrus hält, wird sehr bald feststellen, daß dort psychologische Methoden der Verhaltenskontrolle in extremer Weise angewendet werden, deren Bestandteile sich in zahlreichen psychotherapeutischen Strategien der Gegenwart ausmachen lassen. So ist die systematische Demütigung ein Bestandteil verschiedener Drogen- und Alkoholikerbehandlungen, die Herstellung von Double-bind-Situationen Kern der sog. „Festhaltetherapie" (vgl. Themenheft „Haltetherapie" der Zeitschrift Behindertenpädagogik, 1988). Verhaltenstherapeutische Ansätze (vgl. unsere Analyse zur Anorexia nervosa, *v. Hebel* u. a. 1986) arbeiten mit Kombinationen von extremer Isolation, Demütigung und totaler Kontrolle; Gruppentherapien arbeiten mit Frustration und Verweigerung therapeutischer Unterstützung, um die bisherigen Haltungen von Patient/innen erst zu zerstören, bevor neue aufgebaut werden (vgl. z. B. die Dynamisch intendierte Gruppentherapie; *Höck* 1981, Psychotherapieberichte 1981–1985). Und nicht zuletzt ist die Strategie, den Willen zu brechen, ein Bestandteil der gesamten „schwarzen Pädagogik".

Keller (1981) stellt bei einer Untersuchung der *Entwicklung der Foltertechniken* fest, daß es in Chile in den Jahren 1973 bis 1976 eine deutliche Verschiebung von brutaler physischer Folter über selektive physische Folter zu psychischen Folterungen ergeben hat (S. 40f.). Dort wiederum ist eine Verschiebung von traditionellen Techniken (z.B. Schein-Erschießungen, Demütigung, Isolation) zu verfeinerten Techniken festzustellen (auf Basis der Psychoanalyse, Doppelbindung, Hypnose usw.). Er unterscheidet insgesamt *fünf Gruppen von Techniken*, die in der Regel kombiniert angewendet werden.

1. *Deprivationstechniken* (z.B. Sinnesreizung, Schlaf, Nahrung);
2. *Hypnosetechniken* (die allerdings nur unter bestimmten Bedingungen Erfolg haben);
3. *Interaktionstechniken* (z.B. die Inszenierung von Sozialbeziehungen nach Drehbuch, Aufteilung der Rolle der Folterer in aggressive und verständnisvolle);
4. *Interviewtechniken* (Befragungen im sozialen Kontext und Anwendung dieses Wissens, vgl. die Situation des falschen Vaters; Bd. 1, S. 275 f.);
5. *Kommunikationstechniken* (hohes Maß an double bind: z.B. eine rauhe Kapuze über den Kopf bei gleichzeitig freundlicher Gesprächsführung).

„Wie schmerzvoll die double-bind-Folter ist, belegt die Aussage, daß man eine physische Folter eher zu ertragen bereit wäre. Hier weiß das Folteropfer wenigstens, woran es ist. Im Falle systematischer double-bind-Kommunikation fällt es dem Gefangenen schwer, Abwehrmechanismen zu bilden. Er weiß nicht, ob er den Folterer hassen soll; ob er ihn fürchten soll. Er ist gefangen in einem Netzwerk von Zweideutigkeiten und wird dabei immer ohnmächtiger" (S. 49).

Die *Wirkungen der Folter* sind ähnliche wie die der *KZ-Haft*. Den zugrunde liegenden Mechanismus psychopathologischer Syndrombildung durch isolierende Bedingungen habe ich bereits in Kapitel 6 ausführlich erörtert. Zu Verhaltensänderungen kommt es dabei in den meisten Fällen; sie sind mit schweren Schädigungen der Persönlichkeit erkauft. *Keller* (1981) faßt u.a. folgende kurzfristigen und längerfristigen Wirkungen von Folter und KZ-Haft zusammen (vgl. auch *FIR* 1973, *Krystal* 1968, *Matussek* 1971, *Niederland* 1980).

Kurzfristige Wirkungen (Post-KZ-Syndrom):
  Unspezifische Nervosität, reizbare Überaktivität, Depressionen, Erschütterungsreaktionen, psychosomatische Syndrome aller Organsysteme. Die „innerpsychischen Repräsentanten der Folter sind noch so aktiv und virulent, daß sie den Gefolterten auch weiterhin heimsuchen" (*Keller* 1981, S. 64); d.h. es haben sich noch keine wirksamen psychischen Abwehrmechanismen herausgebildet.

Langfristige Wirkungen:
  Nervosität, Gedächtnisschwäche, dysphorische Verstimmung, Gefühlslabilität und Angst sind die häufigsten Störungen. Hinzu kommen Insuffizienzgefühle, Antriebsschwäche, Kopfschmerzen und vegetative Beschwerden.

Aus der Sicht des Überlebenden faßt Jean *Améry* (1977, zitiert nach *Keller* 1981, S. 68) zusammen:
  „Wer der Folter erlag, kann nicht mehr heimisch werden in dieser Welt. Die Schmach der Vernichtung läßt sich nicht austilgen. Das zum Teil schon mit dem ersten Schlag, in vollem Umfang aber schließlich in der Tortur eingestürzte Weltvertrauen wird nicht wiedergewonnen. Daß der Mitmensch als Gegenmensch erfahren wurde, bleibt als gestauter Schrecken im Gefolterten liegen: Darüber blickt keiner hinaus in eine Welt, in der das Prinzip Hoffnung herrscht".

  Durch die internationale Aufarbeitung der Folgen von KZ-Haft, insbesondere durch die Medizinischen Kongresse der Internationalen Widerstandskämpfervereinigung (FIR), können wir uns aus der Sicht der Betroffenen ein Bild von den Folgen von Folter und KZ-Haft machen. Das Resultat wird von *Niederland* (1980) zu Recht als „*Seelen-*

mord" zusammengefaßt. Wo aber sind die Berichte über die durch psychiatrische Gewaltverfahren wie Psychochirurgie, Elektroschock, jahrzehntelange Asylierung und/oder Anwendung von Neuroleptika gemordeten Seelen? Nur wenige können noch reden, aber die Erfahrungen und Gefühle sind vergleichbar (vgl. z.B. *Pape* 1981, 1984, 1986).

Um so wichtiger ist es, die uns in dieser Hinsicht vorliegende subjektive Sicht der Wirkung von Verhaltenskontrolle, Terror und Gewalt aufzuarbeiten und zu verallgemeinern. Dies bedeutet vor allem, zwei Fragen zu stellen: (1) *Was ist aus subjektiver Sicht das Gemeinsame der unterschiedlichen schweren Isolationserfahrungen?* Und (2): *Wie muß eine Therapie beschaffen sein, die hier Hilfe zu leisten vermag?* Mit der Beantwortung dieser Fragen gehe ich über zur Bestimmung von Therapie im positiven Sinne. Mit Bruno *Bettelheim* (1986; vorangestelltes Motto) sehe ich den Kern dieser positiven Bestimmung in *Freuds* Bemerkung in einem Brief an C.G. Jung: *„Psychoanalyse ist eigentlich eine Heilung durch Liebe".* Und mit *Bettelheim* (1970) bin ich zugleich der Meinung *„Liebe allein genügt nicht".*

12.4.2 Therapie als heilender Dialog

Bruno *Bettelheim* ist einer der ersten Wissenschaftler, der sich zur psychischen Verarbeitung traumatischer Erfahrungen der KZ-Insassen geäußert hat. Er konnte dies mit doppelter Kompetenz tun. Zum einen als Psychoanalytiker und zum anderen als Betroffener, der 1938/39 ein Jahr in den KZs Dachau und Buchenwald interniert war. Auf der Basis der Erfahrung dieser schweren Traumatisierung und der systematischen Registrierung des Verhaltens seiner Mithäftlinge beschrieb er nicht nur (m.W. als erster) den psychologischen Kern des sog. KZ-Syndroms (1985, S. 58ff.); er arbeitete in späteren Arbeiten darüber hinaus deutliche Gemeinsamkeiten mit der Situation psychotischer Kinder heraus, indem er die *Schizophrenie als Reaktion auf Extremsituationen* begriff (ebd., S. 126ff.). Zwar darf man zwischen psychotischen Kindern und KZ-Häftlingen die Unterschiede nicht außer acht lassen, „doch hindert das nicht, daß die emotionalen Reaktionen der beiden auf äußerlich völlig unterschiedliche Situationen eine erstaunliche Ähnlichkeit aufweisen" (S. 131).

Als Kern sieht er eine psychische Situation, die er wie folgt beschreibt: *„Der Mensch war machtlos, ganz und gar ohnmächtig. Am bezeichnendsten an dieser Situation war ihre Unausweichlichkeit, ihre ungewisse Dauer (mit der Aussicht, ein ganzes Leben zu dauern), die Tatsache, daß nichts an ihr vorhersagbar war, daß das Leben des Betroffenen in jedem Augenblick bedroht war und daß dieser nichts dagegen unternehmen konnte"* (ebd., S. 129).

Entsprechend braucht das kleine Kind, um eine Kindheitspsychose zu entwickeln, „nur überzeugt zu sein, daß sein Leben von gefühllosen, irrationalen und übergewaltigen Mächten bestimmt wird, die seine Existenz total kontrollieren und ihr nicht den geringsten Wert beimessen" (S. 131).

Er hält fest (*Bettelheim* und *Karlin* 1988): *„Zwischen uns und den Geisteskranken besteht kein so großer Unterschied. Wir haben alle die gleichen Probleme, wir machen alle die gleichen Schwierigkeiten durch. Der Unterschied ist, daß ein normaler Mensch hofft, diese Schwierigkeiten überwinden zu können, und er ist überzeugt, daß es wieder besser wird, daß er Menschen finden wird, die ihm helfen, daß er Freundschaft geben und Liebe* *empfangen kann; der Geisteskranke ist dagegen überzeugt, daß dies alles für ihn nicht gilt. Das ist aber auch der einzige Unterschied, und das seltsame Verhalten ist nur seine Reaktion auf dieses Gefühl, sich völlig außerhalb der Welt zu befinden"* (S. 45). *„Wird der Mensch in eine derartige Extremsituation hineingezwungen, so vergiftet diese Erfahrung ein für allemal sein altes Leben und seine alte Persönlichkeit"* (1985, S. 138).

Dieses Verhalten und das dahinter stehende Selbstbild kann geändert werden, ein *Neuanfang* ist möglich, wenn bedürfnisbefriedigende Personen den ganzen Tag vorhanden sind und eine generelle Toleranz gegenüber dem Kind praktiziert wird. Dies ermöglicht es auch, der Gefahr zu begegnen, „daß andere physisch geschädigt werden" und zwanghafte Beschäftigungen sexueller oder auch anderer Art in Grenzen zu halten (S. 137). Entsprechende Eingriffstechniken, die ohne das geringste Maß an unnötiger Gewalt stattfinden und in Beziehungssituationen aufgelöst werden müssen, haben insbesondere *Redl* und *Wineman* (1986a) beschrieben (vgl. auch *Jantzen* und *v. Salzen* 1986, Kap. 4). Unter diesen Bedingungen können die *Symptome abgelegt* werden. Dies bedeutet aber noch keine Heilung, sondern im Mittelpunkt steht jetzt die schmerzliche Trennung des Kindes von den Menschen, die als Kern seiner Neugeburt überwunden werden muß: *„Gesundsein heißt, daß man überzeugt ist – im Innersten überzeugt ist und nicht bloß verbal –, daß man tatsächlich etwas wert ist, mit all den Grenzen, die wir alle haben. Daß man aber trotz allem, trotz der eigenen Vergangenheit überzeugt ist, wirklich etwas wert zu sein!"* (*Bettelheim* und *Karlin* 1988, S. 120).

Im Kernpunkt von Therapie steht demnach die *Wiederherstellung der Würde und Verantwortung des Subjekts*, wobei an letzter Stelle des Heilungsprozesses die Verantwortung für sich selbst wieder übernommen werden kann, indem über Bindung und Dialog wieder Vertrauen in andere Menschen und damit schließlich in sich selbst gewonnen wird. Dieser Prozeß ist z. T. von großer Dramatik (im Unterschied zu Isolationskrisen könnte man auch von Rückkehrkrisen sprechen), denn die Erwartung, daß ich, weil ich einmal extrem verletzt worden bin, es wieder werden könnte, verbunden mit der Suche nach Gründen in mir selbst, muß aufgegeben werden. Damit wird aber das Risiko eingegangen, ein zweites Mal in meinem guten, naiven Glauben zerbrochen und endgültig zerstört zu werden. In dieser Erfahrung und diesen Erwartungen liegt m. E. die Quelle des *Widerstandes* im therapeutischen Prozeß (vgl. *Freud* 1977, S. 36ff.).

Bevor ich auf die damit verbundenen Probleme des therapeutischen Prozesses, insbesondere das Problem von Übertragung und Gegenübertragung, eingehe, will ich in Behandlung der Frage: Wie muß eine Therapie beschaffen sein, die auch bei schweren Störungern Hilfe zu leisten vermag? die Erfahrungen des *Zentrums für Folteropfer in Kopenhagen* wiedergeben (*Kastrup* u.a., 1986).

Kastrup u. a. berichten über die Rehabilitationserfahrungen bei insgesamt 35 Patienten innerhalb von 2½ Jahren. Die psychische Situation entspricht den oben wiedergegebenen posttraumatischen Folgen: „Müdigkeit, Gereiztheit, Initiativlosigkeit, Schwächung des Konzentrations- und Erinnerungsvermögens, sexuelle Probleme – oft mit Impotenz –, Schwindelanfälle, Schlafschwierigkeiten, Albträume, Rastlosigkeit, sozialer Rückzug, Angstanfälle, Neigung zu Depressionen, Schuldgefühle und Wahntendenzen" (S. 162).

Folgende *Prinzipien* wurden bei der Behandlung beachtet:

(1) „Gleichzeitiger Beginn der physischen und psychischen Behandlung; die beiden Behandlungen sind untrennbar".

(2) „Die Behandlung soll nicht nur den Opfern, sondern auch ihren Ehegefährten und Kindern angeboten werden".

(3) „Behandlungsmethoden, die in irgendeiner Weise an die Foltersituation erinnern können, sollen vermieden werden" (S. 164).

Angeboten wurden: psychotherapeutische Behandlung; somatische Spezialbehandlung (u. a. chirurgisch; entsprechend den erlittenen Traumen); physiotherapeutische Behandlung; zahnärztliche Behandlung; Beratung durch Sozialarbeiter; kinderärztliche Behandlung bei Familien mit Kindern.

Im Behandlungsprozeß gab es *drei Phasen:*

(1) *Kognitiv:* Das Geschehene wird begreifbar.
(2) *Emotional:* „Die am stärksten traumatisierenden Erlebnisse" werden rekonstruiert „und das Opfer wird dadurch mit mehr oder weniger unterdrückten Erlebnissen in Kontakt gebracht. Der Kontakt des Opfers mit den eigenen Gefühlen macht es möglich, dem Opfer ein Verständnis des eigenen Verhaltens beizubringen und in Verbindung hiermit die Gefühle erkennen zu lassen, die während der Folter nicht zum Ausdruck gebracht werden konnten, obwohl sie vorhanden waren – insbesondere aggressive Gefühle".
(3) *Handlungsorientiert:* Der circulus vitiosus soll gebrochen werden und das Opfer dahin gebracht werden „daß es einen Ausweg aus seiner festgefahrenen Situation" sieht (S. 165).

Als *zentrales Problem* der Therapie wird die *Angst* betrachtet. „Hinter ihr liegt das Gefühl des Opfers, weder sich selbst noch die eigenen Reaktionen wiederzuerkennen". Die schlimmsten Traumen tauchen daher erst wieder in der Erinnerung auf, wenn sich das Opfer schon eine gewisse Zeit in Behandlung befunden hat. „Viele Opfer haben zum Ausdruck gebracht, daß sie sich während der Folter unglaublich gedemütigt gefühlt haben, vor allen Dingen sexuell, und sich nicht hatten vorstellen können, daß sie je imstande sein würden, über das Erlebte zu sprechen. Es ist daher wichtig, diese Demütigungen bis ins Detail zu diskutieren, um damit dem Opfer dafür Verständnis beizubringen, daß weniger das Opfer selbst als vielmehr diejenigen, die die Folter ausgeübt haben, dadurch degradiert worden sind" (S. 166).

In dieser Methode stecken m. E. mehrere Aspekte, die wesentliche *Grundbestandteile jedes therapeutischen Prozesses* zu sein hätten:

(1) die *Allseitigkeit der Behandlung;*
(2) die Orientierung daran, *Aspekte der traumatisierenden Situation* in der Therapie *nicht zu wiederholen* (dies bedeutet m. E. den Verzicht auf jegliche Formen von Zwang, außer zum unmittelbaren Schutz von Leben und körperlicher Unversehrtheit des Betroffenen sowie anderer Personen);
(3) das *Aufspüren der schlimmsten und am meisten demütigenden Erlebnisse* und die Gewährleistung ihres (dramatischen) *emotionalen Neuerlebens* und damit Begreifens;
(4) die systematische *Unterstützung bei der Rückgewinnung einer eigenen Lebensperspektive.*

Fragen wir nun nach *psychotherapeutischen Ansätzen*, die im Sinne einer basalen bzw.

allgemeinen Psychotherapie Kern eines Prozesses werden könnten, in dem Gesundheit wiederhergestellt wird, so stoßen wir auf eine ähnlich *verwirrende Vielfalt* von Überlegungen auf den unterschiedlichsten Ebenen wie in der Pädagogik. Neben Überlegungen zu Grundbegriffen und Grundzusammenhängen (Erziehung und Bildung, Dialog, Kooperation usw., Gesundheit, Krankheit und Therapie) finden wir solche zum grundliegenden Wechselverhältnis von Therapeut und Patient bzw. zur wechselseitigen Erschließung durch den Pädagogen (Ebene der Didaktik), zur Unterrichtssituation bzw. therapeutischen Situation und schließlich zu Unterrichtsmethoden bzw. Therapiemethoden (vgl. Abb. 41).

Neben Erörterungen in Grundfragen gibt es die bloße Anwendung von Techniken und neben seriöser Arbeit gibt es Demagogie und das Schüren von Heilserwartungen in einem *„Psychokult"*. So zählt *Bopp* (1985) für 1978 bei den „klassischen Verfahren" 15 tiefenpsychologische, 14 verhaltenstherapeutische, 12 erlebnisorientierte und 5 kommunikationsorientierte Schulen sowie ca. 200 weitere Organisationen. Ich gehe davon aus, daß in nahezu allen diesen Ansätzen ein Stück Realität steckt, aber daß je weniger die grundsätzlichen Fragen des Menschenbildes und des Gesundheits- wie Therapiebegriffs sowie der systematischen Haltung der Therapeut/innen geklärt sind, um so eher sich Verhaltenskontrolle und Wiederherstellung von Wohlbefinden in kaum noch durchschaubaren Netzen wechselseitiger Abhängigkeit herstellen. „Erlösungswünsche, Erlösungsversprechen und die Neigung, eine Therapie nach der anderen zu durchlaufen, bedingen sich gegenseitig" (*Bopp* 1985, S. 39).

Es ist gänzlich aussichtslos, dieses Gewirr zu lichten. Der einzige Weg ist die systematische Gewinnung theoretischer Abstraktionen, um auf diese Weise Stück für Stück den Kern einer humanen Konzeption von Psychotherapie als allgemeiner Therapie freizulegen. Obwohl alle großen Psychotherapierichtungen (Psychoanalyse, Gesprächspsychotherapie, Verhaltenstherapie, Gestalttherapie) nicht frei von Zwang, Manipulation und Psychotechnik sind, gibt es in ihnen jeweils deutliche Teile, die sich gegen derartige Verfahren aussprechen. So hebt *Beaumont* (1986, S. 31) für die Gestalttherapie hervor: „Der Therapeut muß in der Lage sein, eine intensive und persönliche Beziehung aufrechtzuerhalten" (vgl. auch *Walter* 1985). Die Gesprächspsychotherapie im Sinne *Rogers* betont von jeher stärker diese Seite. Im Mittelpunkt steht hier, die subjektive Welt des Klienten in dessen Bezugsrahmen zu verstehen. Hervorgehoben werden als Kern des Therapeutenverhaltens einfühlendes Verständnis (Empathie), unbedingte Wertschätzung sowie Kongruenz, d.h. Echtheit (vgl. *Rogers* u.a. 1975). *Hauptproblem ist zunehmend weniger die Ausbildung in Techniken als die „Ausbildung der Persönlichkeit des Therapeuten"* (*Lasogga* 1986, S. 47).

Das Problem des *Menschenbildes* des Therapeuten (vgl. Kap. 9) tritt damit zunehmend deutlicher in den Vordergrund. Wie soll der Therapeut sich aber adäquat und wertschätzend sowie unterstützend verhalten, wenn er nicht versteht, was der Patient tut? Und: Wie soll er adäquat handeln, wenn er nicht zugleich den Prozeß seines Handelns selbst und der Beziehungen, die er hierbei – bewußt und unbewußt – eingeht, bearbeiten und begreifen kann? Zur ersten Frage haben sowohl die Verhaltenstherapie (vgl. zur Einführung *Baade* u.a. 1984) als auch die Psychoanalyse differenzierte Annahmen über Entstehung und Abbau von Störungsprozessen vorgelegt. Auf beides gehe ich hier nicht mehr ein, da eine Theorie der Störungsprozesse oben bereits umfassend entwickelt wurde. Um so wichtiger ist aber die Behandlung der zweiten Frage, die die Historizität des Therapeuten selbst in den Mittelpunkt unserer Überlegungen stellt.

Diese Frage wurde von mir mit *Buber*s Forderung nach Dialogfähigkeit und Askese des Pädagogen bereits angesprochen, trat aber in der Behandlung des Bildungsprozesses als Prozeß wechselseitiger Erschließung (kategoriale Bildung) wieder in den Hintergrund. Betrachten wir das Wesen des therapeutischen Prozesses, so tritt neben die Erschließung der Klienten für ihre Lebenswelt und der Lebenswelt für sie selbst eine *Erschließung des Therapeuten für den/die Klienten*. An ihm erleben sie modellhaft die „emotionale Beziehung mit einem Partner ..., der sich ganz anders verhält als alle Partner des Patienten bisher und sonst" (*Fürstenau* 1977, S. 849).

Wie eine solche Tätigkeit des Therapeuten zu begreifen ist, die ein Prozeß permanenter Selbstveränderung zu sein hätte, ein Prozeß, der im Dialog, in der Beziehung stattfindet (vgl. *Bauriedl* 1980), dies kann m.E. anhand der psychoanalytischen Diskussion von Übertragung und Gegenübertragung am besten herausgearbeitet werden. Mit diesen Begriffen wird die Tatsache beschrieben, daß in der psychotherapeutischen Beziehung, bezogen auf den je anderen, Sinnbildung, Bindung und gegenständliche Gefühle entstehen.

In der psychoanalytischen Diskussion stand zunächst die Diskussion der *Übertragung* im Vordergrund, d.h. der vom Patienten auf den Therapeuten gerichteten Gefühle (Objektbesetzung). Es wurde angenommen (*Freud* 1977, S. 33), daß es sich hier um eine *Wiederholung von Gefühlen* insbesondere zu den Eltern handelt, die zugleich die *Ambivalenz* der damaligen Gefühle wiederholen. Diese Übertragung schaffe dem Analytiker zum einen die Möglichkeit der Nacherziehung, wobei er grundsätzlich die Eigenart des Patienten zu respektieren habe. Zum anderen liege in ihrer Ambivalenz die Gefahr, daß bei Überwiegen der negativen Anteile die Behandlung abgebrochen werde. Solche Anteile entstehen durch das Nichtgewähren von Bedürfnissen. Der Analytiker kann und darf nicht alle Beziehungswünsche des Patienten (nicht nur sexueller Art, sondern auch Wünsche wie Bevorzugung, Intimität) erfüllen.

Ziel der Behandlung müsse es unter anderem sein, die Natur dieser Gefühle zu erfassen und durch den Prozeß der Rekonstruktion in der Analyse Stück für Stück ebenso unbewußte Anteile des Es aufzuarbeiten wie aus dem Über-Ich stammende Schuldgefühle. Aus der *Verdrängung* wie aus den *Schuldgefühlen* bestehe der *Kern des Widerstands*, der der psychoanalytischen Arbeit entgegengesetzt werde. Dieser Widerstand bediene sich vor allem der Übertragung. Deshalb ist es notwendig, daß der Analytiker (1) darauf hinwirkt, „weder die Verliebtheit noch die Feindseligkeit eine extreme Höhe erreichen" zu lassen (*Freud* 1977, S. 35), und (2) mit seinen Konstruktionen stufenweise dem Patienten Selbsterkenntis ermöglicht. „In der Regel verzögern wir die Mitteilung einer Konstruktion, die Aufklärung, bis er sich derselben so weit genähert hat, daß ihm nur ein Schritt, allerdings die entscheidende Synthese, zu tun übrig bleibt" (ebd., S. 36).

Dies geschieht in einer „Beziehung der Nichtbeziehung" (*Fürstenau* 1977, S. 852), in der der Patient in der Analyse dem Analytiker als wesentliches Material seine Assoziationen mitteilt.

Übertragung ist daher ein Mechanismus der Objektbesetzung (Realisierung von Sinn über Bindung und gegenständliche Gefühle), in dem Vergangenheit und Gegenwart verwechselt werden, sich noch unreife emotionale Beziehungen ausdrücken, die in der Analyse auf höheres Niveau entwickelt werden müssen (zum Ablauf vgl. *Fürstenau*s Darstellung der Verlaufsstruktur; 1977, S. 857ff.).

Nach *Greenson* bedeutet Übertragung (1966, S. 82, zit. nach *Hämmerling-Balzert* 1978, S. 1891) „das Erleben von Gefühlen, Trieben, Haltungen, Phantasien und Abwehrmechanismen gegenüber einem Menschen in der Gegenwart, die der gegenwärtigen Beziehung zu dieser Person unangemessen sind und eine Wiederholung, eine Verschiebung von Reaktionen darstellen, die von wichtigen Personen der frühen Kindheit herrühren".

Analysieren wir diesen Gedanken auf dem Hintergrund unserer bisherigen Erörterungen. Der dem Prozeß der Übertragung zugrunde liegende Gedanke findet sich bereits in *Spinoza*s „Ethik" (1987; 3. Teil, 16. Lehrsatz). Dort heißt es: „Deshalb allein schon, weil wir uns vorstellen, daß ein Ding irgendeine Ähnlichkeit mit einem Gegenstand hat, welcher den Geist mit Lust oder Unlust zu erregen pflegt, werden wir dasselbe lieben oder hassen, auch wenn das, worin das Ding dem Gegenstande ähnlich ist, nicht die wirkende Ursache dieser Affekte ist" (S. 150).

In der Psychotherapie (die ich jetzt nur noch im positiven Sinne untersuche) wird die Art und Weise, wie mit Symptomatik, Geschichte und Person der Patienten umgegangen wird, als Ernstnehmen der eigenen Person wahrgenommen. Über die Beschäftigung mit der Sache erfolgt die Öffnung für den *Dialog*. Und indem ich mich (als Patient) für den Dialog öffne, kehren meine guten Erfahrungen wie Kränkungen in gelungenen wie mißlungenen dialogischen Beziehungen als Hoffnungen und Befürchtungen wieder. Sie bestimmen meine Gefühle gegenüber dem Psychotherapeuten. Dabei ist zu beachten, daß ich (als Patient) Abwehrmechanismen gegen das Wiedererleben der isolierenden und kränkenden Situationen ausgebildet habe. Ich bin also, insofern ich mich im Dialog für eine Beziehung öffne, in einer *ambivalenten Situation* gegenüber dem Psychotherapeuten. Ich öffne mich ihm und habe zugleich Angst, daß sich in ihm die Versagungen wiederholen, die ich früher erfahren habe. Und zudem weiß ich nicht, wo der Ausgangspunkt meiner Ängste ist, da ich diesen (innere Reproduktion der Isolation, Sinnbildung unter isolierenden Bedingungen als Ausbildung von Stereotypen; vgl. Kap. 6) im Sinne der Angstkontrolle durch Abwehrmechanismen gegenbesetzen mußte.

Wichtig ist es an dieser Stelle, eine Mystifikation im psychoanalytischen Denken zu kritisieren. Die Auffassung von Übertragung als Neuaufgreifen der gegenüber meinen Eltern entwickelten Gefühle trifft nur die Erscheinungsebene. Auf der Ebene wesentlicher Zusammenhänge geht es um die (Neu-)Konstitution des Gattungssubjektes in mir, die in meiner Geschichte nicht realisiert, verweigert wurde. Die wirkliche Urache ist nicht die Verweigerung der Beziehung durch meine Eltern, die wirkliche Ursache ist die *Verweigerung einer menschlichen Beziehung*, die ich in Form der Wiederholung meiner früheren Hoffnungen (die gegenständlich auf die Eltern gerichtet waren) jetzt bei dem Analytiker suche. Aus dieser Verweigerung resultiert die Regression in der Übertragung, die genauso Symptom ist wie der Widerstand oder die Abwehr. „Dynamisch gesehen haben sie alle den Zweck, Angst zu vermeiden", so *Bauriedl* (1980, S. 199), und, so wäre hinzuzufügen, *dialogische Beziehungen* zu suchen. *Um diese finden zu können, muß ich meine Angst verlieren, um meine Angst verlieren zu können, muß ich diese Beziehungen finden.* Dies ist der Widerspruch, den Psychotherapie zu lösen hat.

Da ich (als Patient) selbst mit individuellen Mitteln die graduelle Anpassung an die Isolation erreicht bzw. die Isolationskrise überwunden habe, kann mir als Kern meiner komplizierten Situation nicht die Bindungsunfähigkeit der anderen, d.h. meine Stigmatisierung und Zurückweisung durch sie erscheinen. Wäre dies der Fall, hätte ich die Situation bewältigen und verarbeiten können. Von meinem Standpunkt her, der ich mit individuellen Mitteln erneut Sinn gebildet habe (Stereotyp; vgl. Kap. 6), nachdem mir die sozialen Mittel verweigert wurden, muß ich *je mich als Ausgangspunkt der mißlin-*

328

genden Beziehungen betrachten. Dies bringt meine Schuldgefühle hervor, auf deren Basis Widerstand gegen Veränderung geleistet wird. (Zum Mechanismus dieses Aufbaus vgl. *Bettelheims* Aufarbeitung der psychischen Bedingungen des Überlebens von KZ-Haft; 1985, S. 58ff.).

Die psychoanalytische Situation bringt den Patienten damit in eine ambivalente Situation. Einerseits tauchen neue Bedürfnisse nach Nähe, Zuwendung, Intimität auf, die sich am Analytiker festmachen müssen. Er ist die Person, der dies durch die Methode der freien Assoziation gestattet. Zum anderen entstehen Schuldgefühle, sich selbst als Ausgangspunkt der Kommunikations- und Beziehungsunfähigkeit zu sehen. Diese können nur überwunden werden, indem in der Analyse Stück für Stück die inhaltlichen Rekonstruktionen angenommen und übernommen sowie im realen Leben Arbeits- und Liebesfähigkeit wiedergewonnen werden können. Da letzteres aber nicht Thema der Analyse im klassischen Sinne ist, sozusagen dem Selbstlauf überlassen bleibt, entsteht eine dauernde ambivalente und labile Situation. In ihr bleibt der Patient letztlich in seiner Selbstwahrnehmung beziehungsunfähig (die Beziehungsfähigkeit erlangt er nur in der äußeren Situation zurück), da der Analytiker ihm durch die „Beziehung der Nichtbeziehung" nichts anderes gestattet. Dadurch bleibt die psychoanalytische Situation in einer dauernden *Durchmischung von Gefühlsentwicklung und Trennungserfahrung*, d.h. ambivalent. Überwiegt weder die eine noch die andere Seite bei dieser Gratwanderung, so kann Nachreifung stattfinden.

So gut diese Mechanismen bei *Freud* bereits dargelegt und analysiert sind, so bleibt doch die Frage nach effektiveren Alternativen und nach der genaueren Bestimmung von „Beziehung". Ist die „Beziehung der Nichtbeziehung" tatsächlich die einzig mögliche im psychotherapeutischen Prozeß bzw. gibt es sie überhaupt? Und liegt nicht an dieser Stelle ein Mangel der Psychoanalyse, vergleichbar zu anders gelagerten Mängeln bei anderen Therapieverfahren, der es bewirkt, daß sie genausoviel oder -sowenig erfolgreich ist wie andere Verfahren? Aufgeworfen ist die Frage nach der *Beziehungsfähigkeit des Analytikers*, der sich in diesem Verhältnis weit eher durch Askese als durch Dialog auszeichnet. Die Gegenseitigkeit und damit die Ausschließlichkeit und Vergegenwärtigung im Sinne *Bubers* (s.o. Kap. 10.1) bleiben durch die Haltung des Analytikers weitgehend ausgeschlossen, während sie z.B. in der Gesprächspsychotherapie oder in der Gestalttherapie im Sinne von *Perls* weitaus stärker zu finden sind. Dort erfolgt freilich der weitgehende Verzicht auf die Dimension der Geschichtlichkeit des Patienten.

In dieser Frage führt uns die Diskussion über die Problematik der *Gegenübertragung* weiter. Gegenübertragung findet in allen Verhaltenswissenschaften statt. „*Ein* strategisches Phänomen ist jedoch in der Psychoanalyse gut bekannt, wenn nicht berüchtigt. Wenn bzw. soweit der Analytiker aus eigener ihm unbewußter Bedürftigkeit von dem Patienten(system) in bestimmter Weise abhängig ist, ist er nicht mehr frei, mit dem Widerstand des Patienten(systems) optimal psychoanalytisch-strategisch umzugehen (‚Übertragung' des Analytikers auf den Analysanden, unbewußter defensiver ‚Pakt' zwischen dem Analytiker und dem Analysanden)" (*Fürstenau* 1977, S. 855). Wenn der Psychoanalytiker diese Gegenübertragungsreaktionen nicht erkennt, besteht die Gefahr, daß er „seine Haltung neutraler freischwebender Aufmerksamkeit aufgibt und agiert anstatt zu interagieren" (*Hämmerling-Balzert* 1978, S. 1893).

Voraussetzung der Interaktion des Psychoanalytikers mit dem Patienten im klassischen Sinne ist es, im Sinne der *Abstinenzregel* zu interagieren. „Dies setzt eine Distanzierung von den üblichen Formen selbstverständlich gelebten Lebens voraus. Die Absetzung geschieht dadurch, daß der Analytiker mit Ausnahme der Vereinbarungen über die

Analyse nicht im Sinne des Alltagslebens mit dem Patienten interagiert und auf ihn reagiert" (*Fürstenau* 1977, S. 852). Die Geschichte der Psychoanalyse zeigt, daß diese Regel zwar durchgängig postuliert, aber häufig gebrochen wurde. Etliche prominente Psychoanalytiker heirateten ehemalige Patientinnen, sexuelle Beziehungen zwischen Therapeut und Klientinnen kommen in der Psychoanalyse genau so vor wie in anderen Therapien (vgl. *Chesler* 1974, Kap. 5).

Eine andere Seite dieser Abstinenzhaltung, dies decken die zunehmenden Forschungen zur Gegenübertragung auf, sind elitäre (und manchmal auch ausgesprochen zynische) Haltungen gegenüber den Patienten. So stellt *Beckmann* (1988) bei der Erforschung von Gegenübertragungsmechanismen fest, „daß alle untersuchten Analytiker mehr oder weniger mit phobischen Abwehrphantasien identifiziert sind, indem sie sich entweder narzistisch gegen Normalkontakte absichern oder depressiv an Normalkontakten leiden. Die phobische Absicherung ist generalisiert, da sie einerseits Schutz gegen Kontakte bietet und andererseits die Empathie mit Patienten sichert, die schließlich bis zu ihrem Analytiker durchdringen". Dies sind aber nur leidlich aktive Patienten (S. 239f.).

Erst in jüngster Zeit wird anerkannt, daß „*im Rahmen der therapeutischen Rollenaufteilung auch eine natürliche und persönliche Beziehung von der Seite des Therapeuten eine Grundbedingung des therapeutischen Prozesses ist*" (*Bräutigam* 1988, S. 173). Je mehr die Psychoanalyse ihr klassisches Setting verläßt, desto eher ändert sich ihre Haltung in diesen Fragen.

So ist es sicherlich nicht zufällig, daß eine besonders entwickelte Position im Rahmen der psychoanalytischen Familientherapie vertreten wird. In ihrem Buch „Beziehungsanalyse" geht Thea *Bauriedl* (1980) von einer *positiven Bestimmung des Abstinenzbegriffes* aus. Abstinenz bedeutet „*Sich-nicht-verwenden-lassen-und-den-anderen-nicht-verwenden*" (S. 52). Man könnte m. E. auch davon sprechen, daß aus der Distanz Nähe gehalten wird. Bei fehlender Abstinenz einigen sich die beiden Beziehungspartner z. B. auf die gemeinsame Spielregel, daß „*den-anderen-verstehen*" gleichgesetzt werden soll mit „*tun-was-der-andere-will*" (S. 53). In dieser Bestimmung von Abstinenz, die in vollem Einklang mit *Buber*s Analyse der dialogischen Situation steht, sind Deutungen das, was in der Beziehung Bedeutung gewinnt (ebd.). Dies setzt die Fähigkeit des Analytikers voraus, „sich selbst in Beziehungen zu erleben" (S. 56). Abstinenz üben bedeutet dabei, sich gegen die folgenden Gefahren zu schützen (S. 129ff.): die Gefahr der Verschmelzung, die Gefahr der Bündnisbildung durch Manipulation, die typische Rollenzuschreibung durch sich selbst oder durch die Familie (Fachmann, autoritäre Einstellung).

„Der Ist-Zustand, an dem eine Familie aus beziehungsanalytischer Sicht leidet, ist die entfremdete Dissoziation und Beziehungsverlust innerhalb und zwischen den Familienmitgliedern" (S. 139). In dem kreativen Prozeß in der Veränderung in der Therapie geht es um das „*Gestaltwerdenlassen von Bedeutungen*" (S. 154ff.). D. h. jeder erfährt, wer er selbst ist und wer die anderen sind; der Machtanspruch kann aufgegeben werden, und die Familienbeziehungen werden wieder lebendig. Dabei geht *Bauriedl* davon aus (dies entspricht der Ansicht *Bettelheim*s, s. o.), „daß ein Symptom nur aufgegeben werden kann, wenn weniger Beziehungsangst herrscht" (S. 198).

Der Therapeut selbst sehnt sich ebenso wie die Patienten „nach diesem Gefühl der Resonanz, des Akzeptiertwerdens und des Akzeptierenkönnens" (S. 244). Sein „dialektisches Bedürfnis" äußert sich in dem „*Wunsch nach einer Ich-und-Du-Beziehung*" (ebd.). Dies ist ein mit Angst besetzter Vorgang (S. 189ff.), der scheitern kann. Dann kommt es zu „Fest-Stellungen", „Projektionen" und „Desensibilisierung" (S. 244f.).

Anstelle des *Tuns* in der Therapie tritt damit das *„Sein in der Beziehung"* (S. 249), das der Therapeut durch den Prozeß der *multiplen Identifikation* gewährleisten kann. Dies bedeutet, daß er „in sich die verschiedenen Übertragungsbilder bzw. Erlebnisweisen, die jeder Beteiligte von jedem hat, in einem dialektischen Spannungsfeld vereinigen kann" (S. 216).

Im Sinne unserer Diskussion zur Frage der Diagnostik heißt dies, daß er zur Rehistorisierung der je einzelnen Patienten fähig ist, und daß er dialogfähig ist.

Was bedeutet dieses Neubegreifen von Gegenübertragung für die Rolle und Haltung des Therapeuten, für seinen Erkenntnis- und Handlungsprozeß? Ich will dies unter den Gesichtspunkten Gegenübertragung als Prozeß der Vernunftwerdung (und damit ästhetischer Prozeß) sowie Psychotherapie als Drama in Kürze andiskutieren.

Gegenübertragung als Vernunftwerdung bedeutet jeweils die auftretenden Gefühle, Bindungen usw. auf höherem Niveau aufzuheben, so wie ich dies oben in der kathartischen Realisierung der Vernunft anskizziert habe. Es geht um eine Erschließung des Therapeuten für den Patienten im Sinne der Herstellung und Aufrechterhaltung seiner Dialogfähigkeit. In diesem Prozeß sind mindestens *drei Ebenen* zu beachten.

(1) *Die Anerkennung der Autonomie des Patienten und die Realisierung des eigenen Handelns als Instrument für diesen im Sinne der Ausweitung und Rückgewinnung seiner Autonomie auf höchstem Niveau.*

Da die Realisierung jedes therapeutischen Prozesses beim Therapeuten Angst vor dem Scheitern beinhaltet (und beinhalten muß!), benötigt er *Orientierungsprinzipien*. Derartige Prinzipien sind methodologisch auf der Ebene zwischen Gesetz und Norm angesiedelt (vgl. 11.3). Sie sichern sein Handeln in Situationen, in denen er keine Veränderung und keinen Erfolg sieht. Andernfalls würde er hier im Regelfall zu „bewährten Interventionstechniken" greifen müssen, um seine Angst zu bewältigen. Sein nicht mehr gegebenes Begreifen des anderen und seine eigene damit reduzierte Handlungsfähigkeit würden durch instrumentelle Anwendung von Verfahren die fehlende Handlungsfähigkeit zum Patienten verlagern. Nach Maßgabe dieser Verfahren würde er als „schwer behandelbar" oder „unbehandelbar" bestimmt werden. Der Aspekt der Warenform würde über den der Naturalform dominieren.

Entsprechend habe ich in früheren Arbeiten (*Jantzen* 1979, S. 134ff., *v. Hebel* u.a. 1986, S. 139f.) einige Prinzipien therapeutischen Handelns definiert, die hier erneut wiedergegeben werden sollen (vgl. die in beiden Arbeiten erfolgte Darlegung an praktischen Beispielen).

1. *„Radikale Parteinahme für den Klienten".*
   Dies ist am ehesten mit dem *Makarenko*-Zitat auszudrücken: „Möglichst hohe Forderungen an den Menschen und möglichst hohe Achtung vor ihm" (Werke 5, S. 155).
2. *„Demokratisierung der Therapieprozesse und Entmystifizierung der Therapeutenrolle".*
   Dies bedeutet Aufheben jeglicher Bevormundung des Klienten, gemeinsames und solidarisches Lernen und wo irgend möglich Öffnung der Therapie gegenüber Freunden, Verwandten usw. Insbesondere Überwindung des Zweiersettings (Therapeut/Klient), in welchem pathologische Formen der Übertragung und des Widerstands entstehen können, die dann der Schwere der Erkrankung des Patienten

zugeschlagen werden (vgl. auch die bei *Essberger* u.a. 1988, wiedergegebenen Erfahrungen im Rahmen der Solidarischen Psychosozialen Hilfe Bremen e.V.).

3. *„Absolute Eindeutigkeit des eigenen Handelns".*
Dies bedeutet nicht, Fehler selbst vermeiden zu können, sondern die notwendige Selbstkritik in dem Sinne, Mißerfolge zunächst aus der Realität und Angemessenheit des eigenen Handelns zu bestimmen.

4. *„Positive Lösung der Machtfrage".*
Therapieprozesse bedürfen der Absicherung nach außen. Einweisungsbeschlüsse, Ausübung polizeilicher Gewalt oder des besonderen Gewaltverhältnisses der Psychiatrie sind hier ebenso von Bedeutung wie das Problem der Hegemonie, also der Vorherrschaft in Einrichtungen des Therapiebereichs.

5. *„Aufbau individueller Realitätskontrolle*: Entfaltung von Bedürfnissen und Fähigkeiten in den Bereichen Produktion, Sprache und nichtsprachliche Kommunikation" (*Jantzen* 1979, S. 139f.) bzw. *„Zurückeroberung der eigenen Geschichte bei gleichzeitiger Eroberung von Handlungs- und Lebensmöglichkeiten in der Gegenwart"* (*v. Hebel* u.a. 1986, S. 140).

6. *„Die Tätigkeit des Klienten ist als eingebettet in kollektive Lebensprozesse zu begreifen und zu organisieren".*
Oft kommt der Organisation einer Unterstützung in der Familie oder in der Nachbarschaft, der Veränderung der Bedingungen dort, größere Bedeutung zu als dem unmittelbaren Einwirken des Therapeuten auf den Klienten. Zu warnen ist ebenso vor therapeutischer Arroganz und Omnipotenzglauben wie davor, den Betroffenen nach einem Bilde eigener Normalität formen zu wollen. Insbesondere sollte jeweils auch über die Möglichkeit von Gruppentherapie, Laienhilfe oder Selbsthilfegruppen nachgedacht werden.

7. *„Suche geeigneter Bündnispartner für Therapeut und Klient".* Um Therapie gegen sozialen Ausschluß durchzusetzen, also gegen menschenverachtende Praktiken und Denkformen, bedarf es Gleichgesinnter sowie entsprechender Organisationen, die Träger einer humanistischen Denkweise sind (vgl. die Diskussion in der italienischen „Demokratischen Psychiatrie"; sowohl die Arbeiten von *Basaglia* wie auch *Pirella* 1975 bzw. zur jüngeren Diskussion *Riquelme* 1988).

Mit diesen Prinzipien wird Therapie nicht in Sozialarbeit aufgelöst, sondern umfassend nach ihren verschiedenen Ebenen und Bedingungen gefragt. Insbesondere die ersten drei Prinzipien zielen auf die Realisierung einer offenen und gleichberechtigten dialogischen Situation.

(2) *Die Rehistorisierung des Patienten im eigenen Denken als Kern des diagnostischen Prozesses.*
Dies habe ich im wesentlichen weiter oben unter dem Aspekt der Syndromanalyse behandelt. Erst eine solche Denkweise sichert die Dialogfähigkeit, weil ich erst dann die Seltsamkeiten, Auffälligkeiten, Symptome, die der Patient produziert, als Ausdruck seiner unter seinen Lebensumständen sinnvollen und systemhaften Tätigkeit entschlüsseln kann. Unter diesem Aspekt ist es wichtig, ihn *auf den höchsten Niveaus seiner Tätigkeit zu stabilisieren und zu unterstützen.* Nur so kann die notwendige Rückgabe von

Würde und Verantwortung eine praktische Basis finden. Zugleich ist der Patient *auf elementaren Niveaus abzusichern*. Hierzu gehört neben der *Gewährleistung von Krisenintervention* vor allem der bereits oben genannte Aspekt des Auffindens und des *Neudurchlebens der am meisten demütigenden Erfahrungen*. Dies ist dann der Kern von Psychotherapie als Drama (s. u.).

(3) *Aufhebung der eigenen Gefühle in der Gegenübertragung auf höherem Niveau (kathartischer Prozeß)*.

Basaglia spricht einmal davon, daß es nicht die Krankheit gibt, sondern nur das Leiden. Durch die Rehistorisierung gelange ich an den Punkt, das Leben des anderen nicht nur als sinnvoll und systemhaft zu begreifen. Indem ich mich in ihm als Mensch spiegele, der unter diesen Bedingungen um die Wiedererlangung seiner Würde kämpft, erfahre ich ihn nicht mehr als defektiv, als Behinderten, sondern als jemanden, der um die Realisierung von Humanität kämpft. Und indem ich hierin die Möglichkeit meines eigenen Humanseins spiegele, hebe ich meine Betroffenheit auf das höhere Niveau der Aneigung meiner Betroffenheit.

Dieses Begreifen, das kathartischer Prozeß ist, findet in einem Gedicht von Nazim *Hikmet* (1977, S. 216) folgenden Ausdruck:

> BEGREIFEN.
> Von den Wiegenliedern der Mütter
>   bis zu den Nachrichten des Ansagers
> im Buch, im Herzen, auf der Straße
>   die Lüge besiegen.
> Begreifen Liebste, welch ein unvorstellbares Glück,
> Begreifen, was geht und was im Kommen ist.

Der Kern dieses Begreifens ist die Neugewinnung der eigenen humanen Perspektive als Sinnbildungsprozeß, von der aus der Therapieprozeß organisiert werden kann. Diese Organisation hat verschiedene Ebenen. Zum einen beinhaltet sie die *Aufarbeitung des historischen Materials*, zum anderen die *Bewältigung der realen gegenwärtigen Situation*. Dies ist der Prozeß kooperativer Arbeit, in den hinein vermittelt dann (dritte Ebene) dialogische Situationen zugleich die *therapeutische Beziehung* entwickeln. Entsprechend wurden auf dem Kongreß der DGVT 1990 in Berlin in einer Diskussionsveranstaltung „Psychotherapie wirkt! Fragt sich nur wie" (Diskussionsleitung Eva *Jaeggi*) drei Dimensionen hervorgehoben, die in unterschiedlichen psychotherapeutischen Verfahren wesentlich die Wirksamkeit der Therapie ausmachen: 1) die Art der Klient-Therapeut-Beziehung, die am Anfang hergestellt wird (also der Beziehungs-Aspekt, auf dem der weitere Prozeß aufbaut); 2) die gemeinsame Planung eines Therapieziels; 3) die Verständigung über Teilschritte im Prozeß der kooperativen Erreichung dieses Ziels.

Im Mittelpunkt des dialogischen Prozesses stehen Schritte, in denen an den Ort der größten Demütigung gelangt werden kann, um von hier aus im *„dramatischen Prozeß"* (der verschiedene Situationen und Stufen umfassen kann) die *Notwendigkeit von Abwehr und Verdrängung und das Vorherrschen des Gefühls der eigenen Schuld aufzuheben*. Wir haben in einer gemeinsamen Arbeit zum Problem der Anorexia Nervosa (verfaßt von der Betroffenen, ihrer Schwester wie von mir selbst; vgl. *v. Hebel* u. a. 1986) eine solche dramatische Situation publiziert; für den Prozeß der Gruppentherapie liegt eine erste Auswertung einer mit mir gemeinsam durchgeführten Therapie unter diesen Gesichtspunkten in der Arbeit von *Lauschke* (1989) vor.

Ich gebe in Kürze den Kern dieses dramatischen Prozesses aus der ersten Arbeit als exemplarisches Beispiel wieder. Vorweggegangen war eine lange gemeinsame Arbeit, in der eine komplizierte Familiensituation rehistorisiert werden konnte. Trotz extremen Abmagerns wurden weder Gewichts- noch Essenskontrolle noch sonstige Zwangsmaßnahmen eingesetzt. In einer entscheidenden Krise hatte Monika, die anorektisch erkrankte Frau (damals 22 Jahre alt), ihr extrem niedriges Gewicht offenbaren können, mit unserer Unterstützung selbst den (nach verschiedenen Krankenhausaufenthalten auf der Intensivstation zu Recht sehr gefürchteten) Gang zum Arzt unternehmen können und begonnen, sich zu stabilisieren.

Ich zitiere aus unserer Publikation die Situation, die von allen Beteiligten als *Schlüsselsituation* für die Gesundung betrachtet wurde (die Termine fanden jeweils in der Privatwohnung der Betroffenen und jeweils zu dritt statt):

„Wir beschließen in dieser Zeit, die Frage der Schule wieder aktiv anzugehen, da deren Besuch für Monika lebenswichtig ist. Ab 14.08. besucht sie die Aufbauschule und wiegt kurz vorher (am 06.08.) 35 kg. Die Schulsituation ist ungeheuer belastend für sie. Ständig fühlt sie sich angestarrt. Am 19.08 ist sie ‚am Ende‘ und möchte umarmt werden. Am 27.08. sitzt sie wieder aschgrau in der Ecke, wie am 26.05. Ich spüre ihr Bedürfnis nach Nähe, das sie nicht ausdrücken kann und wage es selbst zu sagen: ‚Jetzt möchte ich Dich gerne in den Arm nehmen‘. Monika sagt: ‚Ja, ich Dich auch‘, kommt und setzt sich auf meinen Schoß. Obwohl ich große Angst habe, es auszusprechen, denn an ihr Essen ließ Monika bisher niemanden, auch uns nicht, kommen, sage ich: ‚Und jetzt könnte ich Dir ein Fläschchen geben‘. Monika ist ganz ruhig, gelassen, entspannt und sagt: ‚Ja, jetzt könntest Du mir ein Fläschchen geben‘“ (S. 153).

Zwei Monate später wurden die regelmäßigen Termine beendet, um Weihnachten hatte Monika ein Gewicht um 50 kg, das sie akzeptieren konnte. Außer einem Rückfall, dessen Auflösung auf höherem Niveau wir in dem Artikel ebenfalls beschreiben, gab es seit damals keine nennenswerten Einbrüche mehr.

Der Charakter der wiedergegebenen Situation, die nach den Annahmen der Gestalttherapie als die Herstellung einer guten Gestalt im Hier und Jetzt und als Erledigung einer unerledigten Sache gekennzeichnet werden kann, läßt sich am besten mit den ästhetiktheoretischen Annahmen von *Lukács* (1987) beschreiben. Hergestellt wurde ein *mimetisches Gebilde*, also eine spezifische ästhetische Form, die durch ihre Geschlossenheit eine wahre, dauernd wirksame Widerspiegelung der Wirklichkeit zustande bringt (vgl. Kap. 5). Das *Bedürfnis des Ästhetischen* ist es nach *Lukács* in allgemeinster Form, „eine Welt zu erleben, die real und objektiv ist und zugleich den tiefsten Anforderungen des Menschseins (des Menschengeschlechts) angemessen ist" (S. 523). Der *ästhetische Akt* beinhaltet in der Mimesis (also der ästhetischen Nachahmung der Wirklichkeit) die „bedingungslose Hingabe an die Wirklichkeit und den leidenschaftlichen Wunsch, sie zu übertreffen" (ebd.). Er findet statt als *Entäußerung* der Subjektivität in ihrer Hingabe an das Objekt und als *Rücknahme* im Sinne eines Aufbewahrens, Auf-höhere-Stufe-Hebens der durch die Entäußerung veränderten Objektivität (S. 532f.).

Was in unserem Beispiel für den Therapeuten mimetischer Prozeß der Gestaltung eines ästhetischen Gebildes ist, das in Dialog und Kooperation erstellt wird, ist für die Patientin die Auflösung und der Abschluß eines dramatischen Prozesses. Eine Katharsis findet statt. Die erstmals wieder erfahrbare Dimension der eigenen Humanität als dialogische Bespiegelung gibt an dieser Stelle den Glauben zurück, wieder *etwas wert* zu sein, wie dies *Bettelheim* als Kern eines Begriffs von Gesundheit definiert hatte.

Entsprechend versteht *Lauschke* (1989) unter Anwendung des Drama-Begriffs von *Politzer* (1974) sowie von *Wygotski* (1989; vgl. auch *Yaroshevsky* 1989, S. 211 ff.: Psychology in Terms of Drama) dysfunktionale Regulationsmuster als „Kern" des persönlichen Dramas eines Ratsuchenden, das die Weiterentwicklung momentan blockiert. Um diese wieder in Gang zu bringen, ist es notwendig, „über eine dramatische Gestaltung zu diesem Kern (der Art und Weise, wie der Ratsuchende seine sozialen Beziehungsformen realisiert) vorzudringen und ihn aufzuheben" (S. 120). In diesem *Inszenierungsprozeß des Dramas* lassen sich die folgenden Stufen (hier bezogen auf eine Gruppensituation) darstellen (S. 118).

– Aufspüren des Konfliktes (Anfang der Sackgasse);
– Freisetzen verdrängter Affekte, mit denen der Schnittpunkt beladen ist und schrittweises Durchdringen der dramatischen Verstrickung;
– Integration der in der Vergangenheit ausgegrenzten Teile des Ichs in die lebendigen Kanäle der Gegenwart;
– Integration der Protagonisten in die Gruppe;
– Rückbezug der neugewonnen Einsichten auf das Ausgangsproblem;
– Auffinden bzw. Schaffen von Räumen des Probehandelns.

Therapie als heilender Dialog integriert jene Prozesse und baut auf ihnen auf, die ich bei der Behandlung der Probleme einer basalen Pädagogik und insbesondere bei der Bestimmung von Erziehung und Bildung ausführlich dargestellt habe. Seine eigene Qualität liegt darüber hinaus in der Schaffung ästhetischer Gebilde, in denen sich Vernunftwerdung des Therapeuten und des Klienten verschränken. Diese Gebilde habe ich in den Zusammenhang von Therapie als dramatischem Prozeß gestellt. Psychotherapie ist so verstanden nicht ein Tun sondern ein dialektischer Prozeß des Seins, wie es *Bauriedl* hervorgehoben hat. Sie versucht bei gänzlichem Verzicht auf Verhaltenskontrolle und Zwang, jedoch bei hohen Anforderungen in der Zone der nächsten Entwicklung, die Überlegungen verschiedener Therapieschulen positiv in sich aufzuheben. Daß diese Diskussion um die Herausbildung einer allgemeinen Therapiekonzeption noch sehr am Anfang ist, möchte ich ausdrücklich betonen.

12.5 Psychotherapie und reale Lebenssituation

Sowohl im Kapitel über Diagnostik (9.5) als auch im vorweggegangenen Abschnitt trat in den Mittelpunkt der notwendigen Rehistorisierung das Ausgehen von der *objektiven Bestimmtheit der individuellen Lebenssituation durch die soziale Lage.* Dies ist ein Prozeß, der sich über viele Ebenen und Zusammenhänge vermittelt im Alltag ereignet. Von entscheidender Bedeutung sind hier Zusammenhänge, die in der Regel „menschlicher Natur" zugeschlagen werden, wie *Kindheit, Familie, Geschlecht* u. a. m., obwohl sie zutiefst gesellschaftlich determiniert sind. Auch hier stellen sich die Fragen der Dialektik von Warenform und Naturalform, von Herrschaft und Dienen, von Unterdrückung, von Arbeitsteilung und Ausbeutung usw.

Dies schlägt sich u. a. nieder (1) in der geschlechtsspezifischen Verteilung der Krankheiten allgemein wie insbesondere auch der psychischen Erkrankungen (vgl. *Kolling* und *Mohr* 1982) und (2) unterschiedlichen Zugängen zu Therapien, die (3) darüber hinaus zum großen Teil dieser Problematik nicht Rechnung tragen. Die geschlechtsspezifische Verteilung psychischer Störungen in Familien kennzeichnet *Schmerl* (in *Hörmann* u. a. 1988) entsprechend: „Verheiratete Frauen riskieren größere Raten an Depressionen und psychischen Störungen als alleinlebende Frauen und umgekehrt: Verheiratete Männer zeigen geringere Raten an psychischen Störungen, Suizid und Alkoholismus; verheiratete Frauen aber weisen an all diesen Störungen höhere Anteile auf als verheiratete Männer. Ehe und Familie scheinen somit für Frauen eher gesundheitsbeeinträchtigend zu sein, für Männer dagegen gesundheitsförderlich" (S. 89).

Soweit ich sehe, sind diese Aspekte in der Therapiediskussion erst in Anfängen thematisiert und besonders auf die Entwicklung feministischer Therapieansätze (vgl. *Scheffler* 1986, *Eichenbaum* und *Orbach* 1982), kritisch-psychologische Ansätze (*Dreier* 1980) sowie eine erste Kritik der Familientherapie (*Hörmann* u. a. 1988) konzentriert. Viele der entscheidenden Grundkategorien für den Prozeß eines sozialwissenschaftlichen Neubegreifens sind erst in jüngster Zeit thematisiert und vor allem, aber nicht nur, durch feministische Forschung z. T. bereits genauer herausgearbeitet und bestimmt worden.

Ich diskutiere im folgenden einige Aspekte an, um zu verdeutlichen, wie unangemessen therapeutische Strategien sind, die von diesen Zusammenhängen abstrahieren. Dabei ist es an dieser Stelle gänzlich unmöglich, den umfassenden Kontext dieser Frage zu rekonstruieren. Mit *Engels* (MEW Bd. 21) ist der Ursprung der *Familie als sozialer Institution* mit der Entstehung des *Patriarchats* verknüpft. Dieses subsumiert als gesellschaftliches Verhältnis die Frau als sexuelles Eigentum des Mannes unter dem Aspekt von Reproduktionsarbeit für den Mann und die Familie. Mit dem Übergang zum Vaterrecht wird gleichzeitig die Aneignung von Eigentum in der Familie gegenüber dem ursprünglichen Gemeinwesen begünstigt (Vererbung an die Kinder). Und mit der Entstehung des Staates schließt sich der Übergang von der natürlichen zur gesellschaftlichen Lebensweise. Die Familie hat jetzt als Ort der natürlichen Reproduktion der Gattung in mehrfacher Hinsicht den Prozeß der gesellschaftlichen Reproduktion zu sichern: Reproduktion der Arbeitsfähigkeit des Mannes, Reproduktion der Gesellschaft durch Zeugung und Erziehung von Kindern, Reproduktion des Privateigentums (vgl. auch *Bornemann* 1975). Dadurch entsteht ein äußeres wie inneres Herrschaftssystem zwischen den Geschlechtern und in den Geschlechtern, das *Jurreit-Janssen* (1970) als *Sexismus* kennzeichnet (vgl. *Rohr* 1984b).

Wenn alle diese Verhältnisse auch schon in *vorbürgerlichen Gesellschaften* mehr oder weniger ausgeprägt angelegt sind, so gilt doch für diese, daß in ihnen das Subjekt nicht „vereinzeltes Individuum, sondern Mitglied eines Gemeinwesens" ist (*Altrogge* u. a. 1984, S. 27). Im Kontext dieser Verhältnisse entwickeln sich die Geschlechter- und Familienverhältnisse und werden in historisch neue Formen transformiert. So weist z. B. *Goody* (1989) nach, wie wesentliche Teile der Familiengesetzgebung auf den Einfluß der mittelalterlichen Kirche in Europa zurückgehen. Diese (als gesellschaftliche Institution) versuchte auf diesem Weg, sich Anteile an der Vererbung des Privateigentums zu sichern. Die nachgewiesenen Einflüsse reichen von dem Ehe- und Erbrecht über die Aberkennung des legalen Status nichtehelicher Kinder bis hin zur Reglementierung familiärer und sexueller Normen (vgl. zum letzteren Inquisition und Hexenverbrennung, aber auch heute Abtreibungs- und Verhütungsverbot). Im Kontext dieser Entwicklung veränderten sich die Situation der Geschlechter, der Kinder (vgl. *Ariès* 1975, *de Mause* 1977) und die Situation der Familie insgesamt (Übergang zur Kleinfamilie; vgl. *Weber-Kellermann* 1975).

Forschungsfragen, die auf diesem Hintergrund diskutiert werden, beziehen sich auf die

Klärung eines komplizierten Kategorienzusammenhangs, von dem ich nur einige Aspekte benennen will:

1. *Welche Art von Arbeit leistet die Frau in der Familie?* Mit welchen Kategorien kann ihre Reproduktionsarbeit, die sehr unterschiedliche Aspekte umfaßt (Führung des Haushalts, Erziehungstätigkeit, Liebestätigkeit, Beziehungsarbeit u. a. m.), im Rahmen gesellschaftlicher Reproduktion beschrieben werden? In welcher Form vermittelt sich das Verhältnis von Arbeit und Ausbeutung in die Familie?

2. *In welcher Weise muß die Kategorie Sexualität näher bestimmt werden?* Nach *Schunter-Kleemann* (1985) beruht der Klassenantagonismus auf der Ausbeutung fremder Arbeitskraft, der Antagonismus im Geschlechterverhältnis „auf der Kontrolle der weiblichen Sexualität zur Sicherung der Herrschaftsinteressen des Mannes" (S. 250). Inwieweit und in welchen Formen ist Sexualität Ansatz für Unterdrückung, Herrschaft, Gewalt bzw. wird ihr Entzug zur Waffe, inwieweit ist Sexualität Produktivkraft, Basis zur Entwicklung menschlicher Verhältnisse? (vgl. z.B. *Andresen* 1985).

3. *Wie kann die Kategorie Patriarchat im Verhältnis zur Kategorie Matriarchat bestimmt werden?* Ist die Familie als Ort zugleich autoritärer und demokratischer Vermittlungsstrukturen (*Buer* in *Hörmann* 1988, S. 119) auch zugleich der Ort von dort in rudimentärer Form überlebenden matriarchalischen Strukturen? Die ethnopsychiatrische Arbeit von *Carrer* (1983) über das Entstehen und die Verteilung psychischer Störungen in der Bretagne legt es nahe, diesen Gedanken zu verfolgen. Hier fand relativ spät der Übergang von einer matriarchalen keltischen Kultur in die patriarchale französische Kultur statt. Dabei erfolgte eine juristische und eine soziale Statusangleichung der Ehepartner an die französischen Verhältnisse, jedoch blieb der psychologische Status des Matriarchats in den Familien erhalten (ebd., S. 43f.).

4. *Wie kann im Schnittpunkt dieser Kategorien Familie als widersprüchliche Einheit von gesellschaftlicher und individueller Reproduktion verstanden werden?* Daß ein derartiges Neuverständnis nötig ist, liegt auf der Hand. Wie anders soll in der Familientherapie (und nicht nur dort), im Sinne *Bauriedl*s (1980) als Beziehungsanalyse aufgefaßt, die „multiple Identifikation" des Therapeuten als umfassende Rehistorisierung der Standpunktlogik der je einzelnen Familienmitglieder möglich sein? Auf keinen Fall ist sie in Familientherapien möglich, die pragmatisch von diesem Kontext abstrahieren und Familie als soziales System scheinbar gleicher Individuen auffassen (so z.B. *Selvini-Palazzoli* 1984). Eine erste Kritik an dieser Art von Therapien leistet das Buch von *Hörmann* u.a. (1988). Ich greife einige Argumente auf, um weitere Aspekte einer künftigen Herangehensweise an diese Fragen zu thematisieren.

Familientherapie wird von den Autor/innen in der von ihnen vorgefundenen Form (vgl. den Beitrag von *Körner*, S. 153ff.) als *unhistorisch, gesellschaftsblind, ideologisch und affirmativ* (S. 9) gekennzeichnet. Durch ihren Pragmatismus komme es in vielfältiger Form zur Verschleierung von Macht- und Gewaltverhältnissen. Dies wird sowohl in der Analyse der theoretischen Begründung, an der Neubewertung von publizierten Beispielen als auch am Therapeutenverhalten nachgewiesen. Aus feministischer Sicht (*Schmerl*, S. 59ff.) wird insbesondere die Bedeutung des *Besitzrechts der Väter an ihren Kindern* herausgestellt. Dies schlägt sich schon im Preußischen Landrecht von 1794 als Eigentumsrecht an der Leibesfrucht auch bei Abtreibung nieder. Aus diesem Kontext sei auch die jahrhundertelange Verfolgung, Ächtung und sogar Tötung unehelicher Mütter zu verstehen (S. 71f.). Die patriarchalische Familie wird auf dieser Stufe der Entwicklung als „komplexes Absicherungssystem zur Durchsetzung und Erhaltung der Interessen der Väter" begriffen (S. 85). In diesem Abhängigkeits-System kommt es zu vielfältigen Formen somatischer, psychosomatischer wie psychischer Beeinträchtung von Frauen und Kindern (S. 92).

Die Stabilität dieser Strukturen wird durch eine Reihe von Faktoren gewährleistet. Im einzelnen nennt *Schmerl* (S. 95) gesetzliche Bestimmungen, die Präsenz physischer Gewalt, die Erpreßbarkeit von Frauen durch die Existenz von Kindern, das ideologische Verbundsystem von Medien, Religion u.a.m., das die Institution Familie absichert. Hinzu treten der Mangel an anschaulichen und plastischen Alternativen und der Glaube, daß Bedürfnisse nach Liebe, Wärme und Nähe „nirgendwo und nirgendwie anders" realisierbar seien (S. 95).

Besonders deutlich wird die gesellschaftliche Determiniertheit und Abhängigkeit der Familie im Beitrag von *Gröll „Bürgerliche Familie und Staat"* (S. 13ff.).

Das Grundprinzip der Familie sind nicht, wie es (insbesondere die systemischen) Familientherapien unterstellen, äquivalente *Austauschbeziehungen*, sondern „wechselseitige *Verpflichtung* – in erster Linie von Ehemann/-frau – zur Erbringung umfassender, d.h. materieller und immaterieller Versorgungsleistungen ... Grundlage der Familie ist also der rechtliche, in den eigenen Willen aufgenommene Zwang zur Ausübung von Nächstenliebe in Gestalt ehelicher, mütterlicher, väterlicher, kindlicher Tugend, wofür die Individuen ihre Besonderheit funktionalisieren müssen. Diesen Zwang erhält der Staat, der ihn auch in die Welt gesetzt hat ... Der Staat monopolisiert Ehe und Familie als Sozialform der individuellen Reproduktion" (S. 17). Die Tätigkeit der je einzelnen in diesem Verbund muß sich daher als „Allgemeinwohlförmiges und -fähiges" bewähren (S. 21).

Im Vordergrund der heutigen Kleinfamilie stehen der *Rekreation der Arbeitskraft* geschuldete Kompensationsanstrengungen, die absoluten Vorrang haben (vgl. auch *Stuhr* 1988 zum sozialen Transfer von Arbeit und Arbeitslosigkeit in den Gesundheitszustand der Familie). Diese Situation fordert „allen Familienmitgliedern ständig gegenseitige Rücksichtnahme, Opfer und ‚selbstlose‘ Bemühungen und andererseits Dankbarkeit ab. Das Resultat ist eine Art moralischer Überbeanspruchung, weil die zu erbringenden ‚Liebesdienste‘ gegenüber dem Bedürfnis hoffnungslos im Rückstand bleiben müssen. Die moralische Verarbeitung in Kategorien wie ‚Schuld‘ und ‚Versagen‘ liegt nahe" (S. 37).

Familientherapeutische Ansätze betrachten Familie in der Regel als homöostatisches, d.h. Gleichgewichtssystem und fragen nicht, „Wie funktioniert das System?", so *Gröll*, d.h. sie führen zu einer *„Totalabstraktion von der Individualität"* (S. 44).

Ich belasse es bei dieser kurzen Skizze der außerordentlich vielfältigen und komplexen Probleme, mit denen sich hier die Rehistorisierung konfrontiert sieht, und gehe in einigen abschließenden Bemerkungen auf das Verhältnis der hier entwickelten Auffassung von allgemeiner Therapie zu speziellen Therapien über.

12.6 Abschließende Bemerkungen zum Verhältnis von allgemeiner und spezieller Therapie

Ähnlich wie eine allgemeine Pädagogik nicht spezielle Pädagogiken außer Kraft setzt, sondern geradezu fordert, so gilt dies auch für die Therapie. In beiden Fällen gilt jedoch, daß daraus keine Sonderbehandlungen werden dürfen: weder Sonderpädagogiken noch vom Lebenskontext losgelöste Spezialtherapien.

Jede Art von besonderer Pädagogik und Therapie bedarf einer *doppelten Vermittlung:* (1) Sie muß mit einem Allgemeinen im Sinne eines konsistenten und kategorial widerspruchsfreien humanen Menschenbildes vermittelbar sein. (Ob und inwieweit dessen Entwicklung mir hier gelungen ist, bleibt der Beurteilung der Leser/innen anheimgestellt.) (2) Sie muß mit einem konkreten Lebensprozeß im Sinne der Realisierung von Erziehung und Bildung sowie Gesundheit im hier definierten Sinne vermittelbar sein.

So wären z.B. bewegungsfördernde Therapien umfassend zu sichten, inwieweit sie ganz oder in Teilen mit der hier entwickelten Perspektive vereinbar sind, und was dies für ihre Praxis bedeutet. Ebenso müßte die Bestimmung des Allgemeinen auf dem Hintergrund der Wirkweise dieser Therapien zunehmend erweitert erfolgen. Therapien, die auf dem Grundverhältnis von Verhaltenskontrolle und -manipulation (wie z.B. die *Vojta*-Gymnastik; vgl. *Radzun* und *Schröder* 1983) aufbauen, wären zu verwerfen. Andere Ansätze wie z.B. die von *Bobath*, *Pethö* oder von *Ayres* wären systematisch auf ihre Wirkweise hin zu erforschen. Soweit die hier vorgelegte Theorie diese Wirkweise noch nicht restlos aufklären kann, ist sie zu präzisieren. Im Sinne dieser Theorie bereits erprobte spezielle Therapieansätze (vgl. *Leontjew* und *Zaporoshets* 1960) wären teils zu präzisieren, teils in die hier entwickelte notwendige Gesamtstrategie der Wiederherstellung von Gesundheit in ihrer Praxis systematisch zu integrieren. Dies gilt auch für die unterschiedlichen Ansätze in anderen Teilbereichen, z.B. für den von *Tsvetkova* (1982) entwickelten, auf *Luria* aufbauenden Ansatz der Aphasietherapie. Genauso wären andere Ansätze der Aphasietherapie systematisch zu sichten und aufzuarbeiten.

Dies bleibt ebenso eine Aufgabe der Zukunft wie die weitere Erarbeitung und Präzisierung einer allgemeinen Therapie, die, entsprechend den Ausführungen über Gesundheit in diesem Kapitel, sich ausgehend von der sozialen Ebene vorrangig auf die psychische Ebene des ganzheitlichen Menschen zu beziehen hat, um im heilenden Dialog Wohlbefinden wiederherzustellen. Die zahlreichen medizinischen Erkenntnisse und Vorgehensweisen bedürfen in dieser Hinsicht einer Neubestimmung und Aufhebung im Rahmen ganzheitlicher Gesundheitsstrategien. Die damit notwendige Kooperation unterschiedlichster Berufe und Berufsgruppen bedarf der Ausarbeitung der entsprechenden Zugänge zur Interdisziplinarität.

Dies gilt in gleicher Weise für die für unterschiedliche Probleme der Behinderung in der Behindertenpädagogik professionalisierten Bereiche. Kein Pädagoge der Zukunft wird alle heute aufgegliederten Teilbereiche sich aneignen können. Er bedarf über je spezifisch zu entwickelnde besondere Behindertenpädagogiken der Vermittlung mit einem allgemeinen interdisziplinären Rahmenkonzept, das auf der Basis der je besonderen Erfahrungen weiter entwickelt und erarbeitet sowie ggf. korrigiert werden muß. Diese Aufgabe liegt vor uns. Indem sie angegangen wird, reduziert sich gleichzeitig der im pädagogischen und therapeutischen Denken vorgenommene soziale Ausschluß; pädagogische und therapeutische Prozesse werden zunehmend in ihren für alle Menschen vergleichbaren Dimensionen erfaßbar. Auch wenn eine entsprechende Praxis unter den gegebenen Verhältnissen oft verwehrt bleibt, lohnt es sich im Sinne der „geträumten Revolution" (P. *Weiss*), *konkrete Utopien* dagegen zu denken.

12.7 Vertiefende und weiterführende Literatur
(E = Zur Einführung geeignet)

BAADE, F.-W. u.a.: Theorien und Methoden der Verhaltenstherapie. Tübingen: DGVT 1984, 10. Aufl.

BAURIEDL, Thea: Beziehungsanalyse. Frankfurt/M.: Suhrkamp 1980 (E)

BETTELHEIM. B.: Erziehung zum Überleben. Zur Psychologie der Extremsituation. München: dtv 1985, 2. Aufl. (E)

BETTELHEIM, B. und KARLIN, D.: Liebe als Therapie. München: Piper 1988, 4. Aufl.

BRANDES, H.: Die soziale Natur des Unbewußten. Einige Überlegungen zur Auseinandersetzung mit der psychoanalytischen Theorie des Unbewußten. Jahrbuch für Psychopathologie und Psychotherapie 9 (1989), 69–83

BRANDES, H. u.a. T.: Gruppenanalyse und Tätigkeitstheorie. Münster: Lit 1989

CHESLER, Phyllis: Frauen – das verrückte Geschlecht? Wien: Verlag Neue Presse (1974) (E)

CHOROVER, S.L.: Die Zurichtung des Menschen. Von der Verhaltenssteuerung durch die Wissenschaften. Frankfurt/M.: Campus 1982 (E)

DEPPE, H.U.: Vernachlässigte Gesundheit. Köln: Kiepenheuer & Witsch 1980

EICHENBAUM, Luise and ORBACH, Susie: Outside in ... Inside out. Women's Psychology: A Feminist Psychoanalytic Approach. Harmondsworth/Middlesex: Penguin 1982

FOUCAULT, M.: Die Geburt der Klinik. Frankfurt/M.: Ullstein 1976

FREUD, Anna: Das Ich und die Abwehrmechanismen. Werke Bd. 1. Frankfurt/M.: Fischer 1987, 193–355

FÜRSTENAU, P.: Praxeologische Grundlagen der Psychoanalyse. In: Handbuch der Psychologie. Bd. 8, I. Klinische Psychologie. Göttingen: Hogrefe 1977, 847–888

HEBEL, Angelika v. et al.: Anorexia nervosa: Psychopathogenese und Psychotherapie. Jahrbuch für Psychopathologie und Psychotherapie 6 (1986), 105–158

HÖRMANN, G. u.a. (Hrsg.): Familie und Familientherapie. Opladen: Westdeutscher Verlag 1988 (E)

JANTZEN, W.: Grundriß einer allgemeinen Psychopathologie und Psychotherapie. Köln: Pahl-Rugenstein 1979 (E)

KASTRUP, Marianne u.a.: Rehabilitation von Folteropfern. Jahrbuch für Psychopathologie und Psychotherapie 6 (1986), 159–168

KELLER, G.: Die Psychologie der Folter. Frankfurt/M.: Fischer 1981 (E)

KRUMENACKER, F.: Gesundheit – von der Residualgröße zur konkreten Utopie. Köln: Pahl-Rugenstein 1988

KRYSTAL, H. (Ed.): Massive Psychic Trauma. New York: Intern. Univ. Press 1968

KUTTER, P. u.a. (Hrsg.): Die psychoanalytische Haltung. München: Verl. Int. Psychoanalyse 1988

NIEDERLAND, W.G.: Folgen der Verfolgung: Das Überlebenden-Syndrom Seelenmord. Frankfurt/M.: Suhrkamp 1980 (E)

PIRELLA, A.: Sozialisation der Ausgeschlossenen. Reinbek: Rowohlt 1975

ROGERS, C. u.a.: Die klientzentrierte Gesprächspsychotherapie. München: Kindler 1975

THOM, A. und CAREGORODCEV, G.I. (Hrsg.): Medizin unterm Hakenkreuz. Berlin/DDR: Volk und Gesundheit 1989

UEXKÜLL, T. v. (Hrsg.): Lehrbuch der psychosomatischen Medizin. München: Urban & Schwarzenberg 1981, 2. Aufl. (E)

WALTER, J.: Gestalttheorie und Psychotherapie. Opladen: Westdeutscher Verlag 1985, 2. Aufl.

Literaturverzeichnis

AAB, Johanna: „Lernbehindert" – was ist das? In: Helga Deppe (Hrsg.): Behindert und abgeschoben. Weinheim: Beltz 1983, 145–151

ABERCROMBIE, M.: The Crawling Movement of Metazoan Cells. In: Ruth Bellairs et al. (Eds.): Cell Behaviour. London: Cambridge Univ. Press 1982, 19–48

ABHOLZ, H.: Das Dilemma des Kassenarztes: Gesundheit oder Medizin. Demokratisches Gesundheitswesen (1989) 7/8, 31–32

ADLER, J. in: Biological Chemistry Hoppe-Syler Band 368 (1987) 163 (Über Chemotaxis bei E. coli; zit. nach: Wie Bakterien riechen. Süddeutsche Zeitung Nr. 99, 30.4./1.5.1987, 72)

ADLER, M. und SAUPE, R.: Psychochirurgie. Stuttgart: Enke 1979

ADORNO, T. W.: Soziologie und empirische Forschung. In: E. Topitsch (Hrsg.): Logik der Sozialwissenschaften. Köln: Kiepenheuer & Witsch 1965, 511–525

AHRENDT, Hannah: Elemente und Ursprünge totaler Herrschaft. München: Piper 1986

AIRAPETJANZ, Violetta: Zur Frage der funktionellen Asymmetrie der Hirnhemisphären bei Kindern im Verlauf der Ontogenese. In: K. Hecht u.a. (Hrsg.): Zentralnervensystem. Entwicklung – Störungen – Lernen – Motivation. Berlin/DDR: DVdW 1981, 21–26

ALLEN, R. D. and WEISS, D. G.: Mikrotubuli als intrazelluläres Transportsystem. Spektrum der Wissenschaft (1987) 4, 76–85

ALT, R.: Das Bildungsmonopol. Berlin/DDR: Akademie 1978

ALTHUSSER, L.: Ideologie und ideologische Staatsapparate. Berlin/W.: VSA 1977

ALTROGGE, M. u.a. : Der soziale Ursprung des Patriarchats. Hamburg: VSA 1984

AMDP (Arbeitsgemeinschaft für Methodik und Dokumentation in der Psychiatrie): Das AMDP-System. Berlin/West: Springer 1981, 4. Aufl.

AMÉRY, J.: Jenseits von Schuld und Sühne. Bewältigungsversuche eines Überwältigten. Stuttgart 1977

ANANJEW, B.G.: Der Mensch als Gegenstand der Erkenntnis. Berlin/DDR: DVdW 1974

ANDRESEN, Sünne: Sexualität und Herrschaft. In: Frigga Haug und Kornelia Hauser: Subjekt Frau: Kritische Psychologie der Frauen. Berlin/W.: Argument 1985, 135–161

ANOCHIN, P. K.: Das funktionelle System als Grundlage der physiologischen Architektur des Verhaltensakts. Jena: Fischer 1967

ANOCHIN, P. K. (Anokhin, P. K.): Biology and Neurophysiology of the Conditioned Reflex and its Role in Adaptive Behavior. Oxford: Pergamon 1974

ANOCHIN, P. K.: Beiträge zur allgemeinen Theorie des funktionellen Systems. Jena: Fischer 1978

ARIÈS, P.: Geschichte der Kindheit. München: Hanser 1975

ATKINS, P. W.: Wärme und Bewegung. Heidelberg: Spektrum d. Wiss. 1986

AUERNHEIMER, G.: Zur Bedeutung der Perspektive für einen demokratischen Bildungsbegriff. Demokratische Erziehung 5 (1979) 2, 190–200

AUERNHEIMER, G.: Erziehung. In: E. Reichmann (Hrsg.): Wörterbuch der kritischen und materialistischen Behindertenpädagogik. Solms-Oberbiel: Jarick 1984, 180–184

AUERNHEIMER, G. u.a.: Reproduktionsqualifikation als eine Determinante von Pädagogik und Bildungspolitik. In: Schule und Erziehung. Das Argument SB 30. Berlin/W.: Argument-Verl. 1979, 88–109

Autorenkollektiv. Psychologische Methoden der Analyse und Ausbildung der Lerntätigkeit. Bericht über ein Symposium. Bd. 1–3, Berlin/DDR: APW der DDR 1988

AYRES, A. Jean: Southern California Sensory Integration Test. Los Angeles: Western Psychological Services 1972

AYRES, A. Jean: Lernstörungen. Sensorisch-integrative Dysfunktionen. Berlin/West: Springer 1979

AYRES, A. Jean: Bausteine der kindlichen Entwicklung. Berlin/West: Springer 1984

BAADE, F.-W. u. a.: Theorien und Methoden der Verhaltenstherapie. Tübingen: DGVT 1984, 10. Aufl.

BACHTIN, M.: Probleme der Poetik Dostoevskijs. Frankfurt/M.: Ullstein 1985

BAMMÉ, A. und HOLLING, E.: Qualifikationsentwicklung und Curriculumkonstruktion. Hamburg: Schletzer 1976

BARKEY, P. u. a.: Pädagogisch-psychologische Diagnostik am Beispiel von Lernschwierigkeiten. Huber: Bern 1976

BASAGLIA. F.: Die negierte Institution oder Die Gemeinschaft der Ausgeschlossenen. Frankfurt/M.: Suhrkamp 1971

BASAGLIA, F.: Was ist Psychiatrie? Frankfurt/M.: Suhrkamp 1974

BASAGLIA, F. u. a.: Befriedungsverbrechen. Über die Dienstbarkeit der Intellektuellen. Frankfurt/M.: EVA 1980

BASTIAN, J. und GUDJONS, H. (Hrsg.): Das Projektbuch. Hamburg: Bergmann und Helbig 1988, 2. Aufl.

BATESON, G.: Ökologie des Geistes. Frankfurt/M.: Suhrkamp 1981

BAUDISCH, W. u. a.: Hilfsschulpädagogik. Berlin/DDR: Volk und Wissen 1987, 3. Aufl.

BAUMGÄRTNER, F.: Grundeinsichten als Strukturprinzip der Allgemeinbildung. Demokratische Erziehung 6 (1980) H. 4, 420–427

BAURIEDL, Thea: Beziehungsanalyse. Frankfurt/M.: Suhrkamp 1980

BAURIEDL, Thea: Die Wiederkehr des Verdrängten. Psychoanalyse, Politik und der Einzelne. München: Piper 1988

BEAUMONT, H.: Gestalttherapie ist mehr als Fritz Perls. Psychologie heute 13 (1986) 7, 29–35

BECHTEREWA, N. P. (Hrsg.): Physiologie und Pathophysiologie der tiefen Hirnstrukturen des Menschen. Berlin/DDR: Volk und Gesundheit 1969

BECHTEREWA, N. P. and KAMBAROWA, D. K.: Neurophysiological Organization of Emotional States and Responses in Man. Activitas Nervosa Superior (Praha) 26 (1984) 3, 169–190

BECK, J.: Lernen in der Klassenschule. Reinbek: Rowohlt 1974

BECK, U.: Risikogesellschaft. Frankfurt/M.: Suhrkamp 1986

BECK, U.: Risikogesellschaft. In: Aus Politik und Zeitgeschichte. B (1989) 36

BECKMANN, D.: Aktionsforschungen zur Gegenübertragung. Rückblick auf ein Forschungsprogramm. In: P. Kutter u. a. (Hrsg.): Die psychoanalytische Haltung. München: Verl. Int. Psychoanalyse 1988, 231–243

BEHRENS, M. u. a.: Theorien über Ideologie. Argument-Sonderband 40, Berlin/West: Argument Verl. 1979

BELOTTI, Elena Gianini: Was geschieht mit kleinen Mädchen? München: Frauenoffensive 1975

BERGER, E. und JANTZEN, W.: Zur Methodologie der Einzelfallstudie am Beispiel pubertärer Selbstschädigung. In: O. Sasse und N. Stoellger (Hrsg.): Offene Sonderpädagogik. Frankfurt/M.: P. Lang 1989, 379–398

BERGNER, D. und MOCEK, R.: Gesellschaftstheorien. Berlin/DDR: Dietz 1986

BERNFELD, S.: Sisyphos oder die Grenzen der Erziehung. Frankfurt/M.: Suhrkamp 1967

BERNSTEIN, N. A.: Über den Aufbau der Bewegungen. Moskau 1947 (russ.)

BERNSTEIN, N. A: The Co-ordination and Regulation of Movements. Oxford: Pergamon 1966

BERNSTEIN, N. A.: Bewegungsphysiologie. Leipzig: Barth 1987, 2. Aufl.

BERNSTEIN, N. A.: Auszüge aus den Notizbüchern. Jahrbuch für Psychopathologie und Psychotherapie 9 (1989), 189–194

BERNTSON, G. G. and TORELLO, M. W.: The Paleocerebellum and the Integration of Behavioral Function. Physiological Psychology 10 (1982) 1, 2–12

BERRIDGE, M. J.: Signalübertragung in die Zelle. Spektrum der Wissenschaft (1985) 12, 136–146

BERSU, E. T.: Anatomical Analysis of the Developmental Effects of Aneuploidy in Man: The Down Syndrome. American Journal of Medical Genetics 5 (1980), 399–420

BETTELHEIM, B.: Liebe allein genügt nicht. Die Erziehung emotional gestörter Kinder. Stuttgart: Klett 1970

BETTELHEIM. B.: Erziehung zum Überleben. Zur Psychologie der Extremsituation. München: dtv 1985, 2. Aufl.

BETTELHEIM, B.: Freud und die Seele des Menschen. München: dtv 1986

BETTELHEIM, B. und KARLIN, D.: Liebe als Therapie. München: Piper 1988, 4. Aufl.

BIBL, W. R.: Diagnostische Möglichkeiten der kompetenzorientierten Verhaltensanalyse bei geistig schwerstbehinderten Menschen mit den Skalen von Uzgiris und Hunt (1975). Dissertation. Braunschweig: Technische Universität 1980

BIRBAUMER, N.: Physiologische Psychologie. Berlin/West: Springer 1975

BLAKESLEY, T. R.: The Right Brain. London: MacMillan 1980

BLANKERTZ, H.: Theorien und Modelle der Didaktik. München: Juventa 1971, 5. Aufl.

BLASS, E. M. (Ed.): Developmental Psychobiology and Developmental Neurobiology. Handbook of Behavioral Neurobiology Vol. 8. New York: Plenum 1986

BLEIDICK, U.: Konzeptionen der Lernbehindertendidaktik. In: H. Baier und U. Bleidick (Hrsg.): Handbuch der Lernbehindertendidaktik. Stuttgart: Kohlhammer 1983, 56–67

BLEIDICK, U.: Buchbesprechung. W. Jantzen: Allgemeine Behindertenpädagogik. Geistige Behinderung 27 (1988) 4, 290–293

BLOCH, E.: Naturrecht und menschliche Würde. Werkausgabe Bd. 6. Frankfurt/M.: Suhrkamp 1985 (a)

BLOCH, E.: Das Prinzip Hoffnung. Werkausgabe Bd. 5. Frankfurt/M.: Suhrkamp 1985 (b)

BLOOM, B. S. u. a.: Taxonomie von Lernzielen im kognitiven Bereich. Weinheim: Beltz 1972

BOLL, T. J.: The Halstead-Reitan Neuropsychology Battery. In: Susan B. Filskov and T. J. Boll (Eds.): Handbook of Clinical Neuropsychology. New York: Wiley 1981, 577–607

BOLL, T. J. and BARTH, J. T.: Neuropsychology of Brain Damage in Children. In: Susan B. Filskov and T. J. Boll: Handbook of Clinical Neuropsychology. New York: Wiley 1981, 418–452

BOPP, J.: Die Priesterherrschaft der Therapeuten. Psychologie heute 12 (1985) 11, 38–45

BORNEMANN, E.: Das Patriarchat. Frankfurt/M.: Fischer 1975

BOURDIEU, P.: Entwurf einer Theorie der Praxis auf der Grundlage der kabylischen Gesellschaft. Frankfurt/M.: Suhrkamp 1976

BOURDIEU, P.: Die feinen Unterschiede. Kritik der gesellschaftlichen Urteilskraft. Frankfurt/M.: Suhrkamp 1982

BRABYN, H.: Die Muttersprache beeinflußt die Gehirntätigkeiten. UNESCO-Kurier 23 (1982) 2, 10–13

BRAGYNA, N. N. und DUBROCHOTOWA, T. A.: Zu den Besonderheiten der Links- und Beidhänder. Sowjetwissenschaft: Gesellschaftswissenschaftliche Beiträge 33 (1980), 1203–1214

BRAGYNA, N. N. und DUBROCHOTOWA, T. A.: Funktionelle Asymmetrien des Menschen. Leipzig: Thieme 1984

BRANDES, H.: Theorieanwendung und sinnliche Praxis. Überlegungen zur Theorie-Praxis-Dimension in der Psychologie. Forum Kritische Psychologie 1981, Bd. 9, 82–98

BRANDES, H.: Die soziale Natur des Unbewußten. Einige Überlegungen zur Auseinandersetzung mit der psychoanalytischen Theorie des Unbewußten. Jahrbuch für Psychopathologie und Psychotherapie 9 (1989), 69–83

BRANDES, H. und MIES, T.: Thesen zur tätigkeitstheoretischen Konzeption des Unbewußten. In: M. Hildebrand-Nilshon und G. Rückriem (Hrsg.): Kongreßbericht des 1. Internationalen Kongresses zur Tätigkeitstheorie. Bd. 3: Workshopbeiträge zu ausgewählten Aspekten angewandter Forschung. Berlin/West: Hochschule der Künste 1988, 349–359

BRANDES H. u. a. Gruppenanalyse und Tätigkeitstheorie. Münster: Lit 1989

BREGGIN, P. R.: Elektroschock ist keine Therapie. München: Urban & Schwarzenberg 1980

BRETSCHER, M. S.: Wie tierische Zellen kriechen. Spektrum der Wissenschaft (1988) 2, 56–62

BRODMANN, K.: Vergleichende Lokalisationslehre der Großhirnrinde in ihren Prinzipien dargestellt auf Grund des Zellenbaues. Leipzig: Barth 1909

BROWN, J. W.: The Microstructure of Action. In: Ellen Perecman (Ed.): The Frontal Lobes Revisited. New York: IRBN Press 1987, 251–272

BROWN, J. W.: The Life of the Mind. Hillsdale N. J.: Lawrence Erlbaum 1988

BRUNER, J.: Der Prozeß der Erziehung. Düsseldorf: Schwann 1970

BUBER, M.: Reden über Erziehung. Heidelberg: Lambert Schneider 1962

BUBER, M.: Ich und Du. In: ders.: Das dialogische Prinzip. Heidelberg: Lambert Schneider 1984

BUCHWALD, Jennifer S.: Brainstem Substrates of Sensory Information Processing and Adaptive Behavior. In: N. A. Buchwald and Mary A. Brazier (Eds.): Brain Mechanisms in Mental Retardation. New York: Academic Press 1975, 315–333

BÜSCHER, P.: Einige testtheoretische Aspekte kriterienbezogener Leistungsmessung. In: K. Heller (Hrsg.): Leistungsbeurteilung in der Schule. Heidelberg: Quelle & Meyer 1978, 3. Aufl., 137–157

BUNDSCHUH, K.: Dimensionen der Förderdiagnostik. München: Reinhardt 1985

CANTWELL, D. P. et al: A Comparative Study of Infantile Autism and Specific Developmental Receptive Language Disorder – IV. Analysis of Syntax and Language Function. Journal of Child Psychology and Psychiatry 19 (1978), 351–362

CARR, Margaret: A Test of Clinical Utility: Children's Version of the Luria-Nebraska Neuropsychological Battery. Diss. (Ph. D.). Boston University Graduate School. Department of Psychology. Boston (1981?)

CARRER, P.: Le matriarcat psychologique des Bretons. Paris: Payot 1983

CASPERS, H. et al.: Electrogenesis of Slow Potentials of the Brain. In: T. Elbert et al.: Self-Regulation oft the Brain and Behavior. Berlin/West: Springer 1984, 26–41

CATTELL, R. B.: The Scientific Analysis of Personality. Harmondsworth/Middlesex: Penguin 1965

CHANGEUX, P.: Der neuronale Mensch. Reinbek: Rowohlt 1984

CHESLER, Phyllis: Frauen – das verrückte Geschlecht? Wien: Verlag Neue Presse (1974)

CHOROVER, S. L.: Die Zurichtung des Menschen. Von der Verhaltenssteuerung durch die Wissenschaften. Frankfurt/M.: Campus 1982

CHRISTENSEN, Anna Lisa: Luria's Neuropsychological Investigation. New York: Spectrum 1975

CIANARELLO, R. D. et al.: Intrinsic and Extrinsic Determinants of Neuronal Development: Relation to Infantile Autism. Journal of Autism and Developmental Disorders 12 (1982) 2, 115–145

CLARK, Katarina and HOLQUIST, M.: Mikhail Bakhtin. Cambridge/ Mass.: Belknap-Press 1984

CLAUSS, G.: Wörterbuch der Psychologie. Leipzig: Bibliogr. Inst. 1981

CLAUSS, G.: Differentielle Lernpsychologie. Berlin/DDR: Volk und Wissen 1982, 2. Aufl.

COHEN, D. J. et al.: Primary Childhood Aphasia and Childhood Autism. Clinical, Biological, and Conceptual Observations. Annual Progress in Child Psychiatry & Child Development (1977), 545–587

COTMAN, C. W. and NIETO-SAMPEDRO, M.: Brain Function, Synapse Renewal, and Plasticity. Annual Review of Psychology 33 (1982), 371–401

COUNT, E. W.: Das Biogramm. Frankfurt/M.: Fischer 1970

COUNT, E. W.: Kommunikation zwischen Tieren und die anthropologischen Wissenschaften.

Versuch eines Ausblicks. In: Ilse Schwidetzky (Hrsg.): Über die Evolution der Sprache. Frankfurt/M.: Fischer 1973, 165–225

COURCHESNE, E. et al.: Abnormal Neuroanatomy in a Nonretarded Person With Autism. Unusual Findings With Magnetic Resonance Imaging. Archives of Neurology 44 (1987) 3, 335–341

COURCHESNE, E. et al.: Hypoplasia of Cerebellar Vermal Lobules VI and VII in Autism. The New England Journal of Medicine 318 (1988) 21, 1349–1354

DAMASIO, A.R. and MAURER, R.G.: A Neurological Model for Childhood Autism. Archives of Neurology 35 (1978) 12, 777–786

DAMASIO, A.R. and HOESEN, G.W. van: Emotional Disturbances Associated with Focal Lesions of the Limbic Frontal Cortex. In: HEILMAN, K.W. and SATZ, P.: Neuropsychology of Human Emotion. New York: Guilford 1983, 85–110

DAVISON, A.N.: Neurobiology and Neurochemistry of the Developing Brain. In: J. Dobbing (Ed.): Scientific Studies in Mental Retardation. London: Royal Society of Medicine 1984, 107–117

DAVYDOV, V.V.: Learning Activity: The Main Problems Needing Further Research. Activity Theory 1 (1988) 1/2, 29–36

DAWYDOW, W.W.: Beziehungen zwischen der Theorie der Verallgemeinerung und der Lehrplangestaltung. In: Untersuchungen des Denkens in der sowjetischen Psychologie. Berlin/DDR: Volk und Wissen 1967, 253–269

DAWYDOW, W.W.: Über das Verhältnis zwischen abstrakten und konkreten Kenntnissen im Unterricht. In: J. Lompscher (Hrsg.): Sowjetische Beiträge zur Lerntheorie. Die Schule P.J. Galperins. Köln: Pahl-Rugenstein 1973, 241–260

DAWYDOW, W.W.: Arten der Verallgemeinerung im Unterricht. Berlin/DDR: Volk und Wissen 1977

DAWYDOW, W.W.: Inhalt und Struktur der Lerntätigkeit. In: W.W. Dawydow u.a.: Ausbildung der Lerntätigkeit bei Schülern. Berlin/DDR: Volk und Wissen 1982, 14–27

DAWSON, Geraldine: Cerebral Lateralization in Autism: Clues to Its Role in Language and Affective Development. In: D.L. Molfese and S.J. Segalowitz (Ed.): Brain Lateralization in Children. Developmental Implications. New York: Guilford 1988, 437–461

DeLONG, G.R. et al.: Acquired Reversible Autistic Syndrome in Acute Encephalopathic Illness in Children. Archives of Neurology 38 (1981), 191–194

DEMMER-DIEKMANN, Irene: Zum Stand der Realisierung „schulischer Integration" im Schuljahr 1987/88 in der Bundesrepublik Deutschland und West-Berlin. Behindertenpädagogik 28 (1989) 1, 49–97

DEPPE, H.U.: Vernachlässigte Gesundheit. Köln: Kiepenheuer & Witsch 1980

DERSEE, T. und DUPKE, S.: Bankrott der Gesundheitsindustrie. Eine Kritik des bestehenden medizinischen Versorgungssystems. Berlin/W.: Verlagsges. Gesundheit 1981

DEUSE, A.: Stottern bei Kindern, Jugendlichen und Erwachsenen. Köln: Pahl-Rugenstein 1984

DICKERSON, R.E.: Chemische Evolution und der Ursprung des Lebens. Spektrum der Wissenschaft (1979) 9, 99–115

DIECKMANN, G. und HASSLER, R.: Psychochirurgie. Deutsches Ärzteblatt 73 (1976) 1, 4–16, 31–32

DIMOND, S.: The Double Brain. Edinburgh: Churchill Livingstone 1972

DODRILL, C.B.: Neuropsychology of Epilepsy. In: Susan B. Filskov and T.J. Boll: Handbook of Clinical Psychology. New York: Wiley 1981, 366–395

DÖRNER, K. und PLOG, Ursula: Irren ist menschlich – Lehrbuch der Psychiatrie/Psychotherapie. Wunstorf: Psychiatrie-Verlag 1978

DÖRRE, K.: Die neuen Unberechenbaren. Demokratische Erziehung 13 (1987) H. 1, 5–10

DREIER, O.: Familiäres Sein und familiäres Bewußtsein. Frankfurt/M.: Campus 1980

DSM-III-R. Diagnostische Kriterien und Differentialdiagnosen des Diagnostischen und Statistischen Manuals Psychischer Störungen. Beltz: Weinheim 1989

Duden: Das Herkunftswörterbuch. Ethymologie der deutschen Sprache. Duden Bd. 7. Mannheim: Dudenverl. 1989, 2. Aufl.

DUNCKER, L. und GÖTZ, B.: Projektunterricht. Langenau-Ulm: Vaas 1984

DUVE, C. de: Die Zelle. Heidelberg: Spektrum d. Wiss. 1986, Bd. 1 u. 2

DYKES, R. W.: Parallel Processing of Somatosensory Information: A Theory. Brain Research Reviews 6 (1983), 47–115

EBBINGHAUS, Angelika: Kostensenkung, „Aktive Therapie" und Vernichtung. In: Angelika Ebbinghaus u. a.: Heilen und Vernichten im Mustergau Hamburg. Hamburg: Konkret 1984, 136–146

EBERT, B.: Zur Ziel-Inhalt-Methode-Relation in der Pädagogik J. F. Herbarts. Jahrbuch für Erziehungs- und Schulgeschichte 16 (1976), 79–125

ECCLES, J. C.: Die Psyche des Menschen. München: Reinhardt 1985

ECCLES, J. C. und POPPER, K. R.: Das Ich und sein Gehirn. München: Piper 1982

EDELMAN, G. M.: Group Selection and Phasic Reentrant Signalling: A Theory of Higher Brain Function. In: F. O. Schmitt and F. G. Worden (Eds.): The Neurosciences. Fourth Study Program. Cambridge/Mass.: MIT Press 1979

EDELMAN, G. M.: Zelladhäsionsmoleküle und embryonale Musterbildung. Spektrum der Wissenschaft (1984) 6, 62–74

EICHENBAUM, Luise and ORBACH, Susie: Outside in … Inside out. Women's Psychology: A Feminist Psychoanalytic Approach. Harmondsworth/Middlesex: Penguin 1982

EIGEN, M. u. a.: Ursprung der genetischen Information. Spektrum der Wissenschaft (1981) 6, 37–56

ELIAS, N.: Über den Prozeß der Zivilisation. 2 Bde. Frankfurt/M.: Suhrkamp 1976

ENGELS, F.: Dialektik der Natur. MEW Bd. 20. Berlin/DDR: Dietz 1972, 305 ff.

ENGELS, F.: Der Ursprung der Familie, des Privateigentums und des Staats. MEW Bd. 21. Berlin/DDR: Dietz 1972, 25–173

ENGELS, F.: Ludwig Feuerbach und der Ausgang der klassischen deutschen Philosophie. MEW Bd. 21. Berlin/DDR: Dietz 1972, 259–307

ENGESTRÖM, Y.: Die Zone der nächsten Entwicklung als grundlegende Kategorie der Erziehungspsychologie. Marxistische Studien. Jahrbuch des IMSF, Bd. 10. Frankfurt/M.: Inst. f. Marx. Studien u. Forsch. 1986, 151–171

ENGESTRÖM. Y.: Learning by Expanding. Helsinki: Orienta-Konsultit Oy 1987

ESSBERGER, N. u. a.: Die Solidarische Psychosoziale Hilfe Bremen. Jahrbuch für Psychopathologie und Psychotherapie 8 (1988) 184–193

EWERS, M.: Bildungskritik und Biologiedidaktik. Frankfurt/M.: Fischer-Athenäum 1974

FELDENKRAIS, M.: Abenteuer im Dschungel des Gehirns. Frankfurt/M.: 1981

FEND, H.: Theorie der Schule. München: Urban & Schwarzenberg 1980

FEUSER, G.: Grundlagen eines gesellschaftswissenschaftlich-erziehungswissenschaftlichen Verständnisses des frühkindlichen Autismus als Basis einer Pädagogik autistischer Kinder. Diss. phil. Marburg 1977; als Buch: Grundlagen zur Pädagogik autistischer Kinder. Weinheim: Beltz 1979

FEUSER, G.: Autistische Kinder. Solms-Oberbiel: Jarick 1980

FEUSER, G.: Zwischenbericht: Gemeinsame Erziehung behinderter und nichtbehinderter Kinder im Kindertagesheim. Bremen: Diakonisches Werk 1984

FEUSER, G.: Allgemeine integrative Pädagogik und entwicklungslogische Didaktik. Behindertenpädagogik 28 (1989) 1, 4–48

FEUSER, G. und MEYER, Heike: Integrativer Unterricht in der Grundschule – Ein Zwischenbericht. Solms/Lahn: Jarick-Oberbiel 1987

FICHTNER, B.: Lerninhalte in Bildungstheorie und Unterrichtspraxis. Köln: Pahl-Rugenstein 1980

FINE, A.: Transplantationsversuche im Zentralnervensystem. Spektrum der Wissenschaft (1986) 10, 86–95

FINZEN, A.: Medikamentenbehandlung bei psychischen Störungen. Wunstorf: Psychiatrie-Verlag 1981, 4. Aufl.

FIR (Fédération International des Résistants): Ermüdung und vorzeitiges Altern. Folge von Extrembelastungen. Leipzig: Barth 1973

FISCHER, Magrit: Die Lehrstrategie des Aufsteigens vom Abstrakten zum Konkreten bei der Einführung des Geographieunterrichts. Psychologie für die Praxis 7 (1989) 2, 151–162

FISSENI, H.-J.: Exploration und Fragebogen im Vergleich. In: G. Jüttemann und H. Thomae (Hrsg.): Biographie und Psychologie. Berlin/West: Springer 1987, 178–193

FOERSTER, H. von: Erkenntnistheorien und Selbstorganisation. In: S.J. Schmidt (Hrsg.): Der Diskurs des radikalen Konstruktivismus. Frankfurt/M.: Suhrkamp 1987, 133–158

FOUCAULT, M.: Die Geburt der Klinik. Frankfurt/M.: Ullstein 1976

FOUCAULT, M.: Überwachen und Strafen. Die Geburt des Gefängnisses. Frankfurt/M.: Suhrkamp 1979, 3. Aufl.

FOX, N.A. and DAVIDSON, R.J. (Eds.): The Psychobiology of Affective Development. Hillsdale N.J.: Lawrence Erlbaum 1984

FRANZ, H.-J.: Psychosoziale Belastungen, Bewältigungsverhalten und Gesundheit – Ein Überblick über das Coping-Konzept –. Prävention 12 (1989) 1, 10–15

FREIRE, P.: Pädagogik der Unterdrückten. Reinbek: Rowohlt 1973

FREUD, Anna: Das Ich und die Abwechmechanismen. Werke Bd. 1. Frankfurt/M.: Fischer 1987, 193–355

FREUD, S.: Entwurf einer Psychologie. In: ders.: Aus den Anfängen der Psychoanalyse 1887–1902. Briefe an Wilhelm Fließ. London: Imago 1950

FREUD, S: Abriß der Psychoanalyse. Frankfurt/M.: Fischer 1977

FREY, K.: Curriculum Handbuch. Bd. 1–3. München: Piper 1975

FREY, K.: Die Projektmethode. Weinheim: Beltz 1982

FRIDMAN, L.M.: Modellierung in der Lerntätigkeit. In: W.W. Dawydow et al.: Ausbildung der Lerntätigkeit bei Schülern. Berlin/DDR: Volk und Wissen 1982, 106–119

FROMM, E.: Haben oder Sein. Die seelischen Grundlagen einer neuen Gesellschaft. Stuttgart: DVA 1976

FRÜHAUF, K.: Neuropsychologisches Kurzverfahren nach Luria und Golden. NKLG. Manuskriptdruck. Berlin-Buch 1984

FUCHS, M.: Didaktische Prinzipien: Geschichte und Logik. Köln: Pahl-Rugenstein 1984

FÜRSTENAU, P.: Praxeologische Grundlagen der Psychoanalyse. In: Handbuch der Psychologie. Bd. 8, I. Klinische Psychologie. Göttingen: Hogrefe 1977, 847–888

GAGNÉ, R.M.: Die Bedingungen des menschlichen Lernens. Hannover: Schroedel 1975, 4. Aufl.

GALPERIN, P.J.: Orientierungstypen, Herausbildung von Begabungen, programmierter Unterricht. Wiss. Zeitschr. d. Päd. Inst. Güstrow 5 (1966/67) Reihe Grundstudium, Sondernummer, 17–19

GALPERIN, P.J.: Die Psychologie des Denkens und die Lehre von der etappenweisen Ausbildung geistiger Handlungen. In: Untersuchungen des Denkens in der sowjetischen Psychologie. Berlin/DDR: Volk und Wissen 1967, 81–119

GALPERIN, P.J.: Die Entwicklung der Untersuchungen über die Bildung geistiger Operationen. In: H. Hiebsch (Hrsg.): Ergebnisse der sowjetischen Psychologie. Stuttgart: Klett 1969, 367–405 (a)

GALPERIN, P.J.: Zur Untersuchung der intellektuellen Entwicklung des Kindes. Sowjetwissenschaft: Gesellschaftswissenschaftliche Beiträge 22 (1969), 1270–1283 (b)

GALPERIN, P.J.: Zum Problem der Aufmerksamkeit. In: J. Lompscher (Hrsg.): Sowjetische Beiträge zur Lerntheorie. Die Schule P.J. Galperins. Köln: Pahl-Rugenstein 1973, 15–23

GAMM, H.J.: Einführung in das Studium der Erziehungswissenschaft. Reinbek: Rowohlt 1978

GAMM, H.J.: Allgemeine Pädagogik. Reinbek: Rowohlt 1979

GEISSLER, H.G.: Hierarchien periodischer Vorgänge im Zentralnervensystem als Grundlage zeitlich-diskreter Strukturen psychischer Prozesse. In: H.G. Geißler und K. Reschke: Psychophysische Grundlagen mentaler Prozesse. In memoriam G.Th. Fechner (1801–1887). Leipzig: Karl-Marx-Universität 1987, 27–75

GERSTENBRAND, F.: Das traumatische appallische Syndrom. Wien: Springer 1967

GEUTER, U.: Polemos panton pater – Militär und Psychologie im Deutschen Reich 1914–1945. In: M.G. Ash und U. Geuter (Hrsg.): Geschichte der deutschen Psychologie im 20. Jahrhundert. Opladen: Westdeutscher Verlag 1985, 146–171

GIGASE, P.: Der Begriff der Gesundheit. Unesco-Kurier 28 (1987) 8, 4–6

GOLDBERG, E.: The Luria Battery of Tests: Techniques and Philosophy. In: S. A. Corson and Elizabeth O'Leary Corson (Eds.): Psychiatry and Psychology in the USSR. New York: Plenum 1976

GOLDEN, C. J.: A Standardized Version of Luria's Neuropsychological Test: a Quantitative and Qualitative Approach to Neuropsychological Evaluation. In: Susan B. Filskov and T. J. Boll (Eds.): Handbook of Clinical Neuropsychology. New York: Wiley 1981, 608–642

GOODMAN, C. S. und BASTIANI, M. J.: Wie embryonale Nervenzellen einander erkennen. Spektrum der Wissenschaft (1985) 2, 48–58

GOODY, J.: Die Entwicklung von Ehe und Familie in Europa. Frankfurt/M.: Suhrkamp 1989

GOULD, S. J.: Der falsch vermessene Mensch. Basel: Birkhäuser 1983

GRAMSCI, A.: Briefe aus dem Kerker. Berlin/DDR: Dietz 1956

GRAMSCI, A.: Zu Politik, Geschichte und Kultur. Frankfurt/M.: Röderberg 1980

GRAMSCI, A.: Notizen zu Sprache und Kultur. Leipzig: Kiepenheuer 1984

GRAMSCI, A.: Gedanken zur Kultur. Leipzig: Reclam 1987

GRAY, J. A.: The Neuropsychology of Anxiety. British Journal of Psychology 69 (1978), 417–434

GRAY, J. A.: The Neuropsychology of Anxiety: An Enquiry into the Functions of the Septo-Hippocampal System. Oxford: Univ. Press 1982

GREENACRE, Phyllis: Rekonstruktionen. Psyche 30 (1976), 702–722

GREENACRE, Phyllis: Reconstruction: Its Nature and Therapeutic Value. Journal of the American Psychoanalytic Association 29 (1981), 27–46

GREENSON, R.: Das Arbeitsbündnis in der Übertragungsneurose. Psyche 20 (1966) 2,

GRIFFIN, P. and COLE, M.: Current Activity for the Future: The Zoped. In: B. Rogoff and J. V. Wertsch (Eds.): Children's Learning in the „Zone of Proximal Development". San Francisco 1984, 45–64

GROSSMANN, K. E.: Frühe Entwicklung der Lernfähigkeit in der sozialen Umwelt. In: ders. (Hrsg.): Entwicklung der Lernfähigkeit in der sozialen Umwelt. München: Kindler 1977, 145–183 (a)

GROSSMANN, K. E.: Angst bei Kleinkindern. In: K. E. Grossmann und R. Winkel: Angst und Lernen. München: Kindler 1977, 19–84 (b)

GROSSMANN, K. E.: Aufbau von Beziehungen im Kleinkindalter. In: Psychosoziale Bedingungen der frühkindlichen Entwicklung – Ansatzmöglichkeiten für die Gesundheitserziehung. 5. Internat. Seminar für Gesundheitserziehung. Köln: BZfGA 1981, 49–62

GRUBITZSCH, S.: Psychodiagnostik. In: G. Rexilius und S. Grubitzsch (Hrsg.): Psychologie. Theorien – Methoden – Arbeitsfelder. Ein Grundkurs. Reinbek: Rowohlt 1986, 283–311

GRÜNWALD, H.: Die sozialen Ursprünge psychologischer Diagnostik. Darmstadt: Steinkopff 1980

GRÜSSER, O. J. und GRÜSSER-CORNEHLS, U.: Physiologie des Sehens. In: R. F. Schmidt (Hrsg.): Grundriß der Sinnesphysiologie. Berlin/West: Springer 1985, 5. neubearb. u. erw. Aufl., 174–241

Grund- und Strukturdaten 1989/90. Hrsg.: BMBW, Bonn 1989

GÜTHER, B.: Staat und Infrastruktur. Marburg: VAG 1977

GUILFORD, J. P.: Persönlichkeit. Weinheim: Beltz 1965 2./3. Aufl.

GUTHKE, J.: Zur Diagnostik der intellektuellen Lernfähigkeit. Berlin/DDR: DVdW 1972

GUTHKE, J. et al.: Psychodiagnostik – gesellschaftliche Anforderungen, Trends, methodologische Probleme und Strategien. Psychologie für die Praxis 1 (1983) 1, 54–65

GUTJAHR, W.: Die Messung psychischer Eigenschaften. Berlin/DDR: DVdW 1974

GUTMANN, W. und BONIK, K.: Kritische Evolutionstheorie. Hildesheim: Gerstenberg 1981

GUTMANN, W. F. und WEINGARTEN, M.: Die Autonomie der organismischen Biologie und der Versklavungsversuch der Biologie durch Synergetik und Thermodynamik von Ungleichgewichtsprozessen. Dialektik 13 (1987), 227–234

GUTMANN, W.F. und WEINGARTEN, M.: Evolution. In: H.J. Sandkühler (Hrsg.): Europäische Enzyklopädie Philosophie und Wissenschaften. Hamburg: Meiner 1990 (i. V.), zitiert nach Manuskript 1989

HACKER, W.: Allgemeine Arbeits- und Ingenieurspsychologie. Berlin/DDR: DVdW 1973, 2. erw. Aufl. 1978

HÄMMERLING-BALZERT, Christa: Grundlagen, Probleme und Ergebnisse der psychoanalytischen Therapie. In: Handbuch der Psychologie. Bd. 8, II. Klinische Psychologie. Göttingen: Hogrefe 1978, 1884–1910

HAKEN, H.: Erfolgsgeheimnisse der Natur. Synergetik: Die Lehre vom Zusammenleben. Stuttgart: DVA 1983, 3. Aufl.

HAKEN, H.: Entwicklungslinien der Synergetik. I. und II. Naturwissenschaften 75 (1988), 163–172 und 225–234

HAMSTER, W. u.a.: TÜLUC. Tübinger-Luria-Christensen Neuropsychologische Untersuchungsreihe. Weinheim: Beltz 1980

HARNAD, S. et al. (Eds.): Lateralization in the Nervous System. New York: Academic Press 1977

HARTLAGE, L.C. and TELZROW, Cathy F. (Eds): The Neuropsychology of Individual Differences. A Developmental Perspective. New York: Plenum 1985

HARTMANN, H.A. und HAUBL, R. (Hrsg.): Psychologische Begutachtung. München: Urban & Schwarzenberg 1984

HARTMANN, H.A. und HAUBL, R.: Der Konflikt zwischen Auftrag und Gewissen. Psychologie heute (1985) 4, 61–66

HASELMANN, Sigrid: Subjektivität, Verkehrsformen und Persönlichkeitsentwicklung. Zur sozialen Organisiertheit menschlichen Handelns. In: O. Kruse u.a.: Studien zur Tätigkeitstheorie (I). Berlin/West: Hochschule d. Künste 1985, 117–141

HASELMANN, Sigrid: Tätigkeitszusammenhänge als Reproduktionszyklen und die Persönlichkeit in ihren unbewußten Anteilen: Unbewußte Dynamik – Personale Subjektivität – Habitus. In: M. Hildebrand-Nilshon und G. Rückriem (Hrsg.): Kongreßbericht des 1. Internationalen Kongresses zur Tätigkeitstheorie. Bd. 3: Workshopbeiträge zu ausgewählten Aspekten angewandter Forschung. Berlin/ West: Hochschule der Künste 1988, 361–376

HAUG, F.W.: Ideologie/Warenästhetik/Massenkultur – Entwürfe zu einer theoretischen Synthese. Argument Studienheft 33. Berlin/W.: Argument-Verlag 1979

HEATH, R.G.: Feedback Loop Between Cerebellum and Septal-Hippocampal Sites: Its Role in Emotion and Epilepsy. Biological Psychiatry 15 (1980) 4, 541–556

HEBEL, Angelika v. u.a.: Anorexia nervosa: Psychopathogenese und Psychotherapie. Jahrbuch für Psychopathologie und Psychotherapie 6 (1986), 105–158

HECAEN, H.: Apraxias. In: Susan B. Filskov and T.J. Boll: Handbook of Clinical Neuropsychology. New York: Wiley 1981, 257–286

HECAEN, H. and ALBERT, M.L.: Human Neuropsychology. New York: Wiley 1978

HECHT, A. u.a.: Allgemeine Pathologie. Berlin/DDR: Volk und Gesundheit 1977, 2. Aufl.

HEDEGAARD, Marianne: Unterrichten und die Entwicklung der theoretischen Beziehung von Schülern zur Welt. In: Autorenkollektiv. Psychologische Methoden der Analyse und Ausbildung der Lerntätigkeit. Bericht über ein Symposium. Bd. 1, Berlin/DDR: APW der DDR 1988, 20–32

HEGEL, G.W.F.: Vorlesungen über die Ästhetik I. Werke Bd. 13. Frankfurt/M.: Suhrkamp 1970

HEIDEN, U. an der u.a.: Das Apriori-Problem und die kognitive Konstitution des Raumes. Bremer Beiträge zur Psychologie Nr. 56, März 1986

HEILMAN, K.W. and SATZ, P.: Neuropsychology of Human Emotion. New York: Guilford 1983

HELLER, A. und SEMMERLING, R. (Hrsg): Das ProWo-Buch. Leben, Lernen und Arbeiten in Projekten und Projektwochen. Königstein/Ts.: Scriptor 1983

HENATSCH, H.-D.: Bauplan der peripheren und zentralen sensomotorischen Kontrollen. In: J. Haase et al. (Hrsg.): Sensomotorik. Physiologie des Menschen Bd. 14. München: Urban & Schwarzenberg 1976, 193–263 (a)

HENATSCH, H.-D.: Zerebrale Regulation der Sensomotorik. In: J. Haase et al. (Hrsg.): Sensomotorik. Physiologie des Menschen Bd. 14. München: Urban & Schwarzenberg 1976, 265–420 (b)

HENATSCH, H.-D.: Paradigmenwechsel und Paradigmenstreit in der Neurophysiologie der Motorik. Naturwissenschaften 75 (1988), 67–76

HENNIGE, Ute u. a.: Die Erfassung und Förderung der sensomotorischen Kompetenz geistig Schwerstbehinderter. Sickte: Neuerkeröder Anstalten 1988

HERNANDEZ, J.: Pädagogik des Seins. Paolo Freires praktische Theorie einer emanzipatorischen Erwachsenenbildung. Lollar: Achenbach 1977

HERRSCHKOWITZ, N. N. and McKHANN, G. M.: Normal and Abnormal Development of the Human Nervous System. In: J. G. Nicholls (Ed.): Repair and Regeneration of the Nervous System. Berlin/West: Springer 1982, 23–39

HERZOG, G.: Krankheits-Urteile. Logik und Geschichte in der Psychiatrie. Wunstorf: Psychiatrie-Verlag 1981

HERZOG, G.: Behinderte Vorschulkinder in Bremen. München: DJI Materialien 1987

HESSE, R. und HIRTZ, P.: Koordinative Fähigkeiten im Sport. Auswahlbibliographie 1975–1984. Körperkultur und Sport. Thematische Information Leipzig: Zentr. f. Wiss.inf., Körperkultur u. Sport 1985

HIEBSCH, H. und SCHMIDT, H. D.: Was kann die Psychologie gesellschaftlich bewirken? Psychologie für die Praxis. 7 (1989) 2, 179–195

HIKMET, N.: Sie haben Angst vor unsern Liedern. Hrsg.: Türk. Akademiker u. Künstlerverein. Berlin/W. 1977

HILDEBRAND-NILSHON, M.: Die Entwicklung der Sprache. Phylogenese und Ontogenese. Frankfurt/M.: Campus 1980

HILKE, R.: Handlungstheoretisch orientierte psychologische Diagnostik: Ausweg aus der Krise der psychologischen Diagnostik. In: G. Jüttemann (Hrsg.): Neue Aspekte klinischpsychologischer Diagnostik. Göttingen: Hogrefe 1984, 10–34

HOBOM, Barbara: Molekulare Platzanweiser im Nervensystem. FAZ v. 30.7.1988, 27f.

HOBSON, J. A. and McCarley, R. W.: The Brain as a Dream State Generator: An Activation-Synthesis-Hypothesis of the Dream Process. The American Journal of Psychiatry 134 (1977) 12, 1335–1348

HÖCK, K.: Konzeption der intendierten dynamischen Gruppenpsychotherapie. In: J. Ott: Theoretische Probleme der Gruppenpsychotherapie. Leipzig: Barth 1981, 13–34

HÖRMANN, G. u. a. (Hrsg.): Familie und Familientherapie. Opladen: Westdeutscher Verlag 1988

HÖRZ, H. u. a. (Hrsg.): Philosophie und Naturwissenschaften. Wörterbuch zu den philosophischen Fragen der Naturwissenschaften. Berlin/DDR: Dietz 1983

HOFMANN, W.: Was ist Stalinismus? Heilbronn: Distel-Verlag 1984 (Nachdruck aus: ders.: Stalinismus und Antikommunismus. Frankfurt/M.: Suhrkamp 1967)

HOFSTADER, D. R.: Gödel, Escher, Bach. Darmstadt: Deutsche Buchgemeinschaft o. J. (engl. Original 1979)

HOLST, E. v. und MITTELSTAEDT, H.: Das Reafferenzprinzip. In: E. v. Holst: Zur Verhaltensphysiologie bei Menschen und Tieren. Gesammelte Abhandlungen Bd. 1. München: Piper 1969, 135–166

HOLSTE, U.: Sprachaneignung als Ausbildung sprachlicher Handlungskompetenz: Überlegungen zum Verhältnis von Sprache, Kommunikation und Modalität kommunikativer Zeichensysteme. Jahrbuch für Psychopathologie und Psychotherapie 4 (1984), 62–80

HOLSTE, U.: Zur Bestimmung einiger grundlegender Ursache-Wirkungs-Zusammenhänge zwischen epileptischen Zellerregungen und -entladungsaktivitäten des Gehirns und den komplexen Intra- und Intersystembeziehungen der höheren kortikalen Funktionen beim Menschen. Jahrbuch für Psychopathologie und Psychotherapie 6 (1986), 79–104

HOLSTE, U.: Funktionale Störungen der Selbstprogrammierung und Selbststeuerung (Selbstregulation) menschlicher Sprache – Versuch einer Grundlegung des Aphasiebegriffs vor dem Hintergrund entwicklungsphysiologischer und entwicklungspsychologischer Überlegungen. Jahrbuch für Psychopathologie und Psychotherapie 8 (1988), 110–132

HOLSTE, U.: Menschliche Sprache – gesprochene Sprache – Gebärdensprache. Solms/Lahn: Jarick-Oberbiel 1990

HOLZKAMP, K.: Grundlegung der Psychologie. Frankfurt/M.: Campus 1983

HOLZKAMP, K.: „We don't need no education ...". Forum Kritische Psychologie Bd. 11 (1983), 113–125 (b)

HOLZKAMP, K.: Was kann man von Karl Marx über Erziehung lernen? Demokratische Erziehung 9 (1983) 1, 52–59 (c)

HOLZKAMP-OSTERKAMP, Ute: Faschistische Ideologie und Psychologie. Forum Kritische Psychologie Bd. 9, 1981, 155–170

HUBEL, D. H.: Auge und Gehirn. Heidelberg: Spektrum d. Wiss. 1989

HUBEL, D. H. und WIESEL, T. W.: Die Verarbeitung visueller Informationen. In: Gehirn und Nervensystem. Heidelberg: Spektrum d. Wiss. 1980, 122–133

HUBER, W. u. a.: Der Aachener Aphasie Test. Aufbau und Überprüfung der Konstruktion. Der Nervenarzt 51 (1980), 475–482

HÜHNE, K.: Zur Bedeutung der Aussagen Anochins über funktionelle Systeme – zur Genese und Bedeutung der vorgreifenden Widerspiegelung. In: Angelika von Hebel und W. Jantzen (Hrsg.): Studien zur Tätigkeitstheorie II. Bremen: Universität (FB 11, Studiengang Behindertenpädagogik) 1986, 157–185

HUISKEN, F.: Zur Kritik bürgerlicher Pädagogik und Bildungsökonomie. München: List 1972

IBEN, G.: (Hrsg.): Das Dialogische in der Heilpädagogik. Mainz: Matthias-Grünewald-Verlag 1988

IRLE, Eva: Lesion Size and Recovery of Function: Some New Perspectives. Brain Research Reviews 12 (1987), 307–320

ISSERLIN, M.: Psychiatrie und Heilpädagogik. In: H. Goepfert (Hrsg.): Bericht über den 1. Kongreß für Heilpädagogik. Berlin: Springer 1923, 1–10

JACKENDOFF, R.: Toward an Explanatory Semantic Representation. Linguistic Inquiry 7 (1976), 89–150

JÄGER, R. S. und NORD-RÜDIGER, Dietlinde: Biographische Analyse in der Pädagogischen Diagnostik. In: R. S. Jäger u. a. (Hrsg.): Tests und Trends. Weinheim: Beltz 1985, Bd. 4., 135–167

JÄGER, R. S. und KAISER, A.: Biographische Analyse und Biographische Diagnostik. In: G. Jüttemann und H. Thomae (Hrsg.): Biographie und Psychologie. Berlin/West: Springer 1987, 178–193

JÄGER, S.: Zur Herausbildung von Praxisfeldern der Psychologie bis 1933. In: M. G. Ash und U. Geuter (Hrsg.): Geschichte der deutschen Psychologie im 20. Jahrhundert. Opladen: Westdeutscher Verlag 1985, 83–112

JAHNSEN, H.: Responses of Neurons in Isolated Preparations of the Mammalian Central Nervous System. Progress in Neurobiology 27 (1986), 351–372

JANSSEN-JURREIT, Marieluise: Sexismus. Über die Abtreibung der Frauenfrage. Frankfurt/M.: Fischer 1979

JANTSCH, E.: Die Selbstorganisation des Universums. München: Hanser 1979

JANTZEN, W.: Grundriß einer allgemeinen Psychopathologie und Psychotherapie. Köln: Pahl-Rugenstein 1979

JANTZEN, W.: Menschliche Entwicklung, allgemeine Therapie und allgemeine Pädagogik. Solms/Oberbiel: Jarick 1980

JANTZEN, W.: Soziologie der Sonderschule. Beltz: Weinheim 1981

JANTZEN, W.: Diagnostik im Interesse der Betroffenen oder Kontrolle von oben? In: Fachschaftsinitiative Sonderpädagogik Würzburg (Hrsg.): Diagnostik im Interesse der Betroffenen. Würzburg 1982, 10–51

JANTZEN, W.: Abbildtheorie und Stereotypentwicklung – ein methodologischer Beitrag zur Diagnose des Lernens und der Persönlichkeitsentwicklung bei schwerstbehinderten Kindern und Jugendlichen. Jahrbuch für Psychopathologie und Psychotherapie. 3 (1983), 111–158 (a)

JANTZEN, W.: Galperin lesen. Demokratische Erziehung 8 (1983) 5, 30–37 (b)

JANTZEN, W.: Orientierungs- und Abbildintegration durch Tätigkeitsintegration – Zur Kri-

tik von Jean Ayres neurophysiologischer Theorie „Sensorisch-integrativer Dysfunktionen"
als Grundlage der Therapie von Lernstörungen. Jahrbuch für Psychopathologie und Psychotherapie 4 (1984), 140–167

JANTZEN, W.: Eine neuropsychologische Theorie des Autismus. Behindertenpädagogik 24 (1985) 3, 274–288 (a)

JANTZEN, W.: Selbstorganisation, Ontogenese des psychischen Abbilds und Psychosomatik. Gestalt Theory 7 (1985) 4, 273–290 (b)

JANTZEN, W.: Sprache, Denken und geistige Behinderung. In: R. Mellies u. a. (Hrsg.): Erschwerte Kommunikation und ihre Analyse. Hamburg: Buske 1986, 77–107 (a)

JANTZEN, W.: Integration psychisch kranker und geistig behinderter Menschen in Bremen oder Asylierung und Amerikanisierung? Jahrbuch für Psychopathologie und Psychotherapie 6 (1986), 211–220 (b)

JANTZEN, W.: Abbild und Tätigkeit. Studien zur Entwicklung des Psychischen. Solms-Oberbiel 1986 (c)

JANTZEN, W.: Allgemeine Behindertenpädagogik Bd. 1: Sozialwissenschaftliche und psychologische Grundlagen. Weinheim: Beltz 1987

JANTZEN, W.: Gesundheit als Lebenswert in der sozialistischen Gesellschaft. Jahrbuch für Psychopathologie und Psychotherapie 8 (1988), 155–163 (a)

JANTZEN, W.: Begabung und Intelligenz – 2. Teil. Behindertenpädagogik 27 (1988) 3, 242–264 (b)

JANTZEN, W.: Die Bedeutung der Syndromanalyse nach Luria für die biographische Forschung, dargestellt am Beispiel psychopathologischer Prozesse. In: G. Auernheimer et al. (Hrsg): Studien zur Tätigkeitstheorie IV. Marburg: Inst. f. Erz.wiss. d. Universität 1988, 147–184 (c)

JANTZEN, W.: Das Konzept der Zone der nächsten Entwicklung – eine Kritik des kognitiven Reduktionismus in der Lernpsychologie. In: Evelin Witruk (Hrsg.): Anwendungsfelder differentieller Lernpsychologie. Beiträge eines interdisziplinären Kolloquiums an der Martin-Luther-Universität Halle-Wittenberg am 15.12.1988, Veröff. i. V. (d)

JANTZEN, W.: Jugend und Persönlichkeitsentwicklung in der Krise. In: G. Auernheimer u. a. (Hrsg.): Studien zur Tätigkeitstheorie IV. Marburg/L.: Inst. f. Erz.wiss. der Universität (W.-Röpke-Str. 6, 355 Marburg) 1988, S. 33–56 (e)

JANTZEN, W.: Biologische Evolutionstheorien. In: H. J. Sandkühler (Hrsg.): Europäische Enzyklopädie Philosophie und Wissenschaften. Hamburg: Meiner 1990 (i. V.), zit. nach Manuskript 1989 (a)

JANTZEN, W.: Freud und Leontjew oder: Die Aufhebung der Psychoanalyse im Marxismus. Jahrbuch für Psychopathologie und Psychotherapie 9 (1989), 44–68 (b)

JANTZEN, W.: Verhalten. In: H. J. Sandkühler (Hrsg.): Europäische Enzyklopädie Philosophie und Wissenschaften. Hamburg: Meiner 1990 (i. V.), zit. nach Manuskript 1989 (c)

JANTZEN, W.: Mensch. In: H. J. Sandkühler: Europäische Enzyklopädie Philosophie und Wissenschaften. Hamburg: Meiner 1990 (i. V.), zit. nach Manuskript 1989 (d)

JANTZEN, W.: Barbarei und Ideologie des Gefühls. Bemerkungen zu Peter Singer und der Euthanasie-Kampagne der ZEIT. Marxistische Blätter 27 (1989) 10, 104–108 (e)

JANTZEN W.: Psychologischer Materialismus, Tätigkeitstheorie, marxistische Anthropologie. Vorlesung auf dem Wilhelm-Wundt-Lehrstuhl der Karl-Marx-Universität Leipzig, WS 1987/88. Veröff. i. V. Köln und Leipzig 1990 (a)

JANTZEN, W.: Zum Vernunftbegriff – Thesen und Fragen zum Zusammenhang von Vernunft, Kultur und politischem Handeln. In: ders.: Erziehung – Humanismus – Hegemonie. Köln 1990 i. V. (b)

JANTZEN, W. und JÜTTNER, D.: Neuropsychologische Kritik der Psychochirugie. Jahrbuch für Psychopathologie und Psychotherapie 1 (1981), 107–135

JANTZEN, W., v. SALZEN, W.: Autoaggressivität und selbstverletzendes Verhalten. Berlin/W.: Marhold 1986

JERVIS, G.: Kritisches Handbuch der Psychiatrie. Frankfurt/M.: Syndikat 1978

JOHN, E. R. et al.: Neurometric Evaluation of Cognitive Dysfunctions and Neurological Disorders in Children. Progress in Neurobiology 21 (1983), 239–290

JORKOWSKI, Renate u. a.: Wir können's ja doch! Projekterfahrungen an der Sonderschule. Solms-Oberbiel: Jarick 1982

JÜRGENSEN, E.: Ganzheitliches Lernen – Eine Ermutigung. Bremer Lehrerzeitung (1988) 12, 9–10

JÜTTEMANN, G.: Klinisch-psychologische Diagnostik in neuer Sicht. In: G. Jüttemann (Hrsg.): Neue Aspekte klinisch-psychologischer Diagnostik. Göttingen: Hogrefe 1984, 35–60

JÜTTEMANN, G. (Hrsg.): Qualitative Forschung in der Psychologie. Weinheim: Beltz 1985

JÜTTEMANN, G.: Das Allgemeine am Individuellen als Fragestellung der Allgemeinen Psychologie. In: G. Jüttemann und H. Thomae (Hrsg.): Biographie und Psychologie. Berlin/West: Springer 1987, 73–96

JUNG, R.: Einführung in die Bewegungsphysiologie. In: J. Haase et al. (Hrsg.): Sensomotorik. Physiologie des Menschen Bd. 14. München: Urban & Schwarzenberg 1976, 1–97

KAAS, J. H. et al: The Reorganisation of Somatosensory Cortex Following Periphal Nerve Damage in Adult and Developing Animals. Annual Review of Neurosciences 6 (1983), 325–356

KACZMAREK, B. L. J.: Regulatory Function of the Frontal Lobes: A Neurolinguistic Perspective. In: Ellen Perecman (Ed.): The Frontal Lobes Revisited. New York: IRBN Press 1987, 225–240

KAHLE, W.: Nervensystem und Sinnesorgane. Taschenatlas der Anatomie Bd. 3. Stuttgart: Thieme 1976

KANDEL, E. R.: Kleine Verbände von Nervenzellen. In: Gehirn und Nervensystem. Weinheim: Spektrum d. Wiss. 1980, 76–85

KANDEL, E. R. and SCHWARTZ, J. H.: Principles of Neural Science. New York: Elsevier 1985, 2nd Ed.

KANT, I.: Von den Träumen der Vernunft. Kleine Schriften zur Kunst, Philosophie und Politik. Leipzig o. J.

KASTRUP, Marianne u. a.: Rehabilitation von Folteropfern. Jahrbuch für Psychopathologie und Psychotherapie 6 (1986), 159–168

KATTMANN, U.: Biosphäre und Mensch. In: E. Busche et al. (Hrsg.): Natur in der Schule. Reinbek: Rowohlt 1978, 263–283

KATTMANN, U.: Bezugspunkt Mensch. Köln: Aulis 1980

KAUPPI, A.: From Expansive Learning to Development of Human Activities. Activity Theory 1 (1988) 1/2, 50–54

KAUTTER, H. und KLEIN, G.: Frühförderung entwicklungsverzögerter und entwicklungsgefährdeter Kinder. Reutlingen: Pädagogische Hochschule 1982

KEIM, W.: Schulische Differenzierung. Königstein/Ts.: Athenäum 1979, 2. Aufl.

KELLER, G.: Die Psychologie der Folter. Frankfurt/M.: Fischer 1981

KELLY, A. V.: Unterricht mit heterogenen Gruppen. Weinheim: Beltz 1981

KELLY, Ann E. and STINUS, L.: Neuroanatomical and Neurochemical Substrates of Affective Behavior. In: N. A. Fox and R. J. Davidson (Eds.): The Psychobiology of Affective Development. Hillsdale N. J.: Lawrence Erlbaum 1984, 1–75

KESSLING, V.: Tagebuch eines Erziehers. Berlin/DDR: Verlag Neues Leben 1980

KEUPP, H. (Hrsg.): Normalität und Abweichung. München: Urban & Schwarzenberg 1979

KIMURA, M.: Die „neutrale" Theorie der molekularen Evolution. In: Evolution: Die Entwicklung von den ersten Lebensspuren bis zum Menschen. Weinheim: Spektrum d. Wiss. 1983, 100–108

KINSBOURNE, M.: Evolution of Language in Relation to Lateral Action. In: M. Kinsbourne (Ed.): Asymmetrical Function of the Brain. London: Cambridge Univ. Press 1978, 553–565

KINSBOURNE, M. and BEMPORAD, Brenda: Lateralization of Emotion: A Model and the Evidence. In: N. A. Fox and R. J. Davidson (Eds.): The Psychobiology of Affective Development. Hillsdale N. J.: Lawrence Erlbaum 1984, 259–291

KISCHKEL, W.: Autismus. Eine Störung des fronto-limbischen Systems. Behindertenpädagogik 24 (1985) 3, 288–295

KISCHKEL, W.: Autismus als Störung des fronto-limbischen Systems: Ein Fallbeispiel. Im Manuskript 1986

KLAFKI, W.: Das pädagogische Problem des Elementaren und die Theorie der Kategorialen Bildung. Weinheim: Beltz 1963, 2. erw. Aufl.

KLAFKI, W.: Studien zur Bildungstheorie und Didaktik. Beltz: Weinheim 1974

KLAFKI, W.: Die Bedeutung der klassischen Bildungstheorien für ein zeitgemäßes Konzept allgemeiner Pädagogik. Zeitschrift für Pädagogik 32 (1986) 4, 455–476

KLAFKI, W.: Neue Studien zur Bildungstheorie und Didaktik. Weinheim: Beltz 1987

KLAFKI, W. und STÖCKER, H.: Innere Differenzierung des Unterrichts. In: W. Klafki: Neue Studien zu Bildungstheorie und Didaktik. Weinheim: Beltz 1985, 119–154

KLAUS, G.: Semiotik und Erkenntnistheorie. Berlin/DDR: DVdW, 1969, 2. Aufl.

KLAUS, G. und BUHR, M. (Hrsg.): Philosophisches Wörterbuch. Berlin/West: Das Europäische Buch 1985, 13. Aufl.

KLEIBER, D. (Hrsg.): Handlungstheorie in der Anwendung – Beiträge aus dem Bereich der klinischen und pädagogischen Psychologie. Tübingen: Deutsche Gesellschaft für Verhaltenstherapie 1981

KLINGBERG, F. und HASCHKE, W.: Neurophysiologie. In: D. Biesold und H. Matthies (Hrsg.): Neurobiologie. Stuttgart: Fischer 1977, 557–647

KLINGBERG, L.: Einführung in die Allgemeine Didaktik. Frankfurt/M.: Fischer-Athenäum o. J.

KLIX, F.: Information und Verhalten. Huber: Bern 1976

KLIX, F.: Are Learning Processes Evolutionary Invariant? – An Unproved Assumtion in Psychology of Learning Revisited. Zeitschrift für Psychologie 190 (1982) 4, 381–391

KLIX, F.: Erwachendes Denken. Berlin/DDR: DVdW 1980

KLIX, F.: Über Struktur und Funktion des semantischen Gedächtnisses. In: K. Hecht u. a. (Hrsg.): Zentralnervensystem. Entwicklung – Störungen – Lernen – Motivation. Berlin/DDR: DVdW 1981, 219–237

KLUGE, K.-J.: Einführung in die Sonderschuldidaktik. Darmstadt: Wiss. Buchges. 1976

KÖNIG, R.: Institution. In: R. König (Hrsg.): Soziologie. Fischer Lexikon. Frankfurt/M.: Fischer 1958, 134–140

KOLB, B. and WISHAW, I. Q.: Fundamentals of Human Neuropsychology. San Francisco: Freeman 1980

KOLLING, Rita und MOHR, Gisela: Psychische Störungen bei Frauen: Hinweise für die Prävention und Therapie. In: Gisela Mohr u. a. (Hrsg.): Frauen: Psychologische Beiträge zur Arbeits- und Lebenssituation. München: Urban & Schwarzenberg 1982, 123–148

KON, I.: Freundschaft. Geschichte und Sozialpsychologie der Freundschaft als soziale Institution und individuelle Beziehung. Reinbek: Rowohlt 1979

KON, I.: Die Entdeckung des Ichs. Köln: Pahl-Rugenstein 1983

KONOVALOV, V.F. et al.: Der Einfluß des Grades der emotionalen Anspannung auf die Dynamik der Hemisphärendominanz. Voprosy Psichologii (1981) 5, 137–142 (russ.)

KORNMANN, R. (Hrsg.): Diagnostik bei Lernbehinderten. Heidelberg 1974

KORNMANN, R.: Diagnose von Lernbehinderungen. Weinheim: Beltz 1977

KORNMANN, R.: Beratung und Begutachtung im Bereich der Verhaltensgestörtenpädagogik. Kurseinheit 1: Diagnostisches Vorgehen zur Ermittlung von Merkmalen und Bedingungen von Verhaltensstörungen. Hagen: Fernuniversität 1982 (a)

KORNMANN, R.: Die Einbeziehung aller Beteiligten in den förderungsdiagnostischen Erkenntnisprozeß – Erwünscht? Möglich? Notwendig? In: Fachschaftsinitiative Sonderpädagogik Würzburg (Hrsg.): Diagnostik im Interesse der Betroffenen. Würzburg 1982, 52–69 (b)

KORNMANN, R. u. a. (Hrsg.): Förderdiagnostik. Heidelberg: Schindele 1983

KORNMANN, R. und RAMISCH, Brigitte: Lernen im Abseits. Erfahrungen mit Handelndem Unterricht in der Sonderschule für Lernbehinderte. Heidelberg: Schindele 1984

KOROLJOW, F. F. und GMURMAN, W. J.: Allgemeine Grundlagen der marxistischen Pädagogik. Pullach: Verlag Dokumentation 1973

KOSHLAND, D. E.: Bacterial Chemotaxis in Relation to Neurobiology. Annual Review of Neurosciences 3 (1980), 43–75

KRUMENACKER, F.: Gesundheit – von der Residualgröße zur konkreten Utopie. Köln: Pahl-Rugenstein 1988

KRUPPA, J.: Vortrag auf der Jahrestagung der Deutschen Gesellschaft für Zellbiologie in München 1988 zum Thema Phosphorylisierung. Zitiert nach „Ribosomen-Protein kontrolliert Translation", Die Neue Ärztliche, Nr. 63 v. 31.3.1988, 9

KRUSE, F.O.: Interaktionsdiagnostik in der Familie. In: G. Jüttemann (Hrsg.): Neue Aspekte klinisch-psychologischer Diagnostik. Göttingen: Hogrefe 1984, 102–123

KRUSE, P. et al.: Raum-zeitliche Integration wahrgenommener Bewegung durch Frequenzanalyse. Gestalt Theory 5 (1983) 2, 83–113

KRYSHANOVSKY, G.N.: Central Nervous System Pathology. New York: Consultants Bureau 1986

KRYSTAL, H. (Ed.): Massive Psychic Trauma. New York: Intern. Univ. Press 1968

KUCKHERMANN, R. und WIGGER-KÖSTERS, Annegret: „Die Waren laufen nicht allein zum Markt..." Die Entfaltung von Tätigkeit und Subjektivität. Köln: Pahl-Rugenstein 1985 (a)

KUCKHERMANN, R. und WIGGER-KÖSTERS, Annegret: „Gerade wenn es mir schlecht geht, brauche ich einen Arbeitsplatz" – Eine Studie zur Arbeitsrehabilitation. Köln: Pahl-Rugenstein 1985 (b)

KUCKHERMANN, R. und WIGGER-KÖSTERS, Annegret: Von der Geschichte der Tätigkeit zu Geschichten der Persönlichkeit. In: Institut für Marxistische Studien und Forschungen (Hrsg.): Marxistische Persönlichkeitstheorie. IMSF-Jahrbuch Bd. 10, Frankfurt/M. 1986, 172–202

KUCZYNSKI, J.: Die Intelligenz. Studien zur Soziologie und Geschichte ihrer Großen. Berlin/DDR: Akademie Verlag 1987

KÜHN, H.: Politisch-ökonomische Entwicklungsbedingungen des Gesundheitswesens. Königstein/Ts.: Hain 1980

KUHN, H.M.: Institution. In: H.J. Sandkühler (Hrsg.): Europäische Enzyklopädie Philosophie und Wissenschaften. Hamburg: Meiner 1990 (i. V.)

KUTTER, P. u. a. (Hrsg): Die psychoanalytische Haltung. München: Verl. Int. Psychoanalyse 1988

KUTZER, R.: Über das Erfordernis einer Neuorientierung der Didaktik der Sonderschule für Lernbehinderte unter dem Aspekt der Emanzipation. In: Ilse Abé u.a.: Kritik der Sonderpädagogik. Gießen: Edition 2000 1973, 310–344

KUTZER, R.: Zur Kritik gegenwärtiger Didaktik der Schule für Lernbehinderte – aufgezeigt an Befunden der empirischen Überprüfung rechendidaktischer Entscheidungen. Diss. phil. Marburg 1976

KUTZER, R.: Strukturorientierter Mathematikunterricht in der Lernbehindertenschule. In: H. Probst (Hrsg.): „Kritische Behindertenpädagogik in Theorie und Praxis". Solms-Oberbiel: Jarick 1979, 29–62

KUTZER, R.: Mathematik entdecken und verstehen. Lehrerband 1 u. 2. Frankfurt: Diesterweg 1983 u. 1985

KUTZER, R.: Struktur- und niveauorientiertes Lernen als Voraussetzung für eine individuelle Lernförderung – dargestellt am Beispiel von Anzahlinvarianzen. In: Arbeitsgruppe Integration Würzburg (Hrsg.): „Wege zur Intergration". Würzburg: U. Reuter Verlag 1986, 143–178

LAABS, H.-J. u.a. (Hrsg.): Pädagogisches Wörterbuch. Berlin/DDR: Volk und Wissen 1987

LARBIG, W.: Limbisches System und Emotionen. In: Euler, H.A. und Mandl, H.: Emotionspsychologie. Ein Handbuch in Schlüsselbegriffen. München: Urban & Schwarzenberg 1983, 109–118

LASOGGA, F.: Gesprächspsychotherapie: Zuviel Ideologie? Psychologie heute 13 (1986) 8, 45–50

LASSEN, N.A. u.a.: Hirnfunktion und Hirndurchblutung. In: Gehirn und Nervensystem. Heidelberg: Spektrum d. Wiss. 1980, 135–143

LAUSCHKE, Elke: Förderung von Persönlichkeitsentwicklung durch psychologische Studentenberatung – ein tätigkeitstheoretischer Zugang. Leipzig: Karl-Marx-Universität, Diss. phil. 1989, unveröff.

LAUSTER, P.: Die Liebe. Psychologie eines Phänomens. Reinbek: Rowohlt 1982

LEFEBRE, H.: Kritik des Alltagslebens. Frankfurt/M.: Athenäum 1977

LEHMANN, P.: Der chemische Knebel. Warum Psychiater Neuroleptika verabreichen. Berlin/West: Antipsychiatrie-Verlag 1986

LEKTORSKI, V. A.: Subjekt – Objekt – Erkenntnis. Grundlegung einer Theorie des Wissens. Frankfurt/M.: P. Lang 1985

LENIN, W. I.: Materialismus und Empiriokritizismus. LW Bd. 14. Berlin/DDR: Dietz 1973

LENIN, W. I.: Philosophische Hefte. LW Bd. 38. Berlin/DDR: Dietz 1973, 77–229

LENNEBERG, E.: Biologische Grundlagen der Sprache. Frankfurt/M.: Suhrkamp 1972

LEONTJEW, A. A.: Tätigkeit und Kommunikation. Sowjetwissenschaft: gesellschaftwissenschaftliche Beiträge 33 (1980), 522–535

LEONTJEW, A. A.: Psychologie des sprachlichen Verkehrs. Weinheim: Beltz 1984

LEONTJEW, A. N.: Probleme der Entwicklung des Psychischen. Frankfurt/M.: Fischer-Athenäum 1973

LEONTJEW, A. N.: Das Lernen als Problem der Psychologie. In: P. J. Galperin u. a.: Probleme der Lerntheorie. Berlin/DDR: Volk und Wissen 1974, 4. Aufl.

LEONTJEW, A. N.: Tätigkeit, Bewußtsein, Persönlichkeit. Berlin/DDR: Volk und Wissen 1979 bzw. Köln: Pahl-Rugenstein 1982

LEONTJEW, A. N.: Psychologie des Abbilds. Forum Kritische Psychologie 1981, Bd. 9, 5–19 (a)

LEONTJEW, A. N.: Die Psychologie der Kunst und die schöne Literatur (russ.). Literaturnaja učeba (Literaturstudium) (1981) 2, 177–185 (b)

LEONT'EV, A. N. and ZAPOROZHETS, A. V.: Rehabilitation of Hand Function. New York: Pergamon 1960

LEVITIN, K.: One is not Born a Personality. Moskau: Progress Publishers 1982

LIENERT, G. A.: Testaufbau und Testanalyse. Weinheim: Beltz 1969, 3. erg. Aufl.

LÖTHER, R.: Evolutionary Aspects of Health and Disease. In: J. Mlikovsky and V. J. A. Novak (Eds.): Evolution and Morphogenesis. Praha: Academia 1985, 131–137

LOMOV, B.: Methodologische und theoretische Probleme der Psychologie. Berlin/DDR: Volk und Wissen 1987

LOMPSCHER, J.: Psychologische Analysen der Lerntätigkeit. Berlin/DDR: Volk und Wissen 1989

LOMPSCHER, J. u. a.: Persönlichkeitsentwicklung in der Lerntätigkeit. Berlin/DDR: Volk und Wissen 1985

LORENZ, A.: Psychodiagnostik in der Psychiatrie. Gießen: Achenbach 1974

LOTMAN, Yu. M.: The Semiosphere. Soviet Psychology 27 (1989) 1, 40–61

LÜCK, H. E. u. a.: Sozialgeschichte der Psychologie. Opladen: Leske 1987

LUKÁCS, G.: Zur Ontologie des gesellschaftlichen Seins. Bd. 1 und 2. Darmstadt: Luchterhand 1984 und 1986

LUKÁCS, G.: Die Eigenart des Ästhetischen. Berlin/DDR: AufbauVerl. 1987, 2 Bde.

LUNDBERG, U.: Modellierung interner Verhaltensstrukturen. In: G. Tembrock u. a. (Hrsg.): Philosophische und ethische Probleme der modernen Verhaltenswissenschaft. VI. Kühlungsborner Kolloquium. Berlin/DDR: Akademie Verl. 1978, 37–45

LURIA, A. R.: Restoration of Functions after Brain Injury. Oxford: Pergamon 1963

LURIA, A. R.: Die höheren kortikalen Funktionen des Menschen und ihre Störungen bei örtlichen Hirnschädigungen. Berlin/DDR: DVdW 1970 (a)

LURIA, A. R.: Traumatic Aphasia. The Hague: Mouton 1970 (b)

LURIA, A. R.: The Working Brain. Harmondworth/Middlesex: Penguin 1973

LURIA, A. R.: The Man with a Shattered World. Harmondworth/Middlesex: Penguin 1975

LURIA, A. R.: The Neuropsychology of Memory. New York: Wiley 1976 (a)

LURIA, A. R.: Basic Problems of Neurolinguistics. The Hague: Mouton 1976 (b)

LURIA, A. R.: Neuropsychological Studies in Aphasia. Amsterdam: Swets & Zeitlinger 1977

LURIA, A. R.: The Making of Mind. A Personal Account to Soviet Psychology. Cambridge/Mass.: Harvard 1979

LURIA, A. R.: Higher Cortical Functions in Man. New York: Basic Books 1980, 2nd revised and expanded edition

LURIA, A. R.: Sprache und Bewußtsein. Köln: Pahl-Rugenstein 1982

LURIA, A. R.: L. S. Wygotski und das Problem der funktionellen Lokalisation. In: Jahrbuch für Psychopathologie und Psychotherapie 4 (1984), 15–23

LURIA, A. R. and ARTEM'EVA, E. Yu.: Two Approaches to an Evaluation of the Reliability of Psychological Investigations (Reliability of a Fact and Syndrom Analysis). Soviet Psychology 8 (1970) 3–4, 271–282; erneut in: M. Cole (Ed.): The Scientific Work of A. R. Luria. New York: Sharpe 1978, 282–293

LURIA, A. R. und TSVETKOVA, Ljubov S.: Neuropsychologie und Probleme des Lernens in der Schule. Jahrbuch für Psychopathologie und Psychotherapie 9 (1989), 139–183

MAASE, K.: „Leben einzeln und frei wie ein Baum und brüderlich wie ein Wald . . .". Wandel der Arbeiterkultur und Zukunft der Lebensweise. Frankfurt/M.: Verl. Marx. Blätter 1985

MAGER, R.: Lernziele und Programmierter Unterricht. Weinheim: Beltz 1965

MAKARENKO, A. S.: Werke in 7 Bänden. Bde. 1, 4, 5. Berlin/DDR: Volk und Wissen 1974

MANDELBAUM, A.: Diagnosis in Family Treatment. Bulletin of the Menninger Clinic 40 (1976) 5, 497–504

MANGOLD, B. und OBENDORF, W.: Bedeutung der familiären Beziehungsdynamik in der Förderungsarbeit und Therapie mit behinderten Kindern. Praxis der Kinderpsychologie und Kinderpsychotherapie 30 (1981) 1, 12–18

MANN, Iris (d. i. Manske, Christel): Schlechte Schüler gibt es nicht. München: Urban & Schwarzenberg 1977

MANN, Iris (d. i. Manske, Christel): Lernprobleme. München: Urban & Schwarzenberg 1979

MANSKE, Christel: Handelnder Unterricht. päd. extra & demokratische Erziehung 1 (1988) 1, 32–37

MARGULIS, Lynn: Symbiosis in Cell Evolution. San Francisco: Freeman 1981

MARSHALL, J. F.: Neural Plasticity and Recovery of Function after Brain Injury. International Review of Neurobiology 26 (1985), 201–247

MARX, K.: Zur Kritik der Hegelschen Rechtsphilosophie. Einleitung. MEW Bd. 1. Berlin/DDR: Dietz 1974, 378–391

MARX, K.: Thesen über Feuerbach. MEW 3. Berlin/DDR: Dietz 1969, 5–7

MARX, K.: Das Kapital. Bd. 1. MEW Bd. 23. Berlin/DDR: Dietz 1970

MARX, K.: Theorien über den Mehrwert. Teil 1. MEW 26.1. Berlin/DDR: Dietz 1971

MARX, K.: Grundrisse der Kritik der politischen Ökonomie. MEW Bd. 42. Berlin/DDR: Dietz, 1983

MARX, K.: Ökonomisch-Philosophische Manuskripte aus dem Jahre 1844. MEW Erg. Bd. 1. Berlin/DDR: Dietz 1980, 465–588

MARX, K.: Betrachtung eines Jünglings bei der Wahl eines Berufs. MEW Erg. Bd. 1, 591–594

MARX, K. und ENGELS, F.: Die deutsche Ideologie. MEW Bd. 3. Berlin/DDR: Dietz 1969, 9–530

MARX, K. und ENGELS, F.: Manifest der Kommunistischen Partei. MEW Bd. 4. Berlin/DDR: Dietz 1972, 459–493

MASLAND, R. H.: Die funktionelle Architektur der Netzhaut. Spektrum der Wissenschaft (1987) 2, 66–75

MATURANA, H.: Biologie der Kognition. Paderborn: FEoll-Institut f. Wiss. u. Planungstheorie 1977

MATURANA, H.: Erkennen: Die Organisation und Verkörperung von Wirklichkeit. Braunschweig: Vieweg 1982

MATURANA, H. und VARELA, F.: Der Baum der Erkenntnis. Die biologischen Wurzeln menschlichen Erkennens. München: Scherz 1987

MATUSSEK, P.: Die Konzentrationslagerhaft und ihre Folgen. Berlin/West: Springer 1971

MAUSE, L. de: Hört ihr, wie die Kinder weinen. Eine psychogenetische Geschichte der Kindheit. Frankfurt/M.: Suhrkamp 1977

MAY, J.G.: Nosology and Diagnosis. In: J.D. Noshpitz (Ed.): Basic Handbook of Child Psychiatry. Vol 2: Disturbances in Development. New York: Basic Books 1979, 111–144

MAYEUX, R.: Emotional Changes Associated with Basal Ganglia Disorders. In: K.H. Heilman and P. Satz: Neuropsychology of Human Emotion. New York: Guilford 1983, 141–164

MAYRHOFER, H. und ZACHARIAS, W.: Projektbuch ästhetisches Lernen. Reinbek: Rowohlt 1977

McCARLEY, R.W.: Der Traum. Regie führt das Gehirn. Psychologie heute 6 (1979) 5, 64–67

McGUINESS, Diane and PRIBRAM, K.: The Neuropsychology of Attention: Emotional and Motivational Controls. In: M.C. Wittrock (Ed.): The Brain and Psychology. New York: Academic Press 1980, 95–140

McINTYRE, D.C. and RACINE, R.C.: Kindling Mechanisms: Current Progress on an Experimental Epilepsy Model. Progress in Neurobiology 27 (1986), 1–12

McLEAN, P.D.: A Triune Concept of the Brain and Behaviour. Toronto: University Press 1973

MEAD, G.H.: Geist, Identität und Gesellschaft. Frankfurt/M.: Suhrkamp 1975, 2. Aufl.

MEINEL, K. und SCHNABEL, G.: Bewegungslehre – Sportmotorik. Abriß einer Theorie der sportlichen Motorik unter pädagogischem Aspekt. Berlin/DDR: Volk u. Wissen 1987, 8. Aufl.

MELZACK, R.: The Puzzle of Pain. Harmondworth/Middlesex: Penguin 1973

MESSMANN, A.: Zur Herausbildung des Leitmotivs, dargestellt am Beispiel Dschingis Aitmatovs „Der weiße Dampfer". Vortrag 3. Tagung für Tätigkeitstheorie, Bielefeld 31.1.–2.2.1986, unveröff.

MESSMANN, A.: Kunst als Spiegel. Zum Verhältnis von Kunst und Subjekterfahrung, dargestellt an P. Weiss Interpretation von Géricaults Gemälde „Floß der Medusa". In: M. Holodynski, W. Jantzen (Hrsg.): Studien zur Tätigkeitstheorie V, Bielefeld: Universität 1989, 93–100

MÉTRAUX, A.: Der Methodenstreit und die Amerikanisierung der Psychologie in der Bundesrepublik 1950–1970. In: M.G. Ash und U. Geuter (Hrsg.): Geschichte der deutschen Psychologie im 20. Jahrhundert. Opladen: Westdeutscher Verlag 1985, 225–251

MEYER, H.: Unterrichtsmethoden. I: Theorieband. II: Praxisband. Frankfurt/M.: Scriptor 1987

MEYER-WILLNER, G: Differenzieren und Individualisieren. Bad Heilbrunn: Klinkhardt 1979

MIEDANER, L.: Gemeinsame Erziehung behinderter und nichtbehinderter Kinder. München: DJI Materialien 1986

MIKULEIT, B.: Ein Aphasiker erlebt seine Rehabilitation. Bonn: Reha-Verl. 1987, 2. Aufl.

MINUCHIN, S. et al.: Psychosomatische Krankheiten in der Familie. Stuttgart: Klett-Cotta 1986

MISHKIN, M. und APPENZELLER, T.: Die Anatomie des Gedächtnisses. Spektrum der Wissenschaft (1987) 8, 94–104

MITSCHERLICH, A. und MITSCHERLICH, Margarete: Die Unfähigkeit zu trauern. München: Piper 1977

MÖCKEL, K.: Hoffnung für Dan. Berlin/DDR: Verlag Neues Leben 1983

MOLFESE, D.L. and SEGALOWITZ, S.J.: Brain Lateralization in Children. Developmental Implications. New York: Guilford 1988

MORAWIETZ, H.: Unterrichtsdifferenzierung. Weinheim: Beltz 1980

MOUNTCASTLE, V.B.: The World Around us: Neural Command Functions for Selective Attention. Neurosciences Research Program Bulletin (Supplement) 14 (1976), 1–47

MOUNTCASTLE, V.B.: An Organizing Principle for Cerebral Function: The Unit Modul and the Distributed System. In: F. O. Schmitt and F. G. Worden (Eds.): The Neurosciences. Fourth Study Program. Cambridge/Mass.: MIT Press 1979

NADEL, Lynn (Ed.): The Psychobiology of Down Syndrome. Cambridge/Mass.: MIT Press 1988

NAUTA, W.J.H. and FEIRTAG, M.: Fundamental Neuroanatomy. San Francisco: Freeman 1986

NESTLE, W.: Fächerübergreifender „Sachunterricht" in der Haupt- und Sonderschule (L). Stuttgart: Metzler 1975

NEUMANN, F.: Demokratischer und autoritärer Staat. Frankfurt/M.: Fischer 1986

NICHOLLS, J.G. (Ed.): Repair and Regeneration in the Nervous System. Berlin/West: Springer 1982

NIEDERLAND, W.G.: Folgen der Verfolgung: Das Überlebenden-Syndrom Seelenmord. Frankfurt/M.: Suhrkamp 1980

NOHL, H.: Die Theorie der Bildung. In: H. Nohl und L. Pallat: Handbuch der Pädagogik. Bd. 1. Langensalza: Beltz 1933, 3–80 (Reprint Weinheim: Beltz 1981)

NONNE, M.: Therapeutische Erfahrungen an den Kriegsneurosen in den Jahren 1914–1918. In: Handbuch der ärztlichen Erfahrungen des Weltkrieges. Bd. 4. Leipzig 1922, 102–121

NYSSEN, F.: Schule im Kapitalismus. Köln: Pahl-Rugenstein 1970

OEHLER, Regina: Aplysia lehrt uns das Lernen. DIE ZEIT Nr. 5, 24.1.1986, 66

O'KEEFE, J. and NADEL, Lynn: The Hippocampus as a Cognitive Map. Oxford: Clarendon 1978

OTTE, M. und STEINBRING, H.: Zum Verhältnis von Wissenschaft und Unterricht. Demokratische Erziehung 1 (1975) 5, 71–89

PANDYA, D.N. and BARNES, C.L.: Architecture and Connections of the Frontal Lobe. In: Ellen Perecman (Ed.): The Frontal Lobes Revisited. New York: IRBN 1987, 41–72

PAPE, E.: Selbstdarstellung: Der BRD-Rechtsstaat und ich. Jahrbuch für Psychopathologie und Psychotherapie 1 (1981), 170–176

PAPE, E.: Pazifistische Psychiatrie zwecks Menschenwürde. Jahrbuch für Psychopathologie und Psychotherapie 4 (1984), 202–214

PAPE, E.: Schock-Krampfbehandlungen und andere Hirnverstümmlungen. Jahrbuch für Psychopathologie und Psychotherapie 6 (1986), 169–202

PATTON, B.M. and CARLSON B.M.: Foundations of Embryology. New Delhi: TATA Mc Graw-Hill 1977

PAVLYGINA, R.A.: The Dominant and its Role in Animal Behavior. In: E.A. Asratyan and P.V. Simonov (Eds.): The Learning Brain. Moskau: Mir Publishers 1983, 145–166

PEDERSEN, K.E.: Tidlig infantil autisme og dysfunktion af hippocampus. Nordisk Psychiatrisk Tidsskrift (Kobenhavn) 35 (1981) 2, 131–148

PETERMANN, F. und HEHL, F.-J. (Hrsg.): Einzelfallanalyse. München: Urban & Schwarzenberg 1979

PETERMANN, F.: Die (verlaufs)strukturorientierte Einzelfalldiagnostik und ihre Aussagekraft innerhalb der klinischen Psychologie. Zeitschrift für klinische Psychologie 10 (1981) 2, 110–134

PETRAK, H. u.a.: Proletariat in der BRD. Berlin/DDR: Dietz 1974

PETROWSKI, A.W.: Psychologische Theorie des Kollektivs. Berlin/DDR: Volk und Wissen 1983

PHILLIPS, A.G.: Brain Reward Circuitry: A Case for Separate Systems. Brain Research Bulletin 12 (1984) 2, 195–201

PHILLIPS, C.G.: Movements of the Hand. Liverpool: University Press 1986

PIAGET, J.: Biologische Anpassung und Psychologie der Intelligenz. Suttgart: Klett 1975 (a)

PIAGET, J.: Das Erwachen der Intelligenz beim Kinde. Gesammelte Werke Bd. 1. Stuttgart: Klett 1975 (b)

PICKENHAIN, L.: Das Verhalten. In: D. Biesold und H. Matthies: Neurobiologie. Stuttgart: Fischer 1977, 693–733

PICKENHAIN, L.: Towards a Holistic Conception of Movement Control. In: H. T. A. Whiting (Ed.): Human Motor Action. Bernstein reassessed. Amsterdam: North-Holland 1984, 505–528

PICKENHAIN, L.: Vortrag über die Pawlow-Schule am 3.11.1986 in Bremen. Persönliche Mitschrift 1986 (a)

PICKENHAIN, L.: Methodologische Fragen bei der interdisziplinären Erforschung der psychischen Steuerungsebene und der biotischen Prozesse im Organismus. Zeitschrift für Psychologie 194 (1986) 3, 273–284 (b)

PICKENHAIN, L.: N. A. Bernstein und die moderne Neuropsychologie der Bewegungen. Behindertenpädagogik 28 (1989) 4, 374–381

PICKENHAIN, L. und SCHNABEL, G.: Einführung. In: N. A. Bernstein: Bewegungsphysiologie. Leipzig: Barth 1987, 15–19

PIONTEK, F.: Differentielle Lernverlaufscharakterisierung durch Zeitreihenanalysen. In: Evelin Witruk (Hrsg.): Anwendungsfelder differentieller Lernpsychologie. Beiträge eines interdisziplinären Kolloquiums an der Martin-Luther-Universität Halle-Wittenberg am 15.12.1988, Veröff. i. V.

PIRELLA, A.: Sozialisation der Ausgeschlossenen. Reinbek: Rowohlt 1975

POGGIO, T. und KOCH, C.: Wie Synapsen Bewegung verrechnen. Spektrum der Wissenschaft (1987) 7, 78–84

POLITZER, G.: Kritik der klassischen Psychologie. Frankfurt/M.: EVA 1974

POLJAKOV, G.I.: Moderne Befunde über die Struktur des Kortex. In: A. R. Luria: Die höheren kortikalen Funktionen des Menschen und ihre Störung bei örtlicher Hirnschädigung. Berlin/DDR: DVdW 1970, 56–97

POLJAKOV, G.I.: Entwicklung der Neuronen der menschlichen Großhirnrinde. Leipzig: Thieme 1979

PRASCHAK, W.: Sensomotorische Kooperation mit Schwerstbehinderten als Herausforderung für eine allgemeine Pädagogik. Diss. phil. Universität Bremen 1989 (Veröff. i. V.)

PRENGEL, Annedore: Schulversagerinnen. Gießen: Focus 1984

PRESCOTT, J. W.: Early Somatosensory Deprivation as an Ontogenetic Process in the Abnormal Development of the Brain and Behavior. In: I. E. Goldsmith and J. Moor-Jankowski (Eds.): Medical Primatology. Basel: Karger 1971

PRIBRAM, K. H.: The New Neurology and the Biology of Emotion: A Structural Approach. In: K. H. Pribram (Ed.): Brain and Behaviour 4: Adaptation. Harmondsworth/Middlesex: Penguin 1969, 452–466 (a)

PRIBRAM, K. H.: The Foundation of Psychoanalytic Theory: Freud's Neuropsychological Model. In: K. H. Pribram (Ed.): Brain and Behaviour 4: Adaptation. Harmondsworth/Middlesex: Penguin 1969, 395–432 (b)

PRIBRAM K. H.: Languages of the Brain. Monterey/Cal.: Brooks/Cole 1977 (1. Aufl. New York: Prentice Hall 1971)

PRIBRAM, K. H.: Hologramme im Gehirn. Psychologie heute 6 (1979) 10, 32–54

PRIBRAM, K. H.: Emotions. In: Susan B. Filskov and T. J. Boll (Eds.): Handbook of Clinical Psychology. New York: Wiley 1981, 102–134

PRIBRAM, K. H.: The Subdivisions of the Frontal Cortex Revisited. In: Ellen Perecman (Ed.): The Frontal Lobes Revisited. New York: IRBN 1987, 11–39

PRIBRAM, K. H. and GILL, M. M.: Freud's Project Reassessed. Preface to Contemporary Cognitive Theory and Neuropsychology. New York: Basic Books 1976

PRIBRAM, K. H. et al.: Frequency Encoding in Motor Systems. In: H. T. A. Whiting (Ed.): Human Motor Action. Bernstein Reassessed. Amsterdam: North-Holland 1984, 121–156

PRIBRAM, K. H. and LURIA, A. R. (Eds.): Psychophysiology of the Frontal Lobes. New York: Academic Press 1973

PRIGOGINE, I.: Natur, Wissenschaft und neue Rationalität. Dialektik 12 (1986), 15–37

PRIGOGINE, I. und STENGERS, Isabelle: Dialog mit der Natur. München: Piper 1981

PRIM, R.: Politik, Moral und Pädagogik. Sozialstrukturelle Bedingungen moralischer Haltungspflege. Soziale Sicherheit 38 (1989) 12, 357–365

PRITCHARD, D.C.: Foundations of Developmental Genetics. London: Taylor & Francis 1986

PROBST, H.: Die scheinbare und wirkliche Funktion des Intelligenztests im Sonderschulüberweisungsverfahren. In: Ilse Abé u.a.: Kritik der Sonderpädagogik. Gießen: Edition 2000 1973, 107–183

PROBST, H.: Strukturbezogene Diagnostik. In: H. Probst (Hrsg.): Kritische Behindertenpädagogik in Theorie und Praxis. Solms-Oberbiel: Jarick 1979, 113–135

PROBST, H.: Diagnostik und Didaktik der Oberbegriffsbildung. Solms/L.: Jarick 1981

PROBST, H.: Testverfahren zur Diagnostik spezifischer Lernvoraussetzungen. In: R.S. Jäger u.a. (Hrsg.): Tests und Trends. Weinheim: Beltz 1983, Bd. 3, 77–105

PROBST, H. und WACKER, G.: Lesenlernen. Ein Konzept für alle. Solms-Oberbiel: Jarick 1986

Psychotherapieberichte des Hauses für Gesundheit. Hrsg. K. Höck und Helga Hess. Berlin/DDR 7/1981; 10, 11, 13, 14/1982; 16–21/1983; 22, 23, 24, 26, 27/1984; 28–30/1985

PUESCHEL, S.: New Perspectives in Neurodevelopmental Concerns in Children with Down Syndrome. In: Inge Flehmig und L. Stern: Kindesentwicklung und Lernverhalten. Stuttgart: G. Fischer 1986, 301–308

PUESCHEL, S. (Ed.): The Young Child with Down Syndrome. New York: Human Sciences Press 1984

RADSICHOWSKI, L.A.: Das Subjekt-Objekt-Problem in der psychologischen Theorie der Tätigkeit. Sowjetwissenschaft: Gesellschaftswissenschaftliche Beiträge 36 (1983) 4, 560–570

RADZUN, R. und SCHRÖDER, Astrid: Kritik der krankengymnastischen Methode nach Vojta. Jahrbuch für Psychopathologie und Psychotherapie 3 (1983), 158–182

RAEITHEL, A.: Tätigkeit, Arbeit und Praxis. Grundbegriffe für eine praktische Psychologie. Frankfurt/M.: Campus 1983

RASKIN, D.E.: On Diagnosing. Comprehensive Psychiatry 18 (1977) 2, 103–110

REDL, F. und WINEMAN, D.: Steuerung des aggressiven Verhaltens beim Kind. München: Piper 1986, 4. Aufl. (a)

REDL, F. und WINEMAN, D.: Kinder die hassen. München: Piper 1986 3. Aufl. (b)

REHDER, Helga: Pathology of Trisomie 21 – with Particular Reference to Persistent Common Atrioventricular Canal of the Heart. In: G.R. Burgio et al. (Eds.): Trisomy 21. An International Symposium. Berlin/West: Springer 1981, 57–73

REISER, H.: Dialog im Gruppenprozeß – Zur Vermittlung dialogischer Philosophie und pädagogischer Praxis. In: G. Iben (Hrsg.): Das Dialogische in der Heilpädagogik. Mainz: Matthias-Grünewald-Verlag 1988, 23–40

REMSCHMIDT, H. und SCHMIDT, M.: Multiaxiales Klassifikationsschema für psychiatrische Erkrankungen im Kindes- und Jugendalter nach RUTTER, SHAFFER und STURGE. Bern: Huber 1977

RICHTER, W.J.: Chiralität – ein Syntheseprinzip des Lebendigen. In: P. Plath und H.J. Sandkühler (Hrsg.): Theorie und Labor. Dialektik als Programm der Naturwissenschaft. Köln: Pahl-Rugenstein 1978, 327–339

RIQUELME, H. (Hrsg.): Die neue italienische Psychiatrie. Frankfurt/M: P. Lang 1988

RITTER, J. und GRÜNDER, K. (Hrsg.): Historisches Wörterbuch der Philosophie. Darmstadt: Wiss. Buchges. 1972, 1976, Bd. 2 u. 4

ROEDEL, Judith: Das heilpädagogische Experiment Bonneuil und die Psychoanalyse in Frankreich. Frankfurt/M.: Fachbuchhandl. f. Psychol. Verl. 1986

ROGERS, C. u.a.: Die klientzentrierte Gesprächspsychotherapie. München: Kindler 1975

ROHR, Barbara: Handelnder Unterricht. Rheinstetten: Schindele 1980

ROHR, Barbara: Didaktik. In: E. Reichmann (Hrsg.): Handbuch der kritischen und materialistischen Behindertenpädagogik und ihrer Nebenwissenschaften. Solms-Oberbiel: Jarick 1984, 167–173 (a)

ROHR, Barbara: Sexismus. In: E. Reichmann (Hrsg.): Handbuch der materialistischen und kritischen Behindertenpädagogik. Solms-Oberbiel: Jarick 1984, 558–564 (b)

ROLAND, P.E.: Somatosensory Detection of Microgeometry, Macrogeometry and Kinesthesia after Localized Lesions of the Cerebral Hemispheres in Man. Brain Research Reviews 12 (1987), 43–94

RONDAL, J. A.: Linguistic and Prelinguistic Development in Moderate and Severe Mental Retardation. In: J. Dobbing et al. (Eds.): Scientific Studies in Mental Retardation. London: Royal Society of Medicine 1984, 323–345

ROSS, Majorie H. et al.: Down's Syndrome. Is there a Decreased Population of Neurons? Neurology (Cleveland) 34 (1984) 7, 909–916

ROTH, G.: Die Bedeutung der biologischen Wahrnehmungsforschung für die philosophische Erkenntnistheorie. In: P. M. Hejl, W. K. Köck und G. Roth (Hrsg.): Wahrnehmung und Kommunikation. Frankfurt/M.: Lang 1978, 65–78

ROTH, G.: Selbstorganisation und Selbstreferentialität als Prinzipien der Organisation von Lebewesen. In: Dialektik 12, 1986, 194–213

ROTH, G.: Erkenntnis und Realität. Das reale Gehirn und seine Wirklichkeit. In: G. Pasternack (Hrsg.): Erklären, Verstehen, Begründen. Eine Ringvorlesung: Bremen: Zentr. Philosoph. Grundl. d. Wiss. d. Universität 1985, 87–109. Wiederabdruck in: S. J. Schmidt (Hrsg.): Der Diskurs des radikalen Konstruktivismus. Frankfurt/M.: Suhrkamp 1987, 229–255 (a)

ROTH, G.: Autopoiese und Kognition. Die Theorie H. R. Maturanas und die Notwendigkeit ihrer Weiterentwicklung. In: S. J. Schmidt (Hrsg.): Der Diskurs des radikalen Konstruktivismus. Frankfurt/M.: Suhrkamp 1987, 256–286 (b)

ROTH, K. H.: „Asoziale" und nationale Minderheiten. In: Was ist der Mensch wert? Orientierung im Schatten des Nationalsozialismus. Protokolldienst der Evangelischen Akademie Bad Boll 31, 1983, 120–134

ROUTTENBERG, A.: Das Belohnungssystem des Gehirns. In: Gehirn und Nervensystem. Weinheim: Spektrum d. Wiss. 1980, 160–167

RÜGEMER, W.: Die allgemeine Bildung des knechtischen Werkzeugs oder: Der unerledigte Skandal bundesdeutschen Bildungsverständnisses. Oldenburger Vordrucke Heft 40/1980. Universität Oldenburg, Zentrum für pädagogische Berufspraxis. Oldenburg 1988

RÜGEMER, W.: Die Bildung des Scorpio. Die Leittext-Methode in der beruflichen Ausbildung: Widersprüchliche Annäherungen. Päd. extra & demokratische Erziehung 1 (1988) 6, 6–9

RUSALOV, W. M.: Theoretische Probleme des Aufbaus einer speziellen Theorie der Individualität des Menschen. Behindertenpädagogik 26 (1987) 4, 357–370 (a)

RUSALOV, W. M.: Biologische Grundlagen individueller Unterschiede. Jahrbuch für Psychopathologie und Psychotherapie 7 (1987), 34–54 (b)

RUSINOV, V. S.: The Dominant Focus. Electrophysiological Investigations. New York: Consultants Bureau 1973

RUSINOV, V. S.: The Polarization Electrotonic Hypothesis of the Formation of Simple Forms of Temporary Connection. In: E. A. Asratyan and P. V. Simonov (Eds.): The Learning Brain. Moskau: Mir Publishers 1983, 9–21

SACKS, O.: Der Mann, der seine Frau mit einem Hut verwechselte. Reinbek: Rowohlt 1987

SAMEROFF, A. J.: Austauschmodelle für frühe soziale Beziehungen. In: K. Riegel (Hrsg.): Zur Ontogenese dialektischer Operationen. Frankfurt/M.: Suhrkamp 1978, 97–116

SANDKÜHLER, H. J. (Hrsg.): Europäische Enzyklopädie Philosophie und Wissenschaften. Hamburg: Meiner 1990 (i. V.)

SAUERMANN, Ekkehard: Makarenko und Marx. Praktisches und Theoretisches über die Erziehung der Arbeiterjugend. Berlin/DDR: Dietz 1987

SCHAARSCHMIDT, U.: Was brachte uns die Diagnostikdiskussion? Versuch einer abschließenden Stellungnahme. Psychologie für die Praxis 3 (1985) 4, 357–362

SCHAARSCHMIDT, U.: Neue Inhalte und Methoden in der Diagnostik geistiger Leistungsfähigkeit. in Psychologie für die Praxis 7 (1989) Ergänzungsheft, 87–101

SCHACHT, Lore: Die Entdeckung der Lebensgeschichten. Psyche 32 (1978), 97–110

SCHEU, Ursula: Wir werden nicht als Mädchen geboren – wir werden dazu gemacht. Frankfurt/M.: Fischer 1977

SCHIEPEK, G.: Systemische Diagnostik in der Klinischen Psychologie. München: Psychologie Verlags Union 1986

SCHLEE, J.: Förderdiagnostik – eine bessere Konzeption? In: R. S. Jäger u. a. (Hrsg.): Tests und Trends. Weinheim: Beltz 1985, Bd. 4., 82–108 (a)

SCHLEE, J.: Kann Diagnostik beim Fördern helfen? Anmerkungen zu den Ansprüchen der Förderdiagnostik. Zeitschrift für Heilpädagogik 36 (1985) 3, 153–165 (b)

SCHLEE, J.: Helfen verworrene Konzepte dem Denken und Handeln in der Sonderpädagogik? Zeitschrift für Heilpädagogik 36 (1985) 12, 860–891 (c)

SCHMID, R.: Intelligenz- und Leistungsmessung. Geschichte und Funktion psychologischer Tests. Frankfurt/M.: Campus 1977

SCHMIDT, H.: Methodik der Strukturanalyse – ein Beitrag zur Modellbildung in der Psychologie. Zeitschrift für Psychologie 196 (1989) 2, 129–149

SCHMIDT, H. und RESCHKE, K.: Zur Nutzung strukturanalytischer Auswertungsmethoden in der empirischen Forschung. Psychologie für die Praxis. Veröff. i. V. 1989

SCHMIDT, S. J. (Hrsg.): Der Diskurs des radikalen Konstruktivismus. Frankfurt/M.: Suhrkamp 1987

SCHMIDT, S. J.: Der Radikale Konstruktivismus: Ein neues Paradigma im interdisziplinären Diskurs. In: S. J. Schmidt (Hrsg.): Der Diskurs des radikalen Konstruktivismus. Frankfurt/M.: Suhrkamp 1987, 11–88

SCHMOOK, C. u. a.: Verhaltensanalyse. In: W. J. Schraml und U. Baumann (Hrsg.): Klinische Psychologie II. Bern: Huber 1974, 353–375

SCHNAPF, Julie L. und BAYLOR, D. A.: Die Reaktion von Fotorezeptoren auf Licht. Spektrum der Wissenschaft (1987) 6, 116–124

SCHEFFLER, Sabine: Feministische Therapie. „. . . sich das Recht nehmen, nein zu sagen". Psychologie heute 13 (1986) 3, 34–37

SCHNEIDER, Ulrike: Sozialwissenschaftliche Methodenkrise und Handlungsforschung. Frankfurt/M.: Campus 1980

SCHÖNBERGER, F.: Kooperation als pädagogische Leitidee. In: F. Schönberger u. a.: Bausteine der Kooperativen Pädagogik. Stadthagen: Bernhardt-Pätzold 1987, 69–139

SCHÖNBERGER, F., JETTER, K. und PRASCHAK, W.: Bausteine der Kooperativen Pädagogik. Stadthagen: Bernhardt-Pätzold 1987

SCHORN, A.: Geschichte der Pädagogik. Berlin: Union Deutsche Verlagsgesellschaft 1912

SCHRÖDER, H.: Persönlichkeitspsychologie, Pathopsychologie und klinische Psychologie. In: H. Schröder (Hrsg.): Fortschritte der klinischen Persönlichkeitstheorie und klinischen Psychodiagnostik. Leipzig: Barth 1988, 29–37

SCHRÖDER, H. und NAUMANN, Kerstin: Persönlichkeitsbesonderheiten und die Bewältigung von chirugischen Operationsanforderungen. Psychologie für die Praxis 7 (1989) 2, 163–178

SCHRÖDER, H. u. a.: Medizinische Psychologie. Von einer „Psychologie der Krankheit" zu einer „Psychologie der Gesundheit". Jahrbuch für Psychopathologie und Psychotherapie 8 (1988), 133–154; sowie: Psychologie für die Praxis 7 (1989) Ergänzungsheft, 47–65

SCHULTE, D. (Hrsg.): Diagnostik in der Verhaltenstherapie. München: Urban & Schwarzenberg 1976, 2. Aufl. (a)

SCHULTE, D.: Diagnostische Einzelfallanalyse. Eine Antwort auf Westmeyers „Kritik der Verhaltensdiagnostik". Psychologische Rundschau 27 (1976), 118–122 (b)

SCHULZ, W.: Unterrichtsplanung. München: Urban & Schwarzenberg 1981, 3. erw. Aufl.

SCHUNTER-KLEEMANN, Susanne: Frau und Gesellschaft. Bremen: FB Wirtschaft der Hochschule 1985

SCHWÄNKE , U.: Bildungschancen in der Bundesrepublik. Entwicklungen und Strukturen seit 1945/49. In: Schule und Erziehung. Das Argument SB 30. Berlin/West: Argument-Verl. 1979, 109–122

SCOTT, B. S. et al.: Neurobiology of Down's Syndrome. Progress in Neurobiology 21 (1983), 199–237

SÉGUIN, E.: Die Idiotie und ihre Heilung nach physiologischer Methode. Wien: Graeser 1912

SEIDEL, H.: Vernunft und Erbe. Zu theoretischen und praktischen Fragen der marxistisch-leninistischen Philosophie und Philosophiegeschichtsschreibung. Deutsche Zeitschrift für Philosophie 36 (1988) 6, 481–501

SEIDLER, Dietlind: Integration von Behinderten. Grundpositionen, Thesen, Auswertung. Jahrbuch für Psychopathologie und Psychotherapie 4 (1984), 80–113

SEIDLER, Dietlind: Grundlagen, Intentionen, Aspekte der gemeinsamen Erziehung behinderter und nichtbehinderter Kinder aufgezeigt am Umwandlungsprozeß einer Sondereinrichtung in eine Integrationseinrichtung. Eine Gesamtauswertung der pädagogischen Prozesse auf Grundlage des Handlungsforschungsansatzes. Diplomarbeit in Behindertenpädagogik. Universität Bremen 1988 (unveröff.)

SELVINI-PALAZZOLI, Mara: Magersucht. Klett: Stuttgart 1984, 2. Aufl.

SERSHANTOW, W. F. u. a.: Organismus – Persönlichkeit – Krankheit. Ein Beitrag zu den philosophischen und biologischen Grundlagen der Medizin. Jena: G. Fischer 1980

SÈVE, L.: Marxismus und Theorie der Persönlichkeit. Frankfurt/M.: Marxistische Blätter 1972

SÈVE, L.: Wissen und Verantwortung. In: M. Buhr und H. J. Sandkühler (Hrsg.): Philosophie in weltbürgerlicher Absicht und wissenschaftlicher Sozialismus. Köln: Pahl-Rugenstein 1985, 232–243

SÈVE, L.: Historische Individualitätsformen und Persönlichkeit. In: Institut für Marxistische Studien und Forschungen (Hrsg.): Marxistische Persönlichkeitstheorie. IMSF-Jahrbuch Bd. 10, Frankfurt/M. 1986, 17–41

SHAPIRO, J. A.: Bakterien als Vielzeller. Spektrum der Wissenschaft (1988) 8, 52–59

SHEVRIN, H. and SHECTMAN, F.: The Diagnostic Process in Psychiatric Evaluations. Bulletin of the Menninger Clinic 37 (1973), 451–494

SHINKIN, N. J.: Mechanisms of Speech. The Hague: Mouton 1968

SHINKIN, N. J.: Zur Erforschung des Mechanismus der Sprache. In: H. Hiebsch (Hrsg.): Ergebnisse der sowjetischen Psychologie. Stuttgart: Klett 1969, 406–429

SIEMEN, H. L.: Das Grauen ist vorprogrammiert. Psychiatrie zwischen Faschismus und Atomkrieg. Gießen: Focus 1982

SIEVERS, Mechthild: Frühkindlicher Autismus. Köln: Böhlau 1982

SILBERMANN, E. K. and WEINGARTNER, H.: Hemispheric Lateralization of Functions Related to Emotion. Brain and Cognition 5 (1986) 3, 322–353

SIMONOV, P. V.: Widerspiegelungstheorie und Psychophysiologie der Emotionen. Berlin/DDR: Volk und Gesundheit 1975

SIMONOV, P. V.: Höhere Nerventätigkeit des Menschen. Motivationelle und emotionale Aspekte. Berlin/DDR: Volk und Gesundheit 1982

SIMONOV, P. V.: The Reinforcement Functions of Emotions. In: E. A. Asratyan and P. V. Simonov (Eds.): The Learning Brain. Moskau: Mir Publishers 1983, 167–183

SIMONOV, P. V.: The Need-Informational-Theory of Emotions. International Journal of Psychophysiology 1 (1984), 284–299

SIMONOV, P. V.: Interaction Between Forward and Backward Conditioned Connections as the Neurophysiological Basis of Behavior Motivation. Neuroscience and Behavioral Physiology 15 (1985) 5, 359–364

SIMONOV, P. V.: The Emotional Brain. Physiology, Neuroanatomy, Psychology and Emotion. New York: Plenum 1986

SINGER, P.: Praktische Ethik. Stuttgart: Reclam 1984

SINGER, W.: Recovery Mechanisms in the Mammalian Brain. In: J. G. Nicholls (Ed.): Repair and Regeneration in the Nervous System. Berlin: Springer 1982, 203–226

SINZ, R.: Neurobiologie und Gedächtnis. Stuttgart: G. Fischer 1979

SINZ, R.: Chronopsychophysiologie. Chronobiologie und Chronomedizin. Berlin/DDR: Akademie-Verlag 1980

SLAVICH, A.: Mythos und Realität des harten Kerns. Sozialpsychiatrische Informationen 13 (1983) 1, 34–37

SNYDER, S. H.: Signalübertragung zwischen Zellen. Spektrum der Wissenschaft (1985) 12, 126–135

SNYDER, S.H.: Chemie der Psyche. Drogenwirkungen im Gehirn. Weinheim: Spektrum d. Wiss. 1988

SÖLLE, Dorothee: Die Hinreise. Stuttgart: Kreuz 1975

SÖLLE, Dorothee: Lieben und Arbeiten. Eine Theologie der Schöpfung. Stuttgart: Kreuz 1985

SOKOLOV, E.I. et al.: Emotional Stress and Cardiovascular Disease. Moskau: Mir 1983

SOKOLOV, E.I. and BELOVA, E.V.: Emotions and Heart Diesease. Moskau: Mir 1985

SOKOLOV, E.N.: Neuronal Models and the Orienting Reflex. In: Mary A.B. Brazier (Ed.): The Central Nervous System and Behavior. New York: Macy 1960, 187–276

SOKOLOV, E.N. and VINOGRADOVA, E.N.: Neuronal Mechanisms of the Orienting Reflex. Hillsdale N.J.: Lawrence Erlbaum 1975

SOKOLOV, J.N: Die reflektorischen Grundlagen der Wahrnehmung. In: H. Hiebsch (Hrsg.): Ergebnisse der sowjetischen Psychologie. Stuttgart: Klett 1969, 61–93

SOMMER, Helga: Die aktive psychiatrische Therapie unter Berücksichtigung tierexperimenteller Untersuchungen. Jena: Fischer 1971

SPECK, O.: System Heilpädagogik: Eine ökologisch reflexive Grundlegung. München: Reinhardt 1987

SPECKMANN, E.-J. et al.: Neuronal Mechanisms Underlying the Generation of Field Potentials. In: T. Elbert et al. (Eds.): Self-Regulation of the Brain and Behavior. Berlin/West: Springer 1984, 9–25

SPINOZA, B.: Ethik. Leipzig: Reclam 1987

SPINOZA, B.: Politischer Traktat. Leipzig: Reclam 1988

SPITZ, R.A.: Diacritic and Coenesthetic Organizations. Psychoanalytic Review 32 (1945), 146–162

SPITZ, R.A.: Das Leben und der Dialog. Psyche 26 (1972) 4, 249–264

SPITZ, R.A.: Der Dialog entgleist. Psyche 28 (1974) 2, 135–156

SPITZ, R.A.: Die Evolution des Dialogs. In: R. Spitz: Vom Dialog. München: dtv 1988, 61–82

SPRINGER, Sally P. and DEUTSCH, G.: Left Brain, Right Brain. San Francisco: Freeman 1981 (dt.: Linkes/Rechtes Gehirn. Heidelberg: Spektrum der Wissenschaft 1987)

SPRUNG, L. und SPRUNG, Helga: Grundlagen der Methodologie und Methodik der Psychologie. Eine Einführung in die Forschungs- und Diagnosemethodik für empirisch arbeitende Humanwissenschaftler. Berlin/DDR: DVdW 1987, 2. Aufl.

STALIN, J.: Marxismus und Fragen der Sprachwissenschaft. München: Rogner & Berhard 1972

STEFFEN, H.: Psychologisches Umfeld von Behinderungen. In: H. Dennerlein und K. Schramm (Hrsg.): Handbuch der Behindertenpädagogik. München: Kösel 1979 Bd. 1, 127–146

STEGEMANN, W.: Tätigkeitstheorie und Bildungsbegriff. Köln: Pahl-Rugenstein 1983

STEGEMANN, W.: Bildung. In: E. Reichmann (Hrsg.): Wörterbuch der kritischen und materialistischen Behindertenpädagogik. Solms-Oberbiel: Jarick 1984, 137–144

STÖCKER, H.: Kategoriale Bildung (Klafki) als Einheit von Bildung und Erziehung am Beispiel des Technikunterrichts in der Grundschule. In: Angelika von Hebel, W. Jantzen (Hrsg.): Studien zur Tätigkeitstheorie II. Bremen: Universität 1986, 125–144

STÖCKER, H.: „Das Wesentliche ist für die Augen unsichtbar". Wolfgang Klafki zum 60. Geburtstag. Demokratische Erziehung 13 (1987) 7/8, 33–39

STONE, J. et al.: Hierarchical and Parallel Mechanisms in the Organization of Visual Cortex. Brain Research Review 1 (1979), 345–394

STRUCK, P.: Projektunterricht. Stuttgart: Kohlhammer 1980

STRYER, L.: Die Sehkaskade. Spektrum der Wissenschaft (1987) 9, 86–95

STUHR, U.: Die Entstehung psychosomatischer Krankheiten im intersystemischen Geschehen zwischen Arbeit und Familie. Jahrbuch für Psychopathologie und Psychotherapie 8 (1988), 73–91

SUCHOMLINSKI, W.: Erziehung zur Liebe zur Arbeit. Berlin/DDR: Volk und Wissen 1962

SUCHOMLINSKI, W.: Über die Erziehung des kommunistischen Menschen. Berlin/DDR: Volk und Wissen 1963

SUCHOMLINSKI, W.: Mein Herz gehört den Kindern. Berlin/DDR: Volk und Wissen 1974

SUCHOMLINSKI, W.: Vom Werden des jungen Staatsbürgers. Berlin/DDR: Volk und Wissen 1977, 2. Aufl.

SUCHOMLINSKI, W.: Die weise Macht des Kollektivs. Berlin/DDR: Volk und Wissen 1979

SUCHOMLINSKI, W.: Gespräche mit einem jungen Schuldirektor. Berlin/DDR: Volk und Wissen 1982

TANGUAY, P. E. and EDWARDS, Rose Mary: Electrophysiological Studies of Autism: The Whisper of the Bang. Journal of Autism and Developmental Disorders 12 (1982) 2, 177–184

TAUSENDFREUND, D.: Bildung und Kulturentwicklung. Frankfurt/M.: Lang 1987

TEMBROCK, G.: Biokommunikation. Reinbek: Rowohlt 1975

TEMBROCK, G.: Tierstimmenforschung. Eine Einführung in die Bioakustik. Wittenberg: Ziemsen 1982

THOM, A. und CAREGORODCEV, G. I. (Hrsg.): Medizin unterm Hakenkreuz. Berlin/DDR: Volk und Gesundheit 1989

THOMAE, H.: Psychologische Biographik als Synthese idiograpischer und nomothetischer Forschung. In: G. Jüttemann und H. Thomae (Hrsg.): Biographie und Psychologie. Berlin/West: Springer 1987, 108–116

TJADEN, K. H.: Naturevolution, Gesellschaftsformation, Weltgeschichte, gesellschaftswissenschaftliche Entwicklungstheorie. Das Argument 19 (1977) Nr. 101, 8–55

TROPP-ERBLAD, Ingrid: Katze fängt mit „S" an. Frankfurt/M.: Fischer 1985

TSCHASOW, J. u. a.: Die chemische Asymmetrie des Gehirns. Wissenschaft in der UdSSR (1987) 1, 21–29

TSVETKOVA, Ljubov S.: Aphasietherapie bei örtlichen Hirnschädigungen. Tübingen: G. Narr 1982

UEXKÜLL, T. v. (Hrsg.): Lehrbuch der psychosomatischen Medizin. München: Urban & Schwarzenberg 1981, 2. Aufl.

UZGIRIS, I. C. and HUNT, J. McV.: Assessment in Infancy: Ordinal Scales of Psychological Development. Urbana: University of Illinois Press 1975

VALENSTEIN, E. S. (Ed.): The Psychosurgery Debate. San Francisco: Freeman 1980

VARELA, F.: Principles of Biological Autonomy. New York: Elsevier-North Holland 1979

VARELA, F.: Die Biologie der Freiheit. Psychologie heute 9 (1982) 9, 82–93

VASIL'EVA, I. I.: The Importance of M. M. Bakhtin's Idea of Dialogue and Dialogic Relations for the Psychology of Communication. Soviet Psychology 26 (1988) 3, 17–31

VIERHEILIG, Jutta: Dialogik als Erziehungsprinzip – Martin Buber: Anachronimus oder neue Chance für die Pädagogik? Frankfurt/M.: Selbstverlag (Oberer Kirchwiesenweg 7) 1987

VILENSKY, J. A. et al.: Gait Disturbances in Patients With Autistic Behavior. Archives of Neurology 38 (1981) 10, 646–649

VINOGRADOVA, O. S. u. a.: Auffassungen zur Funktion des Hippokampus und der mit ihm verbundenen Strukturen im Prozeß der Informationsregistrierung. Zeitschrift für Psychologie 184 (1976), 329–351

VOCATE, Donna: The Theory of A. R. Luria: Functions of Spoken Language in the Development of Higher Mental Processes. Hillsdale N. J.: Lawrence Erlbaum 1987

VOLOŠINOV, V. N.: Marxismus und Sprachphilosophie. Frankfurt/M.: Ullstein 1975

VORWERG, M.: Handlungsfähigkeit als Grundkategorie der Persönlichkeitspsychologie. In: R. Czycholl und H. G. Ebner (Hrsg.): Aspekte der Personal- und Organisationsentwicklung in der DDR. Oldenburg: Bibliotheks- u. Informationssystem der Universität 1989, 11–24

WAHLERT, G. v. und WAHLERT, Heidi v.: Was Darwin noch nicht wissen konnte. Stuttgart: DVA 1977

WALLON, H.: Die Psychologie des Descartes. Jahrbuch für Psychopathologie und Psychotherapie 7 (1987), 157–171

WALTER, J.: Gestalttheorie und Psychotherapie. Opladen: Westdeutscher Verlag 1985, 2. Aufl.

WANNER, K.: Pädagogischer Konservatismus. Köln: Pahl-Rugenstein 1984

WANNER, K.: Pädagogischer Konservatismus. Studien zur Grundlegung einer materialistischen Konservatismuskritik und Entwicklung des pädagogischen Konservatismus als bildungspolitische Strömung 1970–1982. Diss. phil. Universität Bremen 1988 (unveröff.)

WASSILJUK, F. J.: Über die Einheit der allgemeinpsychologischen Theorie. Sowjetwissenschaft: Gesellschaftswissenschaftliche Beiträge 40 (1987) 5, 526–536

WATSON, L. C.: Understanding a Life History as a Subjective Document. Ethos 4 (1976) 1, 95–131

WATSON, P. J.: Nonmotor Functions of the Cerebellum. Psychological Bulletin 85 (1978) 5, 944–967

WEBER-KELLERMANN, Ingeborg: Die deutsche Familie. Versuch einer Sozialgeschichte. Frankfurt/M.: Suhrkamp 1975

WEHNER, T. et al.: Die Anwendung interpersoneller Biosignalverarbeitung für die Rehabilitation. Bremer Beiträge zur Psychologie Nr. 16, 1982

WEHNER, T. et al.: Intra- and Interpersonal Biosignal Processing: Further Developments of Common EMG-Biofeedback Procedures. Journal of Psychophysiology 1 (1987), 135–148

WEHNER-von SEGESSER, Sybille: Lernen durch Einschränkung. Die neurobiologischen Grundlagen der Prägung. Süddeutsche Zeitung v. 19. 3. 87

WEISS, P.: Die Ästhetik des Widerstands. 3 Bde. Frankfurt/M.: Suhrkamp 1976, 1978, 1981

WENIGER, D. u. a.: Der Aachener Aphasie Test. Reliabilität und Auswertungsobjektivität. Der Nervenarzt 52 (1981), 269–277

WERNER, K.: Peter Weiss' „Ästhetik des Widerstands" und Stephan Hermlins Literaturbegriff. Wiss. Ztschr. Friedrich-Schiller-Univ. Jena, Gesellschaftswiss. R. 36 (1987) 3, 359–365

WERTSCH, J. V.: Vygotsky and the Social Formation of Mind. Cambridge (Mass.): Harvard UP 1985

WHITING, H. T. A. (Ed.): Human Motor Action. Bernstein Reassessed. Amsterdam: North-Holland 1984

WILL, B. E.: Methods for Promoting Functional Recovery Following Brain Damage. In: S. R. Berenberg (Ed.): Brain. Fetal and Infant. The Hague: Nijhoff 1977, 330–344

WILLMES, K. u. a.: Der Aachener Aphasie Test. Differentielle Validität. Der Nervenarzt 51 (1980), 553–560

WINFREE, A. T.: Biologische Uhren. Zeitstrukturen des Lebendigen. Heidelberg: Spektrum d. Wiss. 1988

WING, J. K.: Frühkindlicher Autismus. Weinheim: Beltz 1973

WINNICOTT, D. W.: Von der Kinderheilkunde zur Psychoanalyse. München: Kindler 1976

WINNICOTT, D. W.: Familie und individuelle Entwicklung. Frankfurt/M.: Fischer 1984

WISE, R. A. and ROMPRE, P. P.: Brain Dopamine and Reward. Annual Review of Psychology 40 (1989), 191–225

WITRUK, Evelin: Individuelle Besonderheiten des Lernens. Im Manuskript. Ursprünglich vorgesehen Berlin/DDR: Volk und Wissen 1989

WITZLACK, G.: Grundlagen der Psychodiagnostik. Berlin/DDR: DVdW 1977

WITZLACK, G.: Thesen und Antithesen zur Forschungsstrategie in der Psychodiagnostik. Psychologie für die Praxis 2 (1984) 4, 337–341

WOCKEN, H. und ANTOR, G.: Integrationsklassen in Hamburg. Solms-Oberbiel: Jarick 1987

WOCKEN, H. u. a.: Integrationsklassen an Hamburger Grundschulen. Hamburg: Curio 1988

WOESLER DE PANAFIEU, Christine: „Wie weiblich kann Wissenschaft sein?". Psychologie heute 8 (1981) 7, 30–34

WOHL, A.: Das zweite Signalsystem als programmierendes und sich selbst steuerndes Bewegungssystem. Theorie und Praxis der Körperkultur. Sonderheft 1964, September, 83–119

WOHL, A.: Die Selbststeuerung des menschlichen Bewegungssystems in informationstheoretischer Sicht. Sportwissenschaft 3 (1973), 109–137

WOHL, A.: Bewegung und Sprache. Schorndorf: Hofmann 1977

WOLF, E.: Zur Diagnose des Sprachvermögens jugendlicher und erwachsener Geistigbehinderter. In: R. Mellies et al. (Hrsg.): Erschwerte Kommunikation und ihre Analyse. Hamburg: Buske 1986, 211–225

WOLF, E.: Ergebnisse der Untersuchung höherer kortikaler Funktionen jugendlicher und erwachsener Geistigbehinderter. Behindertenpädagogik 27 (1988) 3, 356–367

WULFF, E.: Der Arzt und das Geld. Das Argument 13 (1969) 11/12, Bd. 69, 955–970

WULFF, E.: Überlegungen zur Produktion von Wahnsinn versus sinnbezogener Vernunft. Jahrbuch für Psychopathologie und Psychotherapie 9 (1989), 114–138

WURTZ, R.H. u.a.: Neuronale Grundlagen der visuellen Aufmerksamkeit. In: Wahrnehmung und visuelles System. Heidelberg: Spektrum d. Wiss. 1986, 58–66

WYGOTSKI, L.S.: Psychologie der Kunst. Dresden: Verlag der Kunst 1976

WYGOTSKI, L.S.: Die Psychologie und die Lehre von der Lokalisation psychischer Funktionen. In: L.S. Wygotski: Ausgewählte Schriften Bd. 1, Köln: Pahl-Rugenstein 1985, 353–362 (a)

WYGOTSKI, L.S.: Die Krise der Psychologie in ihrer historischen Bedeutung. In: L.S. Wygotski: Ausgewählte Schriften Bd. 1, Köln: Pahl-Rugenstein 1985, 9–277 (b)

WYGOTSKI, L.S.: Das Problem der Altersstufen. In: L.S. Wygotski: Ausgewählte Schriften Bd. 2, Köln: Pahl-Rugenstein 1987, 53–90

WYGOTSKI, L.S.: Konkrete Psychologie des Menschen. In: M. Holodynski und W. Jantzen (Hrsg.): Studien zur Tätigkeitstheorie V. Bielefeld: Universität 1989, 292–307

YAROSHEVSKY, M.: Lev Vygotsky. Moscow: Progress 1989

ZELLWEGER, H.: The Story of Down's Syndrome which Preceded Langdon Down. Down's Syndrome 4 (1981), 1–3

ZIEGER, A.: Neurophysiologische und neuropsychologische Grundlagen des menschlichen Gehirns. Oldenburg: Zentrum für pädagogische Berufspraxis der Universität 1984

ZIMMERMANN, K. u.a.: Der HAWIK bei lernbehinderten Sonderschülern. Oberbiel: Jarick 1971